중국기업파산

– 제도와 법규 –

중국기업파산

- 제도와 법규 -

김성균

경북대학교출판부

김성균(金星均)

서울대학교 법과대학 졸업
사법연수원 20기, 검사, 변호사
중국 정법대학교 민상법경제대학 박사
전북대학교 법과대학 조교수
현 경북대학교 법학전문대학원 부교수

중국기업파산 – 제도와 법규 –

찍은날 2012년 1월 3일 | **펴낸날** 2012년 1월 6일
지은이 김성균
펴낸이 함인석 | **펴낸곳** 경북대학교출판부
출판등록 1973년 10월 10일 ㉑97호
주소 대구광역시 북구 대학로 80번지
전화 053-950-6741~3 | **팩스** 053-953-4692 | **E-mail** press@knu.ac.kr
Homepage http://knupress.com

ISBN 978-89-7180-335-6 93360

값은 표지 뒷면에 있습니다.
파본은 바꾸어 드립니다.

머리말

〈중화인민공화국 기업파산법〉이 시행된 지 4년이 지났다. 그러나 현재까지 중국의 도산제도에 대한 국내의 연구성과는 많지 않고, 2007. 6. 1.부터 시행된 동법에 대한 부분적 해설이 대부분의 연구성과로 남아 있다. 그런데 동법은 비교적 원칙적인 규정으로 구성되어 있어서 실제 사건에 적용할 때 난점이 있으므로 중국최고인민법원은 '사법해석'이라는 관련 재판규범을 많이 내놓고 있는 실정이다. 이러한 사법해석은 법원의 도산실무에서 직접적인 재판규범으로 작용하는 면이 있어서 그중요성이 크다. 또한 이 밖에도 몇 가지 중요한 행정법규가 있는데 이 부분 역시 중요성을 간과할 수 없다. 따라서 이러한 사법해석과 행정법규에 대한 체계적인 분석을 하지 않고 〈중화인민공화국 기업파산법〉 자체에 한정된 연구로 중국의 도산제도를 깊이 있게 이해하기는 어렵다.

본서를 구상할 때는 중국 법원의 도산실무에서 벌어지는 여러 문제에 대해 이론과 실무라는 다각적인 측면에서 연구를 진행하여 종합적인 연구성과물을 내겠다는 생각이었다. 그런데 화의제도와 국제도산에 관한 부분을 새롭게 추가하는 것 외에 필자가 최근 수년간 쓴 기존의 논문 내용에 근본적으로 수정을 가할 만한 중국도산제도상의 변화가 별로 없었다. 또한 중국에서조차도 〈중화인민공화국 기업파산법〉과 관련하여 두드러진 연구성과가 그다지 많지 않아 참고자료가 부족하다는 현실적인 제약에도 부딪혔다. 그 과정에서 그다지 연구실익이 있다고는 보이지 않는 원론적인 주제에 대한 중국학자들의 논쟁을 정리하고 필자의 생각을 덧붙이는 것보다는 국내에 제대로 알려지지 않은 관련 행정법규와 사법해석을 정확하게 국내 학계와 실무계에 제공하는 것이 급선무라는 데 생각이 미쳤다. 그리하여 중국의 도산제도에 대한 연구성과를 체계적으로 정리하고 관련된 법률, 행정법규와 사법해석의 대부분을 소개할 목적으로 이 책을 집필하게 되었다.

구체적으로는 제1편에서 필자가 진행해 온 연구의 결과물과 새로운 연구를 바탕으로 중국의 도산제도에 대한 체계적인 분석을 하였다. 제2편에서 현재 유효한 도산법령을 전부 수록하고자 행정법규와 사법해석을 첨부하고, 현행 기업파산법과 구 기업파산법(試行)을 대비할 수 있도록 이를 추가하였다. 구법을 제외하고는 2011. 12. 현재 유효한데 특히 구법 시행 당시에 공포된 행정법규와 사법해석도 유효한 것으로 인정되는 점에 주의하여야 한다.

최종 정리하는 과정에서 아쉬운 부분도 있었고, 법령의 번역을 혼자서 하다 보니 능력의 부족과 함께 여러 가지 어려움을 절감하여 출판하기에 두려움이 없지 않다. 부족하나마 이 책이 중국의 도산제도에 대한 연구와 이해의 초석이 되고 나아가 기업과 법조계 등 많은 관련자들에게 현실적응력 있는 자료를 제공하여 조금이나마 도움이 되기를 바라는 마음이 간절하다.

목차

제2편 중국의 기업파산법규

제1편

중국의 도산제도

제1장 중국 기업도산제도 개관[1]

Ⅰ. 서설

중국은 1986년 도산제도를 규율하는 잠정적 성격의 법률[2]을 제정하여 20여 년의 경험을 축적한 후 2006년 〈중화인민공화국 기업파산법〉(이하 〈기업파산법〉이라고 약칭한다)을 공포하여 2007. 6. 1.부터 시행하고 있다.[3] 〈기업파산법〉은 제1장 총칙, 제2장 신청과 수리, 제3장 관리인, 제4장 채무자재산, 제5장 파산비용과 공익채무, 제6장 채권신고, 제7장 채권자회의, 제8장 회생, 제9장 화의, 제10장 파산청산, 제11장 법률책임, 제12장 부칙의 총 12개 장과 136개 조로 구성되어 있다. 우리의 회생형 절차에 해당하는 것으로서 화의와 회생을, 그 외 청산형 절차인 파산청산을 규정하고 있다.

〈기업파산법〉의 시행 전에는 규율대상의 성질에 따라 적용법률을 달리하여 도산관련 기본법규로서 〈중화인민공화국 기업파산법(試行)〉(이하 〈기업파산법(試行)〉이라고 약칭한다)과 〈중화인민공화국 민사소송법〉에 약간의 관련 규정이 있는 외에 법률적 효력을 가지는 보충적 규범들이

1_이 장은 필자의 '중국의 채무자 회생 및 파산 제도', 『동북아법연구(제3권 제1호)』, 전북대학교 동북아법연구소, 2009. 6. 30.을 수정하고 보완하여 작성하였다.

2_1986년에 〈중화인민공화국 기업파산법(試行)〉이 공포되었는데 법률명칭에 試行이 명시된 것으로부터 알 수 있듯이 동법은 잠정적인 성격의 것이다. 전체 6장 43조로서 〈全民所有制工業企業法〉의 시행일로부터 3개월이 되는 1988. 11. 1.부터 시행된 중국 도산제도에 관한 최초의 기본법인데 국유기업에만 적용되고 기타의 기업법인에 대해서는 〈중화인민공화국 민사소송법〉에 별도로 8조의 규정을 두었다. 〈중화인민공화국 기업파산법(試行)〉에 대해서는 따로 후술한다.

3_중국의 도산 관계 법률 및 저작에서는 '도산'이라는 용어를 사용하지 않고 도산에 해당하는 것을 '광의의 파산' 혹은 '파산', 파산에 해당하는 것을 '협의의 파산' 혹은 '파산청산', 화의를 '和解', 회생을 '重整'이라 하는데, 파산청산과 파산이라는 용어를 엄밀하게 구분하여 사용하고 있지는 않다. 王衛國, 『破産法』, 人民法院出版社, 1999. 12., 7면. 〈기업파산법〉에서의 '파산'도 같은 의미이고 이하 본문에서 특별히 필요하여 '도산'이라고 하는 경우 외에는 중국의 용례에 따른다. 필자는 종전에는 중국의 '重整'을 '회사정리'로 번역하였으나 우리나라 법이 회사정리를 폐지하고 회생을 두었으므로 '회생'으로 변경한다.

나타났다. 이에 반하여 〈기업파산법〉은 채무자기업이 국유인지의 여부를 가리지 않고 모든 기업법인의 도산제도를 통합하여 규정하고 있는데[4] 이는 2006. 4. 1.부터 시행된 한국의 통합도산법과 같이 한 개의 입구와 여러 개의 출구를 갖춘 형태라 할 수 있다. 다만, 중국은 아직 개인에 대한 회생 및 파산절차를 규정하고 있지는 않다.

II. 일반론

1. 法源, 기본이념과 적용대상

가. 법원

중국의 구(舊) 도산법제는 절차에 따라 단행법을 마련한 것이 아니라 규율대상이 국유기업인지의 여부에 따라 기본법을 달리하여, 1986년에 제정공포한 〈기업파산법(試行)〉, 〈중화인민공화국 민사소송법〉 제19장 기업파산절차(企業破產還債程序)에 관한 8개 조의 규정을 두었고 그 외에도 법률적 효력을 가지는 사법해석 등 보충적 규범들이 등장하여 도산제도의 法源으로서 작용하였다.[5] 최고인민법원이 1991. 11. 공포한 〈중화인민공화국 기업파산법(시행)의 철저한 집행 관련 몇 가지 문제에 관한 최고인민법원의 의견〉(이하 '파산법의견'이라고 약칭한다)[6], 1997. 3. 공포한 〈현재 법원이 기업파산사건을 심리하는 데 있어서 주의하여야 할 몇 가지 문제에 관한 최고인민법원의 통지〉(이하 '파산법통지'라고 약칭한다)[7]와 2002. 7. 공포한 〈기업파산사건심리에 관한 최고인민법원의 규정〉(이하 '파산법규정'이라고 약칭한다)[8], 기타 국무원규정과 地方性 법규[9] 등이 있다.[10]

4_현행 〈기업파산법〉은 절차를 간단히 하고자 '한 개의 큰 문, 세 개의 작은 문'의 사고에 따라 구상되었고 파산청산, 화의와 회생을 '파산절차'로 통칭하여 '한 개의 큰 문'이라 칭하고, 파산청산, 화의와 회생의 구체적인 절차를 '세 개의 작은 문'이라 칭할 수 있다. 세 개의 구체적인 절차 중 파산청산과 회생 간, 파산청산과 화의 간은 절차 상호 간 전환규정이 있으나, 화의와 회생 간은 절차 간의 전환이 불가능하다. 이러한 제도는 이론상의 문제가 아니고, 입법정책상 선택의 결과이다. 李永軍, "中國破產法程序与實体問題解析", 『영산법률논총(제3권 제2호[통권 제4호])』, 영산대학교법률교육연구원, 2006. 12., 116면.

5_사법해석은 사법기관이 특정 사건에의 적용을 목적으로 법률문제에 대하여 행하는 법률해석의 일종이라는 의미를 넘어서 일정한 경우에는 보편적인 법규로서의 효력을 지닌다. 이러한 법규적 효력을 가진 사법해석은 최고인민법원과 최고인민검찰원이 解釋, 規定, 批复, 決定의 형식으로 공포한다. 중국의 도산절차 실무에서는 파산법의견, 파산법통지와 파산법규정이 우선적인 法源으로서 적용되는 측면이 있다. 李永軍, 『破產法律制度』, 中國法制出版社, 2000. 1., 25면.

6_最高人民法院關于貫徹執行〈中華人民共和國企業破產法(試行)〉諾干問題的意見, 위 파산법의견 제74조는 집체기업, 연합경영기업, 개인기업 및 중국에서 설립한 중외합자경영기업, 중외합작경영기업과 외자기업 등이 법인자격을 갖추었으나 전민소유제기업이 아닌 경우에는 민사소송법을 적용하도록 규정하고 있다.

7_最高人民法院關于當前人民法院審理企業破產案件應當注意的几个問題的通知

이에 반하여 현행의 〈기업파산법〉은 기업법인의 도산관련제도를 동일법에서 통합하여 규정하고 있는데 2006. 4. 1.부터 시행되는 한국의 통합도산법과 같은 형태라 할 수 있다. 다만, 위 파산법의견, 파산법통지, 파산법규정 등이 여전히 규범으로서의 효력을 유지하고 있으며 이에 더하여 2007. 4. 공포한 〈기업파산사건심리 관리인지정에 관한 최고인민법원의 규정〉(이하 '관리인지정규정'이라고 약칭한다),[11] 〈기업파산사건심리 관리인 보수확정에 관한 최고인민법원의 규정〉(이하 '관리인보수규정'이라고 약칭한다),[12] 〈중화인민공화국 기업파산법 시행시 아직 심결되지 않은 기업파산사건 법률적용의 몇 가지 문제에 관한 최고인민법원의 규정〉[13] 등이 중국의 채무자 회생 및 파산제도에 대한 법원으로서 작용한다.

나. 기본이념과 적용대상

〈기업파산법〉의 제정목적을 보면, 중국의 도산제도에 관한 근본적인 시각의 변화가 입법에 반영되었음을 알 수 있다. 즉, 법제도의 기본이념과 관련하여 〈기업파산법(試行)〉이 제1조에서 "사회주의의, 계획 있는 상품경제의 발전과 경제체제개혁의 수요에 부응하고, 전민소유제기업의 자주경영을 촉진하며 경제책임제와 민주관리를 강화하고, 경영상황을 개선하며 경제효과와 이익을 높이고, 채권자와 채무자의 합법적 권익을 보호하기 위하여"라고 명시하고, 제4조에서는 "국가는 각종 방법을 통하여 파산기업 근로자들의 직장배치에 대해 적절하게 계획을 세워 처리하고, 직장배치 전의 기본적인 생계수단을 보장하며 구체적인 것은 국무원의 별도 규정에 의한다."라고 명시하여 도산절차가 순수한 채권처리절차라기보다는 경제정책수단으로서 근로자 보호의 수단임을 강조하였다.[14] 이에 반하여 〈기업파산법〉은 "기업파산절차를 규율하고, 채권채무를 공평하게 청산정리하며, 채권자와 채무자의 합법적인 권익을 보호하고, 사회주의 시장경제질서를 유지·보호하기 위하여 본법을 제정한다(제1조, 이하 〈기업파산법〉의 조문을 인용하는 경우는 '법 제*조'라고만 한다).", "법원의 파산사건심리는 법에 따라 기업근로자의 합법적인 권익을 보장하여야 하고, 법에 따라 파산기업경영관리자의 법률책임을 추궁하여야 한다(법 제6조)."라고 규정함으로써 도산절차의

8_最高人民法院關于審理企業破產案件諾干問題的規定

9_예컨대 深圳市는 1993년 11월 〈深圳經濟特區企業破產條例〉를 제정하였는데, 동조례는 〈기업파산법(試行)〉이 규정하는 整頓의 적용을 배제하는 등의 특색을 갖고 있다. 王衛國, 『破產法』, 人民法院出版社, 1999. 12., 48면.

10_李永軍, 『破產法律制度』, 中國法制出版社, 2000. 1., 25면, 付翠英 편저, 『破產法比較研究』, 中國人民公安大學出版社, 2004. 12., 95면.

11_最高人民法院關于審理企業破產案件指定管理人的規定

12_最高人民法院關于審理企業破產案件确定管理人報酬的規定

13_最高人民法院關于〈中華人民共和國企業破產法〉施行時尙未審結的企業破產案件适用法律若干問題的規定

14_중국법률은 한 개의 조문 내에서 '항'이 바뀔 때 따로 번호를 부여하지 않고 행을 바꾸어 이를 표시하고, '호'의 경우에는 가지번호가 부여되므로 조문 인용시 이에 따랐다.

사법절차로서의 성격을 강조하고 있다. 이러한 이념적 규정에 대한 이해는 한국과 다른 중국의 도산관련법의 내용과 제도를 제대로 이해하고 파악하는 주요한 전제가 된다.

그 적용대상에 있어서도 〈기업파산법(試行)〉은 全民所有制企業, 즉 국유기업에 한하여 적용됨을 분명히 하였고, 다른 기업법인에는 민사소송법의 기업파산절차를 적용하며 비법인기업, 個人工商戶, 農村都給經營戶, 개인조합 및 개인에 대하여는 파산절차가 규정되어 있지 않았다. 기업법인에 대해서만 적용되고 기업법인은 파산절차를 거쳐 종국적으로 해산되었으므로 복권에 관한 규정을 두고 있지는 않았다. 이에 반하여 현행의 〈기업파산법〉은 적용대상을 '기업법인'으로 명시함으로써 국유 여부에 따른 구분을 두지는 않으나 여전히 기업법인 이외의 경우에 대하여는 그 적용을 부인하고 있다.[15] 개인기업과 개인에 대한 파산절차의 적용 여부는 중국에서 여전히 뜨거운 쟁점이 되고 있는데, 현재로서는 시기상조설이 세력을 얻어 법률에 규정을 두지 않은 것이다. 시장경제의 발달에 따라 향후에는 자연인과 개인기업에 대한 도산절차도 입법될 것으로 예상한다.

2. 신청과 수리

가. 파산원인

〈기업파산법〉 제2조에서 "기업법인이 변제기에 있는 채무를 변제할 수 없고 자산이 채무의 전부를 변제하기에 부족하거나 변제능력이 결여된 것이 분명한 경우 본법의 규정에 의하여 채무를 청산정리한다. 기업법인에게 전항 규정의 상황이 있는 경우 혹은 변제능력을 상실할 가능성이 분명히 있는 경우에는 본법의 규정에 따라 회생을 진행할 수 있다."라고 규정하고 있고, 제7조에서는 "채무자는 본법 제2조 규정의 상황이 있는 경우 법원에 회생, 화의 혹은 파산청산의 신청을 할 수 있다. 채무자가 변제기에 있는 채무를 변제할 수 없는 경우 채권자는 채무자에 대하여 회생이나 파산청산의 진행을 법원에 신청할 수 있다. 기업법인이 이미 해산하였으나 청산하지 않았거나 청산이 종료되지 않았는데 재산이 채무를 변제하기에 부족한 경우 법에 의하여 청산책임을 지는 자는 법원에 파산청산을 신청하여야 한다."라고 규정하고 있다.

〈기업파산법(試行)〉은 파산원인에 관하여 제3조에서 "기업이 부실한 경영관리로 인하여 엄중한 손실을 초래하여 변제기에 있는 채무를 변제할 수 없을 때 파산을 선고한다."라고 규정하고, 민사소송법도 제199조에서 "기업법인이 엄중한 손실로 인하여 변제기에 있는 채무를 변제할 능력이

15_다만, 신법은 제135조에서 "기타 법률이 규정하는 기업법인 이외 조직의 청산은, 파산청산에 속하는 경우 본법 규정을 적용하는 절차를 참조한다."라고 규정한다.

없을 것”을 파산선고신청의 요건으로 하고 있었다. 이와 관련하여 파산법의견은 “변제기에 있는 채무에 대하여 연속적으로 지급을 정지하면 변제능력이 없는 것으로 추정한다.”라는 요지의 규정을 두고 있다. 이에 대하여는 ‘엄중한 손실’이라는 불확정 개념을 파산원인으로 사용하는 것은 적합하지 않다는 비판이 있었고, 이러한 비판 등을 감안하여 신법에서는 수정을 가하였다.

나. 관할

파산사건은 채무자 소재지, 즉 기업법인주소지의 법원이 관할하는데 심급은 대상기업의 등기를 관할하는 공상행정관리기관의 등급에 상응하여 정해지고 우리의 합의부에 해당하는 合議庭이 심리를 맡는다.

다. 신청

〈기업파산법(試行)〉에 의하면 파산신청은 채권자가 할 수도 있고 채무자가 상급주관기관의 동의를 거쳐 신청할 수도 있는데 전민소유제가 아닌 기업법인에 적용되는 민사소송법은 이러한 동의를 요구하지 않는다. 〈기업파산법〉은 상급주관기관의 동의 규정을 삭제하고 채무자가 회생, 화의 혹은 파산청산을 신청할 수 있도록 하였으며 채무자가 이행기가 도래한 채무를 변제할 능력이 없는 경우 채권자도 회생이나 파산청산을 신청할 수 있도록 하고 있는데, 제70조는 채권자가 채무자에 대하여 파산청산의 진행을 신청하는 경우 법원이 파산사건을 수리한 후 채무자의 파산을 선고하기 전에 채무자나 채무자등록자본의 1/10 이상을 보유하는 출자자는 법원에 회생을 신청할 수 있도록 규정한다.

라. 파산사건의 수리

(1) 〈기업파산법〉은 파산신청에 대하여 심사수리제를 채택하여 법원은 신청접수 후 그 신청이 법률규정에 부합하는지를 심사하여 15일 이내에 수리 여부를 결정하고 불수리裁定[16] 및 수리 후의 신청기각재정에 대하여 불복할 수 있도록 하였다. 사건수리 후 일정한 기한 내에 관계인에게 통지 및 공고, 자료제출을 이행하도록 규정하고 있다. 구법이 수리 여부의 결정기간을 7일로 하였던 것을 15일로 연장하였고 신청인은 법원이 파산신청을 기각하는 재정에 대해서만 불복할 수 있도록 한 것을 크게 바꾸었다.

16_재정은 우리나라의 決定과 유사하다. 파산법의견 제75조는 법원은 파산사건에 대하여 재정형식으로 재판하고, 이 재정에 대해서는 파산신청을 기각하는 경우를 제외하고는 모두 상소하지 못하도록 규정하고 있는데 원신청인의 신청에 따른 復議(원심법원의 재심의를 의미)의 여지는 두고 있다. 이 때문에 기업법인의 파산사건에 대해서는 1심종심제가 실시되는 셈이다.

(2) 파산사건수리의 효과

법원의 파산신청수리는 파산절차의 개시를 의미하는데 이후부터 채무자의 재산은 보전상태에 들어가고 채권자의 권리행사는 제약을 받는다(신청주의가 아닌 수리주의). 즉 채무자는 재산보전의무, 법원에 대한 설명 및 관련 자료의 제출의무, 채권자회의(한국 파산법의 채권자집회에 해당한다. 이하 채권자회의라고 한다)에 대한 설명의무 그리고 채권자의 개별적 청구에 응해서는 안 되는 의무를 부담한다. 채권자는 파산절차만을 통하여 권리를 행사할 수 있고 담보채권자도 파산선고시까지는 우선권을 원칙적으로 행사할 수 없으며 채무자의 거래은행은 계좌의 예금 등을 기존대출금의 상환에 충당할 수 없다. 그 외 채무자기업의 재산에 관련된 민사소송절차는 중지되거나 종결되고 민사집행절차와 보전절차는 중지된다. 법원은 파산신청수리재정을 하는 경우 이와 동시에 관리인을 지정하여야 한다(법 제13조).

마. 관리인

관리인은 기업도산절차에서 채무자의 재산관리와 기타 사무를 책임지는 사람이다. 〈기업파산법(試行)〉은 파산사건의 수리시부터 파산선고시까지의 기간에는 채무자가 재산을 자유로이 관리하고 파산선고 이후에만 청산조(한국법의 파산관재인에 해당. 이하 '청산조'라 한다)가 재산을 인수하는 것이어서 채무자가 재산을 은닉하거나 낭비할 여지가 있다는 비판이 있어 왔다.[17] 이에 따라 〈기업파산법〉은 관리인제도를 신설하였다. 관리인은 법원이 지정하고 채권자회의는 관리인이 적법하거나 공정하게 직무를 이행할 수 없거나 기타 직무를 담당할 수 없다고 인정하는 경우 법원에 변경할 것을 신청할 수 있다. 관리인지정과 관리인보수확정의 방법은 최고인민법원이 정한다. 관리인은 본법 규정에 따라 직무를 집행하고 법원에 보고업무를 하며 채권자회의와 채권자위원회의 감독을 받는다. 관리인은 채권자회의에 참석하여 채권자회의에 직무집행상황을 보고하고 자문에 답하여야 한다. 관리인은 관련 부서와 기구의 인원으로 구성되는 청산조 혹은 법에 따라 설립된 변호사사무소, 회계사사무소와 파산청산사무소 등 사회중개기구가 맡을 수 있다. 개인이 관리인을 맡는 경우 영업책임보험에 가입하여야 한다. 관리인의 직책으로 규정된 것은 ① 채무자의 재산, 인장과 장부, 문서 등의 자료 접수 및 관리 ② 채무자 재산상황의 조사 및 재산상황 보고 작성 ③ 채무자의 내부관리 사무에 관한 결정 ④ 채무자의 일상적인 지출과 기타 필요한 지출의 결정 ⑤ 제1차 채권자회의의 소집 전에 채무자의 영업을 계속 혹은 정지할 것인지 결정 ⑥ 채무자 재산의 관리와 처분 ⑦ 채무자를 대표하여 소송, 중재 혹은 기타 법률절차에 참가 ⑧ 채권자회의의

17_王衛國, 『破產法』, 人民法院出版社, 1999. 12., 199면.

소집 제의 ⑨ 관리인이 이행하여야 할 것으로 법원이 인정하는 기타 직무 등이다. 관리인은 법원의 허가를 받아 필요한 업무자를 초빙할 수 있다.

바. 채권신고

채권신고기한은 법원의 사건수리공고일부터 30일 이상 3개월 미만이다. 채권신고기간을 넘기면 파산절차에서의 권한을 포기한 것으로 보지만 그 외의 민사상 권한은 영향을 받지 않는다고 해석한다. 예컨대 채무자의 임의적 변제가 부당이득을 구성하지는 않게 된다. 채권의 증명자료 심사, 담보의 유무와 그 수액의 확인은 채권자회의의 직권이다. 이행기에 있지 않은 채권은 파산사건수리시에 이행기에 달한 것으로 보고 이자부 채권은 이자계산이 정지된다. 채권자는 관리인에게 채권을 신고하고 관리인은 채권신고자료를 받은 후 기재대장을 만들고 신고채권에 대하여 심사하며 채권표를 편제하여야 한다. 규정에 따라 편제된 채권표는 제1차 채권자회의에 제출되어 조사되어야 하고 채무자나 채권자회의가 채권표 기재의 채권에 이의가 없는 경우 법원이 재정으로 확인한다.

3. 채권자회의

가. 채권자회의

채권자회의는 전체 채권자들이 파산절차에 참가하여 집단적으로 권리를 행사하는 의결기구이다. 파산절차에서 법원이 주도적 지위에서 그 진행을 책임지지만 이는 채권자의 합법적 권익보호와 채무의 공평한 청산에 그 뜻이 있으므로 채권확인, 채무자와의 화의, 파산재산의 환가와 분배 등에 관한 채권자회의의 결의는 절차진행의 중요한 근거가 된다.

나. 채권자회의의 구성과 권한

신고한 모든 채권자가 구성원이 되는데 담보채권자의 경우 우선변제권을 포기하여야 하고 채무자의 보증인은 채무자를 대신하여 채무를 변제한 후 채권자로서 의결권을 행사한다. 채권자회의의 의장은 법원이 지정한다. 채권자회의의 기본적인 직권은 채권의 심사와 확인인데 채권자회의의 확인과 부인 등에 대하여 이의가 있는 자는 법원에 재결을 청구할 수 있다. 채권자회의는 또한 채무자가 제출한 화의안에 대하여 검토하고 수용 여부를 결정할 권한을 갖는다. 〈기업파산법〉이 규정하는 채권자회의의 직권은 ① 채권조사 ② 법원에 대한 관리인의 교체신청과 관리인의 보수 심사 ③ 관리인감독 ④ 채권자위원회의 구성원의 선임과 교체 ⑤ 채무자영업의 계속이나 정지의 결정 ⑥ 회생계획의 의결 ⑦ 화의협의의 의결 ⑧ 채무자재산의 관리방안 의결 ⑨ 파산재산의 환가방안 의결 ⑩ 파산재산의 분배방안 의결 ⑪ 법원이 채권자회의가 결정하여야 한다고 인정하는 기타 사항 등이다.

다. 채권자회의의 소집과 결의

제1차 채권자회의는 법원이 소집하나 그 후에는 법원, 관리인, 의장, 청산조 또는 파산채권(담보채권 제외) 총액의 1/4 이상을 갖는 채권자의 요구에 따라 소집되며, 그 결의는 출석한 의결권자 과반수 이상의 찬성 및 찬성자의 채권액수가 담보 없는 채권총액의 반수 이상이어야 유효하다. 다만, 화의안에 대한 결의는 위 채권총액에 대한 요건을 강화하여 2/3 이상으로 한다. 위 채권자회의의 결의가 위법하다고 인정하는 채권자는 법원에 재정을 신청할 수 있다.

라. 채권자위원회

〈기업파산법〉은 채권자의 절차관여권을 보장하기 위하여 채권자위원회제도를 신설하였는바 채권자회의는 채권자대표를 선임하여 채권자위원회를 구성할 수 있고 채권자대표는 법원의 서면인가 결정을 받아야 한다. 채권자대표는 9인 이내이고 그중 1인은 근로자대표이어야 한다. 채권자위원회의 직권으로는 ① 채무자재산의 관리와 처분의 감독 ② 파산재산분배의 감독 ③ 채권자회의 소집제의 ④ 채권자회의가 위임하는 기타 직권 등이고, 관리인이 실행시 즉시 채권자위원회에 보고하여야 하는 행위로는 ① 토지, 건물 등 부동산 관련 권익의 이전 ② 채광권, 지적재산권 등의 재산권 이전 ③ 재고 전부 혹은 영업의 이전 ④ 차재 ⑤ 재산담보의 설정 ⑥ 채권과 유가증권의 이전 ⑦ 채무자와 상대당사자가 모두 이행을 완료하지 않은 계약의 이행 ⑧ 권리의 포기 ⑨ 담보물의 환취[18] ⑩ 채권자의 이익에 중대한 영향이 있는 기타 재산처분행위가 규정되어 있다.

Ⅲ. 회생

1. 회생제도 신설

〈기업파산법〉은 도산상태에 처하였으나 구제희망이 있는 기업으로 하여금 파산청산절차를

18_取回

거치지 않고 회생할 수 있는 기회를 갖도록 회생제도를 마련하였다. 이로써 화의제도와 함께 중국법률에도 회생형 도산처리제도가 완전히 도입되었다. 회생절차의 적용대상을 개인과 개인기업에까지 확장하자는 주장이 있었으나 현행법은 기업법인으로 그 적용대상을 한정하였다. 회생의 성공가능성을 높이기 위하여 신청원인을 넓게 규정하여 변제기도래채무를 변제하지 못할 가능성이 예상되는 경우 채무자가 직접 회생절차를 신청할 수 있게 하였고 채권자와 사회의 이익을 보호하기 위하여 회생계획의 인가에 대한 법원의 재량권을 규정하였다.

회생에 관한 〈기업파산법〉의 규율 중 상당 부분은 다른 파산절차의 해당 부분과 동일하므로(신청과 수리, 관리인, 채무자재산, 파산절차 전 행위의 취소와 무효, 파산비용과 공익채무, 채권신고, 채권자회의, 채권자위원회 등) 여기에서는 회생에 고유한 부분만을 살핀다.

2. 회생의 신청과 심사

채무자나 채권자는 이행기도래 채무에 대한 변제능력의 결여, 자산이 채무변제에 부족하거나 변제능력을 결여한 것이 분명한 경우 혹은 변제능력을 상실할 가능성이 있는 경우 채무자에 대하여 회생을 진행할 것을 법원에 직접 신청할 수 있다. 채권자가 채무자에 대하여 파산청산의 진행을 신청하는 경우 법원이 파산사건을 수리한 후 채무자의 파산을 선고하기 전에 채무자나 채무자등록자본의 1/10 이상을 점하는 출자자는 법원에 회생을 신청할 수 있다. 법원은 심사 후 회생신청이 본법 규정에 부합하다고 인정하는 경우 채무자의 회생을 허가하는 재정을 하고 공고하여야 한다.

3. 회생허가재정의 효과

법원의 채무자회생재정일로부터 회생절차의 종료시까지를 회생기간으로 하여 회생을 위한 법률효과를 인정하고 있다. 그 내용은 대체로 우리의 회생절차와 유사하다.

가. 채무자의 재산관리와 영업사무(DIP제도)

회생이 개시되면 원칙적으로 관리인은 규정된 직권을 행사하여 채무자의 재산과 영업을 관리하게 되고, 채무자기업의 경영관리자를 초빙하여 기업의 영업사무를 책임지도록 맡길 수 있다. 다만, 회생의 성공적인 수행을 위하여 미국식의 DIP제도를 일부 수용해 회생기간 중에는 채무자의 신청으로 법원의 비준을 받아 채무자는 관리인의 감독하에 자신이 재산관리와 영업사무를 할 수 있다. 이 경우에는 이미 기업재산과 영업사무를 접수하여 관리하고 있는 관리인은 채무자에게 재산과 영업사무를 이전하여야 한다.

나. 담보권에 대한 제약 등

회생기간에는 채무자의 특정재산에 대하여 설정되어 있는 담보권은 그 행사가 잠정 중지된다. 단, 담보물이 손괴되거나 가치가 크게 감소될 가능성이 있고 담보권자의 권리를 해하기에 충분한 경우 권리자가 담보권행사의 회복을 청구할 수 있다. 채무자는 영업계속을 위하여 질물, 유치물을 환취할 수 있다. 단, 채무변제 또는 대체담보의 제공이 있어야 한다. 〈기업파산법〉은 제76조에서 "채무자가 합법적으로 타인의 재산을 점유하는데 그 재산의 권리자가 회생기간 중 환취를 요구하는 경우 약정조건에 부합하여야 한다."라고 규정하고 있는바 동규정은 프랜차이즈, 넷팅, 리스 등의 새로운 금융계약과 소유권유보 등의 비전형담보권의 효력을 회생절차와 관련하여 명문으로 인정하는 근거가 된다. 상세한 규정을 두고 있는 한국의 통합도산법에 비하면 부족하기는 하나 규정의 목적과 취지는 같다.

4. 회생계획

가. 작성

채무자나 관리인은 법원이 채무자회생재정을 한 날로부터 6개월 내에 법원과 채권자회의에 회생계획초안을 제출하여야 한다. 채무자가 스스로 재산관리와 영업사무를 하는 DIP의 경우 채무자가 회생계획초안을 작성하고, 관리인이 재산관리와 경영사무를 책임지는 경우 관리인이 회생계획초안을 작성한다. 회생계획초안에는 ① 회생기업의 경영방안 ② 채권분류 ③ 채권조정방안 ④ 채권변제방안 ⑤ 회생계획의 수행기한 ⑥ 회생계획수행의 감독기한 ⑦ 기업회생에 유리한 기타 방안 등의 사항이 포함되어야 한다.

나. 표결과 법원의 비준

법원은 회생계획초안을 받은 날로부터 30일 내에 채권자회의를 소집하여 표결에 부쳐야 한다. 채권자회의가 회생계획초안을 가결하는 경우 규정된 채권분류에 따라 의결조별로 의결하는데, 회의에 출석한 동일 의결조의 채권자 과반수가 회생계획초안에 동의하고 그 대표하는 채권액이 확정채권총액의 2/3 이상인 경우에 해당 의결조에서 회생계획초안을 가결한 것이 된다. 권리의 성질에 따라 가결요건이 다르지 않다는 점이 특이하다. 채권분류는 ① 채무자의 특정재산에 대하여 담보권을 가진 채권 ② 기업이 지급하지 못하고 있는 근로자의 임금과 의료, 장애보조, 부양비용, 그리고 근로자의 개인계좌에 들어가야 할 양로보험, 기본의료보험비용으로서 지급되지 않은 기본 양로보험, 기본의료보험비용, 법률과 행정법규가 근로자에게 지급하여야 할 것으로 규정하는 근로자의 보상금 ③ 기업이 체납하고 있는 세금 ④ 보통채권이다.

법에 규정된 회생절차의 특색 중 하나로는 회생계획의 집행이 법원의 주도하에 진행되는 사법절차는 아니라는 점을 들 수 있다. 즉 회생계획이 법원의 비준을 받으면 그로써 회생절차는 끝나고 집행과정에서 일정한 사유가 있는 경우 등에만 다시 법원이 관여하여 집행절차를 종결하고 파산을 선고하게 된다.

회생계획초안이 가결되지 못한 경우 채무자나 관리인은 회생계획이 가결되지 않은 의결조와 협상할 수 있다. 그 의결조는 협상 후에 한차례 재의결할 수 있다. 쌍방이 협상에서 타협하는 경우 다른 의결조의 이익을 해할 수 없다. 채무자나 관리인과의 협상 후 그 의결조가 다시 의결하였으나 여전히 회생계획초안이 가결되지 못 한 경우에도 회생계획초안이 일정한 조건[19]에 부합하면 채무자나 관리인은 법원에 회생계획초안의 비준을 신청할 수 있다. 이를 강행비준이라고 하는데 한국과 유사한 제도이다.

다. 권리의 변동

법원의 비준재정을 받은 회생계획은 법원이 파산사건을 수리하기 전에 성립한 모든 채권에 대하여 구속력이 있다. 법 규정에 따라 신고하지 않은 채권은 회생계획의 집행기간 중 이를 행사할 수 없고 회생계획집행이 완료된 후 회생계획에서 정하는 같은 종류의 채권의 변제조건에 따라 권리를 행사할 수 있다.

채무자의 보증인이나 기타 연대채무자가 부담하는 변제책임은 회생계획의 영향을 받지 않는다. 회생계획에 의하여 삭감된 채권은 회생계획집행이 완료된 때부터 채무자의 변제책임을 면제한다.

19_① 담보부 채권이 그 재산에 관하여 전액 변제되고 변제연기로 인하여 받는 손실이 공평한 보상을 얻으며 담보권이 실질적인 손해를 받지 않거나 그 의결조가 이미 가결하였을 것 ② 근로자 및 세금 채권이 전액 변제되거나 상응하는 의결조의 가결을 이미 얻은 것 ③ 보통채권이 얻는 변제의 비율이 파산청산절차에 의하는 경우의 비율보다 낮지 않을 것 ④ 출자자 권익에 대한 공평·공정한 조정 혹은 동의를 얻었을 것 ⑤ 동일 의결조 구성원에 대한 공평한 취급 및 채권변제순서 규정에 위반되지 않을 것 ⑥ 경영방안이 실시가능성을 갖출 것

5. 회생계획의 집행과 회생절차의 종결

회생계획은 채무자가 집행책임을 부담하는데 재산관리와 영업사무를 책임지는 관리인은 법원의 회생계획비준재정 후 채무자에게 재산과 영업사무를 이전하여야 한다. 관리인은 회생계획의 집행을 감독하고 감독기한이 만료되는 때에 법원에 감독보고를 제출하여야 한다. 감독보고를 제출한 날로부터 관리인의 감독직책을 해제한다.

회생기간 중 ① 채무자의 경영상황과 재산상황이 계속 악화되고 구제의 가능성이 결핍된 경우 ② 채무자에게 사기, 악의적인 기업재산 감소, 무리한 연장 혹은 채권자에게 현저하게 불리한 행위가 있는 경우 ③ 채무자의 행위로 인하여 관리인이 직무집행을 할 수 없게 된 경우 중 하나에 해당할 때 이해관계인의 청구를 받아 법원은 심리확인한 후 회생절차終止[20]재정을 하고, 채무자의 파산을 선고하여야 한다. 채무자나 관리인이 기한 내에 회생계획초안을 제출하지 않는 경우 회생절차의 종지를 재정하고 채무자의 파산청산을 선고하며 별도 규정이 있는 경우를 제외하고는 채권자회의의 회생계획초안 가결이 없는 경우 법원은 회생절차종지재정을 하고 채무자의 파산을 선고하여야 한다. 채무자가 회생계획을 집행할 수 없거나 집행하지 않는 경우 법원은 이해관계인의 신청으로 회생계획의 집행을 종지하여야 하는데 이 경우 채권자가 회생계획 중 했던 양보는 효력을 상실한다.

Ⅳ. 화의

1. 중국의 화의제도

원래적인 의미에 있어서의 화의는 파산원인을 구비한 채무자가 파산을 피하기 위하여 채권자단체의 양보를 전제로 채무문제를 처리하는 합의를 이루고 법원의 인정을 거쳐 효력을 발생하는 절차이다. 〈기업파산법(試行)〉 제4장이 규정하는 중국의 구(舊) 화의절차는 정돈절차와 결합한 독특한 형태를 갖고 있었다.[21] 整頓이란 기업의 상급주관부서가 기업의 경영관리를 개선하고 기업의 효율성을 제고하기 위하여 기업에 대하여 취하는 일련의 행정조치이다.[22] 정돈절차진행은 화의절차진행의

20_우리 법의 절차폐지에 상당한다. 다만, 終止는 때로 終了의 개념으로도 사용되므로 주의를 요한다.

21_성질이 다른 두 절차의 이러한 결합구조는 중국 〈기업파산법(試行)〉의 독창적인 제도라고 한다. 王衛國, 『破産法』, 人民法院出版社, 1999. 12., 98면.

22_기업의 상급주관부서는 채무자기업에 대한 관리권한을 갖고 있는 정부기관을 말한다. 〈기업파산법(試行)〉 제20조는 기업의 정돈은 상급주관부서의 책임하에 진행한다고 규정하고 있어서 기업정돈의 진행이 정부기관의 법정직능임을

전제적 성격의 것이고 화의와 정돈절차는 채권자가 파산을 신청하는 경우에만 적용되었다. 〈기업파산법〉은 제9장에서 화의제도를 개선하여 종전의 행정적 색채를 배제하고자 정돈제도를 폐지하였고 기타의 절차는 폐지된 한국의 화의제도와 유사하게 채무자에게 법원의 감독하에 절차의 주도권을 인정하는 방향으로 새로이 규정하였다. 구법은 이해관계인이 파산을 신청하지 않은 채 곧바로 화의를 신청하도록 허용하지는 않고 화의절차는 파산신청이 있은 후 일정한 요건을 갖춘 경우에 비로소 진행되도록 하였다. 이와 달리 신법은 채무자가 직접 신청할 수 있도록 하였고 법원이 파산사건을 수리한 후 채무자의 파산을 선고하기 전에 법원에 화의를 신청할 수 있도록 하였다.

2. 절차의 개시와 화의안 제정

채무자는 직접 법원에 화의를 신청할 수 있고 또한 법원의 파산신청수리 후 파산 선고 전에 화의를 신청할 수 있다. 채무자가 화의를 신청하는 경우 화의협의초안을 제출하여야 한다. 법원은 심사 후 화의신청이 적법하다고 인정하는 경우 화의결정을 하고 채권자회의를 소집하여 화의협의초안을 토론한다. 채권자회의에서의 화의협의 가결과 법원의 인가 후 화의절차는 중지되고 관리인은 채무자에게 재산과 영업사무를 이전하고 법원에 직무집행보고를 하여야 한다. 만약 화의협의가 가결되지 않거나 법원의 인가를 받지 못하면 법원은 화의절차를 종지하고 채무자파산을 선고하여야 한다.

3. 화의의 효력

담보권자의 권리는 법원의 화의결정일로부터 권리를 행사할 수 있다. 따라서 화의채권자는 법원이 파산신청을 수리할 때 채무자에 대하여 재산담보가 없는 채권을 가진 자를 가리킨다. 법원의 인가결정을 받은 화의협의는 채무자와 전체 화의채권자에게 모두 구속력이 있다. 채권신고를 하지 않은 화의채권자는 화의협의집행기간 중 권리를 행사할 수 없고 화의협의의 집행완료 후 화의협의가 정하는 변제조건에 따라 권리를 행사할 수 있다.

채무자의 보증인과 기타 연대채무자의 의무는 화의협의의 영향을 받지 않는다. 채무자가 화의협의를 집행할 수 없거나 집행하지 않는 경우 법원은 화의채권자의 청구로 화의협의 집행終止의 결정을 하고 채무자파산의 선고를 하여야 한다. 법원이 화의협의 집행終止의 결정을

알 수 있다. 중국 〈기업파산법〉에 규정된 화의는 그 절차나 내용에 비추어 볼 때 '구조조정' 또는 'workout'과 같은 맥락의 제도라고 할 수 있다.

하는 경우 화의채권자가 화의협의 중 한 채권조정의 승낙은 실효한다. 화의채권자가 화의협의 집행으로 인하여 받은 변제는 여전히 유효하고, 화의채권 중 변제받지 못한 부분은 파산채권으로 한다. 화의협의집행이 완료되면 채무자는 화의협의에 따라 감면된 채무에 대해서는 더 이상 변제책임이 없다.

4. 중국 구(舊) 도산제도의 큰 특징으로서의 구(舊) 화의제도

가. 화의절차의 개시

채권자가 파산신청을 하면 법원이 이를 수리한 후 3개월 내에 피신청기업의 상급관리부서는 법원과 채권자회의에 당해 기업에 대한 정돈을 신청하고 정돈방안을 제출한다. 정돈기한은 2년이 한도이고 정돈신청 후 피신청기업이 채권자회의에 화의안을 제출한다.

나. 화의협의

채무자기업이 제출한 화의안을 채권자회의가 의결하면 화의협의가 성립한다. 동협의는 법원의 인가를 거쳐 법원이 공고하는데, 공고일로부터 효력이 발생하고 이에 따라 파산절차는 中止한다.

다. 기업의 정돈

화의협의가 효력을 발생한 후 기업은 상급주관부서의 주관하에 정돈을 한다.[23] 정돈방안은 반드시 근로자대표회의 토론을 거친다. 기업정돈의 현황을 근로자대표회(기업직공대표대회)에 보고하고, 채권자회의에도 정기적으로 보고해야 한다.

파산법의견에 의하면 정돈방안에는 ① 기업이 도산지경에 이르게 된 원인분석 ② 기업을 이끌어 갈 새로운 지도자들의 조직과 조정계획 ③ 경영관리개선조치와 구조조정 등 조치의 실행가능성 ④ 손실을 줄이고 이익을 늘릴 방안 ⑤ 정돈의 기한과 목표를 반드시 포함시켜야 한다. 그중 ③, ④항목에는 내부구조의 조정, 규칙과 제도의 완비, 재무관리강화, 근로기율정돈, 잉여인력의 정리, 생산구조의 강화, 생산기술 개선, 생산품질 향상, 생산원가 감소, 시장판매 강화, 다각경영, 손실부문 정리, 유휴재산 처리 등의 내용을 포함시킬 수 있다.

정돈기간 중에 ① 화의협의를 진행하지 않는 경우 ② 재무상황의 계속적인 악화로 채권자회의가

23_이에 대하여는 기업의 미래나 현재의 상황에 대하여 가장 잘 파악할 수 있는 주체는 기업과 시장이므로 상급주관부서의 작용은 실제상 별다른 의미가 없고, 채무자의 파산신청과정에서 상급주관부서가 관여하는 것은 적당치 않다는 주장이 있다. 福建協勝辯護士事務所 王新平, “完善我國破産法律制度的若干問題”, http://www.hicourt.gov.cn.

정돈종료신청을 하는 경우 ③ 파산사기행위로 인하여 채권자의 이익을 엄중히 해하는 경우 법원은 정돈절차를 종결하고 파산을 선고한다.

라. 채무의 변제

정돈절차를 거쳐 채무자기업이 화의협의에 따라 채무를 변제할 능력이 충분한 경우 법원은 파산절차를 종결하고 이를 공고하여야 한다. 절차종결 후 채무자가 이행을 거절하거나 화의협의내용을 이행할 수 없는 경우, 채무자의 이행부분은 유효하나 채권자가 화의협의에서 양보한 내용은 효력을 상실한다.[24]

정돈기한만료 후 채무자기업이 화의협의에 따라 채무를 변제할 수 없는 경우에는 법원은 파산을 선고하고 구법 제9조에 따라, 즉 통상의 파산절차에서와 같이 채권을 신고하는 절차를 다시 진행한다.

V. 파산청산

1. 파산선고

파산선고로 인하여 청산절차가 개시되고 파산선고 후의 화의신청은 허용되지 않는다. 채무자는 파산자의 지위를 갖게 되고 관리인은 환가와 분배절차를 거쳐 법원에 파산절차종결을 신청하여야 한다.

〈기업파산법〉이 특별히 파산선고 전 파산절차의 종결을 하는 재정사유로 ① 제3자가 채무자를 위하여 충분한 액수의 담보를 제공하거나 채무자를 위하여 변제기에 있는 채무 전부를 변제한 경우 ② 채무자가 변제기에 있는 채무 전부를 이미 변제한 경우를 들고 있는 점은 주목할 만하다.

구법하에서 파산의 원인이 있는 경우에도 파산선고 전 채권자와의 협의를 통해 화의에 성공하거나 기타 법정사유로서 첫째, 공용기업과 국가민생에 중대한 관계가 있는 기업이 정부의 지원 등을 받아 채무를 변제한 경우 둘째, 담보를 취득하여 파산신청일로부터 6개월 내에 채무를 변제한 경우가 규정되어 있었던 것에 비하면 도산절차에서 정부의 주도적 색채가 감소한 것을 알 수 있다.

24_王衛國, 『破産法』, 人民法院出版社, 1999. 12., 108면.

2. 관리인

〈기업파산법〉이 청산조를 대신하여 관리인제도를 신설하였음은 전술한 바와 같다. 관리인의 직무는 우리 법에서의 그것과 대동소이하다. 현행 제도하에서의 관리인에 해당하는 것으로서 〈기업파산법(試行)〉은 청산조를 두었는데 파산청산사무의 책임자이자 집행기구로서 파산재산의 보관, 정리, 가치평가, 처리 및 분배의 권한을 갖는다. 청산조는 법원이 채무자기업의 상급주관부서, 정부재정부서 등 관련 부서와 전문인원들 중에서 지정한다. 청산조는 법원에 대하여 책임을 지고, 보고하며 법원의 감독을 받는데 법원은 필요한 경우 청산조의 직무를 해제하거나 청산조를 새로 지정할 수 있다. 청산조는 채권자집회에 참석하고 채권자집회의 감독도 받는데 청산조의 결정에 불만이 있는 경우 채권자는 법원에 그 취소를 신청할 수 있었다.

3. 파산채권

파산채권은 파산선고 전의 원인으로 발생한 것으로서 파산절차를 통하여 파산채무자의 재산으로부터 공평하게 변제받을 수 있는 청구권인바 〈기업파산법〉은 파산사건을 수리하기 전에 성립한 무담보채권과 우선변제권을 포기한 담보채권을 파산채권으로 규정하는데, 〈기업파산법〉과 파산법 의견에 따르면 ① 무담보채권 ② 우선변제권을 포기한 담보채권 ③ 담보채권 중 담보목적물로 변제되지 아니한 부분 ④ 파산채무자의 보증인이나 연대채무자가 가지는 구상권 ⑤ 위 채권에 대하여 발생하는 파산선고일까지의 이자채권 ⑥ 어음발행인이나 배서인의 파산사실을 모르고 어음금을 지급하거나 어음을 인수하여 발생한 채권 ⑦ 청산조의 계약해제 결정으로 인하여 발생한 계약상대방의 손해배상채권이 이에 해당한다.

4. 파산재산

가. 의의

파산재산은 파산선고시로부터 파산종료시까지 파산채무자가 소유한 것으로서 파산절차를 통해 분배되는 전체 재산인바, 파산선고시 파산기업이 경영관리하는 재산 전체, 파산기업이 파산선고 후부터 파산절차종료시까지 취득하는 재산, 파산기업이 행사하여야 하는 기타 재산권이 파산재산으로 된다. 다만, 채무담보를 위하여 제공된 담보물은 이에 포함되지 않고 담보물의 가치가 피담보채무액을 초과하는 경우의 초과부분은 파산재산에 속한다. 〈기업파산법〉은 파산청산, 화의 및 회생에 공통되는 채무자재산에 대한 규정을 하고 채무자의 재산은 채무자가 파산선고를 받은 후 파산재산으로 칭한다고 규정한다.

나. 환취권, 별제권, 상계권, 무효취소행위

〈기업파산법〉은 파산재산에 관계된 이해관계인의 이해조정, 파산채권자의 공동이익 추구를 위하여 파산재산의 변동과 관련해서 환취권, 별제권, 상계권, 무효취소행위 등을 규정하고 있다.

(1) 환취권

청산조 혹은 관리인이 접수·관리하는 파산채무자의 재산 중에서 파산채무자 소유에 속하지 아니하는 재산에 대한 환취청구권을 말하는데 〈기업파산법〉은 환취권은 당해 재산의 권리자가 관리인에 대한 청구 등을 통하여 환취함으로써 행사하도록 규정하고 있고 운송물의 환취에 대한 규정을 두었다.

(2) 별제권

채권자가 파산절차에 의하지 아니하고 파산재산 중의 특정재산으로부터 우선적으로 변제받을 수 있는 권리인데 〈기업파산법〉은 "파산자의 특정 재산에 대하여 담보권을 가지는 권리자는 그 특정 재산에 대하여 우선 변제받을 권리가 있다."라고 하고 있다. 상기의 재산담보에는 저당권, 질권, 유치권 등이 포함된다. 담보물의 가액이 피담보채권에 미치지 못하는 경우 해당 부족분에 상응하는 채권은 일반 파산채권이 되고, 피담보채권을 초과하는 가액부분은 파산재산으로 된다.

(3) 상계권

〈기업파산법〉은 채권자가 파산기업에 대하여 채무를 부담하고 있는 경우에는 청산분배 전에 상계할 수 있다고 규정한다. 파산채권자가 파산선고 후 파산채무자에 대하여 부담하는 채무, 파산선고 후 파산채무자에 대한 채무자가 양수한 제3자의 채권, 파산채권자가 파산채무자의 지급정지 또는 파산신청 사실을 알고 부담한 채무는 상계할 수 없다. 채권자가 파산신청의 수리 전 채무자에 대하여 채무를 부담하고 있는 경우 관리인에게 상계를 주장할 수 있다. 다만, 다음의 경우에는 상계할 수 없는데 ① 채무자의 채무자가 파산신청의 수리 후 채무자에 대한 타인의 채권을 취득하는 경우 ② 채권자가 채무자에게 변제기에 있는 채무의 지급불능이나 파산신청의 사실이 있음을 이미 알고 채무자에 대하여 채무를 부담한 경우(채권자가 법률규정으로 인하여 혹은 파산신청이 있기 1년 전에 생긴 원인으로 인하여 채무를 부담하는 경우는 제외) ③ 채무자의 채무자가 채무자에게 이행기에 달한 채무의 지급불능이나 파산신청의 사실이 있음을 이미 알고 채무자에 대하여 채권을 취득한 경우(채무자의 채무자가 법률규정으로 인하여 혹은 파산신청이 있기 1년 전에 생긴 원인으로 인하여 채권을 취득하는 경우는 제외)이다.

(4) 무효 · 취소행위[25]

파산채무자가 파산절차시작 전의 일정 시기에 한 것으로서 공평원칙에 위배되고 채권자의 공동이익을 해하는 재산처분행위를 무효로 함으로써 관련 재산을 청산조가 회수하여 파산재산에 포함되게 하는 제도를 말한다.

〈기업파산법(試行)〉은 파산사건수리 전 6개월로부터 파산선고시까지 한 행위 중 ① 재산의 은닉, 임의분배 또는 무상양도 ② 비정상적인 염가매각 ③ 무담보채권에 대한 담보제공 ④ 변제기 미도래채권에 대한 사전 변제 ⑤ 채권의 포기를 무효행위로 규정하고 있었다.

이에 비하여 〈기업파산법〉은 무효인 행위와 취소대상이 되는 행위를 구분하여 규정함으로써 구법보다 진일보한 형식을 취하였다. 먼저 취소대상인 행위를 보면, 법원이 파산신청을 수리하기 전의 1년 내에 채무자재산에 관련된 ① 재산의 무상양도 ② 명백히 불합리한 가격에 의한 거래 ③ 원래 재산담보가 없는 채무에 대하여 재산담보를 제공 ④ 변제기에 달하지 않는 채무의 사전 변제 ⑤ 채권의 포기 등 행위는 관리인이 법원에 그 취소를 청구할 권한이 있다. 법원이 파산신청을 수리하기 전의 6개월 내에 채무자에게 동법 제2조 제1항 규정의 특별한 상황이 있음에도 개별 채권자에게 변제하는 경우 관리인은 법원에 그 취소를 구할 수 있다(개별 변제가 채무자재산에 이익이 되는 경우는 제외). 법원이 파산신청을 수리한 후 채무자가 개별 채권자에게 행한 채무변제는 무효이고, 채무자재산에 관련된 ① 채무도피를 위한 재산의 은닉, 이전행위 ② 허위채무 부담 혹은 사실과 다른 채무의 승인 등은 무효이다. 관리인은 이 경우 대상 재산을 追回할 권한이 있다.

(5) 미이행쌍무계약

〈기업파산법(試行)〉이 청산조가 미이행쌍무계약에 대하여 이를 해제하거나 계속 이행할지를 결정할 수 있다는 간단한 내용의 규정만을 두어서 해석상 많은 혼란을 야기하였음에 반하여 〈기업파

25_한국법의 부인권에 해당하는 제도라 할 수 있는데 〈기업파산법〉은 청구권의 형태로 부인권을 인정하고 있지는 않고, 제34조에서 일정한 행위를 무효라고 규정하고 있는바 동규정에 사용된 追回라는 용어에 착안하여 이를 追回權으로 칭하기도 한다.

산법〉은 좀 더 구체적으로 규정하였다. 즉, 법원이 파산신청을 수리한 후 관리인은 파산신청 전에 성립하였으나 채무자와 상대당사자 모두가 이행을 마치지 않은 계약에 대하여 해제 또는 계속이행을 결정하고 상대당사자에게 통지할 권한이 있다. 관리인은 파산신청수리일로부터 2개월 내에 상대당사자에게 통지하지 않거나 상대당사자의 최고를 받은 날로부터 30일 내에 답변하지 않은 경우 계약해제로 본다. 관리인이 계약을 계속 이행하기로 결정한 경우 상대당사자는 이행하여야 한다. 다만, 상대당사자는 관리인에게 담보를 제공하도록 요구할 권한이 있다. 관리인이 담보를 제공하지 않는 경우 계약해제로 본다.

다. 파산재산에 관련된 특수문제[26]

(1) 토지사용권

파산기업의 토지사용권이 파산재산에 편입되는가는 그 토지사용권의 성질 즉 국유토지사용권과 집체소유토지사용권의 구분, 국유토지사용권이 설정방식이 劃拔[27]인지 出讓[28]인지에 따라 다르다.

먼저 국유토지사용권에 관하여 보면, 현행 토지관계법규상 획발토지사용권은 양도, 임대 및 저당설정이 금지되나 출양토지사용권은 그러한 제한을 받지 않는다. 따라서 사용권자의 파산 후 획발토지사용권은 파산재산에 편입될 수 없고 국가가 이를 회수하여 파산절차와는 무관하게 별도로 획발 또는 출양하는데 이때의 출양대가는 지방재정에 교부된다. 이에 반하여 양도 등이 가능한 출양토지사용권은 파산재산에 편입된다. 토지에 부착된 건축물이 있는 경우 토지사용권은 건축물의 양도에 수반되나 처분 후 따로 계산하여 상술한 구분에 따라 처리된다. 국유기업의 파산시에는 그 토지사용권의 설정방식을 불문하고 토지사용권의 출양과 양도로 얻은 수익은 파산기업근로자의 직장배치에 사용되도록 규정하고 있다.

집체소유토지사용권의 경우 개인이 갖는 농지나 택지에 대한 사용권은 파산재산이 되지 않고(개인에 대하여 파산이 허용되지 않고 일반적으로 위 사용권은 강제집행의 대상이 되지도 않는다) 건설용지사용권은 파산재산에 편입되는데, 다만 파산기업의 전체 집합재산 혹은 지상건축물과 분리하여 단독으로는 이전되지 않는다.

26_王衛國, 『破産法』, 人民法院出版社, 1999. 12., 143면 이하, 구법 시행당시부터의 학설이기는 하나 신법 공포 이전의 관련 규범 규정이 대부분 유지되고 있는 점을 감안하면 〈기업파산법〉의 시행에도 불구하고 그 내용은 변화하지 않을 것으로 보인다.

27_행정분배방식을 통하여 무상으로 국유토지사용권을 부여하는 방식을 말한다. 중국에서 토지사용권을 취득하는 방법인 劃拔 또는 出讓을 무상양도와 유상양도로, 그리고 이차적인 취득방법이라 할 轉讓을 일반양도로 번역하여 사용하는 예도 있으나, 그 용어사용례가 반드시 적확한 것은 아닌 측면이 있으므로 여기서는 중국의 용례에 따랐다. 송오식, "중국의 사회·경제 변화와 소유제도", 『성균관법학(제16권 제3호)』, 성균관대학교 비교법연구소, 108면 참조.

28_정부와 토지사용인 간의 토지사용권양도계약에 의하여 유상으로 국유토지사용권을 부여하는 방식을 말한다.

(2) 국유기업이 개설한 사회공익사업과 복리시설

국가가 국유기업 등에 분배하여 개설토록 한 학교, 병원, 幼托園, 근로자숙소 등의 사회공익사업과 복리시설은 국가가 직간접으로 투자하는 것이고 사회적으로 중요성이 매우 크므로 계속 유지할 필요가 없는 경우를 제외하고는 이들은 모두 파산재산에 편입되지 않는다. 국유기업이 파산하는 경우 위와 같은 사회공익사업과 복리시설에 대하여는 자산과 채무를 포괄한 전체를 일체로서 소재지 정부가 인수하여 관리한다.

(3) 파산유책자에 대한 추궁

〈기업파산법〉은 파산에 책임이 있는 경영자 등에 대한 책임을 추궁하고 책임재산을 충실하게 하기 위한 제도로서 우리나라의 사정제도와 유사한 것을 마련하였는바 기업의 이사, 감사 혹은 고급관리자가 충실의무, 근면의무에 위반하여 그가 속한 기업을 파산에 이르게 한 경우 법에 따라 민사책임을 지도록 하는 것 외에 일정한 경우 민사책임과 형사책임을 부담하도록 하는 등 다양한 규정을 두었다.

5. 파산비용

파산비용은 파산절차 개시 후 파산절차의 진행 및 전체 채권자의 공동이익을 위하여 발생한 비용을 지칭하는 것으로서 〈기업파산법〉은 파산재산의 관리, 환가와 분배에 필요한 비용(해당 업무종사자의 인건비 포함), 파산사건의 소송비용, 채권자의 공동이익을 위하여 절차진행 중 지급한 기타 비용 등을 파산비용으로 규정하여 파산재산으로부터 우선적으로 지급하여야 한다고 규정한다.

6. 파산절차의 진행

가. 파산재산의 환가

파산채권이 변제받기 위해서는 비금전형태의 파산재산인 경우 법정조건과 방식에 따라 금전형태로 전환시킴으로써 파산청산 및 분배의 편리를 도모하여야 하는데 파산재산의 환가와 관련하여 관리인이 환가방안을 마련하고 그 환가방안을 채권자회의의 결의 및 법원의 재정을 거쳐 확정된다. 파산재산이 유통제한물인 경우는 국가에서 지정한 부서가 매수하여야 한다. 파산재산 중 일체를 이루는 설비는 불가능한 경우를 제외하고는 함께 매각하여야 한다. 파산재산의 환가처분은 경매를 해야 한다고 규정되어 재산의 자의적인 처분은 금지된다.

나. 배당

파산재산은 채권자회의의 결의와 법원의 재정을 거친 분배방안에 따라 배당되는데 우선적으로 파산비용과 공익채무를 지급한 후 법정순서에 따라 변제에 충당한다. 〈기업파산법〉에 따른 청산순위는 ① 파산기업이 체불한 근로자의 임금 및 노동보험비용 ② 체납세금 ③ 파산채권인데 순위가 같은 채권 전체의 변제충당에 부족한 경우는 비례에 따른 분배를 한다. 〈기업파산법〉은 위 근로자의 임금 등 채권과 관련하여 우선적 지위를 갖는 범위를 구법보다 제한함으로써 담보채권자와 일반채권자의 권리보호에 있어서 진일보한 태도를 취하고 있다.

7. 파산절차의 종결

〈기업파산법〉에 의하면 ① 채무자에게 분배할 만한 재산이 없을 때 관리인이 법원에 파산사건의 종결을 청구하는 경우 ② 관리인이 마지막 분배 완결 후 즉시 법원에 파산재산분배보고를 하고 파산사건종결재정을 신청하는 경우 ③ 파산비용 혹은 공익채무를 변제할 수 없는 경우 ④ 채무가 제3자나 채무자에 의해 변제되거나 담보가 제공된 때 파산절차는 종결한다. 관리인은 소송이나 중재가 계속 중인 경우를 제외하고는 해산등기가 이루어진 다음 날부터 직무집행을 종료한다.

Ⅵ. 정책적 파산 - 국유기업 파산의 특례

구법과 마찬가지로 〈기업파산법〉도 국무원이 규정하는 기한과 범위 내에서 일부 국유기업에 대하여 '파산의 특수사무 관련 정책'을 시행할 여지를 두고 있다. 소위 정책적 파산에 관한 문제이다. 국유기업이 중국의 경제발전과 개혁개방을 위하여 중대한 작용을 하고 개혁의 거대한 역량으로서 작용하여 왔는바, 기업의 체제와 구조조정 등의 여러 가지 사유로 일부 국유기업이 경영상의 곤란을 격고 파산청산을 할 필요가 있기도 하지만 위와 같은 기업에 파산원인이 발생하였다 하더라도 사회주의계획경제체제를 시행하여 온 역사상의 이유로 인하여 이러한 기업에 대한 파산절차의 진행은 매우 어려운데 특히 근로자의 직장재배치(安置)가 가장 어려운 문제이다. 이러한 문제를 해결하기 위하여 근로자직장재배치방안을 비롯한 일련의 제도들이 마련되었는바 중국의 현재 상황으로는 이러한 정책이 한동안 계속 유지되어야 한다고 한다.[29] 이러한 특수성은 일부 국유기업에 대하여만 적용한다. 중국이 도산입법의 정비과정에서 관련 입법의 세계적인 조류를 반영하였고 중국의 경제개방과 시장경제의 심화에 따라 예측가능하고 명확한 기업퇴출절차 마련이 더 중요해질 것이므로 정책적 파산에 대하여 국무원의 관련 규정이 과도기적으로 일부 특례를 두기는 하겠으나 〈기업파산법〉의 기본 원칙을 최대한 유지할 것으로 보인다.

29_기업파산시 근로자직장배치 등의 문제를 해결하기 위한 특례를 〈기업파산법〉에서 규정하여 파산법의 본래적 의의를 약화시키기보다는 고용시장의 유연성제고나 실업보험의 마련 등 다른 제도를 통하여 해결하는 것이 바람직할 수도 있다.

제2장 〈기업파산법〉의 의의와 새로운 제도[1]

Ⅰ. 서설

중국의 개혁개방정책의 심화와 시장경제의 추구 과정에서 도산제도가 새롭게 부각되었다. 중국의 철저한 사회주의 계획경제 체제가 1979년 시작된 경제체제개혁으로 시장경제를 도입하면서 이루어진 체제전환 과정에서 상당수 국유기업[2] 등이 파산상태에 이르러 전체 경제를 위협할 수도 있는 상황이 나타났다.[3] 그러나 기업파산퇴출 절차의 미비 및 제도 운영상의 난맥 등으로 인하여 이 문제를 원만히 처리하지 못하여 국가경제의 개혁과 발전을 저해한다는 목소리가 높아 1986년 〈기업파산법(試行)〉을 제정·공포하였다. 그러나 여러 가지 이유로 인해 동법은 모든 국유기업의 파산에 그대로 적용되지는 못하고 수많은 국유기업의 파산과정에서는 일련의 특수정책인 '정책적 파산'이 채택되었다. 그 후 모든 경제주체에 대하여 파산처리문제를 통일적으로 규율할 필요성이 강하게 대두되었고 드디어 〈기업파산법〉을 2007. 6. 1.부터 시행하고 있다. 〈기업파산법(試行)〉은 시초부터 잠정적 성격의 것이었을 뿐 아니라 청산형 절차인 파산청산과 재건형 절차 중 화의만을 규정하였을 뿐 역시 재건형 절차에 속하는 회생제도는 마련하지 않았는데 그나마 위 화의절차는 행정기관이 개입하는 整頓과 결합된 독특한 형태의 것이었다. 현행 〈기업파산법〉은 구법상의 화의절차에서 정돈을 벗겨 내었고 새롭게 회생절차를 규정하는 등 대폭적인 제도개선을 하였다.

1_이 장은 필자의 "중국 기업파산법의 제정과 특색", 『중국법연구(제8집)』, 한중법학회, 2007. 12.을 수정하고 보완하여 작성하였다.

2_국유기업은 자본 전부를 국가 혹은 국유투자기구가 투자하여 설립한 기업으로서 국영기업 혹은 전민소유제기업으로도 불리는데 현재는 주로 국유기업이라고 한다. 투자체제와 경영형식의 전환으로 일부 국유기업은 이미 국가가 주식을 소유하거나 국가가 지배주주인 기업으로 바뀌었다.

3_중국은 1992. 10. 중국공산당 제14기 전당대회에서 사회주의시장경제체제의 수립을 중국경제체제개혁의 목표로 정하였다. 정용상, "중국법상 국유기업의 회사화와 주식회사의 설립", 『비교사법(통권 제22호)』, 한국비교사법학회, 2003. 9., 388면.

이하에서는 중국 파산처리의 구제도를 대표하는 〈기업파산법(試行)〉에 비교되는 〈기업파산법〉의 제정이 가지는 의미와 주요 특색에 대하여 살펴본다.

II. 〈기업파산법〉의 제정과 의의

〈기업파산법〉의 제정과정이 순탄치는 않았다. 이해관계가 다른 많은 이들의 의견을 수렴하고 통일된 제도를 만드는 것이 쉽지만은 않은데 더욱이 국가주도의 경제체제를 가진 중국이 시장경제의 핵심법률 중 하나로 꼽히는 도산관계법을 정비하는 것은 더욱 어려웠을 것이다. 전국인민대표대회 상무위원회의 결정에 따라 전국인민대표대회 재정경제위원회는 1994년부터 새로운 기업파산법 초안을 작성하기 시작하여 1995년 가을에는 총 10개 장 193개 조로 된 초안을 마련하였으나 여러 가지 이유로 상무위원회의 심의에 회부되지 못하였고 계속적인 수정보완을 통해 마련된 총 11개 장 164개 조의 기업파산법초안이 2004. 6. 14. 상무위원회의 심의에 회부되었다. 초안시작 단계에서는 회생제도에 대한 논의가 활발하지는 않았다. 그러나 〈기업파산법(試行)〉이 1979년 시작된 경제개혁과정에서 기대했던 법률적 역할을 충분히 수행하지 못하였다는 인식을 바탕으로 1995. 3. 성도에서 개최된 제1초안에 대한 토론회에서 미국파산법의 제11장이 정식으로 소개된 것을 계기로 오랜 논의를 거쳐 회생제도가 도입되었고, 수많은 토론과 수정작업을 거쳐 드디어 2006. 8. 27. 제19기 전국인민대표대회 상무위원회 제23차 회의심의를 통과함으로써 12년에 걸친 초안작업이 종료되고 현행 법률이 공포되었다.

새로운 파산법의 등장은 매우 의미 있는 일로서 중국 내에서도 이 법에 대한 평가가 매우 높다. 〈기업파산법〉의 등장에 대하여 기초작업에 참여하기도 한 중국의 李曙光은 신파산법은 중국시장경제의 상징적 법률로서 중국시장경제가 새로운 단계에 들어섰으며 한 단계 전진했다는 것을 나타내는데 첫째, 신파산법은 시장경제에 부족했던 기본법의 공백을 메웠고 둘째, 파산법은 본질상 신용경제를 규제하는 법으로서 상업신용을 규율하는 기초적인 법률이며 파산법이 없는 시장경제는 존재하지도 존재할 수도 없으며 셋째, 파산법은 채권자, 채무자, 소비자, 투자자, 주주, 근로자, 정부 등을 막론하고 수많은 시장참여자에게 안정적인 예측을 할 수 있게 하여 파산법이 있음으로써 예측가능한 게임규칙이 있게 되고 시장에서의 교역에 대한 충분한 보장과 보호수단이 있게 된다고 말한다.[4] 이러한 긍정적인 평가를 받는 것은 구체적인 절차의 개선 외에도 파산법제의

4_李曙光, "新破産法 : 一部市場經濟的基本法", 中國人大网(http://www.npc.gov.cn).

전체적인 구조와 이념의 큰 변화 덕분이기도 하다. 중국의 도산관련 구법을 보면, 절차의 구분에 따라 별개의 단행법을 마련한 것이 아니라 규율대상의 성질에 따라 적용법률이 기본적으로 달랐다. 즉 도산관련 기본법규로서 〈기업파산법(試行)〉, 〈중화인민공화국 민사소송법〉에 약간의 관련 규정[5]이 있다. 그러나 그 규정 내용이 지나치게 원칙적이어서 적용에 어려움이 많았고 그 외에도 법률적 효력을 가지는 보충적 규범들이 등장하여 도산제도의 法源으로서 작용하였다. 최고인민법원이 1991. 11. 공포한 파산법의견, 1997. 3. 공포한 파산법통지와 2002. 7. 공포한 파산법 규정, 기타 국무원규정과 地方性 법규 등이 있다. 외상투자기업의 경우는 1996. 7. 제정된 〈외상투자기업 청산방법〉[6]이 약간의 관련 규정을 두고 있다.

이에 반하여 〈기업파산법〉은 전술한 바와 같이 한국의 통합도산법과 같은 한 개의 입구와 여러 개의 출구를 갖춘 형태를 갖추어 채무자기업이 국유인지 여부를 가리지 않고 모든 기업법인의 도산제도를 통합하여 규정하고 있다. 〈기업파산법〉의 제정목적을 살펴보면 도산제도에 관한 근본적인 시각의 변화가 입법에 반영되었음을 알 수 있다. 즉 법제도의 기본이념과 관련하여 〈기업파산법(試行)〉 제1조는 "사회주의의, 계획 있는 상품경제의 발전과 경제체제개혁의 수요에 부응하고, 전민소유제기업의 자주경영을 촉진하며 경제책임제와 민주관리를 강화하고 경영상황을 개선하며 경제효과와 이익을 높이고, 채권자와 채무자의 합법적 권익을 보호하기 위하여"라고 명시하고 제4조는 "국가는 각종 방법을 통하여 파산기업 근로자들의 직장배치에 대해 적절하게 계획을 세워 처리하고 직장배치 전의 기본적인 생계수단을 보장하며 구체적인 것은 국무원의 별도 규정에 의한다."라고 명시함으로써 도산절차가 순수한 채권처리절차라기보다는 경제정책수단의 일종이고 근로자 보호의 수단임을 강조하고 있다.

이에 반하여 〈기업파산법〉은 "기업파산절차를 규율하고 채권채무를 공평하게 청산정리하며 채권자와 채무자의 합법적인 권익을 보호하고 사회주의 시장경제질서를 유지·보호하기 위하여 본법을 제정한다(제1조).", "법원의 파산사건심리는 법에 따라 기업근로자의 합법적인 권익을 보장하여야 하고 법에 따라 파산기업경영관리자의 법률책임을 추궁하여야 한다(제6조)."라고 규정함으로써 도산절차의 사법절차로서의 성격을 강조하고 있다. 이로써 중국이 시장경제체제를 더욱 근본적으로 받아들이고 있음을 알 수 있는 동시에 중국의 특색이 입법에 반영되었음을 파악할 수도 있다. 이러한 이념적 규정을 제대로 이해하고 파악하여야만 한국과 비슷하면서도 다른 중국의 도산 관련 법제를 비로소 제대로 이해할 수 있다.

5_제19장 企業破産節次(企業破産還債程序)

6_外商投資企業清算辦法

Ⅲ. 〈기업파산법〉의 특색

구법에 대비되는 〈기업파산법〉의 특색은 시각에 따라 여러 가지가 있겠으나 중국의 대표적인 관점을 따른다면 〈기업파산법〉의 특징을 다음의 세 가지로 요약해 볼 수 있겠다. 첫째, 파산실체문제와 절차문제에 관한 규정이 이전에 비하여 명확하고 구체적으로 바뀌었다. 둘째, 회생제도를 새롭게 도입하였다. 셋째, 파산청산순위를 중국의 상황에 더욱 부합하게 조정함으로써 근로자권익을 보호하는 데 더 유리해졌다.[7] 賈國文은 신법의 특징으로서 회생제도의 도입, 관리인제도, 모든 기업법인으로 적용범위를 확대한 것, 금융기구파산의 규정 마련, 자연인에 대한 적용 제외를 들고 있다.[8]

현행 〈기업파산법〉의 특색은 절차진행과정에서의 구체적인 내용을 구법과 비교하여 살펴보는 것이 적절하므로 다음과 같이 8개의 논점을 중심으로 고찰한다.

1. 적용범위

〈기업파산법(試行)〉은 전술한 대로 그 적용대상을 국유기업으로 한정하였고, 기타의 법인기업에는 〈민사소송법〉 등이 적용되어 도산절차의 통일 및 절차진행의 효율성을 확보하기 어려웠다. 이에 반하여 현행 〈기업파산법〉은 제2조에서 "기업법인이 변제기에 있는 채무를 변제할 수 없고 자산이 채무 전부를 변제하기에 부족하거나 채무변제능력을 분명히 결핍한 경우 본법 규정에 따라 채무를 청산한다. 기업법인이 전항 규정의 상황이 있거나 채무변제능력을 상실할 가능성이 명백한 경우 본법에 따라 회생을 진행할 수 있다."라고 규정하여 법의 적용범위를 모든 기업, 즉 국유기업과 법인형 사영기업, 三資기업[9], 상장기업과 비상장기업, 유한회사와 주식회사, 심지어 금융기구까지 확대하였다. 물론 후술하는 바와 같이 국유기업과 금융기관에 대하여는 아직 정부의 역할이 여전히 중요하지만 도산이 더 이상 국유기업만의 권리는 아닌 것이 되었고 기본적으로 모든 기업이 동일한 적자생존원칙의 적용을 받게 되었다. 다만 〈기업파산법〉도 여전히 기업법인 이외의 경우에 대하여는 적용을 부인한다.[10] 개인기업과 개인에 대한 파산절차의 적용은 시기상조설이 우세하여 아직 법률에 규정하지 않고 있는 것이다. 그러나 시장경제의 발달에 따라 조만간 자연인과 개인기업에 대한 도산절차를 입법할 것으로 예상된다.[11]

7_鄧聿文, "新破産法折射中國改革的進步", 中國人大网(http://www.npc.gov.cn).

8_賈國文, "重整是新破産法最大亮点", 天下財經网(http://stock.21our.com).

9_중외합자경영기업, 중외합작경영기업, 외자기업을 포괄하여 지칭한다.

10_다만, 현행법 제135조는 "기타 법률이 규정하는 기업법인 이외 조직의 청산은 파산청산에 속하는 경우 본법 규정을 적용하는 절차를 참조한다."라고 규정한다.

〈기업파산법(試行)〉은 파산원인과 관련하여 제3조에서 '기업이 부실한 경영관리로 인하여 엄중한 손실을 초래하여 변제기에 있는 채무를 변제할 수 없을 때'라는 규정을 두었고 〈민사소송법〉도 제199조에서 '기업법인이 엄중한 손실로 인하여 변제기에 있는 채무를 변제할 능력이 없을 것'을 파산선고신청의 요건으로 하였다. 이와 관련하여 파산법의견이 '변제기에 있는 채무에 대하여 연속적으로 지급을 정지하면 변제능력이 없는 것으로 추정'한다는 취지의 규정을 두고 있기는 하나 '부실한 경영관리', '엄중한 손실' 등의 불확정 개념을 사용함으로써 법 집행상의 명확성을 결여하는 문제가 있었다. 이러한 점 등을 감안하여 〈기업파산법〉은 전술한 제2조와 "채무자는 본법 제2조 규정의 상황이 있는 경우 법원에 회생, 화의 혹은 파산청산의 신청을 할 수 있다. 채무자가 변제기에 있는 채무를 변제할 수 없는 경우 채권자는 채무자에 대하여 회생이나 파산청산의 진행을 법원에 신청할 수 있다. 기업법인이 이미 해산하였으나 청산하지 않았거나 또는 청산이 종료되지 않았는데 재산이 채무를 변제하기에 부족한 경우 법에 의하여 청산책임을 지는 자는 법원에 파산청산을 신청하여야 한다(제7조)."라는 규정을 둠으로써 법절차적용상의 명확성을 제고하였고, 화의절차에서 정돈을 삭제하고 관리인제도를 도입하는 등의 방법으로 행정절차적인 색채를 크게 줄였다.

2. 관리인제도

관리인은 기업도산절차에서 채무자의 재산관리와 기타 사무를 책임지는 자이다. 그러므로 관리인의 선정과 관리인의 능력이 도산절차의 진행에 끼치는 영향은 매우 크다. 〈기업파산법(試行)〉에서는 별도로 전문 관리인을 지정하는 것이 아니라 파산사건의 수리시부터 파산선고시까지의 기간에는 채무자가 재산을 자유로이 관리하고, 파산선고 이후에만 청산조가 재산을 인수하도록 되어 있었다. 청산조는 파산관재인이라고도 하는데 파산청산사무의 책임자이자 집행기구로서 파산재산의 보관, 정리, 가치평가, 처리 및 분배의 권한을 갖는다. 청산조는 법원이 채무자기업의 상급주관부서, 정부재정부서 등 관련 부서와 전문인원들 중에서 지정한다.[12] 이 때문에 파산절차진행의 효율성이 저해되고 채무자가 재산을 은닉하거나 낭비할 여지가 있다는 비판이 있음은 전술하였다.

이에 따라 〈기업파산법〉은 관리인제도를 신설하였는데, 법원은 파산신청을 수리하는 재정을

11_신법의 기초작업에 참여하기도 한 江平은 2006. 11. 21. 기업으로서는 개인독자기업과 조합기업 등이 있고 비법인기업도 엄연히 존재하며, 파산절차와 관련하여서는 법인과 자연인 간의 차이가 크지 않을 수도 있다는 점 등을 들어 〈기업파산법〉이 법인기업에만 적용되는 점을 신법의 결함으로 지적하고 있다. 江平, "高峰對話-聚焦〈破産法〉的修改", 中國政法大學法大民商經濟法律网(http://www.ccelaws.com).

12_〈기업파산법(試行)〉 제24조 제2항.

하는 경우 동시에 관리인을 지정하여야 한다(법 제13조).[13] 채권자회의는 관리인이 적법하거나 공정하게 직무를 이행할 수 없거나 기타 직무를 담당할 수 없다고 인정하는 경우 법원에 변경을 신청할 수 있다(법 제22조). 관리인은 관련 부서와 기구의 인원으로 구성되는 청산조 혹은 법에 따라 설립된 변호사사무소, 회계사사무소와 파산청산사무소 등 사회중개기구가 맡을 수 있다. 법원은 파산기업의 실제 상황에 따라 유관 중개기구의 의견을 구한 후 전문지식을 갖추고 영업자격을 취득한 해당 기구의 인원으로 하여금 관리인을 맡도록 지정할 수 있다(법 제24조).

구법의 경우 '청산조'의 구성상 기본적으로 비시장적이고 비전문적이며 정부간섭적인 색채를 띤다. 신법이 위와 같은 방식을 완전히 버린 것은 아니지만 국제적으로 통용되는 관리인제도를 도입하여 관리인은 주로 변호사사무소, 회계사사무소, 파산청산인사무소 등 사회중개기구가 맡도록 규정하였고 시장화방식에 따라 운행하도록 하였다. 관리인지정과 보수확정방법은 최고인민법원이 정한다(법 제22조 제3항).[14] 관리인은 법 규정에 따라 직무를 집행하고 법원에 보고하며 채권자회의와 채권자위원회의 감독을 받는다. 관리인은 채권자회의에 참석하여 채권자회의에 직무집행상황을 보고하고 자문에 답하여야 한다(법 제23조). 개인이 관리인을 맡는 경우 영업책임보험에 가입하여야 한다(법 제24조 제4항).

관리인의 직책으로 규정된 것은 ① 채무자의 재산, 인장과 장부, 문서 등의 자료를 접수하고 관리 ② 채무자의 재산상황을 조사하고 재산상황 보고를 작성 ③ 채무자의 내부관리 사무에 관한 결정 ④ 채무자의 일상적인 지출과 기타 필요한 지출의 결정 ⑤ 제1차 채권자회의의 소집 전에 채무자의 영업을 계속 혹은 정지할 것인지의 결정 ⑥ 채무자 재산의 관리와 처분 ⑦ 채무자를 대표하여 소송, 중재 혹은 기타 법률절차에 참가 ⑧ 채권자회의의 소집 제의 ⑨ 관리인이 이행하여야 할 것으로 법원이 인정하는 기타 직무 등이다(법 제25조). 관리인은 법원의 허가를 받아 필요한 업무자를 초빙할 수 있다. 전체 도산절차의 운용을 전문인력에게 맡겨 처리할 수 있도록 하고 파산절차를 더욱 시장경제발전의 요구에 부합하게 정비한 것이다.

다만 중국의 파산업무의 실제 상황이나 변호사, 회계사, 파산청산인 등 사회중개 전문인력의 양성제도가 〈기업파산법〉이 예정하고 있는 정도의 전문지식을 갖춘 유능한 관리인제도에 부합하는지는 여전히 중국 도산입법의 향후과제로 남아 있다.

13_그러나 신법도 파산신청부터 관리인이 채무자재산의 접수·관리 개시시기인 수리결정시까지의 기간 동안 채무자의 재산 보전조치에 대하여는 별다른 규정을 두지 않음으로써 그 기간 동안 채무자나 채권자에 의하여 부당한 행위가 행하여질 가능성이 여전히 상존하는 것은 향후 보완하여야 할 문제이다.

14_관리인의 보수문제는 매우 중요하고 민감한 문제인데, 규정이 합리적이면 효율적이고 유능한 관리인의 양성 및 도산절차의 순조로운 진행에 도움이 될 것이다. 채권자회의가 그 보수를 심사할 권한을 가지므로(법 제61조) 채권자와 관리인 사이에 의견불일치로 절차의 순조로운 진행에 장애가 생길 가능성도 있다.

3. 채권자보호 강화

도산제도는 기본적으로 특수한 상황에 처한 채무자와 관련된 채무의 집단적인 정리절차로서 채무자가 변제기에 이른 채무를 변제할 수 없을 때 채권자가 법원에 채무자에 대하여 회생이나 파산청산을 진행하여 줄 것을 신청하는 것이므로 그 절차과정에서 채권자의 이익을 적정하게 보호하는 것이 매우 중요하다. 그러나 〈기업파산법(試行)〉의 도산절차는 행정주도적인 색채가 농후하여 채권자보호에 충분하지 못한 면이 있었는데,[15] 현행법은 이러한 점을 많이 개선하여 도산절차에 있어서 채권자보호를 한층 강화하고자 하였다. 〈기업파산법(試行)〉에 의하면 파산신청은 채권자가 할 수도 있고 채무자가 상급주관기관의 동의를 거쳐 신청할 수도 있었는데, 현행 〈기업파산법〉은 상급주관기관의 동의 규정을 삭제하고 채무자가 회생, 화의 혹은 파산청산을 신청할 수 있도록 하였으며, 채무자가 이행기가 도래한 채무를 변제할 능력이 없는 경우 채권자도 회생이나 파산청산을 신청할 수 있도록 하였다. 채권자는 관리인에게 채권을 신고하고 관리인은 채권신고자료를 받은 후 기재대장을 만들며 신고채권에 대하여 심사하고 채권표를 편제하여야 한다. 규정에 따라 편제된 채권표는 제1차 채권자회의에 제출되어 조사되어야 하고, 채무자나 채권자회의가 채권표에 기재된 채권에 이의가 없는 경우 법원이 결정함으로써 확인한다(법 제58조).

가. 채권자회의

채권자회의는 전체 채권자들이 절차에 참가하여 집단적으로 권리를 행사하는 결의기구이다. 도산절차는 채권자의 합법적 권익 보호와 채무의 공평한 청산에 그 뜻이 있으므로 채권확인, 채무자와의 화의, 파산재산의 환가와 분배 등에 관한 채권자회의의 결의는 절차진행의 중요한 근거가 된다. 채권자회의는 모든 신고채권자로 구성되는데, 담보채권자는 화의협의 의결과 파산재산 분배방안 의결의 경우 우선변제권을 포기하여야 의결권을 행사할 수 있다(법 제59조 제3항). 채권자회의의 기본적인 직권은 채권의 심사와 확인인데 구체적으로 보면 ① 채권조사 ② 법원에 대한 관리인의 교체 신청과 관리인의 보수 심사 ③ 관리인감독 ④ 채권자위원회의 구성원의 선임과 교체 ⑤ 채무자영업의 계속이나 정지의 결정 ⑥ 회생계획의 의결 ⑦ 화의협의의 의결 ⑧ 채무자재산의 관리방안 의결 ⑨ 파산재산의 환가방안 의결 ⑩ 파산재산의 분배방안 의결 ⑪ 채권자회의가 결정하여야 한다고 법원이 인정하는 기타 사항 등이다(법 제61조). 채권자회의의 확인과 부인

15_그 한 예를 들자면 구법에는 채권자회의에 관한 규정만 있었고, 채권자위원회는 설치되지 않았다.

등에 대하여 이의가 있는 자는 법원에 재결을 청구할 수 있다(법 제64조 제2항). 제1차 채권자회의는 법원이 소집하나 그 후에는 법원, 관리인, 채권자위원회, 채권(담보채권 제외) 총액의 1/4 이상을 갖는 채권자의 요구에 따라 소집되며, 그 결의는 출석한 의결권자 과반수 이상의 찬성 및 찬성자의 채권액수가 담보 없는 채권총액의 반수 이상이어야 유효하다(법 제62조, 제64조). 다만, 화의안에 대한 결의는 위 채권총액에 대한 요건이 2/3 이상으로 강화되어 있다(법 제97조).

채권자회의 기간에 채무자는 채권자회의에 출석하여 사실대로 채권자의 질문에 답할 의무가 있다. 관리인 선임과 관리방면에서 채권자회의는 관리인이 적법하거나 공정하게 직무를 이행할 수 없거나 기타 직무를 담당할 수 없다고 인정하는 경우 법원에 변경할 것을 신청할 권한을 갖고(법 제22조 제2항), 관리인은 채권자회의에 참석하여 채권자회의에 직무집행상황을 보고하고 질문에 답하여야 한다.

나. 채권자위원회

〈기업파산법〉은 채권자의 절차관여권을 실질적으로 보장하기 위하여 채권자위원회제도를 신설하였는바 채권자회의는 채권자대표를 선임하여 채권자위원회를 구성할 수 있고 채권자대표는 법원의 서면인가결정을 받아야 한다. 채권자대표는 9인 이내이고 그중 1인은 근로자대표이어야 한다(법 제67조).

채권자위원회는 ① 채무자재산의 관리와 처분의 감독 ② 파산재산분배의 감독 ③ 채권자회의 소집 제의 ④ 채권자회의가 위임하는 기타 직권 등을 갖고(법 제68조), 관리인은 ① 토지, 건물 등 부동산 관련 권익의 이전 ② 채광권, 지적재산권 등의 재산권 이전 ③ 재고 전부 혹은 영업의 이전 ④ 차재 ⑤ 재산담보의 설정 ⑥ 채권과 유가증권의 이전 ⑦ 채무자와 상대당사자가 모두 이행을 완료하지 않은 계약의 이행 ⑧ 권리의 포기 ⑨ 담보물의 환취 ⑩ 채권자의 이익에 중대한 영향이 있는 기타 재산처분행위를 하는 경우에 즉시 채권자위원회에 보고하여야 한다(법 제69조 제1항). 관리인은 규정에 따라 직무를 집행하고, 채권자회의와 채권자위원회의 감독을 받아야 하는데 채권자위원회는 직무집행시 관리인과 채무자의 관련 인원에게 그 직무범위 내의 사무에 대하여 설명하거나 관련 서류를 제출할 것을 요구할 권한이 있다(법 제68조 제2항). 채권자 이익의 보호를 위한 중요한 장치를 둔 것이다. 후술하는 바와 같이 신법에 신설된 회생절차에서도 채권자자치는 중요한 작용을 한다. 채권자는 법에 의하여 직접 법원에 채무자에 대하여 회생을 진행할 것을 신청할 수 있을 뿐 아니라 채권자회의는 회생계획초안에 대하여 표결권을 행사하는 등 회생절차의 진행에 결정적인 작용을 한다.

다. 화의절차에서의 행정 관여 배제

화의는 파산원인을 구비한 채무자가 파산을 피하기 위하여 채권자단체의 양보를 전제로 채무문제를 처리하는 합의를 이루고 법원의 인정을 거쳐 효력을 발생하는 절차이다. 〈기업파산법(試行)〉 제4장은 화의에 관하여 규정하였는데 위 화의절차는 기업의 상급주관부서가 관여하는 整頓절차와 결합한 독특한 형태를 갖고 있었다. 정돈절차진행은 화의절차진행의 전제적 성격을 갖는다. 그리고 화의와 정돈절차는 채권자가 파산을 신청하는 경우에만 적용된다. 〈기업파산법〉은 제9장에서 화의제도를 개선하여 종전의 과도한 행정적 색채를 배제하고자 정돈제도를 폐지하였고 기타의 절차는 폐지된 한국의 화의제도와 유사하게 채무자에게 법원의 감독하에 절차의 주도권을 인정하는 방향으로 새로이 규정하였다. 구법이 파산신청 없이 곧바로 화의를 신청하도록 허용하지는 않고, 화의절차는 파산신청이 있은 후 일정한 요건을 갖춘 경우에 비로소 진행되도록 한 것과 달리, 신법은 채무자가 직접 화의를 신청할 수 있도록 하고 법원의 파산사건수리 후 파산선고 전에 화의를 신청할 수 있도록 하였다.

이와 관련하여 신법이 구법에 비하여 행정관여적인 색채를 감소시킨 것으로 눈여겨볼 만한 것이 파산선고에 관련된 특례규정이다. 즉 〈기업파산법(試行)〉에 의하면 파산의 원인이 있는 경우에도 파산선고 전 채권자와의 협의를 통해 화의에 성공하거나 법정사유가 있는 경우 파산선고를 면할 수 있는데 상기의 법정사유로는 공용기업과 국가민생에 중대한 관계가 있는 기업이 정부의 지원 등을 받아 채무를 변제한 경우와 담보를 취득하여 파산신청일로부터 6개월 내에 채무를 변제한 경우가 있다(동법 제3조 제2항). 이에 반하여 〈기업파산법〉이 위와 유사하게 특별히 규정하는 파산선고 전 파산절차의 종결을 재정하는 사유로는 제3자가 채무자를 위하여 충분한 액수의 담보를 제공하거나 채무자를 위하여 변제기에 있는 채무 전부를 변제한 경우와 채무자가 변제기에 있는 채무 전부를 이미 변제한 경우로 변경되어 행정관여적 색채를 감소시켰다(법 제108조).

4. 담보권과 근로자채권

파산선고 전의 원인으로 발생한 것으로서 파산절차를 통하여 파산채무자의 재산으로부터 공평하게 변제받을 수 있는 청구권인 파산채권에 관하여 〈기업파산법〉은 법원이 파산사건을 수리하기 전에 성립한 채무자에 대한 채권을 파산채권으로 규정한다. 도산절차에서 파산채권의 만족은 파산재산의 분배를 통하여만 가능한데 파산재산은 우선적으로 파산비용과 공익비용을 지급한 후 법정순서에 따라 변제에 충당한다.

〈기업파산법(試行)〉에 따른 청산순위는 ① 파산기업이 체불한 근로자의 임금 및 노동보험비용 ② 체납세금 ③ 파산채권인데(동법 제37조) 1순위인 근로자 관련 채권의 범위가 제한되지 않아 일반채권자의 지위를 매우 불안하게 하는 면이 있었다. 더욱 문제가 된 것은 〈기업파산법(試行)〉 제32조 제1항이 담보부채권의 경우 채권자는 당해 담보물에서 우선적으로 변제받을 권리가 있다고 규정함에도 불구하고 사법실무에서는 파산자의 담보 없는 재산이 근로자임금 등을 지급하기에 부족한 경우는 담보가 있는 재산으로부터 지급하여야 한다는 국무원 공포의 법규[16]를 적용하여 법률상 보장되는 담보권의 우선변제권을 실질적으로는 부정한 것이다.[17] 결국 담보권자라 하더라도 그 우선적 지위를 보장받지 못함으로써 도산절차의 원만한 진행은 물론 기업경영 자체에도 불리한 영향을 초래하였다.

현행 〈기업파산법〉의 변제순위 규정도 구법과 대동소이하나 위 근로자의 임금 등 채권과 관련하여 우선적 지위를 갖는 범위를 제한함으로써 담보채권자와 일반채권자의 권리보호에 있어서 진일보한 태도를 취하고 있다. 즉 특정재산에 대하여 담보권을 가지는 권리자는 그 특정재산에 대하여 우선 변제받을 권리가 있음을 재차 명시하고(법 제109조) 담보채권과 근로자채권의 변제순서에 관하여 新舊區分의 방법을 택하였다. 신법 공포 이전에 지급되지 않은 근로자의 임금채권 등은 파산절차에서 근로자의 채권이 담보채권에 우선하고 파산자의 담보 없는 재산이 근로자임금을 지급하기에 부족한 경우는 담보가 있는 재산으로부터 지급하여야 한다. 신법의 공포 후에는 비록 기업이 파산하는 경우라 하더라도 담보채권을 우선적으로 지급하고, 근로자의 급여와 기타 복리비용 등은 담보 없는 재산으로부터 변제하게 하였다(법 제132조).[18] 신법의 공포일인 2006. 8. 27.을 기준으로 하여 처리를 달리한 것이다. 이 독특한 규정은 중국의 사정과 밀접한 관련이 있는데 첫째, 저당담보재산은 파산청산에 들어가지 않고 파산재산으로부터 독립한 자산이 된다. 둘째,

---

16_〈몇몇 도시에서 試行하는 국유기업파산 관련 문제에 관한 국무원의 통지〉(國務院關于在諾干城市試行國有企業破産有關問題的通知(國發[1994]59號))는 기업파산실시는 반드시 먼저 파산기업근로자의 재배치를 하여야 하고, 기업파산시 토지사용권의 양도소득은 근로자의 재배치에 우선적으로 사용한 후 남는 부분이 있으면 비로소 파산재산분배방안에 편입하는 것으로 규정하였고, 〈국유기업합병파산 試行 중의 몇 가지 문제에 관한 국가경제무역위원회, 중국인민은행의 통지〉(國家經貿委員會、中國人民銀行關于試行國有企業兼幷破産中諾干問題的通知(國經貿企[1996]492號))는 더 나아가 기업이 토지사용권을 저당물로 한 경우 이를 양도하여 얻은 소득은 먼저 파산기업근로자의 재배치에 사용하고 잉여부분에 대하여 저당권자가 우선 변제받을 권리를 가진다고 명시하였으며 〈몇몇 도시에서 試行하는 국유기업합병파산과 근로자재취업 관련 문제에 관한 국무원의 보충통지〉(國務院關于在諾干城市試行國有企業兼幷破産和職工再就業有關問題的補充通知(國發[1997]10號))는 파산기업이 토지사용권을 저당물로 한 때에도 그 양도로 얻은 소득은 먼저 근로자재배치에 사용하여야 하고, 지급에 부족한 경우 부족부분은 저당 없는 재산과 저당재산을 처분하여 얻은 소득 중에서 차례로 지급해야 함을 다시 한 번 확인해 주고 있다.

17_付翠英 편저, 『破産法比較研究』, 中國人民公安大學出版社, 2004. 12., 450면.

18_이 규정에 의하여 근로자의 이익이 일반 담보물권에 비하여 우월한 지위를 갖기는 하나 〈해상법〉 제2조 규정의 특별우선권과 같은 법률규정의 특별우선권에 우선할 수는 없다고 한다. 李永軍, “中國破産法程序与實体問題解析”, 『영산법률논총(제3권 제2호[통권 제4호])』, 영산대학교법률교육연구원, 2006. 12., 121면.

시장경제로의 전환과정 중 법률제도는 근로자채권의 처리라는 복잡한 문제에 대하여 중국의 현실상황을 고려함과 동시에 시장경제법률의 전체 구조를 감안하여 근로자의 사회보장문제는 이후 파산법이 아닌 완비된 사회보장제도로 해결한다. 셋째, 만약 담보채권이 법률에 의하여 적정하게 실현될 수 없다면 금융기구 등의 채권자에 대하여 거대한 충격이 되고, 금융기구와 채권자도 파산할 가능성이 있는데 이로 인한 사회적인 충격은 엄청난 점 등을 감안한 것이다.[19] 결국 현행 〈기업파산법〉은 나름대로 중국의 현실문제와 국제적 관례 사이에서 적절한 조화를 찾으려 한 것인데 향후에는 더 이상 법률규정이 형해화되지는 않고 도산과정에서 발생하는 근로자 권익의 보호문제는 파산보장기금 등의 제도를 통하여 해결하는 방안을 강구하는 것이 바람직하다.

5. 회생제도의 도입

회생은 채무변제능력이 없는 채무자의 재산에 대하여 즉시 청산을 진행하지 않고 법원의 주도하에 채권자와 채무자가 협의를 하고 회생계획을 제정하고 일정한 기한 내에 채무자가 일정한 방식에 따라 전부 혹은 일부 채무를 청산하는 동시에 채무자는 그 업무를 계속경영할 수 있게 하는 제도이다.

재건형 도산제도의 일종으로서 채무자부흥의 촉진이라는 입법목적하에 만들어진 회생제도는 도산입법의 국제적인 추세이다. 〈기업파산법〉은 도산상태에 처하였으나 구제희망이 있는 기업으로 하여금 파산청산절차를 거치지 않고 회생할 수 있는 기회를 갖도록 회생제도를 마련하였다. 이로써 화의제도와 함께 중국법률에도 현대적인 재건형 도산처리제도가 모두 도입되었다. 회생의 성공가능성을 높이기 위하여 신청원인을 넓게 규정하여 변제기도래채무를 변제하지 못할 가능성이 예상되는 경우 채무자가 직접 회생절차를 신청할 수 있게 하였고 채권자와 사회의 이익을 보호하기 위하여 회생계획의 인가에 대한 법원의 재량권이 인정된다. 회생기간 중에는 채무자의 신청으로 법원의 비준을 받아 채무자는 관리인의 감독하에 자신이 재산관리와 영업사무를 할 수 있다.

회생제도의 도입은 〈기업파산법〉을 단순히 시장퇴출 · 사망 · 도태에 관한 법에 머무르게 하지 않고 기업의 갱생 · 회생 · 구조에 관한 법이 되게 하였다. 파산청산신청 후에도 기업은 여전히 회생제도를 통하여 파산청산을 면할 가능성을 갖게 된 것이다. 회생제도는 절차개시의 다원화, 정리조치의 다양화, 다른 도산절차에 대한 우선화, 담보물권의 비우선화와 참여주체의 광범위성

19_李曙光, “新破産法 : 一部市場經濟的基本法”, 中國人大网(http://www.npc.gov.cn).

등의 특징을 통하여 채무자기업에게 자기구제, 새로운 시작의 기회를 부여함으로써 채무자와 채권자의 이익관계에 적절한 평형을 추구한다.

가. 회생의 신청과 심사

채무자나 채권자는 이행기도래 채무에 대한 변제능력의 결여, 자산이 채무변제에 부족하거나 변제능력을 결여한 것이 분명한 경우 혹은 변제능력을 상실할 가능성이 있는 경우 채무자에 대하여 회생을 진행할 것을 법원에 직접 신청할 수 있다. 채권자가 채무자에 대하여 파산청산의 진행을 신청하는 경우 법원이 파산사건을 수리한 후 채무자의 파산을 선고하기 전에 채무자나 채무자등록 자본의 1/10 이상을 점하는 출자자는 법원에 회생을 신청할 수 있다(법 제2조 제2항, 제7조 제2항, 제70조). 법원은 심사 후 회생신청이 본법 규정에 부합한다고 인정하는 경우 채무자의 회생을 허가하는 재정을 하고 공고하여야 한다(법 제71조).

나. 회생허가재정의 효과

법원의 채무자회생재정일로부터 회생절차의 종료시까지를 회생기간으로 하여 회생을 위한 일정한 법률효과를 인정하고 있다.

(1) 채무자의 재산관리와 영업사무(DIP제도)

회생이 개시되면 원칙적으로 관리인은 규정된 직권을 행사하여 채무자의 재산과 영업을 관리하고 채무자기업의 경영관리자를 초빙하여 기업의 영업사무를 책임지도록 맡길 수 있다. 다만, 회생의 성공적인 수행을 위하여 미국식의 DIP제도를 일부 수용해 회생기간 중에는 채무자의 신청으로 법원의 비준을 받아 채무자가 관리인의 감독하에 자신이 재산관리와 영업사무를 할 수 있다. 이 경우에는 이미 기업재산과 영업사무를 접수하여 관리하고 있는 관리인은 채무자에게 재산과 영업사무를 이전하여야 한다(법 제73조).

(2) 담보권에 대한 제약 등

회생기간에는 채무자의 특정재산에 대하여 있는 담보권은 그 행사가 잠정 중지된다. 다만, 담보물이 손괴되거나 가치가 크게 감소될 가능성이 있고 담보권자의 권리를 해하기에 충분한 경우 권리자가 담보권행사의 회복을 청구할 수 있다(법 제75조 제1항).

채무자는 영업계속을 위하여 질물, 유치물을 환취할 수 있다. 다만, 채무변제 혹은 대체담보를 제공하여야 한다(법 제37조). 〈기업파산법〉은 제76조에서 "채무자가 합법적으로 타인의 재산을 점유하는데 그 재산의 권리자가 회생기간 중 환취를 요구하는 경우 약정조건에 부합하여야 한다."라고 규정하고 있는바 동규정은 프랜차이즈, 넷팅, 리스 등의 새로운 금융계약과 소유권유보 등의 비전형담보권의 효력을 회생절차와 관련하여 명문으로 인정하는 근거가 되는 것으로서 회생절차의 효율적인 진행을 위한 근거를 마련하였다는 데 큰 의의가 있다. 한국의 통합도산법도 같은 취지에서 더욱 상세한 규정을 두고 있는데 중국에서도 향후의 사법실무경험을 바탕으로 위 규정을 보완할 것으로 보인다.

다. 회생계획

법원이 채무자회생재정을 한 날로부터 채무자나 관리인은 6개월 내에 법원과 채권자회의에 회생계획초안을 동시에 제출하여야 한다. 채무자가 스스로 재산관리와 영업사무를 하는 DIP의 경우 채무자가 회생계획초안을 작성하고, 관리인이 재산관리와 경영사무를 책임지는 경우 관리인이 회생계획초안을 작성한다(법 제79조, 제80조).

회생계획초안에 포함되어야 할 사항으로는 ① 회생기업의 경영방안 ② 권분류 ③ 채권조정방안 ④ 채권변제방안 ⑤ 회생계획의 수행기한 ⑥ 회생계획수행의 감독기한 ⑦ 기업회생에 유리한 기타 방안이 있다(법 제81조).

법원은 회생계획초안을 받은 날로부터 30일 내에 채권자회의를 소집하여 표결에 부쳐야 한다. 채권자회의가 회생계획초안을 가결하는 경우 규정된 채권분류에 따라 의결조별로 의결하는데 회의에 출석한 채권자 과반수가 회생계획초안에 동의하고 그 대표하는 채권액이 확정채권액 총액의 2/3 이상인 경우에 해당 의결조에서 회생계획초안을 가결한 것이 된다. 의결조별로 가결요건이 다르지 않은 점이 특이하다. 채권분류는 ① 채무자의 특정재산에 대하여 담보권을 가진 채권 ② 기업이 지급하지 못하고 있는 근로자의 임금과 의료, 장애보조, 부양비용 그리고 근로자의 개인계좌에 들어가야 할 양로보험, 기본의료보험비용으로서 지급되지 않은 기본양로보험, 기본의료보험비용, 법률과 행정법규가 근로자에게 지급하여야 할 것으로 규정하는 근로자의 보상금 ③ 기업이 체납하고 있는 세금 ④ 보통채권이다(법 제82조, 제84조).

회생계획초안이 가결되지 못한 경우 채무자나 관리인은 회생계획이 가결되지 않은 의결조와 협상할 수 있고 그 의결조는 협상 후에 한 차례 재의결할 수 있다. 그 협상에서 타협하는 경우 다른 의결조의 이익을 해할 수 없다. 그 의결조가 다시 의결을 하였으나 여전히 회생계획초안을 가결하지 못하였지만 회생계획초안이 일정한 조선에 부합하는 경우 채무자나 관리인은 법원에 회생계획초안의 비준을 신청할 수 있다(법 제87조). 이를 강행비준이라고 하는데 우리와 유사한 제도이다.

라. 회생계획의 효력과 집행

법원의 비준재정을 받은 회생계획은 법원이 파산사건을 수리하기 전에 성립한 모든 채권에 대하여 구속력이 있다. 법 규정에 따라 신고하지 않은 채권은 회생계획의 집행기간 중 이를 행사할 수 없고 회생계획집행이 완료된 후 회생계획에서 정하는 같은 종류의 채권의 변제조건에 따라 권리를 행사할 수 있다. 채무자의 보증인이나 기타 연대채무자가 부담하는 변제책임은 회생계획의 영향을 받지 않는다(법 제92조). 회생계획에 의하여 삭감된 채권에 대하여 회생계획집행이 완료된 때부터 채무자는 변제책임을 면한다(법 제94조).

신법에 규정된 회생절차의 특색 중 하나로는 회생계획의 집행이 법원의 주도하에 진행되는 사법절차가 아니라는 것을 들 수 있다. 즉 회생계획이 법원의 비준을 받으면 그로써 회생절차는 끝나는 것을 원칙으로 하고 집행과정에서 일정한 사유가 있는 경우 등에만 다시 법원이 관여하여 집행절차를 종결하고 파산을 선고하게 된다. 도산절차가 시종하여 법원의 감독하에 진행되는 우리의 절차에 비하여 두드러지는 차이점이다.

채무자가 회생계획을 집행할 수 없거나 집행하지 않는 경우 법원은 이해관계인의 신청으로 회생계획의 집행을 종지하여야 하는데 이 경우 채권자가 회생계획 중 했던 양보는 효력을 상실한다(법 제93조).

6. 파산부당행위와 파산책임

가. 파산부당행위

〈기업파산법〉은 파산재산에 관계된 이해관계인의 이해조정, 파산채권자의 공동이익 추구를 위하여 파산재산의 변동과 관련해서 구법보다 구체적인 규정을 두어 환취권, 별제권, 상계권, 무효취소행위 등을 규정함으로써 파산재산을 최대한 확보하여 각 채권자 간의 형평을 도모하고 사기파산 등 도산절차의 악용을 방지하고자 하였다. 파산사기행위는 각국의 파산법이 엄히 규제하는 대상이다. 중국에서 파산사건 중 편취성 채무도피현상은 매우 심각한데 일부 채무자는 도산절차를 이용하여 각종 사기성 채무도피행위를 획책하고 채권자의 이익을 해치고 근로자의 이익을 해치며 경제질서를 파괴한다. 그럼에도 일부 행위는 지방정부의 지지와 암묵적 승인하에 진행된다.[20] 이를 위하여 신법은 이전의 법에 비하여 더욱 완비된 취소제도와 무효제도를 만들어 어느 정도에 있어서 실무상 출현하는 파산가장행위와 악의파산 행위 등에 대하여 규제하고 채권자의 이익을 더욱 보호하며 시장경제질서를 유지하고 전체 상업신용체제의 수립과 완성을 위하여 중요한 제도적 보장을 제공한다.

(1) 파산채무자의 재산 중에서 파산채무자 소유에 속하지 아니하는 재산에 대하여 관리인을 통하여 환취할 수 있도록 하고, 운송물의 환취에 대한 규정을 두었다.

(2) 파산자의 특정 재산에 대하여 담보권을 가지는 권리자는 그 특정 재산에 대하여 우선 변제받을 권리가 있다고 규정한다(법 제109조, 구법 제32조 제1항도 같은 내용임). 상기의 재산담보에는 저당권, 질권, 유치권 등이 포함된다. 담보물의 가액이 피담보채권에 미치지 못하는 경우 해당 부족분에 상응하는 채권은 일반 파산채권이 되고, 피담보채권을 초과하는 가액부분은 파산재산으로 된다.

(3) 채권자가 파산신청의 수리 전 채무자에 대하여 채무를 부담하고 있는 경우 관리인에게 상계를 주장할 수 있다. 다만, 채무자의 채무자가 파산신청의 수리 후 채무자에 대한 타인의 채권을 취득하는 경우, 채권자가 채무자에게 변제기에 있는 채무의 지급불능이나 파산신청의 사실이 있음을 이미 알고 채무자에 대하여 채무를 부담한 경우(채권자가 법률규정으로 인하여 혹은 파산신청이 있기 1년 전에 생긴 원인으로 인하여 채무를 부담하는 경우는 제외), 채무자의 채무자가 채무자에게 이행기에 달한 채무의 지급불능이나 파산신청의 사실이 있음을 이미 알고 채무자에 대하여 채권을 취득한 경우(채무자의 채무자가 법률규정으로 인하여 혹은 파산신청이 있기 1년 전에 생긴 원인으로 인하여 채권을 취득하는 경우는 제외)에는 상계할 수 없다(법 제40조).

(4) 무효·취소행위에 관한 규정은 파산채무자가 파산절차 시작 전의 일정 시기에 한 것으로서 공평원칙에 위배되고 채권자의 공동이익을 해하는 재산처분행위를 무효로 함으로써 그 관련 재산을 청산조가 회수하여 파산재산에 포함시키는 제도를 말한다.

〈기업파산법(試行)〉은 무효행위와 취소대상인 행위를 구분하지 않고 규정하였는데 현행법은 양자를 구분함으로써 진일보한 형식을 취하였다. 먼저 취소대상인 행위를 보면, 법원이 파산신청을

20_李曙光, “新破産法 : 一部市場經濟的基本法”, 中國人大网(http://www.npc.gov.cn).

수리하기 전의 1년 내에 채무자재산에 관련된 재산의 무상양도, 명백히 불합리한 가격으로의 거래, 원래 재산담보가 없는 채무에 대하여 재산담보를 제공, 변제기에 달하지 않는 채무의 사전변제, 채권의 포기 등의 행위에 대해서 관리인이 법원에 그 취소를 청구할 권한이 있다. 법원이 파산신청을 수리하기 전의 6개월 내에 채무자에게 법 제2조 제1항 규정의 특별한 상황이 있음에도 개별 채권자에게 변제하는 경우 관리인은 법원에 그 취소를 구할 수 있다(개별 변제가 채무자재산에 이익이 되는 경우는 제외, 법 제31조). 법원이 파산신청을 수리한 후 채무자가 개별 채권자에게 행한 채무변제는 무효이고 채무자재산에 관련된 채무도피를 위한 재산의 은닉, 이전행위 및 허위채무 부담 또는 사실과 다른 채무의 승인 등은 무효이다. 이 경우 관리인은 재산을 환취할 권한이 있다(법 제33조).

(5) 그 외에 미이행쌍무계약에 대하여 〈기업파산법(試行)〉은 청산조가 이를 해제하거나 계속 이행할지를 결정할 수 있다는 간단한 내용의 규정만을 두고 있음에 반하여 현행법은 좀 더 구체적으로 규정하였다. 법원이 파산신청을 수리한 후 관리인은 파산신청 전에 성립하였으나 채무자와 상대당사자 모두가 이행을 마치지 않은 계약에 대하여 해제 또는 계속이행을 결정하고, 이를 상대당사자에게 통지할 권한이 있다. 관리인이 파산신청수리일로부터 2개월 내에 이 사실을 상대당사자에게 통지하지 않거나 상대당사자의 최고를 받은 날로부터 30일 내에 답변하지 않은 경우 계약해제로 본다. 관리인이 계약을 계속 이행하기로 결정한 경우 상대당사자는 이행하여야 한다. 다만, 상대당사자는 관리인에게 담보를 제공하도록 요구할 권한이 있다. 관리인이 담보를 제공하지 않는 경우 계약해제로 본다(법 제18조).

나. 파산책임

〈기업파산법〉은 파산에 책임이 있는 경영자 등에 대한 책임을 추궁하고 책임재산을 충실하게 하기 위한 제도로 우리나라의 사정제도에 해당하는 것을 마련하였는바 기업의 이사, 감사 혹은 고급관리자가 충실의무, 성실근면의무에 위반하여 그가 속한 기업을 파산에 이르게 한 경우 법에 따라 민사책임을 지도록 하는 외에 일정한 경우 민사책임과 형사책임을 부담하도록 하는 다양한 규정을 두었다. 구법은 파산기업의 법정대표자와 직접 책임이 있는 자의 행위가 범죄를 구성하는 경우 법에 따라 형사책임을 추궁한다는 원칙적 규정(동법 제41, 42조)만을 두었으나 〈기업파산법〉은 "법원의 파산사건심리는 법에 따라 기업근로자의 합법적인 권익을 보장하여야 하고 법에 따라 파산기업경영관리자의 법률책임을 추궁하여야 한다(법 제6조). 기업의 이사, 감사 혹은 고급관리인원이 충실의무, 근면의무에 위반하여 그가 속한 기업을 파산에 이르게 한 경우 법에 따라 민사책임을 진다. 해당 인원은 파산절차의 종결일로부터 3년 내에는 어떠한 기업의 경우도 이사, 감사 혹은 고급관리인원을 맡지 못 한다(법 제125조)."라고 규정한 것을 비롯하여 제11장에서 일곱 개 조문(제125~131조)을 두어 법률책임을 구체화하였다.[21]

7. 금융기구파산과 정책적 파산

가. 금융기구파산

〈기업파산법(試行)〉은 금융기구의 파산에 대하여 별도로 규정을 두지는 않았다. 다만, 2003. 12. 27. 수정공포된 〈중화인민공화국 상업은행법〉이 "상업은행이 이행기가 도래한 채무를 변제할 수 없는 경우에는 국무원은행업감독관리기구의 동의를 거쳐 법원이 법에 따라 그 파산을 선고한다. 상업은행이 파산선고를 받으면 법원은 국무원은행업감독관리기구 등 관련 부서와 관련자로 청산조를 구성하여 청산을 진행한다. 상업은행이 파산청산을 하는 때에는 청산비용, 체납하고 있는 근로자의 임금과 노동보험비용을 지급한 후 개인의 저축원금과 이자를 우선적으로 지급하여야 한다."라는 규정을 두었을 뿐이다(동법 제71조). 이 때문에 금융기관의 범위, 파산의 신청권자, 절차 등에 대하여 많은 논란과 실무상의 어려움이 있었고 도산절차에 행정청의 자의가 개입될 여지가 매우 컸다. 그런데 중국이 계획경제실시 및 시장경제로의 전환과정에서 관치금융, 국유기업의 불량자산을 은행이 인수하는 방식의 기업구제를 실시하여 많은 금융기구의 경영이 악화되어 투자자와 저축자들의 합법적인 권익을 침해할 우려가 커졌고 이에 따라 금융기관의 도산을 제도적으로 규율해야 할 필요성이 더욱 커졌다. 금융기구의 도산은 무수한 관련자들의 가정과 생활에 영향을 주고 시장경제의 금융질서와 사회의 안정에 영향을 준다. 그래서 〈기업파산법〉은 금융기구의 파산에 대하여 규정을 두어 "상업은행, 증권회사, 보험회사 등 금융기구가 본법 제2조 규정의 상황이 있는 경우 국무원금융감독관리기구는 법원에 해당 금융기구에 대하여 회생 혹은 파산청산을 진행하여 줄 것을 신청할 수 있다. 국무원금융감독관리기구는 중대한 경영위험이 생긴 금융기구에 대하여 법에 의하여 접수·관리, 위탁관리 등의 조치를 취하는 경우 법원에 해당 금융기구를 피고나 피집행인으로 하는 민사소송절차나 집행절차를 중지하여 줄 것을 신청할 수 있다. 금융기구가 파산을 실시하는 경우 국무원이 본법과 기타 관련 법률의 규정에 따라 실시방법을 제정할 수

21_〈기업파산법(試行)〉과 〈형법〉의 규정에 근거하여 파산절차 중의 직무소홀, 뇌물공여, 공문서위조 등의 행위에 대하여는 대응이 가능하였으나 설명의무위반, 재산낭비, 사기파산과 같은 것은 기존의 법률로는 다스리기 어려웠던 점을 감안한 입법인데 여전히 구체적인 범죄행위의 규정이 부족하여 향후 〈형법〉의 수정이나 새로운 입법으로 해결하여야 한다. 李永軍, "中國破産法程序与實体問題解析", 『영산법률논총(제3권 제2호[통권 제4호])』, 영산대학교법률교육연구원, 2006. 12., 121, 122면.

있다."고 하였다(법 제134조). 이에 따르면 국무원금융감독관리기구가 법원에 파산신청을 할 수 있음이 명백해지지만 채무자인 금융기관 자체 또는 금융기관의 채권자가 신청할 수 있는지는 명확하지 않다. 또한 어떤 금융기관의 파산신청이 국무원금융감독관리기구의 인가를 받아야 하는지의 여부도 불확실하다. 학자에 따라서는 위 조항을 근거로 하여 금융기관의 도산신청은 국무원금융감독관리기구만이 할 수 있다고 제한적으로 해석하기도 하지만[22] 이 같은 해석은 구법하에서 관련 부서의 동의를 얻도록 한 것을 염두에 둔 해석으로 보일 뿐 별다른 근거가 없다. 오히려 〈기업파산법〉이 규정하는 제도구조로부터 파악하여 보면 채권자, 채무자는 당연히 신청권자로 보아야 하고 국무원금융감독관리기구는 위 조문을 근거로 위 신청권자와 병렬하여 비로소 신청권을 갖게 되는 것이라고 해석함이 상당하다. 이러한 해석은 신법이 구법상의 신청동의권을 삭제하고 독자적인 신청권을 부여하면서 '할 수 있다'라는 표현을 사용한 점만 보더라도 명확한 것이라 할 것이다.[23]

나아가 현행법은 금융기관에 대해 정확한 개념을 두지 않고 있다. 일반적으로 은행감독위원회, 증권감독위원회, 보험감독위원회의 세 금융감독관리기구가 감독하는 기관을 금융기관라고 하나, 기타 감독관리기구가 감독관리하는 금융기관도 있다. 예컨대 중앙인민은행과 국가외환관리국이 감독관리하는 금융기관, 재정부문이 감독관리하는 금융기관 또는 농촌신용합작사 등의 금융기관이 있다. 신법은 이러한 난점들을 해결하기 위하여 국무원이 관련 법률의 규정에 따라 실시방법을 제정할 수 있도록 근거규정을 두었으므로 국무원은 조례 제정 등을 통하여 금융기관의 범위, 신청권자, 절차 등을 명확히 하여야 할 것이다.

나. 정책적 파산

〈기업파산법〉은 국무원이 본법 시행 전 규정하는 기간과 범위 내에서 국유기업이 실시하는 파산의 특수사무는 국무원의 관련 규정에 따라 처리하도록 하였고(법 제133조), 〈기업파산법(試行)〉도 근로자재배치와 생활보장에 관하여 국무원이 별도로 규정하도록 한 것 외에 실시의 구체적

22_李永軍은 금융기관의 파산절차개시의 특색으로 첫째, 채권자이건 채무자이건 간에 금융기관에 대하여는 파산절차의 개시를 신청할 수 없고 둘째, 국무원금융감독관리기구만이 금융기구에 대하여 회생 혹은 파산청산을 신청할 수 있을 뿐이며 그나마 화의절차는 신청할 수 없다고 한다. 李永軍, "中國破産法程序与實体問題解析", 『영산법률논총(제3권 제2호[통권 제4호])』, 영산대학교법률교육연구원, 2006. 12., 127면. 금유기구의 파산신청은 반드시 국무원금융감독부서가 하거나 그 비준을 받아 제출하도록 해야 한다는 주장도 있다. 汪世虎, "中國金融机构破産立法問題研究", 2006. 12. 8. 경남대학교 법학연구소 등과 공동개최한 한중법학회의 제10회 국제학술대회 "한중일 경제 활성화와 법적과제"에서의 발표문 참조.

23_구 법률에 의하면 파산신청권자로는 채권자뿐만 아니라 채무자도 규정되어 있고 <상업은행법>은 은행감독위원회에 파산의 동의권만 부여하였을 뿐 파산신청권을 부여한 것은 아니므로 채권자와 채무자가 모두 은행파산의 신청권자가 될 수 있다고 한다. 楊學波, "我國銀行破産法律制度分析与构建", 중국정법대학 2006년도 박사학위 논문 96면.

인 방법과 절차는 국무원이 규정하는 것으로 하는 등 유사한 규정을 두었다(동법 제4조, 제43조). 이는 소위 정책적 파산에 관한 문제인데 이러한 특수규정은 일부 국유기업에 대하여만 적용한다. 신법이 결국 일부 국유기업 파산에 관한 특례 인정의 근거를 둔 점에 있어서는 구법과 같으나 특례의 적용이 규정된 기한과 범위를 넘을 수 없음을 명확히 한 점은 큰 의의가 있다.[24] 이처럼 국유기업 파산에 있어서 근로자의 재배치문제가 가장 큰 난제로 떠오른 것은 중국의 사회주의경제체제와 관련이 매우 크다. 과거 수십 년간 상당 부분의 국유기업이 국가체제 건설의 책임을 부담하였고, 수입을 전부 국가에 납부하였던 까닭에 자금사정이 여의치 않아 시장변화에 유연하게 적응하기 어렵고 많은 근로자들이 노령화하여 폐업파산을 한다 하더라도 재배치비용을 부담하기 어려운 상황에 처하였다. 이 때문에 중국은 대형기업, 자원고갈기업, 軍工기업의 파산 일부에 대하여 특수정책 즉 무상획발을 통하여 취득한 토지사용권의 환가금을 우선적으로 근로자재배치에 사용하는 정책 등을 실시하였다.[25]

(1) 중국의 특수한 사회경제적 배경과 〈기업파산법(試行)〉 제4조, 제43조 등을 근거로 중국은 1994년 상해, 천진 등 18개 시에서 기업자본구조의 우량화 시험 사업을 전개하여, 국유기업의 적자생존기제의 수립을 꾀하였고 이러한 과정을 거쳐 일부 국유기업의 합병파산과 관련하여 시행하기 시작한 일련의 특수한 정책이 바로 정책적 파산인데 그에 대한 중요한 법규적 근거로는 〈기업파산법(試行)〉 제4조, 제43조(신법 제133조도 유사한 취지) 이외에 국무원이 1994. 10. 공포한 〈몇몇 시에서 시험 실시하는 국유기업파산 관련 문제에 관한 국무원통지〉〈國發[1994]59號〉[26], 1997. 3. 공포한 〈몇몇 시에서 시험 실시하는 국유기업합병파산과 근로자재취업 관련 문제에 관한 국무원보충통지〉〈國發[1997]10號〉[27], 2006. 1. 16.자 위 國辦發[2006]3號 등을 열거할 수 있다. 최고인민법원의 파산법규정 제105조는 국가계획조정에 편입되는 기업의 파산사건에는 국가의 기업파산 관련 규정 등도 적용하여야 한다고 규정하여 〈기업파산법〉 외에 국무원규정을 적용하도록 다시 한 번 밝히고 있다.[28]

24_국무원의 2006. 1. 16.자 <전국기업합병파산과 근로자재취업업무지도소조에게 국유기업의 정책적 파산업무를 더욱 잘하는 것에 관한 의견을 전하는 국무원판공청의 통지>(國務院辦公廳轉發全國企業兼幷破産和職工再就業工作領導小組關于進一步做好國有企業政策性關閉破産工作意見的通知(國辦發[2006]3号))에 의하면 정책적 파산의 실시기한은 2005년부터 2008년까지로 2008년 후에는 정책적 파산을 더 이상 실시하지 않는다. 이러한 정책적 파산의 실시범위에 들어가는 기업은 합계 2,116호이고, 관련된 금융기관의 채권은 2,271.6억 위엔이며 관련 근로자는 351만 명이다.

25_徐永前 주편, 『企業破産法講話』, 法律出版社, 2006. 9., 74면.

26_國務院關于在若干城市試行國有企業破産有關問題的通知

27_國務院關于在若干城市試行國有企業幷破産和職工再就業有關問題的補充通知

28_李國光 주편, 『新企業破産法疑難釋解』, 人民法院出版社, 2006. 9., 34면.

(2) 정책적 파산의 주안점은 근로자재배치, 국유토지사용권 처리, 행정수단의 사용 등이다. 파산기업 소재시의 정부는 관련 규정에 따라 기업파산 중 각종 조치를 취하고 먼저 근로자를 적절히 재배치한다. 사회안정에 중점을 둔 것이다. 법원이 파산재산분배방안을 재정한 후 그 집행 전에 다른 기업이 파산기업의 재산을 일괄 인수하고 확정된 채무 부담과 근로자재배치를 책임지는 경우 기업합병에서 우대받을 수 있다.

토지사용권의 경매 등을 통해 얻은 양도소득은 먼저 근로자재배치에 사용하며 근로자의 주거, 학교, 幼托園, 의원 등의 복리성 시설은 원칙적으로 파산재산에 들어가지 않고 기업 소재지의 정부가 접수·처리하며 근로자를 재배치한다. 해당 정부는 기업파산이 부적절하다고 인정하는 경우 재정지원 등을 통해 기업이 채무를 변제하게 한다.

국무원은 1997. 3. 위 〈國發[1997]10號〉를 공포하여 대상 시를 111개로 늘리는 동시에 이러한 정책적 파산업무의 효율적 집행을 위하여 기업합병파산과 근로자재취업의 업무관장을 명확히 하고 더욱 강력히 추진하였다.

국가경무위는 전국 기업합병파산과 근로자재취업의 업무를 책임진다. 전국 기업합병파산과 근로자재취업업무의 지도소조를 만들어 전국 기업합병파산과 근로자재취업을 이끌고 책임지며 각 시 협조소조는 주요 채권은행의 의견을 청취하고 합병, 파산과 구제기업명단을 제출하고 업무계획을 매년 만든다.

재정부서와 은행은 관련된 은행의 대손충당금 상각을 심사하는데 그중 획발방식 토지사용권에 관련되거나 출양계약조건을 변경한 토지사용권 관련의 평가는 반드시 토지평가능력을 갖춘 자산평가기구에 의하여 하고 토지행정주관부서의 확인을 거치도록 하였다. 재배치비용은 토지사용권양도수익에서 충당한다. 토지사용권이 담보목적물인 경우에도 그 양도수익은 근로자재배치에 먼저 사용하여야 하고 기업재산의 경매수익이 근로자재배치에 부족한 경우는 그 기업의 소속관계에 상응하는 정부가 부담한다.

합병기업이 피합병기업의 채무 전부를 부담하면 그중 은행채무는 중국인민은행, 국가경무위, 재정부의 〈18개 시험 시의 우량국유기업이 곤란국유공업생산기업을 합병한 후 유관 은행 대출과 이자 처리를 격려하고 지지하는 문제에 관한 통지〉[29]의 취지에 따라 이자면제, 원금 분할상환의 우대를 누릴 수 있다. 경영이 매우 어려워 임금지불능력이 없음이 확실한 기업에 대하여는 중공중앙과 국무원의 〈일부 기업의 근로자생활곤란문제 해결에 관한 통지〉[30] 규정에 따라 현지 정부 주관

29_中國人民銀行、國家經貿委、財政部關于鼓勵和支持18个試点城市优勢國有企業兼并困難國有工業生産企業后有關銀行貸款及利息處理問題的通知(銀發[1995]130號)

30_中共中央辦公廳、國務院關于進一步解決部分企業職工生活困難問題的通知(中辦發[1996]29號)

기구의 심사를 거쳐 지방재정보조, 기업주관부서의 일부분 자금 부담, 은행의 임금 성격의 대출 시행이라는 '三家抬' 방법[31]을 시행하여 근로자의 기본생활비를 해결한다.

(3) 국유기업 정책적 파산은 국유경제 구조조정과 국유기업의 회생을 촉진하였고 국유경제 전체의 체질과 경제효율을 제고하여 장기간 누적된 곤란을 해결하는 등 눈에 띄는 성과를 거두었다. 1997년 말 전국의 국유 및 국가가 주식을 가진 중대형 공업기업의 손실액이 666억 위엔에 달하였는데 2000년 이후 연도 이윤이 모두 2,300억 위엔 이상이었고 2003년의 이윤은 3,784억 위엔에 달하였다.[32]

소위 특수사무는 주로 근로자재배치에의 국유토지사용권 환가금 사용, 은행 대손충당금 상각과 근로자재취업 등이다. 이외의 파산절차, 관리인제도, 화의 등은 모두 기본법인 〈기업파산법〉 규정에 따른다. 그 외에는 국유기업이라 하더라도 도산의 필요가 있는 경우 〈기업파산법〉의 규정에 따른 절차가 진행된다.[33] 전술한 대로 국무원에 의하면 현재 정책적 파산을 시행할 필요가 있는 기업이 약 2,000호 정도이다. 중국에는 약 159,000호의 국유기업이 있는데 이들 중에는 구조조정이 진행되는 것도 경영이 왕성한 것도 합병 등의 방식으로 구조조정을 하여야 하는 기업도 있어서 위와 같은 특수정책을 적용할 기업의 숫자가 그다지 많다고 할 수는 없다.[34]

이처럼 정책적 파산이 특례규정을 두어 중국의 사회주의경제 건설과정에서 남겨진 부담 중 국유기업이 떠안고는 있으나 기업에만 책임을 돌릴 수 없는 일부 문제를 해결하고자 하는 취지는 이해할 수 있다. 그러나 지나치게 행정적인 측면을 강조함으로써 본질적으로는 사법절차가 되어야 할 도산과정이 왜곡되는 면이 강하다. 근로자들의 권리가 일반채권자보다 사실상 무조건적으로 우월할 뿐 아니라 심지어 담보권자보다 앞서는 면이 있어서 파산절차의 객관적이고 효율적인 진행, 채권자의 적정한 권리보호에 부정적 영향을 끼친다. 회사운영자 및 투자자의 입장에서도 근로자 임금지급 현황을 면밀히 파악하여야 하고 그렇지 않은 경우 불측의 상황이나 손실에 직면할 가능성이 크다. 따라서 〈기업파산법〉이 구법에 비하여 근로자의 채권을 절대적으로 보호하는 범위를 축소한 것으로부터도 알 수 있듯이 국무원의 정책적 파산 관련 규정이 과도기적으로 국유기업 일부에 대한 특례를 두되 〈기업파산법〉이 규정하는 도산절차의 원칙을 무너뜨리지는 않을 것으로 예상된다.

31_세 주체가 협력한다는 의미에서 붙여진 명칭이다.

32_徐永前 주편, 『企業破産法講話』, 法律出版社, 2006. 9., 35면.

33_國務院辦公廳轉發全國企業兼并破産和職工再就業工作領導小組關于進一步做好國有企業政策性關閉破産工作意見的通知(國辦發[2006]3號) 〈국유기업의 정책적 폐업파산업무를 더욱 완성하는 것에 관한 전국기업합병파산과 근로자재취업 업무 지도소조의 의견을 발송하는 국무원판공청의 통지〉

34_徐永前 주편, 『企業破産法講話』, 法律出版社, 2006. 9., 415면.

8. 국제도산

〈기업파산법〉은 국제도산에 관한 규정을 도산법에 최초로 명시하였다. 세계화의 진전에 따라 다국적 기업의 발전과 자본유동의 가속화가 심화되면서 한 국가에서의 기업도산결정은 다른 국가에 있는 채권자 혹은 채무자에게 중대한 영향을 끼칠 수 있게 되었다. 세계의 공장과 최대의 잠재시장으로 여겨지는 중국에도 이미 이러한 사례가 등장하고 있고, 국제도산의 문제에 관한 규정은 다국적기업 등 국경을 넘나드는 투자와 자본유동에 있어서는 중대한 이해관계를 수반하는 관심사가 아닐 수 없다.

〈기업파산법(試行)〉에는 국제도산에 관한 명시규정이 없었으나 중국은 원래 속지주의를 택하여[35] 국외에 대하여 도산절차의 효력을 일률적으로 승인하지 않았다.[36] 그러나 〈기업파산법〉은 "본법에 따라 개시된 파산절차는 채무자의 중화인민공화국 바깥[37]에 가진 재산에 그 효력이 생긴다."라고 규정하는 것 외에 외국 법원의 파산결정에 대하여 호혜원칙의 적용, 사법공조 혹은 승인된 국제협약의 전제하에서의 승인과 집행에 대한 규정(제5조)을 두었다.[38] 일종의 제한적이고 탄력적이며 확장 가능한 국제도산의 원칙을 선언한 것이다. 이러한 개방적인 태도는 외국의 투자를 받아들이고 있는 중국의 현실에 부응하는 것이라 할 것이고[39] 이 같은 규정의 장점은 본래 외국 법원이 중국파산선고의 효력을 승인하는데도 중국의 법률은 반대로 대외적 효력을 부정하는 모순을 피하고 다른 한편 중국의 주권을 보호하고 어느 국가의 파산선고이든지 중국에 모두 효력을 발생시키는 가능성을 피하는 데 있다.[40]

위 규정은 향후 세계 각국의 도산법과 보조를 맞추어 나가기 위한 기초가 될 것이고 현 단계에서도 국제도산의 문제들을 해결하는 데 많은 도움이 될 것이다.

35_〈기업파산법(試行)〉은 파산사건의 소송절차는 동법에 규정이 없는 경우 민사소송절차의 법률규정을 적용하도록 하고 있는데(제6조), 〈민사소송법〉은 섭외사건의 소송절차에 중국의 법률을 적용할 것을 규정함으로써(제237조) 결국 도산절차에 있어서도 속지주의를 택한 것으로 보아야 한다.

36_이러한 국제도산을 소홀히 한 구법의 태도는 관련 법률실무에서 적용할 법 규정을 찾을 수 없거나 모순되는 상황에 이르게 하기도 한 원인이 되었다. 李國光 주편, 『新破産法理解与适用』, 人民法院出版社 2006. 12., 54면.

37_법문상 國內外라 하지 않고 境內外라고 하는바 중국법률상 국가와는 다른 지위를 갖는 대만, 마카오, 홍콩(地區라 함)을 고려한 용어사용으로 보인다.

38_신법은 국제도산에 관하여 보편주의를 채택한 것이고, 이에 반하여 구법의 태도는 속지주의라 할 것이다. 湯維建 주편, 『新企業破産法解讀与适用』, 中國法制出版社, 2006. 10., 28, 29면.

39_李國光 주편, 『新破産法理解与适用』, 人民法院出版社, 2006. 12., 65면.

40_李永軍, "中國破産法程序与實体問題解析", 『영산법률논총(제3권 제2호[통권 제4호])』, 영산대학교법률교육연구원, 2006. 12., 119면.

Ⅳ. 결어

〈기업파산법〉의 시행은 변혁기의 상징적인 사건이다. 물론 여전히 행정관여적인 색채가 잔존하지만 동법은 중국의 새로운 경제헌법이고 중국의 첫 번째 시장경제 파산법으로서 시장경제 주체의 퇴출과 회생의 문제를 규율하는 것이며 구법제상의 결함을 상당 부분 보완함으로써 향후 중국이 지향하는 사회주의시장경제 법률체계의 완성에 큰 영향을 미칠 것이기 때문이다.

다만, 이 법은 기업법인에게만 적용되므로 다음 단계로서는 법인 아닌 기업까지도 아우르는 파산법을 만들어야 하고 신법의 취지에 맞지 않는 행정법규의 규정이 여전히 유효한 것으로 해석될 여지가 있으므로 새로운 법의 효율적이고 구체적인 실시를 위한 체계적인 실시세칙을 조속히 보완하여야 한다.[41]

41_李曙光, "新破産法 : 一部市場經濟的基本法", 中國人大网(http://www.npc.gov.cn). 제2편에 수록된 법규를 보아도 알 수 있듯이 실제로 구법 당시의 사법해석 중 상당수가 현재에도 유효한 것으로 해석된다.

제3장 관리인[1]

Ⅰ. 서설

파산절차는 경제적 파탄상태에 이른 법률주체에 대하여 회생, 화의나 청산 등의 법정절차를 거쳐서 채무의 공평한 변제와 구제를 실현하는 법률제도이다.[2] 파산절차는 기본적으로 법원 주도하에 진행되는 법정절차이지만 파산재산의 관리와 환가 등 많고 어려운 사실적 처분과 임기응변의 조치가 필요한데, 법률전문기관에 불과한 파산법원이 모든 것을 담당하는 것은 무리이다. 따라서 파산절차의 진행과정에서 파산재산의 관리, 처분, 업무경영을 책임지고 또한 파산안의 제정과 집행을 책임지는 전문기관이 필요하게 된다. 법원의 주도하에 진행되는 파산절차에서 이런 기능을 담당하는 관리인은 파산사건의 구체적 진행에 있어서 필수적이고 가장 중요한 기관이다.[3] 1986년부터 시행된 중국의 〈기업파산법(試行)〉에서는 완비된 관리인제도를 두지 않고 관리인직책을 공무원 등으로 구성되는 청산조에게 맡기고 있다가, 2007. 6. 1.부터 시행된 〈기업파산법〉에서 비로소 파산절차에 국제적으로 통용되는 내용의 관리인제도를 도입하였다.[4] 그런데 중국이 비록 국제적으

1_이 장은 필자의 "중국 기업파산절차에서의 관리인 선임과 감독", 『서울대학교 법학(제51권 제3호)』, 서울대학교 법학연구소, 2010. 9.을 수정하고 보완하여 작성하였다.

2_王衛國, 『破産法精義』, 法律出版社, 2007. 7. 1., 1면.

3_서울중앙지방법원 파산부 실무연구회, 『법인파산실무』, 박영사, 2006. 6., 3면.

4_기업파산법 등 법문상으로는 '관리인'인데 강학상 '파산관리인'이라는 용어도 많이 사용된다. 세 종류의 파산절차에서 관리인의 명칭은 같고 동법 제3장에서 관리인에 대한 일반 규정을 두고 있는데 제3장은 주로 파산청산절차에서의 관리인에 관한 것이다. 파산청산절차에서는 주로 파산재산접수·관리, 재산평가·관리·환가·분배를 책임진다. 회생이나 화의에서의 관리인에 대하여는 제8장의 회생과 제9장의 화의에서 나누어 규정하는데 이때의 관리인직책은 파산청산 중의 그것과 많이 다르다. 회생에서의 관리인은 다시 셋으로 나누어 볼 수 있는데 DIP(기존 경영자 관리인)에게 부당행위가 있을 때 DIP를 대체하여 직접 회생자가 되는 경우, 정상적인 DIP에 대한 감독자인 경우, 회생절차종결과 회생계획집행단계에서의 감독자가 그것이다. 화의절차에서 관리인은 화의협의 성립시 채무자에게 재산과 영업을 이전할 가능성이 있다(제98조 화의협의의 효력 발생). 각 절차에서의 호칭을 구분하여 그 지위나 직책상의 차이를 나타내는 것이 좋다는 견해가 있다. 郭輝, "郭輝, "新舊破産法管理人制度几个問題的比較", 王欣新 · 尹正友 주편, 『破産法論壇 第1輯』, 法律出版社, 2008. 5., 189면.

로 통용되는 관리인제도를 택하였다고는 하나 구법의 흔적인 이러한 청산조가 현재도 존재한다. 변호사나 회계사가 관리인이 되는 것 외에 관리업무를 위주로 설립하는 파산청산사무소도 관리인이 될 수 있으며 관리인의 구체적인 업무수행도 우리와는 적지 않게 다르다. 또한 신법 시행기간이 길지 않아 법원의 실무관행이 아직 확고하게는 정착되지 않았다.

위와 같은 점으로 인하여 법률규정을 파악하는 것만으로는 중국 관리인제도의 운용과 기능에 대하여 선뜻 파악하기 어려운 부분이 있다. 나아가 한국 기업의 중국진출과 경영과정에서 최근에 불거진 비정상철수의 원인 중 주요한 것으로 중국 기업파산제도에 대한 이해부족을 들 수 있다.[5] 관리인이 전체 파산절차에서 지극히 중요한 역할을 발휘하는 만큼 관리인은 파산절차의 전 과정에 관여하므로 그에 대한 언급은 사실상 파산절차 전체에 대한 언급과 다름이 없다. 따라서 논의를 적절히 제한하고 집중하기 위하여 본 장에서는 그 임면에 직접 관련된 절차적인 부분과 업무수행과 관련된 감독과 책임을 위주로 살피고 관리인의 직책에 대하여는 상세하게 다루지 않고 필요한 범위에서 최소한만 언급한다.

II. 관리인의 자격

회생과 화의라는 재건형파산절차와 파산청산절차의 진행과정에서 모두 채무자기업에 대하여 지속적인 관리가 필요한데 영업유지, 권리행사, 재산의 정리와 처분 등이 이에 포함된다. 파산절차 개시가 예상되는 상황에서는 채무자와 그 경영관리층에게 도덕적 해이가 있을 수 있고 파산절차 진행과정에서 여러 이해관계인 사이에 이익충돌이 발생할 수 있다. 따라서 중립적인 전문기구로 하여금 파산절차에서의 업무, 특히 파산재산과 사무를 관리케 할 필요가 있다. 이러한 전문기구로서 중국의 기업파산법이 마련한 것이 관리인이다. 우리나라 통합도산법에서의 관리인과 기본적으로는 같은 개념이다. 각국의 입법례를 보면 파산관리인은 대부분 변호사나 회계사가 맡는데, 관리인의 자질과 업무수행태도는 파산절차의 순조로운 진행에 있어서 매우 중요한 의미를 갖는다. 우리나라의 경우 관리인은 통상 변호사 가운데서 선임된다.[6] 관리인의 자격과 관련하여 중국의 王衛國은 “청산인의 파산재산 관리, 통제와 분배에는 회계사적 배경이 필요하나 관리인의 주관영업의 운영,

5_'비정상철수'는 한계상황에 처한 기업이 파산절차 등의 적법한 절차를 거치지 않은 채 경영자가 야반도주하여 귀국해버리는 등 하는 소위 '무단철수'를 지칭한다. 근로자, 채권자들에게 많은 피해를 야기하여 중국에서 사회적으로 물의를 일으키기도 하고 전체 한국기업의 중국 관련 활동에 부정적 영향을 끼친다.

6_문유석, “파산재단운영실무”, 남효순·김재형 편저, 『통합도산법』, 법문사, 2006. 6., 487면.

기업부흥가능성에 대한 설명 및 가능한 상황하에서의 회생계획의 작성은 경영관리적 배경을 필요로 한다. 다만, 법률의 이해, 공평무사, 영업과 재무문제에 대한 충분한 경험이 실질적으로는 모두 요구되는 것이다. 특정한 영업관리에 대한 특별한 지식이 필요한 경우 관리인은 항상 전문가를 초빙할 수 있다. 관리인의 전문능력과 공평무사를 담보하기 위하여 자율형 영업허가증제도를 기초로 한 자격규정을 둘 것을 고려할 수 있다."라고 주장한다.[7] 〈기업파산법〉은 법원이 파산신청수리결정을 함과 동시에 관리인을 지정하도록 하였다(제13조). 구체적인 관리인지정방법 등에 관하여는 2007. 4. 4. 공포된 최고인민법원의 관리인지정규정이 상세히 정하고 있다. 〈기업파산법〉과 관리인지정규정은 파산절차에서 관리인을 맡을 수 있는 자로서 청산조, 사회중개기구와 개인을 든다.[8] 관리인은 미리 편제된 관리인명부에서 지정하는데, 사회중개기구와 개인의 관리인명부편입에는 일정한 자격이 요구된다. 즉 〈기업파산법〉은 관리인에 대하여 일정한 적극요건과 소극요건을 정하고(법 제24조) 관리인지정규정은 관리인명부 편입신청에 필요한 요건을 더욱 구체적으로 정하고 있다. 먼저 사회중개기구와 개인의 관리인 담임에 대하여 보고, 구법인 〈기업파산법(試行)〉 하에서 관리인업무를 수행하던 기구인 청산조는 후술하는 바와 같이 특정한 경우에 여전히 관리인의 업무를 수행하며 통상의 경우와 다른 점이 많아 이를 별도의 항에서 논한다.

1. 관리인의 자격

가. 적극적 자격

(1) 사회중개기구 관리인

법원이 파산사건을 수리한 때 일반적으로 미리 작성된 관리인명단 중의 사회중개기구에서 관리인을 지정한다(관리인지정규정 제16조). 그런데 〈기업파산법〉과 관리인지정규정에 의하면 여기서 말하는 사회중개기구는 주로 변호사사무소, 회계사사무소와 파산청산사무소를 가리킨

7_王衛國, 『破産法精義』, 法律出版社, 2007. 7. 1., 66면.

8_청산조는 구법인 〈기업파산법(試行)〉과 기타 법률에 따라 관련 부서와 기구의 인원으로 구성한다. 〈기업파산법(試行)〉이 규정한 청산조는 파산관재인이라고도 하는데 파산청산사무의 책임자이자 집행기구로서 파산재산의 보관, 정리, 가치평가, 처리 및 분배의 업무처리 기구이고, 법원이 파산선고 후 15일 내에 채무자기업의 상급주관부서, 정부재정부서 등 관련 부서와 전문가 중에서 지정한다(동법 제24조). 청산조는 법원에 대하여 책임을 지고, 보고하며 법원의 감독을 받는데 법원은 청산조의 직무를 해제하거나 새로 지정할 수 있다. 청산조의 결정에 불만이 있는 채권자는 법원에 그 취소를 신청할 수 있다. 청산조의 구성을 보더라도 파산절차에의 행정간여가 지나칠 여지가 있고, 기업경영을 맡지도 않았던 청산조가 파산절차에 소극적일 가능성이 있음을 쉽게 짐작할 수 있다. 현행 〈기업파산법〉이 청산조 대신 관리인제도를 신설한 것은 이를 개선하고자 하는 측면도 있다. 김성균, "중국국유기업의 도산제도", 『기업법연구 (제21권 제1호)』, 한국기업법학회, 2007. 3., 52면. 사회중개기구는 일정한 전문지식과 기능을 바탕으로 법정요건을 갖추어 설립하고, 수탁 받은 대리, 평가, 자문, 인증, 소개 등의 용역제공을 업무로 하는 조직체를 가리킨다.

다.[9] 관리인으로 지정되는 사회중개기구는 관련 자격 등에 관한 법률과 사법해석의 규정에 부합하는 것이어야 한다. 그리고 실제적으로 관리업무를 담당할 자인 사회중개기구의 구성원은 법률과 재무지식 그리고 기업관리, 금융, 무역 등 관련 전문 지식을 갖추고 있어야 한다. 그러데 변호사와 회계사에 대하여는 관련 법 규정이 비교적 완비되어 있으나 역시 사회중개기구에 속하는 파산청산사무소에 대한 법규가 현재로서는 마련되어 있지 않아서 구체적인 기준이나 심사방법이 확립되어 있지 않다. 관리인지정규정은 파산청산사무소가 관리인명부편입을 신청할 때 해당 기구 전문직종사자의 법률 혹은 등록회계사 자격증서나 경영관리경력의 증명자료를 제출하도록 하고는 있으나 구체적으로 어떠한 자격요건이 필요한지가 불분명하다. 이에 대한 입법적 보완이 시급하다. 한국의 도산절차에서 원칙적으로 개인이 관리인을 맡는 것과는 달리 중국에서 사회중개기구가 관리인을 맡도록 하는 이유는 규모가 큰 기업이 파산절차에 들어간 후 복잡한 채권채무의 정리, 기업근로자재배치 등 일련의 복잡한 문제에 직면할 수 있고 이 경우에 개인관리인이 왕왕 성공적으로 직무를 수행하기 어려울 수 있음을 감안한 것이다.[10]

(2) 개인 관리인

채무자기업이 반드시 사회중개기구가 관리인을 맡아야 할 정도로 규모 등이 큰 것만은 아니다. 채무자기업의 규모가 비교적 작고 채권채무관계가 비교적 명확한 경우에는 절차비용을 절약하기 위하여 전문지식을 갖춘 개인에게 관리인을 맡기는 것이 합리적이다. 따라서 법원은 파산기업의 실제 상황에 따라 유관 중개기구의 의견을 구한 후 전문지식과 영업자격을 갖춘 해당 기구의 인원으로 하여금 관리인을 맡도록 지정할 수 있고(법 제24조 제2항), 사실이 분명하고 채권채무가 간단하며 채무자재산이 상대적으로 집중된 기업파산사건에 대하여 법원은 관리인명부 중의 개인을 관리인으로 지정할 수 있다(관리인지정규정 제17조).

여기의 사회중개기구도 주로 변호사사무소, 회계사사무소와 파산청산사무소를 가리키므로 관리인을 담당할 개인에게 요구되는 자격은 위의 각 자격을 지칭한다. 즉 개인의 경우 기본적으로 변호사나 회계사의 자격을 필요로 하는 것이다.[11] 나아가 〈기업파산법〉은 개인인 관리인의 자력과 관련된 요구를 하고 있다. 관리인이 근면, 충실의무에 위반하여 채권자, 채무자 혹은 제3자에게

9_관리인지정규정 제2조 "고급법원은 본 관할구의 변호사사무소, 회계사사무소, 파산청산사무소 등 사회중개기구와 전문직업종사자의 수와 기업파산사건의 수에 근거하여 그 법원이나 관할하는 중급법원이 관리인명부를 확정하게 하여야 한다."

10_王衛國, 『破産法精義』, 法律出版社, 2007. 7. 1., 67면.

11_관리인지정규정 제8조 제1호는 개인이 관리인명부에의 편입을 신청하는 경우 제출할 자료로서 변호사나 등록회계사 자격 영업증서 복사본과 영업연한 증명을 요구한다.

손실을 가한 경우 배상책임을 부담하게 된다(법 제130조). 그런데 개인이 관리인을 맡을 경우 책임재산이 부족하다면 관리인의 업무상 근면과 성실을 담보하는 데 문제가 될 여지가 있으므로 관리인을 맡는 개인은 영업책임보험에 가입하여야 한다(법 제24조 제4항).[12] 잠재적인 배상금 마련기제의 사회화를 통하여 피해자는 물론 채권자, 채무자 및 제3자의 이익을 보호하는 한편 관리인의 입장에서는 스스로의 재산적 위험과 정신적 부담을 낮출 수 있어서 관리인제도의 발전에 도움이 될 수 있다.

(3) 청산조 관리인

〈기업파산법〉은 '청산조'가 관리인을 맡는 것을 예정하고 있기도 한데(법 제24조 제1항) 청산조의 구성원이 되는 관련 행정부서와 기구의 인원에 대하여 달리 어떠한 자격을 요구하고 있지는 않다.

주로 행정부서에 소속된 자가 청산조의 구성원으로서 관리인업무를 수행한다. 청산조가 관리인을 맡는 경우로는 〈기업파산법〉 시행시 이미 파산청산선고가 되어 〈기업파산법(試行)〉의 규정에 따라 청산조를 만든 경우, 회사법에 따라 구성된 청산조가 법정조건에 부합하는 경우, 국유기업에 대하여 국무원의 관련 특별 규정에 근거한 파산을 실시하면서 청산조를 구성한 경우, 법률이 규정하는 기타의 경우가 있다.

나. 소극적 요건

관리인의 권한이 광범위하고 직책이 중대한 점 등을 고려하여 〈기업파산법〉은 단순히 적극적 측면에서 기술적인 업무자격만을 요구하는 데 그치지 않고 인격적·도덕적 조건을 요구한다. 따라서 형식적으로는 관리인의 자격을 갖춘 자라도 일정한 경우에는 관리인을 맡을 수 없다(법 제24조 제3항).

(1) 고의범죄로 형사처벌을 받은 경우

범죄혐의자의 주관적 악성과 범죄의 경중을 고려한 규정인데 구체적으로 어느 정도의 형사처벌을 받은 경우에 한정하는지에 대한 규정은 미비하여 문제점이 있다. 과실행위로 인한 형사처벌은 문제되지 않지만 고의범죄이기만 하면 그 처벌이 매우 가벼워서 반사회성이 크지 않은 경우라도 관리인자격이 제한되기 때문이다.

12_관리인지정규정 제8조 제4호는 개인이 관리인명부에의 편입을 신청하는 경우 영업책임보험을 제출하도록 요구한다. 같은 취지에서 동규정 제7조 제4호는 파산청산사무소의 경우 '독립하여 민사책임을 질 수 있다는 내용의 증명자료'를 요구한다.

(2) 관련 전문영업허가가 취소된 경우

관리인을 맡기 위하여서는 변호사, 회계사 등 해당 전문직 영업허가를 반드시 받아야 한다. 영업허가의 취소는 관리인의 전제자격이 상실된 것을 의미할 뿐 아니라 관련 법률법규의 위반을 뜻하므로 해당자를 관리인으로 하기는 적절하지 않다. 취소된 영업허가가 일정한 경우에 다시 회복할 수 있다고 하여도 〈기업파산법〉이 관리인의 임직자격에 대하여 엄격한 요구를 하는 점을 감안하면 자격이 취소되기만 하면 관리인을 맡을 수 없다고 볼 것이다.

(3) 사건과 이해관계가 있는 경우

관리인을 맡는 기구나 개인이 파산사건의 채권자와 같은 당사자 본인이거나 당사자의 가까운 친척인 경우 해당 파산사건의 처리결과가 동인의 이익에 직접 관련이 있을 수 있다. 이러한 경우 해당 기구나 개인은 관리인을 맡을 수 없다. 관리인지정규정은 이를 좀 더 구체화하여 관리인의 직책을 충실히 이행하는 데 영향을 미칠 가능성이 있어 이해관계로 인정할 수 있는 경우를 열거한다(제23조).

사회중개기구, 청산조의 구성원에게 채권자·채무자와 결산되지 않은 채권채무관계가 있는 경우, 법원이 파산신청을 수리하기 전 3년 내에 채무자에게 비교적 고정적인 서비스를 제공한 경우, 현재 혹은 법원의 파산신청수리 전 3년의 기간에 채무자·채권자의 지배주주나 실질적인 지배자인 경우, 현재 혹은 법원의 파산신청수리 전 3년의 기간에 채무자·채권자의 재무고문 또는 법률고문을 맡은 경우, 법원이 관리인의 직책일 충실히 이행하는 데 영향을 미칠 가능성이 있다고 인정하는 기타의 경우가 이러한 것이다. 동규정 제24조는 청산조의 구성원인 파견인원, 사회중개기구의 파견인원, 개인관리인과 관련하여 유사한 규정을 두었다.

(4) 법원이 관리인을 맡기에 부적당하다고 인정하는 기타의 경우

사회중개기구와 개인에게 영업, 경영 중 고의나 중대한 과실행위로 인하여 행정기관, 감독기구 혹은 업계자율조직의 행정처벌이나 제재처분을 받은 날로부터 3년이 지나지 않은 경우, 위법행위혐의로 관련 부서의 조사를 받고 있는 경우, 직무이행의 부적당 혹은 법원지정의 거부 등으로 법원으로부터 관리인명부에서 제명당한 날로부터 3년이 지나지 않은 경우, 관리인이 갖추어야 할 전문능력이 결여된 경우, 민사책임능력이 결핍된 경우, 법원이 관리인 직책이행에 영향을 끼칠 수 있는 것으로 인정하는 기타 상황이 있는 경우에도 관리인을 맡을 수 없다(동규정 제9조).

기타 상황에는 파산사건의 구체적인 상황에 비추어 위 첫째 내지 셋째의 상황종료시로부터

일정한 시간이 지나지 않은 경우나 개인이 비교적 큰 채무를 부담한 채 이행기가 도래하였음에도 아직 변제하지 않은 경우 등 관리인의 공정한 직무수행이 우려되는 경우가 포함될 수 있을 것이다.

(5) 이해관계 관리인지정

관리인지정절차에 들어간 후 사회중개기구나 개인은 그 자신이 해당 사건과 이해관계에 있음을 발견한 경우 스스로 회피신청을 하고 법원에 서면으로 상황설명을 하여야 한다. 법원은 사회중개기구나 개인이 본 사건과 이해관계에 있다고 인정하는 경우 그 사건의 관리인으로 지정하여서는 안 된다(동규정 제25조). 사회중개기구나 개인이 중대한 채무분쟁이나 위법행위혐의로 인하여 관련 부서의 조사를 받고 있는 경우 법원은 그 사건의 관리인으로 지정하여서는 안 된다(동규정 제26조).

2. 청산조의 관리인 담임

중국 〈기업파산법〉이 관리인제도를 새로 두어 담당하게 한 관리인직능은 〈기업파산법(試行)〉 하에서는 '청산조'에 의하여 수행되었는데 이러한 청산조제도에 대하여는 여러 가지 단점이 지적되었다. 첫째, 청산조는 파산선고 후 비로소 성립하는데 파산신청시부터 파산선고까지의 기간이 통상 장기이므로 그동안 채무자의 재산과 사무는 기존 경영관리층이 여전히 장악하고 어떠한 법정감독도 없어서 자산유실의 위험이 커지게 되고 둘째, 청산조구성원은 주로 정부부서에서 충당되므로 중립성과 전문성뿐 아니라 업무의 투명성도 결여되며 셋째, 청산조에 대한 감독, 파면과 책임추궁기제가 없다.[13] 〈기업파산법〉은 이와 달리 관리인제도를 두지만 상술한 대로 동법 제24조와 관련하여 청산조가 관리인의 업무 등을 수행하는 경우를 관리인지정규정이 구체적으로 열거하는 등 중국의 파산 및 기업해산 절차에서 청산조가 여전히 존재하므로 주의하여야 한다.[14]

그러나 청산조는 신·구파산법 실시와 관련된 과도기적 문제를 해결하고 국무원이 국유기업에 대하여 하는 특별조치와 기타의 법률에 여지를 두기 위하여 신법의 실시에도 불구하고 여전히 남겨 둔 것에 불과하다. 따라서 청산조를 지정할 필요성은 다분히 〈기업파산법〉 시행 전의 특수한 정책적인 문제를 해결하여야 하는 상황에서 존재하는 것으로 인식하는 것이 옳고 청산조의 구성이

13_王衛國, 『破産法精義』, 法律出版社, 2007. 7. 1., 35면.

14_관리인지정규정 제18조는 기업파산사건에 파산신청수리 전 관련 규정에 따라 이미 청산조가 성립하였고, 법원이 본 규정 제19조 규정에 부합한다고 인정하는 경우, 기업파산법 제133조 규정의 사건을 심리하는 경우, 관련 법률이 기업파산시 청산조를 만들도록 규정한 경우, 법원이 청산조를 관리인으로 지정할 수 있다고 인정하는 기타 경우 법원은 청산조를 관리인으로 지정할 수 있도록 규정한다.

신법하에서 일반적인 것이라고 보기는 어렵다. 청산조는 〈기업파산법(試行)〉의 청산조가 현행 〈기업파산법〉의 관리인으로 옮겨가는 과도적 성격의 기구이다.[15]

가. 기존의 청산조 존재

파산신청수리 전 관련 규정에 따라 이미 청산조가 구성되어 있고 법원이 관리인지정규정 제19조 규정에 부합한다고 인정하는 경우에 그 청산조가 관리인을 맡을 수 있다(동규정 제18조 제1호). '관련 규정에 따라 이미 청산조가 구성되어 있는 경우'는 파산신청수리 전 관련 법규에 따라 '청산조', '청산위원회', '행정청산조(행정정리조)'가 만들어진 경우를 모두 포함한다.

중국 회사에 대한 비파산 청산의 기본적 규정인 회사법 제184조는 자원청산과 강제청산을 구분한다.[16] 동조에 의하면 해산사유로 인하여 회사가 해산하는 경우 그 사유발생일로부터 15일 내에 청산조를 구성하고 청산을 개시하여야 한다. 유한책임회사의 청산조는 주주로, 주식회사의 청산조는 이사나 주주총회가 확정한 인원으로 각각 구성한다. 위 기한이 지나도록 청산조구성과 청산이 진행되지 않으면 채권자는 법원에 청산조구성과 청산절차진행을 신청할 수 있다. 법원은 신청을 수리하면 즉시 청산조를 조직하여 청산을 진행하여야 한다.

〈외상투자기업청산방법〉이 규정하는 청산에는 보통청산과 특별청산의 두 가지가 있다. 자원청산에 해당하는 보통청산은 기업이 스스로 청산위원회를 조직하여 진행하는 청산으로서 청산위원회는 기업의 의사결정기구가 그 구성원 중에서 선임하거나 관련 전문가를 초빙하여 맡게 한다(제9조). 강제청산에 해당하는 특별청산은 기업이 보통청산을 할 수 없거나 보통청산에 중대한 장애가 생긴 경우 기업심사비준기관이나 그로부터 위탁받은 부서가 중외투자자, 관련 기관의 대표와 전문가로 청산위원회를 구성하여 진행하는 청산이다(제36조).

금융기구의 청산은 해산청산과 취소청산으로 구분된다. 상업은행법은 해산으로 인하여 법에

15_실제로 운남성의 경우 국유기업파산사건을 보면 기업파산신청의 준비단계에서 기업이 구성하는 행정청산조에는 그 기업과 주관부서의 사람뿐 아니라 직업적인 관리인도 이미 그에 참여하여 행정청산조의 파산관련 업무를 돕는다. 법원의 파산신청수리 후 행정청산조는 예컨대 기업의 기존 업무자를 배제하는 등의 필요한 인력조정을 거쳐 직접 법원지정의 관리인이 된다. 실제에 있어서 이러한 청산조는 구법하에서의 청산조와 많이 다른데 이미 전문적인 직업관리인이 청산업무에 참여하여 전문적인 청산업무에 속하는 많은 양의 업무를 행하고 청산조에 속하는 행정부서의 사람은 주로 정부의 관련 부서와의 협조와 업무연락 등을 담당한다. 이러한 구조는 파산절차에서 정부부서의 협력을 얻어야 하는 실제적 필요를 충족하고 한편으로는 파산업무의 전문화를 기하여 파산절차의 효율을 높일 수 있으며 청산조는 파산채무자의 상황을 매우 잘 파악하고 있으므로 파산절차진입 후 계속하여 직접 관리인을 맡음으로써 상황을 새로이 파악하고 장악하는 시간과 노력 등을 절약할 수 있다. 그래서 청산조로 하여금 관리인을 맡게 하는 것은 최소한 현재와 장래의 일정 시기에서는 필요하고도 필연적인 선택이라고 할 수 있다. 楊凌萍, "破産管理人制度-理想和現實的博弈", 王欣新 · 尹正友 주편, 『破産法論壇 第2輯』, 法律出版社, 2009. 5., 93면.

16_중국의 기업에 대한 파산청산단계 이전의 청산은 주주에 의하여 주도되는지의 여부에 따라 자원청산과 강제청산의 두가지로 나눠고 강제청산은 다시 행정기구에 의한 것과 법원에 의한 것으로 구분된다.

따라 구성되는 청산조(제69조 제2항)와 취소로 인하여 銀監위원회가 구성하는 청산조(제70조)를 나누어 규정한다.[17] 보험법도 해산으로 인하여 법에 따라 성립하는 청산조(제89조)와 취소로 인하여 보험감독관리기구가 만드는 청산조(제150조)를 구분하여 규정한다.[18] 〈금융기구취소조례〉는 은행과 비은행 금융기구의 취소시 인민은행이나 그가 위탁한 정부기구에 의하여 청산조를 구성하는 것으로 규정한다(제8조).[19] 〈신탁투자회사관리방법〉, 〈리스(金融租賃)회사관리방법〉 등의 법규, 규정은 모두 해산원인이 발생하여 법에 따라 구성하여야 하는 청산조에 대하여 규정하고 있다. 파산실무를 보면 금융기구의 청산은 비주주 즉 행정기구가 주도하는 강제청산을 위주로 하고 그때의 청산조를 '행정청산조(행정정리조)'라고 한다.[20]

이상의 각종 청산조는 모두 관리인지정규정의 '파산신청수리 전 관련 규정에 따라 이미 청산조가 구성되어 있는' 경우에 해당되나 파산신청수리 전에 구성된 청산조 모두가 계속하여 관리인으로 지정될 수 있는 것은 아니다. 법원은 〈기업파산법〉, 관리인지정규정 등에 따라 청산조구성원의 관리인적격성을 다시 심사하여야 한다. 심사를 거쳐 규정에 부합하는 것으로 인정받은 자만이 비로소 관리인으로 지정받을 수 있다. 채권자나 채무자와 이해관계에 있거나 청산조구성원이 채무자 기업의 주주나 이사 등인 경우와 같이 관련 규정에 부합하지 않는 경우에는 관리인지정규정에 따라 청산조 아닌 자를 별도로 관리인으로 지정하게 될 것이다.

한편 〈기업파산법〉 시행시 구법에 따라 이미 수리하여 심리 중인 파산사건 중 아직 파산선고를 하지 않은 경우나 청산조를 구성하지 않은 경우는 이와 구별되는 문제이다. 이 경우에는 신법에 따라 관리인을 지정하여야 한다.[21] 이는 신·구법 시행에 걸친 경과조치에 속하고 청산조의 관리인담

17_상업은행법 제69조 제2항에 의하면 상업은행은 해산하는 경우 법에 따라 청산조를 구성하여 청산을 진행하고, 청산계획에 따라 즉시 예금원금과 이자 등 채무를 변제하여야 한다. 국무원은행감독관리기구는 청산과정을 감독한다. 동법 제70조에 의하면 산업은행이 경영허가증정지로 취소되는 경우 국무원은행감독관리기구는 법에 따라 즉시 청산조를 구성하여 청산을 진행하고, 청산계획에 따라 즉시 예금원금과 이자 등 채무를 변제하여야 한다.

18_보험법 제89조는 보험회사는 분할, 합병으로 인하여 해산할 필요가 있거나 주주회, 주주총회가 해산을 결의하거나 회사정관 규정의 해산사유 발생으로 인하여 보험감독관리기구의 비준 후 해산하고, 생명보험업무를 경영하는 보험회사는 분할, 합병이나 법에 따른 취소로 인한 경우 외에는 해산할 수 없으며 보험회사는 해산하는 경우 법에 따라 청산조를 구성하여 청산을 진행하여야 한다고 규정한다. 동법 제150조에 따르면 보험회사가 위법경영으로 인하여 법에 따라 보험업무경영허가증이 정지되는 경우 혹은 상환능력이 국무원보험감독관리기구가 규정하는 표준보다 낮아 취소하지 않으면 보험시장질서에 중대한 위해를 가하고 공공이익을 해하는 경우 국무원보험감독관리기구가 취소하고 공고하며 법에 따라 즉시 청산조를 조직하여 청산을 진행한다.

19_〈금융기구취소조례〉 제8조에 의하면 상업은행이 법에 따라 취소되는 경우 중국인민은행이 청산조를 조직하고, 비은행 금융기구가 법에 따라 취소되는 경우 중국인민은행이 위탁한 관련 지방정부가 청산조를 조직한다. 청산은 취소결정이 효력을 발생하는 날부터 시작한다. 청산조는 중국인민은행에 대하여 책임을 지고 보고업무를 한다. 청산조는 중국인민은행, 재정, 감사 등 관련 부서, 지방정부의 대표와 취소된 금융기구 주주의 대표 및 관련 전문가로 구성한다. 청산조조장과 구성원은 중국인민은행이 지정하거나 중국인민은행의 동의를 받아야 한다. 청산기간에 청산조는 피취소금융기구에 대한 관리직권을 행사하고, 청산조조장은 피취소금융기구 법정대표자의 직권을 행사한다.

20_奚曉明 주편, 『最高人民法院關于企業破産法司法解釋的理解与适用』, 人民法院出版社, 2007. 5. 1., 75면.

임 규정의 적용범위에는 직접 관련되지 않는다. 이러한 이유로 위 문제는 본조 중에 별도로 규정하지 않은 것으로 보인다.

나. 정책적 파산

〈기업파산법〉 제133조는 동법 시행 전 국무원이 규정하는 기간과 범위 내의 국유기업이 실시하는 파산의 특수사무는 국무원의 관련 규정에 따라 처리하도록 규정한다. 이 경우에도 청산조가 관리인으로 되는데 이는 국가계획에 편입된 국유기업의 정책적 파산을 가리킨다. 사실상 구법의 유물인 청산조를 〈기업파산법〉이 관리인으로 수용하는 이유는 주로 국유기업 정책적 파산 사건의 특수한 수요를 고려한 때문이다. 국유기업의 정책적 파산의 실질은 정부의 기업에 대한 행정폐업 혹은 구조조정절차로서 〈기업파산법〉에 의한 파산절차와 관련이 많지 않다. 관련성이 있다면 채무면제문제 정도에 불과하다. 정부부서의 인력으로 청산조를 구성하여 파산절차를 진행하는 데는 많은 폐단이 뒤따를 수 있지만 청산조가 국유기업의 정책적 파산 과정에서 적극적인 작용을 하는 측면도 있다. 관련 정부부서가 파산절차에 적극적으로 참여하여 파산기업근로자의 재배치, 퇴직자의 사회화관리, 비경영성자산의 이전, 장기투자의 정리, 세금과 행정문제의 해결 등에 대하여 행정적 수단과 협력을 제공할 수 있는 것이다.

다. 법률의 규정

전술한 상업은행법 등의 일부 법률은 특정 기업의 파산시 청산조를 구성하여 파산절차를 진행할 것을 규정한다. 이들 대부분은 〈기업파산법〉 반포 전에 제정실시된 것이어서 관리인제도를 고려할 수 없었고, 청산조를 관리인으로 칭할 수도, 또 그럴 필요도 없었다.[22] 한편 현행 법체계상으로도 청산조를 관리인으로 할 필요가 있다. 〈기업파산법〉이 비록 금융기구가 파산을 실시하는 경우 국무원이 본법과 기타 관련 법률의 규정에 따라 실시방법을 제정할 수 있다고 규정함에도 불구하고(법 제134조 제2항), 현재 금융기구의 파산에 대하여 아직 구체적인 법규가 없으며 제정시기를 예측하기도 어렵다. 그러나 현실적으로 발생하는 일부 금융기구의 파산문제는 매우 중요할 뿐 아니라 반드시 해결하여야 한다. 그래서 동조는 나아가 "상업은행, 증권회사, 보험회사 등 금융기구

21_최고인민법원 〈기업파산법 시행시 심리미결인 기업파산사건의 법률적용의 몇 가지 문제에 관한 규정〉 제3조는 이미 청산조가 성립한 경우 기업파산법 시행 후 법원은 그 청산조를 관리인으로 지정할 수 있고, 아직 청산조가 성립하지 않은 경우 법원은 기업파산법과 〈기업파산사건심리 관리인지정에 관한 최고인민법원의 규정〉에 따라 즉시 관리인을 지정하여야 한다고 규정한다.

22_다만, 보험법은 2009. 2. 28. 개정되어 동년 10. 1.부터 시행되고 있음에도 불구하고 여전히 '청산조'라는 용어를 사용한다.

가 본법 제2조 규정의 상황이 있는 경우 국무원금융감독관리기구는 법원에 해당 금융기구에 대하여 회생 혹은 파산청산을 진행하여 줄 것을 신청할 수 있다. 국무원금융감독관리기구는 중대한 경영위험이 나타난 금융기구에 대하여 법에 의하여 접수·관리, 위탁관리 등의 조치를 취하는 경우 법원에 해당 금융기구를 피고나 피집행인으로 하는 민사소송절차 혹은 집행절차를 중지하여 줄 것을 신청할 수 있다."라고 규정하였다(법 제134조 제1항). 금융관리감독기구와 관련 행정부서의 파산절차 참가와 감독이라는 현실적인 수요를 해결하는 방법으로 현재는 법원이 해당 부서의 인원을 구성원으로 하는 청산조를 관리인으로 지정하는 형식을 통하는 방법이 있을 뿐이다. 금융자산관리회사가 사회중개기구에 속하지는 않으므로 청산조의 구성원이 되는 형식으로만 관리인직무를 맡을 수 있다.[23] 그러나 이는 과도기적 임시적 변통일 수밖에 없으므로 입법을 통하여 해결하여야 한다.

라. 법원이 인정하는 기타의 경우

본호는 상술한 경우 외에도 파산절차의 원만한 진행을 위하여 청산조를 관리인으로 지정할 필요가 있는 경우를 위하여 둔 일종의 수권규정이다. 그러나 상술한 바와 같이 청산조는 구법의 유물로서 필요한 최소한의 범위 내에서 운용하는 것이 바람직하므로 본호의 적용은 엄격히 제한되어야 한다.

마. 청산조가 관리인인 경우의 특칙

청산조가 관리인을 맡는 경우에 법원은 관리인명부에 편입된 사회중개기구는 물론 유관 정부부서나 금융자산관리회사 중에서도 구성원을 지정할 수 있고 인민은행과 금융감독관리기구는 인원을 파견하여 청산조에 참가할 수 있다. 최고인민법원의 파산법규정에 의하면 청산조구성원을 청산중개기구와 회계사, 변호사 중에서 충당할 수 있다(제48조). 〈기업파산법(試行)〉 실시 당시 청산조의 구성과 관련한 법원의 실무에서도 사회중개기구로부터 청산조구성원을 지정하여 청산조의 전문성을 강화하는 경우가 점점 많아졌다.

그런데 이러한 사회중개기구가 파산청산업무를 맡는 데 필요한 자격기준, 지위와 직책에 대하여 관련 법규가 없었던 까닭에 법원이 사회중개기구를 지정함에 있어서 주관성과 수의성이 개재될 가능성이 많았고, 결국 파산청산업무를 담당하는 사회중개기구가 당연히 갖추어야 하는 중립성, 공정성, 전문성이 최대한도로 발휘되기 어려웠다.[24] 이러한 점을 감안하여 전술한 바와

23_금융자산관리회사는 국무원의 결정으로 설립되어 국유은행의 불량대출자산을 구매하고, 이로 인하여 형성된 자산을 관리, 처분하는 것을 업무로 하는 國有獨資非銀行금융기구로서 관련 법규로는 〈금융자산관리공사조례〉가 있다.
24_奚曉明 주편, 『最高人民法院關于企業破産法司法解釋的理解与适用』, 人民法院出版社, 2007. 5. 1., 79면.

같이 관리인지정규정은 청산조의 구성원을 맡는 사회중개기구는 반드시 관리인명부에 편입된 사회중개기구여야 한다고 명시하였다(제19조). 이미 심사를 거치고 공개된 관리인명부는 법원이 사회중개기구를 청산조구성원으로 지정하는 과정에서 발생할 수 있는 주관성과 수의성을 어느 정도 제거할 수 있다.

Ⅲ. 임명과 교체

1. 법원의 관리인 지정

가. 관리인의 법적 성질

관리인의 법적 성질에 관한 중국의 대표적인 학설로는 채권자대표설, 채무자대표설, 재단대표설, 수탁인설과 법정기구설이 있다. 주도적인 견해는 관리인을 법률이 파산절차의 목적을 실현하기 위하여 설정한 법정직능이행기구로 이해하는 법정기구설이다. 채권자대표설과 채무자대표설은 파산관리인의 업무중립성원칙에 부합하지 않고, 재단대표설과 수탁인설은 각각 파산재단과 신탁의 개념을 기초로 하고 있는데 〈기업파산법〉이 이를 채택하지는 않았다. 입법과정에서 채권자대표설에 기하여 채권자회의에서 관리인을 임명하자는 주장이 한때 강하였으나 파산절차에서 채권자 이익의 보호·유지가 중요하지만 관리인은 독립적·중립적이어야 하고 파산재산보호와 전체 채권자와 채무자, 근로자 등 기타 이해관계인의 이익을 위하여 개별채권자를 상대로 소송을 진행할 수도 있는 점 등을 고려하여 법원이 관리인을 지정하는 것으로 입법하였다(법 제22조).[25] 법원지정방식은 채권자회의선임방식에 비하여 비교적 빨리 조건에 맞는 관리인을 선임할 수 있어서 적시에 채무자재산을 접수·관리하고, 관리인 부재로 인해 발생할 수 있는 채권자의 손실을 막는 데 유리한 점이 있다.[26] 한편 채권자에 의한 관리인 감독을 위하여 임무를 수행할 수 없는 관리인에 대한 채권자회의의 교체청구권을 두었다.

나. 관리인명부의 작성

중국의 파산절차에서 관리인은 법정기구로서 채권자가 아닌 법원에 의하여 만들어진다. 구체적인 관리인 지정은 관리인명부의 편제를 기초로 한다. 관리인지정규정에 의하면 법원의 기업파산사

25_王衛國, 『破産法精義』, 法律出版社, 2007. 7. 1., 36면.

26_徐俊福, "破産管理人制度的建立与我國律師業的新机遇", 王欣新 · 尹正友 주편, 『破産法論壇 第1輯』, 法律出版社, 2008. 5., 151면.

건심리는 관리인을 지정하여야 하는데, 별도의 규정이 있는 경우를 제외하고 관리인은 관리인명부로부터 지정하여야 한다(제1조). 관리인명부는 법원이 작성한다. 일반적으로 각지의 고급법원에서 관할지역의 관리인명부를 만드는데 고급법원은 중급법원으로 하여금 그 관할지역의 관리인명부를 만들게 할 수도 있다(관리인지정규정 제2조). 〈기업파산법〉의 관리인에 대한 자격요건과 관리인지정규정 제3조를 종합하여 보면 중국의 모든 변호사사무소, 회계사사무소, 파산청산사무소와 청산조직 그리고 중개기구의 구성원 중 전문지식과 영업허가를 갖춘 개인은 소극적 조건에 해당하는 경우를 제외하고는 모두 파산관리인 자격이 있다. 그러나 중국 법원의 실무상 관리인명부의 작성시 일정한 기준을 두기 때문에 해당하는 모든 기구나 개인이 관리인명부에 들어가는 것은 아니다. 예컨대 2007년 북경시고급법원이 편제한 관리인명부에 등재된 기구관리인은 100곳으로, 그중에는 변호사사무소 65개소, 회계사사무소 33개소, 파산청산사무소 2개소였고 개인관리인은 20명으로서 변호사와 회계사가 각 10명이다. 그런데 2009년 말 북경시에 등록된 변호사사무소는 1,300개에 이르고, 2008년 말 북경시에 등록된 회계사사무소는 500곳에 이른다. 그 외에도 관련 법규가 미비하고 통계가 없어 확인하기 어렵지만 많은 수의 파산청산사무소가 있다.[27] 전국적으로 2009년 말 1만5천여 개의 변호사무소와 16만6천여 명의 변호사가 있는 점을 감안하면 회계사사무소와 〈기업파산법〉 시행 후 무수히 생긴 파산청산사무소를 계산하지 않아도 관리인명부에 등재된 사회중개기구의 숫자가 너무 적은 감이 있다. 그러나 1998년부터 2007년의 10년간 전국 법원이 수리한 파산사건은 64,311건으로서 일년 평균 6,500건에 미치지 못하고 2006년에는 4,235건, 2007년에는 3,817건에 불과하다.[28] 결국 형식적 자격자를 모두 관리인명부에 편입할 필요는 없고 이들이 모두 관리인업무수행에 필요한 자질을 가졌다고 보기도 어려우므로 일정 정도 이상의 자질과 경험을 갖춘 자를 엄선하는 것이 필요하다. 향후 관리인제도가 좀 더 성숙하였을 때 관리인명부의 규모를 확대하는 것이 바람직하다.

관리인명부 작성의 합리성과 공정을 확보하기 위하여 법원이 관리인명부 편입신청서를 받고 평가심사위원회가 심사하여 확정한다(관리인지정규정 제4조 제1항, 제10조). 관리인명부에 편입되고자 하는 변호사사무소, 회계사사무소, 파산청산사무소 및 개인은 관리인으로서의 전문자격 증명서, 처벌 관계 서류 등의 자료를 제출하여야 한다(동규정 제6조 내지 제8조). 변호사사무소와 회계사사무소가 신청하는 경우와 달리 파산청산사무소 및 개인은 업무수행과정에서 발생할 수

27_2007년 작성된 상해시의 관리인명부에는 변호사사무소 12곳, 회계사사무소 4곳과 파산청산사무소 4곳만이 올라 있는데 변호사사무소는 2010년 현재 거의 1,000여 개에 이르고, 회계사사무소는 2008년 말에만 230개를 넘어 등록되었다. 중경시고급법원이 최초로 만든 관리인명부에 편입된 곳은 20곳에 불과한데 그중 변호사사무소 14곳, 회계사사무소 5곳, 파산청산사무소가 1곳이다.

28_奚曉明, “法院審理企業破産案件的基本情況和当前的新問題”, 2008. 1. 13. 合同糾紛网(http://www.contracts.com.cn.).

있는 민사책임부담능력에 관한 자료로서 '독립하여 민사책임을 질 수 있다는 증명자료나 영업책임보험증명'을 제출하여야 한다. 아직 파산청산사무소의 자격이나 영업허가에 대한 기준이 마련되지 않았기 때문에 책임자력에 대한 보장이 확실치 않은 개인과 마찬가지로 이러한 자료를 제출하도록 한 것으로 보인다. 그러나 변호사사무소나 회계사사무소라도 반드시 책임자력이 충분한 것이라고 볼 수는 없으므로 이러한 경우에도 유사하게 규정하는 것이 바람직해 보인다.

관리인명부의 사전 작성방법은 각 법원이 구체적인 파산사건심리를 위하여 관리인을 선임할 때 자의성이나 부정 소지를 줄이고 공정하게 우수한 자를 선택할 수 있다는 장점이 있다. 반면에 관리인직에 대한 일종의 진입장벽을 두는 것이어서 자격을 갖춘 많은 기구와 개인은 관리인 담임기회를 사실상 봉쇄당할 수 있다. 법원이 구성하는 평가심사위원회가 관리인업무를 희망하는 기구나 개인을 충분히 파악하기는 어려운 측면이 있고 관리인명부작성자와 관리인선임자가 동일하여 오류를 시정할 기회가 적어질 수 있다는 것도 문제이다. 관련 업종협회의 추천을 요건으로 하거나 아예 관리인명부를 해당 협회에서 작성하는 것을 합리적인 대안으로 고려할 수 있다.

다. 관리인 지정 방법

전술한 대로 관리인을 선임할 때 법원은 반드시 관리인명부에서 지정하여야 한다. 구체적인 지정절차는 관리인지정규정이 비교적 상세하게 정하고 있는데 지정방식에는 무작위, 경쟁, 추천의 세 가지가 있다.

무작위방식은 관리인을 지정하는 기본 방식으로서 순번제와 제비뽑기 등의 방법으로 결정하는 것이다. 무작위지정은 법원의 지나친 주관적 개입을 피할 수 있고 절차의 공개, 공정, 투명성을 제고할 수 있다.[29] 법원은 일반적으로 관리인명부에 등재된 명단에 따른 순번, 추첨 등의 무작위방식을 채택하여 공개적으로 관리인을 지정하여야 한다(관리인지정규정 제20조). 경쟁방식은 법원이 관리인명부 중의 중개기구로 하여금 경쟁에 참여하도록 공고하고 법원의 평심위원회에서 선발하는 것이다. 경쟁방식은 상업은행, 증권회사, 보험회사 등 금융기구나 전국 범위에서 중대한 영향이 있고 법률관계가 복잡하며 채무자재산이 분산되어 있는 기업파산사건에 대하여 적용된다(동규정 제21조 제1항). 추천방식은 경쟁방식보다도 더욱 제한된 범위에 적용되는 것인데 행정정리, 청산을 거친 금융기구의 파산사건에 적용된다.[30] 금융감독관리기구가 관리인명부 안에서 관리인후보자를

29_奚曉明 주편, 『最高人民法院關于企業破産法司法解釋的理解与适用』, 人民法院出版社, 2007. 5. 1., 83면.

30_관리인지정규정 제22조에 따르면 행정정리, 청산을 거친 상업은행, 증권회사, 보험회사 등의 금융기구의 파산사건에 대하여 법원은 본 규정 제18조 제1호의 규정에 따라 관리인을 지정하는 외에 금융관리감독기구가 추천한 이미 관리인명부에 편입된 사회중개기구 중에서 관리인을 지정할 수도 있다.

법원에 추천하고 최종적으로는 법원이 결정한다. 법원이 추천내용에 기속되는 것은 아니지만 피추천자를 우선적으로 고려하여야 한다.[31] 법원은 관리인지정시 일반적으로 사회중개기구를 선택하여야 하고 관리업무가 비교적 수월한 기업파산사건에 대하여 비로소 개인을 관리인으로 지정할 수 있음은 전술한 바와 같다.

라. 관리인의 지정시기

관리인은 파산절차의 개시시점인 법원의 파신신청수리결정시에 지정하여야 한다(법 제13조). 신속한 관리인지정은 채무자재산의 보전을 위하여 매우 필요하다. 〈기업파산법(試行)〉하에서 청산조는 법원의 파산선고 후 임명하였다. 그런데 파산절차는 법원의 사건수리시부터 이미 진행되고, 법원실무를 보더라도 심리로 인해 파산신청수리 및 파산선고부터 파산청산절차종결까지는 통상적으로 일정한 기간의 경과를 필요로 한다. 결국 파산사건수리 후 청산조 구성까지의 기간에는 상술한 대로 파산기업의 재산과 사무가 여전히 기존 경영층의 수중에 있기 때문에 이들에 의한 기업재산의 이전, 사적인 분배나 낭비, 은닉, 손상 그리고 장부조작이나 잘못 은폐의 기회와 가능성이 있었다. 이러한 점 등을 감안하여 〈기업파산법〉은 법원이 파산신청수리결정을 할 때 관리인을 지정하도록 하였는바, 이는 관리인의 지정을 조기화하여 채권자의 이익을 보호하고 파산절차의 공정과 질서를 보장하기 위한 것이다.

마. 필요한 보조인력의 초빙

일반적으로 파산절차에서 관리인직무의 수행은 비교적 복잡하여 법률, 회계, 금융 등 다방면의 전문지식이 필요하다. 파산절차가 관리인의 주도하에 진행되는 것이지만 이러한 전문적이고 복잡한 문제를 모두 관리인에게만 기대어 처리하기는 어려울 수 있다. 이러한 경우에 대비하여 관리인으로 하여금 법원의 허가를 받아 필요한 업무인력을 초빙할 수 있도록 하였다(법 제28조 제1항). 관리인이 이러한 전문가를 초빙하는 것은 절차진행을 위하여 필요한 것이지만 한편으로는 파산비용의 증가를 가져와 채권자의 손실로 귀결될 수 있다. 이 때문에 보조인력 초빙은 파산업무에 필수적인 경우로 제한되어야만 하고, 따라서 법원의 허가를 반드시 거치도록 한 것이다. 여기서의 필요한 보조인력은 두 종류로 분류할 수 있는데, 채무자기업의 관련자 등과 같이 직접 관리인의 지휘하에 관련 업무를 하는 자 및 관리인이 초빙한 법률, 감정, 회계사무소 등이다.[32]

31_奚曉明 주편, 『最高人民法院關于企業破産法司法解釋的理解与适用』, 人民法院出版社, 2007. 5. 1., 89면.
32_尹正友, "試論破産程序中管理人對必要工作人員的聘用", 王欣新 · 尹正友 주편, 『破産法論壇 第2輯』, 法律出版社, 2009. 5., 85면.

2. 관리인의 변경

법원이나 채권자회의가 관리인으로 지정된 자가 부적격하거나 관리인직을 수행하기에 부적당하다고 인정하는 경우 법원은 직권으로 또는 신청에 따라 적시에 관리인이나 그 구성원을 교체할 필요가 있다. 〈기업파산법〉이 규정하는 관리인의 교체에는 사직의 경우와 법원에 의한 변경의 두 가지가 있다.

가. 관리인의 사직

관리인이 업무수행과정에서 여러 가지 원인으로 사직할 수 있는데 관리인업무의 중요성과 특수성을 감안하여 관리인사직에 대하여 일정한 제한을 하고 있다. 즉 관리인은 정당한 이유 없이 직무를 사임할 수 없고, 관리인이 직무를 사임하는 때에는 법원의 허가를 얻어야 한다(법 제29조). 구체적인 내용은 관리인의 감독에 대한 부분에서 다시 논하기로 한다.

나. 법원의 관리인변경

관리인의 선발과 지정에 있어서 채권자는 중요한 이해관계를 가진다. 그리고 파산절차에서 전체 채권자의 공동의사를 대표하고 개별 채권자의 독립된 이익에 관련된 요구를 적절히 반영하는 조직은 채권자회의이다. 그런데 파산사건수리와 동시에 관리인을 지정하는 방식을 채택하였으므로 절차개시 단계에서는 아직 구성되지도 않은 채권자회의를 소집할 수 없어서 채권자의 의사를 반영하기가 쉽지 않다. 이러한 점을 감안하여 〈기업파산법〉은 사후청구로 관리인을 변경할 권한을 채권자회의에게 부여하였다. 즉 채권자회의는 관리인이 적법하거나 공정하게 직무를 이행할 수 없거나 기타 직무를 담당할 수 없다고 인정하는 경우 법원에 관리인변경을 신청할 수 있다(법 제22조 제2항). 변경신청권은 관리인에 대한 채권자의 감독을 실현하기 위한 것이다. 다만, 채권자회의가 관리인변경을 신청하기 위해서는 반드시 법률이 규정한 사유, 즉 관리인이 적법하거나 공정하게 직무를 이행할 수 없거나 기타 직무를 담당할 수 없다고 인정되는 상황이 있어야 하고 채권자회의결의를 거쳐 서면으로 신청하여야 한다(관리인지정규정 제31조 제1항). 법원은 채권자회의의 관리인변경신청에 기속되지 않고 그 인용 여부를 결정한다. 신청을 받은 후 관리인의 서면설명을 받은 때로부터 10일 내에 관리인변경 여부를 결정하여야 한다(동규정 제32조). 관리인 변경 사유는 관리인지정규정에 좀 더 구체화되어 있다. 관리인을 맡은 사회중개기구와 개인에게 공통적인 사유는 자격허가나 영업허가가 정지되거나 말소된 경우, 본 사건과 이해관계가 있는 경우, 직무이행시 고의나 중과실로 채권자 이익을 해친 경우, 동규정 제26조의 상황이 있는 경우이다. 사회중개기구에 특유한 사유로는 해산 또는 파산사유가 출현하거나 업무자격책임위험의 부담능력을 상실한 경우가 있고, 개인의 경우 실종 혹은 사망이나 민사행위능력 상실의 경우, 건강상 직무이행을 할 수 없는 경우, 업무자격책임보험의 실효된 경우가 변경사유로 추가된다. 위 사유가 있는 경우 법원은 채권자회의의 신청에 의하거나 직권으로 관리인교체 결정을 할 수 있고, 청산조의 구성원인 파견인원과 사회중개기구의 파견인원에게도 이를 참조하여 적용한다(동규정 제33조, 제34조). 법원은 관리인을 교체한 경우 결정서를 원래의 관리인, 새로운 관리인, 파산신청인, 채무자 및 채무자기업의 등기기관에 송달하고 공고하여야 한다(동규정 제38조).

Ⅳ. 관리인의 보수

1. 관리인보수의 결정과 이의

채권자 이익의 최대화는 채무자재산의 가치최대화에 크게 의존하고 이러한 가치최대화는 양질의 전문적인 관리를 필요로 한다. 관리인은 파산절차의 진행과정에서 업무수행을 위하여 많은 시간, 노력과 전문적 지식을 사용한다. 관리인에게 정당한 대가를 지불하여 적극적 업무수행에 대한 유인을 제공하고 나아가 관리인제도의 건전한 발전을 촉진하기 위해서도 적정한 보수의 지급은 필요하다.

중국에서도 파산관리인이 새롭게 각광받는 직업이 되고 있으며 〈기업파산법〉 실시 이후에 많은 파산청산사무소가 생겨나는 등 관리인제도 역시 전문화의 방향으로 발전하고 있다. 파산재산관리과정에서의 정당한 지출에 대한 보상 외에 관리인은 그가 제공하는 서비스에 대하여 보수를 받는데 보수는 관리인의 자격과 임무에 상응하게 결정되어 위험과 보상 간에 균형을 이루어서 유능하고 자격 있는 전문가를 적절히 이끌어 내어야 한다.[33] 한편 관리인의 보수는 다른 채무의 변제에 앞서 파산재산으로부터 우선 지급되는 것이어서 그 규모는 채권자 등 이해관계인의 이익에 직접 영향을 미친다. 따라서 상당하고 공평한 보수책정으로 우수한 전문가를 파산관리절차에 들어오도록 유도하는 측면과 채무자의 재산가치와 이익의 최대화를 적절히 실현하는 데 도움이 되는지 여부가 관리인보수결정의 중요한 기준이 된다.[34] 중국 〈기업파산법〉은 강한 기술적 성격을 지니는 보수결정방법

33_王衛國, 『破産法精義』, 法律出版社, 2007. 7. 1., 63면.

등에 대하여 세세한 규정을 두지 않고 최고인민법원의 사법해석에 수권하였다(제22조 제3항). 이에 따라 최고인민법원은 2007. 4. 4. 관리인보수규정을 제정하였다. 동규정은 관리인이 〈기업파산법〉 제25조 규정의 직책을 이행하고 상응하는 보수를 받을 권한이 있음을 명시한다(제1조 제1항).

가. 법원의 결정

파산관리인은 그 성질상 법정기구에 속하고 법원, 채권자와 채무자로부터 중립적인데 관리인의 보수결정권자는 법원이다(법 제28조 제2항). 상술한 바와 같이 관리인 보수의 계산기준, 지불방식과 채권자회의의 이의권 등 구체적 내용은 관리인보수규정이 정하고 있다. 관리인의 보수는 파산비용에 속한다(법 제41조). 따라서 다른 파산채권에 비하여 우선 변제받는 지위를 누리고, 이는 유능한 전문가를 관리인으로 유도하고 관리업무수준을 제고하는 데 도움이 된다.

지급시기는 관리인의 업무충실도와 주의도의 제고는 물론 본인의 이익에 대하여 적지 않은 의미를 갖는데, 늦어도 곤란하지만 지나친 조기지급은 관리인에 대한 실효적인 통제를 어렵게 할 수도 있다. 법원은 파산사건의 실제 상황에 따라 분할하여 지급하거나 마지막에 일시불로 지급할 수 있다(관리인지정규정 제3조). 일반적으로 내용이 비교적 간단하고 단기인 사건은 후불일시급으로 지급하고 내용이 복잡하고 장기에 걸친 사건은 보수 일부를 미리 선지급할 수 있으며 채무가 분할 변제되는 사건의 경우에는 관리인의 보수도 분할 지급할 것이다.[35]

나. 채권자회의의 이의권

관리인보수규정이 비교적 상세한 규정을 두고 있지만 관리인 보수를 구체적으로 정할 때 법원이 상당한 정도의 재량권을 가질 수밖에 없고, 상술한 대로 관리인보수는 채권자의 변제이익에 영향을 주게 된다. 따라서 채권자에게 관리인보수에 대한 의견을 제출할 기회를 주어야 한다. 〈기업파산법〉은 채권자회의에게 이의권을 부여하는데 채권자회의는 이의가 있는 경우 채권자회의의 결의를 첨부하여 법원에 서면으로 구체적 취지와 이유를 제출한다(관리인보수규정 제17조). 이의권은

34_관리인보수규정 제12조는 "관리인의 보수는 채무자의 재산으로부터 우선 지급한다. 채무자의 재산이 관리인의 보수와 관리인의 직무집행비용을 지급하기에 부족한 경우 관리인은 법원에 파산절차의 종결을 제청하여야 한다. 다만, 채권자, 관리인, 채무자의 출자자나 기타 이해관계인이 상술한 보수와 비용을 대지급할 의향이 있는 경우 파산절차는 계속 진행할 수 있다. 상술한 대지급한 비용은 파산비용으로서 채무자의 재산으로부터 대지급자에게 수시로 변제한다."라고 규정한다. 제13조는 "관리인이 담보물의 보호, 환가, 교부 등 관리업무에 대하여 합리적인 노력을 들인 경우 담보권자에게서 적당한 보수를 받을 권한이 있다. 관리인과 담보권자가 상술한 보수액에 관하여 합의할 수 없는 경우 법원은 본 규정 제2조 규정의 방법을 참조하여 확정하여야 하고 다만, 보수비율은 동조가 규정한 제한범위의 10%를 초과할 수 없다."라고 규정한다.

35_奚曉明 주편, 『最高人民法院關于企業破産法司法解釋的理解与适用』, 人民法院出版社, 2007. 5. 1., 151면.

관리인으로 하여금 더욱 최선을 다하도록 하고 채권자 이익을 최대한 보호하게 하는 장치이다. 관리인은 보수안에 대하여 채권자회의와 협의할 수 있고, 합의된 내용을 채권자회의의 결의와 함께 서면으로 법원에 제출하면 법원은 협의결과가 적법하고 타인의 권익을 해치지 않는다고 인정하는 경우 그에 따라서 관리인의 보수안을 조정하여야 한다(동규정 제7조). 이는 관리인과 채권자 간의 협조관계 유지를 촉진하기 위하여 둔 것이다.

2. 관리인보수의 기준

관리인보수는 파산사건의 규모, 복잡성, 관리인 선임기간, 업무량 등을 감안하고 소송비용, 자산평가나 경매 등에 관련된 비용 등을 참고하여 구체적으로 정하게 된다. 일반적으로는 업무시간을 기준으로 하는 것과 파산재산의 가액에 의하는 두 방식이 있다. 중국 파산법규의 계산방식은 파산재산의 금액에 따라 일정한 비율로 계산하는 것이다. 이러한 방법은 관리인으로 하여금 적극적으로 파산재산을 찾고 보호하게 하며 결과적으로 채권자에 대한 채권변제에도 유리하다. 한편 재산증가나 유지에 큰 관련이 없는 업무에 대하여는 반대로 소극적으로 작용할 여지도 있다. 그러나 업무시간에 따라 보수를 계산하는 방식이 세밀한 법률체계는 물론 완성된 사업신용체계의 수립을 그 전제요건으로 하는 점을 감안한다면 법률체제와 사회신용체제가 비교적 불완전한 국가에서는 합리적 선택일 수가 없다. 중국의 현 상황에서는 파산재산의 가액에 따른 보수결정이 바람직하고 중국 최고인민법원도 같은 입장이다.[36]

법원은 채무자가 최종적으로 채무변제에 제공할 수 있는 재산가치 총액에 따라 일정한 비율의 범위 내에서 단계별로 관리인의 보수를 확정하는데 인민폐 백만 위엔을 초과하지 않으면 12% 이하, 백만 위엔 초과부터 5백만 위엔까지의 부분은 10% 이하, 5백만 위엔 초과부터 천만 위엔까지의 부분은 8% 이하, 천만 위엔 초과부터 5천만 위엔까지의 부분은 6% 이하, 5천만 위엔 초과부터 1억 위엔까지의 부분은 3% 이하, 1억 위엔 초과부터 5억 위엔까지의 부분은 1% 이하, 5억 위엔 초과 부분은 0.5% 이하에서 확정한다. 담보권자가 우선 변제받은 담보물의 가치는 위 재산가치 총액에 산입하지 않는다(관리인보수규정 제2조 제1항, 제2항). 그러나 각 파산사건에서의 실제

36_중국에서 분배 가능한 파산재산가치에 따라 관리인보수를 계산하는 방식을 채용한 것은 첫째, 현재 전면적인 시간표준의 보수계산방식은 아직 미성숙단계에 있고 이를 뒷받침할 사회의 다른 제도가 완비되지 않았으며 도덕적 위험이 높고 사회인지도가 낮으며 둘째, 대상물가액의 일정한 비율에 따른 보수 계산은 간단하고 용이하며 사회적으로도 받아들이기 쉽고 셋째, 관리인에게 재산을 더 많이 회수하도록 유인을 제공할 수 있고 채권자 이익 보호에 유리하며 넷째, 국제적으로도 대부분의 국가에서 이러한 방식을 채용하기 때문이라고 한다. "最高法民二庭負責人就破産法司法解釋答記者問", 2007. 4. 17. 中國网(http://www.china.com.cn/policy).

업무량과 책임부담이 다르기 때문에 파산재산의 가액만을 관리인보수 결정의 유일한 기준으로 할 수는 없고 사건의 복잡성 등을 감안하여 합리적인 범위에서 정할 필요가 있다. 고급법원이 필요하다고 인정하는 경우 위 비율의 30% 범위 내에서 유동적으로 정할 수 있다(동조 제3항). 일정한 경우에는 관리인 희망자의 의견을 참고한다. 공개경쟁방식으로 관리인을 지정하는 경우 사회중개기구의 제안에 근거하여 규정범위 내에서 정할 수 있다(동규정 제5조 제1항). 법원은 관리인보수안 확정 후 파산사건과 관리인업무이행의 실제 상황에 따라 조정할 수 있다(동규정 제8조). 관리인보수의 확정이나 조정에 있어서는 사건의 복잡성, 관리인의 근면 정도, 실제 공헌과 부담하는 위험과 책임, 관리인 주소지 주민의 가처분수입과 물가수준 및 관리인보수에 영향을 주는 기타 상황을 고려한다(동규정 제9조). 관리인이 법원의 허가를 받아 필요한 업무인력을 초빙하는 경우의 비용은 관리인의 보수와는 별개인지 혹은 결정된 관리인보수에 포함되는지 의문이 있을 수 있다. 별도로 인정한다면 관리인은 타인을 이용하여 관리업무를 수행하는 방법으로 노력 없이 보수를 취하는 결과가 되므로 업무감독과 이중지출방지를 위하여도 이는 제한되어야 한다. 관리인보수규정은 위와 같은 인력초빙에 필요한 비용을 관리인의 보수에서 지급하도록 하였다(동규정 제14조). 그러나 청산조 중 관련 정부부서에서 파견된 자에 대해서는 보수를 지급하지 않는다(동규정 제15조). 정부부서의 공무원이 청산조의 구성원으로 근무하는 것은 그 개인의 이익을 위한 것이 아니라 본래의 공무수행이라는 성격이 있음을 반영한 것이다.

Ⅴ. 관리인의 직무

관리인의 직무내용은 파산절차의 전 분야에 미치는 것이지만 여기에서는 후술하는 관리인의 책임과의 관련을 위주로 하여 간략히 살펴본다.

1. 관리인직무에 대한 일반규정

관리인은 파산절차에서 채무자기업의 경영관리를 책임지고 채무자재산에 대하여 관리, 처분, 정리, 환가와 분배 등의 업무를 담당한다. 관리인의 직무는 범위가 넓고 당사자의 이해관계와 중대한 관련이 있으므로 직책의 명확화, 업무효율의 제고 및 관리인감독의 편의를 위하여 〈기업파산법〉은 관리인의 직책에 대한 일반규정을 두어 9가지를 규정하였다(제25조). 관리인은 채권자와 채무자로부터 독립하여 중립적으로 위 직책을 수행한다. 법률이 규정한 관리인의 직책을 증설, 제한 또는 박탈할 수 없고 관리인은 법정된 직책을 성실하게 수행하여야 한다.

가. 재산과 장부 등의 접수·관리

법원의 지정 후 관리인은 제일 먼저 채무자의 재산, 인장과 장부, 문서 등의 자료를 접수하고 관리하여야 한다. 이는 후속 관리업무를 위한 필요조건이다. 채무자가 일단 파산절차에 들어가면 그 재산은 보전상태에 들어가고 관리인은 채무자 보유의 재산을 조사하여야 한다. 부동산, 동산과 지적재산권을 포함한 각종 재산의 상황과 업무를 파악하고 접수한다. 이를 위하여 채무자는 각종 인장, 계약도장, 재무도장, 인사도장, 행정도장, 통관수속도장 등은 물론 각종 장부문서, 기업영업허가증, 세무등록증, 부동산권리증, 각종 계약서 등 관련 자료를 모두 관리인에게 넘겨야 한다.

나. 재산상황의 조사와 보고

관리인이 재산상황보고를 하여야 채권자회의가 비로소 결의를 할 수 있다. 법원의 파산청산사건 심리도 이를 근거로 한다. 따라서 관리인은 채무자재산상황에 대해 정확히 조사하여 파산청산절차의 순조로운 진행과 채무자재산가치의 최대화를 기하여야 한다.

다. 채무자의 내부관리 사무

채무자의 내부관리란 주로 은행계좌관리, 채권추심과 재무감사 등을 포함한 재무관리, 고정자산, 유동자산, 무형자산, 투자자산관리와 재건절차관리 등의 자산관리 및 채무자기업 내부의 잔류인원관리와 퇴직인원의 재배치 등의 인력관리를 가리킨다.

라. 채무자 지출의 관리

채무자가 파산절차 진입 후에 계속하여 영업을 하는지 여부에 관계없이 사무실의 임대비용, 사무비용의 지출 등과 같은 일상적인 지출을 필요로 할 수 있다. 채무자가 계속 영업하는 경우에는 생산과 경영에 필요한 전기수도비용, 통신비용과 인건비 등의 일상유지비용은 계속하여 지출할 필요가 있는데, 이러한 비용의 지출여부와 지출액수는 모두 관리인이 결정한다.

마. 제1차 채권자회의 소집 전 채무자의 영업 계속 여부 결정

채무자의 영업을 계속할지 여부는 채무자재산의 증감과 관련되는 매우 중요한 사항이며, 채권자의 이해에도 직접적인 영향을 미친다. 원칙적으로 채무자기업이 파산절차에 진입하게 되면 파산자는 경영활동을 정지하여야 한다. 그러나 계속경영이 파산재산의 보전이나 증식에 도움이 되고 채권자의 이익에 부합하는 경우 법원은 이를 허가할 수 있다(법 제26조, 파산법규정 제33조). 파산절차에 대하여 가장 큰 이해관계를 가지는 채권자가 제1차 채권자회의에서 채무자의 영업을 계속할지 여부를 결정하여야 하고 이로써 스스로의 이익 최대화를 실현하게 될 것이다. 다만, 파산신청수리 후 제1차 채권자회의의 소집 전에도 계속경영이 필요할 수 있는데, 이때 채무자기업은 관리인의 관리 아래에 있으므로 이 시기에 채무자의 영업을 계속할지 여부는 채무자자산과 채무 변제율의 증가 여부를 바탕으로 관리인이 결정하여야 한다.

바. 재산의 관리와 처분

관리인은 채무자재산을 접수·관리함에 있어서 부당한 손실을 피하고 채무자재산이 증가하도록 최선을 다해야 한다. 관리는 채무자기업에 대한 재무관리와 감사, 은행계좌의 관리 등을 포함한다. 관리자산에는 유형자산과 무형자산, 고정자산과 유동자산, 투자자산뿐 아니라 진행 중인 건설절차 등의 관리도 포함된다. 기타의 것으로는 환취권자에 대한 재산 반환, 별제권자에 대한 담보물 교부, 상계권자의 상계주장 승인, 파산비용의 지불 등이 있다.

사. 소송, 중재 등 법률절차 참가

파산절차 개시 후 관리인은 채무자의 대외사무를 전부 책임진다. 파산절차의 진행 중 채무자기업을 상대로 한 소송이나 중재, 민사집행 등 법률절차가 진행될 수도 있고 채무자가 다른 민사주체를 상대로 소송, 중재 등을 통하여 권리주장을 할 수도 있는데 이러한 법률절차에서 모두 관리인이 채무자를 대표한다.

아. 채권자회의의 소집

관리인은 채권자위원회에 보고하여야 하는 외에 채권자회의에 보고하여 채권자회의의 결정에도 정보를 제공하여야 한다. 이를 위하여서도 관리인은 채권자회의의 소집제의권을 갖는다.

자. 법원이 인정하는 기타 직무

관리인은 법원의 파산사건처리에 있어 실질적 협조역할을 하므로 법원에 대하여 책임을 지고,

법원이 그 직무에 관여할 필요가 있다. 법률에 관리인의 구체적인 직무 전부를 명시할 수 없으므로 상술한 이외의 기타 직무를 관리인이 수행할 수 있도록 근거규정을 둔 것이다.

2. 관리인직무에 대한 특별규정

〈기업파산법〉이 그 외에 별도로 규정하고 있는 관리인의 주요 직무는 다음과 같다.

① 미이행계약의 해제 혹은 계속이행 여부 결정(제18조)
② 파산절차 전의 부정당한 재산처분행위의 취소와 회수 (제32조, 제34조)
③ 출자자에 대한 채무자의 출자의무보충이행 요구(제35조)
④ 채무자관리층의 부당수입과 불법점유기업재산의 회수(제36조)
⑤ 질물과 유치물의 회수(제37조)
⑥ 환취권자의 환취 승인(제38조, 제39조)
⑦ 채권신고접수, 근로자채권의 조사와 채권표의 작성(제48조, 제57조)
⑧ 회생기간 중 채무자영업의 담당 혹은 감독(제73조, 제74조)
⑨ 회생계획초안의 작성과 제출(제79조, 제80조)
⑩ 회생계획비준 신청(제86조)
⑪ 회생계획미통과표결조와의 협의(제87조)
⑫ 회생계획집행의 감독(제90조)
⑬ 파산선고 후 파산환가방안의 작성(제111조)
⑭ 파산분배방안의 작성과 집행(제115조~제119조)
⑮ 파산절차종결 청구(제120조)
⑯ 파산절차종결시 파산기업의 등록 말소(제121조)

Ⅵ. 감독과 책임

1. 직무이행에 대한 감독

관리인은 파산절차의 전 과정에 관여하는 데다 그 권한이 크고 광범위하다. 관리인의 권한이 남용되거나 부적절하게 행사된다면 파산절차가 순조롭게 진행되지 못하고 전체 채권자의 이익에 손해를 끼치게 되므로 관리인에 대한 적절한 감독은 매우 필요한 것이다.[37] 〈기업파산법(試行)〉은 주로 행정기관의 인력을 활용하여 현행법에서의 관리인에 해당하는 청산조를 구성하였으므로 청산조에 대해서는 달리 감독체제를 두지 않았다. 〈기업파산법〉은 비교적 완비된 관리인 감독체제를 마련하였다. 관리인 감독주체는 법원, 채권자회의와 채권자위원회의 세 곳으로 직무감독의 구체적 방식과 정도는 각각 다른데 핵심적 감독자는 법원이다.[38] 그 외에도 변호사협회 등 관리인이 속하는 민간자율기구에 의한 감독, 사회중개기구가 관리인업무를 담당하는 경우에는 구성원에 대한 해당 기구의 감독이 있을 수 있다.[39]

가. 법원의 감독

관리인은 파산절차에서 채무자의 재산과 영업사무의 관리를 담당하는 법정기구이지 법원의 파산사건심리를 함에 있어서의 보조기구는 아니다. 따라서 관리인은 독립하여 직책을 이행하고 스스로 책임을 지지만 우리 법과 마찬가지로 법원에 의하여 선임되고 법원에 대하여 책임을 진다.

파산절차는 법원의 주도하에 진행되는 것이므로 법원은 관리인의 선임단계에서부터 그 직무집행에 이르기까지 전면적이고 상시적인 감독을 한다. 법원은 파산절차진행의 합법성, 공정성을 기하여 각 이해당사자의 권익을 보호할 책무가 있고, 여기에 법원의 감독근거가 있다.

(1) 관리인의 보고의무, 관리인변경 등

법원의 감독을 가능하고 실효적인 것으로 하기 위하여 관리인은 법원에 업무보고를 하여야 한다. 보고 범위에 대한 구체적인 규정이 법률에 없지만 원칙적으로 관리인이 행하는 파산관리와 관련된 모든 사항을 포함한다. 관리인은 근면충실의무에 따라 실제 상황을 즉시 사실대로 보고하여야 한다. 법원은 관리인에게 사항을 지정하여 보고를 요구할 수 있다. 보고는 통상 사후보고일 것이나 사전보고일 수도 있다. 일반적으로 서면형식을 취한다.[40]

37_감독은 양날의 칼과 같아서 감독기제의 설계가 과학적이고 합리적이며 적절히 사용될 때 가장 좋은 효과를 거둘 수 있고 그렇지 않다면 관리인의 수족을 묶어 관리인의 업무열정을 해치고 관리인의 업무능동성, 창조성을 압살하여 절차의 효율을 낮추고 파산절차의 효용도 희생시킬 수 있다. 吳慶宝 · 王建平 주편, 『破産案件裁判標准規范』, 人民法院出版社, 2009. 10., 112면.

38_張英秋 · 趙欣, "應完善法院對破産管理人的監督", 110法律咨詢(http://www.110.com).

39_徐俊福, "破産管理人制度的建立与我國律師業的新机遇", 王欣新 · 尹正友 주편, 『破産法論壇 第1輯』, 法律出版社, 2008. 5., 151면.

40_王衛國, 『破産法精義』, 法律出版社, 2007. 7. 1., 65면.

관리인은 그 직무의 이행을 반드시 법원에 보고해야 하고(법 제23조), 채무자의 계속경영 여부를 결정할 때 등에는 반드시 법원의 허가를 거쳐야 한다(법 제26조). 업무를 감당할 수 없거나 적절한 직무이행을 못 하는 관리인에 대하여 법원은 채권자회의의 신청에 의하거나 직권으로 관리인을 변경할 수 있다(관리인지정규정 제33조).

(2) 관리인 결정권의 제한

파산절차의 개시시기인 법원의 파산신청수리일로부터 제1차 채권자회의의 개최시까지의 모든 사무는 관리인이 처리하는데, 재산처분과 관련된 사항은 직접 채무자재산의 보전 및 채권자의 변제이익과 직접적인 관계가 있다. 파산청산절차 개시 후 채무자의 재산은 보전상태에 들어가지만 기업의 구제와 채무자재산의 가치최대화에 유리한 경우 여전히 계속하여 영업할 수 있다. 다만, 계속영업은 채무자재산을 오히려 감소시켜 채권자의 변제이익에 위험을 가져올 가능성이 있는데, 이때 채권자회의나 채권자위원회는 아직 구성되지 않은 상태이므로 채권자가 이들 기구를 통해 관리인의 관리와 처분행위에 대한 감독을 할 수 없다.

이러한 상황에서 관리인은 계속영업 여부의 결정에 대하여 법원의 심사와 허가를 받을 필요가 있다. 나아가 법 제69조(특별보고사항)가 규정하는 부동산권익이나 지식재산권 등 재산권의 양도, 재고나 영업 전부의 양도, 대출, 담보 설정, 미이행쌍무계약의 이행, 권리포기, 채권자의 이익에 중대한 영향이 있는 기타 재산처분행위 등도 관리인이 법원의 허가를 얻어야 한다(법 제26조).

(3) 사직허가

관리인은 파산절차에서 중요한 직책을 수행하여 쉽게 대체하기 곤란한 지위에 있고 파산절차는 복잡하며 연속적인 것이어서 절차의 진행 도중에 가볍게 관리인이 바뀐다면 파산업무와 절차의 진행이 제대로 이루어지기 어렵다. 또한 채권채무의 청산과 채무자재산의 처분을 담당하는 관리인의 부당한 변경은 채권자 등의 이익에 직접 영향을 미치는 채무자재산상의 손실로 이어질 수 있다.

따라서 관리인은 정당한 이유 없이 사직할 수 없고, 사직을 위해서는 법원의 허가를 거쳐야 한다(법 제29조). 정당한 이유에는 상술한 법 제24조 제3항이 규정하는 관리인을 맡을 수 없는 사유, 즉 이해관계가 생기고 관리인이 중병 등 객관적 사유로 인하여 업무를 계속할 수 없는 경우, 파산사건의 규모와 복잡정도가 관리인의 전문지식과 업무경험 범위를 초과하여 업무를 원만히 담당할 수 없음이 명백한 경우 등이 포함된다.

법원은 사직원인을 심사하여 정당한 이유가 명백하다고 인정하는 경우에만 허가하여야 한다. 관리인은 법원의 허가를 받지 않으면 계속하여 직무를 이행하여야 한다. 법원의 허가를 받지 않았는데도 여전히 직책을 이행하지 않는 경우 법원은 관리인을 변경하여야 하지만 관리인은 과태료를 부담한다. 사회중개기구인 관리인에 대한 과태료는 5만 위엔에서 20만 위엔이고 개인 관리인에 대한 과태료는 1만 위엔에서 5만 위엔이다(관리인지정규정 제39조 제1항).

관리인에게 위의 행위가 있거나 정당한 이유 없이 법원의 지정을 거절하는 경우 관리인명부를 편제한 법원은 동인의 관리인 담임을 1년 내지 3년간 정지하도록 결정하거나 관리인명부에서 삭제할 수 있다(동조 제2항).

나. 채권자회의와 채권자위원회를 통한 채권자의 감독

채권자는 파산절차에서 가장 큰 이해관계를 가진 자로서 관리인 직책이행의 성실성과 적정 여부로부터 큰 영향을 받으므로 관리인의 직무행위에 대하여 가장 큰 관심을 갖게 된다. 따라서 채권자의 이익을 위해서도 채권자로 하여금 관리인직무를 감독하게 할 필요가 있다.

채권자회의는 파산절차 중 전체 채권자의 의사를 대표하는 기구로서 중요 사항을 결정하고 파산절차감독을 통하여 채권자의 이익을 보호한다. 그런데 회의체인 채권자회의의 성격상 관리인에 대하여 상시적인 감독을 할 수 없다. 상시적으로 열리지 않는 채권자회의가 갖는 문제를 해결하고 감독의 일상화와 실효성 제고를 위하여 〈기업파산법〉도 채권자위원회를 두었다. 채권자위원회는 채권자회의를 대표하여 관리인에 대하여 상시적 감독을 한다(법 제23조, 제61조, 제68조). 〈기업파산법〉에서 채권자회의의 관리인에 대한 감독은 구체적으로, 관리인은 반드시 채권자회의에 참석하여 직무집행 상황을 보고하고 질문에 대답하여야 하며 채권자회의는 직무에 부적당한 관리인의 변경을 법원에 변경을 신청하는 것으로 구현되어 있다.

관리인은 수시로 채권자회의와 채권자위원회의 자문에 답하고 관련 수치와 자료를 제공하며 상술한 바와 같이 규정된 특별보고사항에 관하여 즉시 채권자위원회에 보고하여야 한다. 채권자위원회의 관리인감독사항은 채무자재산의 관리와 처분, 파산재산의 분배, 관리인의 중대한 관리행위 즉 토지, 가옥 등 부동산권익과 관련된 양도와 탐광권, 채굴권, 지적 소유권 등 재산권의 양도 그리고 재고 전부나 영업의 양도 등 채권자의 이익에 중대한 영향을 미치는 재산처분행위 또는 기타 중요한 행위에 대한 것이다. 관리인이 위의 의무를 적절히 이행하지 않아 채권자에게 손해를 야기하면 법 제130조에 따라 이를 배상해야 한다.

2. 관리인의 책임

가. 근면의무와 충실의무

관리인은 근면하게 책임을 다하고 충실하게 직무를 집행할 의무가 있는데 이를 근면의무와 충실의무라고 한다(법 제27조).

근면의무는 선관의무라고도 하는데 관리인이 직무를 이행하는 과정에서 선량한 관리자의 주의로써 진지하고 성실하며 합리적이고 효율적으로 사무를 처리하고 업무를 소홀히 하거나 태만하지 않는 것을 가리킨다.[41] 이와 관련하여 근면의무를 해석함에 있어서 '주의의무'의 개념을 사용하여야 하고 근면의무는 주의의무 내용의 하나로서 주의의무는 그 직무범위 내에서 회사이익의 손실을 방지하기 위하여 합리적인 조치를 성실하고 신중하게 취하여야 할 의무를 가리키는데 주의의무 개념을 채용하지 않은 것은 입법상의 불비이므로 해석으로써 이를 보완하여야 한다고 주장하는 학자도 있다.[42]

관리인은 파산절차의 전 과정에서 모두 진지하고 성실하게 문제를 처리하고 재산감소 등 각종 위험을 회피하여야 한다. 〈기업파산법〉은 "근면하게 책임을 다한다"라는 표현으로 근면의무와 관리직책 간의 긴밀한 관계를 규정하고 직책상의 요구에 부합하는 정도의 근면이 있어야 함을 강조한다. 직책상 요구되는 근면정도에 이르렀다면 결과적으로 손실이 발생하였다 하더라도 관리인을 탓할 수 없다.

충실의무는 성실의무, 충성의무라고도 하는데 충실의무에 따라 관리인은 직무를 집행할 때 채무자재산과 전체 채권자의 이익을 최대한 보호하여야 하고 기망적이거나 사적 이익을 도모하지 않아야 하는 것을 가리킨다. 충실의무의 기본내용으로는 ① 사적 이익과 관리업무간의 충돌 방지 ② 사적 이익을 위한 관리재산과 사무의 처리 금지 ③ 제3자의 이익 도모 금지 등이 있다. 관리인은 직책이행과정에서 필연적으로 기업의 중요 영업과 기술에 관련된 비밀정보를 지득하게 된다. 파산절차에서 이해관계인 특히 채권자의 이익을 보호하기 위해서는 당연히 채무자기업의 정보가 관리인에게 충분히 공개되어야 한다. 그런데 기업의 기밀정보가 외부에 공개될 경우 채무자재산과

41_王衛國, 『破産法精義』, 法律出版社, 2007. 7. 1., 76면.

42_付翠英, "論破産管理人的賠償責任", 王欣新 · 尹正友 주편, 『破産法論壇 第2輯』, 法律出版社, 2009. 5., 79면. 付翠英은 기업파산법의 규정을 바탕으로 근면의무위반으로 인정될 행위를 다음과 같이 개관한다. ① 적시에 전면적으로 정확하게 채무자의 재산, 인장과 장부 문서 등의 자료를 접수·관리하지 않은 경우 ② 채무자재산상황을 적시에 합리적으로 그리고 완전히 조사하지 않음으로써 재산상황에 관한 보고가 부정확하거나 탈루가 발생한 경우 ③ 채무자기업의 내부관리를 합리적인 시기에 적절한 방식으로 하지 않아 불필요한 지출이나 손실을 야기한 경우 ④ 법원이 허가한 채권자회의의 결의가 이루어진 당시에 정확하고 충분한 근거를 제공하지 않아 결의내용에 중대한 영향을 야기한 경우 ⑤ 채무자재산을 불합리하게 관리하고 처분한 경우 ⑥ 기타 근면의무를 이행하지 않은 경우

채권자의 이익에 손해가 갈 수 있다. 따라서 관리인은 비밀유지의무를 부담한다. 〈기업파산법〉이 관리인의 비밀유지의무를 명시하지는 않았으나 이는 충실의무 안에 포함된다고 할 것이다.

근면의무와 충실의무는 상호의존적이고 밀접한 관련을 갖고는 있으나 성질상 다른 것이어서 어느 하나가 다른 것까지 포괄할 수는 없다. 근면의무위반행위는 일종의 부작위로서 과실로 나타나는 데 반하여 충실의무위반은 일종의 작위로서 고의로 나타날 것이다.

나. 위반책임

(1) 손해배상책임

관리인의 근면의무와 충실의무는 공평변제와 회생을 목적으로 하는 파산절차질서의 유지, 채권자, 채무자와 기타 이해관계인의 이익보호에 큰 의미가 있으므로 강제될 필요가 있다. 관리인이 의무를 위반하는 경우 민형사책임과 행정적 책임, 업계내부의 징계책임 등을 지는데 근면의무와 충실의무위반의 효과로서 기본적인 것은 손해배상책임이다(법 제130조).

손해배상의무를 지는 자는 파산절차 중의 관리인이다. 관리인은 자기 재임기간 중의 관리행위에 대하여 법에 의하여 책임을 진다. 관리인이 사임하거나 해임된 경우에도 그 재임기간 중의 행위에 대해서는 당연히 책임을 져야 한다. 또한 관리인이 허가를 받지 않고 함부로 임무를 떠나는 경우에는 야기된 손실에 대하여 책임을 져야 한다. 자기책임원칙상 관리인이 초빙한 인원의 행위는 관리인 아닌 행위자가 책임을 진다. 다만 관리인에게 행위자의 선임, 감독상 과실이 있고 그 과실과 손실 간에 인과관계가 있는 경우 그리고 행위자의 과책행위를 지시, 종용하거나 스스로 참여하는 등의 행위로 공동책임을 구성하는 경우 행위자와 연대책임을 진다. 청산조가 관리인직무를 담당하는 경우에는 청산조가 책임주체로서의 능력을 달리 갖지 않으므로 배상책임은 그 구성원에게 귀속되어야 하는데 청산조의 구성이 복잡하여 일률적으로 말하기는 어렵다. 정부부서의 공무원이 청산조에서 근무하는 경우 상술한 대로 별도의 보수를 받지는 않는데, 중국의 법률체계상으로는 그 책임을 소속 부서에게 귀속시킬 수 없고 따라서 본인이 감당하여야 한다. 청산조에 소속되어 파산청산업무를 하는 공무원의 업무가 반드시 그 소속 부서의 법정직책인 것은 아니기 때문이다. 공평이나 타당의 견지에서 문제가 없지 않으므로 역시 배상책임보험의 적용을 기대해 볼 수 있는 영역이다.[43]

채권자, 채무자 혹은 제3자에게 입힌 손해의 배상책임은 불법행위책임이고 과실책임이다.[44]

43_鄒日暉, "淺析管理人民事責任構成与承担", 王欣新 · 尹正友 주편, 『破産法論壇 第2輯』, 法律出版社, 2009. 5., 191면.

44_계약책임과 불법행위책임의 구분은 일반적으로 유효한 계약이 존재하는가를 주요 표준으로 하는데 파산절차에서 관리인과 이해관계인 사이에 근본적으로 계약관계가 존재하지 않으므로 이 경우의 배상책임을 불법행위로 파악한다. 符望, "管理人民事責任認定中的問題", 王欣新 · 尹正友 주편, 『破産法論壇 第2輯』, 法律出版社, 2009. 5., 105면.

관리인의 의무위반은 선량한 관리자의 주의의무를 기준으로 판단한다. 관리인에 대한 책임추궁은 관리인의 적절한 업무집행을 담보하여 채권자 이익을 보호하는 것에 중점을 두는 것 외에 관리자직책의 전문가에 대한 흡인력제고라는 점 사이에서 균형을 유지하여야 한다. 또한 관리인의 행위와 손해결과 간의 인과관계가 인정되어야 하므로 피해자나 제3자의 행위 혹은 자연력이 개입한 경우에는 관리인에게 모든 책임을 부과할 수는 없다. 관리인이 파산절차에서 가지는 권리가 크므로 채권자와 채무자에게 비교적 큰 손해를 가져다 줄 수도 있다. 이러한 점에서도 관리인의 업무집행배상책임보험은 고려할 필요가 있다. 상술한 대로 법 제24조 제4항도 개인이 관리인을 맡는 경우 업무집행보험에 가입하도록 강제한다. 개인이 관리인을 맡아 채권자와 채무자에게 발생한 손실을 완전히 보상할 수 없는 경우를 대비한 것이다. 그런데 회사 등 법인이 관리인인 대부분의 경우 그 회사나 법인의 재산을 한도로 하여서만 손해배상 등 책임을 부담하게 되므로 정도의 차이는 있을 수 있으나 개인이 관리인을 맡는 경우와 기본적으로는 마찬가지의 위험이 존재한다. 따라서 위 보험의 가입대상을 확장하는 것이 바람직하다. 그리고 중국의 변호사나 회계사는 단독사무소의 형식이 아닌 공동사무소의 이름으로만 업무를 하고 보험도 공동사무소의 이름으로 가입하므로 위와 같이 개인에게 보험을 가입하도록 하는 것은 공동사무소의 보험으로는 개인의 책임을 담보하지 않고 추가적으로 다시 보험을 가입하여야 하는 것으로 볼 여지가 있어서 제도정비가 필요하다. 그런데 현실적으로는 중국의 대부분 지역과 보험회사가 파산관리인직업책임보험업무에 대하여 관련 업무처리, 당사자 간의 권리의무관계 등에 대하여 별달리 명확한 규정 등을 갖고 있지 않아서 〈기업파산법〉의 위와 같은 제도설계가 실제적으로는 작용하기 어려운 면이 있다.[45]

관리인의 책임 중 인적손해배상책임과 관련하여 공익채무와의 구별에 주의하여야 한다.[46] 관리인의 직무집행과정에서 발생한 인적손해의 배상채무는 공익채무에 속하여 채무자의 재산으로부터

45_郭輝, "新舊破産法管理人制度諸干問題的比較", 王欣新 · 尹正友 주편, 『破産法論壇 第1輯』, 法律出版社, 2008. 5., 184면.

46_〈기업파산법〉은 법원이 파산신청을 수리한 후 발생하는 일정 비용과 채무를 파산비용과 공익채무로 규정하여 채무자재산으로부터 수시로 변제하도록 하고 있다. 파산비용은 파산절차개시 후 파산절차의 진행 및 전체 채권자의 공통이익을 위하여 채무자의 재산 중에서 우선 지불하는 비용이다. 파산사건의 수리와 심리에 필요한 소송비용, 관리인의 채무자재산에 대한 관리, 환가와 분배비용, 회계사, 변호사 등 전문가의 서비스 비용 등을 포함한다(법 제41조). 공익채무는 재단채무라고도 하는데 파산절차 중 전체 채권자의 공동이익을 위하여 재산의 관리, 환가와 분배를 위하여 부담하는 채무를 가리킨다. 법이 열거하는 채무에 국한되며 채권자는 관리인에게 청구하여야 한다. 관리인이 쌍무계약의 이행을 선택한 결과 발생하는 채무, 채무자재산에 대한 사무관리 관련 채무, 부당이득으로 인하여 생기는 채무, 채무자의 영업계속을 위하여 지불하여야 하는 인건비와 사회보험비용 및 이로 인하여 생기는 기타 채무, 관리인이나 관련 인원의 직무수행 및 채무자재산으로 인하여 야기된 타인의 손해에 관한 채무가 있다(법 제42조). 파산비용이 파산절차의 순조로운 진행을 위하여 필수적으로 지출하는 원가성 비용인데 반하여 공익채무는 파산절차 중 생기는 계약, 불법행위, 부당이득 등 각종 행위로 인하여 부담하는 채무이다. 파산비용이 공익채무에 비하여 지위면에서 우월하고, 변제순서상 앞선다(법 제43조).

수시로 변제한다(법 제42조 제5호). 그런데 관리인이 직무집행과정에서 야기될 수 있는 인적손해는 꼭 근면의무와 충실의무의 위반으로 인한 것은 아니다. 관리인이 충실근면의무에 위배함이 없이 직무집행으로 인적손해를 일으킨 경우의 공익채무는 채무자재산이 책임을 지나 관리인에게까지 책임을 추궁하는 것은 아니다. 그러나 관리인이 근면과 충실의무를 다하지 않은 경우에는 공익채무 발생과 관련하여 제130조에 따라 관리인은 채무자재산, 즉 파산재산에 대하여 배상책임을 부담하여야 한다.[47] 공익채무와 관리자의 책임은 연대책임으로 보아야 할 것이다.[48]

(2) 과태료

관리인의 사직과 관련하여 일정한 경우 관리인에게 과태료를 부과할 수 있음은 전술하였는데 충실의무와 근면의무를 위반한 관리인에 대하여서도 법원은 과태료를 부과할 수 있다. 과태료 부과 여부와 액수는 주로 과책의 정도와 발생결과에 따라 결정된다. 그런데 과태료액수에 대하여 법이 명시하지 않아서 논란이 있다. 일부 학자는 과태료에 관한 구(舊) 민사소송법 제104조가 규정하는 대로 개인에 대하여 1,000위엔 이하, 기관에 대하여는 1,000위엔 이상 3만 위엔 이하로 하여야 한다고 주장하고, 일부 학자는 그에 국한하여서는 안 되고 법원이 사안의 경중에 따라 5,000위엔 이상 10만 위엔 이하로 결정하여야 한다고 한다.[49] 그러나 상술한 바와 같이 관리인지정 규정이 이미 관리인에 대한 과태료로서 1만 위엔에서 20만 위엔까지를 규정하기도 하였고(제39조), 중국 민사소송법이 제정된 1991년은 시장경제가 발전하기 이전으로서 동법은 최근 수정되어 2008. 4. 1.부터 시행되는 신법 제104조는 개인에 대하여는 1만 위엔 이하, 기관에 대하여는 1만 위엔 이상 30만 위엔 이하로 규정하였으며 관리인이 초래할 수 있는 손해액이 매우 크고 최근에 개정된 회사법 등이 규정하는 과태료 액수도 수만 위엔에 이르는 점 등을 감안한다면 명문의 근거 없이 해석만으로 정하기는 어렵다. 향후 법 개정이나 사법해석을 통하여 이를 명확하게 하여야 한다.

(3) 형사책임

관리인의 책임과 관련하여 흥미로운 규정이 법 제131조이다. 동조는 관련된 위법행위가 범죄를 구성할 때의 형사책임문제에 대하여 선언적 내용을 담고 있다. 즉 동조는 파산범죄와 파산에 관련된 범죄에 관한 일반 규정이지만, 이것만으로는 범죄구성요건이나 처벌내용을 파악할 수

47_王衛國, 『破産法精義』, 法律出版社, 2007. 7. 1., 379면.

48_한국과는 달리 중국에서는 연대책임과 구분되는 부진정연대책임이라는 개념을 따로 인정하지 않는다.

49_吳慶宝 · 王建平 주편, 『破産案件裁判標准規范』, 人民法院出版社, 2009. 10., 409면.

없다. 채무자기업의 관련자나 관리인이 〈기업파산법〉과 관련하여 위법행위를 저지르고 동 행위가 중국 형법상의 범죄를 구성하는 경우에 비로소 처벌된다.[50] 법 제131조 위반죄가 아니라 형법규정과 그 관련 사법해석에 근거하여 형사처벌을 받는 것이다. 파산사건심리 중 법원은 관련자에게 범죄혐의가 있음을 발견한 경우 그 범죄혐의 내용과 자료를 범죄수사기관에 보내어 처리하여야 한다(파산법규정 제100조). 이는 거액재산의 소재불명과 같이 일시적으로는 사건 관련자의 범죄혐의를 확정할 수 없는 경우에도 마찬가지이다(동규정 제102조).

50_형법상의 관련 범죄로서 중요한 것은 탐오죄, 수뢰죄, 기관수뢰죄, 기업인원수뢰죄, 절도죄, 자금전용죄, 공금전용죄, 사기죄, 불법이익도모죄, 가장출자죄, 출자도피죄 등을 들 수 있다.

제4장 회생절차와 회생계획[1]

Ⅰ. 서설

〈기업파산법〉은 도산상태에 처하였으나 구제 희망이 있는 기업으로 하여금 파산청산을 면하고 회생할 수 있는 기회를 갖도록 하는 회생제도를 마련하였다.[2] 〈기업파산법〉에 회생제도를 도입하고 화의제도를 정비함으로써 중국의 도산법제는 기존의 파산청산제도와 함께 세 유형의 도산절차를 한 개의 법으로 규율하는 체제를 갖게 되었다. 鄧聿文은 〈기업파산법〉의 특징으로서 관련 규정의 명확화와 구체화, 회생제도의 도입, 근로자권익의 보호의 세 가지를,[3] 賈國文은 회생제도의 도입, 관리인제도, 적용범위의 확대, 금융기구파산의 규정 마련, 자연인에 대한 적용 제외의 다섯 가지를 들고 있는데[4] 중국의 학자들도 회생제도를 신법의 주요 특색으로 주목하고 있음을 알 수 있다. 화의제도의 여러 한계를 감안한다면 회생제도의 도입으로 비로소 〈기업파산법〉은 단순히 시장퇴출·도태법에 머무르지 않고 기업갱생·회생·구제에 관한 법이 되었다고 할 것이다. 중국의 학계와 실무계에서도 회생제도를 둘러싼 의견이 분분한데 회생의 성패는 결국 회생계획의 적절한 작성과 원만한 집행에 달려 있고 이해관계인들의 관심과 분쟁도 주로 이 부분에 집중될 것이므로 특히 회생제도에서 매우 중요한 의미를 갖는 회생계획을 둘러싼 법리와 논의를 살펴보는 것이 회생제도의 이해에 매우 중요하다.[5]

1_이 장은 필자의 "중국 회생절차 중의 회생계획 연구", 『인권과 정의(제388호)』, 대한변호사협회, 2008. 12.을 수정하고 보완하여 작성하였다.

2_신법 시행 이전의 중국에는 존재하지 않던 제도이고 중국 파산실무상으로도 유사한 제도를 찾아보기 어렵다. 湯維建, 『新企業破産法解讀与适用』, 中國法制出版社, 2006. 10., 236면.

3_鄧聿文, "新破産法折射中國改革的進步", 中國人大网(http://www.npc.gov.cn).

4_賈國文, "重整是新破産法最大亮点", 天下財經网(http://stock.21our.com).

5_회생계획이 회생절차의 핵심이자 영혼이다. 湯維建, 『新企業破産法解讀与适用』, 中國法制出版社, 2006. 10., 269면.

회생계획은 채무자, 채권자 및 기타 이해관계인이 상호 협의하여 채무변제와 기업구조에 관하여 정한 것이고 회생계획안은 채권자회의의 결의를 거쳐 법원의 비준을 받아 회생계획으로 되기 전의 계획안을 가리킨다.[6] 〈기업파산법〉에 규정된 회생계획은 기업구제와 공평한 채무변제를 목적으로 하고 채무자 스스로(기존 경영자 관리인, 즉 DIP에 해당하는 경우) 또는 관리인이 작성하며 기업현황과 영업전망을 근거로 하여 한 양보를 기초로 채무변제방안을 확정하는 것으로서 채권자회의의 동의와 법원의 비준을 거쳐 채무자가 집행한다.

회생계획과 관련된 회생절차의 주요 부분을 진행순서에 따라 나누어 보면 회생계획안의 작성과 제출, 회생계획의 내용과 조항, 회생계획안의 가결과 비준, 회생계획의 집행과 절차의 종결이다.

II. 회생계획안의 작성과 제출

1. 작성자

회생절차에서 채무자의 계속 영업은 관리인이나 관리인 감독하의 채무자가 맡게 된다(법 제73조, 제74조). 따라서 채무자가 스스로 영업을 담당하고 재산을 관리하는 경우에는 채무자가, 관리인이 그 업무를 담당하는 경우에는 관리인이 회생계획안을 작성한다. 채무자가 계속영업기구로서 회생계획안을 작성(법 제80조 제1항)하는 경우 채무자가 정보와 재산 및 경영상황에 대하여 비교적 정통하며 양호한 관리경험과 경제지식이 있다는 장점이 있는 반면 스스로가 밀접한 이해관계를 가지므로 자신의 이익을 보호하고자 채권자 등 이해관계인의 이익을 해할 가능성이 있게 된다. 이러한 가능성에 대비하여 관리인이 감독을 하는 것 외에 주로 채권자회의가 심의 및 표결을 할 때 주의하는 것이 필요하다. 그래야만 채무자로서도 회생계획안 작성시에 채권자회의의 수용가능성과 거절되었을 때의 결과를 고려하게 될 것이다. 관리인이 계속영업기구로서 회생계획안을 작성(법 제80조 제2항)하는 경우 일반적으로 관리인은 비교적 중립적으로 회생계획안을 작성할 수 있고 작성과정에서 채권자, 채무자, 근로자대표 등의 이해관계인과 충분히 협의하고 출자자와 전문가의 의견을 들어 대다수의 당사자가 받아들일 수 있는 계획안을 만들 수 있다.

회생계획안의 작성자는 〈기업파산법〉 제81조 규정의 필요적 내용 외에 회생진행에 필요한

6_회생계획은 회생절차 중의 가장 중요한 문서로서 회생제도의 핵심인데 당사자가 상호 양보하여 채무해결의 화해협의를 찾아가는 것인 동시에 그들이 기업부흥을 위해 함께 노력하는 행동강령이기도 하다. 王衛國, 『破産法精義』, 法律出版社, 2007. 7., 241면.

대외융자, 주권변동, 주주의 조편성 등과 같은 기타의 부수적인 내용을 정할 수도 있다. 그 외에 채무자의 영업과 재무상황 설명보고서, 기업곤경의 원인과 전망 분석보고서, 회생계획의 실행가능성 검토보고서 등의 부수적인 서류를 작성한다.[7]

2. 제출기한

법원은 회생절차의 개시를 결정하면 이를 공고하여야 하고(법 제71조), 채무자회생절차의 개시결정일로부터 회생절차 종결까지를 회생기간으로 한다(법 제72조). 공고일이 아닌 결정일이 회생절차의 개시시점이자 회생기간의 기점이고, 따라서 회생계획안의 제출기한의 기산점이 되는데 제출기한은 회생결정일로부터 6개월이다(법 제79조 제1항). 위 6개월이 경과하면 채무자나 관리인의 청구에 따라 법원이 정당한 이유가 있다고 인정하면 3개월간 연장하는 결정을 할 수 있다(법 제79조 제2항). 6개월의 기한이 경과되지 않은 경우라도 기한 내에 회생계획안을 제출할 수 없으면 사전에 법원에 연장청구를 할 수 있다. 〈기업파산법〉은 위의 '정당한 이유'에 대하여 명확한 규정을 두지는 않으나 제출기한을 연장하기 위해서는 채무자기업의 규모가 크고 자산상황이 복잡하며 회생계획의 작성을 위하여 전략투자자와 중요한 협의를 진행 중이어서 시간이 더 필요한 경우 등과 같이 회생계획의 작성에 더 많은 시간이 필요함이 명확하여야 할 것이다.

기한의 연장은 1회에 한정되므로 회생계획안의 제출기한은 최장 9개월이다. 중국은 1995년 신파산법 초안을 만들 때 주로 미국을 대표로 하는 무기한 방식과 프랑스를 대표로 하는 기간제한 방식을 비교한 결과 전자는 기업구제에 유리하지만 회생절차의 남용을 가져오기 쉽고, 후자는 회생의 원만한 진행에 장애를 가져올 가능성이 있으나 효율제고에 유리하며 각 당사자에게 모두 비교적 공평한 것으로 파악하였다. 당시의 초안자들도 규모가 크고 상황이 복잡하며 특히 회생계획이 전략투자자의 유치협상에 관련되는 경우에는 시간의 부족으로 인하여 원래는 충분히 성공이 가능했던 회생이 결과적으로 실패할 우려도 있음을 고려하였다. 1995년의 초안에는 회생기간은 12개월이고 기한의 제한이 없는 연장신청이 가능하였으나 연장기간의 업무일정표를 반드시 제출하도록 하였다. 2000년의 초안은 회생기간을 6개월로 하고 6개월 연장할 수 있도록 하였는데, 그 후 2004년의 초안은 연장기간을 3개월로 단축하였다. 기한단축은 주로 절차의 남용을 막기 위한 것임과 동시에 채무자와 주요 채권자 및 전략투자자가 회생절차 개시 전에 미리 기업구제를 위한 일괄적 방안에 관하여 협의한 후 회생신청을 하는 회생절차와 법정외 채무구조조정을 서로 결합한

7_王衛國, 『破産法精義』, 法律出版社, 2007. 7., 241면.

소위 ‘사전계획안’ 방식이 있음을 고려한 것이기도 하였다. 이러한 방법의 채택은 중국에서도 회생기간을 단축하고 당사자들이 절차개시 전에 충분한 협상하도록 유도하는 데 도움이 되므로 결국 회생절차비용을 낮추고 성공 가능성을 높이는 데 도움이 된다.[8]

3. 비적시 제출

회생계획안이 제때 제출되지 않으면 회생절차의 폐지와 파산청산을 선고하여야 한다(법 제79조 제3항). 회생절차는 고비용의 절차이고 그 비용은 최종적으로는 채권자가 부담하는 것이다. 또한 회생절차는 담보물권의 동결을 야기하므로 절차진행이 지나치게 지연된다면 채권자의 이익을 해칠 수 있다. 그래서 채무자나 관리인이 6개월 혹은 연장기간 내에 회생계획안을 제출할 수 없으면 법원은 회생절차를 폐지하고 채무자파산의 결정을 하여야 한다. 이는 직권에 의한 결정으로서 관리인이나 이해관계인이 신청할 필요는 없다.

Ⅲ. 회생계획의 내용 및 조항

1. 회생계획안의 필요적 내용

회생계획안에 반드시 포함되어야 할 사항은 채무자의 경영방안, 채권분류, 채권조정방안, 채권변제방안, 회생계획의 집행기간, 회생계획집행의 감독기간, 채무자회생에 유리한 기타 방안의 7가지로서(법 제81조)[9] 이것이 바로 회생계획안의 필요적 내용이다. 회생계획은 여러 당사자의 이해에 관련되는데 그 자체의 중요성과 조정내용의 복잡성을 감안하여 〈기업파산법〉은 회생계획안의 기본적 내용에 대한 규정을 두어 회생계획안이 다방면의 이익을 충분히 포용하여 보호 및 균형을 기하게 하고 절차진행의 통일을 기하며 회생절차의 공평 및 투명성을 추구할 수 있게 하였다. 기타 채무자회생에 관계되는 사항은 임의적 내용으로서 이를 정할 수도 있는데 일단 정해진 사항은 회생계획안의 가결 및 비준 후에는 당사자에 대하여 모두 기속력을 가진다.

8_王衛國, 『破産法精義』, 法律出版社, 2007. 7., 239면.

9_회생계획의 내용에 관한 본조 규정이 지나치게 간단하므로 향후 도산실무의 발전에 따라 좀 더 구체적으로 발전시켜서 제도운용에 더 적합하게 규정하여야 할 것이다. 徐永前 주편, 『企業破産法講話』, 法律出版社, 2006. 9., 320면.

2. 회생계획의 조항

가. 채무자의 경영방안

채무자의 경영방안은 기업을 구제하는 방식을 결정하게 된다. 회생은 기업구제를 최고의 목표로, 시장환경 및 처한 상황에 적합한 경영전략과 영업방침에 맞추어 진행하는 것이다. 따라서 경영방안은 채무자의 계속기업가치 유지와 구제가능성 증명에 있어서 중요한 조건이 되고 채권자 및 기타 이해관계인에게 동의와 지지를 구하는 토대이기도 하다.

회생계획의 작성자는 기업이 곤경에 빠진 원인을 분석하여 자산, 인력, 재무, 영업, 기술과 시장 등 다방면의 상황에 따라 기업의 재무유동성, 자산부채비율, 생산능력과 시장경쟁력을 개선하는 데 도움이 되는 각종 방안을 채택할 수 있다. 예컨대, 영업의 일부 혹은 재산 일부의 양도, 영업범위와 생산계획의 조정, 조직구조의 변경, 영업위탁, 관리층 인사, 기업의 합병이나 분리, 융자, 감원 등이다. 도산절차진행에 있어서의 중국적 특색인 근로자 보호방안, 예컨대 감원이 되는 경우에는 감원대상자를 위한 보상과 재배치 및 재취업 조력 등의 조치가 반드시 회생계획안에 반영해야 함을 주의하여야 한다.[10]

회생기업이 채택할 만한 유력한 경영방안으로는 기업의 양도·합병, 자금의 모집이 있는데 그중 기업의 양도·합병에서 말하는 양도는 개별 재산만의 양도를 뜻하는 것이 아니라 각종 생산요소를 포괄하는 유형의 양도를 말한다. 기업을 개별 재산으로서만 양도하는 것은 회생의 목적에도 부합하지 않을 것이다. 또한 일정 기간 동안의 경영임대를 고려해 볼 수도 있고 다른 기업과 합병할 수도 있을 것인데 합병은 흡수합병뿐 아니라 신설합병의 방법을 포함한다. 李國光은 양도와 합병이야말로 곤경에 처한 기업이 활로를 찾는 좋은 방안이고 중국의 도산실무에 있어서 이미 곤경에 빠진 국유기업의 구제에 널리 사용되었으며 상당한 성과를 얻었다고 주장한다.[11] 양도·합병을 활발히 하기 위해서는 우리의 법에서 보는 바와 같이, 회사법이나 증권관계법의 많은 제한 규정에 얽매이지 않고 도산제도 특유의 규칙에 의하여 비교적 자유롭게 양도·합병을 가능하게 하는 특례규정을 둠이 상당한데 중국의 기업파산법이 아직 이에 대하여 상세한 규정을 두고 있지 않아서 향후 보완할 여지가 있다.[12] 도산이라는 비상상황에 처한 기업에게 평소의 평온한 상태를 전제로 한 복잡한 절차를 엄격히 요구하는 것은 해당 수단의 활용가능성을 사실상 봉쇄하는 것이기 때문이다.

10_王衛國, 『破産法精義』, 法律出版社, 2007. 7., 244면.

11_李國光 주편, 「新企業破産法條文釋義」, 2006. 9., 402, 403면.

12_중국의 현실을 반영하여 사법해석으로써 이러한 부분을 보완하여야 한다는 주장도 있다. 王欣新 · 徐陽光, "上市公司重整法律制度研究", 北大法律信息网(http://www.chinalawinfo.com).

나. 채권분류

회생계획안의 표결은 다음 Ⅳ항에서 자세히 논하는 바와 같이 조별로 각각 표결하는 방식을 취하는데, 이해관계인에 대한 조의 구분은 그가 가진 실체적 권리를 기준으로 한다. 〈기업파산법〉의 조편성원칙은 '각 조의 모든 구성원의 권익이 실질적으로 같을 것'이다.

공평변제원칙에 근거하여 회생계획 중의 채무변제방안은 '동종의 채권에 대하여는 동등한 대우'를 준칙으로 하여 실질유사성에 따라 채권에 대하여 조 구분을 하고 해당 조에 관련된 사항에 대하여 표결한다. 조별표결의 기초가 되는 채권의 분류는 법 제82조의 규정에 따라 ① 담보채권 ② 근로자채권 ③ 조세채권 ④ 보통채권으로 하되 법원은 보통채권 중에 다수의 소액채권자가 있고 필요한 경우 해당 소액채권에 대하여 기타의 보통채권에 비하여 더 높은 비율의 변제를 주도록 회생계획안에 정할 수 있고 나아가 소액채권조로 하여금 단독의 채권조로서 표결에 참가하게 할 수 있다. 다른 종류의 채권에 대하여는 각기 다른 변제방법을 택할 수 있지만 보통채권 중 소액채권조를 둔 경우를 제외하고 동종의 채권에 대하여는 반드시 같은 방안을 적용하여야 한다.[13]

다. 채권조정방안

기업이 원만히 회생하기 위해서는 기업의 채무변제부담을 감경하고 재무상황과 경영상황을 개선할 수 있어야 한다. 이처럼 기업의 부흥을 실현하고자 회생계획안에는 여러 채권에 대하여 변제연기, 이자감면, 원금감면, 기타 변제조건의 변경, 채권의 출자전환 등을 정하는 것이다.

라. 채권변제방안

회생계획안에는 조정 후의 채권변제방법에 대하여 규정하여야 하는데 분할지급, 대물변제 등과 같이 변제방식과 시간, 기한, 담보, 상환조건 등 구체적인 사항을 포함해야 한다.

마. 회생계획 집행기간

회생계획안은 실제 상황에 따라 변제기간을 확정하여야 한다. 회생계획 집행기간이 명확하게 정해지지 않으면 집행의 불확정성을 야기할 수 있고 경제자원의 신속하고 합리적인 분배와 흐름에 불리할 수 있다.기간이 너무 길면 기업의 계속발전에 불리할 뿐 아니라 채권자의 이익에도 손해를

13_동일 조에서는 동일한 대우가 되도록 조정해야 한다. 李國光 주편, 『新企業破産法條文釋義』, 人民法院出版社 2006. 9., 404면.

가하게 되고 변제가 실질적으로 그 의의를 잃게 된다.[14]

바. 회생계획 집행의 감독

회생계획은 채무자가 집행한다. 다만, 회생계획 규정의 감독기에는 관리인이 집행을 감독한다(법 제90조). 이러한 감독의 목적은 채무자의 도덕적 해이 통제와 채권자 이익의 보호에 있는데 그중에서도 채무자의 출자자에게 직간접적인 사전환급이 이루어지는 것을 방지하는 것이 매우 중요하다. 그러나 감독에는 비용이 수반되므로 관리인의 감독만이 아니라 예컨대 은행감독과 같은 기타의 방식을 사용할 수도 있다. 나아가 기업이 비정상적인 상황에 처했을 시기와 기업이 정상경영으로 전환된 후를 비교하여 보면 채무자의 도덕적 위험의 정도는 서로 다른 것이므로 집행개시 후 정상영업전환시까지로 비교적 단기간의 감독기간을 규정할 수도 있다.[15]

사. 채무자의 회생에 유리한 기타 방안

본호 규정은 개괄적인 규정인데 '채무자의 회생에 유리한지 여부'를 기준으로 하여 구체적인 상황에 따라 방안을 확정한다. 예컨대 전략투자자의 새로운 유입이 있는 상황에서 회생계획안에는 해당 전략투자자의 채권매수와 채권의 출자전환, 자산의 주입과 그에 상응하는 주권의 취득 등의 방안을 규정하여 볼 수 있다.

Ⅳ. 회생계획안의 가결과 인가

1. 조별표결제[16]

회생계획안은 채무자의 경영, 채권조정 등의 내용을 포함하고 채권자의 이해관계에 큰 영향을

14_李國光은 집행기간이 긴 경우 많은 절차가 중단되고 법률관계가 불확정적인 상황이 지속되는 문제가 있고, 짧은 경우는 회생의 관련 법률관계가 광범위한 점과 기업회생이라는 목적 달성이 쉽지 않은 점을 감안하면 모두 부적절하므로 대체로 2년 정도의 기간이 적당하다고 한다.『新企業破産法條文釋義』, 人民法院出版社, 2006. 9., 406면.

15_王衛國,『破産法精義』, 法律出版社, 2007. 7., 245면.

16_법 제82조 제1항은 관련 채권자를 4개로 분류하고 각종 채권의 채권자는 회생계획안을 토론하는 채권자회의에 참가하여 채권분류에 따라 조를 나누어 회생계획안에 대해 표결하도록 하였는데 그 채권분류는 ① 채무자의 특정 재산에 대하여 담보권을 가진 채권 ② 기업이 지급하지 못하고 있는 근로자의 임금과 의료, 장애보조, 부양비용, 그리고 근로자의 개인계좌에 들어가야 할 양로보험, 기본의료보험비용으로서 지급되지 않은 기본양로보험, 기본의료보험비용, 또한 법률과 행정법규가 근로자에게 지급하여야 할 것으로 규정하는 근로자의 보상금 ③ 체납 세금 ④ 보통채권이다.

끼치므로 확정단계에서 관련 채권자의 표결을 거쳐야 할 필요가 있는데 〈기업파산법〉이 택한 표결방법은 우리의 통합도산법과 유사한 조별표결제이다. 조별표결제는 동일한 채권자에 대한 평등대우라는 원칙에 따라 채권의 법정 유형별로 채권자를 다른 조로 나누고 회생계획의 표결에서 각 표결조를 단위로 하여 표결하는 방법이다. 채권분류의 목적은 우선 채권자에게 공평하고 공정한 대우를 하고 유사한 채권에 대하여는 동등한 대우를 하는 것이다.

가. 조의 구분

채권조의 구분에 관한 규정은 강행규정에 속한다. 조 구분이 부당하면 같은 유형의 채권자가 서로 다른 대우를 받을 수 있고, 회생계획안의 작성자가 표결에 유리하게 할 목적으로 채권평등의 원칙에 위배하는 구분을 할 수도 있다. 조별 구분은 법 제109조(담보권자의 우선변제권)와 제113조(변제순서)의 규정을 근거로 하여, 회생계획에 참여하는 채권을 담보채권, 근로자채권, 조세채권과 보통채권의 네 부류로 하고 실제 상황에 따라 보통채권 안에 소액채권을 단독의 표결조로 할 수 있다. 조의 구분시 담보채권과 근로자채권 간의 우열문제가 중국에서 가장 주목을 끄는 쟁점이 되고 있다.[17]

담보채권, 즉 채무자의 특정 재산에 대하여 담보권을 갖는 채권은 한 개의 독립된 표결조가 되는데 여기서의 담보채권은 채무자의 재산을 저당물, 질물 혹은 유치물로 하여 담보로 삼는 채권을 가리키고 제3자의 재산을 저당물이나 질물로 하는 채권은 포함하지 않는다. 위 담보채권자에 대한 변제조건은 원칙적으로 법 제87조 제2항 제1호 규정의 조건보다 낮을 수는 없다.[18]

즉 담보채권은 담보물에 관하여 전액 변제를 얻게 되고 연기로 인하여 받는 손실은 공평한 보상을 받으며 담보권은 실질적인 손해를 받지는 않는다. 다만, 담보채권자가 비교적 낮은 조건을 자의적으로 수용하는 경우에는 그렇지 않다.

근로자는 독립된 표결조가 되는데 근로채권은 근로자가 채무자기업에 대하여 근로자의 신분과 노동관계를 근거로 가지는 채권으로서 채무자가 지급하지 못하고 있는 임금과 의료, 장애보조, 부양비용, 근로자의 개인계좌에 들어가야 할 양로보험, 기본의료보험 비용으로서 지급되지 않은 것, 그리고 법률과 행정법규가 근로자에게 지급하여야 할 것으로 규정하는 근로자의 보상금을 포괄한다(법 제48조). 근로자채권은 회생계획 중 일반적으로 반드시 전액 변제되어야 한다(법

17_李國光 주편,『新企業破産法條文釋義』, 人民法院出版社 2006. 9., 410면.

18_제87조 제2항 제1호 규정의 조건은 회생계획초안에 의하면 본법 제82조 제1항 제1호에 열거하는 채권이 그 특정 재산에 관하여 전액 변제되고 변제연기로 인하여 받는 손실이 공평한 보상을 얻으며 그 담보권이 실질적인 손해를 받지 않는 것 또는 그 의결조가 이미 회생계획초안을 가결하였을 것이다.

제87조 제2항 제2호). 그러나 대다수의 근로자가 동의하는 경우 적당히 감면하거나 출자전환을 할 수 있다.[19]

사회보험비용은 회생계획에서 특수한 지위를 누리는데 법 제82조 제1항 제1호 규정의 근로자의 개인계좌에 들어가야 할 양로보험, 기본의료보험 비용은 근로자 채권에 속하고 채무자의 부담부분은 회생계획 중에서 적당히 감면할 수 있다. 그러나 이 이외의 것으로서, 채무자가 부담하는 미지급 사회보험비용[20]은 감면할 수 없다(법 제83조). 이러한 사회보험비용의 파산청산 중의 청산순위는 조세채권과 같은데(법 제103조 제1항 제2호), 조세채권은 감면할 수 있는 반면 이 종류의 사회보험비용은 감면할 수 없다는 차이가 있다. 이 때문에 조세채권은 하나의 채권조로서 회생계획의 표결에 참여할 필요가 있으나 반대로 위 사회보험비용은 표결에 반드시 참가하여야 하는 것은 아니다. 중국의 〈노동법〉 제70조에 근거하여 확립된 사회보험은 현재 기본의료보험, 기본양로보험, 실업보험, 공상보험과 생육보험의 5종이 있다. 국무원이 반포한 1999년의 〈사회보험비징수납부잠정조례〉와 2003년의 〈공상보험조례〉 그리고 노동부 반포의 1994년 〈기업근로자생육보험試行방법〉에 따르면 위 5종의 사회보험비용 징수납부기구는 지방 각급 정부의 노동보장행정부서이다. 그러므로 기업이 사회보험비용을 체납한 경우의 채권자는 지방 각급 정부의 노동보장행정부서로 해석된다. 다만, 변제의 시기에 대하여 특별한 규정을 두고 있지는 않으므로 이에 대하여 별도로 정하는 것은 가능하다고 할 것이다.

조세채권은 일반적으로 반드시 전액 변제되어야 하나 세수기관의 동의가 있는 경우에는 감면할 수 있다. 이러한 세금감면의 정당성에 대하여 중국의 일부 학자는 실무 중 기업이 세금을 체납하는 원인은 매우 다양한데 많은 기업은 경영이 양호할 때 국가재정, 지방건설과 사회공익사업을 위하여 공헌하였으므로 기업이 곤경에 처해 회생을 위하여 노력할 때 정부도 도와야 하고 기업구제로 인하여 직업이 유지되고 세원이 보호되면 결과적으로 재정이익에도 유리하므로 정부는 법률이 허용하는 범위 내에서 회생기업의 체납세액을 감면할 수 있다고 한다.[21]

보통채권은 우선변제권이 없는 무담보채권을 가리키는데, 보통채권이 회생절차에서 인정받는 변제비율은 그가 파산청산절차에 의하여 얻을 수 있는 변제비율보다 낮아서는 안 된다(법 제87조 제2항 제2호).

법원은 필요한 때 보통채권조 중에서 소액채권조를 따로 둘 수 있는데, 소액채권은 채무자에

19_王衛國, 『破産法精義』, 法律出版社, 2007. 7., 248면.

20_이에 해당하는 것으로는 양로·의료보험의 統籌기금부분과 실업·公傷·생육보험비용이 있다. 湯維建 주편, 『新企業破産法解讀与适用』, 中國法制出版社, 2006. 10., 278면.

21_王衛國, 『破産法精義』, 法律出版社, 2007. 7., 249, 250면.

대한 무담보의 소액채권을 가리킨다. 소액채권조를 두는 것은 회생계획표결절차상의 효율을 제고할 필요에 기초한 것이다. 우리 통합도산법 제218조 제1항 제2호에서 소액채권자에 대하여 별도 대우를 하는 것과 같은 취지로, 소액채권자는 비록 채권액이 비교적 적지만 통상 인원수가 매우 많아 그 표결권의 행사는 절차비용을 늘릴 수 있고 시간을 과도하게 소비할 수 있다. 이에 반하여 소액채권총액은 통상 비교적 적으므로 전액 혹은 높은 비율로 변제한다 하여도 채무자 재산에 지나친 부담을 줄 수는 없다. 소액채권에 대한 우대는 회생계획안 표결의 효율, 회생계획의 조속한 실시로 얻는 효과에 비추어 볼 때 고려할 만한 충분한 가치가 있다. 이에 따라 법원은 구체적인 상황에 따라 소액채권조를 두어 표결을 한다. 소액채권조를 반드시 두어야 하는 것은 아니나 일단 두면 위 네 개의 표결조와 병립하는 별개의 독립한 표결단위가 되고, 소액채권조의 표결결과는 다른 표결조와 마찬가지로 단독으로 계산한다.

나. 표결의 진행

회생계획안의 표결은 각 표결조를 단위로 하여 통과 여부를 결의하는 방식으로 진행한다. 표결조 안에서는 인원수와 채권액의 이중다수결제도를 적용한다. 출석한 동일표결조의 채권자 과반수가 회생계획안에 동의하고 그가 대표하는 채권액이 해당조 채권총액의 2/3 이상을 점하는 경우에 비로소 가결된 것으로 한다. 우리 통합도산법과는 달리 조별 가결요건이 서로 동일하다. 회생계획안을 표결하는 채권자회의는 법원이 소집하는데 법원은 관리인이나 기존경영자 관리를 하는 채무자로부터 회생계획안을 제출받은 날로부터 30일 내에 채권자회의를 소집하고 회생계획안을 심의표결하여야 한다. 채무자나 관리인이 작성자로서 설명 및 답변의 의무를 부담하고, 채권자회의에 회생계획안에 관하여 설명하고, 채권자와 출자자 등의 질문에 답변하여야 한다(법 제84조). 출자자도 회생절차 중의 이해관계인에 해당하는데 이 점 또한 회생제도와 청산절차의 차이점이다. 곤경에 빠진 기업의 회생을 통한 회생은 결과적으로 출자자의 이익을 보전할 수 있고 더 강화할 수도 있다. 이러한 이해관계에 기하여 출자자도 기업구조조정에의 적극적인 참여자가 될 수도 있고 나아가 기업대출, 추가투자 혹은 새로운 투자자에게 주식을 양도하는 등의 방법으로 기업회생에 협력할 수도 있다. 다른 면으로는 회생계획안 중 출자자의 권리에 관계된 조정에 대하여 출자자가 직접적인 이해관계인으로서 사적자치와 공평원칙에 따라 해당 사항에 대하여 표결권을 갖는 것을 인정할 필요가 있다. 그 외에 회생계획안이 직접적으로 출자자권익에 관계되는지 여부를 불문하고 출자자대표는 회생계획안과 관련된 채권자회의에 권리로서 참석하여 회생계획안의 내용에 관하여 자문할 수 있고, 또한 기업부흥안과 기타 방안에 대하여 의견을 발표하거나, 건의할 수도 있다.

회생계획안이 출자자의 권익조정에 관련이 있으면 출자자표결조를 두어야 하고 출자자는 그 사항에 대하여 표결을 한다(법 제85조). 즉, 출자자의 표결권은 회생계획안의 모든 것에 미치는 것이 아니라 출자자의 권익조정에 관련되는 것에 한정된다. 출자자의 표결권이 채권자의 표결권과 다른 특색이다. 출자자조의 표결기준은 회사법상의 주주총회표결기준을 적용하지 않고, 다른 조와 같이 이중다수결기준을 적용한다.

이러한 과정을 거쳐 각 표결조가 모두 회생계획안을 가결한 때 회생계획은 가결된 것이 된다(법 제86조 제1항). 위 제84조 규정은 한 개의 표결조가 회생계획안을 가결하는 이중표준임에 반하여 위 제86조는 회생계획이 통과되는 전체적인 가결기준으로서 각 표결조의 전부 통과, 즉 각 표결조의 회생계획안에 대한 표결결과가 모두 조별통과에 필요한 인원수 및 채권액(혹은 출자액) 기준에 부합하는 요건을 규정하는 것이다.

2. 회생계획의 인가

가. 회생계획안의 가결

회생계획안이 가결·인가되는 경우는 회생계획안이 모든 표결조를 통과하고 법원의 비준결정을 받은 경우(법 제86조), 회생계획안이 모든 표결조를 통과하지는 못하였으나 계획안작성자와 미통과 표결조 간의 협상을 거쳐 재표결에서 가결되고 법원의 비준결정을 받은 경우(법 제87조 제1항), 위와 같은 재표결에서도 가결되지 못하였으나 채무자나 관리인의 신청으로 법원이 비준결정을 한 경우(법 제87조 제2항, 제3항)이다. 앞의 두 상황은 채권자회의 통과 후의 비준인가에 속하고, 뒤의 경우는 채권자회의 미통과시의 강행비준이다.

나. 회생계획가결 후의 비준인가

회생계획안을 작성하여야 하는 채무자나 관리인은 회생계획안의 통과일로부터 10일 내에 법원에 비준을 신청한다. 법원은 심사하여 법 규정에 부합한다고 인정하는 경우 30일 내에 비준결정을 하고 회생절차를 종결하고 공고하여야 한다(법 제86조 제2항). 법원은 가결된 회생계획안에 대한 결정 전에 반드시 회생계획이 본법 규정에 부합하는지 여부(구체적으로는 주로 회생계획의 내용이 완비되었는지 여부), 채권분류와 채권의 상환방안이 합법·공평한지의 여부, 채권자회의에 대한 계획작성자의 설명이 진실·충분한지의 여부, 출자자권익조정의 사항이 출자자의 표결을 거쳐 통과되었는지의 여부, 채권자회의 소집절차의 하자 유무, 각 표결조 가결의 적법 여부, 제출된 회생계획과 채권자회의가 심의표결한 것이 실질적으로 동일한지의 여부 등을 심사한다.[22] 개별 채권자는 가결된 회생계획안에 대하여 이의가 있는 경우 법원에 철회취소를 청구할 수 있고(법 제64조 제2항), 이에 따라 법원은 정리계획안의 하자 유무나 기타 법률, 행정법규의 강행규정을 위반하였는지 여부를 심사하게 된다.

3. 강행비준

중국의 〈기업파산법〉도 우리 통합도산법 제244조와 유사하게, 회생계획안이 모든 표결조에서 가결되지는 않았으나 법정 조건에 부합하는 경우에 법원이 이를 비준하여 회생계획으로서 효력을 발생하게 하는 제도를 규정하고 있는데 이것이 곧 강행비준이다.[23]

가. 회생계획안의 재표결

일부 표결조가 회생계획안을 가결하지 않은 경우 회생계획 작성자인 채무자나 관리인은 회생계획안을 통과시키지 않은 표결조와 협상 후 재차표결할 수 있다(법 제87조 제1항). 이는 임의적 규정이다. 협상과정 중 작성자는 채권자의 의견을 청취한 후 개정의견을 낼 수 있는데 모종의 형식적인 우대 예컨대 채권변제율의 제고, 상환기의 단축 등을 그 내용으로 할 것이다. 다만, 이러한 종류의 협상이 다른 표결조의 이익을 해할 수는 없다. 계획안작성자가 협상과정 중 채권자를 설득하여 원래의 방안을 받아들이도록 하여 회생계획안을 개정하지 않은 상황에서 재차표결을 할 수도 있음은 당연하다.

가결하지 않은 표결권조에서 재차표결하여 회생계획안이 통과된 경우 채무자나 관리인은 법원에 회생계획 인가비준의 신청을 하여야 한다(법 제86조).

만약 해당 표결조에서 재차표결에도 불구하고 여전히 회생계획안을 통과시키지 않은 경우에 채무자나 관리인이 다시 한 번 재차표결절차를 밟을 수는 없으나 회생계획안의 강행비준을 법원에 신청할 수 있다. 만약 채무자나 관리인이 위 신청권을 행사하지 않은 경우 회생계획안의 미통과 사실을 법원에 보고하여야 한다. 이때 법원은 회생절차폐지결정을 하고 채무자파산을 선고하여야 한다(법제88조).

22_李國光은 법원의 비준은 합법의 원칙, 집행가능성의 원칙, 사회본위의 원칙, 채권자 이익의 최대화원칙, 절대우선의 원칙, 민주의 원칙을 지켜야 한다고 한다. 『新企業破産法條文釋義』, 人民法院出版社 2006. 9., 421면.

23_강제비준이라고도 한다. 湯維建 주편, 「新企業破産法解讀与适用』, 中國法制出版社, 2006. 10., 283면, 李紹章, "愛情重整-〈企業破産法〉引伸", 北大法律信息网(http://www.chinalawinfo.com).

나. 강행비준제도

〈기업파산법〉 제87조 제2항이 규정하는 것이 강행비준제도이다. 법원이 강제비준 여부를 판단하는 중요한 기준이 되는 것은 청산가치의 보장 여부이다(동항 제3호). 이는 채권자가 회생계획에 의하여 얻을 수 있는 변제가 파산청산의 상황에서 받을 수 있는 변제액보다 낮지 않을 것을 의미한다. 만약 전자가 후자보다 낮다면 법원이 채권자에게 이를 받아들이라고 강요할 수 없지만, 전자가 후자보다 높거나 양자가 같다면 적극적으로 채무자의 구제를 도모하여야 할 것이고 이때 법원의 회생계획안 강행비준이 정당성을 갖는다.[24]

위 규정에 정해진 회생계획안 강행비준의 6가지 조건 중 앞의 네 개 항은 법원이 회생계획안을 강행비준할 때 다른 표결조의 채권이 누려야 할 기본 조건이다. 제5항은 회생계획의 공평성에 대한 요구이고, 제6항은 회생계획의 실현가능성에 대한 요구이다. 담보채권조의 경우 각 채권자가 그 담보물의 실현가능한 가치에 따라 전부 변제받을 수 있어야 하고 회생계획의 실행으로 인하여 입게 된 변제연기의 손실이 공평한 보상을 받을 수 있어야 하며 담보권이 실질적인 손해를 입지 않을 것이 필요하다.[25] 담보채권자는 담보물이 그 채권을 만족하기에 충분한 상황하에서는 왕왕 파산청산을 통하여 즉시 현금을 회수하려는 경향이 있다. 법원은 사회이익과 다수인의 이익 우선의 입장에서 강행비준 여부를 결정하여야 한다. 근로자채권조나 조세채권조에서 회생계획안을 통과시키지 않았을 때 만약 회생계획안에 근거하여 근로자채권, 조세채권이 전액 변제받을 수 있다면 법원은 그 계획안을 강행비준할 수 있다. 전액 변제는 조세채권의 경우 금전이어야 하고, 근로자채권의 경우에는 현금 이외의 주식, 실물(거주지) 등 기타 형식의 변제일 수 있으나 근로자생활에 영향이 있는 변제는 시간적으로 우선 안배하여야 한다.[26] 도산과정에서 근로자에 대한 배려를 중시하는 것은 중국도산법제의 두드러진 특색이기도 하다. 보통채권조에서 회생계획안을 통과시키지 않았으나 만약 회생계획안의 내용이 청산가치를 보장하는 경우 법원은 강제적으로 비준할 수 있다. 그런데 청산가치의 판단을 위해서는 채무자에 대한 청산분석이 필요하므로 회생계획의 작성자는 보통채권자에게 청산분석에 필요한 자료를 제공하여야 한다. 청산분석은 보통채권자의 이익보호평가에 영향을 미치므로, 보통채권자에게 청산분석에 대하여 이의를 제출할 수 있도록 허용하여야 할 것이다. 출자자조에서 회생계획안을 통과시키지 않았으나 만약 출자자의 권익에

24_湯維建은 부동의조와 기타의 조에게도 상응하는 조정을 해야만 강제비준이 가능하다고 한다. 『新企業破産法解讀与适用』, 中國法制出版社, 2006. 10., 284면.

25_許德風은 企業破産法의 관련 규정은 회생절차의 이념과 목적에 비추어 볼 때 과도하게 담보권자를 보호하여 회생절차에 부담되고 절차의 효율성을 떨어뜨리며 무담보채권자의 이익을 해친다고 주장한다. “論担保物權的經濟意義及我國破産法的缺失”, 北大法律信息网(http://www.chinalawinfo.com).

26_王衛國, 『破産法精義』, 法律出版社, 2007. 7., 262면.

대한 조정이 공평, 공정한 것임이 충분히 증명된다면 법원은 계획안을 강제적으로 비준할 수 있다. 공평·공정의 판단은 법원이 채무자의 구체적인 상황에 따라 행한다. 회생절차를 포함하여 모든 도산절차는 공평과 평등을 기본원칙으로 한다. 따라서 같은 표결조에 속하는 동종 채권자에 대하여는 공평하게 대하고 서로 다른 표결조의 채권의 변제순서에 대하여 법정된 변제순서를 지켜야 한다. 위의 요건을 전부 충족한 후 회생계획에 대한 평가의 마지막 요소로서 채무자경영방안의 실행가능성을 판단한다. 그런데 실행가능성에 대한 판단은 실제적으로는 법률판단이 아니라 경영판단이고, 이는 통상 법률직역에 종사하는 자의 전문분야가 아니다. 그러므로 이에 대하여는 더욱 해당 분야의 전문가와 경영자의 도움을 구할 필요가 있다. 나아가 실행가능성에 대한 평가는 개연성에 대한 판단이므로 절대적인 정확성을 요구할 수는 없다. 결국 회생계획 중의 경영방안이 실행가능성을 갖고 있는지 여부에 대한 인정은 종합적으로 보아 긍정적으로 평가되면 족한 것이지 지나치게 엄격한 기준을 요구할 것은 아니다.

법원은 심사 결과 규정에 부합한다고 인정하면 신청접수일로부터 30일 내에 비준결정을 하여야 하고 회생절차를 종결하고 이를 공고한다(법 제87조 제3항).

4. 회생계획 비준결정의 법률효과

법원이 회생계획을 비준하면 우선 회생계획의 효력이 발생하고 회생계획은 채무자와 전체 채권자에게 모두 기속력을 갖는다. 이로써 회생절차가 종결되는데 〈기업파산법〉이 규정하는 회생기간 중의 여러 가지 영업보호조치는 이제 더 이상 적용되지 않고 채무자는 회생계획집행단계로 들어간다. 그러나 파산절차의 채권행사에 대한 동결효력은 여전히 유효하다. 회생계획의 집행은 여전히 집단적인 변제절차로서 도산절차에 속하는 것이고 아직 집행단계가 남아 있으므로 회생절차의 종결이 도산절차 전체의 종결을 의미하지는 않는다. 회생계획집행기간에 파산절차가 아직 종결되지 않았으면 〈기업파산법〉이 규정하는 채권자의 개별적인 권리행사에 대한 제한조치는 여전히 유효하다. 그래서 회생계획의 집행기간 중에 채무자는 회생계획 외에서는 개별채권자에게 변제할 수 없고 채권자도 개별적인 변제를 위하여 채무자에 대하여 채권추심행위를 할 수 없는데 보전소송과 민사집행절차도 마찬가지이다. 각 채권의 액수를 확정하고 평등성을 유지하고자 파산신청수리시부터 정지되었던(법 제46조 제2항) 이자부채권의 이자계산은 회생계획의 효력발생시로부터 회복된다.

전체 표결조의 통과 및 법원에 의한 비준인가, 강행비준을 거쳐 효력이 발생한 회생계획은 채무자와 전체 채권자에게 모두 구속력을 가진다(법 제92조 제1항). 전체 채권자란 회생절차에 이미 참여한 채권자와 참가하지 않은 채권자를 모두 포함하므로 모든 채권자가 회생계획 이외에서는 권리를 행사할 수 없다. 법에 의한 신고를 하지 않는 채권자는 회생계획의 집행기간에 권리를 행사할 수 없다(동조 제2항 전문). 법에 의한 신고를 하지 않는 채권은 신고기간 내에 신고하지 않은 채권 외에도 보충신고를 하지 않은 채권을 포함하며 실체적인 채권과 절차적인 권리를 포함한다. 그런데 우리 통합도산법과는 달리, 법 규정에 따라 채권을 신고하지 않은 채권자는 회생계획집행이 완료된 후 회생계획에서 정하는 동종 채권의 변제조건에 따라 권리를 행사할 수 있다(동항 후문). 회생계획 집행이 완료된 후에는 달리 절차가 더 이상 존재하지 않으므로 '절차는 실체권리를 소멸시키지 않는다'는 법원칙에 근거하여, 법에 의한 신고를 하지 않는 채권의 채권자도 여전히 실체상의 채권을 향유한다. 다만, 그 행사시기는 회생계획집행이 완료된 후가 된다. 회생계획집행 완료 후에는 채무자에게 더 이상 파산원인이 없고 법인자격이 여전히 존속하며 법에 의한 신고를 하지 않는 채권자도 회생계획에 의거한 채무변제를 요구할 수 있다. 다만, 그 변제조건은 동순위의 신고채권자가 회생계획에 따라 인정받은 것과 같아야 한다. 이러한 규정은 채권자의 적극적인 회생절차 참가를 촉진하고 비참가자가 회생절차에 참가한 채권자보다도 유리한 변제를 받지 않도록 하는 데 도움이 된다.[27] 미신고 또는 채권표 미기재 채권이 실효되는 우리 도산법제와는 매우 다른 부분이다.

회생계획은 채무자의 보증인과 기타 연대채무자에 대한 채권자의 권리에 영향을 미치지 않는다(법 제92조 제3항). 이는 채권자의 이익을 보호하기 위한 것으로서 채무자의 채무에 대한 조정은 보증인의 보증채무와 기타 연대채무자의 연대채무에 어떤 영향을 미치지 않고, 채권자는 여전히 해당 보증인과 연대채무자에 대하여 채권 전액을 행사할 수 있으며 채권자가 파산절차 중 부분 청산을 받는 경우 그가 변제받지 못한 부분에 대하여는 채무자의 보증인과 연대채무자에게 변제를 청구할 수 있다. 채무자의 보증인 혹은 기타 연대채무자가 이미 채무자를 대신하여 채무를 변제한 경우 변제자는 채무자에 대한 구상권으로써 채권신고를 한다. 아직 채무자를 대신하여 채무를 변제하지 않은 경우에는 채무자에 대한 장래의 구상권으로써 채권신고를 한다. 다만, 채권자가 이미 관리인에 대하여 채권 전부를 신고한 경우는 제외한다(법 제51조). 따라서 회생계획이 효력을 발생한 후 만약 채권자가 보증인이나 기타 연대채무자로부터 변제를 받은 후의 채권 잔액이 회생계획에 따라 지급되는 예정액보다 적은 경우 채권자에게 이중의 만족을 주어서는 안 되므로 그 차액 부분은 보증인이나 기타 연대채무자의 구상권 만족에 사용되어야 하고 채권자가 보증인이나

27_王衛國, 『破産法精義』, 法律出版社, 2007. 7., 270면.

기타 연대채무자에 대한 변제요구의 액수가 그가 회생계획에 의하여 이미 변제를 얻은 후의 채권잔액을 초과하는 경우 초과된 부분에 대하여 보증인이나 기타 연대채무자는 상환을 거부할 수 있다.[28]

회생계획집행완료 후 회생계획에 의하여 감면된 채무에 대하여 채무자는 변제책임을 면한다(법 제94조). 회생 후의 채무자가 최대한의 성공기회를 가지도록 확보하기 위하여 회생계획집행완료[29]의 면책적 효력을 확립하는 것은 매우 중요하다.

5. 회생계획의 비인가

법원의 인가비준을 받은 회생계획만이 비로소 집행력과 기속력을 갖는다. 회생계획이 인가를 못 얻는 것은 회생계획이 가결되었으나 법원의 인가비준을 받지 못한 경우와 회생계획이 가결되지 못하고 법원의 강행비준도 받지 못한 경우인데 두 번째의 경우는 다시 회생계획이 미가결되었으나 채무자나 관리인이 강행비준을 신청하지 않은 경우와 채무자나 관리인의 강행비준신청을 법원이 받아들이지 않은 경우로 구분된다. 회생계획이 인가받지 못한 경우 회생절차는 폐지된다. 이때 법원은 회생절차의 폐지를 결정하고 채무자의 파산을 선고하여야 하며 이제 회생절차는 파산청산절차로 전환된다(법 제88조).

V. 회생계획의 집행과 회생절차의 종결

1. 회생계획의 집행

회생계획의 집행방법은 대체로 채무자가 사법절차 외에서 아무런 감독 없이 집행하는 방법, 사법절차 외에서 관리인의 감독하에 채무자가 집행하는 방법, 사법절차 내에서 지정된 전문가가 스스로 집행하거나 채무자의 집행을 감독하는 방법의 3가지가 있다.

신파산법 초안은 1995년부터 2004년까지 줄곧 세 번째의 체계를 택하였다. 당시의 초안 규정에 의하면 회생계획의 집행기간에는 파산사건이 종결되지 않고 회생계획은 회생집행인에 의하여

28_王衛國, 『破産法精義』, 法律出版社, 2007. 7., 272면.

29_기업파산법에 명문규정은 없으나, 회생절차가 원만히 종결되어 기업유지와 변제능력회복이라는 회생의 목적이 실현되면, 채무자는 회생 후의 첫 번째 주주총회 개최를 공고하고 개최하여 회생의 완료를 선포하여야 한다. 이러한 주주총회가 바로 회사의 정상회복을 나타내는 것이고, 이로써 회생에 관련된 기구는 사라지고, 경영권과 재산관리권이 채무자에게 완전히 복귀한다. 徐永前 주편, 『企業破産法講話』, 法律出版社, 2006. 9., 337면.

집행된다. 회생계획 집행이 완료된 때, 그 집행자는 집행직무를 종료하고 법원에 즉시 집행보고서를 제출한다. 법원은 심사확인을 거쳐 파산사건의 종결결정을 한다. 채무자에 대한 신임도가 비교적 낮고 절차비용은 비교적 높은 방안이다.

2004년 개정된 초안에서 회생절차를 채무자 스스로 관리하는 규정을 증설하였고 채무자에 의한 집행과 관리인 감독의 체제 즉 상술한 두 번째 체제를 택하였다. 이는 기초자가 회생계획의 집행문제에서 채무자를 비교적 신임하는 입장을 취하였음을 나타내는 것으로서 중국의 시장경제가 성숙해 가는 현실과 추세를 반영한 것이고 회생의 효율제고와 사법비용의 감소에 유리한 면이 있다.[30] 이러한 체제에서 회생계획집행기간 중 채무자는 경영관리의 자주권을 향유하지만[31] 반드시 관리인의 감독을 받아야 한다.

〈기업파산법〉은 회생계획의 집행주체를 채무자만으로 규정(제89조 제1항)한 데 반하여 동법 제73조와 제74조는 회생기간 중의 계속영업기구로서 관리인 및 관리인 감독 하의 채무자를 규정한다. 따라서 회생기간에는 관리인이 채무자의 재산과 영업사무를 관리하더라도 회생계획집행절차에 들어가면 관리인은 채무자에게 재산과 영업사무를 이전·교부할 의무가 있다(법 제89조 제2항). 이전교부업무는 법원이 회생계획 비준결정을 하는 즉시 이행되어야 한다. 관리인은 이전·교부 후 법 규정에 따라 회생계획의 집행을 감독한다(법 제90조 제1항).

관리인은 채무자의 회생계획집행에 대한 감독을 하는데 감독기한의 제한이 있다. 감독기간의 시점은 법원이 회생계획을 비준한 날이고 감독기간은 법 제81조에서 규정하는 회생계획의 제6호의 내용이다. 이 기간은 이해당사자가 협상을 통하여 정한 것으로서 회생계획의 비준으로 확정된다. 법문상 관리인의 구체적인 감독직능이 명확하게 규정되지는 않았지만 관리인은 회생계획 집행불능 혹은 부집행의 경우에 법원에 회생계획집행의 폐지 및 채무자파산의 선고를 청구할 권한이 있다(법 제93조).[32] 즉 관리인의 감독은 집행과정에서 회생계획에 반하는 채무자의 부당행위를 방지하고 제지하는 역할로서 관리인이 채무자의 회생계획위반행위를 제지하는 최후의 수단이라고 할 것이다. 채무자는 감독기간 동안 관리인에 대하여 회생계획집행상황과 채무자의 재무상황에 관한 보고의무를 진다(법 제90조 제2항). 채무자는 관리인에게 정기보고서를 제출하는 것 외에 회생계획 집행상황에 관한 관리인의 질문에 수시로 회답하고 관련 자료를 제공하여야 한다. 관리인은 감독기

30_王衛國, 『破産法精義』, 法律出版社, 2007. 7., 265, 266면.

31_이러한 규정은 '집행자와 작성자 동일의 원칙'을 견지하고, 채무자의 기업경영상의 우세를 고려하여 회생계획의 집행에 있어 비교적 큰 주도권을 줌으로써 실제의 상황에 더욱 부합할 것을 기대할 수 있다. 李國光 주편, 『新企業破産法條文釋義』, 人民法院出版社, 2006. 9., 430면.

32_법원이 신청을 받아들여 파산을 선고하는 경우 파산청산절차로 전환되어 들어가게 되므로 이 경우의 파산선고는 파산청산의 선고를 의미한다.

간 종료시 회생계획집행상황과 감독상황에 관하여 법원에 서면의 감독보고를 제출하여야 한다. 관리인의 감독직무는 감독기간의 만료일에 끝나는 것이 아니고 감독보고서 제출일에 종료한다(법 제91조 제1항). 회생계획의 집행은 이해관계인의 이익에 직접 관계되므로 이해관계인의 지정권을 보호하기 위하여 이해관계인은 감독보고서를 조사·열람할 권한이 있다(법 제91조 제2항). 채무자의 회생계획 집행을 계속하여 감독할 필요가 있는 경우 관리인은 법원에 감독기간의 연장을 신청하여 법원의 결정에 따른다(법 제91조 제3항). 상술한 바와 같이 〈기업파산법〉은 회생계획집행에 대하여 사법절차 외에서 채무자가 집행하고 관리인이 감독하는 체계를 택하였다. 회생계획집행완료는 채무자가 회생계획이 규정하는 방안에 따라 채무청산 집행을 완료한 것 즉 모든 채권자가 회생계획이 규정하는 액수, 시간과 방법에 따라 변제받은 것이어야 한다. 채무자가 회생계획에 의거 채권자에게 지는 변제의무를 다시 바꾸는 것은 용납되지 않는다.[33] 그러나 회생계획 중 채무자 영업의 개선, 대외 융자 등 영업방안의 집행상황에 관한 것은 다르다. 즉 회생계획 중의 경영방안에 관하여는 회생계획집행과정 중 채무자가 기업경영과 시장변화 등 상황에 근거하여 적시에 수정하고 완성시킬 수 있으며 이로써 최대한 기업의 부흥을 도모할 수 있다.[34]

2. 회생절차의 폐지와 파산절차로의 이행

가. 회생계획집행의 폐지

〈기업파산법〉은 회생계획 집행불능 혹은 부집행시 회생절차폐지 및 파산청산절차로의 전환을 규정한다(제93조 제1항).

집행불능은 집행의 객관적 불능을 가리키는데 채무자 본인이 회생계획의 집행 능력을 결핍한 것을 가리킨다. 그 원인은 채무자의 경제상황(판매량이 예상량에 달하지 못한다든지 경영비용이 증가하여 기업이윤이 감소하고, 계획에 따른 채무변제에 필요한 현금유동성을 제공할 수 없는 것)일 수 있고 객관적 장애(채무자의 설비가 화재로 인하여 훼손되어 정상적인 생산을 할 수 없거나 제3자의 위약으로 인하여 재무곤란에 이른 것)일 수도 있다. 부집행은 집행의 주관적 불능으로서 채무자가 집행능력이 있음에도 집행하지 않거나 집행을 미루어 채무자나 직접 책임을 지는 자가 상응한 법률책임을 지게 되는 경우를 가리킨다.

33_王衛國, 『破産法精義』, 法律出版社, 2007. 7., 276면.

34_회생계획의 집행 중 부득이한 사유로 인하여 회생계획을 변경할 필요가 있으면 법원은 채무자, 채권자, 담보권자 또는 주주의 신청에 근거하여 회생계획을 변경할 수 있다. 徐永前 주편, 『企業破産法講話』, 法律出版社, 2006. 9., 334면.

나. 회생계획의 집행폐지 및 절차전환

회생계획집행폐지 및 청산절차로의 전환은 관리인이나 이해관계인의 청구를 거친 법원의 결정이 있어야 한다. 이해관계인은 그 이익이 채무자의 회생계획 집행불능이나 부집행으로 불리한 영향을 받는 자로서 채권자, 근로자, 연대채무자와 새로운 출자자를 포함한다. 법원은 관리인이나 이해관계인의 청구를 거쳐 회생계획의 집행폐지 및 채무자파산의 결정을 하여야 한다. 이로부터 사건은 파산청산절차로 진입한다.

위와 같이 회생계획의 집행폐지와 절차전환이 이루어지면 회생계획 중의 채권조정은 효력을 상실하지만 채권자가 회생계획의 집행으로 인하여 얻은 변제 즉 이자, 원금의 감면 혹은 담보의 포기 등은 여전히 유효하다(법 제93조 제2항).

채권은 회생 전의 상태를 회복하고 채권자는 신고확인된 종류와 수액에 따라 권리를 행사한다. 채권자가 회생계획집행기간에 이미 받은 변제는 이를 반환하여야 하는 것은 아니고, 그 채권이 아직 변제받지 못한 부분 즉 회생계획조정 전의 채권액에서 회생계획집행으로 인하여 변제받은 부분을 차감한 잔액을 파산채권으로 하여 〈기업파산법〉 제10장(파산청산)의 규정에 따라 변제한다.

일부변제를 받은 채권자는 미변제부분을 파산채권으로 하여 파산청산절차에 참가한다. 다만, 파산법의 동종채권에 대한 평등대우의 원칙에 따라 동종채권의 채권자는 같은 비율로 변제를 받아야 한다. 동비율변제의 원칙은 동종 채권자가 먼저 받은 변제에 비율적인 차별이 있는 경우 모든 동종채권자가 같은 지점에 이를 때까지 먼저 변제비율이 낮은 채권에 대하여 차액보상을 한 후에 통일된 비율로 다시 분배하는 것을 가리킨다(법 제93조 제3항).

회생계획을 위하여 제공된 담보 즉 제3자가 채무자의 회생계획에 대하여 제공한 담보로서 저당, 질권설정과 보증 등은 회생계획이 집행불능이나 부집행으로 폐지되는 때에도 여전히 유효하고(법 제93조 제4항) 채권자는 여전히 제3자에 대하여 담보권을 행사할 수 있다.

회생폐지에 대하여 책임이 없는 채권자의 이익을 보장하고 과실 있는 채무자의 책임은 묻는 것이 공평에 부합하므로 위 제3자 제공의 담보는 원래의 담보 범위 내에서 계속 유효함을 대체로 승인하는 것이다.[35] 따라서 담보를 제공한 제3자는 피담보자가 위와 같은 집행불능이나 부집행으로 인하여 파산청산절차에 진입하는지 여부에 무관하게, 이왕에 승낙한 담보책임을 이행하여야 한다.

35_李國光 주편, 『新企業破産法條文釋義』, 人民法院出版社, 2006. 9., 437면.

Ⅵ. 결어

회생제도가 중국에서 매우 새로운 제도로서 아직은 그에 대한 이론적·실무적 체계가 형성되어 가는 과정에 있고 중국의 특색을 반영하여 채권변제 순위, 근로자보호의 중시, 집행절차의 비사법화 등에 있어서 고유성도 강하다. 또한 회생계획안을 수립하는 과정에서 상법, 증권거래법, 독점규제법 등 관련 법률의 제한을 합목적적인 범위 내에서 완화할 수 있는 법문상의 근거가 마련되지 않는 등 세부적인 점에서 미흡하거나 아쉬운 점이 없지 않다. 한편 회생계획안의 작성과 제출, 내용과 조항, 가결과 비준, 집행과 절차 종결의 각 단계에서 DIP제도, 강행비준, 청산가치의 보장, 조별가결제, 동종채권자에 대한 동등대우, 파산청산절차로의 전환 등 국제적으로 통용되는 제도를 수용하고 있다.

〈기업파산법〉의 위와 같은 특색과 제정과정에 비추어 볼 때 향후 중국의 도산법은 더욱 국제적인 조류에 부응하는 방향으로 발전해 나갈 것으로 보인다. 회생계획안 수립시 가장 고려해 볼 만한 법률수단인 기업의 인수합병이 유연하고 실질적으로 이루어져 기업의 회생과 근로자의 보호 및 사회재화의 합리적인 재분배에 동법이 기여할 수 있도록 중국의 학계와 관련 부서가 관심과 노력을 기울여야 할 것이다. 우리도 근로자 채권의 우월성, 기타 절차에서도 근로자보호를 중시하는 점 등 중국의 〈기업파산법〉에 엄존하는 우리 법과의 상위점에 대한 정확한 이해와 분석·연구를 계속하고 더불어 이 법의 운용이 중국에 진출한 한국기업에 미치는 영향을 신중하게 고려하여 이에 대한 대비책을 마련할 수 있어야 할 것이다.

제5장 화의절차

Ⅰ. 서설

화의는 파산원인이 생긴 채무자가 파산을 피하기 위하여 채권자단체의 양보를 전제로 채무처리문제에 대한 합의를 이루고 법원의 인정을 거쳐 효력을 발생하는 절차이다. 일반적으로 화의의 속성으로는 다음의 몇 가지를 언급할 수 있다. 채무자에게 이미 파산원인이 존재한다. 채무자에게 파산원인이 없다면 파산청산절차는 적용되지 않을 것이고 자연히 화의제도를 적용할 필요도 없게 된다. 채무자의 화의신청이 있어야 한다. 화의제도를 이용하여 파산청산을 면하는 것은 채무자의 이익이라는 관점에서 필요한 것이다. 채권자의 양보를 기초로 화의를 통하여 채무자가 파산청산을 면할 수 있으므로 채무자는 화의신청의 동기를 갖게 된다. 화의신청 여부는 채무자 스스로 결정하는 것이다. 〈기업파산법〉이 화의제도를 규정한 목적은 파산청산을 최대한 감소시키고 파산청산이 가져올 수 있는 일련의 소극적 효과를 피하는 데 있다. 화의협의는 양보를 전제로 채무를 결산하고 채무자의 현유재산뿐 아니라 장래의 재산도 채권을 실현하는 기초로 한다. 따라서 채권자는 화의협의의 집행을 통하여 파산청산에서 얻을 수 있는 것보다 더 많은 변제를 얻을 수 있다. 채무자와 채권자의 협의달성은 당사자의 권리처분에 속하므로 평등, 자원의 기초 위에서 이루어져야 하고 강요할 수 없다. 채무자의 화의신청과 화의협의초안은 청약에 속하고 채권자회의의 화의협의초안 가결이 승낙이다. 화의협의초안은 채권자회의의 표결을 거치면 채무변제에 법률적 기속력을 가진 채무자와 채권자단체 사이의 계약이 된다. 화의절차는 채무자에게 변제자력이 없는 상태에서 채무의 공평한 변제를 실현하는 법률절차이다. 절차의 공정성을 보장하기 위해 화의절차를 재판기관 등의 직권 아래에 두고 화의신청에 대한 인가, 채권자회의의 개최, 화의협의의 인가와 집행 등을 감독한다.

〈기업파산법(試行)〉이 규정하던 중국의 화의절차는 정돈절차와 결합한 독특한 형태를 갖고 있었다. 〈기업파산법〉은 화의제도를 개선하여 종전의 행정적 색채를 배제하고자 정돈제도를 폐지하고 제9장에서 한국의 구(舊) 화의제도와 유사한 방향으로 새로이 규정하였다. 화의절차와 회생절차를 개괄적으로 비교하면 다음과 같은 차이가 있다. 화의신청의 주체는 채무자뿐이다. 화의절차 개시조건은 비교적 단순하여 파산원인이 존재하는 것만으로 충족된다. 법률 규정 구조가 비교적 간단하여 화의협의의 성립, 효력발생과 이행만을 규정하였다. 화의협의의 내용은 채무변제관계에만 관련된다. 화의협의에 참가하는 채권자는 재산담보 없는 채권자뿐이다. 화의협의가 채권자회의에서 통과되지 않았을 때 법원은 간섭하지 않는다. 화의협의가 법원의 인가를 받기만 하면 절차는 종결된다. 결국 화의절차는 회생절차에 비하여 더 간단하고 빠르며 비용이 낮다. 이러한 절차는 중소기업의 도산사건에 적용하기 비교적 적합하다. 기업의 구제에 사용될 수 있고 채무자재산을 환가하기 곤란한 상황에서 파산청산을 대체하여 채무를 정리하는 방식으로 사용될 수도 있다. 다만, 화의협의의 효력은 조건적이고 상대적이어서 화의경영이 성공할 경우에만 그 효용이 발휘된다.[1]

II. 절차의 개시와 화의안 제정

1. 화의신청

가. 화의신청자

〈기업파산법〉의 화의절차는 채무자의 신청과 화의협의초안의 제출을 청약으로, 채권자회의의 초안에 대한 가결을 승낙으로 하는 구조이다. 통상적으로 채권자는 채무자의 경영상황과 재무상황을 이해하지 못하고 널리 분산되어 있어서 청약자역할을 제대로 수행하기 어렵다. 그래서 화의의 신청인은 이미 파산원인을 가진 채무자로 규정하였다.[2] 물론 채권자가 화의를 원하는 경우에 채무자와 협의하여 채무자로 하여금 화의신청을 하도록 하는 것은 별개의 문제이다.

나. 화의신청의 분류

화의신청시 법원이 이미 채무자의 재산에 대한 신청을 수리하였는지의 여부에 따라 화의신청은 初始화의신청와 후속화의신청으로 분류할 수 있다.[3]

1_湯維建 주편, 『新破産法解讀与适用』, 中國法制出版社, 2006. 10., 294면.

2_파산법규정 제25조도 같은 취지의 규정을 두었다.

3_王衛國, 『破産法精義』, 法律出版社, 2007. 7., 281면.

(1) 초시화의신청은 채무자가 법원에 파산사건수리 신청을 할 때 제출하는 화의신청을 가리킨다. 이러한 종류의 신청이 심리되는 경우 파산사건은 발동과 동시에 화의절차로 진입한다.

(2) 후속화의신청은 채권자나 채무자가 제출한 파산청산신청이 법원에 의하여 수리된 후 법원이 채무자파산을 선고하기 전에 채무자가 법원에 제출하는 화의신청을 가리킨다. 신청이 법원의 심사를 거쳐 수리되면 파산선고를 막고 파산사건이 화의절차로 전환하여 들어가는 효과를 갖는다.

다. 신청서류

화의를 신청하는 채무자는 〈기업파산법〉의 파산신청 관련 규정에 따라 법원에 서류를 제출하여야 한다. 화의신청이 초시신청인 경우 동법 제8조의 규정에 근거하여 파산신청서, 재산상황설명, 채무정리표, 채권정리표, 관련재무회계보고, 근로자재배치안과 근로자 임금의 지급과 사회보험비용의 납부상황을 제출한다. 후속신청인 경우에도 법원이 정하는 바에 따라 화의신청서를 제출하여야 한다.

화의신청시 화의협의초안을 제출하여야 하는데 초안은 성질상 채무자가 채권자집단에 대하여 제출하는 화의청약에 속하므로 화의개시의 필요요건이다. 파산법의견에 의하면 화의협의초안은 다음의 내용을 갖추어야 한다(파산법의견 제34조). ① 채무변제에 사용되는 재산의 출처인데 예컨대 채무자의 미래 영업수입, 매각가능재산, 추급가능한 금액, 출자자의 추가출자, 제3자 제공의 대여금, 환급세 등의 기타 수입이다. 다만, 이미 담보를 설정한 재산은 그 계산에 넣을 수 없다. ② 채무변제 방법으로서 통상 화의협의는 채권자의 양보를 조건으로 하는 일련의 채무변제방법을 규정하여야 하는데 상환연기, 상환금액 삭감, 이자의 감면, 채권의 주식전환, 실물변제, 자산임대변제, 제3자의 채무부담 등이다. 세부내용을 정할 때 공평변제의 원칙을 준수하고 동일한 변제순서의 채권자는 동등한 대우를 받아야 한다. 화의협의초안은 재산담보를 갖고 있고 우선권을 포기하지는 않은 채권에 관계될 수 없고 그 담보권의 목적물을 처분할 수 없다. ③ 채무변제 기한으로서 이는 변제이행의 최후기한을 포함할 뿐 아니라 분할상환시의 각 단계별 채무변제시간과 변제액수를 포함한다. 채무자와 채권자 간에 약정이 필요한 기타 내용도 화의조항으로서 화의협의초안에 기재될 수 있다.

2. 화의안

가. 화의의 신청과 공고

채무자가 제출한 화의신청에 대하여 법원은 〈기업파산법〉 제95조의 규정에 따라 심사한다.

초시신청의 경우 법 제7조, 제8조의 규정을 적용한다. 법원은 심사를 거쳐 화의신청이 법 규정에 부합한다고 인정하는 경우 화의결정을 하고 공고하여야 한다.

법원은 화의신청의 재정과 관련하여 초시신청의 경우 법 제10조 내지 제21조의 규정을 적용하고 후속신청의 경우에는 그중의 관련 규정을 참조하여 적용한다. 특히 주의할 필요가 있는 것은 다음과 같다. ① 시한 : 법원은 화의신청을 받은 날로부터 15일 내에 수리 여부를 재정하여야 하고 특수한 상황이 있으면 상일급법원의 비준을 받아 15일 연장할 수 있다. ② 송달 : 법원이 화의신청을 수리하는 경우 5일 안에 신청인에게 송달하여야 한다. ③ 관리인지정 : 초시신청의 경우 법원이 수리결정을 함과 동시에 관리인을 지정하여야 한다. ④ 채권자에의 통지 : 법원은 화의신청수리재정일로부터 25일 내에 이미 알고 있는 채권자에게 통지하고 공고하여야 한다. ⑤ 화의절차기간에 채무자의 관련자는 법 제15조 규정의 의무를 부담한다. ⑥ 개별 변제의 금지 : 화의절차기간에 채무자는 재산담보 없는 채권자에 대하여 개별적으로 변제하지 못한다. ⑦ 개별적 채권행사의 동결 : 화의절차기간에 무담보채권자가 제기한 소송절차나 그가 신청한 보전조치, 집행절차는 중지하여야 한다.

법원의 재정을 거쳐 화의절차에 진입한 후 절차의 중심은 채권자 측의 승낙이나 승낙거절의 의사표시이고 이는 채권자회의결의라는 형식으로 한다. 그래서 화의재정 후 법원의 주요 임무 중 하나는 채권자회의를 소집하여 화의협의초안을 토론케 하는 것이다.

화의제도와 회생제도가 비록 모두 파산예방제도이기는 하나 화의제도는 채권의 조정에만 관계되고 관련 기업의 영업 보호조치는 포함하지 않는다. 그래서 채무자의 영업계속을 위하여 담보물권의 행사를 반드시 제한할 필요는 없다. 채무자의 특정재산에 대하여 담보권을 가진 권리자는 법원의 화의재정일로부터 권리를 행사할 수 있다(법 제96조 제2항).[4] 이때 채무자의 재산에 대한 저당권, 질권이나 유치권을 가진 채권자는 법에 따라 담보물로부터 우선 변제받을 수 있는 것이다. 이렇게 함으로써 화의채권의 성질에 따른 차이를 줄이고 절차비용을 낮추어서 화의절차를 간편한 절차로 만드는 것이다.

채권자에게 담보물처분을 허용하는 것이 채무자의 영업계속에 불리한 점이 있음은 당연하다. 실제 실무 중에서 채무자는 자신의 상황에 따라 화의절차와 회생절차 중에서 선택할 수 있다. 만약 채무자가 고정자산에 대한 의존도가 비교적 낮은 기업이라면(서비스기업, 정보기술기업이나 무역기업 같은 것은 그 고정자산의 규모가 비록 작지만 비교적 안정적인 영업수입을 얻는다.) 화의절차를 고려해 볼 수 있다. 특히 채권자의 담보권이 장래수익을 목적으로 하는 권리질인

4_湯維建 주편, 『新破産法解讀与适用』, 中國法制出版社, 2006. 10., 303면.

경우 화의절차에서 담보권의 행사를 허용하더라도 채권자도 채무자의 영업계속 유지를 위하여 권리행사를 절제하는 것을 생각해 보지 않을 수 없다. 따라서 위 제96조 제2항의 규정이 항상 기업구제에 장애가 되는 것은 아니다.[5]

나. 화의협의의 성립

(1) 표결기준

채권자회의에서의 가결 여부는 사람 수와 채권액의 이중기준을 적용한다. 화의협의초안은 채권자권익에 관계되므로 〈기업파산법〉 제64조 제1항 규정의 일반적 가결기준(인원수는 회의출석의 표결권을 가진 채권자의 과반수이고 채권액은 찬성한 채권자가 대표하는 채권액이 재산담보 없는 채권총액의 1/2 이상을 점할 것)과 비교하여 비교적 엄격한 표결기준을 규정하였다(법 제97조). 가결의 인원수기준은 출석한 표결권 있는 채권자의 과반수이다. 채권자 총 수는 회의에 출석한 채권자의 수이고 채권신고를 하고 채권자회의에 출석하지 않은 채권자는 채권자의 총 수에 넣지 않는다. 과반수는 반수를 포함하지 않으므로 회의에 출석한 채권자 총 수의 절반을 넘는 채권자가 동의하여야 비로소 인원수기준에 부합한다. 출석한 표결권 있는 채권자는 무담보채권자와 담보물로부터 우선 변제받을 수 있는 권리를 포기한 담보채권자만이 될 수 있다는 점에 주의하여야 한다. 채권액기준은 과반수 동의한 채권자가 대표하는 채권액이 재산담보 없는 채권총액의 2/3 이상인 것이다. 여기의 2/3 이상은 본수를 포함한다. 채권총액은 회의에 출석한 채권자의 채권액을 가리키는 것이 아니라 신고를 통하여 채권부에 기재되고 확인을 거친 재산담보 없는 채권액 전부를 가리킨다. 담보물로부터 우선 변제받을 수 있는 권리를 포기한 담보채권도 그 계산에 들어간다.

(2) 화의협의 성립

화의협의의 성립은 채무자가 화의협의초안제출의 형식으로 채권자단체에게 청약을 발하고 채권자회의가 화의협의초안을 찬성하는 결의의 형식으로 승낙하는 방식으로 이루어진다. 계약의 성립이 곧 효력발생을 의미하는 것은 아니고 법률이 규정하는 효력발생의 조건을 갖춘 경우에 계약은 비로소 효력을 발생한다. 화의협의가 위와 같은 과정을 거쳐 성립한 후 〈기업파산법〉 제98조 규정의 요건을 반드시 갖추어야 비로소 효력이 발생하는데, 바로 법원의 인가재정을 얻어야 한다.

5_王衛國,『破産法精義』, 2007. 7., 283면.

3. 화의협의의 효력 발생

가. 법원의 인가재정

(1) 인가재정의 절차

채권자회의의 화의협의초안 가결로 화의협의는 성립된다. 이미 성립한 화의협의는 반드시 법원의 심사를 거친 후 인가되어야 비로소 효력이 발생한다. 법원이 채권자회의가 가결한 화의협의에 대하여 인가와 불인가의 사이에서 법에 의해 심사 및 재량의 권한을 가지는 것이다. 법원의 화의협의에 대한 심사는 국가를 대표하여 당사자의 민사권리에 관한 처분을 감독하는 것이다. 법원은 심사 중 수정을 통해 해결 가능한 문제를 발견한 경우 채권자회의와 채무자에게 수정을 요구할 수 있고, 수정할 수 없거나 수정한 내용도 요건에 맞지 않는 경우 인가하지 않는다.[6] 일반적으로 이러한 심사와 재량은 내용과 절차의 양면에서 이루어진다. 내용 면에 있어서는 주로 협의내용이 위법하거나 부정당하게 채권자, 채무자나 제3자의 합법권익을 해하는지의 여부를 살핀다. 절차 면에 있어서는 표결절차가 합법적인지의 여부, 계표가 정확한지의 여부를 주로 본다. 채권자가 〈기업파산법〉 제64조 제2항의 규정에 따라 법원에 결의취소를 청구하는 경우 법원은 심리를 거쳐 화의협의 내용이 합법적이고 절차가 정당하며 당사자의 이의가 없거나 이의가 이유 없다고 인정하는 경우 화의협의인가재정을 함과 동시에 화의절차를 종지하며 공고하여야 한다(법 제99조). 화의를 장려하는 측면에서는, 채권자회의에서 화의협의초안 중의 일부에 대하여 가결한 경우 채권자회의는 채무자에게 초안의 수정을 요구하여 다음의 채권자회의 표결에 부칠 수 있고 이러한 경우 법원은 잠시 파산선고의 재정을 하지 않을 수 있을 것이다.

(2) 화의협의의 효력 발생과 화의절차의 종지

위의 종지가 파산신청종결의 효력을 갖는지의 여부에 관하여 법률에는 명확한 규정이 없다. 〈기업파산법〉의 제정과정에서 나타난 1995년부터 2000년까지의 초안 중에 "법원이 화의협의를 인가하는 경우 파산사건 종결의 결정을 하여야 한다."는 규정이 있었다.[7] 〈기업파산법(試行)〉 제19조와 제22조에 따르면 법원이 화의협의를 인가한 후 파산절차를 중지하고 행정정돈으로 전환하여 들어간다. 정돈이 성공한 후 법원은 파산절차를 종결하고 당사자 스스로 화의협의를 집행한다. 〈기업파산법〉이 행정정돈제도를 폐지하였기 때문에 법원의 화의협의 인가 후 절차는

6_湯維建 주편, 『新破産法解讀与适用』, 中國法制出版社, 2006. 10., 305면.
7_王衛國, 『破産法精義』, 法律出版社, 2007. 7., 286면.

직접 종결된다. 논리상으로는 파산사건은 반드시 일정한 절차 안에서 존속·진행하여야 한다. 화의절차가 이미 종지하고 다른 절차로 전환하지도 않으면 파산절차나 파산사건은 당연히 종결하여야 한다. 그래서 법원은 화의협의인가재정 후 사건을 종결하여야 하고 화의협의의 집행이 언제 완료되는지 고려할 필요가 없다.

법원의 인가재정 후 채무자는 파산절차로부터 빠져나와 화의협의의 집행 즉 계약의 이행단계로 들어간다. 다만, 화의협의는 일종의 특수한 계약으로서 그 이행은 파산법의 규제를 받는다. 그래서 다음에서 보는 바와 같이 관련 화의협의의 효력, 무효, 부집행, 집행불능과 집행완료의 법률효과는 〈기업파산법〉 제100조 내지 제106조의 관련 규정을 적용한다.

나. 관리인의 직무 종료

화의의 후속신청사건 중 전단계의 절차에서 〈기업파산법〉 제13조 규정에 따라 관리인을 이미 지정하였으므로 관리인에 의하여 채무자재산과 영업사무가 접수·관리된다. 화의협의가 채권자회의에서 통과되고 법원의 인가결정을 얻은 후에 파산절차는 종결하는 것이므로 관리인은 그 직무이행을 마쳐야 하고 채무자에게 재산과 영업사무를 이전하고 법원에 직무집행보고를 하여야 한다.

4. 화의협의의 불성립 등

가. 불성립과 효력 불발생

화의협의는 반드시 채권자회의의 표결을 거쳐야 성립하고 법원의 인가재정을 거쳐야 효력이 발생한다. 그래서 화의협의초안이 채권자회의에서 가결되지 못하면 불성립에 귀착한다. 채권자회의를 통과한 후 법원의 인가를 받지 못한 경우 이미 성립한 화의협의의 효력 불발생에 이르게 된다. 이상의 어떠한 상황에서도 화의는 모두 실패한 것이 된다.

화의실패의 상황은 세 가지로 분류할 수 있는데 첫째, 〈기업파산법〉 제99조가 규정하는 경우로서 화의협의초안이 채권자회의에서 통과되지 않거나 법원의 인가를 얻지 못한 경우 둘째, 법 제103조 규정하는 이미 성립한 화의협의가 채무자의 위법행위로 인하여 무효로 되어 채무자에게 파산이 선고된 경우 셋째, 법 제103조 규정하는 것으로서 채무자가 화의협의를 부집행하거나 화의협의의 집행불능으로 채권자의 청구를 거쳐 법원이 화의협의집행을 종지하고 채무자파산을 선고하는 것이다.[8] 먼저 첫째의 경우를 살피고 항을 바꾸어 V항에서 나머지를 순차적으로 본다.

8_郭智慧 편, 『新破産法操作指南与文書范本』, 中國法制出版社, 2006. 10., 279면.

나. 법원의 조치

화의협의의 불성립과 효력 불발생의 경우 화의절차를 더 이상 진행할 필요가 없다. 이때 법원은 화의절차종지재정을 하고 채무자파산을 선고하여야 한다(법 제99조). 이때부터 사건은 파산청산절차로 진입한다.

Ⅲ. 화의의 효력

1. 화의협의의 기속력

화의협의가 법원의 인가를 받은 후 그 기속력은 화의협의의 쌍방당사자인 채무자와 전체 화의채권자에게 미친다(법 제100조 제1항). 전체 화의채권자는 〈기업파산법〉 제44조 규정의 모든 채권자를 포함하는데 채권신고 여부를 불문하고 표결에서 동의한 것인지 여부도 불문한다. 이러한 보편적인 기속력은 화의협의가 보통의 민사화해와 구별되는 중요한 특징이다. 보통의 민사화해는 개별적인 협의화해에 속하고 그 효력은 참가한 당사자에만 미친다. 법원의 인가재정을 거친 화의협의는 〈기업파산법〉 제97조 규정에 따른 채권자회의에서 가결된 회의협의만을 말하는 것이 아니라 법 제105조가 규정하는 법정외에서의 자발적 협상으로 달성한 화해협의도 포함한다. 다만, 후자의 성립은 전체 채권자의 일치된 동의를 조건으로 하지만 전자는 법률이 규정하는 이중기준에 따른 다수를 획득하기만 하면 된다는 차이가 있다.

화의협의의 기속력으로 인하여 채무자는 화의협의의 변제조항을 반드시 엄격하게 이행하여야 하고 이행을 거절하거나 지체하여서는 안 되며 채권자의 변제이익을 해하는 어떠한 기망적인 재산처분행위도 하여서는 안 되고 화의협의 규정의 범위를 넘어 개별 채권자에게 변제함으로써 다른 채권자를 해할 수 없다. 화의협의의 기속력으로 인하여 화의채권자는 화의협의가 규정하는 액수, 시간과 방식을 넘어 채무자에게 추심할 수 없고 화의협의 규정의 범위를 넘은 변제를 받아 다른 채권자를 해할 수 없다.

2. 화의채권자

회의채권자는 법원의 파산신청수리시 채무자에 대하여 재산담보 없는 채권을 가진 자를 가리킨다. 화의채권자는 법원이 파산신청을 수리할 때 이미 존재하는 채권자이어야 하고 화의협의 달성 후의 새로운 채권자는 포함하지 않는다. 담보 있는 채권자는 담보물권의 행사를 통하여 우선 변제받을 수 있으므로 화의협의의 범위에 들어가지 않는다. 다만, 담보물로부터 우선 변제받을 권리를 포기한 채권과 담보권실행에도 불구하고 변제받지 못한 부분은 재산담보 없는 채권과 동일하게 본다. 신고하지 않은 채권자도 상술한 두 개의 조건에 부합하면 여전히 화의채권자가 될 수 있다. 다만, 법에 따른 채권신고를 하지 않은 화의채권자는 변제받는 순서에 있어서 후속지위에 놓인다(법 제100조 제3항).

3. 미신고채권자

화의협의의 효력은 법에 따른 채권신고를 하지 않은 화의채권자에게도 미친다. 법 규정에 따른 채권신고를 하지 않은 채권자와 법에 따라 채권신고를 한 채권자가 모두 화의협의의 당사자가 되는 것이다. 채권신고를 하지 않았다는 의미는 신고기간 내에 채권신고를 하지도 않았고 〈기업파산법〉 제56조 규정의 채권보충신고도 하지 않은 것을 가리킨다. 법 제100조 제3항이 법에 따른 채권신고를 하지 않은 채권자의 변제시기에 대하여 특별규정을 두었음은 전술하였다.

가. 화의협의의 집행기간 중 권리행사 불가

권리행사는 개인적인 추심, 소송 등의 방식으로 화의협의 외에서 채무자에 대하여 채무변제청구를 하는 것을 가리키고 채권자가 화의협의 집행완료 후 화의협의가 규정하는 조건에 따른 변제를 받을 권리의 주장은 포함하지 않는다. 이러한 채권자도 화의협의 집행완료 전에는 법 제104조 규정에 따라 화의협의 집행의 종지결정을 청구할 수 없다.

나. 화의협의의 집행완료 후 권리행사

화의채권자는 화의협의의 집행완료 후 화의협의가 정하는 변제조건에 따라 권리를 행사할 수 있다. 화의협의의 집행완료 후 화의절차는 종결하기 때문에 절차적인 권리는 이미 존재하지 않는다. 그런데 "절차는 실체권리를 소멸시키지 않는다"라는 법리에 근거, 법에 따른 신고를 하지 않은 채권자도 여전히 실체채권을 갖는다.[9] 다만, 그 권리의 행사는 제약을 받는다. 청구권의 범위는 화의협의 규정의 기속을 받고 동종 채권의 변제조건에 따라서만 권리를 행사할 수 있다.

9_王衛國, 『破産法精義』, 法律出版社, 2007. 7., 291면.

파산절차에 참가하지 않는 채권자는 절차에 참가한 채권자보다 더 우월한 변제대우를 받아서는 안 된다. 그렇지 않다면 채권자에게 파산절차에 불참하도록 격려하는 것과 다름없기 때문이다. 채권신고를 하지 않은 채권자는 화의협의의 집행완료 후 채무자에 대하여 화의협의에 따른 변제를 청구하고 채무자가 불이행하거나 이행불능이면 그 채권자는 일반 민사소송이나 민사집행절차에 의하여만 구제받을 수 있고 〈기업파산법〉 제104조 규정에 근거하여 법원에 화의협의 집행종지와 채무자파산선고를 청구할 수는 없다.

4. 연대채무

가. 채권자의 양보와 연대채무자에게의 영향

일반적으로는 채무자와 채권자가 채권양보의 기초 위에서 원래의 변제조건에 대한 화해협의를 하면 보증인은 담보법의 규정에 따라 보증책임의 부담을 거절할 수 있다.[10] 기타 연대채무자는 민법의 연대채무와 채권관계변경에 관한 법리에 따라 변경 후의 변제약정에 따라 연대책임을 질 것을 주장할 수 있다. 즉 파산절차 외의 화해협의는 보증인과 기타 연대채무자에게 혜택이 있는 것이다.

그러나 〈기업파산법〉이 화의제도를 둔 목적은 기업구제이다. 채권자의 양보는 비록 자기로 하여금 더욱 큰 손실을 면하게 하는 측면의 이익이 있으나 여전히 타인과 사회에 대한 공헌으로 간주할 수 있다. 게다가 일부분의 채권자가 비자발적으로 다수자의 결의에 복종하는 것이다. 그래서 파산법상의 화의협의가 너무 넓게 채무를 면하는 효력을 갖도록 한다면 공평에 원칙에 반하고 채권자의 기업구제 참여를 이끌어 내는 데 불리하다. 그래서 법은 화의협의의 양보가 연대채무자에게는 영향을 미치지 않는 것으로 규정하였다(법 제101조). 법 제92조와 제124조도 동일한 취지를 규정하고 있다.

나. 연대채무자에 대한 화의채권자의 권리

채권자의 이익을 보호하기 위하여 채무에 대한 감면은 그 보증인과 기타 연대채무자의 변제책임에 영향이 없도록 하였다. 화의채권자는 여전히 그들에게 최초의 약정에 따른 변제를 청구할 권리를 갖는다. 다만, 화의채권자가 이미 화의협의에 따라 부분 변제를 받은 경우에는 아직 변제받지 않는 부분에 관하여만 연대채무자 등에게 구할 수 있다.

10_담보법 제24조 "채권자와 채무자가 주 계약을 변경하는 협의를 한 경우 보증인의 서면동의를 받아야 하고 보증인의 서면동의를 받지 않은 경우 보증인은 더 이상 보증책임을 지지 않는다."

Ⅳ. 화의협의 집행

1. 집행

화의협의의 효력 발생 후 채무자는 화의협의를 이행할 의무가 있다(법 제102조). 화의협의가 비록 채권조정을 위주로 하나 채무자로 하여금 화의협의에서 정한 조건에 따라 채무를 변제하는 것이 법률제도의 기본적인 목표이다. 화의협의가 효력을 발생한 후 절차종지재정을 하지만 채무자의 변제의무 불이행에 대하여 법원이 아무런 규제를 하지 않는다는 의미는 아니다. 채무자가 그 변제의무를 이행하지 않아 화의협의불이행이나 집행불능에 이르면 법원은 화의채권자의 청구를 받아 화의협의 종지재정을 하고 채무자의 파산을 선고하여야 한다(법 제104조).

2. 집행의 완료

가. 의의

채권자가 화의협의 중에 한 양보는 채무자가 화의협의에 따라 변제의무를 이행하는 것을 조건으로 하는 조건부 책임면제에 속한다. 이 조건이 성취된 때 채무자는 변제책임을 면한다. 그래서 채무자의 채무변제가 화의협의의 집행완료에 이르렀을 때, 즉 화의협의가 완전히 이행되면 채권자가 채무자에 대하여 한 채무면제도 효력이 생긴다(법 제104조).

나. 감면채무에 대한 면책

화의협의 집행이 완료되면 화의협의 중 이루어진 감면 부분의 채무에 대하여 채무자는 다시는 변제책임을 지지 않는다. 다만, 이러한 책임면제는 그 효력이 채무자에게만 미친다. 채무자의 보증인과 기타 연대채무자는 여전히 원래의 약정에 따라 채권자에게 연대배상책임을 부담한다. 이러한 점은 민법상의 채무면제와 다르다. 민법상의 채무면제는 채무의 소멸을 가져오고 채무소멸 후 채무자와 그 보증인 및 기타 연대채무자는 모두 채권자에게 변제책임을 부담하지 않는다. 그러나 화의협의의 채무자에 대한 책임면제는 채무소멸을 야기하는 것이 아니므로 당연히 연대채무자의 변제책임에 영향을 미치는 것은 아니다. 그래서 〈기업파산법〉 제101조는 "화의채권자가 채무자의 보증인과 기타 연대채무자에 대하여 갖는 권리는 화의협의의 영향을 받지 않는다."라고 규정한다.

Ⅴ. 화의협의의 무효와 집행불능

1. 화의협의의 무효

가. 무효의 원인

화의협의는 성질상 채권자와 채무자의 채권조정에 관한 계약에 속하므로 민법상 계약의 유효요건에 부합하여야 한다. 〈기업파산법〉 제103조의 규정에 따라 화의협의가 비록 채권자회의를 통과하여 성립되었더라도 그 성립이 채무자의 사기나 기타 불법행위로 인한 경우 위 화의협의는 유효요건을 갖추지 않은 것이고 무효에 귀착한다. 먼저 채무자의 기망행위가 있고 기망행위가 고의에 의한 것이며 채권자가 채무자의 기망으로 인하여 착오에 빠졌고 채권자는 채무자의 행위가 기망이라는 것을 알지 못해야 한다. 예를 들면 채무자의 기망은 진상의 은폐, 허구사실의 방식으로 자신의 부채, 재산과 영업상황 등의 정보를 허위구성하거나 은폐하고 거짓의 화의협의 집행담보 제공, 화의협의이행의 가능성을 의도적으로 허위구성하는 등으로 나타난다. 동조에는 채무자의 기망행위 외에 채무자의 기타 위법행위가 규정되어 있다. 그러나 이에 대하여는 더 구체적인 규정이 없으므로 계약법이나 파산법이 규정하는 채무자의 기타 불법행위를 참고하여야 하는데 채무자의 행위가 법률의 강제규정을 위반하거나 계약법 규정의 계약무효 상황에 해당하면 화의협의는 무효로 인정되어야 한다.

나. 무효의 효과

(1) 채무자에 대한 파산선고

화의협의가 무효로 되면 채무자파산을 선고하고 채무자에 대하여 파산청산절차를 개시하여야 한다. 즉 화의협의의 무효는 파산선고의 특수한 사유이다. 여기서의 화의협의 무효결정은 화의협의 인가결정 후에 발생하는 상황이다. 인가결정 전 무효원인이 발견되면 〈기업파산법〉 제99조의 규정을 적용하여 미인가상태에서 화의절차 종지결정 및 채무자파산의 선고를 한다.

〈기업파산법〉 제103조 규정의 파산선고 전, 파산절차는 이미 종결하기 때문에 여기서의 파산선고의 성질은 동법 제93조 규정의 절차전환과 같은 것이 아니다. 파산청산절차가 특수한 상황에서는 반드시 신청과 수리를 거쳐 개시될 필요는 없는 것이다. 화의협의의 집행에 대한 파산법의 규제를 보장하는 수단 중의 하나가 바로 집행기간에서의 특정사유에 파산선고라는 법률효과를 부여하는 것이다. 이러한 특정사유에는 위 협의무효와 법 제104조 규정의 협의집행 불능이 포함된다.

(2) 화의협의의 집행으로 일부 변제된 채권의 처리

법원이 화의협의 무효를 결정하였을 때의 상황은 무효결정시 화의협의가 아직 집행되지 않은 경우와 이미 집행된 경우로 구분된다. 전자의 경우 채무자의 부분 변제 문제가 존재하지 않는다. 그러나 후자의 상황에서 화의협의가 이미 집행되고 채권자에 대하여 부분적 변제가 되어 있다. 이때 채권자가 화의협의의 집행으로 수령한 부분의 변제는 원칙적으로는 계약무효의 법리에 따라 반환되어야 한다. 다만, 화의협의의 무효 후 파산절차는 파산청산절차로 전환하여 들어가 청산분배를 하게 된다. 화의채권자에게 화의협의의 집행으로 인하여 받은 변제부분을 반환하도록 하면 반환된 재산은 다시 청산분배를 통하여 돌려받게 될 수 있다. 이는 공평변제의 측면에서도 이익이 없고 절차비용만을 증가시킬 수 있다. 그래서 동등한 변제의 원칙하에서 각 화의채권자가 기타 동순위 채권자의 변제받는 비율 내에서 일부 변제를 갖는 것을 허용하고 초과부분에 대하여만 반환하여 채무자의 파산재산에 계입한다(법 제103조 제2항).[11]

(3) 채무자에 대한 책임추궁

채무자의 기망이나 기타 위법행위로 법원에 의하여 화의협의가 무효로 결정된 경우 채무자가 〈기업파산법〉 제127조, 제128조에 해당하면 법률책임을 추궁한다.

2. 화의협의의 집행불능

가. 집행불능의 모습

채무자가 화의협의를 집행할 수 없거나 집행하지 않는 경우 법원은 화의채권자의 청구로 화의협의 집행종지의 재정을 하여야 한다(법 제104조 제1항). 집행불능은 두 가지의 경우로 나누어 볼 수 있다.

(1) 채무자의 화의협의 집행불능

이는 객관적 집행불능에 속하는데 채무자 자신에게 화의협의를 집행할 능력이 결여된 것이다. 집행불능의 원인은 채무자 자신의 경제상황일 수 있다. 예컨대 영업액이 예상에 도달하지 못하거나 원재료가격이 상승해서 비용이 증가하거나 제조물책임으로 인하여 거액의 배상책임을 부담하는 경우 등이다. 자연재해나 정부의 규제로 인하여 채무자가 정상영업을 할 수 없는 것과 같은 객관적 장애일 수도 있다.

11_王衛國, 『破産法精義』, 法律出版社, 2007. 7., 296면.

(2) 채무자의 화의협의 부집행

이는 주관적 집행불능에 속한다. 채무자가 집행을 거절하거나 집행을 뒤로 미루는 것이다. 이에 대하여 채무자나 직접 책임이 있는 자는 상응하는 법률책임을 부담한다.

나. 집행불능의 효과

(1) 채무자에 대한 파산선고

화의협의가 종지결정되는 경우 동시에 채무자의 파산을 선고하여야 한다. 이로써 채무자는 파산청산절차에 들어간다. 일단 채무자가 화의협의를 집행하지 않으면 무조건적으로 파산이 선고된다면 화의절차가 손쉽게 실패하는 것이 되어 채무자와 채권자가 그 전에 한 노력이 수포로 돌아가게 되고 이는 화의를 장려하는 입장에 배치된다. 만약 화의협의대로 채무 전부를 변제하지는 않았으나 미변제부분이 적고 전체적인 화의협의이행에 영향을 미치지 않으면 반드시 파산을 선고할지는 의문이고 파산선고는 채무자에게 너무 엄격한 측면이 있다. 중국 실무상으로는 채권자가 화의협의이행의 종지를 신청하지 않고 강제집행만을 신청하면 법원도 강제적으로 화의협의이행을 종지하고 파산선고를 하지는 않는다.[12]

(2) 채권자의 채권조정 승낙은 실효

채무자가 화의협의를 위반하여 파산이 선고된 경우 채권자가 채무자의 구제를 위하여 한 채권양보는 의의를 상실한다. 화의협의 중의 채권조정은 본질상 권리의 제한에 속하는 것이지 채권의 포기는 아니다. 화의협의절차가 채무자의 위약으로 종지한 후에는 이러한 권리제한은 자연히 해제되어야 하고 채권자는 원채권으로써 파산청산절차에 참가할 수 있다. 그래서 〈기업파산법〉 제104조 제2항은 "법원이 화의협의 집행종지의 결정을 하는 경우 화의채권자가 화의협의 중에서 한 채권조정의 승낙은 실효한다."라고 규정한다.

(3) 받은 변제의 처리

화의종지는 화의협의 중 이미 이행된 부분의 효력에는 영향이 없다. 채권자가 화의협의에 따라 이미 수령한 변제는 여전히 유효하고 채권자는 이를 보유할 수 있으며 변제받지 않은 부분은 파산채권으로서 파산변제절차에 참가한다. 그래서 채권자가 실제로 파산청산에 참가하는 채권액은 신고하고 확인받은 채권액에서 변제액을 제한 후의 잔액이다.

12_湯維建 주편, 『新破産法解讀与适用』, 中國法制出版社, 2006. 10., 311면.

화의협의의 집행으로 받은 변제의 효력은 법 제103조의 화의협의무효의 경우와 제104조의 채무자가 화의협의를 집행할 수 없거나 집행하지 않아 화의협의가 집행종지되는 경우가 반드시 같은 것은 아니다.

화의협의가 무효로 된 경우 화의협의는 처음부터 무효인 것으로 귀착하고 이미 변제를 수령한 채권자는 반환의무가 있다. 다만, 후속의 파산청산절차를 간략히 하기 위하여 법률은 다른 채권자가 동등한 비율로 변제받는 비율의 범위 내에서 반환하지 않는 것으로 규정한다. 그리고 화의종지 상황에서는 그 전에는 유효하던 화의협의가 이후부터 비로소 효력을 잃으므로 화의협의에 따라 이루어진 변제는 여전히 유효하고 채권자에게는 반환의무가 없다.

(4) 변제받은 채권자에 대한 분배

부분 변제를 얻은 채권자는 그 변제받지 않은 부분을 파산채권으로 하여 파산분배에 참여한다. 그런데 파산법의 공평변제의 원칙에 근거하여 동종의 채권은 동등한 변제를 받아야 한다. 이러한 동등한 변제가 되기 위해서는 동종 채권자의 변제비율이 같을 것뿐 아니라 변제진도도 보조를 맞출 필요가 있다. 그러나 실제 사건의 진행에서 화의협의의 집행종지시 채권자의 실제 변제비율이 서로 다를 가능성이 크다.

그래서 법 제104조 제3항은 "이미 변제받은 채권자는 기타 채권자가 받은 변제가 자신이 받은 변제와 동일한 비율에 달한 때에만 비로소 계속하여 분배를 받을 수 있다."라고 규정한다. 파산청산절차로 전환하여 들어간 이후 먼저 그중 기변제율이 비교적 낮은 채권자에 대하여 보충변제를 하여 동종 채권자의 변제비율이 일치하도록 하여야 비로소 더 나아간 변제를 진행할 수 있다.

(5) 화의협의의 집행을 위하여 제공한 담보

화의협의의 집행을 위하여 제공한 담보란 제3자가 채무자의 화의협의 집행에 대하여 제공한 담보를 가리키는데 저당, 질과 보증을 포함한다. 채무자가 화의협의를 집행하지 않거나 집행할 수 없을 때 채권자는 직접 제3자에 대하여 담보권을 행사하여 채권을 실현할 수 있다. 다만, 때로는 제3자 제공의 담보가 채무자가 화의협의에서 부담하는 변제의무 전부를 대체하기에 부족하거나 그 담보의 범위가 채무자의 개별 채권자에 대한 변제의무에 국한된다.

이러한 경우 제3자의 담보가 있다 하여도 여전히 채무자의 화의협의 집행불능을 피할 수 없다. 그래서 화의종지시 화의협의의 집행을 위하여 제공된 담보가 계속 유효한지 여부의 문제가 나타날 수 있는데 법 제104조 제4항은 이를 긍정하는 내용을 규정하였다. 채무자가 화의협의를 집행하지 않거나 집행할 수 없고 법원에 의하여 집행종지결정된 경우 담보권을 가진 채권자는 담보제공자에게 담보책임의 이행을 청구할 권한이 있다. 〈기업파산법〉은 제93조 제4항에서도 같은 취지의 규정을 두었다.

Ⅵ. 법정외 화해

1. 법정외 화해의 의의

〈기업파산법〉은 제105조에서 파산절차기간 중의 법정외 화해에 대하여 특별히 규정을 두고 있다. 법정외 화해는 당사자자치를 충분히 발휘하고 사법구제절차에서 흔히 나타나는 장시간, 고비용, 기업정보 노출, 기업신용 손실 등의 결점을 피할 수 있다는 장점이 있다. 다만, 전체 채권자의 동의가 없다면 달성된 협의는 보편적인 기속력이 없는 것이 된다. 채권자 숫자가 매우 많은 경우 전체 채권자의 일치된 동의를 얻기는 곤란하다.

〈기업파산법〉이 이처럼 특별히 규정을 둔 이유는 당사자에게 적극성이 있음을 고려한 때문이다.[13] 법정외 화해를 인정하는 것은 당사자로 하여금 각종 유연한 방식으로 반복적으로 협상할 수 있게 허용하는 것으로서 법정화의와 같이 채무자가 화의협의초안을 제출하여 채권자회의의 1회성 표결투표에 부치는 방식을 엄격하게 지키는 것은 아니다. 이러한 법정외 화해 중 채권자는 더욱 적극적이고 주동적인 역할을 할 수 있다. 당사자로 하여금 절차 외에서 스스로 협상하여 해결하도록 허용하는 것은 사적자치 존중과 곤경기업을 최대한 구제하고 절차시간의 단축과 사법자원의 절약에도 유리하다.

2. 법정외 화해의 특징

법정외 화해에는 두 가지의 상황이 포함되는데 파산절차 진입 전 채무자가 일부 혹은 전체 채권자와 협상을 통하여 화해를 달성한 경우와 파산절차 진입 후 채무자가 전체 채권자와 자발적 협상을 통하여 화해를 달성한 경우이다. 가장 중요한 차이는 전자는 법원의 인가재정을 거칠

13_王衛國, 『破産法精義』, 法律出版社, 2007. 7., 301면.

필요 없이 효력이 생긴다는 것이고 후자는 반드시 법원의 인가재정을 거쳐야만 효력이 발생한다는 점이다. 전자의 화해에는 파산법의 규정을 적용하지 않고 후자 유형의 화해는 파산법의 관련 규정을 적용한다. 〈기업파산법〉 제105조 규정은 두 번째 유형의 화해에 속한다. 동조 규정의 법정외 화해가 법정화의와 기본적으로 구별되는 점은 화해협의가 채권자회의를 통과하지 않으므로 다수결제도를 적용하지 않는다는 점이다. 법정외 화해는 화해협의의 체결과정을 법원의 통제하에 두지 않는다. 그러나 이 과정에서 당사자는 평등, 자원, 공평과 신의성실의 원칙에 따라 협상하고 민법통칙과 계약법의 관련 규정을 준수하여야 한다. 만약 사기, 협박, 위급한 상황을 틈타 남을 해하거나 현저히 공평을 잃는 등의 불법사정이 있으면 당사자는 관련 법률의 규정에 근거하여 법원에 협의의 취소를 청구할 수 있다.

3. 법정외 화해의 조건과 범위

가. 조건

파산절차가 이미 개시되고 파산법의 규정에 따라 채권신고가 이루어졌어야 한다. 법원의 파산신청수리 후 파산선고 전 협의가 이루어지고 채무자는 전체 채권자와 협의를 달성하여야 한다. 협의는 반드시 채무변제를 내용으로 하여야 하고 재산담보 있는 채권자의 이익을 해할 수 없으며 법원의 인가재정을 거쳐야 한다.

나. 범위

(1) 시간

법정외 화해는 법원의 파산사건수리 후 파산선고 전 어느 때라도 할 수 있고 당시에 진행중인 절차의 종류에 의한 제한을 받지 않는다. 사건수리시의 초시신청이 파산청산, 회생과 화의중 어느 것인지를 불문하고 또한 당시에 이미 화의절차가 개시되었는지의 여부를 불문하며 채무자에 대하여 파산선고를 하기 전이기만 하면 모두 법정외 화해를 할 수 있다.

(2) 채권자

여기서의 전체 채권자는 화해협의 성립시 이미 채권신고를 한 채권자이기만 하면 된다. 화해협의 참가의 채권자는 모든 채권자를 포함하는 것인데 다만, 미신고채권자를 포함시킬 필요는 없다.

4. 법정외 화해의 효력

채무자와 전체 채권자가 자발적으로 화해협의를 달성한 후 법원에 인가재정의 신청을 하여야 한다. 법원은 심사를 거쳐 화해협의의 의사표시가 진실하고 내용이 합법·공평하며 이미 알고 있는 채권자 전체의 동의를 받았다고 인정하는 경우 인가재정을 하여야 한다. 화해협의는 법원이 인가재정을 한 날로부터 효력이 발생한다. 법정외에서 자발적으로 화해협의를 달성하고 법원의 재정을 거치면 법정화의절차에서 인가재정을 받은 화의협의와 동일한 효력이 있고 〈기업파산법〉 제100조 내지 제104조와 제106조의 규정이 적용된다.

제6장 파산청산절차[1]

Ⅰ. 서설

기업계속을 예정하는 회생절차와 달리 파산기업이 그 전부의 파산재산으로써 파산채권 전체에 대하여 청산한 후 소멸하는 파산청산절차에서는 채무청산, 즉 채권변제가 그 핵심적인 문제가 된다. 그런데 파산청산상황에서 기업에 대한 채권자들인 근로자, 은행, 거래처 등은 자신의 권리가 형해화될 우려 때문에 채무자기업과 혹은 상호 간에 극렬히 대립할 가능성이 있다. 그 결과 파산청산절차가 원만히 진행되지 못하여 채권자 등 이해관계인의 권리는 적절한 보호를 받지 못하고 채무자기업은 시장에서 적시에 퇴출하지 못할 수도 있다. 당사자 간의 이해관계를 합리적으로 조절하여 공평하고 투명하게 청산절차를 마무리 하고자 마련된 〈기업파산법〉의 파산청산절차에 의한 규율이 중요한 이유이다. 본 장에서는 파산청산절차의 진행순서에 따라 개시단계, 파산선고단계, 종결단계로 구분하여 파산청산절차에서 기업에 대한 채권자가 어떠한 영향을 받는지를 주로 검토하고 관련된 절차를 살핀 다음 나아가 채무자기업과 채권자 등 이해관계인이 유의할 점을 부수적으로 살펴본다.

파산청산절차가 진행되는 과정에서 관련 채권은 여러 가지 제약과 영향을 받는다. 파산채무자의 채권은 기본적으로 별다른 영향을 받지 않고 타인이 파산채무자에 대하여 갖는 채권이 주로 영향을 받는다. 파산채권은 파산선고 전의 원인으로 발생한 것으로서 파산절차를 통하여 파산채무자의 재산으로부터 공평하게 변제받게 되는 청구권이다. 〈기업파산법〉과 최고인민법원이 1991. 11. 공포한 파산법의견에 따르면 무담보채권, 우선변제권을 포기한 담보채권, 담보채권 중 담보목적물로 변제되지 아니한 부분, 파산채무자의 보증인이나 연대채무자가 가지는 구상권, 위 채권에 대하여

1_이 장은 필자의 "중국의 파산청산절차-중국진출기업의 무단철수 관련 채무자기업과 채권자에 대한 시사점 시론-", 『인권과 정의(제405호)』, 대한변호사협회, 2010. 5.를 수정하고 보완하여 작성하였다.

발생하는 파산선고일까지의 이자채권, 어음발행인이나 배서인이 파산사실을 모르고 어음금을 지급하거나 어음을 인수하여 발생한 채권, 청산조의 계약해제 결정으로 인하여 발생한 계약상대방의 손해배상채권이 이에 해당한다. 그 외에 파산채권이라고 칭하지는 않으나 파산청산절차와 관련 있는 채권으로서 파산비용과 공익채무가 있다.

II. 파산청산절차의 개시와 채권

1. 파산청산절차 개시의 효과

〈기업파산법〉은 전술한 대로 파산절차의 개시시점을 파산신청의 수리시로 하는 수리개시주의를 택하고 있으므로 파산신청만으로는 관련 채권의 행사 등에 아무런 영향이 없다. 즉 파산신청권자의 신청만으로는 아무런 법률효과가 발생하지 않는 것이다. 물론 파산신청과 동시에 채권자에 의하여 민사소송법에 의한 보전절차가 이루어진 경우는 별론이다.[2] 법원이 신청권자의 파산신청을 심사하여 수리함에 따라 파산절차는 개시되고 그때까지 채무자 기업의 경영층에 의하여 운영되던 영업과 사무가 관리인에게 이전되며 채권자는 권리행사에 일정한 제한을 받는다.[3]

가. 관리인에 의한 접수·관리

법원은 파산신청수리결정을 함과 동시에 관리인을 지정하여야 한다(법 제13조). 법원의 파산신청수리 후 채무자의 채무자나 채무자의 재산소지인은 관리인에 대하여 채무를 변제하거나 재산을 교부하여야 한다. 채무자의 채무자나 채무자의 재산소지인이 고의로 이에 위반한 채 채무자에게 채무를 변제하거나 재산을 교부하여 채권자로 하여금 손실을 입게 하는 경우 그 채무변제나 재산교부의 의무를 면할 수 없다(법 제17조). 파산신청을 법원이 수리하면 파산청산절차가 개시되고 그때부터 회사의 재산과 사무는 채무자기업이 아닌 관리인이 접수·관리하게 되는데, 이는 기본적으로 우리 법에서와 같다.

2_기업파산법이 따로 채무자재산에 대한 보전조치를 규정하고 있지 않고 신청주의가 아닌 수리주의를 택한 결과 파산신청이 이루어진 후에도 채무자는 여전히 재산에 대한 처분권을 보유하므로 파산절차의 개시, 즉 파산신청수리 전에 채무자재산을 보전하기 위해서는 민사소송법 등에 의한 별도의 보전조치가 요구된다.

3_劉蘭芳 · 容紅 "破產案件在受理階段的實務問題", 王欣新 · 尹正友 주편, 『破產法論壇 第3輯』, 法律出版社, 2009. 5., 24면.

나. 채권의 행사 등

(1) 파산신청수리와 채권의 개별적 행사 금지

파산제도는 채무변제를 주요한 임무로 하는데 집행절차의 속성을 가진 파산절차는 전체 채권자를 위하여 집단적으로 공평하게 변제를 진행한다. 〈기업파산법〉은 집단변제의 원칙을 관철하기 위하여 법원이 파산신청을 수리한 후 재산담보가 있는 채권이거나 재산담보가 없는 채권이던 간에 모두 법정절차에 의하여 권리를 행사하여야 하고(법 제44조),[4] 채무자의 개별 채권자에 대한 채무변제는 무효라고 규정한다(법 제16조). 각종 우선권이라 하더라도 법정순서에 따라야 하고 담보부 채권이라도 파산선고시까지는 원칙적으로 우선권을 행사할 수 없으며 파산선고 후에야 비로소 담보물로부터 우선 변제받을 수 있다.[5]

회생이나 화의절차가 아닌 경우에는 담보권은 별제권자로서의 지위를 누려 파산절차에 의한 제한을 받지 않으므로 담보부 채권의 경우에는 원칙적으로 채권신고를 필요로 하지 않고 언제든지 별제권을 행사할 수 있다는 견해도 있다.[6] 그러나 파산법의견 제39조 제2항이 "담보물권자는 파산사건수리 후부터 파산선고 전까지 법원의 동의를 거치지 않고서는 우선변제권을 행사할 수 없다."라고 규정하고 있는 점, 기업파산법이 파산사건신청수리의 효과로서 개별적인 강제집행절차의 중지를 규정하면서 담보권에 대한 예외를 두지는 않은 점, 채권신고 후 회생절차로부터 파산청산절차로 전환될 수도 있는 점 등을 감안하여 보면 중국의 파산청산절차는 일정한 정도 담보권자의 별제권 행사에 대하여 제한을 가하는 것으로 해석하는 전자의 견해가 옳다. 아직 파산법의견이 失效된 것은 아니므로 중국 법원의 실무도 아직은 이에 따르고 있는 것으로 보인다. 물론 이론적인 측면에서 파산청산절차에서의 담보권행사가 채권신고를 필요로 하고 일정한 정도에서 제한되어야 하느냐의 여부는 별개의 문제이다.[7] 〈기업파산법〉이 파산재산에서 담보목적물을 제외하고 있고, 담보채권을 원칙적으로는 파산채권으로 보지 않으므로 우리 대법원의 태도처럼 파산청산절차에서 채권신고는 별제권자가 별제권의 행사에 의하여 채권전액을 변제받을 수 없는 경우에 파산절차에 참가하여 파산채권자로서 배당받기 위하여 채권신고를 하는 경우를 제외하고는 별제권이 반드시 신고와 조사절차를 거쳐 확정되어야만 행사할 수 있는 것은 아니라고 해석하는 것이 향후 중국 도산제도의 운용상 바람직하다.[8]

4_구체적인 절차에 대하여 파산법규정이 더욱 상세히 규정한다.

5_王衛國, 『破産法精義』, 法律出版社, 2007. 7., 44, 131, 318면.

6_李國光 주편, 『新破産法理解与适用』, 人民法院出版社, 2006. 12., 111면, 付翠英 편저, 『破産法比較硏究』, 中國人民公安大學出版社, 2004. 12., 443면.

7_이러한 파산법의견의 규정과 제도 운영을 비판하는 견해로는 王欣新, 『破産法專題硏究』, 法律出版社, 2002. 6., 249면 참조.

담보 없는 기타 채권은 최종적으로 집단적 분배절차에 따라 변제받을 뿐이고 동순위 채권자는 변제에 있어 평등하다. 이러한 공평과 동순위 채권자 평등이라는 파산절차의 원칙을 관철하기 위하여 위와 같은 무효와 원상회복을 규정한 것이다. 본조에 의하여 금지되는 개별변제는 채무자가 하는 변제로서 진실한 채무에 대한 것이고 파산신청수리 후의 변제를 지칭한다. 그러나 채무자에 대한 담보채무자나 기타 연대채무자가 하는 변제, 허위 채무에 대한 변제, 파산신청수리 전의 변제는 허용되거나 별도 규정에 따라 처리된다. 본조가 규정하는 무효는 누구라도 주장할 수 있는 소위 절대적 무효이다. 〈기업파산법〉 제32조가 규정하는 파산신청수리 전 6개월 내의 개별변제행위가 취소할 수 있는 행위로서 관리인만이 그 취소를 구할 수 있는 것에 대비된다. 무효인 변제를 받은 채권자는 원상회복 즉 개별변제로 인하여 얻은 재산이익의 반환의무를 부담한다. 법원의 파산신청수리 후의 기간계산은 파산신청수리결정이 채무자에게 송달된 날의 익일을 기점으로 한다.

(2) 미이행쌍무계약

파산절차개시 전 성립하였으나 아직 미이행 혹은 이행완료 전인 계약을 파산절차개시 후에도 계속 이행할지의 여부는 채무자의 영업계속과 채무자자산의 가치뿐만 아니라 상대방의 법률상 지위에도 중대한 영향을 미칠 수 있다. 특히 원자재와 에너지의 공급계약과 생산품판매계약, 사무실 임대계약 등은 매우 중요한 의미를 가진다. 당사자 일방의 도산상황 또는 도산예측을 이유로 계약이행이 거절된다면 채무자는 영업중단으로 인하여 추가적으로 중대한 재산손실을 입을 수도 있다. 한편 어떤 계약은 채무자에게 과중한 부담이 되어 이로부터 벗어날 필요가 있을 수 있다. 이에 따라 〈기업파산법〉 제18조는 우리의 통합도산법과 동일한 취지에서 관리인에게 미이행계약의 계속이행 혹은 해제의 선택권을 부여하고 이에 상응하는 상대방의 최고권 등을 규정하였다. 관리인은 계약의 계속이행 혹은 해제를 결정할 수 있을 뿐이고, 조건부나 기한부의 결정, 결정기한의 연장, 계약조건의 수정, 상대방의 담보청구권이나 해제권의 박탈, 계약해제에 다른 채무자의 위약책임면제 등을 할 수는 없다. 계약일방은 이미 이행을 완료하였으나 다른 일방이 아직 미이행 또는 이행완료 전인 경우에는 동조를 적용하지 않는다.

관리인은 파산신청수리일로부터 2개월간 선택권을 갖는다. 관리인이 선택권을 행사하지 않거나 상대방의 최고일로부터 30일 내에 답변하지 않으면 선택권은 소멸하고 계약은 이를 해제한 것으로 본다. 관리인의 선택권은 법정권리로서 공공정책과 파산목표의 실현, 다수 채권자의 이익 보호를

8_대법원 1996. 12. 10. 선고 96다19840 판결.

위한 것이므로 당사자가 사전약정으로써 배제하거나 제한할 수 없다.[9] 관리인이 계약의 계속이행을 결정하면 상대방은 반대급부에 대한 담보의 제공을 요구할 권리가 있다. 관리인이 담보를 제공하지 않으면 역시 계약해제로 본다. 관리인이 계속이행을 선택하는 것은 채무자의 재산이 수익을 얻어 전체 채권자가 이익을 얻을 수 있는 경우이다. 그래서 상응하는 반대급부의무는 공익채무 즉 〈기업파산법〉 제42조 제1항과 제43조의 규정에 따라 채무자의 재산으로부터 수시로 변제할 것에 속한다. 다만, 채무자에게 충분한 자산이 있는지 의문이 없을 수 없으므로 상대방에게 담보요구권을 부여하고, 나아가 법률관계의 불확정성 감소와 절차효율의 제고를 위하여 계약해제로 간주하는 규정을 둔 것이다.[10] 관리인이 계약이행에 관하여 상대방에게 제공하는 담보는 채권을 충분히 담보하는 것이어야 하고, 상대방이 그 담보에 대하여 이의가 있는 때에는 파산사건을 수리한 법원이 정한다.

(3) 환취와 상계 등

법원이 파산신청을 수리한 후 관리인은 채무를 변제하거나 채권자가 받아들일 담보를 제공하고 질물, 유치물을 取回할 수 있다.[11] 채무변제나 담보제공은 질물이나 유치물의 가액이 피담보채권액보다 낮은 경우 그 질물이나 유치물의 당시 시장가치를 한도로 한다(법 제37조). 채무자에 속하지 않는 재산은 법률에 별도의 규정이 있는 경우를 제외하고 그 재산의 권리자가 관리인을 통하여 환취할 수 있다(법 제38조). 법원의 파산신청수리시 매도인이 매매목적물을 매수한 채무자에게 이미 발송하였으나 매수인이 아직 수령하지 않았고, 매매대금 전액을 지급하지 않은 경우 매도인은 운송 중의 목적물을 환취할 수 있다. 다만, 관리인은 대금 전액을 지급하고 매도인에게 목적물의 교부를 청구할 수 있다(법 제39조).[12]

파산신청의 수리 전에 채권자가 채무자에 대한 채무를 갖고 있는 경우 관리인에게 상계를 주장할 수 있다. 그러나 채무자의 채무자가 파산신청의 수리 후 채무자에 대한 타인의 채권을 취득하는 경우, 채권자가 채무자에게 이행기에 이른 채무의 지급불능이나 파산신청의 사실이

9_王衛國, 『破産法精義』, 法律出版社, 2007. 7., 53면, 서울중앙지방법원 파산부 실무연구회, 『법인파산실무』, 박영사, 2006. 6. 5., 120면.

10_채무자의 파산상태는 이미 계약법상의 불안항변의 사유에 해당하기 때문에 불안의 항변권을 갖는 일방은 상대방이 이행능력을 회복하지 않고 또한 이행담보를 제공할 수도 없는 상황에서는 계약해제권을 갖는다. 중국 〈계약법〉 제68조, 제69조.

11_우리 통합도산법 제492조 제14호 규정의 '별제권목적의 회수'와 같은 취지의 제도이다.

12_〈기업파산법〉 제38조, 제39조의 규정은 우리 통합도산법 제407조, 제408가 규정하는 還取와 같다. 결국 중국 도산법의 '取回'는 우리의 '환취'보다는 다소 넓은 개념이다. '破産取回權'이라고도 한다. 湯維建 주편, 『新企業破産法解讀与适用』, 中國法制出版社, 2006. 10., 137면.

있음을 이미 알고 채무자에 대하여 채무를 부담한 경우(채권자가 법률규정이나 파산신청 1년 전에 생긴 원인으로 인하여 채무를 부담하는 경우는 제외), 채무자의 채무자가 채무자에게 이행기에 달한 채무의 지급불능이나 파산신청사실이 있음을 이미 알고 채무자에 대하여 채권을 취득한 경우(채무자의 채무자가 법률규정이나 파산신청 1년 전에 생긴 원인으로 인하여 채권을 취득하는 경우는 제외)에는 상계할 수 없다(법 제40조).

(4) 파산비용과 공익채무

〈기업파산법〉은 법원이 파산신청을 수리한 후 발생하는 일정 비용과 채무를 파산비용과 공익채무로 규정하여 채무자재산으로부터 수시로 변제하도록 하고 있다.[13]

파산비용은 파산절차개시 후 파산절차의 진행 및 전체 채권자의 공통이익을 위하여 채무자의 재산 중에서 우선 지불하는 비용이다.[14] 법원의 파산신청수리시부터 파산절차종결시까지가 그 발생기간이다. 일종의 원가성 비용인 면에서는 공익채무와 유사하다. 수익자부담의 원칙에 따라 채권자가 공동으로 부담하는 것이 공평하고 합리적이다. 파산사건의 수리와 심리에 필요한 소송비용, 관리인의 채무자재산에 대한 관리, 환가와 분배비용, 회계사, 변호사 등 전문가의 서비스 비용 등을 포함한다.

공익채무는 재단채무라고도 하는데 파산절차 중 전체 채권자의 공동이익을 위하여 재산의 관리, 환가와 분배를 위하여 부담하는 채무를 가리킨다. 법원이 파산신청을 수리한 후 발생하는 채무이고 〈기업파산법〉이 열거하는 채무에 국한되며 채권자는 관리인에게 청구하여야 한다. 공익채무에 속하는 것은 법 제18조에 따라 관리인이 쌍무계약의 이행을 선택한 결과 발생하는 채무, 채무자재산에 대한 사무관리 관련 채무, 부당이득으로 인하여 생기는 채무, 채무자의 영업계속을 위하여 지불하여야 하는 인건비와 사회보험비용 및 이로 인하여 생기는 기타 채무, 관리인이나 관련자의 직무수행 및 채무자재산으로 인하여 야기된 타인의 손해에 관한 채무이다.

파산비용은 파산절차의 순조로운 진행을 위하여 필수적으로 지출하는 원가성 비용인데 반하여, 공익채무는 파산절차 중 생기는 계약, 불법행위, 부당이득 등 각종 행위로 인하여 부담하는 채무이다. 양자를 비교하자면 파산비용이 공익채무에 비하여 지위 면에서 우월하고 변제순서상 앞선다. 공익채무와 파산비용은 모두 파산절차 중 발생하므로 파산절차의 순조로운 진행과 전체 채권자의 이익을 위하여 수시로 우선 변제한다. 채무자재산이 모든 파산비용이나 공익채무를 변제하기에

13_〈기업파산법〉 제41조 내지 제43조. 우리 법제의 재단채권에 해당한다.

14_파산비용은 〈기업파산법〉이 비로소 채용한 개념으로서 구법은 파산비용과 공익채무를 구분하지 않은 채 파산비용으로서 '채권자의 공동 이익을 위하여 파산절차 중 지불하는 기타 비용'이라고만 규정하였다.

부족한 경우 비율에 따라 변제한다. 채무자재산이 파산비용을 지불하기에 부족한 경우 관리인은 법원에 파산절차의 종결을 청구하여야 한다. 법원은 청구를 받은 날로부터 15일 내에 파산절차종결을 결정하고 공고하여야 한다(법 제43조).

2. 신청수리 전의 행위와 취소

기업파산법은 수리개시주의를 택하고 있으므로 파산절차의 개시는 원칙적으로 파산신청의 수리 이전에 이루어진 행위에 대하여 아무런 영향이 없는 것이 원칙이다. 그러나 파산절차의 목적을 달성하기 위한 일정한 범위에서는 신청수리 이전의 행위에 대하여도 파산절차는 영향을 미치게 된다. 법원이 파산신청을 수리하기 전의 1년 내에 채무자재산에 관련된 재산의 무상양도, 명백히 불합리한 가격에 의한 거래, 원래 재산담보가 없는 채무에 대한 담보의 제공, 변제기에 달하지 않는 채무의 사전변제, 채권의 포기는 관리인이 법원에 그 취소를 청구할 수 있다(법 제31조). 법원의 파산신청수리 전 6개월 내에 채무자가 이행기에 이른 채무를 변제할 수 없고 자산이 채무 전부를 변제하기에 부족하거나 변제능력 없음이 분명함에도 불구하고 개별 채권자에게 변제하는 경우 그 개별 변제가 채무자재산에 이익이 되는 경우를 제외하고 관리인은 법원에 그 취소를 청구할 권한이 있다(법 제32조). 채무자가 파산상태에 있거나 곧 파산상태에 처할 것이 예상되는 상황에서 파산재산의 부당감소나 불공평변제는 채무자의 자산과 신용의 악화를 초래하고, 다수 채권자와 기타 이해관련자를 해하므로 이를 엄격히 제한하는 것이다.

〈기업파산법〉 제31조가 규정하는 사기파산행위는 채무자가 법원의 파산신청수리 전 1년 내에 행한 것으로서 정상 상황에서는 허용되는 재산처분행위이다. 그러나 기업이 곤경에 처한 상황에서의 이러한 행위는 파산재산을 감소시키는 악의적 행위로서 채권자 이익을 해칠 수 있다. 따라서 이들을 취소할 수 있는 행위로 규정하여 관리인으로 하여금 추급하게 하는 것이다. 〈기업파산법(試行)〉에서는 추급시기를 파산사건수리 전의 6개월로 하여 그 기간이 충분하지 않다는 비판이 있었다. 현행법은 기업이 재무곤란에 빠진 때부터 파산절차의 개시까지 오랜 시간이 소요되곤 하는데 비하면 6개월의 기한이 부족한 점을 감안하여 1년으로 늘렸다. 제2호의 명백히 불합리한 가격은 거래 당시의 시장가격을 많이 벗어난 가격으로 명백히 자신에게 불리한 대가성 급부를 취득하는 것을 일컫는다. 이에는 염가판매뿐 아니라 고가매입도 포함된다. 해당 재산의 정상가격은 동일 또는 동종 재산의 당시 시장가격, 시장의 수급상황과 경쟁상황 등을 고려하여 정하여야 한다. 제3호의 담보제공 행위와 관련하여 보면, 채무자에게 변제능력이 없는 상황에서 기존의 무담보채무에 담보를 제공하는 것은 파산절차의 공평변제의 원칙에 어긋나므로 일정한 범위에서 금지된다. 그러나 새로운 채무에 대하여 담보를 제공하는 것은 허용되는 것임을 주의하여야 한다. 새로운 담보의 제공에 따라 채무자의 재산이 그에 상응하게 증가된다면 채권자에게 손해는 아니기 때문이다. 다만, 채무의 신규성은 신중히 판단하여야 할 것이다. 예컨대 구채무변제 목적의 단순한 대환채무에 담보를 제공하는 것은 허용되지 않는다. 제4호의 사전변제행위는 통상 채무자와 특정채권자 간의 악의적 통모를 수반하는데 중국 민법통칙에 의하면 악의적 통모에 기하여 제3자의 이익을 해하는 민사행위는 무효에 속한다는 점에 주의하여야 한다(민법통칙 제58조 제2항).

〈기업파산법〉 제32조에 의하여 취소할 수 있는 채무자의 개별 변제행위는 집단적 절차를 통한 전체 채권자 채권의 공평청산이라는 파산절차의 이념에 반하는 행위이다. 이러한 행위는 채권자로 하여금 앞다투어 채무자의 재산에 대한 강제집행 등을 하도록 자극하여 곤경에 처한 기업의 구제가능성을 감소시키므로 제한하여야 하는 것이다. 다만, 파산절차개시 이전에는 채무자기업의 경영계속에 따라 채무발생과 변제가 계속되는 것은 부득이하므로 단서로써 채무자의 재산에 수익을 가져오는 개별 변제는 여전히 법률의 보호를 받는 것으로 하였다. 예컨대 기업경영의 유지를 위한 에너지 구입비용과 통신비, 생산유지에 필요한 자재의 구입대금 등이 위 예외에 해당된다.

〈기업파산법〉은 채무자의 파산 전 거래에 대한 채권자의 취소소송을 허용하지는 않으므로 채권자가 이러한 거래행위에 대하여 이의가 있는 경우 직접 또는 채권자회의나 채권자위원회를 통하여 관리인에게 추급과 조사를 청구할 수 있다. 관리인이 채권자의 요구에 따른 적절한 직무이행을 하지 않아 채권자가 손실을 입으면 법 제130조에 따라 책임을 묻는다. 법 제31조와 제32조의 취소할 수 있는 행위로 인하여 채무자재산을 취득한 경우 관리인은 이를 追回할 권한이 있다(법 제34조).[15]

3. 채권신고

상술한 대로 〈기업파산법〉은 집단변제의 원칙을 관철하기 위하여 법원이 파산신청을 수리한 후에는 담보채권을 포함한 각종 우선권이라 하더라도 법정된 절차와 순서에 따라야만 권리를 행사할 수 있도록 하였다. 법 제48조는 채권자로 하여금 법원이 정한 채권신고기간 내에 관리인에게 채권신고를 하도록 규정한다. 채권자는 채권신고를 거쳐야만 비로소 파산절차에 참여할 수 있고,

---

15_법 제34조에 의하여 追回의 대상이 되는 행위는 그 외에 법 제33조 규정의 무효인 파산사기행위도 있는데 제33조는 채무도피를 위한 재산의 은닉, 이전행위와 허위채무 부담 혹은 사실과 다른 채무의 승인을 무효로 규정한다. 결국 追回는 원상회복을 그 주요 내용으로 한다.

채권자회의 참석과 표결을 할 수 있으며 파산채권자의 이익에 영향을 미치는 채무자, 관리인의 행위와 채권자회의의 결의에 대하여 이의할 수 있으며 그 파산채권에 대한 만족을 최종적으로 얻을 수 있다. 따라서 채권신고는 매우 중요한 의미를 갖는다. 채권신고는 소송시효중단의 효과를 갖는다.

채권신고는 채권자가 파산사건수리 후 법정절차에 따라 그 채권을 주장하고 증명하여 파산절차에 참가하는 법률행위이다. 채권자의 단독적인 의사표시로서 신고와 불신고의 자유를 갖는다. 채권신고는 채권의 주장과 입증을 내용으로 한다. 법원이 정한 신고기간을 초과하면 법 제56조에 따라 보충신고를 하여야 하고, 그렇지 않으면 파산절차에 참가할 수 없다. 채권신고의 기한, 장소와 주의사항, 관리인의 명칭 혹은 성명과 사무처리장소는 법원이 파산신청수리에 관한 공고에 기재한다(법 제14조). 채권자의 채권신고기간은 법원의 파산신청수리 후 정하는데 파산신청수리 공고일로부터 30일에서 3개월까지이다(법 제45조). 이행기에 이르지 않은 채권은 파산신청수리시에 이행기에 이른 것으로 보고, 이자부 채권은 파산신청수리시로부터 이자계산을 정지한다(법 제46조). 조건부, 기한부 채권과 소송, 중재가 끝나지 않은 채권도 신고할 수 있다(법 제47조).

가. 채권신고의 방법

채권자는 서면으로 채권의 액수와 재산담보의 유무를 밝히고, 관련 증거를 제출하여야 한다(법 제49조). 연대채권자는 공동으로 또는 그중 1인이 전체 연대채권자를 대표하여 채권신고를 할 수 있다(법 제50조). 채무자의 보증인이나 기타 연대채무자가 채무자를 대신하여 채무를 이미 변제한 경우에는 채무자에 대한 구상권으로써 채권신고를 할 수 있다. 아직 채무자를 대신하여 채무를 변제하지 않은 경우에는 채권자가 이미 관리인에 대하여 채권 전부를 신고한 경우는 제외하고, 채무자에 대한 장래의 구상권으로써 채권신고를 한다(법 제51조). 연대채무자 수인에 대하여 파산절차가 개시된 경우 그 채권자는 채권 전부에 관하여 각 파산사건에서 채권신고를 할 수 있다(법 제52조). 관리인 또는 채무자가 기업파산법 규정에 따라 계약을 해제하는 경우 상대방은 계약해제로 인하여 발생하는 손해배상청구권으로써 신고한다(법 제53조). 위임계약의 위임자인 채무자에 대한 파산절차개시 후 수임자가 그 사실을 알지 못한 채 계속하여 위임사무를 처리한 경우 수임자는 이로 인하여 생긴 청구권으로써 채권신고를 한다(법 제54조). 어음발행인인 채무자에 대한 파산절차개시 후 그 지급인이 계속 지급하거나 인수한 경우 지급인은 이로 인하여 생긴 청구권으로써 채권신고를 한다(법 제55조). 관리인은 채권신고 자료를 받은 후 채권대장을 만들고 채권을 심사하여 채권표를 편제하여야 하며 채권표와 채권신고자료는 이해관계인의 열람에 제공한다(법 제57조). 그 후 편제된 채권표는 제1차 채권자회의에 제출하여 조사받게 하는데 채무자나 채권자가 채권표 기재의 채권에 이의가 없는 경우 법원이 결정으로 확인하고, 이의가 있는 경우 파산신청을 수리한 법원에 소를 제기할 수 있다(법 제58조).

나. 근로자채권에 대한 특례

중국 도산제도에서 다른 채권과 다른 특수한 대우를 받는 근로자채권은 근로자가 노동관계에 기하여 누리는 채권을 지칭한다. 이는 노동계약뿐 아니라 법률과 행정법규를 기초로 하여서도 발생한다. 현행 기업파산법의 제정과정 중 2004년 전국인민대표대회 상임위원회 심의초안에는 노동채권이라는 개념을 사용하여 주로 임금청구권이 규정되었다. 그런데 심의과정에서 노동채권을 개괄식에서 열거식으로 바꾸고 범위를 확대하면서 특히 사회보장방면의 권리를 확대하였다. 이에 따라 이러한 청구권을 포괄적으로 표현하기 위하여 근로자채권이라는 개념이 채용되었다. 근로자 신분에 기한 법규상의 각종 청구권을 더욱 넓게 보호하고자 한 것이다. 후술하는 바와 같이 근로자채권의 변제순위는 세금채권과 보통채권에 우선한다(법 제113조). 중국에서는 기업파산법의 근로자채권에 대한 보호가 국제적인 노동규약에서 요구하는 수준에 이른 것으로 평가된다.[16]

파산기업이 지불하지 않은 근로자의 급여와 의료, 장애보조, 부양비용 그리고 근로자의 개인계좌에 들어가야 할 양로보험, 기본의료보험비용으로서 지급되지 않은 것, 또한 법률과 행정법규가 근로자에게 지급하여야 할 것으로 규정하는 보상금은 신고할 필요가 없고, 관리인이 조사하여 명세서를 작성하고 공시한다(법 제48조 제2항). 즉 일반채권자는 법원이 확정한 채권신고기간 내에 관리인에게 채권을 신고하여야 하나 근로자채권은 개별적으로 신고할 필요가 없다. 근로자채권은 채권자의 수가 비교적 많고, 개개 채권의 액수가 비교적 적으며 통상적으로 기업이 체불임금 등을 통일적으로 정리하여 관리하는 점을 감안하여 보통의 채권신고방식과는 달리 관리인에 의한 집중공시 및 개인의 이의권 유보 방법을 채용한 것이다. 이로써 근로자의 편의, 절차 간이화, 시간과 비용의 절약을 기할 수 있다. 관리인이 채무자재산을 접수·관리한 후 기업이 마련한 근로자채권의 상황을 정리하고 사실 여부를 확인하여 표로 만들어 공시한다. 명세서 기재에 이의가 있는 근로자는 관리인에게 경정을 요구할 수 있고 관리인이 경정하지 않는 경우 법원에 소를 제기할 수 있다.

다. 채권신고의 효과와 보충신고

파산절차의 신속하고 효율적인 진행은 채권자의 적극적인 참여에 그 성패가 달려 있다. 상술한

16_王衛國, 『破産法精義』, 法律出版社, 2007. 7., 140면.

대로 원칙적으로 담보채권자를 포함한 모든 채권자는 채권신고를 하여야만 파산절차에서 권리를 행사할 수 있고 법원이 확정한 채권신고기간 내에 채권신고를 하지 않은 경우 파산절차에서는 권리를 행사할 수 없다(법 제56조 제2항). 미신고채권의 파산신청종결 후의 효력에 대하여는 후술한다. 파산신청종결 전에는 미신고채권자는 파산재산의 최후분배 전에 보충신고를 할 수 있다. 그러나 그전에 이미 진행된 분배에 영향을 미치지는 않는다. 보충신고된 채권의 심사와 확인에 필요한 비용은 보충신고자가 부담한다(법 제56조 제1항). 〈기업파산법(試行)〉은 신고기한 내 미신고한 채권은 이를 포기한 것으로 보았으나 귀책사유 없이 제때 신고하지 않은 채권자나 외국에 있는 채권자에게 불리한 점 등을 감안하여 보충신고라는 구제조치를 신설하였다. 다만, 개별 채권자의 보충신고는 이미 진행된 절차의 안정성에 영향을 주어서는 안 되고 이미 완성된 분배결과를 동요하게 하여서는 안 되며 다른 채권자의 기득 이익을 해쳐서는 안 된다. 따라서 보충신고는 소급력이 없고 심사와 확인에 필요한 비용은 지연신고자가 부담하는 등의 제한을 한다. 파산절차기간 내에 신고하지 않은 채권에 대한 불이익은 단지 법이 규정하는 절차에 따른 권리행사를 할 수 없는 것에 그치고 채권 그 자체가 소멸하는 것은 아니다. 신고하지 않은 채권자도 권리를 행사할 수 있는 경우를 살펴보면 다음과 같다. 첫째, 채무자가 회생절차나 화의절차를 거쳐 파산청산을 면하는 경우 채권자가 비록 채권신고를 하지 않았다 하여도 여전히 회생계획이나 화의협의의 집행완료 후 회생계획이 규정하는 동종 채권의 변제조건이나 화의협의가 규정하는 변제조건에 따라 권리를 행사할 수 있다. 둘째, 법원이 파산신청기각결정이나 파산절차종결결정을 하는 경우 미신고채권자는 개별적인 채권추심 혹은 민사소송이나 민사집행절차를 통하여 권리를 행사할 수 있다. 셋째, 채무자에게 보증인이나 기타 연대채무자가 있는 경우 미신고재권자는 파산절차기간이나 파산절차종결 후 채무자의 보증인이나 기타 연대채무자에게 법에 따라 권리를 주장할 수 있다.

Ⅲ. 파산선고와 채권

1. 파산선고결정

법원은 파산신청수리 후 파산원인의 유무를 심사하는데 채무자기업이 변제기에 달한 채무를 변제할 수 없고 자산이 채무 전부를 변제하기에 부족하거나 변제능력을 결여한 것이 현저한 것으로 인정되며 기타 파산선고의 예외사유가 없으면 채무자의 파산을 선고한다. 〈기업파산법〉이 재건주의와 수리개시주의를 택하고 있으므로 채무자기업에 파산원인이 존재하는 것으로 인정되어 파산절차가 개시되더라도 반드시 파산선고를 거쳐 청산에 이르는 것은 아니다. 파산사건의 수리 후 파산선고 전에 채무자는 화의절차 등을 거쳐 파산청산을 면할 수도 있다.[17] 그러나 일단 파산이 선고되면 파산사건은 불가역적으로 청산절차에 들어가게 되고 더 이상 회생절차로의 전환은 허용되지 않는다.

파산선고는 채무자에 대하여 중요한 신분상, 재산상의 법률효과를 가져온다. 파산이 신청된 기업은 파산선고 전에는 채무자로 불리나 파산선고 후에는 파산자로 불리며 신용, 재산과 사무의 관리능력, 대외적 법률행위의 독립성과 민사소송의 진행능력을 상실한다. 파산자의 재산과 권리는 관리인에 의하여 관리되고 행사된다. 파산청산절차 중 관련 재산은 관리인이 이를 환가하여 채권자에게 분배하고 파산자는 법인격이 소멸할 때까지 절차에 피동적으로만 참여할 뿐이다.[18]

파산선고 후 채무자의 재산은 파산재산이 되어 관리인에 의하여 관리, 처분되고 파산분배에 사용된다. 결국 파산재산은 파산채권을 만족시키는 원천이 되므로 파산재산의 범위는 모든 이해관계인에게 매우 중요한 의미를 갖는다. 파산선고 이전 단계에서 채무자재산은 우선적으로 계속영업과 기업구제에 사용되고, 다음으로 채권변제에 제공되므로 담보물권이 설정된 재산도 원칙적으로 채무자재산에 포함된다. 이에 반하여 파산재산은 집행대상재산으로서 파산분배에 제공될 뿐이므로 담보물권의 목적물을 포함하지 않는다.[19] 파산선고 후 원칙적으로 파산자는 경영활동을 정지하여야

17_〈기업파산법〉 제108조 "파산선고 전 제3자가 채무자를 위하여 충분한 액수의 담보를 제공하거나 채무자를 위하여 이행기에 이른 채무 전부를 변제한 경우, 채무자가 이행기에 이른 채무 전부를 이미 변제한 경우 법원은 파산절차의 종결을 결정하여야 한다."

18_그러나 파산선고 전에는 회생절차나 화의절차를 통하여 채무자는 영업을 계속하는 등 스스로 권리를 행사할 수 있다. 파산선고 후에는 채무자의 재산과 사무는 모두 관리인의 관리에 들어가야 한다. 그래서 채무자 스스로 채무자기업을 관리하는 회생절차(DIP)가 파산선고를 거쳐 청산절차로 전환된 경우나 화의협의 효력이 발생한 후 파산선고를 거쳐 청산절차로 전환된 경우 채무자는 즉시 관리인에게 사무를 이전하고 재산을 교부하여야 한다.

19_파산법규정 제71조는 채무자가 창고보관, 보관 등의 법률관계로 점유, 사용하는 타인의 재산, 저당물, 유치물, 질물(다만, 권리인이 우선변제권을 포기하거나 담보채권에 의하여 우선 변제되고 남은 부분을 제외), 담보물의 멸실 후 생겨난 보험금, 보상금, 배상금 등의 대위물, 법률규정에 따라 우선권이 있는 재산(다만, 권리인이 우선권을 포기하였거나 특정 채권을 우선 변제하고 남은 부분은 제외), 특정물매매 중 아직 점유가 이전되지 않았으나 상대방이 그 대가를 완전히 지불한 특정물, 미등기이거나 권리증 이전절차를 마치지 않은 채 이미 매수인에게 교부된 재산, 채무자가 소유권유보부매매 중 아직 소유권을 취득하지 않은 재산, 소유권이 국가에 전속하고 양도할 수 없는 재산, 파산기업 노조 소유 재산은 파산재산에 속하지 않는다고 규정한다. 또한 동규정 제65조 내지 제70조에 의하면, 채무자가 타인과 공유하는 물건, 채권, 지적재산권 등의 재산이나 재산권은 파산청산 중에 분할되어야 하고, 채무자가 분할로 인하여 얻는 것은 파산재산에 속한다. 분할할 수 없는 경우 그에 관하여 얻을 부분을 양도하여야 하고 양도로 인한 소득은 파산재산에 속한다. 채무자의 출자자가 등록(注冊)자금 납입을 덜한 경우 그 출자자가 이를 보완하여야 하고 보완부분은 파산재산에 속한다. 기업파산 전 타인재산을 양수하고 법에 의하여 소유권이나 토지사용권을 취득한 경우 아직 그 대가를 지불하지 않았거나 완불하지 않았더라도 그 재산은 파산재산에 속한다. 채무자의 재산에 민사소송 관련 집행조치가 이루어진 경우 파산사건수리 후 아직 미집행이거나 집행이 미완료된 부분은 파산선고 후 파산재산에 편입된다. 착오로 집행된 재산은 환수절차 후 파산재산에 편입된다. 채무자가 법률규정에 의하여 대위구상권을 취득하는 경우 그 대위구상권에 의하여 갖는 권리는 파산재산에 속한다. 채무자파산선고시에 아직 기한이 도래하지 않은 채권은 기한이 도래한 것으로 보고 파산재산에 속한다. 단, 기한미도래 부분에 해당하는 이자는 이를 공제하여야 한다.

한다. 다만, 계속경영이 파산재산의 보전이나 증식에 도움이 되고 채권자의 이익에 부합하는 경우 법원은 이를 허가할 수 있다(파산법규정 제33조).

2. 채권자에 대한 효과

모든 채권자의 권리는 파산절차개시 후 파산선고 전까지는 동결상태에 있게 되고 파산선고 후에 비로소 파산절차에 따라 변제받는다.

담보채권자는 담보물로부터 변제받을 수 있는데 우리 도산법제에서와 같이 별제권자의 지위를 누리며 파산선고일로부터 수시로 담보물로부터 우선 변제받을 수 있다(법 제109조). 나아가 담보채권자가 우선변제권을 행사하였으나 완전한 변제를 받지 못한 경우 그 변제받지 못한 채권과 우선변제받을 권리를 포기한 채권은 보통채권이 된다(법 제110조). 따라서 별제권자의 입장에서는 파산선고 후에 즉시 권리를 행사하여야 그 후에 개시되는 파산분배에 참가하기 편리하게 된다. 재산담보가 없는 채권자는 확정된 파산분배방안에 의하여 법정순서에 따라 변제받는다.

법원의 파산신청수리시 파산채무자에 대하여 가지는 채권이 파산채권이므로(법 제107조 제2항) 파산절차기간에 발생하는 파산비용과 공익채무는 파산채권에 속하지 않는다. 또한 파산법규정에 의하면 근로자의 기업에 대한 투자(동규정 제58조 제2항), 파산기업에 대한 행정기관과 사법기관의 벌과금, 벌금과 기타 유관 비용, 법원이 파산사건을 수리한 후의 체납금(채무자가 효력이 발생된 법률문서를 미집행한 것 때문에 두 배로 납부하여야 하는 지연이자와 노동보험금의 체납금을 포함), 파산선고 후의 이자, 채권자의 파산절차 참가 비용, 파산기업의 주주권이나 주식상의 권리, 파산재산의 분배개시 후 청산조에 대하여 신고한 채권, 소송시효가 지난 채권, 채무자의 설립자가 채무자로부터 미수령한 관리비, 도급비(동규정 제61조, 법원이나 청산조는 상술한 파산채권에 속하지 않는 채권도 당사자의 신고에 따라 등재하여야 한다), 정부가 무상으로 채무자에게 교부한 자금(동규정 제62조)은 파산채권에 속하지 않는다.

3. 담보권자의 별제권

상술한 대로 파산자의 특정 재산에 대하여 담보권을 가지는 권리자는 그 특정 재산으로부터 우선 변제받을 권리가 있다. 별제권의 법률적 특징으로는 담보권을 기초로 하고 채권의 실현을 목적으로 하며 파산자의 특정재산을 목적물로 하고 그 행사는 집단변제절차에의 참가를 요하지 않으며 별제권의 목적물은 파산재산에 편입되지 않는 점을 들 수 있다. 별제권의 기초가 되는 권리는 주로 물권법과 담보법을 근거로 발생한다. 계약법상의 우선권, 해상법상의 선박우선권, 稅收徵管法상의 세수우선권 등 기타 법률이 규정하는 법정우선권은 별제권의 기초권리가 될 수 없다. 따라서 중국에서 물권법과 담보법에 따라 성립하는 저당권, 질권과 유치권이 별제권의 기초가 되는 권리이다.[20] 별제권을 행사하려면 채권과 담보권은 반드시 계약법, 물권법과 담보법의 관련 규정 및 〈기업파산법〉 규정에 부합하여야 한다. 파산채무자와 그 재산에 대한 것이어야 하고, 파산채무자를 채무자로 하지 않은 채권은 별제권이 없으며 제3자가 저당목적물을 제공한 경우와 같이 파산채무자에 속하지 않는 재산을 목적물로 하는 담보권은 별제권을 갖지 못한다. 채권과 담보권은 반드시 파산선고 전에 성립한 것이어야 한다. 일반적으로는 파산사건수리 후 파산선고 전의 기간에 채무자의 재산으로 새로운 담보를 설정하는 것은 허용되지 않는다.[21] 채권과 담보권의 성립에 기업파산법상의 무효 혹은 취소의 사유가 개재하지 않아야 함은 당연하다. 마지막으로 채권은 반드시 법정절차에 의한 신고 및 확인을 받았어야 한다. 상술한 바와 같이 재산담보의 유무를 불문하고 모든 채권은 〈기업파산법〉의 절차에 의하여 권리를 행사하는데 채권신고는 채권자가 파산절차에 참가하기 위하여 반드시 거쳐야 하는 것이다. 신고된 채권은 채권자회의의 심사와 법원의 확인을 받아야 한다(법 제58조). 따라서 이러한 확인을 받지 못한 경우 담보채권자는 별제권자로서의 지위를 누리지 못한다.

파산선고결정을 한 날로부터 별제권자는 별제권을 행사할 수 있는데 별제권을 행사함에 있어서 파산절차로 인한 제한을 받지 않는다. 동산질이나 유치권과 같이 별제권자가 목적물을 점유하는 경우 파산선고시 질권자와 유치권자는 실제 점유자로서 관리인의 동의 없이 담보법의 규정에 따라 목적물로써 채무를 상환하거나 목적물의 경매나 환가 후의 가액으로써 채무를 상환받을 수 있다. 별제권자가 담보물을 점유하지 않는 저당과 같은 경우에는 파산선고시에 관리인이 저당물에 대한 합법적인 점유자가 된다. 저당권자가 별제권을 행사하려면 관리인의 동의를 받아 저당물에 대한 점유를 취득한 후에 저당재산 자체나 저당재산의 경매·환가대금으로부터 우선 변제받아야 한다. 권리질의 경우에는 물권법 등의 규정에 의하여 입질된 권리를 질권자가 취득하고 행사한다.

별제권 목적물의 가액이 채권액수를 초과하는 부분은 파산재산에 귀속되어야 하므로 별제권자는 관리인에게 이를 급부할 의무를 부담한다. 별제권자가 이를 이행하지 않는 경우 관리인은

20_王衛國, 『破産法精義』, 法律出版社, 2007. 7., 316면.

21_다만, 회생기간에 〈기업파산법〉 제75조 제2항의 규정을 근거로 영업계속을 위하여 금전대차를 위한 담보를 설정한 경우 회생절차가 파산청산절차로 전환된 후, 그 담보권자는 여전히 별제권자로서의 지위를 누려야 한다. 또한 마찬가지로 관리인이 법 제18조의 규정에 의하여 이행미완료계약의 계속이행을 위하여 제공하는 담보, 관리인이 법 제37조의 규정에 따라 질물, 유치물을 환취하기 위하여 제공하는 대체담보에 대하여는 파산선고 후 별제권이 존속한다.

파산사건수리법원에 소를 제기할 수 있다. 별제권자가 〈기업파산법〉 제109조에 따라 별제권을 행사한 후에도 변제받지 못한 부분은 보통채권으로서 파산청산절차에 참여하고 후술하는 바와 같이 법 제113조 규정의 변제순서에 따라 분배받는다. 별제권을 포기한 담보채권도 보통채권이 된다(법 제110조). 채권자가 별제권을 행사하여 얻을 수 있는 변제가치는 대부분 파산청산절차를 거쳐 얻을 수 있는 그것보다 높을 것이다. 그러나 일정한 경우 사적자치의 원칙에 따라 별제권자는 담보물에 대한 우선변제자의 지위를 포기할 수도 있다. 이 경우 담보권자는 보통채권자로서 집단변제절차에 들어가 다른 일반채권자와 같은 공평한 변제를 받는다.

4. 파산분배와 채권

파산분배는 파산재산의 분배라고도 하는데 파산관리인이 환가 후의 파산재산을 법정순서와 확정된 분배방안에 따라 전체 파산채권자에게 공평한 변제를 하는 것이다. 법률규정에 따라 서로 다른 종류의 채권자가 변제받는 순위를 확정하고 선순위의 채권자로 하여금 후순위 채권자보다 우선하여 충분히 변제받을 수 있게 한다. 선순위의 채권에 대한 변제 완료 후 잉여재산이 있는 경우에 비로소 다음 순위의 변제를 진행한다. 동순위의 채권에 대하여는 파산재산이 전부를 변제하기에 충분하면 전액 변제하고, 전부 변제하기에 부족하면 비율에 따라 변제한다. 비율에 따른 분배 후 분배받지 못한 후순위의 채권이 있는지 여부를 불문하고 파산분배는 종결된다. 예컨대 제1순위의 채권변제 후 남은 재산이 제2순위의 채권 전부를 변제하기에 부족하면 제2순위의 채권은 비율에 의한 변제를 받게 되고 이로써 파산분배는 종결한다. 파산분배는 파산청산절차의 완성을 의미하므로 파산분배가 끝나면 파산청산절차도 종결한다.

가. 파산분배에 있어서의 순위

(1) 제1순위인 근로자채권

근로자의 채무자기업에 대한 채권의 변제는 모든 파산채권 중 제1순위이다. 근로자채권의 범위는 파산자가 체불한 근로자의 임금과 의료, 장애보조, 부양비용 그리고 근로자의 개인계좌에 들어가야 할 양로보험, 기본의료보험비용으로서 아직 지급되지 않은 것 및 법률과 행정법규가 지급하도록 규정한 근로자의 보상금을 포함한다.

임금채권과 관련하여 근로자는 신분에 따른 차별을 받지 않으므로 정식근로자뿐만 아니라 비정식근로자도 동일한 권리를 갖는다. 정식근로자는 기업과 서면근로계약을 체결한 자를 가리킨다. 기업은 이들에 대하여 기본적인 양로보험, 기본의료보험과 실업보험을 책임져야 한다. 비정식근로자는 기업과 서면근로계약을 체결하지는 않았으나 사실상의 근로관계에 있는 근로자를 지칭하는데 임시공과 기타 건축시공사가 단기 고용한 농민공과 같은 단기 사용 근로자를 포함한다.[22] 중국에서는 기업의 이사, 감사와 고급관리자도 근로자의 범위에 포함되는 것으로 해석한다. 따라서 기업이 연체한 이들에 대한 임금과 연봉 등 기타 형식의 보수도 임금채권에 포함된다. 파산청산시 파산기업의 이사, 감사와 고급관리자의 임금은 〈기업파산법〉 제113조 제3항에 의하여 해당기업 근로자의 평균 임금에 의거 계산한다. 이사와 회사와의 관계를 위임으로 보고, 고용관계인 근로관계와 다르게 파악하는 우리 법에 대비된다.[23]

의료, 장애보조비는 국무원의 〈공상보험조례〉(국무원령 제375호)에 따라, 근로자가 근로로 인하여 사고를 당해 상해를 입거나 직업병을 앓아 치료를 받는 경우 공상의료대우를 받는 취지에 따른 것이다. 동조례 제29조 내지 제35조와 노동부의 〈기업근로자공상보험試行방법〉이 규정하는 근로로 인한 부상치료기간의 공상의료대우와 장애대우 등이 그 근거이다. 위의 의료, 장애보조비용은 원래 기업이 근로자에게 지불하여야 하는 의료보조비용과 사용자가 가입의무를 지는 공상보험의 미가입기간에 발생한 공상에 대하여 지불하여야 하는 공상보험대우비용을 포함한다.

부양비용은 근로로 인하여 사망한 근로자가 부양하는 직계친속에게 지급하는 부양비용으로서 피부양자가 부양조건을 상실할 때까지 계속 지급된다. 구체적인 기준은 위 〈공상보험조례〉 제37조 규정에 의한다.

〈통일적인 기업근로자 기본 양로보험제도에 관한 국무원의 결정〉(국발[1997]26호)에 따라 城鎭소유기업과 그 근로자에게 기본양로보험이 적용된다. 다만, 국무원의 〈기업근로자 기본 양로보험제도의 완비에 관한 결정〉은 2006년부터 보험료를 임금의 11%에서 8%로 조정하고, 개인이 전부 납부하며 사용자는 더 이상 납부하지 않도록 하였다. 따라서 2005년 말 이전에는 기업이 연체한 위 기본양로보험비용은 근로자채권에 들어가지만 2006년 후에는 기업이 위 기본양로보험비용을 연체하는 상황은 생기지 않는다.

근로자의 기본의료보험비용은 국무원의 〈성진근로자의 기본 의료보험제도의 건립에 관한 결정〉(국발[1998]44호)을 근거로 한다. 성진소유의 고용주체(국유기업, 집체기업, 외상투자기업, 사영기업 등을 포함)와 그 근로자는 모두 기본의료보험에 가입하여야 한다. 기본의료보험비는 고용주

22_농민공 임금의 파산법상 지위문제에 관하여 파산법규정 제57조는 채무자가 빚지고 있는 비정식근로자(단기 노동공 포함)의 근로보수는 〈기업파산법(試行)〉 제37조 제2항 제1호 규정의 순서를 참조하여 변제하도록 규정한다. 그리고 2006. 3. 반포된 국무원의 〈농민공문제해결에 관한 몇 가지 의견〉에 나타난 관련 정책을 감안한다면 농민공의 임금은 기업파산법 제113조 제1항 제1호 규정의 순서에 따라 변제하여야 한다.

23_서울중앙지방법원 파산부 실무연구회, 『법인파산실무』, 박영사, 2006. 6. 10., 134면.

체와 근로자가 공동으로 납부한다.

법률과 행정법규가 근로자에게 지급하도록 규정하는 보상금은 법률과 행정법규가 규정하는 보상금만을 포함하고, 국무원 각 部委, 각급 지방정부와 그 소속 각 부서가 제정하는 행정규장이나 행정명령이 규정하는 보상금은 모두 위 보상금에 속하지 않는다.

(2) 제2순위인 기타 사회보험비용과 세금

제1순위에 열거되지 않은 기타 사회보험비용과 미납 세금이 이에 해당된다.[24] 중국 노동법 제70조를 근거로 마련된 사회보험은 기본의료보험, 기본양로보험, 실업보험, 공상보험과 생육보험의 다섯 종류가 있다.[25] 그중 근로자 개인의 계좌로 들어가야 할 기본양로보험과 기본의료보험은 위의 제1순위이고 다른 3종은 여기의 제2순위에 속한다. 근로자보험비용은 주로 위의 〈공상보험조례〉에 규정되어 있다. 주의할 것은 여기서 파산자가 부담하는 공상보험비용의 채권자는 사회보험담당기구이지 기업근로자가 아니라는 점이다. 근로자의 부상보조비용 채권은 위 제1순위에 속한다. 실업보험비용은 〈실업보험조례〉 제6조에 따라 성진기업과 근로자가 납부한다. 생육보험비용은 1994년 반포한 〈기업근로자 생육보험 試行방법〉에 따라 모든 성진기업과 그 근로자가 모두 생육보험에 가입하여 사회보험담당기구에 납부하여야 하는 비용이다. 제2순위에 속하는 사회보험채권과 세수채권은 모두 공권력기관이 국가를 대표하여 행사하는 채권이지만 파산절차에서는 기타 채권과 법률상 평등한 지위에 있을 뿐이므로 역시 기타 채권자의 이의권에 의한 제한을 받는다.

(3) 제3순위에는 보통의 파산채권인데 상술한 각 항목 이외의 모든 파산채권이 이에 속한다. 일반적으로 파산재산은 모두 제3순위의 채권을 변제하기에는 부족하므로 제3순위의 채권은 통상 비율에 따른 분배를 받게 될 것이다.

나. 이사 등의 고급관리자에 대한 임금

상술한 대로 〈기업파산법〉은 파산기업의 이사, 감사와 고급관리자도 근로자로 파악하고 그들의 임금은 해당 기업근로자의 평균임금에 따라 계산하도록 규정한다.[26] 위의 평균임금은 이사, 감사와

24_〈중화인민공화국 세수징수관리법 실시세칙〉(2002년) 제50조 "납세자는 해산, 등록말소, 파산하는 경우 청산 전에 그 주관세무기관에 보고하여야 한다. 세금을 청산하지 않는 경우 그 주관세무기관이 청산에 참가한다."

25_노동법 제70조 "국가는 사회보험산업을 발전시키고 사회보험제도를 건립하며 사회보험기금을 설립하고 노동자가 노년, 질병, 공상, 실업, 생육 등의 상황에서 도움과 보상을 받도록 한다."

26_회사법 제217조 제1호 "고급관리자라 함은 회사의 사장, 부사장, 재무책임자, 상장회사의 이사회 비서와 회사정관이 규정하는 기타의 자를 가리킨다."

고급관리자가 소재하는 지역의 기업근로자에게 미지급한 동기의 평균임금을 가리킨다. 이사, 감사와 고급관리자의 책임의식을 강화하고 그들로 하여금 기업에 대한 충실의무와 근면의무를 확실히 이행하게 하여 채무자기업, 출자자나 다수의 근로자들이 손실을 입는 상황에서도 사적인 이익만을 추구하거나 심지어 기업파산을 돈 버는 수단으로 악용하는 것을 막고자 하는 것이다. 그러나 파산사건수리 후 회생절차에 들어갈 수도 있는데 법 제73조에 기한 DIP, 제74조에 기하여 채무자의 경영관리자를 초빙하여 영업사무를 맡게 한 경우 등에는 모두 파산기업이 이사, 감사와 고급관리자에게 위 평균임금과는 다른 대가를 지급할 수 있다. 이러한 경우의 보수 등은 법 제41조 제3항이 규정하는 파산비용에 속하여 채무자의 재산으로부터 수시로 우선 변제되어야 한다. 파산사건수리 후 발생할 수도 있는 동인들에 대한 임금 등의 보수는 상술한 제한을 받는 임금에 속하지 않는다.

다. 근로자채권과 담보채권의 관계

〈기업파산법〉은 부칙 제132조에서 근로자채권과 담보권 간의 관계에 대하여 매우 주목할 만한 경과조치를 규정하였다. 제한된 범위에서나마 근로자채권의 담보권에 대한 우월적 지위를 인정한 것이다. 즉 동조는 “본법 시행 후 파산자가 본법 공포일 전에 지급하지 않은 근로자의 임금과 의료, 장애보조, 부양비용, 그리고 근로자의 개인계좌에 들어가야 할 양로보험, 기본의료보험비용으로서 아직 지급되지 않은 것, 또한 법률과 행정법규가 근로자에게 지급하여야 할 것으로 규정하는 근로자의 보상금의 경우 본법 제113조 규정의 변제 후 변제에 부족한 부분은 본법 제109조 규정의 특정재산으로써 그 특정재산에 대하여 담보권을 갖는 권리자보다 우선하여 변제받는다.”라고 규정한다.

상술한 바와 같이 담보채권자는 별제권자로서의 지위를 가지므로 〈기업파산법〉 제109조와 제113조에 따라 담보채권이 담보물 위에서 최우선변제지위를 누리고 무담보재산과 담보채권상환 후의 잉여재산은 파산비용과 공익채무변제 후에 파산분배에 제공된다. 파산분배 중 근로자임금과 노동보험비용 등 근로자채권은 최우선변제대상이지만 담보목적물은 원칙적으로 파산재산에 속하지 않는다. 이는 〈기업파산법(試行)〉 제32조와 제37조와도 일치한다. 그러나 중국에서 1994년 이래 실행한 정책적파산 중에서 파산기업근로자의 재배치문제를 특별히 우선적인 지위에 두면서 근로자채권을 담보채권에 대하여서 조차도 우선하도록 하였다. 1996년 국가경무위, 중국인민은행의 〈국유기업 합병파산 試行 중의 몇 가지 문제에 관한 통지〉(492호 문건) 제5조는 “기업파산의 실시 중 파산기업의 근로자를 우선적으로 잘 재배치하여 사회안정을 보호·유지하여야 한다. 기업이 토지사용권을 저당물로 한 경우 그 양도소득은 파산기업근로자의 재배치에 먼저 사용하고,

남은 부분으로부터 저당권자는 우선 변제받을 권리를 갖는다. 토지사용권 처분으로 얻은 소득이 근로자재배치에 부족한 경우 부족부분은 저당 없는 재산, 기타 저당재산의 처분으로 얻은 소득으로부터 지급한다. 저당권자가 우선변제를 받지 못한 부분은 일반채권자의 변제분배에 참가한다."라고 규정하였다. 1997년 국무원의 〈몇몇 도시에서 국유기업 합병파산과 근로자재취업을 시행하는 데 관련된 문제에 관한 보충통지〉(국발10호)도 동일한 취지의 규정을 두었다. 즉 파산절차에 있어서 담보권자에 대한 근로자채권의 우월성을 인정함으로써 별제권을 형해화한 것이다.

이러한 제도설계는 당시 중국의 경제적·정치적 상황을 반영한 것으로 보인다. 새로운 〈기업파산법〉이 시행되고 있으나 아직 폐지되지는 않은 위 통지는 여전히 유효한 것으로 해석된다. 그러나 이러한 방안은 담보권의 공신력 하락, 담보채권의 예상변제율 하락과 은행의 불량자산발생률 상승을 초래하고, 간접적으로는 중국 상업은행의 국제적 신용등급이 하락하여 융자능력이 박약해지는 결과를 야기할 수 있다. 변제기대치의 하락에 대비하여 은행은 근로자임금을 연체한 기업에 대한 대출의 거절 등 여러 가지 대책을 채택할 가능성이 있다. 이로 인하여 곤경기업의 파산과 폐업, 근로자의 실업을 초래할 수 있고, 다른 한편 저당물의 담보가치가 사실상 낮아지므로 기업의 자금곤란이 가중될 수 있다. 근로자채권의 변제지위 제고도 거짓채권의 양산을 통한 악의적인 채무회피의 또 다른 기회가 될 수도 있다. 그 결과 은행자산의 부실화, 기업과 은행 간의 관계 악화, 시장신용의 악화를 초래하여 중국경제운용환경과 기업생존환경에 소극적 결과를 가져올 수 있었다.[27] 근로자이익을 어떻게 이해하고 보호할 것인가의 문제를 검토할 때에는 근로자 개인의 보호와 국가의 경제발전을 함께 고려하여야 한다. 파산법규의 제도설계가 기업생존조건의 악화를 야기하여 결과적으로는 대량실업을 야기하고 경제운용환경의 악화를 초래한다면 근로자의 이익에 부합하지 않는다. 한편 근로자의 채권이 담보채권에 우선할 때 발생할 은행채권의 손실은 기타의 방법으로 보충하기 매우 어렵다. 반면에 담보채권이 근로자채권에 우선할 때 야기되는 근로자채권의 손실은 사회보장제도 등 여러 방법으로 구제할 수도 있다. 경영자에 대한 책임추궁을 강화하면 더욱 그러하다.

이러한 여러 가지 사항을 고려한 끝에 중국은 근로자채권과 담보채권 간의 충돌문제에 대하여 현행 규정과 같은 절충방안을 마련하였다. 즉 신법 공포 전의 근로자채권에 대하여는 담보채권에 우선하는 지위를 부여하고, 해당일 후의 근로자채권에 대하여는 무담보재산에 한정하여만 우선적 지위를 누리게 한 것이다. 〈기업파산법〉의 공포일은 2006. 8. 27.이므로 그 일자 이전에 발생한 근로자의 채권은 법 제113조의 규정에 따라 우선 무담보재산으로써 변제한다. 다만, 무담보재산이

27_王衛國, 『破産法精義』, 法律出版社, 2007. 7., 383면.

근로자채권의 전부를 변제하기에 부족한 경우 그 변제받지 못한 부분은 별제권의 대상목적물인 법 제109조 규정의 담보재산으로써 우선 변제한다. 그러나 2006. 8. 28.부터 발생한 근로자채권에는 이러한 담보권에 대한 우월적 지위가 인정되지 않고 담보권자의 별제권이 관철된다. 부족한 점이 있기는 하나 담보권보호에 있어서 구법보다 진일보한 면이 있다.

5. 금전분배원칙

〈기업파산법〉은 채권자회의의 다른 결의가 있는 경우를 제외하고 파산재산의 분배는 금전으로써 하는 금전분배의 원칙을 명시하였다(제114조). 예외적으로 현물분배가 허용되나 이는 일부 재산의 환가곤란으로 인하여 파산청산시간이 길어져 파산비용이 증가하는 것을 피하기 위하여 부득이 채용한 대체적 방법이다. 현물분배는 부동산, 동산, 채권, 주식, 지적재산권 등 유형물과 무형물로써 환가를 거치지 않은 채 원물을 채권자에게 급부하여 채무를 변제하는 것이다. 현물분배는 대상자산 가치평가의 어려움 등으로 인하여 공평을 기하기 어려우므로 최대한 금전분배를 하여야 한다. 다만, 지나치게 금전분배만을 추구하면 파산절차의 지연과 비용증가를 가져올 수도 있으므로 이러한 모순을 해결하기 위해서라도 채권자회의의 결의를 구하여야 한다. 청산분배의 단계에 진입한 파산재산은 실질적으로는 전체 파산채권자에게 속하는 재산이다. 그래서 채권자회의는 파산재산의 분배방식을 결정할 권한이 있다. 현물분배의 방안은 파산분배안에 포함되어야 하고 현물분배 변제의 경우 분배재산 상황을 전체 채권자에게 충분히 알려야 한다. 적절한 평가를 통하여 분배재산의 가액을 정하여야 하며 현물분배받는 개별 채권자는 정산하여야 한다.

파산분배는 원칙적으로 금전에 의하여 이루어지지만 현물분배라도 환가와 가액평가의 적절성과 신속성의 문제, 일정한 경우의 공탁문제를 잘 처리한다면 채무자기업은 금전분배의 경우에 비하여 더욱 신속히 잔무를 정리하고 적정하게 시장에서 퇴출할 수도 있고 채권자로서는 오히려 더 공정한 변제를 받을 수도 있다. 이러한 점에서 보면 예외적이기는 하나 파산분배과정에서 금전분배가 아닌 현물분배 방안의 실시도 적극 검토할 필요가 있다.

6. 기타

정지조건부 채권이나 해제조건부 채권에 대한 분배액은 관리인이 이를 공탁한다. 공탁된 분배액은 최후분배의 공고일에 정지조건이 성취되지 않거나 해제조건이 성취된 경우에는 기타 채권자에게 분배하여야 하고, 최후분배의 공고일에 정지조건이 성취되거나 해제조건이 성취되지 않은 경우에는 채권자에게 분배하여야 한다(법 제117조). 기한부 채권도 같은 방식으로 처리한다.[28] 미수령 파산분배액도 관리인이 공탁하여야 한다. 채권자가 최후분배의 공고일로부터 2개월이 지나도 수령하지 않는 경우에는 수령권을 포기한 것으로 보고 관리인이나 법원은 공탁액을 기타 채권자에게 분배하여야 한다(법 제118조). 관리인은 파산재산의 분배시 소송이나 중재가 아직 끝나지 않은 채권에 대한 분배액을 공탁하여야 한다. 파산절차종결일로부터 2년이 지나도 수령할 수 없는 경우 법원은 공탁액을 기타 채권자에게 분배하여야 한다(법 제119조). 사법부의 〈공탁공증규칙〉에 따라 공증처는 공탁공증의 권한을 갖는데 공탁공증은 채무이행지의 공증처가 관할하는 것이 원칙이다. 다만, 아직까지는 사법해석이 부서규장에 속하는 〈공탁공증규칙〉을 파산절차의 규범으로 인정하지는 않았으므로 파산분배액에 대한 공탁은 관리인이 파산사건을 수리한 법원 소재지의 공증처에 한다. 공탁비용은 수익자부담의 원칙에 따라 분배받은 채권자가 부담한다. 2개월이 넘도록 그 채권자가 찾아가지 않는 경우 공탁분배액은 기타 채권자에게 분배되고 공탁비용은 파산재산에서 충당한다(법 118조).

Ⅳ. 절차의 종결

1. 개요

파산절차의 종결은 파산절차가 불가역적으로 최종적으로 끝나는 것으로서 파산절차의 목표가 이미 실현된 경우와 실현되지 않은 경우로 나눌 수 있다. 〈기업파산법〉이 정한 파산절차의 종결원인으로는 회생계획의 집행 완료(제94조), 법원의 화의협의의 인가결정(제98조, 제105조), 채무자에게 파산선고 제외 사유가 있는 경우(제108조), 채무자의 재산이 파산비용을 청산하기에 부족한 경우(제43조 제4항), 파산자에게 분배에 제공할 재산이 없는 경우(제120조 제1항), 파산재산분배의 완료(제120조 제2항)가 있다. 파산신청종결에 따라 여러 법률효과가 발생하거나 파산절차 개시에 따라 발생한 법률효과가 종료한다. 법원이 파산신청수리결정을 채무자에게 송달한 날로부터 파산절차의 종결일까지 채무자기업의 관련자가 부담하는 의무는 자동적으로 소멸한다. 소송이나 중재가 미결된 채권의 공탁분배액은 파산절차종결일로부터 만 2년이 지나도 수령할 수 없으면 법원은

28_王衛國, 『破產法精義』, 法律出版社, 2007. 7., 346면.

공탁액을 기타 채권자에게 분배하여야 한다. 관리인은 파산절차종결일로부터 10일 내에 파산채무자의 원등록기관에 말소등록을 하여야 한다(법 제121조). 채권자는 일정한 경우 파산절차종결일로부터 2년 내에 법원에 파산재산분배방안에 따른 추가분배를 청구할 수 있다(법 제123조). 파산자의 이사, 감사와 고급관리자의 자격제한 기간이 개시되고 이들이 충실의무, 근면의무를 위반하여 기업을 파산하게 한 경우 파산절차종결일로부터 3년 내에는 어떠한 기업의 이사, 감사, 고급관리자도 맡을 수 없다(법 제125조).

파산청산절차의 종결은 결국 권리의무주체인 채무자기업의 소멸을 뜻하므로 관련된 행정기관과 법원에서 그 절차를 신중히 진행할 것임이 분명하다. 따라서 등록말소가 지연되는 등 채무자기업에 관련된 자들의 법률관계가 장기간 정리되지 않을 우려가 있다. 이는 채무자와 채권자 모두에게 바람직하지 않을 수 있으므로 채무자기업은 물론 이해관계인들도 권리의 적정한 보호는 물론 절차의 신속한 종결에도 관심을 기울여야 한다.

2. 관리인직무의 종료

일반적으로 채무자기업의 등록말소가 관리인의 청산직무의 마지막 업무이므로 등록말소의 익일을 관리인의 직무집행 종료시간으로 한다(법 제122조). 등록말소시점은 기업등록기관의 기재와 공고를 기준으로 한다. 파산채무자의 재산상 이익에 관련되는 소송이나 중재절차가 아직 끝나지 않은 경우 파산자의 자격이 말소등록을 통하여 형식적으로는 이미 소멸하였다 하더라도 관리인은 여전히 채권자의 이익을 위하여 계속 직무집행을 하여 소송이나 중재를 완결할 필요가 있다. 다만, 이러한 상황에서는 관리인의 직무집행범위는 제한되어야 한다. 중국의 유력 학자 중에는 "파산신청종결 후의 소송, 중재나 기타 절차 중 파산자의 법인격이 실제로는 이미 소멸하였더라도 파산자의 민사적 권리는 파산재산으로서 관리인이 이미 접수·관리하는 것이 된다. 관리인은 파산법의 수권을 바탕으로 독립적으로 소송, 중재나 기타 절차에 참가한다. 이때 관리인의 법률상 지위는 신탁의 법리를 적용하여 관리인을 수탁자로 하고 파산자의 재산권리를 신탁재산으로 한다. 신탁재산의 독립지위는 파산자의 법인격소멸의 영향을 받지 않는다."라고 주장하는 이도 있다.[29] 잔여재산이 있으면 여전히 관리인이 업무를 수행하는 점에 있어서는 우리 법의 해석과 동일하지만 채무자기업의 법인격은 소멸한 것으로 본다는 면에서는 차이가 있다.[30]

29_王衛國, 『破産法精義』, 法律出版社, 2007. 7., 355면.

30_대법원 1989. 11. 24. 선고 89다카2483 판결.

본조에서 말하는 소송 혹은 중재는 실무 중 통상 파산기업이 대외적으로 채무이행이나 기타 재산의 급부를 구하는 사건이다. 파산기업이 피고인 사건은 파산절차 개시 후 소송을 중지하고 채권자가 파산사건을 수리한 법원에 채권을 신고하여야 한다. 그중 다른 피고 및 관련 청구권을 가진 제3자가 없으면 파산선고 후 소송을 종결한다. 다른 피고 혹은 관련 청구권을 가진 제3자가 있으면 파산절차의 종결 후 심리를 계속한다(파산법규정 제20조). 심리계속의 의의는 원고와 다른 당사자 간의 분쟁을 해결하고 관리인이 법원에 상황을 설명한 후 소송에서 퇴출하는 등 적절한 조치를 취할 수 있다는 데에 있다.

3. 추가분배

〈기업파산법〉 제123조가 규정하는 추가분배는 파산절차의 종결 후 파산분배에 사용할 수 있는 파산자의 재산을 새로 발견한 경우 법원이 아직 만족을 얻지 못한 파산청구권에 대하여 변제를 진행하는 보충적 절차이다. 여기에서의 파산절차종결은 법 제43조 제4항이나 제120조 규정의 사유 즉 채무자재산이 파산비용의 청산에 부족한 경우 파산자에게 분배에 제공할 재산이 없거나 파산재산의 분배가 완료된 때 법원이 결정하는 파산절차의 종결을 의미한다. 추가분배는 파산신청 종결 후 새로 발견하는 재산을 사용하고 제척기간의 제한을 받으며 법원에 의하여 실시된다. 추가분배의 방안도 파산청산의 관련 규정에 의하여야 한다. 추가분배에 사용되는 재산은 법 제31조, 제32조, 제33조, 제36조의 규정에 따라 追回 즉 원상회복하는 재산이다. 파산채무자가 은닉, 이전하거나 무상양도한 재산, 파산채무자의 허위채무 승인, 현저히 불합리한 가격으로 염가판매한 재산, 신담보의 제공, 기한미도래의 채무에 대한 사전변제나 채권의 포기로 인하여 제3자가 얻은 부당이익, 채권자가 부정당하게 개별적으로 변제받은 소득, 채무자의 이사, 감사와 고급관리자가 직권을 이용하여 기업으로부터 얻은 비정상수입이나 위법침탈한 기업재산과 파산신청종결 후 되찾은 파산자의 기타 재산 예컨대 법 제118조, 제119조가 규정하는 채권자가 법정기간 만료 후 수령하지 않거나 수령할 수 없는 공탁액, 유관 부서가 돌려준 유실재산, 도난재산, 파산절차 중의 誤支出을 시정하여 환수한 부분, 권리가 승인되어 회복한 재산, 채권자가 포기한 재산과 파산신청종결 후 실현된 채권, 물상청구권 등이 그 예이다(파산법규정 제98조). 파산절차종결 후 발견한 파산재산은 파산자의 상급주관부서나 투자자에 의한 追回 후 법원에 넘겨 분배할 수 있고, 파산채권자에 의하여 원래의 파산사건수리법원에 추회와 분배를 직접 청구할 수도 있다. 추가분배의 제척기간은 2년이다. 청산분배 중 이미 만족을 얻은 채권이 추가분배에 참여할 수 없음은 당연하다. 추가분배도 법정순위에 따르게 되므로 미변제 청구권이 서로 다른 순위에 속하는 경우 먼저 선순위의 채권을 변제한다. 동순위의 채권을 전부 만족시킬 수 없는 경우에는 비율에 따라 변제한다.

추가분배도 일정한 인원과 비용을 필요로 하게 마련이다. 따라서 대상 재산의 가액이 비교적 적고 절차비용을 지불하기에 부족한 경우, 더 이상의 분배에 제공할 재산이 이미 없다고 믿을 수 있는 근거가 있으면 추가분배를 하지 않고 법원이 이를 국고에 편입한다(법 제123조).

4. 보증인이나 기타 연대채무자의 책임

파산절차는 보증인이나 연대채무자에게는 영향을 미치지 않는다(법 제124조). 파산청산뿐 아니라 회생절차를 포함한 모두 파산절차는 보증인이나 연대채무자에게 영향을 미치지 않는다(법 제92조, 제101조). 기업파산청산의 상황에서 민사주체로서의 파산자는 소멸하고 파산자가 아직 변제할 수 없는 채무는 이행불능의 상태에 처하게 된다. 그러나 만약 보증인이나 기타 연대채무자가 있는 경우 채권자는 파산절차 중 변제받을 수 없었던 채권에 관하여 보증인이나 기타 연대채무자에게 이행을 청구하여도 된다.

파산절차는 소송시효중단의 효력이 있으므로 파산신청종결 후 채권의 소송시효는 다시 기산한다. 그래서 파산신청종결 후 보통 채권은 2년 내에, 인신피해배상청구권, 연체임대료에 대한 청구권 등 〈민법통칙〉 제136조가 규정하는 채권은 파산신청종결 후 1년 내에 각각 권리행사를 하여야 한다. 보증인이나 기타 연대채무자의 변제책임의 범위는 채권자가 청산절차로부터 변제받지 못한 채권액에 한정되고 파산절차기간의 이자는 포함되지 않는다. 채권자가 신고하지 않고 보증인도 그 장래의 구상액으로써 채권신고를 하지 않은 경우 파산신청종결 후 일반보증인은 〈담보법〉 제17조 제2항 규정의 先訴항변권을 행사할 수 없다. 동조 제3항은 파산절차개시 후의 선소항변권제한을 규정하고 있는데 위와 같은 선소항변권 불인정의 이유는 파산절차의 종결 후에도 동일하다고 할 것이다.[31] 채권자가 채권을 신고한 후 최후분배공고일로부터 만 2개월이 되도록 수령하지 않으면 상술한 바와 같이 수령권을 포기한 것으로 본다(법 제118조). 파산신청종결 후 그 채권자는 그 분배액에 관하여 보증인이나 혹은 기타 연대채무자에게 연대책임을 물을 수 없다. 채권자가 채권신고를 하지 않았으나 보증인이나 기타 연대채무자가 채권을 신고한 경우 보증인이나 기타 연대채무자가 아직 채권자에 대하여 변제하지 않은 채 분배받더라도 이는 파산법상의 근거가 있으므로 부당이득이 되지는 않는다.

31_중국 담보법 제17조 제2항은 "일반보증을 한 보증인은 주 계약에 관한 분쟁이 아직 재판이나 중재를 거치지 않았고 채무자재산에 대하여 법에 의한 강제집행을 하였음에도 여전히 채무이행이 불가능하기 전에는 채권자에 대하여 보증책임의 이행을 거절할 수 있다."라고 규정하는데, 우리 법에서 보증인에게 인정되는 최고, 검색의 항변권에 해당한다.

제7장 국제도산

Ⅰ. 서설

다국적 기업의 발전과 세계적인 범위에서의 자본유동이 가속화되면서 한 국가에서의 기업도산 결정이 다른 국가에 있는 채권자나 채무자 또는 재산에 중대한 영향을 발생시킬 가능성이 더욱 증대되었다. 세계의 공장이자 최대의 시장으로 여겨지는 중국에도 이미 이러한 사례가 등장하고 있다. 〈기업파산법(試行)〉에는 국제도산에 관한 명시적 규정이 없었으나 중국은 원래 속지주의를 택하여 국외에 대하여 도산절차의 효력을 일률적으로 승인하지 않았다.[1]

이에 반하여 〈기업파산법〉은 국제도산에 관한 규정을 명시하였다. 동법은 제5조에서 "본법에 따라 개시된 파산절차는 채무자가 가지고 있는 중화인민공화국 바깥의 재산에 그 효력이 생긴다."라고 규정하는 외에 외국 법원의 파산결정에 대하여 호혜원칙의 적용, 사법공조 혹은 승인된 국제협약의 전제 하에서의 승인과 집행에 대하여 규정하였다.[2] 제한적이지만 탄력적이며 확장 가능한 국제도산의 원칙으로서 보편주의를 선언한 것이다. 이러한 개방적인 태도는 외국의 투자를 받아들이고 있는 중국의 현실에 부응하는 것이다.[3] 본래 외국 법원이 중국파산선고의 효력을 승인함에도 불구하고 중국의 법률은 반대로 대외적 효력을 부정하는 모순을 피하고 다른 한편 중국의 주권을 보호하고 어느 국가의 파산선고이든지 중국에 모두 효력을 발생시키는 가능성을 피할 수 있는 측면도 있다.[4]

1_〈기업파산법(試行)〉은 파산사건의 소송절차는 동법에 규정이 없는 경우 민사소송절차의 법률규정을 적용하도록 하고 있는데(제6조) 〈민사소송법〉은 섭외사건의 소송절차에 중국의 법률을 적용할 것을 규정함으로써(제237조) 결국 속지주의를 택한 것으로 보아야 한다. 국제도산을 소홀히 한 구법의 태도는 관련 법률실무에서 적용할 법 규정을 찾을 수 없거나 모순되는 상황에 이르게 하기도 한 원인이 되었다. 李國光 주편, 『新破産法理解与适用』, 人民法院出版社, 2006. 12., 54면.

2_신법은 속지주의를 택한 구법과 달리 국제도산에 관하여 보편주의를 채택한 것이다. 湯維建 주편, 『新企業破産法解讀与适用』, 中國法制出版社, 2006. 10., 28, 29면.

3_李國光 주편, 『新破産法理解与适用』, 人民法院出版社, 2006. 12., 65면.

위 규정은 향후 세계 각국의 도산법과의 보조를 더욱 맞추어 나가기 위한 기초가 될 것이고 현 단계에서 국제도산의 문제들을 해결하는 데 많은 도움이 될 것이다. 다만, 〈기업파산법〉은 소위 국제도산에 대하여 원칙적인 선언만을 하였을 뿐 상세한 규정을 두지 않았고 아직 중국의 학계에서도 이에 대한 논의가 많이 이루어지진 않았다. 본 장에서는 동조를 위주로 하여 국제파산에 관한 중국에서의 논의를 일부 검토하는 것에 그친다.

Ⅱ. 국제파산의 기본원칙

세계경제의 단일화라는 배경 아래에서는 국경을 넘나드는 투자가 대량 발생한다. 한 국가에서 운영되는 기업이 파산한 때 그 기업이 다른 국가에 재산을 갖고 있거나 다른 나라의 국적을 가진 채권자가 있다면 소위 국제파산의 문제가 나타나고 이는 한 국가 도산절차의 역외효력문제이기도 하다.

도산절차의 역외효력에 관하여 두 가지 주장이 있다. 속지주의와 보편주의이다. 속지주의는 파산절차에 전적으로 본국 법률을 적용하고 파산절차의 효력도 본국에 있는 재산에만 미치는 것을 가리킨다. 속지주의에 의하면 역내의 파산절차는 역외에 있는 채무자재산에 직접적인 효력을 발생하지 않는다. 마찬가지로 역외의 파산절차도 역내에 있는 채무자재산에 직접적 효력을 발생하지 않는다.

보편주의는 파산절차 개시지의 법률을 근거로 파산절차가 타국에도 유효한 것을 가리킨다. 파산절차 개시지의 법률이 파산의 모든 사항에 적용되는 것은 아니라도 파산절차 중 이루어진 명령이 다른 국가에도 유효하기만 하면 보편주의로 귀결한다.[5] 보편주의에 따르면 역내파산의 역외효력 인정 혹은 역외파산의 역내효력 인정은 채권자로 하여금 더욱 충분한 보호를 받을 수 있게 한다. 그래서 보편주의의 입법원칙하에서 본국 법원과 외국 법원 간에 국제파산에 관한 협의기제를 수립할 필요가 있다. 1997. 5. 국제연합무역법위원회는 제30차 회의에서 〈국제파산시범법〉을 통과하여 이러한 종류의 기제 수립을 위한 입법체제를 마련하였다. 중국도 위 위원회의 구성원으로서 회의에 참석하였다. 위 시범법은 서언에서 "본법의 목표는 국제파산사건의 처리를 위하여 유효한 기제를 제공하여 다음 목표를 달성하는 것을 촉진하는 것이다. ① 본국 법원 및

4_李永軍, "中國破產法程序与實体問題解析", 『영산법률논총(제3권 제2호[통권 제4호])』, 영산대학교법률교육연구원, 2006. 12., 119면.

5_張貝, "跨國破產的法律問題硏究", 王欣新 · 尹正友 주편, 『破產法論壇 第5輯』, 法律出版社, 2010. 6., 339면.

기타 주관 기관과 외국 법원 및 기타 주관 기구 간 파산사건에 관련된 협조 ② 무역과 투자방면의 법률확정성의 강화 ③ 국제파산의 공평하고 효율적인 관리 ④ 채무자자산의 보호와 최대한도의 증가 ⑤ 경제곤경에 처한 기업의 구제, 투자 보호 및 취업 유지"라고 명확히 규정하였다. 위 시범법은 이미 일백여 개 국가에서 받아들여지고 있다. 〈기업파산법〉도 이러한 국제조류에 순응하여 제5조에서 중국의 국제파산처리의 기본원칙을 확립하였다. 동조 제1항의 규정에 따라 중국파산절차의 효력은 중국 영역 외의 재산에 미치고 따라서 중국법의 파산절차의 역외효력은 보편주의에 속하는 것이 된다.[6]

Ⅲ. 관할문제

〈기업파산법〉은 국제도산의 관할에 대하여 별다른 규정을 두지는 않았다. 국제도산의 실질적인 문제는 한 나라 법원의 파산판결이 역외효력을 지니느냐의 여부를 해결하는 것인데 역외효력의 선결조건은 사건심리법원이 관할권을 갖는 것이다. 그리고 절차문제와 실체문제는 정도의 차이는 있으나 모두 법정지법을 적용하기 때문에 관할권문제는 국제도산에서 특히 중요하고 국제도산이 먼저 해결하여야 할 문제이다. 파산사건의 관할을 규정한 법 제3조에 의하면 파산사건은 채무자주소지 법원이 관할한다. 법인의 주소지는 법인의 주요 영업지나 주요 사무기구의 소재지를 가리킨다.[7] 그런데 파산법규정 제1조는 채무자주소지를 채무자의 주요 사무기구 소재지로 한정하고 주요 영업지에 대하여 언급하지 않았다. 따라서 실무 중 주요 영업지의 판단에 대하여 곤란이 있다. 여러 지방에 많은 분회사를 설립한 회사가 파산한 때 어느 곳을 주요 영업지로 할 것인지에 대하여 왕왕 다툼이 생길 수 있는 것이다. 이에 반하여 주요 사무기구 소재지는 일반적으로 기업의 법인기관이 있는 곳을 가리키므로 비교적 쉽게 판단할 수 있다. 고정된 사무기구가 없거나 주요 사무기구를 확정할 수 없는 경우 등록지를 주요 사무기구 소재지로 할 수 있다. 그래서 위 채무자주소지는 채무자의 주요 사무기구 소재지로 해석하여야 한다. 〈기업파산법〉의 관할 관련 규정은 국제도산과 관련하여 볼 때 문제점이 많다. 첫째, 채무자의 기타 재산이 다른 나라에 있는 상황을 고려하지 않았고 둘째, 채무자의 주소지가 타국에 있고 중국에는 재산 일부만이 있는 상황을 고려하지 않은 것이다. 위 관할권 규정은 많은 국가가 재산의 소재에 기반하여 본국의 관할권 행사를 주장할

6_徐永前 주편, 『企業破産法講話』, 法律出版社, 2006. 9., 108면.

7_最高人民法院關于适用〈中華人民共和國民事訴訟法〉諾干問題的意見 제14조.

상황을 제대로 고려하지 않아 사법실무에서 다국에 걸친 파산절차의 병행시 적용가능성이 없다. 많은 국가가 재산의 소재에 기반하여 본국의 관할권 행사를 주장하는 현실에 적응하기 위하여 보편주의를 개선한 소위 실용주의원칙이 나타났다. 즉 파산절차의 역외효력을 인정하는 동시에 한 개의 주요 파산절차를 중심으로 하여 기타 절차로서 보완하고 이들 절차 간 국제협력을 최대한도로 강조하는 것이다.[8]

Ⅳ. 국제도산의 법률적용

파산제도는 채무자의 총 재산에 대한 개괄집행제도이다. 파산제도가 관계하는 법률관계와 법률제도는 매우 광범위하고 넓다. 파산법 자체의 제도규범에 관계될 뿐 아니라 물권, 채권 등 일반 민상사제도에도 관계되고 그 영향이 사법관계에 미칠 뿐 아니라 공공이익 등 공법관계에도 미친다.

1. 파산채권

파산채권에 관한 법률충돌은 주로 파산채권의 범위와 변제순서에서 발생한다. 그 법률적용에 관하여는 파산채권이 반드시 파산절차를 통하여야 하고 그 절차를 통하여서만 실현할 수 있으며 신고, 조사, 확인과 분배 등의 절차적 사안에 관계되는 점을 고려하면 파산채권에는 법정지법을 적용하여야 한다.

2. 파산재산

파산재산의 법률충돌은 주로 파산재산의 범위, 파산재산의 관리 그리고 파산재산과 관련된 권리에서 발생한다. 파산재산의 범위는 통상 본국 법률이 파산분배에 제공할 수 있는 파산자의 재산에 대하여 시기적인 범위를 정하여 인정하는 것이다. 그래서 파산재산범위의 법률은 법정지법이어야 한다. 파산재산의 관리에 관하여는 파산관리인제도가 이미 보편적으로 승인되어 있으나 구체적인 파산절차가 반드시 동일한 것은 아니므로 파산관리인제도도 각양각색인데 파산재산관리와 파산절차는 밀접불가분이므로 파산재산관리의 법률은 법정지법으로 하는 것이 좋다.

8_張貝, “跨國破産的法律問題研究”, 王欣新 · 尹正友 주편, 『破産法論壇 第5輯』, 法律出版社, 2010. 6., 340면.

파산재산과 관련된 주요 제도로는 취소권, 별제권, 상계권이 있다. 이들 권리는 파산재산의 질과 보통채권자의 이익에 직접 영향을 미치므로 그 법률적용은 매우 중요하다. 취소권의 의의는 형성권을 통하여 파산채무자의 일정행위를 부인함으로써 채무자재산의 반환을 구하는 데 있으나 성질상으로는 여전히 채권행위이므로 법정지법을 적용하는 것이 적정하다. 별제권의 실질은 담보물권의 파산절차에의 반영이므로 물건 소재지의 법을 적용하여야 한다. 상계권은 채무자가 채권자에게 대항하는 권리이므로 법정지법을 적용하여야 한다. 다만, 상계시에는 이전 채권채무의 존재 여부가 문제될 수 있고 이 경우 채권채무의 원준거법을 기준으로 판단하여야 할 것이다.[9]

V. 파산절차의 역외효력

중국에서 개시된 파산절차는 채무자의 외국 소재 재산에 효력을 발생한다(법 제5조 제1항). 이는 중국의 파산관리인이 중국 법원의 재정을 가지고 외국으로 가서 채무자의 국외재산을 환취할 수 있다는 것을 의미한다. 해당 외국이 그 재정을 승인할지의 문제는 별론이다. 중국 〈기업파산법〉에 근거하여 개시된 파산절차로 하여금 채무자의 국외재산에 대하여 진정으로 효력이 있게 하려면 중국에서 주된 파산절차가 개시되었을 때 다른 나라에서 진행되는 기타 파산절차에 대하여 인가하여야 한다. 그러나 다른 나라의 주된 파산절차가 개시된 경우에는 반드시 중국도 기타 파산절차를 진행하여 중국 채권자를 보호할 수 있어야 한다. 법률에 상세한 규정을 두기 전이라도 관련 사법해석 등을 통하여 관할권에 관하여 주된 파산절차와 기타 파산절차의 병행제도를 명확히 규정하고 호혜원칙에 기하여 본국 채권자에 대한 보호를 강화하고 예견가능성을 높여야 한다. 여기서의 예견가능성이 반드시 채권자가 계약체결을 할 때 이미, 채무자에게 파산이 실시될 때 분배받을 수 있는 액수를 확실하게 예견하는 것을 의미하는 것이 아니라 채권자의 입장에서 채무자에게 파산이 실시될 때의 규칙과 그 규칙이 임의적으로 실시되지 않음을 확정할 수 있음을 가리킨다.

관련된 것으로서 주목할 법 규정은 중국 〈민사소송법〉 제264조이다. 동조는 법률효력이 발생한 법원의 판결, 재정의 피집행인이나 그 재산이 중국의 영역 외에 있는 경우 외국 법원에 집행승인신청을 할 수 있음을 규정한다. 동조에 따르면 당사자가 집행청구를 하는 경우 당사자가 관할권을 가진 외국 법원에 직접 승인과 집행을 신청하거나 중국이 체결하거나 참가한 국제조약이나 호혜원칙에 따라 중국 법원이 외국 법원에 승인과 집행을 청구할 수 있다.

9_張貝, "跨國破産的法律問題硏究", 王欣新·尹正友 주편, 『破産法論壇 第5輯』, 法律出版社, 2010. 6., 342면.

Ⅵ. 역외파산절차의 역내효력

〈기업파산법〉 제5조 제2항에 따라 외국 법원의 파산사건판결, 재정에 대하여 중국 법원은 승인과 집행의 재정을 할 수 있다. 다만, 이러한 승인과 집행이 일정한 조건을 갖추어야 함은 당연하다. 먼저 그 판결, 재정은 이미 법률효과가 발생한 외국 법원의 확정된 파산사건 판결, 재정이어야 한다.

또한 그 판결, 재정은 채무자의 중국 내 재산에 관련이 있고 중국 법원에 의하여 집행할 필요가 있는 것이어야 한다. 그리고 당해 판결, 재정의 승인과 집행에 관련된 신청이나 청구는 반드시 그 소재국과 중국 간의 쌍방조약이나 해당국과 중국이 공동으로 참가한 다변조약에 근거하거나 조약이 없는 경우 호혜원칙에 부합하여야 한다.

이러한 세 가지 조건 중 어느 하나라도 갖추지 못하면 안 된다. 이상의 세 가지 조건을 갖춘 외국의 파산판결, 재정은 중국 법원이 승인하고 집행한다. 이와 관련하여 〈민사소송법〉은 외국 법원의 판결, 재정의 중국 내 승인과 집행에 대한 근거규정을 두었다. 동법 제265조에 의하면 법률효력이 발생한 외국 법원의 판결, 재정이 중국 법원의 승인과 집행을 필요로 하면 당사자가 관할권을 가진 중국의 중급법원에 직접 승인과 집행을 신청하거나 중국이 체결하거나 참가한 국제조약이나 호혜원칙에 따라 외국 법원이 중국 법원에 승인과 집행을 청구할 수 있다. 중국 법원은 승인과 집행의 신청이나 청구가 이루어진 외국 법원의 판결, 재정에 대하여 중국이 체결하거나 참가한 국제조약이나 호혜원칙에 따라 심사한 후 다음과 같은 제한에 따라 승인과 집행을 한다(동법 제266조).

첫째, 중국법률의 기본원칙에 위반하지 않아야 하는데 중국법률의 기본원칙에 위배하는 외국의 파산판결, 재정은 중국 법원이 승인과 집행을 하지 않는다. 둘째, 중국의 주권, 안전과 사회공공이익의 원칙에 해가 되면 안 되는데 외국의 파산판결, 재정이 중국의 주권, 안전과 사회공공이익의 원칙에 해가 되면 중국 법원이 승인과 집행을 하지 않는다. 셋째, 중국 내 채무자의 합법권익을 해하지 않아야 하는데 외국 파산자에게 중국 내의 채권자가 있는 경우 그 국외파산절차는 반드시 중국 채권자에게 공평한 보호를 제공하여 그로 하여금 적절한 방식으로 외국의 파산절차에 참여할 수 있게 하고 공평한 파산재산의 분배에 참여할 수 있어야 한다. 그렇지 않다면 중국 법원은 승인과 집행을 하지 않는다. 이를 위하여 그 외국 법원은 중국 법원에 사법협조를 구하여 그 파산절차에 관하여 중국 내에 있는 재산의 보전, 채무추급, 채권신고, 채권자표결과 파산분배 등에 대하여 필요한 보조적 조치를 취할 수 있다.

제8장 국유기업의 도산과 정책적 파산[1]

Ⅰ. 서설

현재에 이르러 기업이 도산할 수 있다는 사실은 자연스러운 사회적·법률적 현상으로 받아들여지지만 사회주의를 국가운용의 기본 이념으로 하는 중국에서 기업은 국유기업 곧 국가를 의미하였으므로 오랫동안 기업도산이라는 개념이 존재할 수 없었다. 그러나 1979년에 시작된 경제체제개혁이 심화되면서 시장경제로의 체제전환에 따라 많은 사기업이 출현하고 경쟁과 적자생존 원칙에 따라 도태되어 시장에서 퇴출하기도 하였고 상당수 국유기업 등이 파산상태에 이르러 전체 경제를 위협할 수도 있는 상황이 나타났다.[2] 그럼에도 불구하고 국유기업의 파산문제는 중국이 일찍이 경험하지도, 예상하지도 못한 것이었고 국유제를 근간으로 하는 경제체제를 장기간 유지하여 온 역사적인 이유, 기업퇴출 절차의 미비 또는 제도 운영상의 난맥 등으로 인하여 이 문제를 원만히 처리하지 못하여 국가경제의 개혁과 발전을 저해한다는 목소리가 높아 1986년 〈기업파산법(試行)〉을 제정·공포하였다. 그러나 여러 사정으로 인해 동법은 모든 국유기업의 파산에 그대로 적용되지는 못하고 많은 국유기업의 파산에서는 일련의 특수정책으로서 정부 주도의 구조조정으로 이해할 수 있는 '정책적 파산'을 시행하였다. 그 후 〈기업파산법〉이 2007. 6. 1.부터 시행되어 채권채무재편, 구조조정 등을 수반하는 파산절차의 진행은 한결 투명하고 예측 가능하게 이루어지고 있으나 신법 또한 정책적 파산의 시행을 명시적으로 인정하고 있다(법 제133조).

중국은 2002년에 이미 한국의 제1 무역상대국가가 되었을 정도로 양국 간의 경제관계는 밀접하

1_이 장은 필자의 "중국 국유기업의 도산 제도", 『기업법연구(제12권 제1호)』, 한국기업법학회, 2007. 3. 31.을 수정하고 보완하여 작성하였다.

2_중국은 1992. 10. 중국공산당 제14기 전당대회에서 사회주의시장경제체제의 수립을 중국경제체제개혁의 목표로 정하였다. 정용상, "중국법상 국유기업의 회사화와 주식회사의 설립", 『비교사법(통권 제22호)』, 한국비교사법학회, 2003. 9., 388면.

고 참여한 상사주체들이 많으며 그 거래액 또한 급증하고 있다. 이러한 배경 아래, 중국의 관련 기업이 더 이상 원형대로는 존속하기 어려운 한계적 상황에 이르렀을 때 채권을 어떻게 보호받을지, 어떤 절차를 거쳐 법률관계를 정리할지의 문제가 더욱 관심의 대상이 되고 있다. 이러한 점에 비추어 보더라도 중국이 사회주의 계획경제에서 사회주의 시장경제[3]로의 변환과정에서 실시한 국유기업 파산제도 관련의 특수한 면을 살펴보는 것은 중국 도산제도의 이해를 위하여 여전히 필요하다.

이 장에서는 〈기업파산법(試行)〉이 규정하는 국유기업의 파산제도, 일부 특례의 실시가능성을 규정한 동법 제4조와 제43조 등을 근거로 시행된 정책적 파산, 〈기업파산법〉과 정책적 파산의 관계 등을 순서대로 고찰한다.

Ⅱ. 〈기업파산법(試行)〉과 국유기업의 파산

1. 기업파산법규

가. 〈기업파산법〉 시행 이전 중국의 도산제도 기본법률로는 〈기업파산법(試行)〉이 있는데 동법은 국유기업에 대하여만 적용된다. 그러나 그 규정내용이 지나치게 원칙적이어서 적용에 어려움이 많았고 그 외에도 법률적 효력을 가지는 보충적 규범들이 등장하여 도산제도의 법원으로서 작용하였는데, 앞서 언급한 바와 같이 이러한 것으로는 최고인민법원이 1991. 11. 공포한 파산법의견, 1997. 3. 공포한 파산법통지와 2002. 7. 공포한 파산법규정, 기타 국무원규정과 地方性 法規 등이 있다.

나. 〈기업파산법(試行)〉의 문제점

1984년 제6회 인민대표대회에서 〈기업파산법(試行)〉이 제안되었는데 파산문제의 민감성, 계획경제관념의 속박으로 인하여 격렬한 논쟁이 있었다. 1984. 10. 중국공산당의 제12기 3중전회[4]는

3_사회주의 시장경제라는 개념에 대하여, 등소평은 1992년 南方巡視에서 “계획경제는 사회주의에 있고, 시장경제는 자본주의에 수반한다는 구별은 현실적으로 적합하지 않으며 어느 쪽이던 간에 사회주의와 자본주의의 본질적인 차이가 아니다.”라고 말한 바 있다. 최영택, “중국의 경제개혁과 법제정비에 관한 검토”, 『서경대학교 논문집 Vol 22 No.1』, 1994., 4면. 이에 대하여 사회주의시장경제라는 것은 사회주의의 기본제도(공유제를 주체로 하면서 여러 종류의 경제 구성요소를 인정하는 것 등)와 하나로 결부되는 것이고, 국가의 거시적 규제의 토대 위에서 시장의 자원배치에 대해서 기초적인 역할을 하게 하는 것에 지나지 않는 것인데 사회주의와 시장경제는 이론적으로는 서로 어울리지 않는 개념이라고 할 수 있다는 학자도 있다. 송오식, “중국의 사회·경제 변화와 소유제도”, 『성균관법학(제16권 제3호)』, 성균관대학교 비교법연구소, 93면.

경제체제개혁에 관하여 '사회주의 상품경제를 발전시키기 위하여 기업으로 하여금 상대적으로 독립된 손익부담의 경제실체가 되게 하고 사회주의 경쟁과 적자생존의 원칙을 긍정'하는 결정을 하였다. 이러한 기본원칙의 확립은 도산법의 탄생을 위한 토대를 제공하였고, 1985년에 마련된 〈파산법(초안)〉과 〈기업파산법(試行)구제판법〉(초안) 등을 토대로 1986. 6. 16. 〈중화인민공화국 파산법(초안)〉이 마련되었다. 그러나 이 초안은 1949년 신중국 건국 이래 최초의 입법기관 의견불일치 및 두 차례의 미통과라는 특이한 기록을 남겼다.[5] 수많은 이들이 사회주의기업이 도산한다는 것 자체를 이해하지 못하여 엄청난 논란을 겪은 끝에 1986. 12. 2. 제6기 전국인대상위회 제18차 회의에서 법률안이 통과되었다. 〈기업파산법(試行)〉이 탄생한 80년대 중기에는 사회주의시장경제 체제의 수립이 아직 경제체제개혁의 목표로 확정되지는 않았었다.[6] 따라서 동법에는 그러한 시대적 상황이 선명히 반영되었다. 즉 ① 도산법의 기능을 확대하여 도산법을 개혁촉진의 조치로 이용하였다. ② 소유제구분에 따른 중국입법의 구습을 반복하여 민사소송법에 비국유기업의 도산변제절차를 별도로 규정함으로써 중국도산입법의 분열을 초래하였다. ③ 계획경제체제에서의 전통을 반영하여 정부행정이 도산절차에 참여하는 색채가 지나치게 농후하다. ④ 채권자와 채무자 이익의 보호가 불충분하다. ⑤ 법 규정이 지나치게 간단하고 용어사용도 비규범적이며 회생제도가 없는 등 도산절차의 운용에 적지 않은 장애가 있다.

중국의 도산법제 변천을 보면 〈기업파산법(試行)〉이 국유기업파산에 대한 행정적 관여를 가능케 하는 근거규정을 두었고 그것 등을 근거로 '정책적 파산'을 시행하다가 그동안의 경험과 연구성과를 토대로 새로운 법을 제정하였다. 따라서 〈기업파산법(試行)〉의 결함과 문제점을 이해하는 것은 나아가 '정책적 파산'에 대한 이해를 높이고 〈기업파산법〉을 이해하는 관건이 된다.[7]

중국이 도산법을 제정한 최초의 목적은 도산제도를 이용하여 경제체제개혁을 촉진하고 그것을 기업경영상황 개선의 방편으로 삼기 위해서였다. 그러나 도산법 자체는 원래 소위 '촉진법'이 아니다. 시장경제는 바로 法制경제이고 따라서 반드시 건전한 시장경제 법률체계를 세워야 한다. 도산법은 법률체계의 일부분에 불과하고 그 기능은 사회자원과 재화의 재배분을 질서 있고 공평하게 규율하여 채권자와 채무자의 권익을 보호하는 데 있다. 채무자가 채무를 변제할 수 없을 때 시장이 부정적인 영향을 받을 수 있고 연쇄반응으로 인해 국가와 사회의 이익을 해칠 수 있다. 특히 채권자들이 채무자의 재산에 대하여 각자 다른 조치를 취하여 다수 채권자 간의 형평을

4_중국 공산당 중앙위원회 전체 위원 회의로서 해당 회기의 세 번째 회의를 가리킨다.
5_北京思源事務所,『中國企業兼并与破産手冊』, 經濟管理出版社, 1993. 8., 325~327면.
6_李國光 주편,『〈企業破産法〉疑難釋解』人民法院出版社, 2006. 9., 34면.
7_湯維建,『破産程序与破産立法研究』, 人民法院出版社, 2001. 4., 468면.

해칠 수 있다. 채권자가 공평하게 변제받을 이익을 보호하기 위하여 채무자의 재산 전부를 한 개의 법정절차를 통하여 채권자에게 분배할 필요가 있다. 채무자재산의 분배는 실제로는 자원과 재화의 재배분이고 이러한 자원과 재화의 재배분이 파산이라는 부득이한 방법을 취한 것에 불과하다. 따라서 도산법의 기능을 복잡하게 하여서는 안 되고 시장경제의 수요를 충분히 고려하여 도산법과 직접 관계가 없는 기업개혁촉진의 내용을 제거하고 도산법의 입법취지를 '시장경제의 발전에 적응하고 채권자와 채무자의 권익을 보호'하는 것으로 하여야 한다.[8] 〈기업파산법(試行)〉 제정 과정에서 도산법의 의의가 지나치게 과장된 반면에 소극적인 측면은 제대로 이해되지 못하였다. 그 때문에 도산법의 실시 과정에서 기업소멸과 근로자실업이 생기자 많은 사람들이 도산법의 기능을 회의하게 되어 결과적으로는 도산제도가 부담하여서는 안 되는 과다한 부담을 떠안게 하였다.[9] 전술한 대로 1990년대 초부터 국무원이 도산에 관한 많은 법규를 반포하였고 각 지방도 거의 모두 별도의 도산법규를 갖고 있는데 이들이 실제적으로는 〈기업파산법(試行)〉을 대체하였다.[10] 중국의 도산사법실무에서 정부의 동의와 협조가 없다면 근본적으로 국유기업에 대한 도산절차는 진행할 방법이 없다. 국무원규정에 따라 일부 국유기업에 대하여 '정책적 파산'을 시행하는 것 외에도 많은 경우 정부는 도산신청 여부의 결정자이면서 구체적인 도산절차의 진행자이기도 하다. 국유기업은 왕왕 먼저 정부가 근로자를 위한 출로를 찾고 은행과 채무문제를 협의하고서야 비로소 절차에 들어갈 수 있다. 절차진입 후에도 정부는 청산조 등 각 방면에서 중요한 작용을 하는데 지방보호주의에 빠지는 경우도 적지 않다.[11] 이 때문에 〈기업파산법(試行)〉의 도산절차는 실제적으로는 형해화되었다. 법원이 도산사건을 심리하는 데에도 동법에 앞서 사법해석을 먼저 적용하였다. 결국 중국의 〈기업파산법(試行)〉은 이미 수정하지 않으면 안 되게 되었고 번성해 가는 중국의 현재 시장경제하에서 이를 잠시도 늦출 수 없게 되었다.[12] 이러한 가운데 〈기업파산법〉이 2006년 제정되어 시행된 것이다.

8_北京思源事務所, 『中國企業兼并与破産手冊』, 經濟管理出版社, 1993. 8., 493, 494면.

9_李永軍, 『破産法律制度』, 中國法制出版社, 2000. 1., 23면.

10_〈기업파산법(試行)〉과 민사소송법의 관련 규정이 원칙적 규정이어서 실체권리면이나 절차적용면에서 모두 부족하다. 따라서 최고인민법원이 1991. 11. 7. 발포한 파산법의견, 1992. 7. 13. 발포한 〈중화인민공화국민사소송법 적용의 약간 문제에 관한 의견〉(最高人民法院關于适用〈中華人民共和國民事訴訟法〉諸干問題的意見), 2002. 7. 30. 공포한 파산법규정 등이 파산사건심리 중의 문제에 대하여 비교적 상세한 사법해석을 하였고 이로써 파산절차의 정확한 실시를 보장하고자 한 것이라고 한다. 孫應征 주편, 『破産法-法律原理与實証解析』, 人民法院出版社, 2004. 1., 11면.

11_李曙光 등, 『中國企業破産与重組』, 人民日報出版社, 1996. 9., 13면, 李永軍, 『破産法律制度』, 中國法制出版社, 2000. 1., 26면에서 재인용.

12_付翠英 편저, 『破産法比較研究』, 中國人民公安大學出版社, 2004. 12., 95면, 湯維建, 『破産程序与破産立法研究』, 人民法院出版社, 2001. 4., 490면.

다. 중국도산제도의 기본이념

〈기업파산법(試行)〉은 제1조에서 "사회주의의, 계획 있는 상품경제의 발전과 경제체제개혁의 수요에 부응하고, 전민소유제기업의 자주경영을 촉진하며 경제책임제와 민주관리를 강화하고 경영상황을 개선하며 경제효과와 이익을 높이고 채권자와 채무자의 합법적 권익을 보호하기 위하여"라고, 그리고 제4조에서 "국가는 각종 방법을 통하여 파산기업 근로자들의 재취업에 대해 적절하게 계획을 세워 처리하고 재취업 전의 기본적인 생계수단을 보장하며"라고 명시하였다. 우리의 도산제도와 비슷해 보이기는 하나 국가이념을 강조하고 근로자 보호를 중시한다는 점에 주목하여야 한다. 이로부터 중국 특색을 가진 많은 제도들이 만들어지고 운영방향이 정해진다. 따라서 이러한 이념성 규정을 염두에 두어야 한국과는 다른 중국의 도산법의 내용과 관련 제도를 이해하고 파악하는 데 도움이 된다.

〈기업파산법(試行)〉의 적용대상은 전민소유제기업, 즉 국유기업에 한정되고(제2조, 이하 이 장에서 〈기업파산법(試行)〉의 법조문을 인용하는 경우에는 구법 제*조라고만 한다) 다른 기업법인에 대하여는 민사소송법의 절차가 적용된다. 파산법의견은 집체기업, 연합경영기업, 개인기업 및 중국에서 설립한 중외합자경영기업, 중외합작경영기업과 외자기업 등이 법인자격을 갖추었으나 전민소유제기업이 아닌 경우에는 민사소송법을 적용하도록 규정한다.[13] 역시 법률상의 경제주체인 비법인기업, 개인상공업자, 농촌도급경영자, 개인조합 및 개인에 대한 파산절차는 규정되어 있지 않은 것이다.

구법과는 달리 〈기업파산법〉은 그 적용대상을 국유기업에 국한하지 않고 모든 기업법인으로 확대하였으나 개인은 역시 제외한다. 신법의 제정과정에서도 법인 아닌 기업과 개인에 대한 파산절차의 적용 여부는 뜨거운 쟁점이 되었는데 향후 적용범위를 확대할 것으로 생각된다.

2. 파산절차의 개시

〈기업파산법(試行)〉에 의하면 기업이 부실한 경영관리로 인하여 엄중한 손실을 초래하여 변제기에 있는 채무를 변제할 수 없을 때 파산절차가 개시된다(제3조). 이에 대하여 엄중한 손실이라는 불확정 개념을 파산원인으로 하는 것은 적합하지 않다는 비판이 있어 왔다.[14] 실제로 동법의 적용에

13_중국법상 민사주체는 자연인과 법인으로 구분되고 민사주체로 인정되는 개인상공업자, 농촌도급경영자, 단독자본사영기업, 개입조합, 조합사영기업이 자연인의 범주에 포함되고, 법인은 그 목적과 성질에 따라 영리성의 기업법인과 비영리성의 기관법인, 사업단위법인, 사회단체법인으로 나뉘므로 위 각 민사주체의 하나인 기업법인 중 국유기업만이 적용대상임을 주의하여야 한다. 강효백 편저, 『중국법통론』, 경희대학교출판국, 2005. 8., 24면, 사법연수원, 『외국 법과목 중국법』, 2006. 8., 105면.

있어서 사법·행정상의 자의가 개입할 여지가 지나치게 크다. 이러한 비판 등을 감안하여 〈기업파산법〉이 '기업법인이 변제기에 있는 채무를 변제할 능력이 없는 경우 자산이 채무의 전부를 변제하기에 부족하거나 변제능력을 결여한 것이 분명한 경우' 혹은 '변제능력을 상실할 가능성이 있는 경우'를 파산절차개시의 원인으로 규정하여 법률운용의 투명성과 객관성을 제고하였음은 전술한 바와 같다.

파산사건은 채무자 소재지, 즉 기업법인주소지의 법원 합의정이 관할하고, 심급은 해당기업의 등기를 관할하는 공상행정관리기관의 등급에 상응하게 정해진다. 파산신청은 채권자가 할 수도 있고 상급주관기관의 동의를 받은 채무자가 할 수도 있는데(구법 제8조) 비록 국유기업이라고는 하나 절차의 진행에 행정관여의 가능성이 지나치게 크다는 문제점이 있다. 파산신청 심사수리제를 채택하여 법원은 신청접수 후 심사하여 7일 이내에 수리 여부를 결정하는데 신청인은 파산신청기각재정에 대하여만 불복할 수 있다. 사건수리 후 일정한 기한 내에 관계인에게 통지 및 공고, 자료제출을 하도록 규정한다.

법원의 파산신청수리 이후부터 채무자는 재산보전의무, 법원에 대한 설명 및 관련 자료의 제출의무, 채권자회의에 대한 설명의무 그리고 채권자의 개별적 청구에 응해서는 안 되는 의무를 부담한다. 채권자는 파산절차만을 통하여 권리를 행사할 수 있고 담보채권자도 원칙적으로 파산선고시까지는 우선권을 행사할 수 없으며[15] 채무자의 거래은행은 계좌의 예금 등을 기존 대출금의 상환에 충당할 수 없다. 그 외 채무자기업의 재산에 관련된 민사소송절차는 중지되거나 종결되고 민사집행절차와 보전절차는 중지된다. 파산사건의 수리시부터 파산선고시까지의 기간에는 채무자가 재산을 자유로이 관리하고 파산선고 이후에만 청산조가 재산을 인수하도록 규정하므로(구법 제24조) 채무자가 재산을 은닉하거나 낭비할 여지가 있다.[16] 이에 따라 신법은 관리인제도를 신설하였다.

〈기업파산법(試行)〉에 의하면 채권자는 법원의 통지 수령 후 30일 내에, 통지를 받지 못한 경우에는 공고일로부터 3개월 내에 법원에 채권을 신고한다(제9조). 신고기한을 넘기는 경우 파산절차에서의 권한을 포기한 것으로 보지만 그 외의 민사권한은 영향을 받지 않는다. 예컨대 채무자의

14_李永軍, 『破産法律制度』, 中國法制出版社, 2000. 1., 50면.

15_파산법의견 제39조 제2항이 "담보물권자는 파산사건의 수리 후부터 파산선고 전까지 법원의 동의를 거치지 않고서는 우선변제권을 행사할 수 없다."고 규정한다. 일부 중국학자들에 의하면 이 기간에 담보권을 행사하려면 법원의 허가나 동의를 받아야 한다고 한다. 王衛國, 『破産法』, 人民法院出版社, 1999. 12., 65면, 孫應征 주편, 『破産法-法律原理与實証解析』, 人民法院出版社, 2004. 1., 194면. 〈기업파산법(試行)〉이 담보권자의 우선변제권을 인정하면서도 한편 근로자임금채권에 비하여는 후순위인 점 등을 감안한 것으로 보이기도 하지만 법률이 담보권의 우선변제권을 인정하는 이상 위와 같은 규정과 해석은 의문이 아닐 수 없다.

16_王衛國, 『破産法』, 人民法院出版社, 1999. 12., 199면.

임의적 변제가 부당이득을 구성하지는 않게 된다. 채권의 증명자료 심사, 담보의 유무와 그 액수의 확인은 채권자회의의 직권이다(구법 제15조). 위와 같이 채권신고기한과 채권자회의에서의 확정 등 비교적 간단한 내용만을 규정하여 사법실무운용상 부족한 점이 있었는데 신법은 상세한 절차규정을 두어 이를 보충하였다.

파산절차는 법원이 주도적 지위에서 진행하지만 채권자의 권익보호와 채무의 공평한 청산에 그 뜻이 있으므로 채권확인, 채무자와의 화의, 파산재산의 환가와 분배 등에 관한 채권자회의의 결의는 절차진행의 중요 근거가 된다. 신고한 모든 채권자가 채권자회의의 구성원이 되는데 담보채권자의 경우 우선변제권을 포기하여야 하고 채무자의 보증인은 채무자를 대신하여 채무를 변제한 후 채권자로서 의결권을 행사한다. 채권자회의의 의장은 법원이 지정한다(구법 제13조).

채권자회의의 기본적인 직권은 채권의 심사와 확인인데 채권자회의의 확인과 부인 등에 대하여 이의가 있는 자는 법원에 결의취소 및 재결의명령을 청구할 수 있다. 채권자회의는 채무자가 제출한 화의안을 검토하고 수용 여부를 결정한다. 〈기업파산법(試行)〉은 채권자회의의 직권에 관하여 간략한 규정만을 두어 논란의 여지가 있었다. 신법은 이러한 점을 개선하여 채권자회의의 직권을 상세히 규정하였다. 제1차 채권자회의는 법원이 소집하나 그 후에는 법원, 의장, 청산조 또는 파산채권(담보채권 제외) 총액의 1/4 이상을 갖는 채권자의 요구에 따라 소집되며, 그 결의는 출석한 의결권자 과반수 이상의 찬성 및 찬성자의 채권액수가 담보 없는 채권총액의 반수 이상이어야 유효하다. 다만, 화의안에 대한 결의는 위 채권총액에 대한 요건을 강화하여 2/3 이상으로 하였다. 위 채권자회의의 결의가 위법하다고 인정하는 채권자는 법원에 재정을 신청할 수 있다.

3. 파산선고

가. 파산선고

파산선고로 인하여 청산절차가 개시되고 파산선고 후 화의신청은 허용되지 않는다. 채무자는 재산과 사무에 대한 관리권을 상실하고 청산조가 이를 인수한다. 채무자의 법정대표는 청산목적달성을 위한 일정한 의무를 부담한다.

파산의 원인이 있는 경우에도 파산선고 전 채권자와의 협의를 통해 화의에 성공하거나 일정한 경우 파산선고를 면할 수 있는데 공용기업과 국가민생에 중대한 관계가 있는 기업이 정부의 지원 등을 받아 채무를 변제한 경우와 담보를 취득하여 파산신청일로부터 6개월 내에 채무를 변제한 경우이다(구법 제3조). 역시 국가행정기관이 파산절차에 지나치게 개입할 여지가 많아 문제의 소지가 있다.

나. 청산조

청산조는 파산관재인이라고도 하는데 파산청산사무의 책임자이자 집행기구로서 파산재산의 보관, 정리, 가치평가, 처리 및 분배의 업무를 처리하는 기구이고 법원이 파산선고 후 15일 내에 채무자기업의 상급주관부서, 정부재정부서 등 관련 부서와 전문가 중에서 지정한다(구법 제24조). 청산조는 법원에 대하여 책임을 지고, 보고하며 법원의 감독을 받는데 법원은 청산조의 직무를 해제하거나 새로 지정할 수 있다. 청산조의 결정에 불만이 있는 채권자는 법원에 취소를 신청할 수 있다. 청산조의 구성을 보더라도 파산절차에의 행정간여가 지나칠 여지가 있고 기업경영을 맡지도 않았던 청산조가 파산절차에 소극적일 가능성이 있다. 〈기업파산법〉이 청산조를 대신할 관리인제도를 신설한 것은 이를 개선하고자 하는 측면도 있다.

다. 파산채권

파산채권은 파산선고 전의 원인으로 발생한 것으로서 파산절차를 통하여 파산채무자의 재산으로부터 공평하게 변제받을 수 있는 청구권이다. 〈기업파산법(試行)〉은 파산선고 전에 성립한 무담보채권과 우선변제권을 포기한 담보채권을 파산채권으로 규정하는데(제30조) 무담보채권, 우선변제권을 포기한 담보채권, 담보채권 중 담보목적물로 변제되지 아니한 부분, 보증인이나 연대채무자의 구상권, 위 채권의 파산선고일까지의 이자채권, 어음발행인이나 배서인이 파산선고 사실을 모르고 어음금을 지급하거나 어음을 인수하여 발생한 채권, 청산조의 계약해제 결정으로 인하여 발생한 계약상대방의 손해배상채권이 이에 해당한다.

라. 파산재산

파산재산은 파산선고시로부터 파산종료시까지 채무자가 소유한 것으로서 파산절차를 통해 분배되는 전체 재산이다. 파산선고시 파산기업이 경영관리하는 재산 전체, 파산기업이 파산선고 후부터 파산절차종료시까지 취득하는 재산과 파산기업이 행사하여야 하는 기타 재산권이 파산재산으로 된다(구법 제28조). 다만, 채무담보를 위하여 제공된 담보물은 제외되고 담보물의 가치가 피담보채무액을 초과하는 경우의 초과부분은 파산재산에 속한다.

파산재산과 관련해서 이해관계인의 이해 조정, 파산채권자의 공동이익 추구를 위하여 환취권, 별제권, 상계권, 무효 · 취소행위 등이 규정되어 있다. 환취권이란 청산조가 접수·관리하는 파산채무자의 재산 중에서 파산채무자의 소유에 속하지 아니하는 재산에 대한 환취청구권을 말하는데 당해 재산의 권리자가 청산조에 대한 청구 등을 통하여 행사하도록 규정하였다(구법 제29조).

별제권은 채권자가 파산절차에 의하지 아니하고 파산재산 중의 특정재산으로부터 우선적으로 변제받을 수 있는 권리인데 〈기업파산법(試行)〉은 "파산선고 전에 성립한 재산담보가 있는 채권의 경우 채권자는 당해 담보물로부터 우선적으로 변제받을 권리를 가진다."라고 규정한다(제32조). 위 재산담보권에는 저당권, 질권, 유치권 등이 포함된다. 담보물의 가액이 피담보채권에 미치지 못하는 경우 해당 부족분에 상응하는 채권은 일반 파산채권이 된다. 채권자가 파산기업에 대하여 채무를 부담하는 경우에는 파산청산 전에 상계를 주장할 수 있다(구법 제33조). 파산채권자가 파산선고 후 파산채무자에 대하여 부담하는 채무, 파산선고 후 파산채무자에 대한 채무자가 양수한 제3자의 채권, 파산채권자가 파산채무자의 지급정지 또는 파산신청 사실을 알고 부담한 채무는 상계할 수 없다. 무효 · 취소행위는 파산채무자가 파산절차 시작 전의 일정 시기에 한 것으로서 공평원칙에 위배되고 채권자의 공동이익을 해하는 재산처분행위를 부인하고 관련 재산을 청산조가 파산재산에 포함시키는 제도를 가리킨다. 〈기업파산법(試行)〉은 파산사건수리 전 6개월부터 파산선고시까지 한 행위 중 재산의 은닉, 임의분배 또는 무상양도, 비정상적인 염가매각, 무담보채권에 대한 담보제공, 이행기 미도래 채권에 대한 사전 변제, 채권의 포기를 무효행위로 규정한다(제35조). 위 규정은 성질이 다른 행위를 일률적으로 취급하고 있어서 통일적이고 객관적인 해석에 있어서 혼란을 초래할 가능성이 있다. 신법은 관리인이 법원에 취소를 청구할 수 있는 경우와 무효로 하는 행위를 구분하여 규정하고 관리인이 이를 통하여 관련 재산을 회복할 권한이 있음을 명시하고 있다. 또한 〈기업파산법(試行)〉은 미이행쌍무계약과 관련하여 청산조가 미이행계약에 대하여 이를 해제하거나 계속 이행할지 여부를 결정할 수 있다고 규정한다(제26조). 그 내용이 지나치게 간단해서 구체적인 절차진행에 있어서 혼란을 초래할 여지가 있었다. 신법은 이를 개선하여 관리인의 선택권, 상대방의 관리인에 대한 결정 최고권, 담보제공 등에 관하여 보다 구체적으로 규정하였다.

파산재산에 관련된 중국의 특수한 문제로 토지사용권과 국유기업이 개설한 사회공익사업과 복리시설의 처리가 있다.[17] 토지사용권이 파산재산에 편입되는가 여부는 국유토지사용권과 집체소유토지사용권의 구분, 국유토지사용권의 설정방식이 획발인지 출양인지에 따라 다르다. 먼저 국유토지사용권에 관하여 보면 획발토지사용권은 양도, 임대 및 저당설정이 금지되나 출양토지사용권은 그러한 제한을 받지 않는다. 따라서 사용권자가 파산하여도 획발토지사용권은 파산재산에 편입될 수 없고 국가가 이를 회수하여 파산절차와는 별도로 획발 또는 출양하는데 이때의 출양대가는 지방재정에 교부된다. 이에 반하여 양도 등이 가능한 출양토지사용권은 파산재산에 편입된다.

17_王衛國, 『破産法』, 人民法院出版社, 1999. 12., 143면 이하. 이러한 처리의 근거는 파산법규정(제71조, 제80조, 제81조)과 후술하는 '정책적 파산' 관련 법규 등이다.

건축물이 있는 경우 토지사용권은 건축물의 양도에 수반되나 처분 후 따로 계산하여 상술한 구분에 따라 처리된다. 국유기업의 도산시에는 그 토지사용권의 설정방식을 불문하고 토지사용권의 출양과 양도로 얻은 수익은 파산기업근로자의 재배치에 사용되도록 하고 있다. 집체소유토지사용권의 경우 개인이 갖는 농지나 택지에 대한 사용권은 파산재산이 되지 않고[18] 건설용지사용권은 파산재산에 편입된다. 다만, 파산기업의 전체 집합재산 혹은 지상건축물과 분리되어 별개로 이전되지는 않는다. 국가가 국유기업 등에 분배하여 개설한 학교, 병원, 幼托園,[19] 근로자숙소 등의 사회공익사업과 복리시설은 국가가 직간접적으로 투자한 것이고 사회적 중요성이 크므로 유지 필요성이 없는 경우 외에는 파산재산에 편입되지 않는다. 국유기업이 파산하는 경우 위와 같은 사회공익사업과 복리시설은 자산과 채무를 포괄한 일체를 소재지 정부가 인수하여 관리한다. 토지사용권 및 사회공익사업과 복리시설의 처리문제는 국유제를 근간으로 하는 소유제도와 사회주의 정치제도에서 기인하는 것으로서 주로 후술하는 정책적 파산에 관련된 문제이다. 도산법의 기본원칙에 따르지 않고 특별 취급하는 것은 선뜻 수긍하기 어려운 면이 있으나 중국이 토지의 국유제와 사회주의를 여전히 국가의 근본제도로서 유지하고 있으므로 그 내용은 〈기업파산법〉의 시행에도 불구하고 한동안 대부분 그대로 유지될 것으로 예상된다.

마. 환가와 충당

파산채권을 변제하기 위해서는 비금전형태의 파산재산을 금전형태로 전환시켜 파산청산 및 분배의 편리를 도모하여야 한다. 청산조가 마련한 환가방안을 채권자회의의 결의와 법원의 재정을 거쳐 확정한다. 일체를 이루는 설비는 원칙적으로 함께 매각하여야 하고, 유통제한물인 파산재산은 국가 지정의 부서가 매수한다. 확정된 분배방안에 따라 우선적으로 파산비용을 지급한 후 법정순서대로 변제에 충당한다. 〈기업파산법(試行)〉이 규정하는 청산순위는 ① 파산기업이 체불한 근로자의 임금 및 노동보험비용 ② 체납세금 ③ 파산채권의 순서인데 순위가 같은 채권 전체의 변제충당에 부족한 경우는 비율에 따라 분배한다(제37조). 이 내용 중 주의를 끄는 것은 제1순위 채권이다. 제1순위에 해당하는 체불임금이나 노동보험비용의 범위가 제한되어 있지 않아 그 규모가 무한정 증가할 수도 있는데 파산기업이 오랫동안 임금 등을 체불하여 왔다면 채권자들은 사실상 아무런 보호를 받을 수 없게 된다. 노동자보호를 중시하는 중국도산입법의 한 특징적인 면이기는 하나 채권자 간 이해의 공평한 조정이라는 도산법제의 이념에 비추어 볼 때 적지 않은 의문을 야기하는 부분이다.

18_개인파산제도가 없고 일반적으로 위 사용권은 강제집행의 대상이 되지도 않는다.
19_탁아소나 유아원에 해당한다.

바. 파산절차의 종결

파산재산이 파산비용을 전부 지급할 수 없는 경우, 파산재산의 분배가 완료된 후 청산조가 종결을 신청하는 경우, 파산기업이 정돈을 거쳐 화의내용에 따라 채무를 변제한 경우 법원이 파산절차를 종결한다. 파산절차가 종결되면 청산조는 파산기업등기를 말소하고, 법원은 청산조를 해산한다. 파산절차에 따라 청산되지 못한 채권은 실효된다(구법 제38조).

4. 화의와 整頓

〈기업파산법(試行)〉 제4장이 규정하는 중국의 화의절차는 정돈과 결합한 독특한 형태의 것이다. 중국 〈기업파산법(試行)〉의 특색이기도 한 화의절차를 살펴보면 중국이 일부 국유기업에 대하여 적용하고 있는 '정책적 파산'의 이념적 기초가 〈기업파산법(試行)〉 제정 당시에 이미 존재하였던 것을 알 수 있다. 즉, 도산법제를 마련할 당시에 이미 사법절차로서의 도산제도와는 구별되는 행정적 과정을 예정하고 있었고 이를 법률에 반영한 것이다. 화의와 정돈의 결합은 채권자가 신청하는 파산절차에만 적용된다. 정돈이란 기업의 상급주관부서가 기업의 경영관리를 개선하고 기업의 효율성을 제고하기 위하여 취하는 일련의 행정조치이다. 정돈은 화의의 전치절차적 성격을 갖는다. 따라서 기본적으로는 사법절차인 파산절차에 행정적 관여가 지나치거나 절차진행의 투명성이 저해될 우려가 있다. 이러한 점을 감안하여 〈기업파산법〉은 기존의 화의제도를 개선하여 정돈제도를 폐지하고 법원의 감독하에 채무자에게 절차의 주도권을 인정하였다. 〈기업파산법(試行)〉은 직접 화의를 신청하지는 못하게 하고 파산신청이 있은 후 일정한 요건을 갖춘 경우에 비로소 화의를 진행하도록 하였다. 그에 반하여 〈기업파산법〉은 채무자가 직접 화의를 신청할 수 있고 파산신청수리 후 파산선고 전에도 화의를 신청할 수 있도록 하였다.

채권자가 파산신청을 하는 경우 법원의 신청수리 후 3개월 내에 피신청기업의 상급주관부서는 법원과 채권자회의에 정돈을 신청하고 정돈방안을 제출한다. 정돈기한은 2년을 한도로 한다. 정돈신청 후 피신청기업이 채권자회의에 화의안을 제출한다. 채무자기업이 제출한 화의안을 채권자회의가 의결하면 화의협의가 성립한다. 동 협의는 법원의 인가를 거쳐 법원이 공고하는데 공고일로부터 발효하고 파산절차는 중지한다. 화의협의 발효 후 기업은 상급주관부서의 주관하에 정돈을 한다. 정돈방안은 근로자대표회(기업직공대표대회)의 토론을 거쳐야 하고, 정돈현황은 근로자대표회와 채권자회의에 보고해야 한다. 정돈기간 중에 화의협의를 진행하지 않는 경우, 재무상황의 계속적인 악화로 채권자회의가 정돈종료를 신청하는 경우, 사기파산행위로 채권자의 이익을 현저히 해치는 경우에 법원은 정돈절차를 종결하고 파산을 선고한다. 정돈절차를 거쳐 채무자기업이 화의협의에 따라 채무를 변제할 능력이 충분한 경우 법원은 파산절차를 종결하고 공고하여야 한다. 절차종결 후 채무자가 이행을 거절하거나 화의협의내용을 이행할 수 없는 경우에는 채무자의 이행부분은 유효하나 화의협의에서 한 채권자의 양보는 효력을 상실한다. 정돈기한만료 후 채무자 기업이 화의협의에 따라 채무를 변제할 수 없는 경우 법원은 파산을 선고하고 통상의 파산절차에서와 같이 채권을 신고하는 절차를 다시 진행한다.

정돈을 전제로 한 이러한 화의절차는 문제점이 많다. 채권자는 기업정돈방안에 대한 결정권이 없고 기업의 경영자가 정돈절차에서 완전히 배제되며 기업근로자에게 정보접근권과 건의권은 인정되나 결정권은 없고 법원이 기업정돈절차를 완전히 주관하지는 않아 채권자는 기업정돈을 신뢰하지 않고 따라서 사전에 채권자와 화의협의를 달성하기가 극히 어렵다. 그런데 법 규정상 화의협의를 이루지 못하는 경우 정돈을 진행할 수 없다. 그 외에 정돈절차는 주관부서로 하여금 정돈절차진행의 권한을 갖게 하는 것 외에 재정부담을 포함한 각종 부담과 실패의 위험을 안게 하여 일반적으로 책임 있고 적극적으로 정돈을 진행하려는 동기를 갖지 않게 된다. 실제로도 기업·정부불가분의 이러한 정돈절차는 실행가능성이 없는 것으로 나타났다.[20] 일부 학자는 파산채권자가 주동적으로 화의를 할 수 없고 채권자의 파산신청에 달려 있으며 정돈을 화의의 수단으로 함으로써 화의와 구조조정 간의 관계 및 제도독립의 가치를 흩트렸고 관리인에 해당하는 청산조가 책임과 권한을 함께 갖는 조직이 아니라 직책만 있을 뿐 책임기제가 제대로 확립되어 있지 않고 각 정부부서로부터 인선된 까닭에 채권자 이익의 보호작용을 충분히 하기는 어렵다고 보았다.[21]

Ⅲ. 정책적 파산

1. 의의

원칙적으로는 모든 국유기업에 〈기업파산법(試行)〉이 적용되어야 한다. 그런데 동법은 근로자의 재배치와 생활보장에 관하여 국무원이 별도로 규정하도록 한(제4조) 외에도 동법 실시의 구체적

20_王衛國, “論重整制度”, 2004. 10., 法大民商經濟法律网(http://www.ccelaws.com/int).

21_李永軍, 『破産法律制度』, 中國法制出版社, 2000. 1., 23면, 24면, 湯維建, 『破産程序与破産立法研究』, 人民法院出版社, 2001. 4., 490면, 徐永前 주편, 『〈企業破産法〉講話』, 法律出版社, 2006. 9., 314면. 화의와 정돈은 입법체제상 조화를 이루지 못 하는 측면이 있고 정부행정의 간여색채가 지나치며 경직된 절차는 화의정돈제도의 유연한 적용을 방해하고 화의절차에 있어서 법원의 역할을 약화시켰다.

인 방법과 절차는 국무원이 규정하는 것으로 하였다(제43조). 〈기업파산법〉도 유사한 규정을 두고 있는데 결국 국유기업 파산에 관한 특례 인정의 근거를 둔 것이다.

중국기업의 체제와 구조조정 등의 과정에서 일부 국유기업이 경영상의 곤란을 겪고 파산청산을 할 필요가 생겼으나 국유기업은 중국의 경제발전과 개혁개방에 큰 역할을 하였고 강력한 동력이며 역사상의 이유 등으로 인하여 그에 대한 파산절차의 진행은 매우 어려운 문제이다. 특히 근로자의 재배치문제가 가장 어렵다. 과거 수십 년간 상당 부분의 국유기업이 국가체제 건설의 책임을 부담하였고 수입을 전부 국가에 납부하였던 까닭에 자금사정이 여의치 않아 시장변화에 유연하게 적응하기 어렵고, 많은 근로자들이 노령화하여 폐업파산을 한다 하더라도 재배치비용을 부담하기 어려운 상황에 처하였다. 이 때문에 중국은 대형기업, 자원고갈기업, 軍工기업의 파산 일부에 대하여 특수정책 즉 무상획발을 통하여 취득한 토지사용권의 환가금을 우선적으로 근로자재배치에 사용하는 정책[22] 등을 실시하였다.[23] 초기에는 특혜라는 지적이 있었으나 이 정책실시가 나름대로 현저한 성공을 거둔 것으로 평가됨에 따라 널리 지지를 받게 되었다. 정책적 파산이라고 하는 이러한 일련의 특례는 국유기업의 일부에 대해서만 적용한다.

계획경제체제하에서는 국유기업이 중국기업의 주된 형태였다. 중국경제의 형성과 발전에 매우 큰 역할을 하였으나 체제개혁의 심화와 시장경제체제의 형성에 따라 중대한 변화가 생겼는데 개인사영경제, 외상투자경제, 혼합경제 등의 비국유경제가 빠르게 발전하기 시작하여 국유기업과 여러 면에서 시장경쟁을 하였다. 체제개혁으로 정부가 직접 기업을 경영하는 방식을 개선하여 점차적으로 자율권 부여, 감세, 지원의 대출전환, 대출의 투자전환, 임대와 도급의 확대 등을 통하여 기업으로 하여금 독립한 시장주체가 되어 시장논리에 따라 운영하게 하였다. 그런데 국유기업 일부는 계획경제체제하에서의 이윤 전부 납부, 설비노후화, 기술부족, 인력의 노령화, 과중한 사회적 부담으로 인하여 시장과 체제의 전환에 적응하기 어려웠고 자원고갈 등으로 인해 경영곤란에 처하기도 하여 파산절차를 진행할 필요가 생겼다. 시장경제조건하에서는 기업이 변제기에 있는 채무를 변제할 수 없고 경영곤란에 처하는 경우 법정절차에 따라 파산을 신청하고 채무를 청산하며 기업을 해체하는 등의 방법으로 위기를 해결하고 관련자들로 하여금 무거운 부담으로부터 벗어나게 한다. 그러나 국유기업의 경우 적잖이 많은 기업이 이미 파산한계에 직면하였지만 근로자재배치문제를 해결하기 어려워 정상경영을 하지도, 순조롭게 시장에서 퇴출하지도 못한 채 국가와 기업으로 하여금 무거운 부담을 지게 한다. 1986년 이래 〈기업파산법(試行)〉을 만들고 국유기업도 파산할

22_근로자재배치 등의 공법적 문제의 해결책을 〈기업파산법(試行)〉에서 규정하여 파산법의 본래적 의의를 약화시키기보다는 고용시장의 유연성 제고나 실업보험의 마련 등 다른 제도를 통하여 해결하는 것이 바람직하였을 것이다.

23_徐永前 주편, 『〈企業破産法〉講話』, 法律出版社, 2006. 9., 74면.

수 있다는 관념을 점차 갖게 되었으나 동법에 따라 파산절차를 진행한 기업은 매우 적다. 이러한 배경과 동법 제4조, 제43조 등을 근거로 중국은 1994년 상해, 천진 등 18개 시에서 기업자본구조의 우량화 시험사업을 전개하여 국유기업의 적자생존기제의 수립을 꾀하였다. 이러한 과정을 거쳐 일부 국유기업의 합병파산과 관련하여 시행하기 시작한 일련의 특수한 정책이 바로 정책적 파산 또는 계획파산이다.

정책적 파산의 법적 근거로는 〈기업파산법(試行)〉 제4조, 제43조(〈기업파산법〉 제133조도 유사한 취지의 규정을 두었다) 이외에 국무원이 1994. 10. 공포한 〈몇몇 시에서 시험 실시하는 국유기업파산 유관 문제에 관한 국무원통지〉(國發[1994]59號, 이하 '국무원통지'라고 약칭한다),[24] 1997. 3. 공포한 〈몇몇 시에서 시험 실시하는 국유기업합병파산과 근로자재취업 유관 문제에 관한 국무원보충통지〉(國發[1997]10號, 이하 '국무원보충통지'라고 약칭한다)[25] 등을 주요한 것으로서 열거할 수 있다. 최고인민법원이 2002. 7. 공포한의 파산법규정 제105조는 국가계획조정에 편입되는 기업의 파산사건에는 국가의 기업파산 상관 규정 등도 적용하여야 한다고 규정하여 〈기업파산법(試行)〉 외에 국무원규정을 준수하도록 다시 한 번 밝히고 있다.[26]

2. 정책적 파산의 특칙

가. 국무원통지

국유기업에 대한 정책적 파산은 처음에는 1994년 18개 시에서 시험적으로 시행되다가 점차 실시범위를 확대하였다. 1994. 10. 당시 상해, 천진 등 18개 시의 자본구조우량화 시험사업에 맞추어 국무원은 〈기업파산법(試行)〉과 기타 법률, 행정법규 등에 근거하여 위 국무원통지를 공포하여 오랫동안 국유기업의 골칫거리이던 근로자재배치와 은행채권 처리 등에 대하여 구체적으로 규정하였다. 다음에서 보듯이 정책적 파산의 주안점은 근로자재배치, 국유토지사용권 처리, 행정수단의 사용 등에 있다.

(1) 파산기업 소재시의 정부는 〈기업파산법(試行)〉 제4조 규정과 국무원통지에 따라 기업파산 중 각종 조치를 취하고 먼저 근로자를 적절히 재배치하며 사회안정을 유지하여야 한다(국무원통지 제1조).

24_國務院關于在諾干城市試行國有企業破産有關問題的通知
25_國務院關于在諾干城市試行國有企業兼并破産和職工再就業有關問題的補充通知
26_李國光 주편, 『〈企業破産法〉疑難釋解』, 人民法院出版社, 2006. 9., 34면.

(2) 파산기업 소재지의 정부는 전업훈련, 취업소개 등의 각종 조치를 취하여야 하고, 적절한 재취업조치를 취하며 재취업 전의 기본생활수요를 보장하여야 한다. 스스로 구직하는 근로자에 대하여 정부는 재배치비를 한꺼번에 배분하고 국유기업근로자의 신분을 유지하지 않는 것으로 할 수 있다. 일시불 재배치비는 원칙적으로 해당 시 기업근로자의 전년도 평균수입의 3배를 준다. 파산기업의 근로자는 실업기간 동안 〈국유기업근로자실업보험규정〉에 따라 실업보험을 받는다.[27] 보험기간이 끝나도 취업할 수 없는 근로자에게는 현지 민정부서[28]가 사회구제금을 지급한다. 파산기업 이·퇴직근로자[29]의 이·퇴직비와 의료비는 현지의 사회양로·의료보험기구가 책임관리한다(국무원통지 제5조). 법원이 청산조의 파산재산분배방안을 재정한 후 그 집행 전에 다른 기업이 파산기업의 재산을 일괄하여 인수하고 분배방안이 확정한 채무를 부담하며 근로자를 재배치하는 경우 기업합병상 우대받을 수 있다(국무원통지 제7조).

(3) 토지사용권은 경매 혹은 입찰방식을 위주로 하여 양도하고, 그 양도소득은 먼저 근로자재배치에 사용하며 남은 부분은 기타 파산재산과 함께 파산재산분배방안에 편입된다(국무원통지 제2조). 파산재산의 처리 전에 법정자격이 있는 자산평가기구가 평가한 금액을 저가로 하여 양도하여야 한다. 기업토지사용권의 처분수익이 근로자재배치에 부족한 경우 부족분은 다른 파산재산의 처분수익으로부터 충당하여야 한다.

기업이 파산 전 기업근로자로부터 모집한 자금은 임금으로 보고 처리하며 대여이자는 실제 사용시간과 같은 기간의 은행 저축이율에 따라 계산한다. 근로자의 주거, 학교, 幼托園, 의원 등의 복리성 시설은 원칙적으로 파산재산에 들어가지 않고 기업 소재지의 정부가 접수·처리하며 근로자를 재배치한다(국무원통지 제3조).

기업이 타인을 위하여 담보를 제공한 경우 피담보기업이 파산한 후 담보기업은 담보계약에 따라 담보책임을 진다. 다만, 채무변제기한은 담보기업과 피담보기업의 채권자의 협상으로 확정할 수 있다. 행정기관이 기업을 위하여 담보를 제공한 경우 국가의 유관 규정에 따라 담보계약이 무효임을 확인하여야 한다(국무원통지 제4조). 은행의 원리금손실은 본점의 비준 후 대손충당금 규제비율 범위 내에서 상각한다(국무원통지 제6조).

27_國有企業職工待業保險規定

28_민정행정을 담당하는 부서, 민정행정에 포함되는 것은 기층행정기구의 조직, 행정구획, 혼인등기, 법인등기, 이·퇴직근로자와 군인의 재배치, 재난구조, 사회구제, 사회복리 등이다.

29_중국법은 離休와 退休를 구분하는데, 전자는 1949. 9. 30. 이전에 혁명에 참가한 간부의 정년퇴직을 말하며 후자는 일반 간부의 정년퇴직을 말한다. 離休는 퇴직 후의 생활보장이 退休보다 좋다. 송오식, "중국의 사회·경제 변화와 소유제도", 『성균관법학(제16권 제3호)』, 성균관대학교 비교법연구소, 104면.

(4) 파산에 직면한 기업에 대하여 소재지의 정부는 기업관리층의 재편, 자산경영형식의 개선, 구조조정 등을 통하여 재편작업을 할 수 있다. 해당 정부는 기업파산이 부적합하다고 인정하는 경우 재정지원 등을 하여 기업이 채무를 변제할 수 있도록 하여야 한다. 파산에 직면한 기업이 파산신청 전에 2/3 이상의 채권을 가진 채권자의 동의와 정부의 비준을 받으면 유효자산부분을 그 기업으로부터 분리할 수 있는데 분리 후의 기업은 협의비율에 따라 원기업의 채무를 부담하여야 한다(국무원통지 제8조). 정부는 정부책임자를 책임자로 하여 經貿委(經委·計經委), 計委, 재정, 은행, 노동, 감사, 세무, 국유자산관리, 토지, 노조 등이 참여하는 업무기구가 기업파산 중의 제반 문제를 책임지고 협조·해결하며 실행 가능한 기업파산안을 만들도록 한다(국무원통지 제9조).

나. 국무원보충통지

자본구조의 우량화와 정책적 파산 정책의 실시상황과 시험 시에서의 경험을 토대로, 중국 국무원은 정책적 파산에 의한 기업합병파산업무가 점차적으로 성과를 보이는 것으로 판단하였다. 한편 일부 지역에서 관련 규범을 임의로 적용하는 문제가 발생하기도 하였으므로 국무원은 파산절차에 엄격하게 법규를 적용하고, 기업합병을 더욱 장려하며 퇴직·감원을 통한 효율 증대와 재취업조치 시행을 장려할 방안을 강구하였다. 이에 따라 국무원은 1997. 3. 위 국무원보충통지를 공포하여 시험 시를 111개로 늘리는 동시에 기업합병파산과 근로자재취업의 업무관장을 명확히 하고 정책적 파산을 더욱 강력히 추진하였다. 정책적 파산의 내용과 수단이 더욱 정비된 것이다.

(1) 업무관장

국가경무위[30]는 전국 기업합병파산과 근로자재취업의 업무를 책임진다. 전국 기업합병파산과 근로자재취업업무의 지도소조(이하 '전국지도소조'라 한다)를 만들고 국가경무위(조장), 國家體改委, 재정부, 노동부, 중국인민은행, 국가토지국, 국가국유자산관리국 등 부서로 구성하며 全國人代常委會法工委, 최고인민법원이 참가한다. 그 주요 직책은 전국 기업합병파산과 근로자재취업을 이끌고 책임지며 〈기업합병파산과 근로자재취업 업무계획〉의 편제방법을 제정하고 성·자치구·직할시(이하 '성·구·시'라 한다)에 대손충당금의 분배규모예안을 심사하달하고 성·구·시의 〈기업합병파산과 근로자재취업 업무계획〉을 심사비준하며 성·구·시 기업합병파산과 근로자재취업업무의 협조소조(이하 '성·구·시 협조소조'라 한다)의 업무를 지도하고 〈전국 기업합병파산과 근로자재취업업무계획〉을 제정하고 그 집행을 감독한다. 전국지도소조의 일상 업무는 국가경무위

30_현재는 국유자산감독관리위원회로 변경되었고 '국자위'로 줄여 부른다.

가 책임지되 관련 부서가 협조하고 중대한 문제는 국무원의 국유기업개혁업무연석회의에 상정하여 결정한다(국무원보충통지 제1조). 위 보충통지는 그 외에 성·구·시와 시험 시의 협조소조 구성 및 주요 직책에 대하여 상세한 규정을 두어 기업합병파산과 근로자재취업업무의 관장을 명확히 하였다.

(2) 〈기업합병파산과 근로자재취업 업무계획〉과 기업파산안

각 시험 시 협조소조는 주요 채권은행의 의견을 청취하고 합병, 파산과 구제 기업명단(중앙, 성 소속 기업은 주관 부서가 국가경무위 및 지방경무위와 협의)을 제출하고, 하달된 대손충당금의 분배안에 따라 〈기업합병파산과 근로자재취업 업무계획〉을 매년 1회 만든다. 재정부서와 은행은 기업합병파산 및 근로자재취업과 관련된 은행의 대손충당금 상각을 심사한다. 대상기업의 주관부서는 시험 시의 협조소조에게 기업파산안의 작성에 필요한 자료를 제공하는데, 기업파산안의 내용과 상하 협조소조 간의 업무관계는 위 보충통지가 상세히 규정하고 있다.[31]

시험 시 협조소조가 기업파산안을 작성한 후 즉시 파산절차에 진입할 수 있고 성·구·시 협조소조에 보고한다. 위 기업파산안에 이의가 있는 주요 채권은행은 성·구·시의 협조소조에게 결정해 주도록 제청하여야 하고 전국지도소조에 보고한다. 기업파산재산의 처리 전에 청산조는 국무원국유자산관리행정 주관부서가 인정하는 자산평가기구의 평가를 받아야 하고 위 부서가 평가결과를 확인한다. 그중 획발방식 토지사용권에 관련되거나 출양계약조건을 변경한 토지사용권 관련의 평가는 반드시 토지평가능력을 갖춘 자산평가기구에 의하여 하고 토지행정주관부서의 확인 후 전체 자산평가결과에 넣는다. 기업파산재산은 평가·확인받은 가격과 관련 규정을 근거로 확정한 저가에 따라 주로 경매방식을 통해 양도한다(국무원보충통지 제2조~제4조). 정책적 파산의 구체적인 진행과 집행절차에 있어서 행정주도적인 색채가 농후하므로 위 보충통지는 담당 기관의 자의적인 절차진행을 막기 위하여 상하내외 기관 간의 업무를 나누고 책임추궁 근거를 마련한 것으로서 수긍할 만한 입법태도이다.

(3) 근로자의 적절한 재배치

각 시험 시의 정부는 상해시의 재취업공정 경험을 적극적으로 살리고 노동취업, 사회보장제도를 개혁하며 구체적 상황에 맞추어 단계적인 재취업서비스센터를 세우고 취업길을 적극 개척하며

31_기업파산안의 주요 내용은 기업의 현황, 회계보고와 손실상황설명, 채권채무상황, 자산처리방안, 근로자재배치방안과 비용기준, 상각하려는 대손충당금의 액수 등이다.

근로자의 생활에 관심을 기울이고 적절하게 근로자를 재배치하며 사회안정을 유지하여야 한다. 재배치비용은 토지사용권양도수익에서 충당한다. 토지사용권이 담보목적물인 경우에도 그 양도수익은 근로자재배치에 먼저 사용하여야 하고 부족한 재배치비용은 비담보재산과 담보재산으로부터 얻은 소득에서 순서대로 충당한다. 기업재산의 경매수익이 근로자재배치에 부족한 경우는 그 기업의 소속관계에 상응하는 정부가 부담한다. 근로자재배치비는 일률적으로 취업서비스센타에 지급되어 사용된다. 재배치비는 원칙적으로 기업 소재시의 기업근로자의 전년도 평균임금소득의 3배로 하고, 이를 초과하지 않도록 엄격히 통제한다. 실직 중인 근로자는 재취업서비스센터가 기본생활비를 지급하고 스스로 구직하는 경우 한꺼번에 재배치비를 지급할 수 있다. 이·퇴직금과 의료비는 현지의 사회양로, 의료보험기구가 책임관리한다. 기업이 양로보험, 의료보험기금의 사회모금에 참여한 경우 이·퇴직금과 의료비는 각각 그 모금에서 지급한다. 기업이 위 모금에 참여하지 않거나 금액이 부족한 경우 기업토지사용권의 양도 수익에서 지급한다. 금액이 부족한 경우는 무담보재산과 담보재산의 처분소득 중에서 지급한다. 파산절차 진입 후 근로자의 생활비는 재정부의 〈국유기업 파산시험 실시 관련 재무문제의 잠정 규정〉[32]에 따라 파산비용 중에서 지급한다.

파산기업의 재산을 처분한 소득 중 근로자재배치에 충당하고 남는 부분은 〈기업파산법(試行)〉이 규정하는 비율에 따라 청산한다(국무원보충통지 제5조). 이처럼 중국의 파산 관련 법규는 근로자재배치 등 근로자보호를 가장 중요한 문제로 고려하는데 근로자들의 권리가 일반채권자보다 사실상 무조건적으로 우월할 뿐 아니라 심지어 담보권자보다 앞서는 면이 있어서 파산절차의 객관적이고 효율적인 진행, 채권자의 적정한 권리보호에 부정적 영향을 끼친다. 회사운영자 및 투자자의 입장에서도 근로자임금 지급현황을 면밀히 파악하여야 하고, 그렇지 않은 경우 불측의 상황이나 손실에 직면할 가능성이 크다.

(4) 대손충당금 상각 수속의 간이화

〈전국 기업합병파산과 근로자재취업 업무계획〉의 실시로 생긴 은행 대출원리금손실이 대손충당금의 상각을 필요로 하는 경우 각 채권은행 본점은 상업은행법 등의 규정에 따라 국무원이 확정한 범위 내에서 심사비준하고 상각한다. 구체적인 방법은 재정부의 〈(국가 전문은행의 대손충당금 건립에 관한 잠정 규정)의 개정에 관한 통지〉((92)財工字232號)[33]에 따르는데 그 상각수속을 간이화할 것을 권장하고 있다(국무원보충통지 제6조).

32_國有企業試行破産有關財務問題的暫行規定

33_關于修訂〈關于國家專業銀行建立貸款呆帳准備金的暫行規定〉的通知

(5) 파산유책자에 대한 책임추궁

파산선고 후 정부 유관 부서는 〈기업파산법(試行)〉의 규정에 따라 기업파산의 원인과 책임을 조사하여 상황의 경중에 따라 엄격히 처리해야 한다. 주요한 책임이 있는 자는 다른 기업의 책임자가 되지 못 한다. 범죄가 되는 경우 법에 따라 형사책임을 묻는다. 주요한 책임이 있는 기업 주관 부서의 책임자에 대하여도 책임을 추궁한다. 파산을 가장한 채무면탈의 경우 법에 따라 책임을 추궁하여야 한다. 파산선고 후에도 원래의 조직기구와 인원이 그대로 생산을 계속하는 경우 반드시 이를 중단시키고 교정하여야 한다(국무원보충통지 제7조). 〈기업파산법(試行)〉이 파산유책자에 대한 책임추궁에 관하여 원칙적 내용의 규정만을 두고 있는 것에 비하여 보충통지는 이를 보다 구체적으로 규정하고 있다.

(6) 기업파산 규정의 준수

국무원통지와 관련 정책은 시험 시·지구 내의 국유공업기업과 시험 시 관할의 현(시) 내의 시 소속 이상(시 포함) 국유공업기업에 적용하고 시험 시 관할의 현(시) 소속 기업은 포함되지 않는다. 시험 시·지구가 아니거나 국유공업기업이 아니면서 함부로 시험 시의 유관 파산법규의 정책을 적용하는 경우 이를 바로잡고 적절한 후속조치를 취하여야 한다. 권한과 범위를 넘어 관련 정책을 시행하여 생긴 은행의 대손충당 관련 손실은 상각하지 않고 은행이 납부하는 현지의 영업세 중에서 해당 손실을 공제하며 처리 결과는 전국지도소조에 보고한다. 파산기업이 실제로 폐업하고 토지사용권과 기업재산이 경매·환가되며 근로자가 적절하게 재배치된 경우에만 비로소 그 은행대출 원리금손실은 국무원통지와 관련 규정에 따라 대손충당금에서 상각할 수 있다(국무원보충통지 제8조). 정책적 파산이 상당한 성과를 거두자 규정된 시험 시 외의 지역과 비국유기업에서도 이를 원용하는 경우가 나타나 법률적용의 난맥상을 보이자 이를 바로잡고자 한 것이다. 그러나 정책적 파산의 적용 대상 시가 이미 111개로 확장되어 특례로서의 특색이 흐려진 만큼 동규정의 실효성은 의문시된다.

(7) 기업합병 등 정책적 지원의 강화

국가는 파산을 가장한 채무도피의 수단으로 행해지는 일괄인수나 일괄구매방식을 취하지 못하도록 하고 우량기업이 곤란기업을 합병하며 합병기업이 피합병기업의 채무 전부를 부담하고 근로자 재배치를 책임지게 한다. 피합병기업의 유휴근로자를 퇴직시켜 합병기업의 재취업서비스센터에 들어가게 한다. 합병기업이 피합병기업의 채무 전부를 부담하면 그중 은행채무는 중국인민은행, 국가경무위, 재정부의 〈18개 시험 시의 우량국유기업이 곤란국유공업생산기업을 합병한 후 유관 은행 대출과 이자 처리를 격려하고 지지하는 문제에 관한 통지〉(銀發[1995]130號)[34]의 취지에 따라 이자 면제, 원금 분할상환의 우대를 누릴 수 있다. 우량국유기업(국가가 지배주주인 기업 포함)이 연속 3년간 손실을 본 기업을 합병하고 은행이 비준하면 피합병기업의 대출원금의 이자를 면제할 수 있고, 대출원금은 5년간 분할하여 청산한다. 5년 내에 원금상환이 여전히 곤란할 경우 1~2년간 기한을 연장할 수 있다. 위 상환기간 동안 대출원금의 이자는 면제되고, 약정대로 상환하지 못한 부분은 원래대로 이자계산을 한다. 이자면제로 인한 손실은 대손충당금 중에서 상각할 수 있다. 합병파산조건을 못 갖춘 손실기업도 생산제품이 나름의 시장을 갖고 있고 기업경영은 비교적 양호하나 다만 채무부담이 중한 경우라면, 〈기업합병파산과 근로자재취업 업무계획〉에 편입하여야 하고, 일정 기한 내에 각별로 은행대출이자를 감면하고 재취업정책을 실시하여 기업곤란을 완화한다. 재취업정책의 실시와 기업곤란완화 업무를 긴밀히 결합하여 유휴근로자가 퇴직한 후 재취업서비스센터에 들어가 기본생활비를 받고 재취업훈련을 통하여 다시 취업하도록 한다. 경영이 매우 어려워 임금지불능력이 확실히 없는 기업에 대해서는 중공중앙과 국무원의 〈일부 기업의 근로자생활곤란문제 해결에 관한 통지〉(中辦發[1996]29號)[35]규정에 따라 현지 정부 주관 기구의 심사를 거쳐 지방재정보조, 기업주관부서의 일부분 자금 부담, 은행의 일부 임금성격의 대출 시행이라는 삼자협력방법을 시행하여 근로자의 기본생활비를 해결한다(국무원보충통지 제9조, 제10조). 이처럼 정책적 파산이 특례규정을 두어 중국의 사회주의경제 건설과정에서 남겨진 부담 중 국유기업이 떠안고는 있으나 기업에만 책임을 돌릴 수 없는 일부 문제를 해결하고자 하는 취지는 이해할 수 있다. 그러나 지나치게 행정적인 측면을 강조함으로써 본질적으로는 사법절차가 되어야 할 도산과정이 왜곡되는 면이 강하다.

3. 시행성과

중국은 2004. 4. 말까지 모두 3,377건의 국유기업파산을 실시하였는데 국유은행의 대손상각과 금융자산관리회사채권의 손실이 2,238억 위엔이었고, 재배치근로자는 620만 명, 소멸시킨 損失源은 1,341억 위엔 상당이었으며 중앙재정으로부터 배분된 파산보조자금이 493억 위엔이었다. 국유기업의 정책적 파산은 국유경제의 구조조정과 국유기업의 회생을 촉진하였고 국유경제 전체의 체질과 경제효율을 제고하여 장기간 누적된 곤란을 해결하는 등 눈에 띄는 성과를 거두었다.

34_中國人民銀行、國家經貿委、財政部關于鼓勵和支持18个試点城市优勢國有企業兼幷困難國有工業生産企業后有關銀行貸款及利息處理問題的通知

35_中共中央辦公廳、國務院關于進一步解決部分企業職工生活困難問題的通知

1997년 말 전국의 국유 및 국가가 주식을 가진 중대형 공업기업의 손실액이 666억 위엔에 달하였는데 2000년 이후 연도 이윤이 모두 2,300억 위엔 이상이었고 2003년의 이윤은 3,784억 위엔에 달하였다.[36] 국유기업의 파산원인이 경영과 시장에서 유래하기도 하지만 체제와 정책에 원인이 있기도 하며 국유기업의 파산은 규모가 크고 근로자가 비교적 많아 사회불안요인이 되기 쉽다. 또한 사회보장제도가 불완전하고 근로자재배치에 사용할 수 있는 재산이 비교적 적다. 이런 상황에서 정책적 파산을 통해 중국은 지난 10년간 620만 명의 근로자를 적절히 재배치하는 등 사회안정에 기여하였다. 국유기업의 주요 채무는 국유은행의 대출과 금융자산관리회사 채권, 기타 채권자에 대한 채무, 외국으로부터의 차관이나 轉借款이다. 시행사례에 따르면 정책적 파산을 시행하기 전에 먼저 외국으로부터의 차관이나 전차관을 갚거나 그 상환책임을 분명히 하고 국유은행과 자산관리회사 및 기타 채권의 변제에 대하여 조치를 취하며 가능한 한 변제비율을 높여야 한다.[37] 이로써 채권자의 이익을 최대한 적절히 보호하여 근로자나 채무자 보호와 균형을 맞추고자 한 것이다. 위와 같은 구체적 성과에 비추어 보면 정책적 파산정책은 중국의 상황에서 적절한 것으로서 국유기업에 있어서 의의와 효과가 매우 큰 면이 있다.[38]

4. 정책적 파산과 〈기업파산법〉

가. 정책적 파산의 장래

2007년 현재 각지에는 아직도 약 2,000여 호의 곤란기업이 존재하는데 상당수는 외진 지역에 있는 군공기업과 자원이 고갈된 광산기업으로서 이미 최악의 상황에 빠져 시장에서 즉시 퇴출시킬 필요가 있다. 그런데 상술한 바와 같이 위와 같은 국유기업에 대하여 일률적으로 〈기업파산법(試行)〉에 의한 파산절차를 적용하기는 어려움이 있다. 중국의 국가상황에 비추어 볼 때 시장경제체제가 충분히 자리 잡을 때까지의 과도기에는 정책적 파산을 통하여 국유경제의 구조조정을 계속하고 국유기업의 효율과 소질을 높일 필요가 있다. 정책적 파산은 중국이 특수한 역사조건하에서 곤란국유기업의 퇴출이라는 특정한 문제를 특수한 방식으로 해결하는 일종의 필연적인 선택이기도 하다. 그 계속적인 실시는 경제개혁정책의 연속성 유지와 순조로운 국유기업 개혁에도 도움이 될 것이다. 또한 이러한 기업들의 근로자는 장기간 급여를 제때에 받지 못하여 생활에 매우 큰 곤란을 겪고

36_徐永前 주편, 『〈企業破産法〉講話』, 法律出版社, 2006. 9., 35면.

37_국무원보충통지는 채권자보호조치를 규정하는 것 외에 제9조에서 외국으로부터의 차관이나 전차관에 대한 상환책임을 분명히 하지 않는 경우 정책적 파산의 특례 적용을 제한하도록 명시하고 있다.

38_방법과 효과에 착안하여 정책적 파산을 "鼓勵兼并, 規范破産, 下崗分流, 減員增效, 實施再就業工程"이라고도 한다.

있다. 정책적 파산을 실시하여 이러한 기업들을 최대한 빨리 퇴출시키는 것만이 근로자의 권익보장과 생활곤란 극복에 도움이 된다. 나아가 현재 중국이 실시 중인 서부개발과 동북노후공업기지진흥 전략과 관련하여서도 의미가 크다. 자연조건과 역사적 원인으로 인하여 중국의 서부지구와 동북노후공업기지에 있는 상당수의 국유기업은 설비노후, 손실의 장기화, 채무변제불능에 처해 있다. 위 두 곳의 국유기업문제는 전국경제구조의 조정에 큰 압력으로 작용했다. 정책적 파산을 통하여 해당 지역 국유기업의 개혁을 촉진하고 서부개발과 동북노후공업기지진흥을 촉진할 수 있을 것이다. 물론 정책적 파산의 커다란 성과에도 불구하고 부족한 점도 있다. 심사시간이 비교적 길어서 비용이 증가하고 자산환가, 근로자재배치 등에 곤란을 초래한 경우도 있었고 근로자들이 불안해 하는 등 사회안정에 영향을 주는 일이 있었으며 일부 지방에서는 자금부족으로 인하여 순조롭게 진행되지 못하기도 했다. 그럼에도 불구하고 현 상황과 국유기업개혁의 심화필요성이라는 측면에서 보면, 한동안은 국유기업의 정책적 파산이 계속 시행될 것으로 보인다. 물론 도산기본법인 〈기업파산법〉이 새로이 시행된 이상 정책적 파산은 필요한 최소한의 기간 동안만 동법의 원칙을 최대한 존중하는 범위에서 시행되어야 한다.

국유기업의 정책적 파산 관련 국무원규정은 곤란에 직면하여 파산이 필요한 일련의 기업들로 하여금 가능한 한 빨리 시장에서 퇴출하도록 하고 근로자들을 재배치하는 것을 원칙으로 한다. 그러나 중국은 새로운 도산법제의 입법과정에서 파산신청원인을 정비하고 적용대상을 모든 기업법인으로 확장하였으며 행정관여적인 색채를 대폭 줄이는 등 도산입법의 세계적인 추세를 반영하였다. 또한 중국의 경제개방과 시장경제의 심화에 따라 외자도입과 내부자본의 투자활성화를 위해서라도 예측가능하고 명확한 기업의 시장퇴출절차 마련을 통한 채권자보호범위의 확정 등 이해관계인간의 객관적인 이해조정이 점점 더 중요해질 것이다. 따라서 〈기업파산법〉이 구법에 비하여 근로자의 채권을 절대적으로 보호하는 범위를 축소한 것으로부터도 알 수 있듯이 국무원의 정책적 파산 관련 규정이 과도기적으로 국유기업 일부에 대한 특례를 두되 〈기업파산법〉이 규정하는 도산절차의 원칙을 무너뜨리지는 않을 것이다.

나. 〈기업파산법〉과 정책적 파산

일부 국유기업의 정비와 관련하여 정책적 파산의 계속적 시행이 필요하다 하더라도 원칙적으로는 사법제도인 파산절차의 실효성을 확보하고 절차진행의 객관성을 제고하기 위해서는 법률에 규정을 두는 것이 바람직하다. 중국에서도 〈기업파산법〉의 기초과정에서 이에 대하여 논란이 있었는데 초기에는 단일한 장으로 하는 것을 고려하다가 후기에는 아예 규정하지 않기로 하였으나 최종적으로 〈기업파산법〉에 한 개의 조문을 두었다. 즉 국유기업을 포함한 모든 기업법인에 대하여 같은 절차를 적용하는 것을 원칙으로 하나 제133조에서 “국무원이 본법 시행 전 규정하는 기간과 범위 내의 국유기업이 실시하는 파산의 특수사무는 국무원의 관련 규정에 따라 처리한다.”라고 규정한다. 정책적 파산의 계속 실시 여지를 두면서도 규정된 기한과 범위를 넘을 수 없음을 명확히 한 것이다. 또한 국무원은 본법 실시 전에 위 기한과 범위를 확정할 것과 정책적 파산의 특례를 제외한 기타 문제에 대하여는 여전히 본법을 적용함을 명시한 것이다. 소위 특수사무는 주로 근로자재배치에의 국유토지사용권 환가금 사용, 은행 대손충당금 상각과 근로자재취업 등이다. 이외의 파산절차, 관리인제도, 화의 등은 모두 기본법인 〈기업파산법〉 규정에 따른다. 국무원에 의하면 2007년 현재 정책적 파산을 시행할 필요가 있는 기업이 약 2,000호를 넘는다. 중국에는 약 159,000호의 국유기업이 있는데 이들 중에는 구조조정이 진행되는 것도, 경영이 왕성한 것도 합병 등의 방식으로 구조조정을 하여야 하는 기업도 있어서 위와 같은 특수정책을 적용할 기업의 숫자가 많지는 않다.[39]

다. 기타

중국이 시장경제를 채택하며 경제체제를 전환하는 과정에 있고 자본주의경제의 수많은 제도를 받아들이고 있으나 오랫동안 국유계획관리경제체제를 채택하여 온 과정에서 일반 국민뿐 아니라 법률제도와 정책의 수립·집행자인 사법 및 행정 담당자들에게 사회주의 그리고 국유경제의 관념은 깊이 각인되어 지금까지도 확고히 남아 있다. 이는 시장경제체제하에서 기업과 법률제도를 운용하여 온 우리들에게 쉽게 이해될 수 있는 것은 아니다. 이 때문에 일종의 법률문화충돌이 발생하는데 도산제도 규정 자체 및 실제 운용에 있어서도 마찬가지이다.

현재 수많은 국가들과 마찬가지로 한국의 많은 기업들이 중국에 진출하고 있고 거래액이 급증하는데 투자 관련 기업이 도산에 직면하였을 때 투자자의 채권을 어떻게 보호받을 수 있는지, 한계적 상황에서도 회사채권자들을 안심시키기 위하여 회사경영자는 어떠한 점을 염두에 두어야 하는지, 도산과정에서 어떻게 법률관계를 정리할 수 있는지가 문제된다. 따라서 중국기업의 주요 형태이던 국유기업에 대한 도산제도는 매우 중요하다. 중국기업, 특히 국유기업에 대한 도산절차의 가장 큰 특색은 ‘강렬한 행정적 관여’이다. 일부 국유기업에 대하여 시행되는 정책적 파산은 사실상 정부 주도의 구조조정에 다름이 아니고 그 주안점은 근로자재배치, 은행 대손충당금의 상각과 업무처리기구 등이다.

39_徐永前 주편, 『〈企業破産法〉講話』, 法律出版社, 2006. 9., 415면.

제9장 구법 시기의 구조조정모델론[1]

Ⅰ. 서설

1986년에 제정된 〈기업파산법(試行)〉이 규정한 도산제도는 청산형절차인 파산과 재건형절차 중에서 화의만을 규정하고 현대적 재건형절차의 중심인 회생은 마련되지 않았다. 그런데 전술한 바와 같이 개혁개방정책으로 수많은 경제성과를 거두는 과정에서 한편으로는 상당수 국유기업 등이 파산상태에 이르러 전체 경제를 위협할 수도 있는 상황이 출현하였음에도 기업퇴출절차의 미비 또는 제도 운영상의 문제로 인하여 이러한 상황을 적절히 처리하지 못하여 국가경제의 개혁과 발전을 저해한다는 목소리가 높았다. 이러한 배경하에서 적절한 도산 관련 법규와 제도, 그중에서 특히 재건형 절차를 건전하게 수립하려는 연구와 실질적인 노력이 〈기업파산법(試行)〉의 시행 시기에 매우 활발하게 이루어졌다. 구법 시기의 화의절차는 행정기관이 개입하는 整頓과 결합한 독특한 형태로서 그다지 효율이 높다고는 할 수 없어서[2] 신법인 〈기업파산법〉에 회생절차를 마련하였는데, 이러한 입법과정에서 그 외에도 구조조정(WORKOUT)에 해당하는 재건절차의 모델을 확립하고자 하는 시도도 있었다. 이는 중국의 자체 상황에 적합한 시장경제질서를 완성해 나가는 과정의 일환으로서 그 내용이 매우 흥미롭다. 이러한 논의는 〈기업파산법〉의 제정에 영향을 미치기도 하여서 검토할 가치가 있으므로 이 장에서는 비록 구법 시기의 것이기는 하지만 이러한 구조조정(WORKOUT)의 새로운 모델[3]을 중심으로 한 중국에서의 논의를 한 가지 살펴본다.[4]

1_이 장은 王衛國교수가 2001. 8. 발표한 國家經貿委"企業債務重組"보고 중의 〈중국기업 구조조정의 대체방법 연구〉와 동 교수의『개혁시대의 법학탐색』, 법률출판사, 2003. 9., 305면 이하를 주로 참고하여 작성하였다.

2_정돈은 국유기업에만 적용된다는 국한성이 있고 화의 기회에 상급주관부문이 신청하고 주도하는 등 행정주도적인 색채가 지나치게 강하여 채권자와 채무자에게 회사갱생을 위해 노력할 유인을 제공하지 못하며 화의와 정돈의 일체성으로 인하여 상호 간 절차의 원할성을 저해하고 정돈에 관한 명확한 법률규정이 없어서 조작성이 떨어진다. 심지어 중국 파산법 시행 이래 현재까지 성공적인 정돈의 사례는 없다고까지 말해진다. 馬遠, "論破産重整的立法原則", 2004. 5., http://www.cnki.net.

II. 장춘모델[5]의 형성

1. 형성배경

1990년대 이래 도산문제는 국유기업의 개혁과 발전을 제약하는 문제 중의 하나로 두드러지게 되었는바 국유기업의 도산문제는 국유상업은행의 불량자산상황과 큰 관련이 있고 실제로 기업의 도산문제는 채무자와 채권자 간, 근로자와 기업 내지 정부 간 등 여러 방면의 이익충돌이 복합되어 있다. 수많은 소송과 파산만으로는 갈수록 심해지는 기업도산문제를 완화하기에 역부족이었고 실제 상황에서 법정외의 구조조정이 더욱 현명하고 유효한 선택인 경우가 많다. 그러한 구조조정 중 새롭게 출현하고 시장기능을 바탕으로 하여 도산상황에 처한 기업을 구하는 '장춘모델'이 주의를 끌었다.

장춘은 중국의 동북지방의 성도이자 오래된 공업도시인데 국유기업의 비중이 매우 높고 국유자산의 집적도가 비교적 높은 곳으로서 이곳의 지방국유기업은 오랫동안 과중한 채무부담, 과다한 잉여인력, 저효율의 자산, 부실경영, 기술장비의 낙후상태에 있었다. 그중 채무부담의 과중은 자산구조조정, 제도의 우량화, 감원을 통한 효율 제고, 기술개조를 추구하는 데 장애가 되어 장춘의 많은 국유기업의 고정자산 중 일부는 시장수요에 효율적으로 적응할 수 있는 생산능력을 구비하였음에도 불구하고 과중한 채무로 인해 이를 효과적으로 사용하지 못한 채 기업 전체가 곤경에 빠지고 유동자금의 결핍 때문에 유효자산의 장기적인 유휴상태, 상표와 시장자원의 유실이 가속화되기에 이르렀고 결과적으로 자산소진, 기업도산, 근로자실업, 채권의 물거품화를 야기했다.

1995년 장춘시는 유효자산의 구제를 모색하기 시작하였다. 초기에는 당시 다른 지방에서 널리 통용되던 방법, 즉 기업의 유효자산을 행정분배방식으로 분리하여 신기업을 만드는 방법을 택하였다. 그러나 이러한 방법은 위법적인 요소가 있고 신(新)기업과 구(舊) 기업 간의 연대책임관계를 단절할 수 없어서 최종적으로는 유효자산이 기왕의 채무부담에서 벗어날 수 없었다. 1996년부터는 정부의 협조하에 일련의 기업은 은행과의 협의를 통한 유효자산구제를 바탕으로 기업구조조정의 새로운 방안을 함께 모색하기 시작하였고 1997년부터 1998년까지 이러한 새로운 방법에 의한

3_이러한 파산절차의 정돈과는 구분되는 것으로서 1992. 7.부터 시행되고 있는 국무원의 〈전민소유제공업기업의 경영기제 전환 조례(全民所有制工業企業轉換經營机制條例)〉 제33조가 규정하는 기업정돈제도가 있는데 이는 파산절차(법원의 관여를 전제로 하는) 외의 것이고, 파산원인이 없어도 개시될 수 있으며 절차를 기업 스스로 진행할 여지가 있고 법정기한이 다른 것 등의 차이점이 있다.

4_구조조정(WORKOUT)은 중국에서 法庭外協商解決, 企業債務重組 혹은 단순히 重組라고 하거나 법원의 관여를 전제로 하는 파산절차와 구별하기 위하여 法庭外企業債務重組라고 표현(혹자는 위 용어들을 각각 구별하여 사용)하기도 하나 이 장에서는 그 내용과 절차 등에 비추어 우리의 구조조정(WORKOUT)에 해당하는 의미로 사용한다.

5_중국에서는 '長春經驗'이라고 한다.

구조조정이 계속하여 적극적인 성과를 얻기에 이르렀다.

1999년 초 장춘시는 그간의 경험을 종합하여 기업 자산과 채무의 구조조정에 관한 세 가지 원칙을 수립하였고 비교적 완비된 일련의 구조조정방법을 점차 확립하였다. 첫째, 자본의 시장화 유동 원칙 둘째, 자산이전절차의 적법 원칙 셋째, 채권자 이익의 최대한 보전 원칙이다. 2001. 7.에 이르러 이미 40개가 넘는 지방 국유기업이 이러한 방법으로 구조조정에 성공하였다. 2000년에 국가경무위의 공무원이 수차례 장춘에서 조사·연구를 하고 다른 지방정부도 장춘과 경험을 교류하는 과정에서 장춘에서는 매매식 구조조정[6]으로, 다른 지방에서는 장춘모델로 명명된 기업구조의 실천사례가 주목을 받게 되었다.

2. 기타 법정외의 구조조정

1980년대 말 이래 기업채무문제는 줄곧 중국경제와 사회의 고질적인 두통거리로 여겨져 왔고 많은 기업들이 은행부채로 인하여 손실이 크고 생존에 곤란을 겪었다. 정부당국은 이 문제에 대하여 매우 큰 관심을 보여 국유기업의 불량채무문제를 해결하기 위한 노력을 시작하였는데 대체로 이러한 노력은 1991년의 삼각채무 청산,[7] 1994년의 자본구조 우량화 계획에 따른 합병과 파산, 1998년부터의 국유은행에 의한 불량자산 집중처리라는 3단계를 거쳤다. 그 과정에서 구조조정이 국유경제에 존재하는 부채, 대량의 잉여인력과 기업의 사회경영부담 등을 일거에 해결할 수 있을 것으로 생각되었기 때문에 이러한 방법은 점점 더 중요시되었다.

가. 기업 구조조정의 방법

1994년의 〈몇몇 시에서 시험 실시하는 국유기업파산 유관 문제에 관한 국무원통지〉(國發[1994]59號)는 일찍이 구조조정에 대하여 “파산에 직면한 기업에 대하여 기업이 소재한 시, 구, 현의 정부는 기업관리층의 개조, 기업자산경영형식의 변경, 기업조직구조의 조정유도 등의 조치를 하여 구조조정을 할 수 있다.”라고 규정하였다. 그 후 전국의 기업들은 存量調整[8]과

6_售購式重組

7_三角債務는 여러 기업 간에 유기적이고 중첩적으로 얽혀 있는 채무관계 지칭한다.

8_청산구조상 부담이 무거운 채무를 중시하여, 비용분담의 원칙에 따라 국유경제 내부(대부분 재정부분, 기업 간, 근로자의 채무)의 여러 가지 경로를 통해 채권의 출자전환을 진행하여 이로써 국유기업의 자산을 활성화시키는 것을 가리킨다. 주된 방법은 채무의 자본화(대출의 출자전환, 재정부문의 위탁대출과 기업의 연체세액을 국유자본금으로 하여 출자전환), 근로자의 자본을 내부 근로자의 출자로 변환, 관련 기업 간의 채권을 출자로 전환, 불량채무 일부에 대한 이자지급의 정지, 기업의 비경영성 자산을 분리하여 전문기구에게 위탁, 은행채권을 할인하거나 직접 소각하는 것 등이다.

增量注入[9]의 두 가지 방법을 통하여 법정외 구조조정(WORKOUT)을 탐색하였는데 시장화 구매방식의 출현도 기업구조조정을 촉진하였다. 그러나 이들은 대부분 채무자와 정부 주관 부서의 주도적 역할과 추진 아래에서 재정자원을 사용하고 행정수단을 최대한 운용하여 재정, 은행 혹은 국유자산으로써 회사, 기업, 근로자 간의 채권채무관계를 조정하여 기업의 불량채무를 일시불 형식으로 정리하고 기업자산의 부채율을 낮추는 것으로서 구조조정 이후의 예상수익이나 효율을 크게 고려하지는 않은 것이었다. 은행에 대한 참여유인동기가 없어서 은행은 왕왕 수동적으로 기업의 구조조정으로 인한 공식·비공식의 손실을 감수하였다. 이 기간 동안의 기업구조조정은 기본적으로 기업구조조정의 비용을 은행에 전가하는 경향이 있었고, 은행채권자와의 협상기제와 절차투명성이 결여되었는데 은행의 소극적인 태도와 지나친 자기보호적 관리기제도 어느 정도 이러한 현상을 심화시켰다.

이 때문에 2001. 3. 세계은행이 발표한 연구보고서인 〈중국국유기업의 파산연구-파산법제도개혁의 필요성과 방법〉은 중국의 기업파산제도에 대한 29개 항목의 개선건의를 하면서 '협의식 법정외 구조조정이라는 법률절차를 강화하여 은행으로 하여금 합리적인 채무처리 예컨대 변제기가 도래한 여신의 상환연기나 감축 등을 하여 갱생의 가망성 있는 기업의 파산을 면하게 할 수 있도록 할 것'이라는 내용도 포함하였다.

나. 불량자산의 은행집중 처리

재정확대적인 정책의 연속적 실시로 인해 중앙정부에 단기간에 형성된 채무의 규모와 구조는 우려를 자아내었고 기업의 곤경 해결과 은행의 구조조정에 직접 사용될 자원은 극히 한정되었으므로 행정수단을 통한 비재정자원의 조절 방법은 법률의 제한으로 인해 이전과 같이 신속한 효과를 내지는 않았다.

아시아 금융위기의 영향으로 1998년 중앙정부의 구조조정업무의 중심은 은행구조조정으로 옮겨져 개혁시작 이후 은행자산 총액의 약 20~25%를 점하는 불량자산(앞서 언급한 구조조정을 통해 은행에 집중된 손실 포함)의 문제를 해결하는 데 중점을 두기 시작하였고 그와 함께 기업구조조정과 결합한 채권의 출자전환정책이 나타났다. 1999년 4대 금융자산관리회사(AMC)가 설립되어 국유상업은행으로부터 1조 4,000억 위엔의 불량자산을 인수하였다. 이를 통하여 해당 불량자산의 활성화와 국유기업의 개혁을 촉진하여 기업이 어려움에서 벗어날 수 있기를 기대하였고, 이때부터

9_새로운 체계의 수립을 중시하여, 국유기업에 대한 제도혁신에 상응한 종합적인 개혁을 촉진하는 것을 가리킨다. 주된 방법은 채무의 위탁관리와 기업의 재정비 후 상장 또는 국유기업진흥기금을 모집하거나 국유재산권을 이전하여 소득을 얻는 것 등이 있다.

국가의 자산(은행자원)을 대규모로 사용하기 시작하였다.[10] 다만, 상술한 행정계획식 채권의 출자전환은 그 적용범위가 극히 제한적이라는 문제가 있다.[11]

이러한 상황 아래서 수많은 지방의 중소기업들은 그대로 고사하기를 기다릴 수만은 없었는데 지방정부로서는 공채를 발행할 권한이 없어서 사용가능한 재정자원은 극히 한정적이었으므로 법률과 정책의 지도와 제한 아래서 많은 지방은 기업의 채무구조에 근거하여 각종 효과적인 개별처리방안을 모색하지 않을 수 없었다.

그 결과 근로자의 재배치 등 사회적 요구의 충족을 강조하는 동시에 기업과 정부는 금융채권자의 이익을 중시하기 시작하였고 자본시장과 부동산시장에 관심을 기울이기 시작하였다. 일부 지방은 채무의 일시적 청산에 얽매이지 않게 되었고 채권자와 함께 구조조정 후의 자산우량화, 자본확장 및 장기적 이익을 적극적으로 추진하게 되었다. 때로 구조조정에 외국상인이나 외지의 상인을 포함한 외부자도 참여하게 되었고 이로부터 구조조정의 새로운 방법이 생겨나게 되었다.

Ⅲ. 매매식 구조조정(장춘모델)

1. 특징과 구조 개요

기업의 구조조정을 위한 위와 같은 탐색 중에 생겨난 장춘모델은 이전에는 극히 어렵게 시행되던 국유기업개혁을 위한 희망과 방향타가 되었다. 이러한 매매식 구조조정모델이 공평성과 투명성에 있어서 더 개선할 점이 있기는 하나 방법상의 적극적 의의와 중국 파산법의 개선에 던지는 시사점은 주목받게 되었다.

10_이러한 조치는 중앙정부의 강력한 지지를 받았는데 ① 1999년 자본구조 우량화계획의 수정으로 각 상업은행의 본점이 자신의 결정으로 대부분의 예금준비금을 사용할 권리를 갖기 시작하였고 ② 2000. 11. 국무원이 발표한 〈금융자산관리회사조례〉는 경영범위, 정책우대, 합법적 권리의 보호 방면 등에 있어서 AMC의 지위를 강화하였으며 ③ 재정부는 2001년 초 예금준비금이 여신금액의 1%라는 범위를 준수하여야 한다는 제약을 완화하였다. 국유금융채권자의 상업화는 그가 참여하는 기업의 구조조정에 대한 동기를 증가시키고 기업구조조정 중의 지위를 강화하였으며 구조조정의 자금원, 채무관계의 조정, 구조조정 중의 손실 감소와 분담, 구조조정 후의 손실 분산 등 방면의 시장화를 촉진하였다.

11_자산관리회사가 사들인 은행의 불량자산은 1995년 이전에 생긴 것으로서 아직 회수가능성이 있는 자산이다. 따라서 1996년 〈상업은행법〉이 발효하고 그 자주권이 확대된 이후 발생한 채권과 이미 회수가능성이 없는 것으로 확인된 부분은 이에 해당하지 않는다. 채권의 출자전환을 시행할 기업의 선택에 있어서 국무원의 관련 문건은 채권의 출자전환 정책의 주요 대상을 규정함에 있어 시기적 제한을 두는 외에 상업은행으로부터의 여신을 바탕으로 자산을 형성하여 자본금의 결여나 환율변동 등의 영향을 받아 지나치게 높은 부채율로 인해 막대한 손실을 입은 512개 중점기업으로 규정하고 있다.

가. 매매식 구조조정모델의 특징

(1) 채무 중심의 방식과는 달리 기업의 채무가 아닌 자산에 주안을 둔다. 즉 유효한 자산을 원기업에 보존시킨 채 해당 채무부담을 경감시키는 것이 아니다. 구 모델과 같이 기업이 대량의 부채를 부담하는 상황에서 채무를 경감하는 것은 어려울 뿐 아니라 비용이 매우 높다.

(2) 다른 자산 중심의 구조조정방식과 비교할 때 장춘모델은 유효한 자산과 기업을 분리하고 이런 분리를 통하여 자산의 채무부담을 경감하며 자산운용의 비용(예컨대 불량자산의 유지비용)을 감소시키므로 구 모델에서의 증자나 합병과는 다르게 장춘모델에서는 분리된 자산이 효과적인 자본확장능력을 갖게 된다.

나. 진행과정

(1) 정부의 출자에 의하여 신회사를 설립한다. 통상 국유독자회사 형식이고 출자는 현금으로 하는데 경우에 따라 토지사용권을 추가한다.

(2) 신회사는 구 기업의 유효한 자산을 매입한다. 대표적인 내용을 보면, 신회사와 구 기업 그리고 주요 채권자(통상 구 기업 채권총액의 2/3 이상의 채권을 가진 은행)가 구 기업의 유효자산에 대한 평가와 양도문제에 관하여 충분히 협상한 후 자산매각과 채무청산에 대하여 일괄적인 협의(은행의 신회사에 대한 대출, 구 기업의 신회사에의 자산양도, 신회사의 구 기업에 대한 대금지급, 구 기업의 은행채무 상환)를 한다.

이러한 구조하의 거래[12]가 거치는 주요 단계는 ① 구 기업 유효자산의 평가에 대한 세 당사자의 동의에 근거하여 은행은 신회사에 그에 상응하는 대출을 하여 해당 자산을 매수하게 하고 ② 구 기업은 약정한 가격으로 자산을 신회사에게 양도하며 ③ 신회사는 해당 대출로 구 기업에게 자산의 대가를 지급하고, ④ 구 기업은 자산을 매각하여 얻은 금원으로 은행채무를 청산하는 것이다.

12_이러한 자산거래는 실제 진행과정에서 일반적으로 모두 다음과 같은 조치를 취하는데 ① 구조조정대상이 확정되면 해당 기업의 유효자산의 비중, 생산품시장의 전망 등에 대하여 전면적인 평가를 하고 구조조정가치가 있는 대상으로 확정되면 구조조정방안을 세우고 관련 부서와 공동으로 검증한다. ② 자산이전은 법률절차에 의거하여 엄격하게 진행하여 첫째, 이전하려는 유효자산을 법률상의 자격을 가진 평가기관에 위탁하여 평가하고, 평가 후의 자산가치를 국유자산관리국에 보고하여 심사확인을 받고 둘째, 자산구조조정방안을 근로자대회의 토론에 부쳐 결의하며 셋째, 자산이전의 전체 과정은 재산권거래센터에서 진행하고 계약의 효력발생 후 자산평가표에 근거한 재산권분할을 한다. ③ 당조직과 노동조합이 역할을 발휘하여 근로자교육을 적절히 하여 전임 근로자들로 하여금 구조조정정책의 적극성을 지지하고 참여하게 한다.

(3) 자산양도시 구 기업의 근로자 대부분은 신회사의 근로자로 전환하고 신회사와 근로계약을 체결한다.

(4) 신회사는 다양한 방법으로 취득한 운전자금으로 인수한 자산을 운용하여 생산, 판매활동을 한다. 그와 함께 적시에 기업재산권제도를 개선하고 외래자금의 유입, 내부근로자의 출자참여 등을 통하여 투자주체가 다원화된 주식형 기업, 기업집단이나 주식합작회사를 만들거나 외자를 유치하여 중외합작이나 합자기업을 만든다.

(5) 구 기업의 잉여자산을 적절히 처리한다. 이미 생산능력이 없게 된 경우에는 파산법의 규정에 의거하여 파산청산을 진행한다. 아직 생산경영능력이 있는 경우에는 계속 존속하게 할 수도 있고 신회사가 업무설비 방면 등에 있어서 협조를 할 수 있는 때에는 조건이 구비되는 경우 구 기업의 잉여재산에 대하여 다시 일련의 구조조정을 할 수도 있다.

2. 적법성과 효용성

가. 자산

매매식 구조조정 중의 자산이전은 적법하다. 구 기업이 자산을 팔기 전에 은행의 동의를 얻을 때까지 은행에 충분한 정보를 제공하고 은행과 반복적으로 협의하여야 하며 구 기업은 신회사에 자산양도시 그에 상응하는 대가를 획득하고 자산양도의 금액은 적법한 자격을 가진 기관의 평가를 거쳐 채권자의 동의를 얻은 것이다. 구 기업은 재산양도시 그에 상응하는 대가를 얻으므로 그 자산총가치는 감소하지 않고 따라서 채권자의 이익에 손해가 발생하는 것은 아니다. 이러한 거래는 매매계약의 일종이므로 계약법상의 무효나 취소사유가 없는 한 적법 · 유효하다.

그리고 토지사용권의 양도에 대하여 장춘모델에서는 정부가 구 기업의 토지사용권을 신회사에 획발형식으로 부여하거나 신회사에 출양하고 잠정적으로 그 출양금을 받지 않는 방식을 채택하였는데 규정상 이 두 가지 방법은 모두 허용된다.[13]

13_국가토지관리국의 1998. 2. 17.자 〈국유기업개혁 중 획발토지사용권의 잠정조례〉 제3조는 "국유기업개혁에 관계되는 획발토지사용권은 기업개혁의 서로 다른 형식과 구체적인 정황에 따라 각각 국유토지사용권의 출양, 국유토지 임대, 국가가 토지사용권을 평가한 액으로 출자(지분 참여) 및 획발용지를 보류하는 방식으로 조치할 수 있다."고 규정한다. 국토자원부의 1999. 11. 25.자 〈토지자산관리를 강화하고 국유기업의 개혁과 발전을 촉진하는 데 대한 약간의 의견〉 제2조는 "국유기업개혁시 토지행정주관부서의 비준을 거쳐 업종, 기업의 유형과 개혁의 필요에 따라 토지자산의 서로 다른 처리방식과 관리정책을 채용할 수 있다 … 국가계획 내의 중점기술개조항목을 담당하는 국유기업은 원획발토

매매식 구조조정을 통하여 수익성 있는 유효자산이 구 기업의 채무족쇄로부터 벗어나 계속영업에 필요한 자금을 확보하게 한다. 신회사는 비교적 양호한 산업신용과 융자능력을 갖고 있으므로 유효자산을 정상적으로 운용하여 생산에 종사하게 할 수 있으며 주식화, 합자, 합병 등의 방식으로 영업을 확대할 여력이 있다.

나. 채권

장춘모델은 주요 채권자와 기타 거래당사자 간 대면협상기회를 충분히 부여하여 상호 간 합의한 방안을 만든다. 위 과정에서 은행의 동의가 없다면 자산거래는 불가능한데, 그 출발점이 바로 은행의 신기업에 대한 대출이기 때문이다.

일반적으로 구조조정 시작시 기업은 이미 채무변제불능 상태로서 파산절차를 적용할 수도 있는 상황에 있으므로 주요 채권자의 보호문제는 이를 전제로 고려되어야 한다. 즉 미국의 1978년 파산법이 수립한 '채권자가 정리절차 혹은 구조조정하에서 얻는 변제는 파산청산하에서 얻게 되는 변제보다 많아야 하고, 채권자 이익을 최대화하는 것'이어야 한다는 청산표준에 부합하여야 한다.[14]

〈표 1〉 장춘 매매식 구조조정 중 주요 채권은행의 채무변제 상황[15]

(화폐단위 : 만 위엔, 주 채권은행은 專用車廠의 경우 공상은행과 건설은행이고 나머지는 모두 공상은행이다)

항목 \ 기업	專用車廠	印機廠	車燈廠	二機床廠	電爐廠	糖酒公司	평균
기업 총 채무	13,000	9,113	10,484	12,615	12,832	10,953	11,450
주은행채권액	5,854	5,557	6,025	10,611	4,259	6,214.6	6,420
채무점유율	62%	69%	57%	84%	33%	57%	60%
구조조정시 변제액	956	2,428	2,158	2,069	1,500	1,283	1,732
변제율	20%	43.6%	35.8%	19.5%	35%	21%	29%
신회사에 대한 채권	956	2,428	2,158	1,769	1,500	1,283	1,682

지를 획발방식으로 계속하여 사용할 수 있고 평가액으로 출자(지분 참여)하여 기업의 토지자산으로 편입할 수 있다. 기타 숙련기술을 채용하여 생산품의 개선과 개조를 하는 국유기업은 원래 사용하는 획발토지를 출양방식에 의하여 조치할 수 있고 토지수익은 부채항목으로서 기업에 잠정 유보하여 전액을 기술개조에 사용할 수 있으며 기술을 대여로 전환하는 방식으로 관리할 수도 있다."라고 규정한다.

14_John C. Anderson은 채권자의 최대이익이라는 검증방법이 곧 청산의 표준이므로 채권자가 정리계획에 따라 얻는 변제는 그들이 청산상황에서 얻는 이익보다 커야 한다고 한다.

15_王衛國, 『改革時代的法學探索』, 法律出版社, 2003. 9., 311면.

주채권은행이 신기업에 대하여 새로이 취득하는 채권은 우량자산에 속하게 된다. 그와 동시에 주채권은행은 구 기업이 일부 채무를 변제함으로 인하여 동액 상당의 불량자산을 없앨 수 있는데 채권자은행이 이를 통하여 얻는 채무변제비율(위 사례에서의 평균은 29%임)은 기업이 파산청산에서 얻을 수 있는 변제의 경우에 비하여 훨씬 높은 것이다.

1996년 파산절차에 들어간 기업의 자산총액은 370억 위엔에 불과한데 부채총액은 540억 위엔에 달하여 평균부채율은 148%이다. 부채의 대부분은 국유상업은행의 대출금채무인데 이미 파산청산절차가 종결되었거나 개시된 채무자기업의 은행에 대한 변제율은 평균 5%에도 달하지 못한다. 이러한 점은 상당 정도 채권자가 기업구조조정에 유인을 느끼는 동기가 된다.

다. 근로자재배치

근로자의 재배치문제는 오래전부터 중국 정책입안자들이 크게 관심을 갖는 문제이다. 법정내 파산절차이던 법정외 구조조정이든 간에 근로자의 이익에 대한 고려는 매우 중요한데 법정외 절차에서 더욱 신중을 기하여야 한다. 파산분배방안은 법원의 인정을 거쳐 이해관계인에게 강제력을 가지나 구조조정에서의 자산처분협의는 근로자에 대하여 강제력이 없고 국유기업의 근로자는 통상 자신을 이러한 자산에 대한 주체로 생각하기 때문이다. 장춘모델에서 자산거래의 협의는 근로자대표회의의 토론과 결의를 거쳐야 하고 신회사가 상당 부분의 근로자를 고용하여야 하는데 이를 통하여 구 기업의 근로자는 직장을 유지하고 신회사에 들어간 이후의 수입이 일반적으로 그 이전보다 높다.

〈표 2〉 장춘 매매식 구조조정 중 근로자재배치 상황

항목 \ 기업	專用汽車	長春印機	長春車燈	第二機床	長春電爐	長春客隆	평균
재배치대기자 수	1,200	1,371	767	1,207	1,495	765	1,134
재배치 수	821	960	378	700	460	452	629
재배치율	56%	70%	49%	58%	31%	59%	54%

곤경에 처한 기업 구조의 핵심은 유효자산을 구제하는 것이다. 유효자산의 생존과 발전을 보호하는 것이 채권자 이익과 근로자취업 보호의 기본전제이다. 그래서 유효자산을 보호하기

위하여 채권자는 일정한 양보를 하여야 하고 근로자도 양보를 하여야 한다. 신회사에 구 기업 근로자의 전부를 인수하도록 할 수는 없다. 그렇지 않다면 신회사가 잉여인력의 과다로 발목이 잡혀 모두가 직업을 잃을 수 있다.

〈표 3〉 장춘 매매식 구조조정 중 구 기업으로부터의 유효자산 분리 현황[16]

(단위 : 만 위엔)

항목 \ 기업	專用車廠	印機廠	車燈廠	二機床廠	電爐廠	糖酒公司	평균
자산총액	6,634	7,827	9,184	8,422	8,437	12,910	7,496
분리자산액	956	4,256	2,158	1,798	1,500	3,350	2,336
자산분리율	14%	54%	23%	21%	18%	26%	26%

신회사가 인수할 수 있는 구 기업 근로자의 숫자는 일반적으로 유효자산의 운용에 필요한 노동력의 양, 기업의 향후 발전이 흡수할 수 있는 노동력의 수량, 기타 방법을 사용하여 잉여노동력을 재배치할 수 있는 조건 등에 달려 있다. 신회사가 양수하는 것은 구 기업 자산의 일부분(상기 예에서는 14~54%로 각각 다른데 평균 26%이다)에 불과하므로 구 기업의 직공 일부만(역시 상기 예에서 31~70%로 각각 다른데 평균 54%이다)을 인수할 수 있다. 다만, 두 가지 비율을 비교하자면 근로자 수의 비율은 자산인수비율의 두 배 이상이다.

라. 사회적 측면

장춘모델은 정부의 참여를 내용에서 많이 포함하고 있으므로 장춘모델의 사회적 측면에 대한 분석시 시장환경에 관련된 정부의 직능을 소홀히 할 수 없다. 일견하면 계약자유의 원칙에 위배되는 면이 있는 것 같기도 하나 심층적으로 분석하면 먼저 시장경제 중 정부는 곤경에 빠진 기업의 소유자지위에 있으므로 당연히 그 재산인 기업의 구조조정과정에 참여할 권한이 있고, 다음으로 장춘모델에서 지방정부는 투자자의 역할을 하여 기업을 구하는 동시에 채권자를 구하는 역할을 수행하였으므로 그 역할은 합법적일 뿐 아니라 합리적인 것이다. 또한 다자간 협상과정 중 지방정부는 당사자의 계약자유 특히 주요채권자의 계약자유를 존중하고 객관적으로도 국유상업은행의 지방분점은 지방정부로부터 독립되어 있어서 지방정부의 간섭 여지는 매우 적다. 마지막으로

16_〈표 2〉와 〈표 3〉: 王衛國, 『改革時代的法學探索』, 法律出版社, 2003. 9., 312면.

다수 당사자 간의 이익충돌과 행정계통의 중첩적 관리제 아래에서 지방정부가 설립한 기구의 협조적 작용은 통상적으로 거래비용을 크게 감소시키고 기업구조의 효율을 높일 수 있다.

사실상 장춘모델에서 정부는 적은 자금 투입으로 국유자산의 활성화, 근로자직업의 유지 및 사회안정화의 목표를 실현했을 뿐 아니라 신회사로부터 세수입을 얻을 수 있으므로 성공적인 역할을 수행한 셈이다.

3. 기타 이해관계의 조정

가. 중소채권자에 대한 보호

장춘모델에서 중소채권자에 대한 공평성이 논란의 대상이 되었다.[17] 장춘모델에는 '세 당사자 간의 협상 및 정부의 협조'라는 방법이 사용되었는데 진행과정에서 해당 구조조정에 관련된 사항을 중소채권자에게는 공고나 통지를 하지 않고 중소채권자에게 어떤 권한을 부여하지도 않으며 그들에 대하여 어떠한 보상도 하지 않는다. 나아가 구 기업 자산의 감소에 따라 민사집행절차를 통하여 권리를 행사할 희망도 감소한다. 그 때문에 이러한 방식의 구조조정은 중소채권자의 이익을 희생시킨다는 비판을 받기도 하였는바 중소채권자로 하여금 법률제도에 대한 신뢰를 확신하지 못하게 하였다. 이 때문에 중소채권자들은 다른 다양한 보호조치(일시불 정산거래의 요구 혹은 계속적인 변제촉구나 소송 등)를 추구하게 되고 결국 시장에서의 거래비용이 증가한다는 것이다. 이는 생산품의 판로가 양호한 공급상으로 하여금 은행부채가 비교적 많은 국유기업에 대한 공급을 회피하게 할 수 있고 신회사에는 끊임없는 뒤처리라는 비용을 야기할 수 있다.

그러나 구 기업의 자산매각이 근로자의 동의를 얻은 것이기 때문에 기타 이해관계인으로서의 근로자는 절차상 및 실체상 비교적 충분한 권리보장을 받았다. 이러한 성과로 인하여 장춘모델은 정부의 확실한 지지를 받게 되었는데 중국에서 근로자재배치문제는 정책입안자가 관심을 기울이는 초점이어서 법정내·외의 절차에서 모두 근로자이익에 대한 고려는 매우 중요하기 때문이다. 파산은 그 본질상 모든 당사자의 요구를 만족할 수는 없는 측면이 있다. 즉 파산이나 회생이 사회의 모든 목표를 실현할 수는 없는 것이고 경제와 사회영역 그리고 권리요구와 사회목표 중에서 어려운 선택을 해야만 한다. 중국에서 어떠한 선택을 하는 것이 가장 좋을지 단언할 수는 없으나 채권은행자본의 보호 및 근로자의 취업을 최대 목표로 하는 장춘모델을 선택하는 것은 중국의 현실 법률배경에서 가능한 것이다.[18]

17_소위 중소채권자는 통상 원재료 공급상이나 건축상과 같은 상업채권자를 말한다.

한편 중소채권자의 이익을 당연하게 소홀히 할 수 있다고 말할 수는 없다. 정의와 형평은 상업사회의 기본원칙이기 때문이다.

장춘모델 중 중소채권자에 대한 여러 가지 방식의 보상책으로서 신회사는 구 기업의 중소채권자에게 예컨대 원재료의 계속구입, 부품공급의 유지 등 새로운 상업기회를 제공하여 그들에게도 기업구조조정으로 인한 간접적인 수익을 얻도록 할 수 있다. 어떤 경우는 이러한 '오랜 거래처'에게 가격이나 기타 거래상의 혜택을 줄 수도 있다.[19] 이렇게 하여 장춘모델은 서로에게 이익이 되는 결과를 얻을 수 있다.

나. 시장신용

중소채권자의 보호와 관련 있는 것으로서 공평과 효율적인 형평 외에 시장신용문제가 있다. 성실신용은 시장거래의 주요한 원칙이다. 현대 계약법과 파산법률정책이 기망행위를 억제하지만 협의를 통하여 융통성 있는 연체채무의 해결방법 모색을 금지하지는 않는다. 당사자를 격려하여 기업의 채무변제불능으로 인하여 야기되는 문제를 협상을 통해 스스로 해결토록 하는 교섭기제는 매우 유익하다. 이러한 교섭기제에서는 법률규칙과 공평한 참여기회 및 투명성이 매우 중요하다. 당사자 간의 이익공통관계는 단지 협상의 기초일 뿐이고 상호 간의 성실과 신뢰가 없다면 협상을 기초로 한 구조조정은 실현될 가망이 없다. 결국 은행과 기업 간의 신뢰관계와 기업경영자와 근로자 간의 신뢰관계가 구조조정의 성공비결이다. 신회사와 구 기업 간의 자산승계관계는 결국 모두에게 알려진다.

중소채권자들을 외면한 밀실식 교섭과 다수를 해하는 결정은 타인의 이익을 해쳤다는 암영을 신회사에 드리워서 기업신용을 해치게 된다. 따라서 기업의 구조조정은 최대한 여러 이익당사자 간의 조화를 꾀하여야 한다. 정부도 가능한 한 각 방면의 이익을 보호하는 중립적인 입장을 취하여야 한다. 거시적으로 보아도 중소채권자의 보호는 해당 지역 시장의 신용을 유지시켜 투자와 무역의 촉진으로 이어진다.

18_양도되는 자산에 이미 저당권이 설정되어 있다면 중소채권자(통상 무담보권자일 것이다)는 그 부분에 대하여 추급할 기회가 없다. 설사 파산절차 중이라 하더라도 담보채권자는 담보물로부터 독자적으로 만족을 얻을 권리를 갖기 때문이다. 그렇다면 해당 채권자가 자신의 채무자에게 담보물을 제3자에게 양도할 것을 승낙하고 그 대가로부터 청산받는 것을 그르다고 할 수는 없고 합법적이다. 주요 자산에 아직 담보가 설정되어 있지 않고 도산에 처한 기업에 대하여 아직 파산절차가 개시되지 않았다면 이 경우의 게임법칙은 개별 변제가 되는데 이는 곧 법률이 선점하는 자에게 이익을 부여하는 것을 장려하는 것이 된다. 따라서 실질적인 공정의 의미에서 말한다면 기업구조조정 중 실시하는 '참여자 수혜'(즉 구조비용을 댄 자에게 혜택을 주는)의 규칙이 '모두들 승차를 기다리는'(그래서 결국 아무도 차를 못타는) 국면보다 더욱 합리적이다.

19_이러한 적극적인 행동은 중소채권자들의 이해를 얻었는데 시장의 유지가 가져오는 이익이 파산청산절차를 거쳐 얻게 되는 극히 적은 청산분배보다 더욱 가치 있다고 인식하게 되었기 때문이다.

Ⅳ. 장춘모델의 성과와 보완점

1. 장춘모델에 대한 평가

중국에서 기업 구조조정이 달성하여야 할 목표로 거론되는 것은 기업으로 하여금 경제적 궁핍으로부터 벗어나게 하거나 최소한 기업의 유효자산을 구조하고, 취업을 보장하고 근로자를 재배치하며, 금융채권 특히 국유상업은행의 대출채권을 보호하고, 채권자 간 공평한 채권변제를 실현하는 것이다. 장춘모델은 이런 목표를 실현함에 있어서 효과적이고 여러 목표의 조화가 실현될 수 있음을 보여 주어 기업개혁에 매우 훌륭하고 긍정적인 시사를 제공하였다. 장춘모델은 채권자 이익의 보호에 유리한 측면 때문에 국유기업의 구조조정에 있어서도 중시된다. 채권자들이 파산청산절차를 통하여 얻을 수 있는 채무변제는 극히 낮거나 심지어 전혀 없기 때문에 채권자는 손실의 감소를 위하여 적절한 방법을 찾게 된다.

장춘의 매매식 구조조정 과정에서 은행의 채무변제율은 통상 20~40%에 달하여 파산청산절차에서의 채무변제율보다 훨씬 높다. 장춘모델은 기업가치의 보존에 있어서도 그 역할이 지대하다. 경제적 곤경으로 도산지경에 처한 기업이 모두 그 존재가치를 잃는 것은 아님에도 불구하고 일단 파산청산절차를 거치면 법인격은 소멸하고 기업이 보유하는 모든 가치도 그에 따라 사라지므로 결국 채권자와 채무자 모두에게 일종의 손실이 된다. 장춘모델은 미시와 거시영역의 경제개혁에 대하여도 특별한 의미를 지니는데 장춘의 매매식 구조조정은 파산으로 인한 사회충격을 회피할 수 있고 채권자의 손실을 감소시킬 수 있으며 실업을 줄일 수 있어서 개혁과정에 있어서의 비용을 감소시킨다.

다만, 기업채무곤경의 해결이 복잡하고 매우 어려운 과정이며 해결할 문제가 여전히 많은 것을 부인할 수는 없다. 이런 문제에 대한 진지한 탐구와 개선은 중국에 오랫동안 존재해 온 기업채무곤경의 문제를 해결하고 경제발전을 촉진하는 데 적극적인 의미가 있다.

2. 보완점 등

경제와 법률 방면에서 여러 가지 제도 등을 한꺼번에 정비, 수립하는 과정에서 중국은 현실적인 국가상황을 강조하곤 하는데 이러한 태도는 법정외 구조조정모델에 대한 검토에서도 두드러진다. 즉 기존의 탐색과 실천을 통해 확인된 문제를 검토하고 해결하는 과정에서 얻은 결과물을 바탕으로 중국의 상황에 부합하는 제도구조를 마련하여야 한다는 것이다. 이러한 논의의 중점이 되는 문제점과 해결책 등을 간략히 본다.

가. 채무변제금지기간

장춘모델의 여러 장점에도 불구하고 채무변제를 금지하는 기간이 설정되는 것은 아니기 때문에 기업가치의 유실방지와 경제적 곤경에 처한 기업의 구제실현이라는 목표실현에 불리하다. 선점자가 이기는 게임규칙은 다른 채권자로 하여금 함께 같은 방법으로 채무자를 압박하여 결국 파산청산절차에 들어가 채권자가 초기에 기대하던 이익을 훼손하는 결과가 초래될 가능성이 매우 높다. 따라서 반드시 일정한 기간 동안 개별 채권자가 권한을 행사하는 것에 제한을 가하여 채무자에게 법정외에서 한숨 돌릴 수 있는 공간을 허용하고 채권자가 채무자와 관련 있는 영업과 재무정보를 얻고 그에 상응하는 평가를 하여 함께 재무곤경에 처한 채무자에 대한 합리적인 조치를 모색하게 할 필요가 있다.

기업구조조정 중 채권행사의 잠정적 중지, 채권의 집단적 행사 및 유효자산의 분리를 위한 새로운 방법으로서 〈중화인민공화국 신탁법〉이 규정하는 자산신탁과 채권신탁 방법의 채택으로 '잠정중지기'를 대신할 수도 있다.

이는 채권자의 전체나 다수의 동의를 바탕으로 채무자기업이 채권자를 수익자로 하여 유효자산을 수탁자에게 위탁하거나 채권자가 스스로를 수익자로 하여 수탁자에게 위탁하는 것이다. 유효자산이 신탁재산이라는 독립적인 지위를 취득하므로 위탁자인 구 기업의 기타 재산 및 민사책임과 구별되며 채권자의 개별적인 추급이나 강제집행의 대상이 될 수 없다. 그래서 위탁자나 채권자의 통제를 벗어나 채권자의 개별적 행사를 막을 수 있게 되어 결국 집단변제질서를 형성할 수 있게 되고 불공평한 채무변제를 막을 수 있다.

나. 운영구조

회사운영구조의 문제는 재무곤경에 빠진 회사는 물론 국유상업은행에게도 존재하는데 장춘모델은 구조조정에 치중하고 채무자 기업과 금융기구의 운영구조개혁에 대하여는 소홀히 하는 경향이 있다. 결과적으로 채무자기업이 구조조정을 거쳐 부활하여도 효과적인 격려나 유인기제의 결여로 인해 관리층으로 하여금 경제효율에 순응하는 방식으로 운영하지 않게 하거나, 금융기구에 대하여는 기업구조조정 과정의 참여에 대하여 소극적인 태도를 견지하는 결과를 가져올 수 있고 신회사가 다시 곤경에 빠지는 화근이 될 수도 있다. 이 같은 관리층문제를 해결하기 위해서는 새로운 관리자그

룹을 만들거나 최소한 원래의 빈약한 관리층에 새로운 피를 수혈하는 것이 필요한데 그 경영관념의 변화 외에도 도덕적 해이를 고려할 필요가 있다.

다. 계속적 개선

유효자산의 진정한 부활 여부는 구조조정 후의 신회사가 진정으로 양호한 운영궤도에 들어갈 수 있는가에 달려 있다. 장춘모델에서의 소요자금 대부분은 정부의 재정지원에서 유래한다. 이는 중국의 시장경제건설단계에서는 수긍될 수 있고 필요불가결한 것이다. 다만, 점차 필연적으로 시장자원과 시장수단을 더욱 활용하여야 하고 단순히 행정수단과 재정자원에 의존할 수만은 없다. 기업은 장기적인 생존과 발전을 추구하기 때문에 꼭 새로운 자본화와 기술혁신을 하여야 하고 경영기제의 끊임없는 우수화, 시장지위의 강화를 필요로 한다. 구조조정을 통한 재무상황의 개선은 시작에 불과하고 현대기업제도의 요구에 따라 재산권제도의 개혁이 진행되어야 하는데, 고려해 볼 만한 것으로서 외래자본을 도입하고 내부근로자가 주식을 갖는 등 투자주체가 다원화된 주식회사, 기업집단이나 주식합작제기업, 외자도입을 통해 성립한 중외합자기업, 합작기업 등이 있고, 실행을 통하여 국가상황에 부합하는 방식을 탐색할 수 있다.

라. 방식의 다양성

많은 파산기업이 철저한 구조조정을 거쳐 재무상 생명력을 회복할 수 있을 것임에도 불구하고 국유기업이 선택할 수 있는 방법이 매우 적고 구조조정과정에서 채권자의 영향력이 매우 제한적이었다. 그 결과 적시에 회생절차를 시작할 수 없었다. 장춘모델 이전의 법정외 구조조정의 주요 방식은 합병이었는데 이러한 방법으로는 종전 채무의 부담에서 벗어나기 어렵고 세수제도 관련 규정 등으로 인해 예상한 대로의 효과를 거두지 못하였다.

그러나 장춘모델은 구조조정의 여러 모델이 가능함을 보여 주었다. 이러한 방식을 좀 더 확장하면 채무를 중심으로 하여 예컨대 변제기의 연장, 대출원금의 할인과 출자전환 등의 방법을 택할 수 있을 뿐 아니라 자본을 중심으로 하여 합병, 유효자산의 매수방식 등을 채택할 수도 있다.

마. 자산평가

구 기업의 자산과 경영전망에 대한 평가는 매주 중요한데 오랫동안 행정성격의 파산을 해온 중국에서는 더욱 그러하다. 새로운 자금의 주입 등 기업의 운명에 중요한 결정을 최종적으로 내리기 전에 실제적인 평가를 할 수 있는 기제가 있어야 하고 이러한 기제가 그 작용을 충분히 발휘하기 위해서는 시장의 기능이 매우 중요하다. 더 많은 기업으로 하여금 기업자산의 매수에 참여할 수 있게 하여야 한다. 한 방법으로서 소위 시장화입찰도 구조조정비용의 증가 같은 부작용이 있기는 하나 그 부작용이 장기적인 이익에 비하여 적은 것이라면 채택할 만하다. 만약 시장화입찰이 현실적으로 실행가능성이 없다면 시장에 평가자를 파견하여 회사자산을 공정하고 정확하게 평가하는 것을 고려할 수 있다.

바. 공평성

장춘모델에는 중소채권자에 대한 보호에 힘쓰지 않는다는 공평성의 문제가 있고 금융방면보다 사회를 우선시하는 정책의 경향으로 인해 저당권을 가진 채권자라 하더라도 근로자재배치를 위해서라면 손실을 입게 된다. 이런 공평성의 결여는 법정외 구조조정제도를 포함하여 전체 파산제도에 대하여 좋지 않은 영향을 미칠 수 있으므로 개선하여야 한다. 예컨대 모든 채권자들이 국유기업의 파산시 얻을 수 있는 대우보다는 낮지 않은 대우를 받을 수 있도록 정한다거나, 구 기업의 동일 조건하의 채권자는 동일한 대우를 받아야 한다거나, 가능한 경우 소액채권자들을 특별히 보호한다는 것 등이다.

사. 정책 문제

정부가 파산제도 중 역할담당을 원하는 데는 최소한 두 가지 원인이 있는데 하나는 많은 회사가 도산상태에 동시에 빠진 상황에서 사법제도의 미완비와 금융체제의 불완전성으로 인한 체제위험의 발생 가능성이라는 제도적 위기이고, 둘째는 정부 자체가 당사자이거나 직접적인 이해관계인일 수 있다는 것이다. 구조조정의 실체적 결정방면에 정부기구가 개입하는 것은 필요적이다. 이는 중국의 사법 규정에도 부합하고 정부가 특정한 정책목표를 달성하는 데 도움이 될 수 있으며 구조조정을 위한 원동력과 계기를 제공할 수 있다. 다만, 중국은 부패와 권력남용을 경험한 역사를 거울삼아 시장신용의 유지를 위하여 구조조정 중 실체적 결정에 대한 정부의 통제를 최대한 감소시킬 것을 고려하여야 한다. 이를 위하여 협조위원회와 유사한 전문기구를 만드는 것을 고려해 볼 수 있는바, 참고할 만한 것은 미국의 채무해결신탁회사(RCT)모델[20]과 말레이시아의 다나하타

20_채무해결신탁회사는 1989년 〈금융기구개혁, 부흥과 집행법안〉에 근거하여 설립된 것으로서 대출받은 기관이 도산하는 경우 위 회사에서 대출받은 자산관리인이나 인수관리인을 임명하여 그 기구의 업무, 해당 기구의 의무이행과 도산기업 및 그 자산의 매각을 책임지는 업무를 한다. 법률상 채무문제의 해결을 위하여 위 회사에 광범위한 권한이 부여되었다.

(Danaharta)모델[21]이다. 주의할 것은 이러한 전문기구는 반드시 은행, 국유기업 그리고 구조조정의 결과와 직접적인 이해관계를 가질 수 있는 어떠한 조직으로부터도 독립하여야 한다는 것이고 금융기구의 불량대출처리 방면에 있어서 금융자산관리공사의 작용을 한층 강화하여 동 공사로 하여금 법정외 구조조정에 더욱 개입하도록 하여야 한다.

아. 시장 문제

장춘모델의 주요 성과 중 하나는 국유기업의 구제는 시장수단과 시장자원의 부단한 이용과 개발을 필요로 한다는 것을 증명했다는 것이다. 사실상 자산 위주의 구조조정이거나 채무 위주의 구조조정이거나 모두 완비된 시장환경을 벗어날 수 없고 자산거래, 자금의 추가투입 그리고 채권과 주권의 상호교환 등등의 행위는 모두 시장을 떠나 존재할 수 없다. 그래서 자본시장, 채무와 불량대출의 거래시장을 적극적으로 기르고 발전시켜야 하며 그 외, 예컨대 법률사무소와 회계사사무소 같은 투자자문기구, 사회감독기구를 포함한 중개기구를 배양하여 양질의 신중한 서비스를 제공하는 한편 기업의 행위를 효과적으로 감독하여야 한다.

자. 법률의 정비

중국의 사법체계는 불완전한 면이 있는데 주로 사법역량의 빈약, 독립성의 부족으로서 경험있고 독립적이며 상업의식이 있는 법관이 부족한 현실이다. 비교적 완비된 민법(계약법과 담보법)과 완비 중인 파산법과 금융법이 있다 하여도 흔히 '법이 있으나 기대기 어려운' 상황이 된다. 이는 곧 법정외 구조조정이 실패할 경우 기댈 수 있는 '파산청산의 위협'과 비교적 완비된 채권보호제도가 없어서 채무자에 대한 확고한 구속을 담보하기 어렵다는 것을 의미한다. 구조조정 과정에서 국유자산의 처분, 은행채권의 처리, 근로자보상금의 출자전환 등 일련의 정책성 문제를 더욱 명확히 하고 자산평가, 채권평가, 주권의 확정, 토지사용권투자 등 일련의 절차성 문제를 더욱 규범화할 필요가 있다. 이를 위하여 먼저 최대한 빨리 〈파산과 회생에 관한 법〉의 제정을 서둘러 효과적인 법정외 구조조정을 위하여 양호한 제도환경과 법률보장을 제공하고 관련 법규를 건전화하여야 한다.[22]

21_말레이시아에서 금융부문의 문제를 해결하기 위하여 1998년 성립한 자산관리회사로서 연체된 은행의 대출금 채권과 그에 관련된 담보권을 인수하고 때로는 채권자의 지위에서 회사구조조정절차에 참여하는 것 외에 특별관리인을 임명하여 채무자회사의 관리를 인수하는 것 등 그 권한이 광범위하다.

22_관련 법규의 예로서 중국인민은행의 〈금융기구의 기업구조조정 참여에 관한 약간의 의견〉, 국유자산관리위원회, 재정부의 〈곤경에 처한 기업의 구조조정 중 자산평가, 채권평가의 방법〉, 국유자산관리위원회, 국토자원부, 건설부의 〈곤경에 처한 기업의 구조조정 중 자산양도와 자산획발에 관한 약간의 문제에 대한 규정〉, 국유자산관리위원회의 〈파산기업의 화의정돈 실시의견〉 등이 있다.

V. 결어

각국의 기업구조절차는 서로 다른데 그중 모든 것에 절대적으로 통용될 만한 모델은 없다. 어떤 형태의 법률정책이 가장 적당한 것인가에 대하여 그리고 어떤 모양의 기술방안이 가능한 것인가의 문제는 경제체제, 법률구조 그리고 문화전통을 포함한 그 국가의 상황에 달려 있다. 결국 기업의 곤경은 기업 자신뿐만이 아니라 경제사회의 일종의 종합적인 병증으로서 그 발병기제는 사안에 따라 다르고 각각의 처리방안에 대하여 구체적인 연구와 평가가 있어야 한다.

비교와 종합을 통하여 더욱 많은 사례를 탐구, 토론하고 이론적 기초를 심화하여 세계적 범위의 파산법개혁이 계속하여 발전할 수 있도록 추진할 필요가 있다. 중국이 채용한 기업구제제도의 시험은 이제 시작하였을 뿐이다. 계획경제로부터 시장경제로 전환하고 있는 국가에서 이 문제는 다른 경제선진국가에 비하여 훨씬 복잡한 면이 있다. 중국의 현대 상법제도구조 내에서 구제도가 남긴 고통스러운 결과물을 소화하는 과정은 세계적으로도 아직 그 선례가 없으나 최소한 상사법의 영역에서는 중국 특색이 세계화추세에 대한 장애가 되어서는 안 된다는 것도 적절하게 강조되어야 한다.

제2편

중국의 기업파산법규

* 본 편에 수록된 법규는 따로 밝힌 것 외에는 2011. 12. 현재 유효하다.

** 사법해석은 최고인민법원 등이 스스로 각급 법원의 법률적용을 통일하거나 하급법원 등의 질의에 응답하기 위하여 만든 것으로서 특정사건에의 적용만을 목적으로 만들어진 것이 아니라 법규로서의 보편적인 기속력을 갖는다. 이와 달리 사법해석은 특정사건에 관하여 하급법원에 대한 구속력만을 갖는 견해가 있기는 하나 각급 법원에 대한 최고인민법원의 재판감독권을 규정한 헌법 제127조 제2항, 입법법 제71조(국무원 각 부, 위원회, 중국인민은행, 회계감사서와 행정관리직능을 가지는 직속기구는 법률과 국무원의 행정법규, 결정, 명령에 근거하여 해당 부서의 권한 범위 내에서 규정을 제정할 수 있다), 제79조 제2항(행정법규의 효력은 지방성법규, 규장보다 높다)에 비추어 볼 때 사법해석은 '부문규장'으로서 상위규범에 해당하는 '법률'과 '행정법규'에 위배되지 않는 범위에서 보편적인 기속력을 갖는다고 보아야 한다.

*** 중국의 법조문은 항에 별도의 가지번호를 부여하고 있지 않고 들여쓰기로 조, 항, 목의 구분을 나타내며 목에는 ( ) 안에 숫자를 표기하는 것이 통례인데 이하에서는 중국의 조문표기형식을 취하였다.

**** 본 편의 각주는 원문에는 없으나 이해의 편의를 위하여 필자가 부기한 것이다.

제1장 법률

1. 중화인민공화국 기업파산법[1]

목록

제1장 총칙

제1조 기업파산절차를 규범화하고 채권채무를 공평하게 정리하며 채권자와 채무자의 합법적

1_2006. 8. 27. 제10기 전국인민대표대회 상무위원회 제23차 회의 통과, 2007. 6. 1.부터 시행

인 권익을 보호하고 사회주의 시장경제질서를 유지·보호하기 위하여 본법을 제정한다.

제2조 기업법인이 변제기에 있는 채무를 변제할 수 없고 자산이 채무의 전부를 변제하기에 부족하거나 변제능력을 결여한 것이 분명한 경우 본법 규정에 따라 채무를 정리한다.

기업법인에게 전항 규정의 상황이 있는 경우 또는 변제능력을 상실할 가능성이 분명한 경우에는 본법의 규정에 따라 회생[2]을 진행할 수 있다.

제3조 파산사건은 채무자주소지의 법원[3]이 관할한다.

제4조 파산사건의 심리절차는 본법에 규정이 없는 경우 민사소송법의 관련 규정을 적용한다.

제5조 본법에 따라 개시된 파산절차는 중화인민공화국 영역 외에 있는 채무자의 재산에 대하여 효력을 발생한다.

법률효과가 발생한 외국 법원의 파산사건 판결, 재정이 중화인민공화국 영역 내에 있는 채무자의 재산에 관련되어 법원에 승인과 집행의 신청이나 청구를 하는 경우에 대해 법원은 중화인민공화국이 체결하거나 참가한 국제조약 또는 호혜원칙에 따라 심사하여 중화인민공화국 법률의 기본원칙을 위반하지 않고 국가의 주권, 안전과 사회공공이익에 손해를 가하지 않으며 중화인민공화국 영역 내 채무자의 합법적 권익에 손해를 가하지 않는다고 인정하는 경우 승인과 집행의 재정을 한다.

제6조 법원은 파산사건심리에 있어서 법에 따라 기업근로자의 합법적인 권익을 보장하고 법에 따라 파산기업경영관리자의 법률책임을 추궁하여야 한다.

제2장 신청과 수리

제1절 신청

제7조 채무자는 본법 제2조 규정의 상황이 있는 경우 법원에 회생, 화의 또는 파산청산을 신청할 수 있다.

채무자가 변제기에 있는 채무를 변제할 수 없는 경우 채권자는 법원에 채무자에 대하여 회생이나 파산청산을 신청할 수 있다.

기업법인이 이미 해산하였으나 청산하지 않았거나 청산이 종료되지 않았는데 자산이 채무를

2_重整, 파산 관련 구법률에는 없는 제도로서 본법에서 비로소 신설되었다.

3_人民法院, 이하에서는 최고인민법원을 제외하고는 법원이라고 한다.

변제하기에 부족한 경우 법에 의하여 청산책임을 지는 자는 법원에 파산청산을 신청하여야 한다.

제8조 법원에 파산신청을 하는 경우 파산신청서와 관련 증거를 제출하여야 한다.

파산신청서에는 다음의 사항을 기재하여야 한다.

(1) 신청인 및 피신청인의 기본 상황

(2) 신청목적

(3) 신청의 사실과 이유

(4) 법원이 기재하여야 한다고 인정하는 기타 사항

채무자가 신청하는 경우 법원에 재산상황의 설명, 채무대장, 채권대장, 관련 재무회계보고, 기업근로자의 재배치[4]안 및 근로자급여 지급과 사회보험비용의 납부상황을 제출하여야 한다.

제9조 법원이 파산신청을 수리하기 전에 신청인은 신청의 철회를 청구할 수 있다.

제2절 수리

제10조 채권자가 파산신청을 하는 경우 법원은 신청을 받은 날로부터 5일 내에 채무자에게 통지하여야 한다. 채무자가 신청에 대하여 이의가 있는 경우 법원의 통지를 받은 날로부터 7일 내에 법원에 제출하여야 한다. 법원은 이의기간의 만료일로부터 10일 내에 수리 여부의 재정을 하여야 한다.

전항의 경우 외에는 법원은 파산신청을 받은 날로부터 15일 내에 수리 여부의 재정을 하여야 한다.

앞 두 항에 규정된 수리재정기간의 연장을 필요로 하는 특수한 사정이 있는 경우 상일급법원의 비준을 받아 15일을 연장할 수 있다.

제11조 법원은 파산신청을 수리하는 경우 재정일로부터 5일 내에 신청인에게 송달하여야 한다.

채권자가 신청한 경우 법원은 재정일로부터 5일 내에 채무자에게 송달하여야 한다. 채무자는 재정송달일로부터 15일 내에 법원에 재산상황의 설명, 채무대장, 채권대장과 관련 재무회계보고 및 근로자급여 지급과 사회보험비용의 납부상황을 제출하여야 한다.

4_安置, 대상 기업 근로자의 계속적인 생계유지 등을 위하여 실행하는 직장 재배치 대책 등을 가리키는 것으로서 중국의 기업이 국유 즉 전민소유제였던 역사상의 이유로 인하여 만들어진 독특한 제도이다. 근로자가 경제논리적인 요인만으로 직장을 택하고 근로를 한 것은 아니고, 국가경제에 기여한 바가 크며 현재의 기업상황이 순수히 경제적인 요인으로만 조성된 것은 아니므로 기업도산의 경우에도 근로자에 대한 정책적인 고려가 필요하다고 한다. 이에 대해서는 공법의 영역에 속하는 노동관계법에서 해결해야 할 문제를 사법에 속하는 기업파산법에서 다룸으로써 지나치게 채권자의 이익을 침해할 수 있다는 비판도 있다.

第12条 법원은 파산신청불수리의 재정을 하는 경우 재정일로부터 5일 내에 신청인에게 송달하고 이유를 설명하여야 한다. 신청인은 재정에 불복하는 경우 재정송달일로부터 10일 내에 상일급법원에 상소할 수 있다.

법원은 파산신청수리 후 파산선고 전 심사를 통해 채무자가 본법 제2조 규정의 정황에 부합하지 않는 것을 발견하는 경우 신청기각의 재정을 할 수 있다. 신청인은 재정에 대하여 불복하는 경우 재정송달일로부터 10일 내에 상일급법원에 상소할 수 있다.

第13条 법원은 파산신청수리재정을 하는 경우 동시에 관리인을 지정하여야 한다.

第14条 법원은 파산신청수리 재정일로부터 25일 내에 이미 알고 있는 채권자에게 통지하고 공고하여야 한다.

통지와 공고에는 다음의 사항을 기재하여야 한다.

(1) 신청인과 피신청인의 명칭 혹은 성명

(2) 법원이 파산신청을 수리한 시간

(3) 채권신고의 기한, 장소와 주의사항

(4) 관리인의 명칭 또는 성명과 그 사무처리의 주소

(5) 채무자의 채무자나 재산 소지인은 관리인에게 채무를 변제하거나 재산을 교부하여야 한다는 요구

(6) 제1차 채권자회의 개최의 시간과 장소

(7) 법원이 통지 및 공고를 하여야 한다고 인정하는 기타 사항

第15条 법원이 파산신청수리재정을 채무자에게 송달한 날로부터 파산절차종결일까지 채무자의 관련자는 다음의 의무를 부담한다.

(1) 그 점유 및 관리하는 재산, 인장과 장부, 문서 등 자료를 적절하게 보관하는 것

(2) 법원 및 관리인의 요구에 따라 업무를 수행하고 사실대로 자문에 답변하는 것

(3) 채권자회의에 참석하고 사실대로 채권자의 자문에 답하는 것

(4) 법원의 허가 없이는 주소지를 떠날 수 없음

(5) 새로이 다른 기업의 이사, 감사, 고급관리직을 맡을 수 없음

전항에서 말하는 관련자는 기업법인의 법정대표자를 가리키고 법원의 결정으로 기업의 재무관리자와 기타 경영관리자를 포함할 수 있다.

第16条 법원이 파산신청을 수리한 후 채무자가 개별 채권자에게 행한 채무변제는 무효이다.

第17条 법원이 파산신청을 수리한 후 채무자의 채무자나 채무자의 재산 소지인은 관리인에

대하여 채무를 변제하거나 재산을 교부하여야 한다.

채무자의 채무자나 채무자의 재산 소지인이 고의로 전항의 규정을 위반하여 채무자에게 채무를 변제하거나 재산을 교부하여 채권자로 하여금 손실을 입게 하는 경우 그 채무변제나 재산교부의 의무를 면제하지 않는다.

제18조 법원이 파산신청을 수리한 후 관리인은 파산신청 전에 성립하였으나 채무자와 상대당사자 모두가 이행을 마치지 않은 계약에 대하여 해제 또는 계속이행을 결정하고 상대당사자에게 통지할 권한이 있다. 관리인이 파산신청수리일로부터 2개월 내에 상대당사자에게 통지하지 않거나 상대당사자의 최고를 받은 날로부터 30일 내에 답변하지 않은 경우 계약해제로 본다.

관리인이 계약의 계속이행을 결정하는 경우 상대당사자는 이행하여야 한다. 다만, 상대당사자는 관리인에게 담보의 제공을 요구할 수 있다. 관리인이 담보를 제공하지 않는 경우 계약해제로 본다.

제19조 법원이 파산신청을 수리한 후 채무자재산에 관련된 보전조치는 해제하고 집행절차는 중지하여야 한다.

제20조 법원이 파산신청을 수리한 후 이미 개시되었으나 아직 종결되지 않은 채무자 관련의 민사소송이나 중재는 중지하여야 한다. 관리인이 채무자재산을 접수·관리한 후 그 소송이나 중재는 속행한다.

제21조 법원이 파산신청을 수리한 후 채무자 관련 민사소송은 파산신청을 수리한 법원에만 제기할 수 있다.

제3장 관리인

제22조 관리인은 법원이 지정한다.

채권자회의는 관리인이 법에 따라 공정하게 직무를 이행할 수 없거나 직무를 담당할 수 없는 기타 상황이 있다고 인정하는 경우 법원에 변경해 줄 것을 신청할 수 있다.

관리인 지정과 관리인보수 확정의 방법은 최고인민법원이 규정한다.

제23조 관리인은 본법 규정에 따라 직무를 집행하고 법원에 보고업무를 하며 채권자회의와 채권자위원회의 감독을 받는다.

관리인은 채권자회의에 참석하여 채권자회의에 직무집행상황을 보고하고 자문에 답하여야 한다.

제24조 관리인은 유관 부서와 기구의 인원으로 구성된 청산조 혹은 법에 따라 설립된 변호사사무소, 회계사사무소와 파산청산사무소 등 사회중개기구가 맡을 수 있다.

법원은 파산기업의 실제 상황에 따라 유관 사회중개기구의 의견을 구한 후 관련 전문지식을 갖추고 영업자격을 취득한 해당 기구의 인원으로 하여금 관리인을 맡도록 지정할 수 있다.

아래 열거의 상황 중 하나가 있는 경우 관리인을 맡을 수 없다.

(1) 고의범죄로 형사처벌을 받은 적이 있는 경우

(2) 관련 전문영업증서가 취소된 적이 있는 경우

(3) 본 사건과 이해관계가 있는 경우

(4) 법원이 관리인을 맡기에 부적당하다고 인정하는 기타의 경우

개인이 관리인을 맡는 경우 영업책임보험에 가입하여야 한다.

제25조 관리인은 아래 열거의 직책을 수행한다.

(1) 채무자의 재산, 인장과 장부, 문서 등 자료의 접수·관리

(2) 채무자의 재산상황을 조사하고 재산상황 보고를 작성

(3) 채무자의 내부관리 사무에 관한 결정

(4) 채무자의 일상적인 지출과 기타 필요한 지출의 결정

(5) 제1차 채권자회의의 소집 전에 채무자의 영업을 계속 혹은 정지할 것인지 결정

(6) 채무자 재산의 관리와 처분

(7) 채무자를 대표하여 소송, 중재 혹은 기타 법률절차에 참가

(8) 채권자회의의 소집 제의

(9) 법원이 관리인이 이행해야 할 것으로 인정하는 기타 직무

본법에 관리인의 직책에 관한 별도의 규정이 있는 경우 그 규정을 적용한다.

제26조 제1차 채권자회의의 소집 전에는 관리인이 채무자의 영업의 계속이나 정지를 결정하거나 본법 제69조 규정의 행위 중 하나가 있는 경우 법원의 허가를 얻어야 한다.

제27조 관리인은 근면하게 책임을 다하고 충실하게 직무를 집행하여야 한다.

제28조 관리인은 법원의 허가를 받아 필요한 업무자를 초빙할 수 있다.

관리인의 보수는 법원이 확정한다. 채권자회의가 관리인의 보수에 이의가 있는 경우 법원에 이의를 제기할 수 있다.

제29조 관리인은 정당한 이유 없이 직무를 사임할 수 없다. 관리인의 직무사임은 법원의 허가를 얻어야 한다.

제4장 채무자재산

제30조 파산신청수리시에 채무자에 속하는 재산의 전부와 파산신청수리 후 파산절차의 종결 전까지 취득하는 재산을 채무자재산으로 한다.

제31조 법원이 파산신청을 수리하기 이전 1년 내의 채무자재산에 관련된 아래 열거의 행위는 관리인이 법원에 그 취소를 청구할 수 있다.

(1) 재산의 무상양도

(2) 명백히 불합리한 가격에 의한 거래

(3) 원래 재산담보가 없는 채무에 대한 재산담보의 제공

(4) 변제기에 있지 않는 채무의 사전변제

(5) 채권의 포기

제32조 법원이 파산신청을 수리하기 전의 6개월 내에 채무자에게 본법 제2조 제1항 규정의 상황이 있는데도 불구하고 개별 채권자에게 변제하는 경우 관리인은 법원에 그 취소를 청구할 수 있다. 단, 개별 변제가 채무자재산에 이익이 되는 경우는 제외한다.

제33조 채무자재산에 관련된 아래 열거의 행위는 무효이다.

(1) 채무도피를 위한 재산의 은닉, 이전행위

(2) 허위채무 부담 혹은 사실과 다른 채무의 승인

제34조 본법 제31조, 제32조 또는 제33조에 규정된 행위로 인하여 취득한 채무자재산은 관리인이 이를 追回할 수 있다.[5]

제35조 법원이 파산신청을 수리한 후 채무자의 출자자가 아직 출자의무를 이행하지 않은 경우 관리인은 해당 출자자에게 그가 인수한 출자금을 납입할 것을 요구하여야 하는데 출자기한의 제한을 받지 않는다.

제36조 관리인은 파산기업의 이사, 감사와 고급관리자가 직권을 이용하여 기업으로부터 얻은 비정상적인 수입과 침해하여 점유하는 기업재산을 추회하여야 한다.

제37조 법원이 파산신청을 수리한 후 관리인은 채무의 변제나 채권자가 받아들일 담보를 제공하고 질물, 유치물을 환취[6]할 수 있다.

전항 규정의 채무변제나 담보대체는 질물이나 유치물의 가치가 피담보채권액보다 낮은 경우

5_우리의 부인권에 해당하는 제도로서 중국학설상 이를 追回權이라고 설명하기도 한다.

6_取回

그 질물이나 유치물의 당시 시장가치를 한도로 한다.

第38조 법원이 파산신청을 수리한 후, 채무자에 속하지 않는데 채무자가 점유하는 재산은 그 재산의 권리자가 관리인을 통하여 환취할 수 있다. 다만, 본법에 별도의 규정이 있는 경우는 제외한다.

第39조 법원이 파산신청을 수리한 때 매도인이 이미 매매목적물을 매수인인 채무자에게 발송하였으나 매수인이 아직 수령하지 않았고 매매대금 전액을 지급하지는 않은 경우 매도인은 운송 도중의 목적물을 환취할 수 있다. 다만, 관리인은 대금 전액을 지급하고 매도인에게 목적물의 교부를 청구할 수 있다.

第40조 채권자가 파산신청의 수리 전 채무자에 대하여 채무를 부담하고 있는 경우 관리인에게 상계를 주장할 수 있다. 다만, 아래 열거의 상황 중 하나가 있는 경우에는 상계할 수 없다.

(1) 채무자의 채무자가 파산신청의 수리 후 채무자에 대한 타인의 채권을 취득하는 경우

(2) 채권자가 채무자에게 변제기에 있는 채무의 지급불능이나 파산신청의 사실이 있음을 이미 알고 채무자에 대하여 채무를 부담한 경우. 다만, 채권자가 법률규정이나 파산신청이 있기 1년 전에 생긴 원인으로 인하여 채무를 부담하는 경우는 제외한다.

(3) 채무자의 채무자가 채무자에게 변제기에 있는 채무의 지급불능이나 파산신청의 사실이 있음을 이미 알고 채무자에 대하여 채권을 취득한 경우. 다만, 채무자의 채무자가 법률규정이나 파산신청이 있기 1년 전에 생긴 원인으로 인하여 채권을 취득하는 경우는 제외한다.

제5장 파산비용과 공익채무

第41조 법원이 파산신청을 수리한 후 발생하는 아래 열거의 비용은 파산비용으로 한다.

(1) 파산사건의 소송비용

(2) 채무자재산의 관리, 환가 및 분배의 비용

(3) 관리인의 직무집행비용, 보수와 업무인원 초빙의 비용

第42조 법원이 파산신청을 수리한 후 발생하는 아래 열거의 채무는 공익채무로 한다.

(1) 관리인이나 채무자가 상대당사자에게 쌍방이 모두 이행을 완료하지 않은 계약의 이행을 청구함으로써 생기는 채무

(2) 채무자재산이 사무관리를 받음으로써 생기는 채무

(3) 채무자의 부당이득으로써 생기는 채무

(4) 채무자의 영업계속을 위하여 지불하여야 하는 인건비와 사회보험비용 및 이로 인하여 생기는 기타 채무

(5) 관리인이나 관련 인원의 직무수행으로 사람에게 손해를 야기하여 생기는 채무

(6) 채무자재산으로 인하여 사람에게 손해를 야기하여 생기는 채무

제43조 파산비용과 공익채무는 채무자재산으로 수시로 변제한다.

채무자재산이 모든 파산비용과 공익채무를 변제하기에 부족한 경우 먼저 파산비용을 변제한다.

채무자재산이 모든 파산비용 또는 공익채무를 변제하기에 부족한 경우 비율에 따라 변제한다.

채무자재산이 파산비용을 지불하기에 부족한 경우 관리인은 법원에 파산절차의 종결을 청구하여야 한다. 법원은 청구를 받은 날로부터 15일 내에 파산절차종결의 재정을 하고 공고하여야 한다.

제6장 채권신고

제44조 법원이 파산신청을 수리할 때 채무자에 대하여 채권을 갖고 있는 채권자는 본법에 규정된 절차에 따라 권리를 행사한다.

제45조 법원은 파산신청수리 후 채권자의 채권신고기간을 확정하여야 한다. 채권신고기간은 법원이 파산신청수리공고를 한 날부터 계산하는데 최단 30일 미만으로 할 수 없고 최장 3개월을 초과할 수 없다.

제46조 변제기에 이르지 않은 채권은 파산신청수리시에 변제기에 이른 것으로 본다.

이자부 채권은 파산신청수리시로부터 이자계산을 정지한다.

제47조 조건부, 기한부 채권과 소송, 중재가 끝나지 않은 채권도 채권자가 신고할 수 있다.

제48조 채권자는 법원이 확정한 채권신고기간 내에 관리인에게 채권신고를 하여야 한다.

파산기업이 지불하지 않은 근로자의 급여와 의료, 장애보조, 부양비용, 근로자의 개인계좌에 들어가야 할 기본양로보험과 기본의료보험비용으로서 지급되지 않은 것 그리고 법률과 행정법규가 근로자에게 지급하여야 할 것으로 규정하는 보상금은 신고할 필요가 없고 관리인이 조사 후 명세서를 열거하고 공시한다. 근로자가 명세서 기재에 이의가 있는 경우 관리인에게 경정을 요구할 수 있고 관리인이 경정하지 않는 경우 근로자는 법원에 소송을 제기할 수 있다.

제49조 채권자가 채권신고를 할 때 서면으로 채권의 액수와 재산담보의 유무를 설명하고

관련 증거를 제출하여야 한다. 신고채권이 연대채권인 경우 이를 설명하여야 한다.

제50조 연대채권자는 그중 1인이 전체 연대채권자를 대표하여 채권신고를 할 수 있고 공동으로 채권신고를 할 수도 있다.

제51조 채무자의 보증인이나 기타 연대채무자가 채무자를 대신하여 이미 채무를 변제한 경우 채무자에 대한 구상권으로써 채권신고를 한다.

채무자의 보증인이나 기타 연대채무자가 아직 채무자를 대신하여 채무를 변제하지 않은 경우 채무자에 대한 장래의 구상권으로써 채권신고를 한다. 다만, 채권자가 이미 관리인에 대하여 채권 전부를 신고한 경우는 제외한다.

제52조 연대채무자 수인이 본법이 규정하는 절차의 적용 재정을 받은 경우 그 채권자는 채권 전부에 관하여 따로 각 파산사건 중에 채권신고를 할 수 있다.

제53조 관리인이나 채무자가 본법 규정에 따라 계약을 해제하는 경우 상대당사자는 계약해제로 인하여 발생하는 손해배상청구권으로써 채권신고를 한다.

제54조 채무자가 위임계약의 위임인이고 본법 규정 절차의 적용이 재정되었는데 수임인이 그 사실을 알지 못한 채 계속하여 위임사무를 처리한 경우 수임인은 이로 인하여 생긴 청구권으로써 채권신고를 한다.

제55조 채무자가 어음발행인이고 본법 규정 절차의 적용이 재정되었는데 그 어음의 지급인이 계속 지급하거나 인수한 경우 지급인은 이로 인하여 생긴 청구권으로써 채권신고를 한다.

제56조 법원이 확정한 채권신고기간 내에 채권자가 채권신고를 하지 않은 경우 파산재산의 최종분배 전에 보충신고를 할 수 있다. 다만, 그전에 이미 진행된 분배에 대하여는 보충분배를 하지 않는다. 보충신고된 채권의 심사와 확인에 필요한 비용은 보충신고자가 부담한다.

채권자가 본법이 규정하는 절차에 따라 채권신고를 하지 않은 경우 본법 규정의 절차에 따라 권리를 행사할 수는 없다.

제57조 관리인은 채권신고자료를 받은 후 등록대장을 만들어 등록하고 신고채권에 대하여 심사하며 채권표를 편제하여야 한다.

채권표와 채권신고자료는 관리인이 보존하고 이해관계인의 열람에 제공한다.

제58조 본법 제57조 규정에 따라 편제된 채권표는 제1차 채권자회의에 제출되어 검사되어야 한다.

채무자나 채권자가 채권표 기재의 채권에 이의가 없는 경우 법원이 재정으로써 확인한다.

채무자나 채권자가 채권표 기재의 채권에 이의가 있는 경우 파산신청을 수리한 법원에 소송을 제기할 수 있다.

제7장 채권자회의

제1절 일반규정

제59조 법에 따라 채권을 신고한 채권자는 채권자회의의 구성원이 되고 채권자회의에 참가할 수 있으며 표결권을 가진다.

채권이 아직 확정되지 않은 채권자는 법원이 그의 표결권행사를 위하여 임시로 채권액을 확정하기에 충분한 경우를 제외하고는 표결권을 행사할 수 없다.

채무자의 특정재산에 대하여 담보권을 갖는 채권자는 우선 변제받을 권리를 포기하지 않으면 본법 제61조 제1항 제7호, 제10호 규정의 사항에 대하여 표결권을 갖지 않는다.

채권자는 대리인에게 위임하여 회의에 출석하여 표결권을 행사하도록 할 수 있다. 대리인이 채권자회의에 출석하는 경우 법원이나 채권자회의 의장에게 채권자의 수권위임서를 제출하여야 한다.

채권자회의에는 채무자의 근로자와 공회[7]의 대표가 참가하고 관련 사항에 대해 의견을 발표하여야 한다.

제60조 채권자회의에는 의장 1인을 두는데 법원이 표결권이 있는 채권자 중에서 지정한다.

채권자회의 의장은 채권자회의를 주재한다.

제61조 채권자회의는 아래 열거의 직권을 행사한다.

(1) 채권조사

(2) 법원에 대한 관리인의 교체 신청, 관리인의 비용과 보수 심사

(3) 관리인감독

(4) 채권자위원회의 구성원의 선임과 교체

(5) 채무자영업의 계속이나 정지의 결정

(6) 회생계획의 통과

(7) 화의협의의 통과

(8) 채무자재산의 관리방안 통과

(9) 파산재산의 환가방안 통과

7_工會, 기업 내 근로자들로 조직되는 조직체로서 우리의 노동조합에 유사한 조직이라 하겠으나 그 이념적인 면에 있어서는 상이성이 있다.

(10) 파산재산의 분배방안 통과

(11) 법원이 채권자회의가 행사하여야 한다고 인정하는 기타 직권

채권자회의는 의결사항의 결의에 대하여 회의기록을 작성하여야 한다.

第62條 제1차 채권자회의는 법원이 소집하는데 채권신고기간 만료일부터 15일 내에 개최한다.

그 후의 채권자회의는 법원이 필요하다고 인정하는 때 또는 관리인, 채권자위원회, 채권총액의 1/4 이상을 점하는 채권자가 채권자회의 의장에게 제의하는 때 개최한다.

第63條 채권자회의를 소집하는 경우 관리인은 이미 알고 있는 채권자에게 15일 전에 통지하여야 한다.

第64條 채권자회의의 결의는 출석한 표결권 있는 채권자의 과반수로써 통과하고 그 채권자가 대표하는 채권액이 재산담보 없는 채권총액의 1/2 이상을 점하여야 한다. 다만, 본법에 다른 규정이 있는 경우는 제외한다.

채권자가 채권자회의의 결의가 법률규정에 위반하고 자신의 이익을 해한다고 인정하는 경우 채권자회의 결의일로부터 15일 내에 법원에 그 결의를 취소하고 채권자회의에 법에 따라 다시 새로운 결의를 하도록 명하는 재정을 청구할 수 있다.

채권자회의의 결의는 전체 채권자에게 모두 기속력을 갖는다.

第65條 본법 제61조 제1항 제8호, 제9호에 열거된 사항이 채권자회의표결에서 통과되지 않은 경우 법원이 재정한다.

본법 제61조 제1항 제10호에 열거된 사항이 채권자회의의 2차 표결로도 통과되지 않은 경우 법원이 재정한다.

앞 두 항의 재정에 대하여 법원은 채권자회의에서 선포하거나 채권자에게 별도로 통지할 수 있다.

第66條 채권자가 법원이 본법 제65조 제1항에 따라 한 재정에 불복하는 경우, 채권액이 재산담보 없는 채권액의 1/2 이상을 점하는 채권자가 법원이 본법 제65조 제2항에 따라 한 재정에 불복하는 경우에는 재정선포일 혹은 통지를 받은 날로부터 15일 내에 그 법원에 재심의[8]를 신청할 수 있다. 재심의기간에 재정의 집행을 정지하지 않는다.

8_復議, 상소와는 구별되는 제도로서 재결기관이나 그 상급기관이 유관 기관이나 인원의 신청으로 다시 새롭게 심사하여 재결하는 것을 가리킨다. 민사소송뿐 아니라 형사소송에도 적용되며 특히 행정분야에서도 광범위하게 적용되는 제도이다. 우리의 행정심판에 유사한 제도이다.

제2절 채권자위원회

第67条 채권자회의는 채권자위원회 설립을 결정할 수 있다. 채권자위원회는 채권자회의가 선임한 채권자대표와 채무자의 근로자 대표나 공회 대표 1인으로 구성한다. 채권자위원회의 구성원은 9인을 초과하지 못한다.

채권자위원회의 구성원은 법원이 서면결정으로 인가하여야 한다.

第68条 채권자위원회는 아래 열거의 직권을 행사한다.

(1) 채무자재산의 관리와 처분의 감독

(2) 파산재산 분배의 감독

(3) 채권자회의 소집 제의

(4) 채권자회의가 위임하는 기타 직권

채권자위원회는 직무집행시 관리인과 채무자의 관련자에게 그 직무범위 내의 사무에 대한 설명이나 관련 서류의 제출을 요구할 수 있다.

관리인과 채무자의 관련자가 본법에 위반하여 감독받기를 거절하는 경우 채권자위원회는 법원에 감독사항에 관하여 결정해 줄 것을 청구할 수 있다. 법원은 5일 내에 결정을 하여야 한다.

第69条 관리인은 아래 열거의 행위를 하는 경우 즉시 채권자위원회에 보고하여야 한다.

(1) 토지, 건물 등에 관계된 부동산권익의 이전

(2) 탐광권, 채광권, 지적재산권 등의 재산권 이전

(3) 재고의 전부나 영업의 이전

(4) 차관

(5) 재산담보의 설정

(6) 채권과 유가증권의 이전

(7) 채무자와 상대당사자가 모두 이행을 완료하지 않은 계약의 이행

(8) 권리의 포기

(9) 담보물의 환취

(10) 채권자의 이익에 중대한 영향이 있는 기타 재산처분행위

채권자위원회를 설립하지 않은 경우 관리인은 전항 규정의 행위를 실시하면 법원에 즉시 보고하여야 한다.

제8장 회생

제1절 회생의 신청과 회생기간

제70조 채무자나 채권자는 본법의 규정에 따라 채무자에 대한 회생을 법원에 직접 신청할 수 있다.

채권자가 채무자에 대하여 파산청산을 신청하는 경우 법원이 파산신청을 수리한 후 채무자파산을 선고하기 전에 채무자나 출자액이 채무자등록자본의 1/10 이상을 점하는 출자자는 법원에 회생을 신청할 수 있다.

제71조 법원은 심사하여 회생신청이 본법 규정에 부합한다고 인정하는 경우 채무자의 회생재정을 하고 공고하여야 한다.

제72조 법원의 채무자회생재정일로부터 회생절차의 終止까지를 회생기간으로 한다.

제73조 회생기간에 채무자의 신청으로 법원의 비준을 받아 채무자는 관리인의 감독하에 자신이 재산관리와 영업사무를 할 수 있다.

전항 규정의 상황이 있는 경우에는 본법 규정에 따라 이미 기업재산과 영업사무를 접수하여 관리하고 있는 관리인은 채무자에게 재산과 영업사무를 이전하여야 하고 본법이 규정하는 관리인의 직권은 채무자가 행사한다.

제74조 관리인이 재산관리와 영업사무를 책임지는 경우 채무자의 경영관리자를 초빙하여 영업사무를 책임지도록 할 수 있다.

제75조 회생기간에는 채무자의 특정재산에 대하여 있는 담보권의 행사는 잠정 중지된다. 다만, 담보물이 손괴되거나 가치가 현저하게 감소될 가능성이 있고 담보권자의 권리를 해하기에 족한 경우 담보권자는 법원에 담보권행사의 회복을 청구할 수 있다.

회생기간에 채무자나 관리인이 영업계속을 위하여 차재하는 경우 그 차재에 담보를 설정할 수 있다.

제76조 채무자가 합법적으로 점유하는 타인의 재산에 대하여 그 재산의 권리자가 회생기간 중 환취를 요구하는 경우 종전의 약정조건에 부합하여야 한다.

제77조 회생기간에 채무자의 출자자는 투자수익의 분배를 청구할 수 없다.

회생기간에 채무자의 이사, 감사, 고급관리자는 보유하고 있는 채무자의 주식을 제3자에게 이전하지 못한다. 다만, 법원의 동의가 있는 경우는 제외한다.

第78条 회생기간에 아래 열거의 상황 중 하나가 있는 경우 관리인이나 이해관계인의 청구를 받아 법원은 회생절차종지재정을 하고 채무자의 파산을 선고하여야 한다.

(1) 채무자의 경영상황과 재산상황이 계속 악화되고 구제의 가능성이 없을 것

(2) 채무자의 사기, 채무자재산의 악의적인 감소 또는 채권자에게 현저하게 불리한 기타 행위가 있는 것

(3) 채무자의 행위로 인하여 관리인이 직무집행을 할 수 없는 것

제2절 회생계획의 작성과 비준

第79条 채무자나 관리인은 법원의 채무자회생재정일로부터 6개월 내에 회생계획초안을 법원과 채권자회의에 동시에 제출하여야 한다.

전항의 기간이 종료되는 경우 채무자나 관리인의 청구를 거쳐 정당한 이유가 있으면 법원은 3개월 연기의 재정을 할 수 있다,

채무자나 관리인이 기간 내에 회생계획초안을 제출하지 않는 경우 법원은 회생절차종지의 재정을 채무자의 파산을 선고하여야 한다.

第80条 채무자가 스스로 재산관리와 영업사무를 하는 경우 채무자가 회생계획초안을 작성한다.

第81条 회생계획초안은 아래 열거의 사항을 포함해야 한다.

(1) 채무자의 경영방안

(2) 채권분류

(3) 채권조정방안

(4) 채권변제방안

(5) 회생계획의 집행기간

(6) 회생계획집행의 감독기간

(7) 채무자회생에 유리한 기타 방안

第82条 아래 열거하는 각종 채권의 채권자는 회생계획초안을 토론하는 채권자회의에 참가하여 아래 열거의 채권분류에 따라 조를 나누어 회생계획초안에 대해 표결한다.

(1) 채무자의 특정재산에 대하여 담보권을 가진 채권

(2) 채무자가 지급하지 못하고 있는 근로자의 임금과 의료, 장애보조, 부양비용, 근로자의 개인계좌에 들어가야 할 것으로서 지급되지 않은 기본양로보험과 기본의료보험비용, 법률과 행정

법규가 근로자에게 지급해야 할 것으로 규정하는 근로자의 보상금

(3) 채무자가 체납하고 있는 세금

(4) 보통채권

법원은 필요시 보통채권조 중에 소액채권조를 두어 회생계획초안에 대해 표결하도록 결정할 수 있다.

第83조 회생계획은 채무자가 지급하지 않고 있는 본법 제82조 제1항 제2호 규정 이외의 사회보험비용을 감면하도록 규정할 수 없다. 해당 호 비용의 채권자는 회생계획초안의 표결에 참가하지 않는다.

第84조 법원은 회생계획초안을 받은 날로부터 30일 내에 채권자회의를 소집하여 회생계획초안에 대하여 표결하여야 한다.

회의에 출석한 동일 표결조의 채권자 과반수가 회생계획초안에 동의하고 그 대표하는 채권액이 당해 조 채권총액의 2/3 이상인 경우 당해 조에서 회생계획초안을 가결한 것이 된다.

채무자나 관리인은 채권자회의에게 회생계획초안에 대하여 설명하고 문의에 답하여야 한다.

第85조 채무자의 출자자대표는 회생계획초안을 토론하는 채권자회의에 참석할 수 있다.

회생계획초안이 출자자권익의 조정에 관련된 사항인 경우 출자자조를 두어 그 사항에 대하여 표결하여야 한다.

第86조 각 표결조가 모두 회생계획초안을 가결한 때 회생계획은 가결된 것이 된다.

회생계획가결일로부터 10일 내에 채무자나 관리인은 법원에 회생계획비준을 신청하여야 한다. 법원은 심리하여 본법 규정에 부합한다고 인정하는 경우 신청을 받은 날로부터 30일 내에 비준의 재정을 하고 회생절차를 종지하며 공고하여야 한다.

第87조 일부 표결조가 회생계획초안을 가결하지 않은 경우 채무자나 관리인은 회생계획을 가결하지 않은 표결조와 협상할 수 있다. 그 표결조는 협상 후에 한 차례 재의결할 수 있다. 쌍방의 협상결과는 다른 표결조의 이익을 해할 수 없다.

회생계획초안을 가결하지 않은 표결조가 재의결을 거절하거나 재의결하였으나 여전히 회생계획초안을 가결하지 못하였지만 회생계획초안이 아래 열거의 조건에 부합하는 경우 채무자나 관리인은 법원에 회생계획초안의 비준을 신청할 수 있다.

(1) 회생계획초안에 의하면 본법 제82조 제1항 제1호에 열거하는 채권이 그 특정재산에 관하여 전액 변제받게 되고 변제연기로 인하여 받는 그 손실이 공평한 보상을 얻으며 그 담보권이 실질적인 손해를 받지 않는 것 또는 해당 표결조가 이미 회생계획초안을 가결하였을 것

(2) 회생계획초안에 의하면, 본법 제82조 제1항 제2호, 제3호에 열거하는 채권이 전액 변제받게 되거나 상응하는 표결조가 이미 회생계획초안을 가결하였을 것

(3) 회생계획초안에 의하면 보통채권이 얻는 변제의 비율이 회생계획초안의 비준제청시 그것이 파산청산절차에 의하여 얻을 수 있는 변제의 비율보다 낮지 않을 것 또는 해당 표결조가 이미 회생계획초안을 가결하였을 것

(4) 회생계획초안의 출자자권익에 대한 조정이 공평, 공정하거나 출자자조가 이미 회생계획초안을 가결하였을 것

(5) 회생계획초안이 동일 표결조의 구성원을 공평하게 취급하고 규정하는 채권변제의 순서가 본법 제113조 규정에 위반되지 않을 것

(6) 채무자의 경영방안이 실시가능성을 갖출 것

법원은 심사하여 전항의 규정에 부합한다고 인정하는 경우 신청을 받은 날로부터 30일 내에 비준의 재정을 하고 회생절차를 종지하며 공고하여야 한다.

제88조 회생계획초안이 가결되지 못하고 본법 제87조의 규정에 따른 비준을 받지 못하거나 이미 가결된 회생계획이 비준받지 못하는 경우 법원은 회생절차종지의 재정을 하고 채무자파산을 선고하여야 한다.

제3절 회생계획의 집행

제89조 회생계획은 채무자가 집행을 책임진다.

법원이 회생계획비준재정을 한 후 이미 재산과 영업사무를 접수·관리한 관리인은 채무자에게 재산과 영업사무를 이전하여야 한다.

제90조 법원이 회생계획비준재정을 한 날로부터 회생계획이 정하는 감독기간 내에는 관리인이 회생계획의 집행을 감독한다.

감독기간 내에 채무자는 관리인에게 회생계획의 집행상황과 채무자의 재산상황을 보고하여야 한다.

제91조 관리인은 감독기간이 만료되는 때 법원에 감독보고를 제출하여야 한다. 감독보고를 제출한 날로부터 관리인의 감독직책은 종지한다.

관리인이 법원에 감독보고를 제출하면 회생계획의 이해관계인은 열람할 수 있다.

관리인의 신청으로 법원은 회생계획집행의 감독기간을 연장하는 재정을 할 수 있다.

제92조 법원의 비준재정을 받은 회생계획은 채무자와 전체 채권자에게 모두 구속력이 있다.

채권자가 본법 규정에 따라 채권을 신고하지 않은 경우 회생계획의 집행기간 중 권리를 행사할 수 없고 회생계획집행이 완료된 후 회생계획에서 정하는 동종 채권의 변제조건에 따라 권리를 행사할 수 있다.

채권자가 채무자의 보증인이나 기타 연대채무자에 대하여 갖는 권리는 회생계획의 영향을 받지 않는다.

제93조 채무자가 회생계획을 집행할 수 없거나 집행하지 않는 경우 법원은 관리자나 이해관계인의 청구로 회생계획의 집행을 종지하는 재정을 하고 채무자파산을 선고하여야 한다.

법원이 회생계획집행의 종지를 재정하는 경우 채권자가 회생계획 중 했던 채권조정의 승낙은 효력을 상실한다. 채권자가 회생계획의 집행으로 인하여 얻은 변제는 여전히 유효하고 아직 변제받지 못한 부분의 채권은 파산채권으로 한다.

전항 규정의 채권자는 동순위의 다른 채권자가 자신이 받은 변제와 동일한 비율에 달했을 때에만 비로소 계속하여 분배를 받을 수 있다.

본조 제1항 규정의 상황이 있어도 회생계획의 집행을 위하여 제공된 담보는 계속 유효하다.

제94조 회생계획에 따라 감면된 채무는 회생계획집행이 완료된 때부터 채무자는 다시는 변제책임을 지지 않는다.

제9장 화의[9]

제95조 채무자는 본법 규정에 따라 직접 법원에 화의를 신청할 수 있고 또한 법원의 파산신청 수리 후 채무자파산의 선고 전에 법원에 화의를 신청할 수도 있다.

채무자가 화의를 신청하는 경우 화의협의초안을 제출하여야 한다.

제96조 법원은 심사를 거쳐 화의신청이 본법 규정에 부합한다고 인정하는 경우 화의의 재정을 하고 공고하며 채권자회의를 소집하여 화의협의초안을 토론하여야 한다.

채무자의 특정 재산에 대하여 담보권을 가진 권리자는 법원의 화의재정일로부터 권리를 행사할 수 있다.

제97조 채권자회의의 화의협의가결은 회의에 출석한, 표결권이 있는 채권자의 과반수가 동의

9_和解

하고 그 대표하는 채권액이 재산담보 없는 채권총액의 2/3 이상이 되어야 한다.

제98조 채권자회의가 화의협의를 가결하면 법원이 화의절차를 인가하고 종지하는 재정을 하며 공고한다. 관리인은 채무자에게 재산과 영업사무를 이전하고 법원에 직무집행보고를 하여야 한다.

제99조 화의협의초안이 채권자회의의 표결에서 가결되지 못하거나 이미 채권자협의회에서 가결된 화의협의가 법원의 인가를 받지 못한 경우 법원은 화의절차종지의 재정을 하고 채무자파산을 선고하여야 한다.

제100조 법원의 인가재정을 받은 화의협의는 채무자와 전체 화의채권자에게 모두 구속력이 있다.

화의채권자는 법원의 파산신청수리시 채무자에 대하여 재산담보가 없는 채권을 가진 자를 가리킨다.

본법 규정에 따른 채권신고를 하지 않은 화의채권자는 화의협의집행기간 중 권리를 행사할 수 없고 화의협의의 집행완료 후 화의협의가 규정하는 변제조건에 따라 권리를 행사할 수 있다.

제101조 화의채권자가 채무자의 보증인과 기타 연대채무자에 대하여 갖는 권리는 화의협의의 영향을 받지 않는다.

제102조 채무자는 화의협의가 규정하는 조건에 따라 채무를 변제하여야 한다.

제103조 채무자의 사기나 기타 위법행위로 인하여 성립한 화의협의는 법원이 무효의 재정을 하고 채무자파산을 선고하여야 한다.

전항 규정의 상황이 있는 경우 화의채권자가 화의협의집행으로 인하여 받은 변제는 다른 채권자가 받은 변제와 같은 비율의 범위 내에서는 반환하지 않는다.

제104조 채무자가 화의협의를 집행할 수 없거나 집행하지 않는 경우 법원은 화의채권자의 청구로 화의협의집행종지의 재정을 하고 채무자파산을 선고하여야 한다.

법원이 화의협의집행종지의 재정을 하는 경우 화의채권자가 화의협의 중 한 채권조정의 승낙은 실효한다. 화의채권자가 화의협의집행으로 인하여 받은 변제는 여전히 유효하고 화의채권 중 변제받지 못한 부분은 파산채권으로 한다.

전항 규정의 채권자는 다른 채권자가 받은 변제가 자신이 받은 변제와 동일한 비율에 달한 때에만 비로소 계속하여 분배를 받을 수 있다.

본조 제1항 규정의 상황이 있는 경우 화의협의의 집행을 위하여 제공한 담보는 계속 유효하다.

제105조 법원의 파산신청수리 후 채무자와 전체 채권자는 채권채무처리에 관하여 스스로

협의에 이르면 법원에 인가의 재정을 하고 파산절차를 종결할 것을 청구할 수 있다.

제106조 화의협의에 따라 감면된 채무는 화의협의집행이 완료된 때부터 채무자는 다시는 변제책임을 지지 않는다.

제10장 파산청산

제1절 파산선고

제107조 법원이 본법 규정에 따라 채무자파산을 선고하는 경우 재정일로부터 5일 내에 채무자와 관리인에게 송달하고 재정일로부터 10일 내에 이미 알고 있는 채권자에게 통지하고 공고하여야 한다.

채무자는 파산선고를 받은 후 파산자라고 하고 채무자의 재산은 파산재산이라고 하며 법원의 파산신청수리시 채무자에 대하여 갖는 채권은 파산채권이라고 한다.

제108조 파산선고 전 아래 열거의 상황 중 하나가 있는 경우 법원은 파산절차종결의 재정을 하고 공고하여야 한다.

(1) 제3자가 채무자를 위하여 충분한 액수의 담보를 제공하거나 채무자를 위하여 변제기에 있는 채무 전부를 변제한 경우

(2) 채무자가 변제기에 있는 채무 전부를 이미 변제한 경우

제109조 파산자의 특정 재산에 대하여 담보권을 가지는 권리자는 그 특정 재산에 대하여 우선 변제받을 권리가 있다.

제110조 본법 제109조 규정의 권리를 가진 채권자가 우선 변제받을 권리의 행사로 전부 변제받을 수 없는 경우 그 미변제채권은 보통채권으로 한다. 우선 변제받을 권리를 포기하는 경우 그 채권은 보통채권으로 한다.

제2절 환가와 분배

제111조 관리인은 파산재산의 환가방안을 즉시 만들어 채권자회의의 토론에 제출하여야 한다.

관리인은 채권자회의가 가결하거나 법원이 본법 제65조 제1항에 의하여 재정한 파산재산환가방안에 따라 파산재산을 적시에 환가매각하여야 한다.

제112조 파산재산의 환가매각은 경매로 하여야 한다. 다만, 채권자회의가 별도의 결의를 하는 경우는 제외한다.

파산기업은 전부나 일부를 환가매각할 수 있다. 기업의 환가매각시 그중의 무형재산과 기타 재산을 단독으로 환가매각할 수 있다.

국가가 경매할 수 없거나 양도를 제한하도록 규정한 재산은 국가가 규정하는 방식에 따라 처리한다.

제113조 파산재산은 파산비용과 공익채무를 우선 변제한 후 아래 열거의 순서에 따라 변제한다.

(1) 파산자가 지급하지 않은 근로자의 임금과 의료, 장애보조, 부양비용, 근로자의 개인계좌에 들어가야 할 기본양로보험과 기본의료보험 비용으로서 아직 지급되지 않은 것, 법률과 행정법규가 근로자에게 지급하여야 할 것으로 규정하는 근로자의 보상금

(2) 파산자가 체납하고 있는 전호 규정 이외의 사회보험비용과 파산자가 체납하고 있는 세금

(3) 보통파산채권

파산재산이 같은 순서의 변제요구를 충족하기에 부족한 경우 비율에 따라 분배한다.

파산기업의 이사, 감사와 고급관리자의 급여는 당해 기업의 평균임금에 따라 계산한다.

제114조 파산재산의 분배는 금전으로 하여야 한다. 다만, 채권자회의의 다른 결의가 있는 경우를 제외한다.

제115조 관리인은 파산재산분배방안을 즉시 만들고 채권자회의의 토론에 제출하여야 한다.

파산재산분배방안은 아래 열거의 사항을 기재하여야 한다.

(1) 파산재산 분배에 참가하는 채권자의 명칭이나 성명, 주소

(2) 파산재산 분배에 참가하는 채권액

(3) 분배에 제공될 수 있는 파산재산의 액수

(4) 파산재산 분배의 순서, 비율 및 액수

(5) 파산재산 분배의 실시방법

채권자회의의 파산재산분배방안 가결 후 관리인이 법원에 그 방안 인가의 재정을 제청한다.

제116조 파산재산의 분배방안은 법원의 인가재정 후 관리인이 집행한다.

관리인이 재산분배방안에 의하여 여러 차례 분배하는 경우 그 회에 분배하는 재산액과 채권액을 공고하여야 한다. 관리인이 최후분배를 하는 경우 공고에 그 뜻을 밝히고 본법 제117조 제2항

규정의 사항을 기재하여야 한다.

제117조 정지조건부 또는 해제조건부 채권에 대하여는 관리인이 그 분배액을 공탁한다.

관리인이 전항에 따라 공탁한 분배액은 최후분배 공고일에 정지조건이 성취되지 않거나 해제조건이 성취된 경우 기타 채권자에게 분배하여야 하고 최후분배 공고일에 정지조건이 성취되거나 해제조건이 성취되지 않은 경우 채권자에게 분배하여야 한다.

제118조 채권자가 수령하지 않은 파산재산분배액은 관리인이 공탁하여야 한다. 채권자가 최후분배 공고일로부터 만 2개월간 여전히 수령하지 않는 경우 분배수령의 권리를 포기한 것으로 보고 관리인이나 법원은 공탁한 분배액을 기타 채권자에게 분배하여야 한다.

제119조 파산재산의 분배시 소송이나 중재가 아직 끝나지 않은 채권에 대하여 관리인은 그 분배액을 공탁하여야 한다. 파산절차종결일로부터 만 2년간 여전히 분배를 수령할 수 없는 경우 법원은 공탁한 분배액을 기타 채권자에게 분배하여야 한다.

제3절 파산절차의 종결

제120조 채무자에게 분배할만한 재산이 없을 경우 관리인은 법원에 파산절차종결의 재정을 청구하여야 한다.

관리인은 최후분배 완결 후 즉시 법원에 파산재산분배보고를 하고 법원에 파산절차종결의 재정을 제청하여야 한다.

법원은 관리인의 파산절차종결의 청구를 받은 날로부터 15일 내에 파산절차종결 여부의 재정을 하여야 한다. 종결재정을 하면 공고하여야 한다.

제121조 관리인은 파산절차종결일로부터 10일 내에 법원의 파산절차종결의 재정을 가지고 파산자의 원등기기관에 말소등기를 하여야 한다.

제122조 관리인은 말소등기가 이루어진 다음 날로부터 직무집행을 종료한다. 다만, 소송이나 중재가 아직 끝나지 않은 상황은 제외한다.

제123조 파산절차가 본법 제43조 제4항이나 제120조의 규정에 의하여 종결된 날로부터 2년 내에 아래 열거의 상황 중 하나가 있는 경우 채권자는 법원에 파산재산분배방안에 따라 추가 분배할 것을 청구할 수 있다.

(1) 본법 제31조, 제32조, 제33조, 제36조의 규정에 따라 추회하여야 할 재산이 있는 것을 발견한 경우

(2) 파산자에게 분배에 제공되어야 할 기타 재산이 있는 것을 발견한 경우

전항 규정의 상황이 있으나 재산의 수량이 분배비용을 지급하기에 부족한 경우 추가 분배를 실시하지 않고 법원이 이를 국고에 교부한다.

第124조 파산자의 보증인이나 기타 연대채무자는 파산절차의 종결 후 채권자가 파산청산절차에 의하여 변제받지 못한 채권에 대하여 법에 따라 변제책임을 계속하여 진다.

제11장 법률책임

第125조 기업의 이사, 감사나 고급관리자가 충실의무, 근면의무에 위반하여 그가 속한 기업을 파산에 이르게 한 경우 법에 따라 민사책임을 진다.

전항 규정의 상황이 있는 자는 파산절차의 종결일로부터 3년 내에는 어떠한 기업에서도 이사, 감사나 고급관리자를 맡지 못한다.

第126조 채권자회의에 참석할 의무가 있는 채무자의 관련자가 법원의 소환을 받고도 정당한 이유 없이 채권자회의에 참석하지 않은 경우 법원은 구인할 수 있고 법에 따라 벌금에 처할 수 있다. 채무자의 관련자가 본법 규정에 위반하여 진술이나 답변을 거부하거나 허위의 진술이나 답변을 하는 경우 법원은 법에 따라 벌금에 처할 수 있다.

第127조 채무자가 본법 규정에 위반하여 법원에 재산상황설명서, 채무대장, 채권대장, 관련 재무회계보고 및 근로자임금지급상황과 사회보험비용의 납부상황을 제출하지 않거나 진실되지 않은 것을 제출하는 경우 법원은 직접 책임이 있는 자를 법에 따라 벌금에 처할 수 있다.

본법 규정에 위반하여 채무자가 관리인에게 재산, 인장과 장부, 문서 등 자료를 이전하지 않거나 관련 재산증거자료를 위조, 훼손멸실시켜 재산상황을 불명하게 하는 경우 법원은 직접 책임이 있는 자를 법에 따라 벌금에 처할 수 있다.

第128조 채무자에게 본법 제31조, 제32조, 제33조 규정의 행위가 있고 채권자의 이익을 해하는 경우 채무자의 법정대표자와 직접 책임이 있는 자는 법에 따라 배상책임을 진다.

第129조 채무자의 관련자가 본법 규정에 위반하여 함부로 주소지를 떠나는 경우 법원은 훈계,[10] 구류할 수 있고 법에 따라 벌금을 병과할 수 있다.

第130조 관리인이 본법 규정에 따라 근면하게 책임을 다하지 않고 직무집행을 충실히 하지

10_訓戒, 범죄나 잘못을 저지른 사람에게 이를 바로잡거나 다시는 저지르지 않도록 명령하는 처분의 일종이다.

않는 경우 법원은 법에 따라 벌금에 처할 수 있고, 채권자, 채무자나 제3자에게 손실을 야기한 경우 관리인은 법에 따라 배상책임을 진다.

제131조 본법 규정에 위반하여 범죄를 구성하는 경우에는 법에 따라 형사책임을 추궁한다.

제12장 부칙

제132조 본법 시행 후, 파산자가 본법 공포일 전에 지급하지 않은 근로자의 임금과 의료, 장애보조, 부양비용, 근로자의 개인계좌에 들어가야 할 기본양로보험과 기본의료보험 비용으로서 아직 지급되지 않은 것, 법률과 행정법규가 근로자에게 지급하여야 할 것으로 규정하는 근로자의 보상금 중 본법 제113조 규정에 따라 변제한 후 변제에 부족한 부분은 본법 제109조 규정의 특정재산으로써 그 특정재산에 대하여 담보권을 갖는 권리자보다 우선하여 변제받는다.[11]

제133조 본법 시행 전 국무원이 규정하는 기간과 범위 내의 국유기업이 실시하는 파산의 특수사무는 국무원의 관련 규정에 따라 처리한다.

제134조 상업은행, 증권회사, 보험회사 등 금융기구에 본법 제2조 규정의 상황이 있는 경우 국무원금융감독관리기구는 법원에 해당 금융기구에 대하여 회생이나 파산청산의 진행을 신청할 수 있다. 국무원금융감독관리기구가 중대한 경영위험이 출현한 금융기구에 대하여 법에 의하여 접수·관리, 위탁관리 등의 조치를 취하는 경우 법원에 해당 금융기구를 피고나 피집행인으로 하는 민사소송절차나 집행절차의 중지를 신청할 수 있다.

금융기구가 파산을 실시하는 경우 국무원이 본법과 기타 관련 법률의 규정에 따라 실시방법을 제정할 수 있다.

제135조 기타 법률이 규정하는 기업법인 이외 조직의 청산이 파산청산에 속하는 경우 본법이 규정하는 절차를 참조 적용한다.

제136조 본법은 2007년 6월 1일부터 시행한다. 중화인민공화국 기업파산법(試行)은 동시에 폐지한다.

11_〈기업파산법(試行)〉은 근로자의 임금 등 관련 채권이 담보채권자에 우선하는 것으로 규정한다.

2. 중화인민공화국 기업파산법(試行)[12]

목록

제1장 총칙

제1조 사회주의의, 계획 있는 상품경제의 발전과 경제체제개혁의 수요에 적응하고 전민소유제기업의 자주경영을 촉진하며 경제책임제와 민주관리를 강화하고 경영상황을 개선하며 경제효과와 이익을 높이고 채권자와 채무자의 합법권익을 보호하기 위하여 특별히 본법을 제정한다.

제2조 본법은 전민소유제기업에 적용한다.

제3조 기업이 경영관리 부실로 인하여 엄중한 손실을 초래하여 변제기에 있는 채무를 변제할 수 없는 경우 본법의 규정에 따라 파산을 선고한다.

채권자가 파산을 신청하고 기업에게 다음 열거의 상황 중 하나가 있을 때에는 파산을 선고하지 않는다.

(1) 공용기업과 국가민생에 중대한 관계가 있는 기업으로서 정부 관련 부서가 자금지원이나 기타 조치를 취하여 채무변제를 돕는 경우

(2) 담보를 취득하여 파산신청일로부터 6개월 내에 채무를 변제한 경우

채권자가 파산을 신청한 기업의 상급주관부서가 정돈을 신청하고 기업과 채권자회의가 화의협의를 이루면 파산절차를 중지한다.

제4조 국가는 각종 방법을 통하여 파산기업의 근로자들의 재취업을 적절하게 계획을 세워

12_1986. 12. 2. 제6기 전국인민대표대회 상무위원회 제18차 회의 통과, 1986. 12. 2. 중화인민공화국주석령 제45호 공포, 2007. 6. 1. 신법 시행과 동시에 폐지되었다.

처리하고 재취업 전의 기본적인 생계수요를 보장하는데 구체적인 방법은 국무원이 별도로 규정한다.

제5조 파산사건은 채무자소재지의 법원이 관할한다.

제6조 파산사건의 소송절차는 본법에 규정이 없는 경우 민사소송절차의 법률규정을 적용한다.

제2장 파산사건의 신청과 수리

제7조 채무자가 변제기에 있는 채무를 변제할 수 없는 경우 채권자는 채무자 파산의 선고를 신청할 수 있다.

채권자는 파산신청시 채권액수, 재산담보의 유무와 채무자가 변제기에 있는 채무를 변제할 수 없음에 관련된 증거를 제출하여야 한다.

제8조 채무자는 그 상급주관부서의 동의를 거친 후 파산선고를 신청할 수 있다.

채무자는 파산신청시 기업의 손실상황을 설명하고 관련 회계보고서, 채무정리서와 채권정리서를 제출하여야 한다.

제9조 법원은 파산사건수리 후 10일 내에 채무자에게 통지하고 공고하여야 한다. 법원은 채무자가 제출하는 채무정리서를 받은 후 10일 내에, 알고 있는 채권자에게 통지하여야 한다. 공고와 통지에는 제1차 채권자회의의 소집일자를 규정하여야 한다.

채권자는 통지를 받은 후 1개월 내에, 통지를 받지 못한 채권자는 공고일로부터 3개월 내에 법원에 채권을 신고하고 채권의 액수와 재산담보의 유무를 설명하며 관련 증명자료를 제출하여야 한다. 기한이 넘도록 신고하지 않은 채권은 이를 포기한 것으로 본다.

법원은 재산담보가 있는 채권과 재산담보가 없는 채권을 구분하여 등록해야 한다.

제10조 채권자가 파산신청을 하는 경우 채무자는 법원의 통지를 받은 후 15일 내에 본법 제8조 제2항 열거의 관련 자료를 법원에 제출하여야 한다.

채무자가 다른 單位[13]를 위하여 보증인이 된 경우에는 법원의 통지를 받은 후 5일 내에 관련 당사자에게 그 사실을 고지해야 한다.

제11조 법원의 파산사건수리 후 채무자재산에 대한 다른 민사집행절차는 중지하여야 한다.

제12조 법원의 파산사건수리 후 채무자가 일부 채권자에 대하여 한 채무변제는 무효이다. 단, 채무자의 정상적인 생산경영활동을 위하여 반드시 필요한 경우는 그러하지 아니하다.

13_법인과 비법인 조직을 통칭하는 것으로서 회사, 기업, 사업단위, 기관, 단체를 지칭한다.

제3장 채권자회의

제13조 모든 채권자는 채권자회의의 구성원이 된다. 채권자회의의 구성원은 표결권을 가지나 재산담보를 가진 채권자가 우선변제권을 포기하지 않는 경우는 그러하지 아니하다. 채무자의 보증인은 채무자를 대신하여 채무를 변제한 후 채권자로서 표결권을 가질 수 있다.

채권자회의 의장은 법원이 표결권을 가진 채권자 중에서 지정한다.

채무자의 법정대표자는 반드시 채권자회의에 출석하여 채권자의 질문에 답변하여야 한다.

제14조 제1차 채권자회의는 법원이 소집하고, 채권신고기간 만료 후 15일 내에 소집하여야 한다. 그 후의 채권자회의는 법원이나 채권자회의의장이 필요하다고 인정하는 경우 소집하고 또한 청산조나 재산담보 없는 채권총액의 1/4 이상의 채권자의 요구가 있을 때 소집한다.

제15조 채권자회의의 직권은 다음과 같다.

(1) 관련된 채권의 증명자료 심사와 재산담보의 유무와 채권액의 확인

(2) 화의협의초안의 토론과 결의

(3) 파산재산의 처리와 분배방안의 토론과 결의

제16조 채권자회의의 결의는 출석한 표결권을 가진 채권자 과반수의 찬성 및 찬성자의 채권액수가 재산담보 없는 채권총액의 반수 이상이어야 하고 다만, 화의협의초안에 대한 결의는 재산담보 없는 채권총액의 2/3 이상을 점하여야 한다.

채권자회의의 결의는 전체 채권자에 대하여 모두 구속력을 갖는다.

채권자회의의 결의가 위법하다고 인정하는 채권자는 채권자회의의 결의 후 7일 내에 법원에 재정을 신청할 수 있다.

제4장 화의와 정돈(整頓)

제17조 채권자가 기업의 파산을 신청한 경우 법원의 파산사건수리 후 3개월 내에 피신청기업의 상급관리부서는 당해 기업에 대한 정돈의 진행을 법원에 신청할 수 있고 정돈기한은 2년을 넘지 못한다.

제18조 정돈이 신청된 후 기업이 채권자회의에 화의협의초안을 제출하여야 한다.

화의협의에는 기업의 채무변제기한을 규정하여야 한다.

제19조 기업과 채권자회의가 화의협의를 이루면 법원의 인가를 거쳐 법원이 공고하고 파산절차를 중지한다. 화의협의는 공고일로부터 법률효력을 갖는다.

제20조 기업의 정돈은 상급주관부서의 책임하에 진행한다.

기업정돈방안은 반드시 기업근로자대표회[14]의 토론을 거친다. 기업정돈의 현황은 기업근로자대표회에 보고하고 의견을 청취하여야 한다.

기업정돈의 현황은 정기적으로 채권자회의에 보고하여야 한다.

제21조 정돈기간 중 기업에 다음 열거하는 상황의 하나가 있는 경우 법원의 재정을 거쳐 해당기업의 정돈절차를 종결하고 파산을 선고한다.

(1) 화의협의를 시행하지 않는 경우

(2) 재무상황의 계속적 악화로 채권자회의가 정돈종결신청을 하는 경우

(3) 본법 제35조 소정의 행위가 있어 채권자의 이익을 엄중히 해하는 경우

제22조 정돈을 거쳐 기업이 화의협의에 따라 채무를 변제할 능력이 충분해진 경우 법원은 해당 기업에 대한 파산절차를 종결하고 공고하여야 한다.

정돈기간이 만료되었으나 기업이 화의협의에 따라 채무를 변제할 수 없는 경우 법원은 파산을 선고하고 본법 제9조의 규정에 따라 채권을 다시 등록하여야 한다.

제5장 파산선고와 파산청산

제23조 다음 열거 상황의 하나가 있는 경우 법원의 재정으로 기업의 파산을 선고한다.

(1) 본법 제3조의 규정에 따라 파산을 선고하여야 하는 경우

(2) 본법 제21조의 규정에 따라 정돈을 종결하는 경우

(3) 정돈기간이 만료되었으나 화의협의에 따라 채무를 변제할 수 없는 경우

제24조 법원은 기업의 파산을 선고한 날로부터 15일 내에 청산조를 만들어 파산기업을 접수·관리하여야 한다. 청산조는 파산재산의 보관, 정리, 가치평가, 처리 및 분배를 책임진다. 청산조는 법에 따라 필요한 민사활동을 할 수 있다.

청산조구성원은 법원이 기업의 상급주관부서, 정부재정부서 등 관련 부서와 전문가 중에서 지정한다. 청산조는 필요한 업무자를 초빙할 수 있다.

14_企業職工代表大會

청산조는 법원에 대하여 책임을 지고 보고업무를 한다.

第25조 어떠한 단위나 개인도 기업의 재산, 장부, 문서, 자료와 인장 등을 불법적으로 처리할 수 없다.

파산기업의 채무자와 재산을 갖고 있는 자는 청산조에 대해서만 채무변제와 재산교부를 할 수 있다.

第26조 파산기업이 아직 이행하지 않은 계약에 대하여 청산조는 이를 해제할지 또는 계속 이행할지의 여부를 결정할 수 있다.

청산조가 계약을 해제하기로 결정하고 상대방이 계약해제로 인하여 손해를 입은 경우 그 손해배상액은 파산채권이 된다.

第27조 파산기업의 법정대표자는 청산조에의 이전교부수속 전에는 기업의 재산, 장부, 문서, 자료와 인장 등을 보관할 책임을 진다.

파산기업의 법정대표자는 파산절차의 종결 전에는 법원이나 청산조의 요구에 따라 업무를 하고 임의로 직무를 이탈할 수 없다.

第28조 파산재산은 다음에 열거하는 재산으로 구성한다.

(1) 파산선고시 파산기업이 경영관리하는 재산 전부

(2) 파산기업이 파산선고 후부터 파산절차종결 전까지 취득하는 재산

이미 담보물이 된 재산은 파산재산에 포함되지 않고 담보물의 가치가 피담보채무액을 초과하는 경우의 초과부분은 파산재산에 속한다.

第29조 파산기업 내에 타인의 재산에 속하는 것이 있는 경우 당해 재산의 권리자가 청산조를 통하여 환취한다.

第30조 파산선고 전에 성립한 재산담보 없는 채권과 우선변제권을 포기한 재산담보가 있는 채권은 파산채권이 된다.

第31조 파산선고시 변제기에 이르지 않은 채권은 변제기가 이른 것으로 본다. 다만, 아직 도래하지 않는 기간의 이자는 공제하여야 한다.

第32조 파산선고 전에 성립한 재산담보가 있는 채권의 경우 채권자는 당해 담보물에 대하여 우선 변제받을 권리를 가진다.

재산담보 있는 채권의 수액이 담보물의 가액을 초과하는 경우 변제받지 못한 부분은 파산채권으로서 파산절차에 따라 변제받는다.

第33조 채권자가 파산기업에 대하여 채무를 부담하고 있는 경우 파산청산 전에 상계할 수 있다.

제34조 다음에 열거하는 파산비용은 파산재산으로부터 우선 지급하여야 한다.

(1) 업무자의 초빙비용을 포함하여 파산재산의 관리, 환가와 분배를 위하여 필요한 비용

(2) 파산사건의 소송비용

(3) 채권자의 공동이익을 위하여 파산절차진행 중 지급한 기타 비용

파산재산이 파산비용을 지급하기에 부족한 경우 법원은 파산절차의 종결을 선고하여야 한다.

제35조 법원의 파산사건수리 전 6개월로부터 파산선고일까지의 기간 내에 파산기업이 한 행위 중 다음에 열거한 것은 무효이다.

(1) 재산의 은닉, 사적인 처분 또는 무상양도

(2) 재산의 비정상적인 염가매각

(3) 원래 재산담보 없는 채무에 대한 재산담보 제공

(4) 변제기에 이르지 않은 채무에 대한 사전 변제

(5) 채권의 포기

파산기업이 전항 열거의 행위를 한 경우 청산조는 법원에 재산의 추회를 신청할 권한이 있다. 추회재산은 파산재산에 편입된다.

제36조 파산재산 중 일체를 이루는 설비는 전체로서 매각하여야 하고 그것이 불가능한 경우 분리 매각할 수 있다.

제37조 청산조는 파산재산분배방안을 제출하여 채권자회의의 결의에서 가결되면 법원에 보고하여 재정을 받은 후 시행한다.

파산재산은 우선 파산비용을 지급한 후 다음에 열거하는 순서에 따라 변제한다.

(1) 파산기업이 지급하지 않은 근로자의 임금 및 노동보험비용

(2) 파산기업의 체납세금

(3) 파산채권

파산재산이 동순위 채권을 모두 변제하기에 부족한 경우는 비율에 따라 분배한다.

제38조 파산재산의 분배완료 후 청산조는 법원에 파산절차의 종결을 신청한다. 파산절차의 종결 후에는 미변제된 채권을 다시는 변제하지 아니한다.

제39조 파산절차종결 후 청산조는 파산기업의 원등기기관에 대하여 등기말소절차를 밟는다.

제40조 파산기업에 본법 제35조에 열거된 행위의 하나가 있는 것이 파산절차종결일로부터 1년 내에 밝혀진 경우 법원은 재산을 추회하고 본법 제37조의 규정에 따라 변제한다.

제41조 파산기업에게 본법 제35조에 열거된 행위의 하나가 있는 경우 파산기업의 법정대표자

와 직접 책임이 있는 자에게 행정처분을 한다. 파산기업의 법정대표자와 직접 책임이 있는 자의 행위가 범죄를 구성하는 경우 법에 따라 형사책임을 추궁한다.

第42조 기업파산선고 후 정부의 감찰부서와 심사부서는 기업파산의 책임을 조사하여 밝힐 책임이 있다.

파산기업의 법정대표자에게 기업파산에 대하여 주요한 책임이 있는 경우 행정처분을 한다.

파산기업의 상급주관부서에게 기업파산에 대하여 주요 책임이 있는 경우 해당 상급주관부서의 책임자에게 행정처분을 한다.

파산기업의 법정대표자와 상급주관부서의 책임자가 직무를 소홀히 하여 기업파산을 야기함으로써 국가재산이 중대한 손실을 입게 한 경우 〈중화인민공화국 형법〉 제187조의 규정에 따라 형사책임을 추궁한다.

제6장 부칙

第43조 본법은 전민소유제공업기업법의 실시 후 만 3개월이 되는 날부터 試行하고 試行의 구체적인 배치와 절차는 국무원이 규정한다.

3. 중화인민공화국 회사법[15](일부)

목록

제10장 회사의 해산 및 청산

제181조 (회사해산의 원인) 회사는 다음 열거의 원인으로 해산한다.

(1) 회사정관에 규정된 영업기간이 만료되거나 회사정관에 규정된 기타 해산사유가 발생한 경우

(2) 주주회 또는 주주총회가 해산을 결의한 경우

(3) 회사의 합병 또는 분리로 인하여 해산할 필요가 있는 경우

(4) 법에 따라 영업허가서가 말소되고 폐업 또는 허가취소를 명령받은 경우

(5) 법원이 본법 제183조 규정에 따라 해산하게 한 경우

제182조 (회사존속 및 정관수정을 위한 의사규칙) 회사가 본법 제181조 제1항에 해당하는 경우 회사정관을 수정하여 존속할 수 있다.

15_中華人民共和國公司法, 2005. 10. 27. 제10기 전국인민대표대회 상무위원회 제18차 회의 전면개정안 통과, 2006. 1. 1.부터 시행되었다. 그중 기업의 도산절차와 관련성이 높은 제10장을 번역하여 수록한다.

전항의 규정에 따라 회사정관을 수정하는 경우 유한책임회사는 2/3 이상의 표결권을 가진 주주에 의해 가결되어야 하고 주식유한회사는 주주총회에 출석한 주주가 보유한 표결권의 2/3 이상으로 가결되어야 한다.

제183조 (주주가 법원에 회사해산을 청구하는 상황) 회사의 경영관리에 큰 어려움이 발생하여 계속해서 존속할 경우 주주의 이익에 중대한 손실이 발생하게 하고 다른 방법으로는 해결이 불가능한 경우 회사의 전체 주주 표결권의 10% 이상을 보유한 주주는 법원에 회사해산을 청구할 수 있다.

제184조 (청산조의 성립과 구성) 회사가 본법 제181조 제1, 2, 4, 5호 규정으로 인하여 해산하는 경우 해산사유가 발생한 날로부터 15일 이내에 청산조를 구성하여 청산을 시작하여야 한다. 유한책임회사의 청산조는 주주로 구성되며 주식유한회사의 청산조는 이사 또는 주주총회에서 확정한 자로 구성된다. 기한을 초과하고도 청산조를 구성하여 청산을 진행하지 않을 경우 채권자는 법원에 관련자를 지정하여 청산조를 구성하고 청산을 진행하도록 신청할 수 있다. 법원은 해당 신청을 수리하여 적시에 청산조를 구성하고 청산을 진행하여야 한다.

제185조 (청산조의 직권) 청산조는 청산기간에 아래 열거의 직권을 행사한다.

(1) 회사의 재산을 정리하고 대차대조표와 재산명세서를 작성

(2) 채권자에게의 통지, 공고

(3) 청산과 관계되는 회사의 미완료업무 처리

(4) 미납세금 및 청산과정에서 발생하는 세금의 완납

(5) 채권, 채무의 정리

(6) 채무변제 후의 회사 잔여재산 처리

(7) 회사를 대표하여 민사소송활동에 참여

제186조 (청산기간의 채권신고) 청산조는 성립한 날부터 10일 이내에 채권자에게 통지하고 60일 이내에 신문에 공고하여야 한다. 채권자는 통지서를 받은 날로부터 30일 이내에, 통지서를 받지 못한 경우 공고일부터 45일 이내에 청산조에 그 채권을 신고하여야 한다.

채권자는 채권을 신고하는 경우 채권의 관련 사항에 대하여 설명하고 증명자료를 제공하여야 한다. 청산조는 채권을 등록하여야 한다.

채권신고기간에 청산조는 채권자에게 변제할 수 없다.

제187조 (청산방안의 제정과 회사재산의 처리) 청산조는 회사재산을 정리하고 대차대조표와 재산명세서를 작성한 후 청산방안을 제정하여 주주회, 주주총회 또는 법원에 보고하여 확인받아야 한다.

회사재산으로 청산비용, 근로자 임금, 사회보험비용 및 법정보상금을 각기 지불하고 체납세금을 납부하며 회사채무를 변제한 후의 잔여재산은 유한책임회사는 주주의 출자비율에 따라 배당하고 주식유한회사는 주주가 보유한 주식의 비율에 따라 배당한다.

청산기간 동안 회사는 존속한다. 단, 청산과 무관한 경영활동을 할 수 없다. 회사의 재산은 전항 규정에 따라 변제하기 전에는 주주에게 배당할 수 없다.

제188조 (파산선고) 청산조가 회사의 재산을 정리하고 대차대조표와 재산명세서를 작성한 후에 회사재산이 채무변제에 부족함을 발견한 경우 법에 따라 법원에 파산선고를 신청하여야 한다.

회사가 법원의 재정으로 파산이 선고된 후 청산조는 청산사무를 법원에 이관하여야 한다.

제189조 (청산보고와 회사말소등기) 회사의 청산이 끝나면 청산조는 청산보고서를 작성하여 주주회, 주주총회 또는 법원에 보고하여 확인받고 회사등기기관에의 보고, 회사말소등기의 신청, 회사종지의 공고를 하여야 한다.

제190조 (청산조 구성원의 의무) 청산조의 구성원은 직무에 충실하며 법에 따라 청산의무를 이행하여야 한다.

청산조 구성원은 직권을 이용하여 뇌물이나 기타 불법수입을 받아서는 안 되고 회사재산을 침해하여서는 안 된다.

청산조 구성원이 고의 또는 중대한 과실로 인하여 회사나 채권자에게 손실을 입혔을 경우 배상책임을 져야 한다.

제191조 (파산청산의 법률근거) 회사가 법에 따라 파산을 선고받은 경우 기업파산 관련 법률에 따라 파산청산을 하여야 한다.

행정법규

1. 국유기업의 정책적 폐업파산업무를 더욱 완성하는 것에 관한 전국기업합병파산과 근로자재취업 업무 지도소조의 의견을 발송하는 국무원판공청의 통지[1](國辦發[2006]3호)

각 성·자치구·직할시 정부·국무원 각 部委·직속기구 :

전국기업합병파산과 근로자재취업 업무 지도소조의 〈국유기업의 정책적 폐업파산업무를 더욱 완성하는 것에 관한 의견〉이 이미 국무원의 동의를 거쳤으므로 지금 귀 부서에 발송하니 철저히 집행하시기 바랍니다.

국무원판공청

2006년 1월 16일

국유기업의 정책적 폐업파산업무를 더욱 완성하는 것에 관한 의견(전국기업합병파산과 근로자재취업 업무 지도소조)

국유기업이 정책적 폐업파산을 실시하는 것은 역사가 남긴 문제를 해결하기 위하여 채택한 특수한 정책이다. 최근 수년간 국유기업 폐업파산업무는 주요한 진전을 이루었는데 장기적으로 적자이거나 채무가 자산을 초과하거나 호전가망 없는 일단의 중대형 국유기업과 자원고갈광산으로 하여금 안정적이고 질서 있게 시장에서 퇴출케 하여 국유기업개혁의 심화, 국유경제의 배치와 구조조정, 기업과 사회안정의 보호에 중요한 작용을 하였다. 향후 수년간 국유기업의 정책적 폐업파산업무를 더욱 완성하기 위하여 전국기업합병파산과 근로자재취업 업무의 지도소조(이하 '전국지도소조'라고 약칭한다)는 전국 국유기업 폐업파산업무의 총체계획(이하 '총체계획'이라고 약칭한다)을 연구해 만들었고 이미 국무원 제80차 상무회의에서 원칙적인 동의를 받았다. 이제

1_國務院辦公廳轉發全國企業兼并破産和職工再就業工作領導小組關于進一步做好國有企業政策性關閉破産工作意見的通知

총체계획을 철저히 실현하여 국유기업의 정책적 폐업파산업무를 더욱 완성하는 것에 관한 아래 의견을 제출한다.

一. 총체계획 실시의 범위와 중점

정책적 폐업파산의 실시기간은 2005년부터 2008년까지이다. 2008년 이후에는 정책적 파산을 더 이상 실시하지 않는다. 이미 계획에 편입되어 폐업파산할 기업은 연도별로 폐업파산계획을 편제한다. 전국지도소조는 규정절차에 따라 관련 부서와 국유금융기구를 조직하여 심사를 진행하고 국무원에 보고하여 비준을 받은 후 실행을 조직한다.

총체계획의 실시범위는 다음을 포함한다. 첫째, 새로 늘어난 폐업파산할 기업은 모두 1,610호이고 국유금융기구에 관련된 채권은 1,502.6억 위엔이며 근로자는 228만 명이다. 둘째, 현재 이미 각 국유금융기구의 심사에 보낸 폐업파산할 기업은 모두 506호이고 국유금융기구에 관련된 채권은 769억 위엔이며 근로자는 123만 명이다. 위 기업은 모두 2,116호이고 국유금융기구에 관련된 채권은 2,271.6억 위엔이며 근로자는 351만 명이다.

정책적 폐업파산 실시의 중점은 동북지구 등 구 공업기지의 진흥과 중서부지구 경제구조의 조정을 계속 지지하고 軍工기업의 곤경탈출개혁과 자원고갈탄광의 폐업파산을 지지하며 곤경에 처한 유색금속기업 폐업파산의 수습업무를 계속하는 것이다.

二. 폐업파산항목 심사방법의 개선

항목심사를 책임진 관련 부서, 국유금융기구는 진지하게 심사직책을 이행하여 규정된 시간 내에 심사업무를 완성하여야 한다. ① 國資委가 연도항목상부보고의 통지를 하달한 후 각 성(구, 시)과 관련 중앙기업(집단)은 1개월 내에 폐업파산예안의 제정과 보고업무를 마쳐야 한다. ② 國資委는 1개월 내에 항목의 초심업무를 마치고 폐업파산할 기업의 항목표(각 국유금융기구의 채권명세 포함)를 관련 부서에 보내 심사하게 하여야 한다. ③ 관련 부서와 국유금융기구는 3개월 내에 항목의 심사업무를 마치고 전국지도소조판공실에 보고하여 재심을 받아야 하며 국유금융기구가 규정된 시간 내에 항목에 대하여 의견을 제출하지 않으면 심사에 동의한 것으로 본다. ④ 전국지도소조판공실은 1개월 내에 심사 중 발견한 정책적 파산조건에 부합하지 않거나 금융채무면탈의 항목에 대하여 처리의견을 내고 심사가결한 항목을 국무원에 보고하여야 한다.

三. 기업채무의 심사와 관리 강화

국유금융기구는 3개월 내에 폐업파산할 기업의 채무에 대한 심사를 마치고 심사 중 발견한 정책적 파산조건에 부합하지 않거나 금융채무면탈의 항목에 대하여 처리의견을 제출하여야 한다. 정책적 파산조건에 부합하지 않거나 금융채무면탈의 기업은 정책성 파산을 실시할 수 없다. 국유금융기구는 어떠한 명의로도 폐업파산할 기업에게 보상금을 요구할 수 없고 폐업파산할 기업의 담보문제로 인하여 심사진도에 영향을 끼칠 수 없으며 담보기업의 담보책임 이행이 확실히 곤란한 경우 국유금융기구와 기업이 협의하여 상황을 고려해 적절히 감면한다. 국유금융기구는 항목심사 과정 중 현지의 협조소조와 기업에게 즉시 심사진행상황을 통보하여야 한다.

폐업파산할 기업은 반드시 관련 부서와 단위에 즉시 폐업파산예안을 보고하고 관련 상황을 설명하며 폐업파산예안 중의 자산, 채무, 각 유형별 인원과 각 항 비용표준 등 수치의 진실성과 신뢰성을 확보하고 주도적으로 국유금융기구의 심사업무가 더 잘 수행되도록 협조하며 국유금융기구가 규정된 시간 내에 항목심사임무를 마치도록 지지하여야 한다. 총체계획에 넣은 폐업파산할 기업에 대하여 관련 금융기구는 기업폐업파산방안이 실시되기 전에는 이미 확인한 채권을 양도하거나 매각할 수 없고(국유금융기구 사이에서 국가의 비준을 받은 채권양도는 제외) 채권과 담보책임을 더욱 압박하여 재촉할 수 없다. 다만, 기업의 악의적인 금융채무면탈행위에 대하여 관련 금융기구는 법에 따라 자신의 합법권익을 보호하여야 한다. 국유금융기구는 기업파산종결시 법원이 재정한 변제비율로써 회수한다. 주식제 금융기구(개편 이후의 국유상업은행을 포함한다)의 채권은 금융기구가 내부의사절차에 따라 법원의 기업파산종결재정을 근거로 법에 의하여 삭제처리한다.

국가 관련 부서는 금융자산관리회사에 대한 감사시 국가의 정책적 폐업파산정책을 집행하여 대출을 삭제처리함으로써 생긴 손실요인을 고려하여야 한다. 정책적 폐업파산 기업의 대출을 삭제처리할 때 대출의 심사비준, 대출실행과 대출 후 관리에 규정 위반의 문제가 없으면 국유금융기구는 관련 책임자 처벌 후 회수불능계정의 재삭제라는 처리절차를 하지 않을 수 있다.

四. 파산진행절차와 책임추궁제도의 엄정

각지 기업합병파산과 근로자재취업 업무의 협조소조(이하 '협조소조'라고 약칭한다), 관련 부서와 국유금융기구는 총체계획 실현의 중요성을 충분히 인식하고 국무원의 요구에 따라 국가 관련 정책을 더욱 강화하여 이끌고 세심하게 배치하며 신중하게 집행하여 법정절차에 따라 진행하여야 한다. 각지 협조소조는 폐업파산할 기업, 관련 부서와 국유금융기구간의 협조업무를 잘 하여 업무 중의 모순과 문제를 즉시 해결하고 국무원규정의 시간과 범위 내에서 정책적 폐업파산업무를 완성하여야 한다. 총체계획에 들어간 중앙기업의 폐업파산업무를 더 잘하기 위하여 전국지도소조는 각지 협조소조와 회동하여 '선이전 후파산'의 원칙에 따라 실시업무를 철저히 조직하여야 한다. 國資委 등 관련 부서는 협조와 지도를 강화하고 관련 중앙기업(집단)은 책임부담을 철저히 하여 정책적 폐업파산업무의 순조로운 진행을 확보하여야 한다.

각지 협조소조는 폐업파산할 기업에 대하여 정책훈련을 진행하고 기업을 조직하여 폐업파산 예안을 편제하며 실시업무를 잘 하여야 한다. 각지 협조소조와 관련 기업은 폐업파산항목을 실행하는 과정에서 엄격히 국가 관련 규정에 따라 진행을 규범화하여야 하고 기업재무수치를 거짓, 은닉보고 하여서는 안되며 폐업파산할 기업과 폐업파산 기업의 자산을 사사로이 분배, 이전, 고의적으로 염가매각하여서는 안되며 국유금융기구의 기타 채권자의 채무를 악의적으로 면탈할 수 없고 어떠한 자나 기구도 모두 폐업파산기업의 보조자금에 사용되는 각급 재정을 유보, 유용할 수 없다. 지방 각급 정부는 폐업파산기업이 한 사회직능의 수용동의를 철저히 이행하고 적극적으로 조건을 만들며 엄격히 규정에 따라 적시에 폐업파산 기업이 한 사회직능의 자산과 인원을 적절히 받아들여야 한다. 이미 개편한 주식제 상업은행은 국유기업이 파산을 시행하는 과정 중 엄격히 국가의 법률, 법규에 따르고 시장규칙에 의거하여 일하여야 한다. 각지는 책임추궁제도를 만들어 위법위규사건을 엄숙히 처리하고 특히 거짓을 행한 관련 부서와 기업의 고위층에 대하여 엄격하게 책임추궁을 하여야 한다. 중대한 위법·위규가 있는 사건에 대하여 전국지도소조는 비평을 통보하고 해당 지구의 정책적 폐업파산 항목의 심사비준을 잠정 정지하며 해당 지구의 폐업파산기업에게 중앙재정보조자금의 하달을 잠정 중단한다.

五. 근로자의 합법권익과 사회안정의 확실한 보호

각지는 파산기업의 안정업무를 계속하여 주요 위치에 두어야 한다. 기업폐업파산방안이 아직 근로자대표대회의 심의를 거치지 않은 경우 근로자의 진로를 나누어 재배치하는 방안이 아직 근로자대표대회에서 토론가결하지 않은 경우, 폐업파산에 필요한 자금이 확정되지 않은 경우에는 정책적 폐업파산을 실시할 수 없다. 각지는 관련 정책을 더욱 철저히 시행하고 폐업파산기업 근로자의 합법권익을 확실하게 보호하여야 한다. 폐업파산실시기간에 기업의 당조직, 공회조직은 해산할 수 없고 업무를 정지할 수 없으며 적극적으로 사상정치업무를 전개하여 각 방면의 이익을 조화시키고 각종 모순을 해소해야 한다. 각지 협조소조는 폐업파산기업의 안정업무에 대하여 책임을 지고 돌발적으로 발생하는 중요사건에 대하여 규정된 절차에 따라 전국지도소조에 보고해야 한다.

2. 전국기업합병파산과 근로자재취업 업무 지도소조의 구성원 조정에 관한 국무원판공청의 통지[2](國辦函[2003]63호)

國資委 :

귀 위의 〈전국기업합병파산과 근로자재취업 업무 지도소조의 구성원 조정에 관한 지시요청〉을 잘 받았습니다. 국무원지도자의 동의를 받아 조정 후 전국기업합병파산과 근로자재취업 업무 지도소조(이하 '전국지도소조'라고 약칭합니다) 구성원의 單位와 구성자 명단을 다음과 같이 통지합니다.

조　장 : 李榮融(國資委주임)
부조장 : 邵　宁(國資委부주임)
朱志剛(재정부부부장)
唐双宁(銀監會부주석)
구성원 : 吳曉灵(인민은행부행장)
張小建(노동보장부부부장)
李　元(국토자원부부부장)
李　飛(전국인대法工委부주임)
江必新(최고인민법원부원장)
董　力(전국총공회서기처서기)
張　衢(공상은행부행장)
羅　熹(농업은행행장助理)
張燕玲(중국은행부행장)
羅哲夫(건설은행부행장)

지도소조판공실은 國資委에 둔다.

2_國務院辦公廳關于調整全國企業兼并破産和職工再就業工作領導小組組成人員的通知

3. 국유곤란기업과 폐업파산기업 근로자의 기본생활문제 해결에 관한 국가經貿委 등 부서의 몇 가지 의견을 발송하는 국무원판공청의 통지[3](國辦發[2003]2호)

각 성·자치구·직할시 정부·국무원 각 部委·직속기구 :

국가經貿委, 교육부, 民政部, 재정부, 노동보장부, 인민은행의 〈국유곤란기업과 폐업파산기업 근로자의 기본생활문제 해결에 관한 몇 가지 의견〉이 이미 국무원의 동의를 거쳤으므로 지금 귀 부서에게 발송하니 철저히 집행하시기 바랍니다.

2003년 1월 7일

국유곤란기업과 폐업파산기업 근로자의 기본생활문제 해결에 관한 몇 가지 의견(국가經貿委, 교육부, 民政部, 재정부, 노동보장부, 인민은행 2002년 12월 4일)

당중앙, 국무원은 국유곤란기업과 폐업파산기업 근로자의 기본생활문제를 매우 중시하고 최근 수년간 일련의 중대한 정책조치를 취하여 사회보장체계를 더욱 건전하게 하고 국유기업폐업파산 관련 정책을 부단히 개선하며 많은 근로자대중의 절실한 이익을 보호하고 기업과 사회의 안정을 유지하는 데 중요한 작용을 하였다.

이제 국유기업개혁과 구조조정은 중요한 단계에 놓여 있는데 일부 국유기업과 폐업파산기업 근로자의 생활은 여전히 비교적 어렵다. 지방 각급 정부와 관련 부서는 이를 매우 중시하여 현재의 각 정책을 계속 실현하고 완성하며 여러 방법을 통하여 곤란한 근로자대중의 기본생활문제를 철저히 해결하여야 한다. 이 방면의 업무를 더욱 완성하기 위하여 지금 다음의 의견을 제출한다.

一. '두 가지 확보' 업무의 확고한 계속 진행, '세 가지 보장선'의 공고화

기본양로보험제도개혁을 더욱 심화하고 기본양로보험기금수지평형능력을 증강하여야 한다.

3_國務院辦公廳轉發國家經貿委等部門關于解決國有困難企業和關閉破產企業職工基本生活問題若干意見的通知

각급 재정부서는 재정지출구조를 더욱 조정하고 기본양로보험에 대한 자금투입을 점진적으로 늘리며 이·퇴직[4]자 기본양로금을 적시에 충분한 금액을 지급해야 한다. 〈요녕 일부 유색금속과 석탄기업의 폐업파산 관련 문제 연구의 회의요록〉[5](國閱(1993)33호)과 〈자원고갈광산 폐업파산업무를 더욱 완성하는 것에 관한 중공중앙판공청, 국무원판공청의 통지〉[6](中辦發 (2000)11호)에 따라 폐업파산을 실시하는 중앙기업과 중앙이 이양한 지방기업의 이·퇴직자에 대한 총괄항목내 양로보험금은 중앙재정이 정책규정에 따라 보조한 후 여전히 부족한 부분이 있으면 중앙재정의 지방기업근로자에 대한 기본양로보험 전용항목에 편입하여 轉移지급범위로 총괄 해결한다. 계속하여 '삼삼제'원칙에 따라 국유기업의 퇴직근로자의 기본생활보장자금을 확보하고 퇴직근로자의 기본생활비를 적시에 충분한 금액을 지급하고 사회보험비를 대납하여야 한다. 기업과 사회의 조달자금 부족 부분은 각급 재정이 철저히 보증하여야 한다. 협의기간이 만료하였으나 잠시 노동관계를 해제할 수 없는 국유기업의 퇴직근로자에 대하여 지방 각급 정부와 기업은 계속하여 각종 경로로 조달하여 보유하고 있는 자금을 운용하여 그 기본 생활을 보장하여야 한다. 국유기업의 구조조정인원과 재취업서비스센터를 이미 나간 퇴직근로자에 대하여는 규정에 따라 즉시 실업보험을 지급하고 조건에 부합하는 경우 최저보장범위에 넣어야 한다. 노동관계를 해제한 국유기업의 퇴직근로자에 대하여는 규정에 따라 각 항목의 사회보험 연결업무를 완성하여야 한다.

二. 유효한 조치를 취하고 곤란기업근로자의 최저생활보장업무를 철저히 완성

현행 정책을 개선하고 최저보장업무를 더욱 완성하기 위하여 이후 최저생활보장금을 신청하는 재직근로자는 직무를 가진 자이건 아니건 간에 모두 그 소속 기업이 장기결손, 생산정지, 생산반정지의 원인으로 인하여 연속 6개월 이상 임금이나 기본 생활비를 받지 못하거나 부족하게 수령한 경우 현지 노동보장과 經貿부서의 인정 및 증명서발급 후 본인의 실제 수입에 대한 실사를 근거로 최저보장표준에 부합하는 경우 최저보장범위에 들어가 그 기본생활을 확보할 수 있다. 악의적으로 근로자 임금이나 기본생활비를 체불하는 기업이 발견되는 경우 엄히 처리하여야 한다. 각지는 최저보장표준과 보장대상보조수준을 합리적으로 확정하고 최저보장신청자의 수입조사심사를 신중하게 하며 정책규정에 엄격히 따라 최저생활보장대상을 심사비준하고 즉시 그 수입을 파악하여 보호할 것은 모두 철저히 보호하여야 한다.

4_離退休, 이직휴양과 정년퇴직을 포괄하는 개념이다.

5_研究遼宁部分有色金屬和煤炭企業關閉破產有關問題的會議紀要

6_中共中央辦公廳、國務院辦公廳關于進一步做好資源枯竭礦山關閉破産工作的通知

三. 폐업파산기업 이·퇴직자 의료보험 관련 정책조치를 더욱 개선

國閱(1993)33호 문건과 中辦發(2000)11호 문건 규정에 따라 폐업파산을 실시하는 중앙기업과 중앙이 이양한 지방기업은 중앙재정이 기업 이·퇴직자의 의료보험비를 심사결정할 때 기업의 재직근로자의 연급여 총액의 6%에 따라 계산하여 10년간 진행하고, 반감시키지 않는다. 기업소재지의 재정부서는 중앙재정보조금을 즉시 현지 의료보험취급기구에 지급하고 동시에 의료보험취급기구는 상술한 기업이·퇴직자를 현지 의료보험체계에 편입하여 통일관리하여야 한다. 각지 정부는 의료보험의 적용범위를 확대하는 동시에 사회의료구조제도 수립을 통하여 잠시 비용납부능력이 없고 의료보험에 참여하지 않은 곤란기업의 근로자에 대하여 필요한 의료구조를 최대한 신속하게 제공하여야 한다.

四. 곤란기업과 폐업파산기업 근로자의 자녀취학문제에 철저한 관심

각급 교육, 민정, 재정 등 부서는 유효한 조치를 취하고 이들 기업 근로자 자녀의 진학에 대한 자금지원의 역량을 강화하여야 한다. 각지는 기업이 설립한 초·중등학교의 분리이전업무를 진지하게 완성하여야 한다. 우선 곤란기업이 설립한 보통 초·중등학교는 지방정부에 이관하여 관리하고 그 근로자 자녀가 의무교육을 완성하도록 보장하여야 한다. 경제곤란대학생 자금지원의 각 정책을 진지하게 확보하고 특별히 곤란한 근로자 자녀의 대학진학을 위해 필요한 도움을 즉시 제공하여야 한다.

五. 국유기업의 정책적 폐업파산업무 실시를 더욱 완성

기업과 사회의 안정확보를 전제로 국유기업의 정책적 폐업파산업무 실시의 역량을 강화하고 이미 시장생존조건을 갖추지 못한 일련의 기업을 조속히 시장에서 퇴출토록 한다. 정책적 폐업파산을 할 범위의 기업에 대하여 관련 부서와 채권은행, 금융자산관리회사는 엄격히 관련 문건에 따라 서둘러 심사하여 업무효율을 제고하여야 한다. 기업파산청산비용의 부족문제를 해결하기 위하여 현재 계산한 파산청산기간근로자 생활비 등 관련 비용의 기한을 3개월에서 6개월로 연장한다. 중앙기업과 중앙이 이양한 지방기업이 폐업파산을 할 때 이로 인하여 증가하는 비용은 중앙재정으로부터 해결한다.

六. 폐업파산을 하는 중앙기업과 중앙이 이양한 지방기업이 체불한 근로자 개인비용문제의 적정한 해결

國閱(1993)33호 문건 규정을 집행하여 모회사가 전체로서 폐업파산하거나 자회사는 폐업파산하고 모회사 결손이 엄중한 경우에 대하여 폐업파산기업이 체불한 근로자의 임금은 중앙재정으로부터 보조지급한다. 國閱(1993)33호 문건 규정을 집행하여 폐업파산을 하는 기업이 체불한 의료비용은 지방정부가 중앙재정으로부터 계속 지급된 결손보조와 지방에 보류된 이윤발생기업에서 얻은 세금 중에서 해결한다. 國閱(1993)33호 문건과 中辦發(2000)11호 문건 규정을 집행하여 폐업파산을 하는 기업이 유용한 근로자 개인 납부의 주거적립금은 주택매각시 상응하게 공제할 수 있다. 기업이 이미 주택을 매각한 경우 체납된 근로자의 주거적립금에 대하여 지방정부는 중앙재정으로부터 계속 지급된 결손보조와 지방에 보류된 이윤발생기업에서 얻은 세금 중에서 해결할 수 있다.

七. 지역사회건설을 가속하여 사회보장 무대를 완성

지역사회관리기구는 국유기업의 퇴직근로자, 취업했다가 실직한 근로자(근로관계가 유상해제된 자 포함), 파산기업근로자, 퇴직자 등을 모두 관리범위에 넣고 정부 관련 부서와 협조하여 이들의 사회보장과 재취업서비스 등 업무를 완성하며 그들의 실제적인 어려움을 해결하도록 도와야 한다.

지방 각급 정부는 상술한 요구에 따라 지역사회직능을 완성하고 지역사회주민위원회[7]의 업무에 필요한 조건과 경비를 보증하여야 한다. 독립工礦區의 지역사회는 屬地化관리원칙에 따라 지방정부가 통일관리하여야 한다. 기업광산종결 후 수립한 관리기구는 즉시 현지 정부에 이관하여 관리공동이 생기는 것을 방지하여야 한다.

國閱(1993)33호 문건에 따라 폐업파산하는 변방지구의 기업에 대하여는 현지 정부 관련 부서나 지역사회관리기구가 기업퇴직자의 관리와 사회보장자금의 지급을 책임지고 재정이 확실히 곤란한 지구의 지역사회관리기구의 관리비용에 대하여는 중앙재정이 기업폐업파산비용을 확정할 때 적당한 보조를 하여야 한다.

7_社區居民委員會

4. 자원고갈광산 파산업무를 더욱 완성하는 것에 관한 중공중앙판공청, 국무원판공청의 통지[8](中辦發 [2000]11호)

각 성·자치구·직할시 黨委와 정부, 중앙과 국가기관 각 部委, 軍委 총정치부, 각 단체 :

건국 50년 이래 석탄, 유색금속과 핵공업광산은 경제발전과 국방건설을 위하여 중대한 공헌을 하였다. 광산자원은 재생될 수 없기 때문에 일련의 광산은 장기간의 채굴로 자원이 점차 위축, 고갈되었다. 기업생산은 대폭 하락하고 일부는 장기간 생산이 정지되고 손실이 막대하며 근로자의 생활이 곤란하다. 당중앙, 국무원은 이 문제를 매우 중시하여 일련의 자원고갈광산에 대하여 폐업파산을 실시하기로 하였다. 이는 당의 15회 전국대표대회 및 15기 4차 중전회[9]의 정신을 관철하여 구조조정을 추진하며 기업개혁을 심화하고 곤경으로부터의 탈출이라는 목표를 실현하는 중대한 조치이며 사회안정이라는 대국에 관계되는 것으로서 시급히 해결해야 하는 긴급한 일이다. 각 관련 부서는 이를 매우 중시하여야 한다. 이 업무를 확실하고 타당하게 추진하기 위하여 관련 문제를 지금 아래와 같이 통지한다.

一. 자원고갈광산 폐업파산 실시의 정책규정

(一) 재직근로자의 재배치에 관하여

1) 폐업파산광산의 전민소유제 근로자는 사전 5년(남 : 만 55세, 여 : 만 45세) 퇴직의 정책을 집행한다. 그중 터널, 유독, 유해 등 특수직무 종사 근로자는 사전 10년(남 : 만 50세, 여 : 만 40세) 퇴직할 수 있다. 사전퇴직 조건에 부합하는 근로자는 더 이상 다른 모든 재배치정책을 적용받지 않고 양로금지급기준은 규정에 따라 적당하게 감경한다.

2) 노동계약제 실행 이전에 업무에 참가한 전민소유제 근로자가 전항의 재배치조건에 부합하지 않는 경우 아래 두 종류의 재배치방법 중 임의로 한 가지를 선택하여 기업과 노동관계를 해제할 수 있다. ① 근로기간이 매 1년마다 1개월분에 해당하는 본인 임금을 지급하는 표준에 따라 경제보상금을 지급하고 규정에 따라 실업보험을 누릴 수 있다. 실업보험을 누리는 기간이 만료하였는데도

8_中共中央辦公廳、國務院辦公廳關于進一步做好資源枯竭礦山破産工作的通知
9_중국공산당 제15기 전국대표대회가 선출한 중앙위원회의 4차 전체회의를 지칭한다.

여전히 미취업인 경우 규정에 따라 도시주민 최저생활보장을 받는다. ② 기업소재지의 전년 평균임금 3배의 재배치비를 일회적으로 지급하고 실업보험을 더 이상 누리지는 않으며 스스로 구직한다. 재배치비의 1인 평균이 2만 위엔에 미치지 못하는 경우 2만 위엔의 방출표준에 따라 안배할 수 있고 구체적으로 지급할 때 근무연한을 반영한 차이를 두어야 한다.

노동계약제 시행 전에 업무에 참가하여 터널, 유독, 유해 등 특수직무에 종사하고 사전퇴직연한이 5년(포함) 이내인 전민소유제 근로자는 일회적으로 재배치를 시행하여 기업과 근로관계를 해제하는데 다만, 본인에게 일회적으로 재배치비를 지급하는 것이 아니라 지역사회관리기구가 퇴직근로자 기본생활보장표준을 비교하여 기본생활비를 지급하고 사회보험비를 대납하며 사전퇴직 연한에 이르렀을 때 퇴직수속을 한다.

3) 노동계약제 시행 후에 업무에 참가한 계약제근로자는 근로시간이 1년에 달할 때마다 1개월분에 해당하는 본인 임금을 지급하는 표준에 따라 경제보상금을 지급하고 근로관계를 해제하며 도시주민최저생활보장을 받는 때에 이르기까지 계속하여 규정에 따라 실업보험을 누린다. 도시주민에 속하는 混崗集体工[10]은 계약제근로자의 정책을 비교하여 재배치한다. 농촌주민에 속하는 혼강집체공은 경제보상금만을 지급한다.

4) 동반폐업파산하는 광산 소속 집체기업의 근로자가 도시주민에 속하면서 이미 실업보험에 참가한 경우 규정에 따라 실업보험을 누린다. 실업보험미참가인 경우와 실업보험향수기간 만료 후에도 미취업인 경우 규정에 따라 도시주민최저생활보장대우를 받는다.

5) 폐업파산광산이 설립한 학교, 의원, 공안, 소방, 수도, 전기 등 생활과 공공서비스 단위의 경우 그 시설과 근로자는 편제되어 지방정부에 인계하여 관리하고 필요한 비용은 폐업파산광산의 전년도 실제 비용지불수준에 따라 중앙재정에서 3년 보조지급한다. 3년 후 경비보장에 대하여 곤란이 있는 구공업기지와 경제발전부족지구는 보조연한을 연장하거나 보조액을 일회적으로 늘릴 수 있다.

6) 광산의 폐업파산 후 일부 유효한 자산으로 적정하게 값을 정하여 기업을 재건하고 그곳에

10_混崗集体工, 1992년 이전 국유기업이 국가노동계획 외에서 집체소유제 이름으로 채용하여 실제로는 그 기업에서 대체노동에 종사케 한 근로자를 가리키는데, 이들의 대우는 같은 직무에 종사하는 全民工(전민소유제 이름으로 채용한 근로자)에 비하여 열악하였다.

안배한 근로자에 대하여 재배치비나 경제보상금을 지급하지 않을 수 있다.

7) 노동능력상실감정을 거친 산재근로자와 직업병환자의 장애보조비, 생활비, 의료비 등 경상성 비용과 산재사망근로자 가족의 위로금은 중앙재정에서 보조한다.

8) 폐업파산절차에 들어간 후 광산은 소수의 핵심근로자로 전문기구를 만들도록 안배하여 광구의 퇴직 등 사회보장자금의 지급과 관리를 책임지게 하고, 파산종결 후 지방 지역사회관리기구에 지급과 관리를 전환하며 그에 필요한 경비는 중앙재정이 부담할 수 있다. 안배된 근로자는 더 이상 파산기업의 근로자로서 재배치하지 않는다.

9) 폐업파산광산과 노동관계를 해제한 근로자가 다른 단위에 취업한 경우 채용단위와 개인이 규정에 따라 계속하여 사회보험비를 납부한다.

다른 단위에 취업하지 않았으나 개인이 양로보험에 참가하기를 자원하는 근로자의 경우 보험참가방법은 자영업노동자와 비교하여 집행한다. 계속하여 양로보험에 참가하는 근로자는 그 재배치 전의 양로보험비납부 연한, 납부한 것으로 보는 연한과 재배치 후의 비용납부 연한을 병합하여 양로금을 방출할 수 있다.

예컨대 일회성 재배치 후 더 이상 비용을 납부하지는 않으나 퇴직연령 도달시에는 이미 비용을 납부한 연한과 비용을 납부한 것으로 보는 연한에 따라 양로금을 방출한다. 노동관계를 해제한 근로자는 퇴직근로자재취업과 호적관리 등 방면에서 우대정책을 누릴 수 있다.

10) 이상의 각 방법으로 재배치한 폐업파산광산의 근로자는 그 가족이 도시주민에 속하는 경우 그 가족 모두 실제수입이 여전히 도시주민의 최저생활보장수준에 달하지 못하면 도시주민의 최저생활보장을 누릴 수 있고 그 표준은 현지의 주민생활수준과 재정의 부담능력에 따라 확정하며 취업격려원칙을 구현한다.

지방이 부담하기에 확실히 곤란하면 중앙재정에서 적당히 보조한다. 도시주민의 최저생활보장대우의 향수는 〈도시주민 최저생활보장 조례〉[11]가 규정하는 절차에 따라 전문기구가 심사비준하고 게시공포하는데 공정, 공평, 공개하여야 한다.

11_城市居民最低生活保障條例

(二) 이·퇴직자의 재배치에 관하여

1) 폐업파산광산의 이·퇴직자 전부를 지방정부가 통일관리하고 양로보험은 省급관리를 하며 양로금은 사회화 방출을 하고 이·퇴직자는 지역사회관리기구가 관리한다.

2) 기본양로보험 총괄항목 내의 기금과 의료보험기금은 원칙적으로 기업재직근로자 연봉총액의 25%와 6%에 따라 각각 10년 계산하고 재차 반감심사하지 않으며 중앙재정이 사회보험취급기구에 지급하고 이·퇴직자에 방출되는 기본양로금과 의료비에 사용한다. 5년 후 자금이 부족한 경우 총괄하여 연구·해결한다.

3) 총괄항목 외의 양로보험비용은 원칙적으로 해결하지 않는데, 보류할 필요가 확실한 항목에 대하여 지방이 중앙재정으로부터 계속 지급되는 결손보조와 지방에 보류된 이윤발생기업에서 얻은 세금 중에서 해결한다. 결손이 비교적 큰 경우 노동과사회보장부 및 재정부의 심사를 거친 후 중앙재정이 일회적으로 적당한 보조를 한다.

4) 동반파산하나 양로보험총괄에 미참가한 광산이 속한 집체기업은 더 이상 양로보험총괄범위에 들어가지 않고 그 퇴직근로자 본인은 민정부서가 기업소재지 도시주민최저생활보장표준에 따라 매월 생활비를 방출하고 필요한 자금은 중앙재정의 전용항목에서 해결한다.

(三) 역사가 남긴 문제의 처리에 관하여

1) 폐업파산광산이 빚지고 있는 재직근로자의 임금, 이미 재취업서비스센터에 들어간 퇴직근로자의 기본생활비와 위로금, 상해보조금과 장례보조금은 다시 지급하고 필요자금은 기업자산환가금 중에서 해결하며 자산환가금이 지불하기에 부족한 부분은 기업이 상부에 보고하여 노동과사회보장부 및 재정부의 심사를 거친 후 중앙재정이 보충하여야 한다.

2) 폐업파산광산이 빚지고 있는 총괄항목 내의 기본양로금은 노동과사회보장부 및 재정부의 심사를 거친 후 중앙재정이 일회적으로 보충하여 방출한다.

3) 빚지고 있는 근로자의 의약비는 원칙적으로 지방이 중앙재정으로부터 계속 지급되는 결손보조와 지방에 보류된 이윤발생기업에서 얻은 세금 중에서 해결한다.

4) 빚지고 있는 근로자의 손실대비자금은 폐업파산시 일회적으로 해결하는 것이 아니라 청산심사와 책임규명 후 별도로 연구·해결한다.

5) 유용된 근로자 개인 납부의 주거적립금은 입주시에 상응하게 공제할 수 있다.

(四) 적용범위

이상의 각 항 정책규정은 중앙소속의 유색금속과 핵공업광 및 원래 중앙소속으로서 현재 지방에 이관관리하는 탄광에 적용한다. 폐업파산실시 중 마주치는 기타 문제는 개별안으로 처리한다.

二. 폐업파산업무의 조직지도 강화

광산기업폐업파산은 관련되는 면이 광범위하고 정책성이 강하다. 이 업무를 완성하려면 반드시 지도를 강화하고 면밀히 협조하며 치밀하게 배치하고 안정되게 실시하여야 한다.

(一) 업무직책을 명확히 하고 통일적 지도를 강화하여야 한다. 광산기업폐업파산업무는 국가가 정책을 통일하여 제정하고 전국기업합병파산과 근로자재취업지도소조가 조직지도와 감독검사를 책임지며 관련 성·자치구·직할시 黨委와 정부가 조직실시를 책임지고 관련 부서는 정책연결과 협조서비스를 책임진다. 실제에서 밝혀졌듯이 광산폐업파산은 지방당정이 통일적으로 지도해야만 안정적인 전제 아래 순리적으로 추진될 수 있다. 관련 성·자치구·직할시는 주요 지도자를 조장으로 하고 관련 부서 책임자가 참가하는 광산폐업파산업무지도소조를 만들어 각종 실제 문제를 총괄적으로 해결하여야 한다.

(二) 당 조직의 작용을 충분히 발휘한다. 광산기업이 폐업파산하여도 당조직은 해산할 수 없고 당의 업무는 정지할 수 없다. 사상정치업무를 힘써 강화하고 국가정책법규를 선전하며 즉시 모순을

해결하고 기업폐업파산업무의 순리적인 실시를 보장하여야 한다. 당원근로자가 노동관계를 해제하거나 자산구조조정 후에는 즉시 당원조직관계의 연결전달과 당 조직의 수립업무를 완수하여야 한다. 광산기업폐업파산과정 중 문제를 일으키거나 가담한 당원과 간부에 대하여 엄숙히 처리하여야 한다.

(三) 사전준비업무를 완수한다. 폐업실시 전 확실하게 각 항의 준비업무를 완성하여야 한다 : ① 폐업파산실시방안을 신중하게 만든다. ② 정책법규선전, 사상동원과 대중들이 보낸 편지를 잘 처리한다. ③ 각 항의 폐업파산비용을 확정한다. ④ 근로자 군중의 의견을 충분히 청취한다. ⑤ 강력한 업무팀과 핵심인력을 조직한다. 폐업업무는 계획적이고 단계적으로 추진되어야 하고 조건이 성숙된 부분이 있으면 그 부분을 즉시 시행한다.

(四) 사회안정을 확보한다. 각지는 폐업파산계획에 들어간 광산을 사회치안확보의 중점지구로 하고 광산폐업파산을 위한 양호한 외부환경을 만들어야 한다. 발생가능한 집단행동사건에 대하여 예방처리대책을 만들고 전문적으로 대비와 통제조치를 취하여야 한다. 인민내부의 모순을 이용하여 고의로 사단을 만들고 기회를 틈타 파괴활동을 하는 위법범죄자에 대하여는 법에 의거 단호하게 단속하여야 한다.

각 지구, 각 부서는 실제와 결합하여 본 통지의 정신을 신중하게 관철하고 자원고갈광산의 폐업파산업무를 철저하게 완성하여야 한다. 폐업파산 중 발생하는 중대한 문제는 즉시 중앙에 보고하여야 한다.

2000년 6월 1일

5. 요녕 일부 유색금속과 석탄기업의 폐업파산 관련 문제 연구회의 요록[12](國閱[1999]33호)

1999. 4. 10. 국무원부총리 吳邦國은 요녕성 요양시에서 회의를 주재하고 요녕 일부 유색금속과 석탄기업의 폐업 또는 파산 관련 문제를 연구하였다. 국무원부비서장 石秀詩, 국가經貿委, 재정부, 노동보장부, 인민은행, 國硏室, 석탄국, 유색금속국, 공상은행과 요녕성의 관련 책임자가

12_研究遼宁部分有色金屬和煤炭企業關閉破産有關問題的會議紀要

회의에 참가하였다. 국가經貿委주임 盛華仁, 요녕성성장 張國光은 〈요녕성 일부 유색금속과 석탄기업의 폐업, 파산 관련 문제의 처리에 관한 의견〉[13](國辦秘函發[1999]19호, 이하 〈의견〉이라고 약칭한다)의 철저한 시행의 상황을 보고하고 설명하였다. 회의에서는 요녕 일부 유색금속과 석탄기업의 폐업이나 파산업무가 관련되는 면이 비교적 광범위하고 재배치가 필요한 인원이 비교적 많으며 어려움이 비교적 크다는 인식이 이루어졌다. 〈의견〉을 구체화하는 과정에서 요녕省委, 성정부와 국가經貿委 등 관련 부서는 많은 업무를 수행하여 일정한 진전을 얻었는데 다만, 구체적인 문제는 더 나아가 연구·해결이 여전히 필요하다. 회의에서는 연구를 거쳐 아래의 의견이 토의·결정되었다.

一. 재직근로자재배치의 표준 문제에 관하여

(一) 1986. 7. 1. 업무에 참가한 계약제근로자는 원노동부의 〈〈노동계약 위반 및 해제의 경제보상방법〉의 인쇄배포에 관한 통지〉[14](勞部發[1994]481호) 규정에 따라 본 단위에서의 업무시간 매 1년마다 1개월의 임금에 상당하는 경제보상금을 지급한다.

(二) 노동계약제 이후 업무에 참가한 전민소유제 근로자에 대하여는 〈몇몇 도시에서 국유기업파산 試行 관련 문제에 관한 국무원의 통지〉[15](國發[1994]59호)와 〈몇몇 도시에서 試行하는 국유기업합병파산과 근로자재취업 관련 문제에 관한 국무원의 보충통지〉[16](國發[1997]10호, 이하 〈보충통지〉라고 약칭한다)의 규정에 따라 소재도시 기업근로자의 전년 평균임금수입의 3배에 상당하는 재배치비를 일회적으로 방출한다.

二. 이·퇴직자의 양로금 문제에 관하여

(一) 미지급된 이·퇴직자 양로금에 대하여는 양로보험업종의 총괄 지방이전 이전에 업종사회보험기구가 미지급한 것에 속하는 경우 노동보장부와 재정부의 심사를 거쳐 업종총괄 양로보험기금 중앙재정 전용계정의 잉여를 사용하여 해결한다. 양로보험업종의 총괄 지방이전 후 미지급한 것은 지방사회보험기구가 책임지고 해결한다.

13_關于遼宁省部分有色和煤炭企業關閉、破産有關問題的處理意見

14_關于印發違反和解除勞動合同的經濟補償辦法〉的通知

15_國務院關于在若干城市試行國有企業破産有關問題的通知

16_國務院關于在若干城市試行國有企業兼并破産和職工再就業有關問題的補充通知

(二) 요녕성이 제출한 모든 省 석탄, 유색금속업종의 총괄 이양 후 형성된 양로금의 부족문제에 관하여 석탄기업이 인출한 양로보험기금이 이미 주관 부서 규정의 비율에 따라 자본금에 들어가고 기업은 이로부터 발생한 결손이 석탄기업 이양시 이미 중앙재정이 심사해 정한 결손보조금 기준수에 있음을 고려한다. 중앙재정이 지급한 결손보조는 우선 기본양로기금의 부족분을 메우는데 사용되어야 한다. 유색금속기업도 이 방법을 비교 참조하여 집행한다. 구체방법은 재정부가 노동보장부, 석탄국, 유색금속국 및 요녕성과 상의하여 제정한다. 만약 메운 후에도 여전히 부족분이 있으면 재정부, 노동보장부가 심사하고 해결방법을 제출하여 국무원에 보고해 결정한다.

(三) 기업폐업이나 파산 후 총괄항목 내의 기본양로보험과 의료보험기금의 출처문제에 대하여는 기업재직근로자 연봉총액의 25%와 6%의 비율에 따라 각각 10년 계산하고 반감(재배치가 필요한 근로자 중 약 50%의 인원이 재취업할 수 있음을 고려한 것임)해 심사결정하며 사회보험기구에 지급한다. 총괄항목 외의 비용에 대하여는 원칙적으로 고려하지 않고 요녕성에 이양한 중점탄광기업과 폐업한 유색금속광산기업의 부담이 비교적 무거운 점을 감안하여 재정부와 노동보장부로 하여금 요녕성과 상의토록 하여 업종총괄기금 중앙재정 전용계정의 잉여 중에서 적당한 일회성 보조를 준다.

三. 기업이 미지급한 근로자임금 문제에 관하여

파산기업이 미지급한 근로자 임금에 대하여 관련 법률법규 규정에 따라 처리하고 중앙재정원칙상 보조하지 않는다. 폐업기업이 미지급한 근로자 임금에 대하여 기업이 법인단위가 아닌 경우 법인단위가 점차적으로 해결하고 기업이 법인단위인 경우 파산기업의 방법에 따라 처리한다. 곤경이 비교적 큰 기업에 대하여 중앙재정이 적당한 보조를 한다.

四. 기업폐업 또는 파산 관련의 집체소유제 근로자(混崗근로자를 포함한다) 재배치 문제에 관하여

〈의견〉 규정에 따라 집행하는데 즉 현지정부가 관련 법규에 따라 책임지고 재배치한다.

五. 석탄3차산업대출항목이 탄광과 함께 전체로서 파산하는지 여부의 문제에 관하여

효익이 비교적 좋고 충분히 계속경영할 수 있는 독립법인기업에 대하여는 보류한다. 결손이 엄중하고 파산이 확실히 필요한 기업에 대하여는 법인단위에 따라 파산하고 독립적으로 청산하며 파산기업재산을 처분한 소득은 근로자재배치 등 비용에 지급한 후 그 잉여부분은 〈중화인민공화국 기업파산법(試行)〉(이하 〈파산법〉이라고 약칭한다)의 규정에 따라 채무를 변제할 수 있다.

六. 撫順광무국 龍鳳礦의 폐업 후 은행채무의 처리 문제에 관하여

〈의견〉의 요구에 따라 鑛務局, 省석탄국은 공상은행과 협의한 후 1.2억 위엔 원금에 따라서 이자정지의 계정처리를 한다.

七. 폐업파산기업 소속 공공시설을 지방에 이전한 후의 보상 문제에 관하여

폐업이나 파산한 기업이 설립한 학교, 의원, 생활공용 등 단위와 시설의 근로자는 편제를 이루어 현지 정부에 이관하고 폐업이나 파산하는 기업이 전년에 실제 지불한 비용에 따라 중앙재정이 3년의 일회적 보조를 한다. 기업의 수도, 전기, 난방 공급에 변화가 생겨 필요한 조정비용은 중앙재정이 보조하지 않는다.

八. 폐업이나 파산한 기업이 필요한 근로자재배치 등 경비의 출처 문제에 관하여

기업이 폐업이나 파산한 근로자재배치 등 경비는 우선 기업토지의 환가, 자산환가를 이용하여 해결하고 부족 부분은 중앙재정이 심사결정하여 주는 기업결손보조금을 사용하며(그중 석탄기업은 고정비용 공제 후 3년을 보충하고 3년 후 指標를 회수하지 않으면 다른 석탄기업의 어려움 해결에 사용한다) 더 부족한 경우에는 중앙재정이 보조한다. 구체적인 시행 중 결손보조가 이중으로 되는 것을 피하도록 주의하여야 한다. 기타 방면에 필요한 비용은 지방정부가 부담한다.

九. 기업폐업의 실행 문제에 관하여

기업은 폐업 후 비은행 채권자가 채권을 추심하는 것을 막기 위하여 국무원 법제판에게 앞장 서서 신속하게 관련 기업폐업의 조례나 방법을 제정하도록 청한다. 조례나 방법이 나오기 전에는 국무원의 비준을 거친 기업폐업은 모두 〈파산법〉과 〈보충통지〉의 관련 규정을 비교하여 집행하고 기업주관부서가 책임지고 실시하며 폐업청산기간에 법원에 사법보호를 신청한다.

6. 몇몇 도시에서 試行하는 국유기업합병파산과 근로자재취업 관련 문제에 관한 국무원의 보충통지[17](國發[1997]10호)

각 성·자치구·직할시 정부, 국무원 각 部委·직속기구 :

〈중화인민공화국 기업파산법(試行)〉(이하 〈파산법〉이라고 약칭한다), 〈몇몇 도시에서 試行하는 국유기업파산 관련 문제에 관한 국무원의 통지〉(國發[1994]59호)의 정신과 관련 규정에 의거 기업합병파산업무가 이미 점진적으로 진행되고 있고 성과가 있다. 다만, 일부 도시와 지구에서 國發[1994]59호 문건의 적용범위에 위반하여 기업파산을 실시하는 문제도 나타났다. 국무원은 國發[1994]59호 문건 중의 파산방면 관련 정책은 국무원이 확정한 자본구조우량화 試點도시(이하 '試點도시'라고 약칭한다. 명단은 첨부 참조) 범위 내의 국유공업기업에만 적용되는 것임을 강조한다. 試點 아닌 도시와 지구의 국유기업파산은 〈파산법〉의 규정에 의해서만 실시할 수 있을 뿐인데 즉 파산기업처분소득은 반드시 비율에 의한 채무변제에 사용되어야 하고 파산기업근로자의 재배치 비용은 현지 정부 보조, 민정구제와 사회보장 등의 방법으로 해결할 수 있을 뿐이다. 비국유기업 파산은 엄격히 〈중화인민공화국 민사소송법〉에 의거 실시하여야 한다. 기업파산을 규율하고 기업합병을 장려하며 국유기업의 과잉근로자에 대한 재취업을 실시하고 산업구조조정과 기업자본구조의 우량화 및 경영기제의 전환을 위하여 試點도시 국유기업(이하 '기업'이라고 약칭한다) 합병파산과 근로자재취업 관련 문제에 관하여 지금 아래와 같이 보충하여 통지한다.

一. 기업합병파산과 근로자재취업 업무의 지도

국가經貿委는 전국기업의 합병파산과 근로자재취업의 조정업무를 맡는다. 試點도시 기업합병파산과 근로자재취업업무의 지도를 강화하기 위하여 전국기업합병파산과 근로자재취업업무지도소조(이하 '전국지도소조'라고 약칭한다)를 만드는데 국가경무위(조장), 국가体改委, 재정부, 노동부, 중국인민은행, 국가토지국, 국가국유자산관리국 등 부서로 조직하고 전국人代法工委, 최고인민

17_國務院關于在若干城市試行國有企業幷破産和職工再就業有關問題的補充通知

법원의 참가를 청한다. 그 주된 직책은 전국 試點도시 기업합병파산과 근로자재취업업무의 지도와 협조, 〈기업합병파산과 근로자재취업업무계획〉 편제방법을 제정, 성·자치구·직할시(이하 '성·구·시'라 약칭)에게 불량대출심사상각준비금의 가분배규모 하달, 성·구·시의 〈기업합병파산과 근로자재취업업무계획〉의 심사비준, 성·구·시의 기업합병파산과 근로자재취업업무협조소조(이하 '성·구·시 협조소조'라고 약칭한다)의 업무를 지도, 〈전국기업합병파산과 근로자재취업 업무계획〉의 제정과 감독이다. 전국지도소조의 일상 업무는 국가경무위가 맡고 유관 부서는 최대한 협력하고 일치하여 협조하여야 하며 중대 문제는 국무원 국유기업개혁업무 연석회의에 회부하여 토론결정한다.

성·구·시는 경무위(經委와 計經委, 이하 같다)를 조장으로 하여 유관 부서로 구성하며 성·구·시의 人代法工委와 고급법원을 청하여 참가케 한 성·구·시 협조소조를 구성한다. 그 주된 직책은 해당 지구 試點도시 기업합병파산과 근로자재취업업무의 협조, 試點도시의 〈기업합병파산과 근로자재취업업무계획〉의 심사비준, 해당 성·구·시의 〈기업합병파산과 근로자재취업업무계획〉의 제정이다.

試點도시는 시경무위(조장), 체개위, 재정국, 중국인민은행과 각 채권은행 지점, 노동국, 토지국, 국가국유자산관리국 등 부서로 조직하고 또한 시인대법공위, 법원을 청하여 참가케 한 試點도시 기업합병파산과 근로자재취업업무협조소조(이하 '試點도시 협조소조'라고 약칭한다)를 구성한다. 그 주된 직책은 기업합병 및 파산절차 진입 전과 종결 후 근로자와 재취업업무의 협조 담당, 해당 시의 〈기업합병파산과 근로자재취업업무계획〉의 제정, 기업파산예안의 제정, 기업합병파산과 근로자재취업업무의 실시, 규범에 어긋나는 처사의 감독, 조사처리 및 교정이다.

二. 〈기업합병파산과 근로자재취업업무계획〉의 제정과 심사비준

각 試點도시 협조소조는 깊이 조사연구하고 주요 채권은행의 의견청취를 바탕으로 합병,파산과 곤란해소기업명단을 제출하여야 하고(중앙·성에 속하는 기업의 경우 주관부서가 국가경무위 및 지방경무위와 상의한 후 제출한다), 하달된 불량대출심사상각준비금의 가분배규모에 의거하여 해당 시의 〈기업합병파산과 근로자재취업업무계획〉을 제정한다. 각 채권은행 본점은 인원을 파견하거나 현지의 지점은행에 수권하여 계획편제에 참가하고 재정부서, 은행은 기업합병파산과 근로자재취업에 대하여 심사상각할 불량대출 준비금을 심사하여야 한다.

試點도시의 〈기업합병파산과 근로자재취업업무계획〉은 매년 1회 편제한다. 試點도시는 11월 말 이전에 다음 해의 해당 시 〈기업합병파산과 근로자재취업업무계획〉을 성·구 협조소조에 보고하고 성·구 협조소조가 심사 종합하여 12월 말 이전에 전국지도소조에 보고하여야 한다.

전국지도소조는 성·구·시의 〈기업합병파산과 근로자재취업업무계획〉을 심사한 것을 기초로 해당 년의 〈전국기업합병파산과 근로자재취업업무계획〉을 일괄하여 연구제정하고 국무원 국유기업개혁업무 연석회의에 보고하여 심의하며 일반적으로 2월 말 이전에 하달하여야 한다. 〈전국기업합병파산과 근로자재취업업무계획〉 하달 후 전국지도소조는 관련 부서 및 성·구·시 정부와 회동하여 각 試點도시 계획의 집행상황에 대하여 확실하게 시행되는지를 검사할 책임을 진다.

각 試點도시의 〈기업합병파산과 근로자재취업업무계획〉의 비준하달 후 시행 중에 비준을 얻은 계획규모를 돌파할 수 없어서 계획규모 내에서 조정할 필요가 있는 경우 성·구·시 협조소조가 심사하고 종합해서 전국지도소조에 보고하여 심사결정한다. 각 성·구·시와 試點도시 협조소조는 매 분기 1회 전국지도소조에게 기업합병파산과 근로자재취업업무계획의 시행상황을 보고하여야 한다. 중국인민은행 본점은 매 분기 1회 국무원 국유기업개혁업무 연석회의에 불량대출준비금의 심사상각상황을 보고하여야 한다.

三. 기업파산예안의 제정

각 試點도시는 〈전국기업합병파산과 근로자재취업업무계획〉에 의거, 파산하려는 기업의 주관부서가 試點도시의 협조소조에게 기업파산예안의 작성에 필요한 자료의 제공을 책임지도록 하여야 한다. 그 주된 내용은 기업개황, 회계보고서와 적자상황설명, 채권채무상황, 자산처분방안, 근로자재배치방안과 비용기준, 심사상각할 불량대출준비금액수 등이다.

試點도시 협조소조는 기업파산예안의 작성 후 즉시 파산절차에 진입할 수 있고 성·구·시 협조소조에 보고하여 수리하도록 한다. 주요 채권은행이 기업파산예안에 이의가 있는 경우 반드시 성·구·시의 협조소조에 결정을 제청함과 동시에 전국지도소조에게 상황을 보고하여 수리해야 한다.

四. 자산평가기구 자격과 파산재산 처분

기업파산재산의 처분 전 파산청산조는 국무원의 국유자산관리행정주관부서의 인증을 가진 자산평가기구에 위탁하여 평가하고 국유자산관리행정주관부서가 평가결과를 확인하여야 한다. 그중 划撥[18]로 취득한 토지사용권에 관계되거나 出讓[19]계약 조건인 토지사용권가격 변경에 관련되

18_划撥方式, 토지사용권의 무상분배 방식으로서 해당토지사용권을 양도할 수 없다.

19_토지사용권의 유상분배 방식으로서 해당 토지사용권은 양도 가능하다.

는 평가는 반드시 토지가격감정능력을 갖춘 자산평기구에 의하여야 하고 토지행정주관부서가 평가결과를 확인한 후 전제 자산평가결과에 들어간다. 자산평가와 지가평가는 최대한 그 평가비용을 낮추도록 하여야 하고 평가비용을 중복하여 수취할 수 없다. 오류가 발견된 경우는 모두 그에 상응한 행정 및 경제처분을 반드시 부담한다.

기업파산재산은 평가확인한 가격을 근거로 하고 국가 관련 규정에 따라 저가를 확정하여 경매방식을 위주로 유관 법률과 법규에 의거 양도하여야 한다. 양도가격은 市가 확정한다.

五. 파산기업근로자의 적절한 재배치

각 試點도시의 정부는 상해시가 실시한 재취업사업의 경험을 적극 일반화하고 노동취업·사회보장제도의 개혁과 현지의 구체상황을 결합하여 위에서부터 아래까지 재취업서비스센터를 세우고 취업문호를 적극 개척하며 파산기업근로자의 생활에 관심을 갖고 파산기업근로자를 적절하게 재배치하며 사회안정을 유지하여야 한다.

파산기업근로자의 재배치비용은 파산기업이 법에 의해 취득한 토지사용권의 양도소득 중에서 조달한다. 파산기업이 토지사용권을 저당물로 한 때에도 그 양도로 얻은 소득은 먼저 근로자재배치에 사용하고 지급에 부족한 경우 부족부분은 저당 없는 재산과 저당재산을 처분하여 얻은 소득 중에서 차례로 지급하여야 한다. 파산기업재산의 경매로 얻은 소득이 여전히 근로자재배치에 부족한 경우 기업의 소속관계에 따라 동급정부가 부담한다.

근로자재배치비는 재취업서비스센터에 일률적으로 지급하여 총괄 사용한다. 재배치비의 기준은 원칙상 파산기업이 소재하는 試點도시 기업근로자의 전년도 평균임금수입의 3배를 계산한다. 일시적으로 취업하지 않은 근로자는 재취업서비스센터가 기본생활비를 교부하고 재취업 후 즉시 교부를 중단한다. 스스로 구직하는 경우 재배치비를 일시에 교부할 수 있고 기준은 試點도시 기업근로자의 전년도 평균임금수입의 3배를 넘지 않는다.

파산기업 이·퇴직근로자의 이·퇴직급여과 의료비는 현지 사회양로·의료보험기구가 책임지고 관리한다. 파산기업이 양로보험·의료보험기금 사회총괄에 참여한 경우 그 이·퇴직급여·의료비는 현지의 사회양로·의료보험기구가 각별로 양로보험·의료보험기금의 사회총괄 중에서 지급한다.

양로보험·의료보험기금의 사회총괄에 참여하지 않았거나 양로보험·의료보험기금의 사회총괄이 부족한 경우 기업토지사용권 출양수익 중에서 지급한다. 토지사용권 처분수익이 지급하기에 부족한 경우 부족분은 저당 없는 재산과 저당재산을 처분하여 얻은 소득 중에서 차례로 지급한다.

파산기업이 파산절차에 들어간 후 근로자의 생활비는 파산청산비 중에서 지급하고 구체적인 지급방법은 재정부의 〈국유기업 파산試行 관련 재무문제의 잠정 규정〉[20](財工字[1996]226호)에 따라 시행한다. 파산기업재산 처분소득은 근로자재배치비를 교부한 후 그 잉여부분은 〈파산법〉 규정에 따라 비율적으로 채무를 청산한다.

六. 불량대출 심사상각 수속 간이화

〈전국기업합병파산과 근로자재취업업무계획〉의 실시로 형성된 은행 대출 원금과 이자손실이 불량대출준비금의 심사상각을 필요로 하는 경우 각급 채권은행의 본점은 〈중화인민공화국 상업은행법〉과 관련 규정에 의거 국무원이 확정한 기업합병파산과 근로자재취업업무에 사용하는 은행 불량대출준비금의 총 규모 내에서 심사비준을 받아 심사상각한다. 구체적인 방법은 〈〈국가전문은행의 불량대출준비금의 건립에 관한 잠정규정〉의 수정에 관한 재정부의 통지〉[21]((92)財工字232호)에 따라 시행한다.

불량대출 심사상각 수속을 간이화하여야 한다. 구체적인 시행방법은 인민은행 본점이 각 채권은행과 함께 국가경무위, 재정부 등 유관 부서와 상의하여 제출하고 전국지도소조의 비준을 받으며 본 통지 공포 후 2개월 내에 하달한다.

七. 파산책임의 추궁

기업에 파산이 선고된 후 정부 유관 부서는 〈파산법〉의 관련 규정에 따라 기업파산의 원인과 책임에 대하여 조사와 감사를 하고 상황의 경중에 의거하여 엄히 처리하여야 한다. 기업파산에 중요한 책임이 있는 법정대표자는 다른 기업의 책임자를 다시 맡지 못한다. 범죄를 구성하는 경우 법에 의거하여 형사책임을 추궁하여야 한다. 기업파산에 중요한 책임이 있고 상황이 엄중한 기업주관부서의 책임자도 책임을 추궁하여야 한다. 기업파산을 이용하여 채무를 면탈하는 경우에 대하여 사실로 밝혀지면 법에 의하여 상응한 책임을 추궁하여야 한다. 기업에 대하여 파산이 선고된 후 기업의 조직기구, 인원이 변하지 않고 원장소에서 계속 생산을 하는 경우 이를 반드시 막고 교정하여야 한다.

20_國有企業試行破産有關財務問題的暫行規定

21_財政部關于修訂〈關于國家專業銀行建立貸款呆帳准備金的暫行規定〉的通知

八. 관련 문건의 규정에 엄격히 따른 기업파산 규율

國發[1994]59호 문건과 본 통지 관련의 파산방면 정책은 試點도시 시구 내의 국유공업기업과 試點도시 관할의 현(시) 내의 그 소속이 시 이상(시 범위 포함)인 국유공업기업에 적용하고 試點도시 관할의 현(시) 범위에 속하는 기업을 포함하지는 않는다. 試點 아닌 도시와 지구 그리고 試點도시의 비국유공업기업이 임의로 試點도시 관련의 파산법규정책을 사용하는 경우 법에 의해 교정하고 정부 관련 부서는 후속조치를 취하여야 한다. 권한유월과 관련 문건정책의 범위초과 사용으로 생긴 은행의 불량대출손실은 심사상각하지 않고 해당 손실은 은행이 현지에 납부한 영업세에서 공제하며 처리결과를 전국지도소조에 보고한다.

파산기업이 실제로 생산을 중지하고 문을 닫으며(법인자격 취소) 토지사용권과 기업재산이 경매환가되고 근로자가 적정한 재배치를 받은 경우에 國發[1994]59호 문건과 본 통지의 관련 규정에 따라 그 은행대출의 원금과 이자 손실은 은행이 인출한 불량대출준비금에서 심사상각할 수 있다.

九. 기업합병 정책역량을 더욱 격려

국가는 우량기업이 곤란기업을 합병하고 합병기업이 피합병기업의 채무를 부담하며 인원재배치를 책임지는 것을 장려하고 거짓파산 채무면탈의 전체 인수나 전체 양수를 할 수 없도록 장려한다. 피합병기업의 잉여근로자도 퇴직분산하고 퇴직한 근로자는 합병기업의 재취업서비스센터에 들어가야 한다. 합병기업이 피합병기업의 채무 전부를 부담하는 경우 그중 은행채무는 〈18개 試點도시의 우량기업이 곤란국유생산기업을 합병한 후 관련 대출금과 이자 처리문제에 관한 중국인민은행, 국가경무위, 재정부의 통지〉(銀發[1995]130호)의 관련 규정 취지에 따라 이자면제, 원금년할상환의 우대를 누릴 수 있다.

우량기업(국유지주기업 포함)이 연속 3년 적자를 본 기업을 합병하는 경우 은행의 심사비준을 받아 피합병기업이 원래 지불하지 못한 대출이자를 면제할 수 있고 피합병기업이 원래 지불하지 못한 대출원금을 5년에 분할하여 변제할 수 있으며 만약 5년 내에도 원금 상환이 어려운 경우 1 내지 2년간 유예할 수 있다. 유예기와 계획된 대출금 상환기 내에 피합병기업이 원래 지불하지 못한 대출원금은 이자를 면하고 약정에 따라 상환하지 못하는 부분은 이자를 발생한다. 이자면제로 인한 손실은 은행이 인출한 불량대출준비금에서 심사상각하고 회수불능대출준비금이 부족한 경우 부실대출준비금을 사용하여 심사상각할 수 있다.

기업합병 관련 정책의 적용범위는 試點도시의 국유 內貿, 外貿, 건축과 설치기업까지, 합병기업과 피합병기업의 한쪽이 국무원이 확정한 중대형 중점기업 혹은 피합병측이 試點도시의 기업에 속하는 경우까지 확대할 수 있다. 합병조건을 결하지만 합병을 필요로 하는 기업에 대하여는 성·구·시 협조소조는 반드시 국가지도소조에 보고하여 심사비준을 받아야 한다.

외국정부의 대출금이나 전환대출금을 차용하는 경우 상환임무가 아직 구체화하지 않은 기업은 이 규정을 적용하지 않는다.

十. 생산에 따라 인원을 정하고 퇴직분산하며 적절하게 대출금이자를 감면하여 기업곤란을 완화

생산품이 시장이 있고 기업관리가 비교적 양호하나 채무부담이 비교적 중하고 합병조건을 결한 적자기업들에 대하여도 〈기업합병파산과 근로자재취업업무계획〉에 편입시켜 일정한 기한 내에 다른 정도로 은행대출이자를 감면하고 재취업공정의 방법을 실시하여 기업곤란을 완화하여야 한다.

생산에 따른 인원 결정과 잉여근로자 퇴직분산을 기업곤란 완화의 기본방법으로 한다. 재취업공정과 기업곤란 완화업무를 긴밀하게 결합하여 잉여근로자가 퇴직 후 재취업서비스센터에 들어가서 기본생활비를 받으며, 재취업훈련을 통해 퇴직근로자가 점진적으로 재취업하도록 도울 수 있어야 한다.

생산경영이 십분 곤란하고 근로자의 급여를 지급할 능력이 없음이 확실한 기업들에 대하여는 〈일부 기업근로자의 생활곤란 문제를 진일보 해결하는 것에 관한 중공중앙판공청국무원판공청의 통지〉[22](中辦發[1996]29호) 규정에 따라 현지 정부 주관 기구의 심사결정을 거쳐 지방재정보조, 주관관리부서의 일부 자금 조정, 은행의 일부 임금성 대출 제공이라는 '삼자협력'의 방법을 시행하여 근로자의 기본생활비를 해결한다.

상술 규정 외에 기업파산사건의 심리절차, 법률적용 문제에 관하여는 〈파산법〉, 〈중화인민공화국 담보법〉, 〈중화인민공화국 민사소송법〉과 〈현재 법원이 기업파산사건을 심리함에 있어서 주의하여야 할 몇 가지 문제에 관한 최고인민법원의 통지〉[23](法發[1997]2호)에 따라 시행한다.

기업합병파산과 근로자재취업정책방면 관련 실시세칙은 각 유관 부서가 제출한 후 국무원 국유기업개혁업무 연석회의가 일률적으로 심사결정하여 하달한다.

22_中共中央辦公廳國務院辦公廳關于進一步解決部分企業職工生活困難問題的通知

23_最高人民法院關于当前人民法院審理企業破産案件應当注意的几个問題的通知

확정의 '자본구조우량화' 試點도시 명단(총 111개)

上海	天津	齊齊哈爾	哈爾濱	長春	沈陽	唐山	太原	青島
淄博	常州	蚌埠	武漢	株洲	柳州	成都	重慶	宝鷄
北京	石家庄	呼和浩特	大連	南京	杭州	宁波	合肥	福州
厦門	南昌	濟南	鄭州	長沙	广州	深圳	南宁	海口
貴陽	昆明	西安	蘭州	西宁	烏魯木齊	銀川	鞍山	撫順
本溪	洛陽	吉林	包頭	大同	芜湖	黃石	九江	佛山
綿陽	自貢	牡丹江	佳木斯	韶關	湛江	汕頭	錦州	丹東
營口	樂山	內江	烟台	濰坊	徐州	无錫	南通	襄樊
十堰	宜昌	安陽	平頂山	開封	邯鄲	保定	秦皇島	銅陵
安慶	滁州	四平	通化	湖州	嘉興	桂林	梧州	長治
陽泉	赤峰	烏海	湘潭	岳陽	个旧	曲靖	鷄西	伊春
三明	南平	景德鎭	新余	咸陽	渭南	天水	白銀	六盤水
石河子	拉薩	石嘴山						

7. 몇몇 도시에서 試行하는 국유기업파산 관련 문제에 관한 국무원의 통지[24](國發[1994]59호)

각 성·자치구·직할시 정부, 국무원 각 部委·직속기구 :

18개 도시(上海, 天津, 齊齊哈爾, 哈爾濱, 長春, 沈陽, 唐山, 太原, 青島, 淄博, 常州, 蚌埠, 武漢, 株洲, 柳州, 成都, 重慶, 宝鷄)에서 실시하는 기업자본구조우량화 試点작업의 진행에 부응하고 기업의 적자생존 기제를 마련, 완성하며 이들 도시의 국유기업(이하 '기업'이라고 약칭한다)의 파산업무를 지도하고 규율하기 위하여 〈중화인민공화국 기업파산법(試行)〉(이하 〈파산법〉이라고 약칭한다)과 기타 관련 법률, 행정법규의 규정에 근거하여 관련 문제에 관하여 지금 아래와 같이 통지한다.

一. 기업파산실시는 반드시 파산기업근로자의 재배치를 먼저 해야 한다.

〈파산법〉 제4조는 "국가는 각종 방법을 통하여 파산기업의 근로자들이 다시 취업할 수 있도록 적절하게 계획을 세워 처리하고 재취업 전의 기본적인 생계수단을 보장한다. 구체적인 것은 국무원이 별도로 규정한다."라고 규정한다. 이를 근거로 각 관련 도시의 정부는 본 통지에 의거하여 기업파산 실시 중 각종 유효한 조치를 취하여 먼저 파산기업근로자를 잘 재배치하여 사회안정을 유지하여야 한다.

24_國務院關于在若干城市試行國有企業破産有關問題的通知

二. 파산기업토지사용권의 처분

기업파산시 기업이 법률에 따라 취득한 토지사용권은 경매 혹은 입찰방식을 위주로 하여 법에 따라 양도하여야 하고 양도소득은 파산기업의 재배치에 우선적으로 사용되어야 한다. 파산기업근로자재배치 후 남은 부분이 있으면 그 잉여와 다른 파산재산은 모두 파산재산분배방안에 편입한다.

三. 파산재산의 처분

파산재산처리 전 법률자격을 가진 자산평가기구의 평가를 거쳐야 하고 평가가격을 저가로 하여 경매, 입찰 등의 방식으로 법에 의해 양도한다.

기업의 토지사용권을 처분하여 얻은 소득이 파산기업근로자의 재배치에 부족한 경우, 부족분은 다른 파산재산의 처리로 얻은 소득에서 교부하여야 한다.

기업이 파산 전 생산경영을 유지하기 위하여 근로자로부터 모집한 금원은 기업이 체불한 임금으로 보아 처리하고 차용이자는 차용금을 실제 사용한 시간과 은행의 동기 예금이율에 따라 계산한다. 근로자가 기업파산 전에 자본금으로 투자한 자금항목은 파산재산으로 본다.

파산근로자의 주거, 학교, 영유치원(소), 의원 등 복리성 시설은 원칙상 파산재산에 산입되지 않고 파산기업 소재지의 시 혹은 市轄區[25], 현의 정부가 접수하여 처분하며 그 근로자는 접수한 단위가 재배치한다. 단, 계속하여 개설할 필요가 없고 일체로서 양도할 수 있는 경우 파산재산에 산입될 수 있다.

四. 담보의 처리

저당물인 파산기업의 재산은 채권자가 우선 변제받을 권리를 포기한 경우 저당재산은 파산재산에 산입한다. 채권자가 우선 변제받을 권리를 포기하지 않는 경우 저당채권을 초과하는 부분은 파산재산에 산입한다. 기업이 동일 재산에 대하여 두 개 이상의 저당권을 설정한 경우 기업파산시 저당권자는 저당순서에 따라 변제받는다.

한 기업이 다른 기업을 위하여 담보를 제공한 경우 피담보기업이 파산한 후 담보기업은

25_직할시와 地급 시에 두는 행정구로서 현급에 상당한다.

담보계약에 따라 담보책임을 부담하여야 한다. 단, 채무변제기한은 담보기업과 피담보기업의 채권자가 협의하여 확정할 수 있다.

행정기관이 기업을 위해 담보를 제공한 경우 국가의 관련 규정에 따라 담보계약의 무효를 확인하여야 한다.

五. 파산기업근로자의 재배치

파산기업 소재지의 시 혹은 市轄區, 현의 인민정부는 전업훈련, 취업소개, 자구생산, 노무수출 등 각종 조치를 취하여야 하고 파산기업근로자가 재취업하도록 잘 안배하여야 하며 그들의 재취업 전 기본적인 생활수요를 보장하여야 한다.

정부는 파산기업의 근로자가 스스로 직업을 찾는 것을 장려한다. 스스로 직업을 찾는 경우, 정부는 현지의 실제 상황에 근거하여 재배치비를 일시불로 교부할 수 있고 그 경우 더 이상 국유기업 근로자신분을 갖지 않는다. 재배치비의 일시불 교부는 원칙적으로 파산기업 소재지 시 기업근로자의 전년 평균 임금수입의 3배를 교부하고 구체적인 교부기준은 각 관련 시정부가 규정한다.

파산기업근로자는 실업기간 중 〈국유기업근로자 취업대기 보험 규정〉[26]에 의거 실업보험대우를 받는다. 실업보험기간이 끝나도 다시 취업할 수 없는 근로자는 사회구제조건에 부합하는 경우 현지 민정부서가 규정에 따라 사회구제금을 지급한다.

파산기업의 이·퇴직근로자의 이·퇴직급여와 의료비는 현지 사회양로·의료보험기구가 책임지고 관리한다. 파산기업이 양로보험·의료보험기금의 사회총괄에 참여한 경우 그 이·퇴직근로자의 이·퇴직급여와 의료비는 현지의 사회양로·의료보험기구가 각별로 양로보험·의료보험기금의 사회총괄 중에서 지급한다. 양로보험·의료보험기금의 사회총괄에 참여하지 않았거나 양로보험·의료보험기금의 사회총괄이 부족한 경우 기업의 토지사용권 출양수익 중에서 지급한다. 토지사용권 처분수익이 지급하기에 부족한 경우 부족분은 다른 파산재산을 처분한 소득 중에서 교부한다.

파산기업 중 근로로 인해 장애 혹은 중한 직업병을 얻은 경우, 노동능력의 전부나 대부분을 상실한 근로자는 이·퇴직근로자로서 재배치한다. 이·퇴직연령에 달하기까지의 기간이 5년 미만인 근로자는 본인의 신청에 의해 미리 이·퇴직할 수 있다. 파산기업 중의 근로계약제 근로자의 배치는 〈국영기업의 근로계약제 실시 잠정 규정〉[27] 등 법률, 행정법규의 규정에 의거하여 행한다. 임시공의

26_國有企業職工待業保險規定

27_國營企業實行勞動合同制暫行規定

안배는 〈전민소유제기업 임시공 관리 점정 규정〉[28]에 의거 행한다.

파산기업근로자재배치비용 출처가 부족한 경우 기업의 소속관계에 따라 파산기업 소재지의 시 혹은 市轄區, 현의 정부가 부담한다.

六. 기업파산으로 은행이 입은 대출손실의 처리

은행이 기업파산으로 대출원금, 이자 손실을 입은 경우 엄격히 국가 관련 규정에 따라 국가 유관 은행 본점의 비준 후 은행이 인출하도록 국가가 심사결정한 불량대출준비금의 규제비율 내에서 각각 탕감한다.

七. 파산기업의 전체 인수

법원이 청산조 제출의 파산재산분배방안 재정 후 분배방안을 실시하기 전에 다른 기업이 파산기업의 재산 전체를 인수하고 분배방안에서 변제하기로 확정한 파산기업채무를 부담한다. 파산기업근로자를 재배치하는 경우 국가의 관련 규정에 의거하여 기업합병의 우대를 받을 수 있다.

八. 파산임박 기업의 구조조정

파산에 임박한 기업에 대하여 기업 소재지의 시 혹은 市轄區, 현의 정부는 기업관리층의 재구성, 기업자산형식의 변경, 기업조직구조조정의 인도 등 조치를 취하여 구조조정할 수 있다. 기업 소재지의 시 혹은 市轄區, 현의 정부는 기업이 파산하기에 적당하지 않다고 인정하는 경우 자금지원을 하거나 기타 조치를 취하고 기업의 채무변제를 지원하여야 한다.

파산에 임박한 기업은 파산신청 전 2/3 이상의 채권을 가진 채권자의 동의를 얻고 또한 기업 소재지의 시 혹은 市轄區, 현의 정부의 비준을 받아 수익성이 있는 기업부분을 그 기업과 분리할 수 있다. 분리 후의 기업은 협의하여 정한 비율에 따라 원기업의 채무를 부담하여야 한다.

28_全民所有制企業臨時工管理暫行規定

九. 기업파산실시의 지도

기업파산의 실시는 관련 부문이 광대하고 정책성이 강하며 매우 어렵다. 관련 도시의 정부는 이 업무의 지도에 대하여 힘을 더 기울여야 한다. 정부책임자 한 명이 나서고 경무위(경위와 계경위), 계위, 재정, 은행, 노동, 감사, 세무, 국유자산관리, 토지, 공회 등 부서와 단위가 참여한 업무기구가 기업파산실시를 조직, 협조, 해결하는 중 직면한 문제를 모두 책임지고 이 업무의 순조로운 진행을 확보해야 한다. 현지 사회의 수인능력에 근거하여 확실히 실행 가능한 기업파산계획안을 만들어야 한다. 적극적이고 타당한 조치를 하여야 하고 기업파산실시 중의 중요 문제와 어려운 문제를 즉시 처리하여야 한다. 관련 사회중개조직이 기업파산 실시 중 작용을 발휘할 필요가 있다. 기업파산 실시 중 긴급상황과 중대 문제에 직면하는 경우 상부에 즉시 보고하여야 한다.

국무원

1994년 10월 25일

제3장 사법해석

1. 〈중화인민공화국 기업파산법〉의 정확한 적용의 몇 가지 문제에 관한 최고인민법원의 규정(一)이 법원의 기업파산사건심리의 사법직능작용을 충분히 발휘하는 것의 통지[1](法[2011]281호)

각 성·자치구·직할시 고급법원, 해방군 군사법원, 新疆維吾爾자치구 고급법원 생산건설병단분원:

〈〈중화인민공화국 기업파산법〉 적용의 몇 가지 문제에 관한 최고인민법원의 규정(一)〉이 최고인민법원재판위원회 제1,527차 회의에서 가결되었고, 현재 이미 공포되었다. 각급 법원이 해당 사법해석을 더욱 잘 적용하여 기업파산사건심리의 질과 효율을 제고하고 재판부서와 많은 법관에게 기업파산사건 처리의 적극성을 환기시켜 법원이 경제전환발전방식의 가속화를 촉진하고 사회주의시장경제질서구축 방면의 적극작용을 충분히 발휘하도록 하기 위하여 특별히 아래와 같이 통지한다.

一. 법원은 직책을 진지하게 이행하고 법에 따라 기업파산사건을 수리해야 한다.

각급 법원은 해당 사법해석의 정신을 진지하게 학습하고 정확하게 이해하여 기업파산법이 채권자의 공평하고 순서있는 변제, 사회자원배치의 우량화, 적자생존의 경쟁기제 완성과 위기기업 구제 등 방면에 있어서의 적극적인 작용을 충분히 인식하여야 한다. 관념을 바꾸고 곤란을 극복하여, 수리조건에 부합하는 당사자가 제출하는 파산신청에 대하여 법에 따라 수리하여야 한다. 파산회생, 파산화의와 파산청산절차를 종합적으로 운용하여, 시장주체의 법에 따른 퇴출기제를 수립하고 개선하며 기업파산법의 시장경제에 대한 조정작용을 충분히 발휘하고 경제사회의 양호하고도 빠른 발전을 촉진한다.

二. 법원은 파산사건심리 법관의 전문화인력군 건설을 강화해야 한다.

중국시장경제체제의 점진적인 완성에 따라 기업파산사건이 매년 늘어나는 추세에 있고,

1_最高人民法院關于正确适用《中華人民共和國企業破産法》若干問題的規定（一）充分發揮人民法院審理企業破産案件司法職能作用的通知

새로운 유형의 어려운 사건도 부단히 나타나고 있어 법원에 더 높은 수준의 재판업무능력이 요구된다. 그러나 기업파산사건은 심리주기가 길고 난이도가 크며 사무적 업무가 매우 복잡해서 사건처리 기간이 긴데 담당자는 적은 법원의 모순이 두드러졌다.

한편, 파산사건심리의 복잡성과 특수성으로 인해 전문화된 법관인격이 필요하게 되었다. 이들에게는 건실한 법학지식을 갖추는 것은 물론, 사회모순과 돌발적인 사건을 처리하는 능력, 각방 이익의 소구를 적절히 조정하는 능력 등 다방면에서의 업무능력이 요구된다. 이를 위하여 법원은 파산사건심리 법관의 전문화를 강화하여 인력과 자원 방면에 있어서 지원하여야 한다. 조건을 갖춘 법원은 수리한 기업파산사건의 수량에 근거하여 전문적인 파산사건재판정을 두거나 전문적인 합의부를 지정하여 파산사건재판을 맡을 수 있다.

三. 법원은 합리적인 기업파산사건의 전문적인 업무실적평가기제를 만들어야 한다.

기업파산법은 사회주의시장경제법률체계의 중요한 구성부분이고 그 작용의 발휘는 반드시 법원의 기업파산사건의 수리와 심리를 통하여 실현되어야 한다. 기업파산사건심리의 특수성에 비추어 합리적이고 전문적인 업무실적평가기제를 세워 수리법원, 담당법관의 적극성을 이끌어 내는 것이 십분 필요하다.

각 고급법원은 해당 관할구의 업무실제에 근거하여 전면적이고 객관적으로 파산사건재판업무량을 반영하기에 충분한 과학적인 평가기준을 적극적으로 탐색하여 파산재판부서와 법관의 업무실적을 충분히 체현하여야 한다.

각급법원은 집행 중 나타나는 새로운 상황, 새로운 문제에 대하여 심급에 따라 최고인민법원에 보고하여야 한다.

특별히 이와 같이 통지함.

2011년 9월 21일

2. 중화인민공화국 최고인민법원 공고

《〈중화인민공화국 기업파산법〉 적용의 몇 가지 문제에 관한 최고인민법원의 규정(一)》이 2011. 8. 29. 최고인민법원재판위원회 제1,527차 회의에서 가결되었고, 현재 공포하여 2011. 9. 26.부터 시행한다.

2011년 9월 9일

〈중화인민공화국 기업파산법〉 적용의 몇 가지 문제에 관한 최고인민법원의 규정(一)[2](法釋[2011]22호)

〈중화인민공화국 기업파산법〉을 정확하게 적용하기 위하여 재판실무를 결합하여 법원이 법에 따라 기업파산사건을 수리하여 법률을 적용하는 문제에 관하여 아래와 같이 규정한다.

제1조 채무자가 변제기에 있는 채무를 변제할 수 없고 아래 열거의 상황 중 하나가 있는 경우 법원은 그가 파산원인이 있음을 인정하여야 한다.

(1) 자산이 채무 전부를 변제하기에 부족한 경우

(2) 채무변제능력을 결여한 것이 분명한 경우. 관련 당사자가 채무자의 채무에 대하여 연대책임을 지는 자의 변제능력 미상실을 이유로 채무자에게 파산원인이 없음을 주장하는 경우 법원은 인용하지 않아야 한다.

제2조 아래 열거의 상황이 동시에 존재하는 경우 법원은 채무자가 변제기에 있는 채무를 변제할 수 없음을 인정하여야 한다.

(1) 채권채무관계가 법에 의하여 성립함

(2) 채무이행기간이 만료됨

(3) 채무자가 채무를 완전히 청산하지는 않음

제3조 채무자의 자산부채표 또는 회계감사보고, 자산평가보고 등에서 그 자산 전부가 채무 전부를 변제하기에 부족함이 나타나는 경우 법원은 채무자의 자산이 채무 전부를 변제하기에

2_最高人民法院關于适用《中華人民共和國企業破産法》若干問題的規定(一)

부족함을 인정해야 한다. 다만, 상반되는 증거가 채무자의 자산이 채무 전부를 변제하기에 충분함을 증명하기에 족한 경우는 제외한다.

제4조 채무자의 장부상의 자산이 비록 부채보다 크지만 아래 열거의 상황 중 하나가 있는 경우 법원은 그가 채무변제능력을 결여한 것이 분명함을 인정하여야 한다.

(1) 자금의 심각한 부족이나 재산의 환가불능 등의 원인으로 채무를 변제할 수 없음

(2) 법정대표자가 소재 불명이고 재산관리를 책임지는 다른 자가 없어서 채무를 변제할 수 없음

(3) 법원의 강제집행을 통해서도 채무를 변제할 수 없음

(4) 장기손실 및 경영호전의 곤란으로 채무를 변제할 수 없음

(5) 채무자의 채무변제능력 상실을 초래하는 다른 상황

제5조 기업법인이 이미 해산하였으나 아직 청산하지 않았거나 합리적인 기한 내에 채무변제를 완료하지 않았는데 채권자가 채무자의 파산을 신청하는 경우에는 채무자가 법정이의 기간 내에 그에게 파산원인이 없음을 증명하는 경우를 제외하고 법원은 이를 수리하여야 한다.

제6조 채권자가 채무자의 파산을 신청하는 경우 채무자가 변제기에 있는 채무를 변제할 수 없다는 관련 증거를 제출하여야 한다. 채무자가 채권자의 신청에 대하여 법정된 기간 내에 법원에 이의를 제출하지 않거나 이의에 이유가 없는 경우 법원은 법에 따라 파산신청수리재정을 하여야 한다. 파산신청을 수리한 후 법원은 채무자에게 법에 따라 그 재산상황설명, 채무대장, 채권대장, 재무회계보고 등 관련 자료를 제출하도록 명령하여야 하고, 채무자가 이를 거부하고 제출하지 않는 경우 법원은 채무자의 직접 책임자에 대하여 벌과금 등의 강제조치를 취할 수 있다.

제7조 법원은 파산신청을 받은 때 신청자에게 신청과 그 부속증거를 접수하였다는 서면증명을 주어야 한다. 법원은 파산신청을 받은 후 즉시 신청인의 주체자격, 채무자의 주체자격과 파산원인 및 관련 자료와 증거 등에 대하여 심사하고 기업파산법 제10조의 규정에 근거하여 수리 여부의 재정을 한다. 법원이 신청자가 관련 자료를 보충하고 보정하여야 한다고 인정하는 경우 파산신청을 받은 날로부터 5일 내에 신청자에게 고지하여야 한다. 당사자가 관련 자료를 보충하고 보정하는 기간은 기업파산법 제10조 규정의 기간에 계입하지 않는다.

제8조 파산사건의 소송비용은 기업파산법 제43조의 규정에 근거하여 채무자의 재산으로 지불하여야 한다. 관련 당사자가 신청자가 소송비용을 예납하지 않은 것을 이유로 파산신청에 대하여 이의를 제기하는 경우 법원은 인용하지 않는다.

제9조 신청자가 법원에 파산신청을 하였는데 법원이 그 신청을 접수하지 않거나 본 규정 제7조에 따라 집행하지 않는 경우 신청자는 상일급법원에 파산을 신청할 수 있다. 상일급법원은 파산신청을 받은 후 하급법원에게 법에 따라 심사하고 즉시 수리 여부의 재정을 할 것을 명령하여야 한다. 하급법원이 여전히 수리 여부의 재정을 하지 않는 경우 상일급법원은 직접 재정할 수 있다. 상일급법원이 파산신청수리의 재정을 하는 경우 동시에 하급법원에 해당 사건을 심리하도록 명령할 수 있다.

3. 차용한 국제금융기구와 외국정부의 대출금 상환임무가 아직 구체화하지 않은 기업의 파산신청수리 문제에 관한 최고인민법원의 통지[3](法[2009]389호)

각 성 · 자치구 · 직할시 고급법원, 해방군군사법원, 新疆維吾爾자치구 고급법원 생산건설병단분원 :

근래 일부 지방법원에서 우리 원에 차용한 국제금융기구와 외국정부의 대출금 상환임무가 아직 구체화하지 않은 기업의 파산신청수리 여부 문제에 관한 의견을 구하였는바, 연구를 거쳐 관련 문제에 관하여 지금 아래와 같이 통지하니 그대로 집행하십시오.

2007. 6. 1.부터 국제금융기구와 외국정부의 대출이나 전환대출금을 차용한 관련 기업이 파산신청하거나 파산신청된 경우 법원은 〈중화인민공화국 기업파산법〉의 관련 규정에 의거하여 수리하여야 한다.

상술한 기업이 2007. 6. 1. 이전에 이미 전환대출협의에 서명하고 상환임무가 아직 구체화하지 않은 경우 계속하여 최고인민법원의 〈현재 법원이 기업파산사건을 심리하면서 주의해야 할 몇 가지 문제에 관한 통지〉[4](法發[1997]2호) 제3조의 규정과 최고인민법원의 〈法發[1997]2호 문건 제3조의 철저한 집행에 있어 주의해야 할 문제에 관한 통지〉[5](法函[1998]74호)의 관련 규정을 적용해야 한다.

2009년 12월 3일

3_最高人民法院關于受理借用國際金融組織和外國政府貸款償還任務尙未落實的企業破産申請問題的通知

4_關于当前人民法院審理企業破産案件應当注意的几个問題的通知

5_關于貫徹執行法發〔1997〕2号文件第三條應注意的問題的通知

4. 최고인민법원부원장 奚曉明 제2기 중국파산법논단에서의 담화 : 기업파산사건을 정확하게 심리하고 시장경제질서를 보호하기 위하여 사법보장을 제공[6](2009년 6월 20일)

중국파산법논단 조직위원회의 요청을 받아 '제2기 중국파산법논단'에 참가하여 매우 기쁩니다. 기업파산법실시 후 만 2년이고 국제금융위기가 중국경제의 성장과 기업의 생존발전에 비교적 큰 충격과 영향을 준 때에 파산법이론연구와 실무업무에 종사하는 여러 동료분들이 한곳에 모여 중국파산법률제도의 완성이라는 중요한 이론과 실무문제를 공동 연구하는 것은 매우 중요하고 현실적인 뜻이 있습니다.

절차법과 실체법을 함께 중시하는 것이 파산법의 중요 특징 중 하나인데 파산사건심리에 관계되는 절차가 보통의 소송사건보다 훨씬 복잡하고 많습니다. 그리고 파산사건 중 관계되는 실체법문제는 실체법의 모든 문제를 포괄할 수 있을 뿐 아니라 파산법 중의 많은 독특한 문제에 관계됩니다. 동시에 파산법이 관계하는 적지 않은 문제는 법률적용과정에서만 비로소 체현될 수 있을 것이 요구됩니다. 기업파산법이 창설한 새로운 제도도 법원의 파산사건심리업무에 새로운 요구를 더하게 됩니다. 기업파산법의 철저한 실시에 관하여 말하자면 법원은 두 가지의 주요한 직책이 있는데 파산사건을 타당하게 심리하여 사법을 통한 권리쟁의를 해결하는 것과 사법실천의 모색을 통하여 파산법률제도의 더 나은 완성을 추진하는 것입니다.

현재 국제금융위기의 영향으로 중국경제발전이 여전히 준엄한 시험을 마주하고 있습니다. 금융위기의 발전과 만연으로 인하여 기업에 자금흐름경색으로 야기된 계통적 위험이 계속 나타나고 경영곤란이 비교적 두드러지는데 특히 일부 기업경영자가 법에 의한 청산을 통하지 않은 채 기업을 버리고 채무를 면탈하여 중국경제발전질서의 바람직한 운용과 사회안정에 영향을 미치고 있습니다. 파산사건의 심리업무는 법원의 상사재판업무의 중요한 구성부분이고 현 단계에서 법원이 수리한 파산사건에서 새로운 상황과 문제가 많이 출현하였습니다. 이를 위하여 최고인민법원은 최근 〈기업파산사건을 정확하게 심리하고 시장경제질서를 보호하기 위하여 사법보장을 제공하는 몇 가지 문제에 관한 의견〉[7](이하 〈지도의견〉이라고 약칭한다)을 하달하였습니다. 〈지도의견〉은 현실에 기초하여 현재 심리 중인 파산사건 중 주의하여야 할 문제에 대하여 전문적으로 요구를 할 뿐 아니라 파산법률제도의 완성에 관하여 거시적인 안목의 방향성 의견을 내고 있습니다.

아래에서 저는 이 두 가지 방면으로부터 몇 가지 의견을 요약하여 말하겠습니다.

6_最高人民法院副院長奚曉明在第二屆中國破産法論壇上的講話-正确審理企業破産案件爲維護市場經濟秩序提供司法保障

7_關于正确審理企業破産案件, 爲維護市場經濟秩序提供司法保障若干問題的意見

一. 금융위기배경 아래 파산사건의 사법대응에 관하여

〈지도의견〉 제정의 주요 목적의 하나는 현재 금융위기의 큰 배경에서 각급 법원이 상사재판직능역할을 충분히 발휘하고 기업파산사건을 정확히 심리하여 기업채무위험을 방지, 해소하고 위기기업을 구제하며 시장주체 퇴출기제를 규율하고 시장운용질서를 보호하도록 지도하는 것입니다. 〈지도의견〉은 아래에서 몇 가지를 밝히고 있습니다.

1) 의법 수리, 구분 처리

최근 수년간 법원이 수리한 파산사건 수량은 총체적으로 감소추세를 보입니다. 2006년 전국의 법원이 수리한 기업파산사건은 4,253건, 2007년은 3,817건, 2008년은 3,139건입니다. 금융위기의 충격과 만연에 따라 2009년 이래의 기업파산사건은 오히려 현저하게 증가합니다. 2009년 1/4분기에는 각급 법원이 수리한 파산사건이 전년 동기 대비 28% 증가하였습니다.

기업파산사건은 관련 주체가 매우 많고 심리기간이 길며 난이도가 크고 처리할 업무가 많고 무거우며 집단성 사건을 일으키기 쉬워서 파산사건의 대폭적인 증가는 장기적으로 사건은 많은데 인력은 적은 법원의 모순을 더 두드러지게 합니다. 다만, 우리는 또한 기업파산법이 공평하고 질서 있는 채권변제, 적자생존의 시장경쟁기제 완성, 사회자원배치 우량화, 사회산업구조조정, 위기기업구제 방면에서 대체할 수 없는 중요한 작용을 하는 것을 보아야 합니다. 이를 위하여 〈지도의견〉은 각급 법원이 기업파산청산, 회생과 화의사건을 법에 따라 수리하여 심리하고 기업법인의 규범적 시장퇴출의 바람직한 운용기제를 추진하여 기업파산법의 시장경제에 대한 조정작용을 충분히 발휘하며 사회경제가 더 바람직하고 빠르게 발전하도록 노력, 추진할 것을 요구합니다.

우리는 각급 법원에 다음과 같이 할 것을 요구합니다. 이미 파산원인이 나타난 기업에 대하여 법에 따라 조건에 부합하는 파산청산신청을 수리하고 파산청산절차를 통하여 시장에서 질서 있게 퇴출하게 하여야 합니다. 비록 파산을 빌어 채무를 면할 가능성이 있으나 파산청산신청수리조건에 부합하는 비성실기업에 대하여도 그것을 법정된 파산청산절차 중에 편입하여 그 재산의 부당처분행위의 취소와 부인을 통하여 그리고 출자자 등 관련 주체의 책임추궁의 방식으로 파산을 빌려 채무면탈하려는 목적을 무산시키고 그 시장주체자격을 박탈하여야 합니다. 채권자가 채무자의 파산청산을 신청하는 경우에 대하여 법원의 심사중점은 채무자가 변제기에 있는 채무를 변제할 수 없는지의 여부이지 채권자가 채무자재산상황의 설명을 할 수 없다는 등의 이유로 채권자의 신청을 불수리할 수는 없습니다.

2) 어려운 시국의 공동 극복, 상호이익 추구

〈지도의견〉은 각급 법원이 기업파산법 중의 파산회생과 화의절차의 작용을 충분히 발휘하여, 발전전망이 있으나 잠시 위기에 처한 기업의 구제를 통하여 기업의 지속경영을 실현하고 사회자원의 효과적인 이용을 촉진할 것을 요구합니다. 기업파산법은 파산회생제도를 도입함으로써 기업파산법으로 하여금 단순히 시장퇴출법, 사망법, 도태법일 뿐만 아니라 기업갱생법, 구제법이도록 하고 있습니다. 금융위기의 배경에서 파산회생과 화의를 통하여 기업재생을 실현하는 것은 기업의 기술자원, 관리자원과 시장자원을 보호하는 데 유리하고 채무자, 채권자, 출자자, 기업근로자 등 각 방면이 모두 이롭게 되는 데 유리하며 경제의 조속한 회복을 촉진하여 중요한 현실적 의의를 갖습니다. 그래서 경영상 잠시 곤란이 발생하였으나 국가산업정책에 부합하고 발전전망이 있으며 사회에 중대한 영향이 있는 기업은 법원이 파산회생과 화의제도를 충분히 이용하여 각계 이해관계인의 적극성을 동원하고 함께 곤란기업을 구제하여야 합니다.

3) 이익평형, 법에 의한 권익보호

기업파산사건심리 중 기업근로자와 결부된 이익에 관계되고 사회안정에 관계되는 경우 〈지도의견〉은 각급 법원이 기업파산사건심리에서 기업근로자 합법권익의 법에 의한 보호를 매우 중시하도록 요구합니다. 법에 따라 근로자의 권익을 우선적으로 보호하는 것은 파산법률제도의 중요한 가치추세입니다. 법원은 기업파산사건심리과정 중 민생보장을 중시하고 근로자의 합법권익을 철저하게 보호하며 법에 의거 엄격하게 근로자이익을 보호하고 국가사회보장부서, 노동부서 등과의 협의와 협조를 강화하는 데 주의하고 사법건의를 개진하며 중국 특색에 부합하는 사회보장제도의 수립과 완성을 추진하여야 합니다.

이와 동시에 법원은 기업파산법의 각 제도를 정확히 적용하고 채권자의 합법권익을 충분히 보호하여야 합니다. 채무자의 인원소재 불명 혹은 재산상황 불명확인 파산사건을 심리할 때 법원은 채권자 합법권익의 충분한 보장이라는 각도에서 출발하여 채무자의 법정대표자, 재무관리자, 기타 경영관리자 그리고 출자자 등에 대하여 석명을 구하고, 심지어 상응하는 벌금, 훈계, 구류 등의 조치를 한 후 채무자가 여전히 법원에 관련 자료를 제출하지 않거나 전부를 제출하지는 않아 청산의 순조로운 진행에 영향을 미치는 경우 현유재산으로써 이미 알고 있는 채권에 대하여 공평변제를 하고 청산절차종결의 재정을 한 후 별도로 소송을 제기하여 책임이 있는 유한책임 회사의 주주, 주식유한회사의 이사, 지배주주 그리고 실질적인 지배자 등 청산의무자에게 채무자의 채무에 대하여 변제책임을 질 것을 요구할 수 있다고 채권자에게 고지하여야 합니다.

4) 각계를 총괄하고 안정을 유지

채무자가 파산절차에 들어간 후 많은 당사자의 이익에 관계되고 각계의 모순이 격렬하고 충돌하기 때문에 단체적 돌발적 사건이 일어나 사회안정에 영향을 미치기 쉽습니다. 〈지도의견〉은 각급 법원이 기업파산사건심리시 특별히 지방黨委, 정부와의 협의·협조를 주의하여 강화하고 지방정부가 수립한 위험사전경보기제, 자금보장기제 등 협조기제의 작용을 충분히 발휘하여 기업파산사건 중 정부의 안정유지업무 완성에 노력하여 맞출 것을 요구합니다.

근로자임금체불과 취업문제의 돌출 등 민감한 종류의 파산사건에 대하여 지방 당위와 정부의 지지를 적극적으로 얻고 조건이 되는 지방은 정부가 설립한 안정유지기금이나 제3자의 입체를 격려하는 등의 방식을 통하여 파산기업근로자의 재배치문제를 우선적으로 해결합니다. 정부나 제3자의 노동채권에 관한 입체는 파산절차 중 근로자채권의 변제순위에 따라 우선적으로 변제받을 수 있습니다.

二. 파산법률제도의 완성에 관하여

기업파산법의 반포실시 이래 최고인민법원은 비교적 계통적인 사법해석 세 개를 반포하였습니다. 그중 하나는 신구파산법의 연결에 관한 사법해석이고 다른 두개는 〈기업파산사건심리의 관리인 지정에 관한 규정〉[8]과 〈기업파산사건심리의 관리인보수 확정에 관한 규정〉[9]입니다. 이 세개의 사법해석을 통해 기업파산법의 반포실시 후 파산사건재판실무에 필요한 긴급한 문제를 기초적으로 해결하였습니다.

그러나 복잡다기한 재판실무에 대하여 말하자면 기업파산법의 규정은 상대적으로 원칙적이고 추상적이어서 이 몇 가지 사법해석이 재판실무의 수요에 완전히 부응하기에는 확연히 부족해 보입니다.

이를 위하여 최고인민법원은 현재 깊은 연구를 진행하고 있고 파산사건심리 중의 복잡하고 어려운 문제에 집중하여 전체 파산법에 관계되는 전면적이고 계통적인 사법해석을 최대한 조속하게 만들려고 합니다. 파산사건심리 중 몇 가지 문제는 사법실무도 관심을 기울여야 하는 초점이기도 한데 우리는 회의에 참가한 전문가학자들의 이들 법률문제에 대한 의견과 건의를 환영합니다.

8_關于審理企業破産案件指定管理人的規定
9_關于審理企業破産案件确定管理人報酬的規定

1) 파산관리인 제도의 진일보한 완성

관리인 제도는 기업파산법이 신설한 중대제도의 하나이고 파산절차 중 매우 중요한 작용을 합니다. 기업파산법시행 후 최고인민법원은 즉시 관련 사법해석을 반포하였고 각지 법원도 관리인 명부를 편제하여 파산사건의 심리를 위한 필요조건을 조성하였습니다. 그러나 그 제도가 완전히 새로운 제도이기 때문에 객관적으로는 응당 있어야 할 실무경험이 결여되어 있을 뿐 아니라 성숙한 관리인층이 결여되어서 아직 장래에 우리가 더욱 연구하여 해결하여야 할 많은 문제가 있습니다. 저도 이 두 차례의 파산법논단이 모두 파산관리인제도를 주요 의제로 한 것에 주의하였는데 이로부터도 사회각계의 관리인제도에 대한 관심을 알 수 있습니다. 관리인에 관한 각 제도의 건전과 관리인소질의 제고는 각급 법원의 파산사건심리의 수준과 효율에 대하여 매우 중요한 작용을 하게 됩니다. 우리는 〈지도의견〉 중 각급 법원이 적격관리인을 타당하게 지정하여 관리인이 기업파산절차 중에서 적극적인 작용을 충분히 발휘하기를 요구하고 있습니다. 중대한 문제가 있는 사건에 대하여는 경쟁방식을 통하여 우수한 관리인을 확정할 수 있습니다. 기업회생사건 중 중대한 자산구조조정, 경영방식의 선택, 신출자자의 진입 등 경영운영에 관계되기 때문에 관리인층이 충분히 성숙하지 않은 중국의 현재 상황에서 법원은 관리인을 지정할 때 관련 부서와 인재를 흡수하도록 주의하고 실제 상황에 근거해 지정의 형식과 방식을 선택하여 적격관리인을 두도록 하여야 합니다. 법원은 특별히 주의하여 관리인의 업무에 대한 지식과 각종 능력의 배양을 강화하고 관리인심사기제를 수립하며 업무실적심사를 통하여 격려와 도태기제를 만들고 점차적으로 관리인층의 전문화를 이루어야 합니다.

2) 파산절차와 집행절차의 연결 문제

파산절차와 집행절차의 기능 차이를 충분히 인식하는 것은 전체 채권자의 공평보호라는 기업파산법의 작용을 충분히 발휘하는 데 유익합니다. 파산절차는 일반 채무청산절차에 대한 배타적인 성격을 갖고 있습니다. 그래서 법원이 파산신청수리 후 채무자의 재산에 대하여 채택한 모든 보전조치와 집행절차는 해제 및 중지되어야 하고 관련 채무는 파산청산절차 중 일괄하여 공평하게 변제받습니다. 〈지도의견〉은 또한 법원은 파산절차와 집행절차의 연결업무를 중시하여 완성하고 파산재산을 적절하게 처리하고 법원 내부의 파산절차와 집행절차의 조작에 관련되는 경우 다른 법원, 다른 재판부서, 다른 절차의 협조와 협동에 주의하며 다른 국가 행정기관의 보전조치나 집행절차가 행해진 채무자재산에 관계되는 경우 적극적으로 상술한 기관과 협조 및 협의를 하고 관련 기관의 협조를 얻어 법에 따라 관련 보전조치를 해제하고 관련 집행절차를 중지하도록 하고 있습니다.

3) 상장회사 파산회생 문제

상장회사 파산회생은 줄곧 자본시장참여자가 관심을 기울이고 법원의 파산사건재판업무가 접하는 난제의 하나이기도 합니다. 그중 최대 난점은 상장회사에 대한 행정감독행위와 파산회생절차의 연결문제입니다. 업무사조를 순조롭게 하고 협력을 강화하기 위하여 최고인민법원은 관련 감독관리부서, 상장회사 파산회생사건을 수리한 법원의 좌담회를 개최하였습니다. 협의를 통하여 우리 최고인민법원은 증권감독위원회 및 기타 관련 부서와 공통된 인식을 이루었는데, 상장회사 파산회생과정 중의 특수한 문제를 전문적 대상으로 하여 감독관리부서는 적시에 상응하는 지지성 정책을 내고 우리 최고인민법원도 그에 상응하게 사법해석을 내어 상장회사 파산회생 관련 법률문제를 공동 규율함으로써 중국자본시장이 평온하고 건강하게 발전하도록 촉진한다는 것입니다.

물론 사회경제조건이 발전·변화함에 따라 사법실무 중의 어렵고 복잡한 문제가 이것에만 국한되는 것은 아니어서 저는 이번 논단이 또한 채권자이익보호문제, 회사청산절차와 파산절차의 연결문제, 파산사건재판과 정부직책의 분담과 연결문제에 관하여도 독립주제로 토론한 것을 보게 되어 매우 기쁜데 이들 문제도 법원사법실무가 매우 관심을 가지고 있는 쟁점이자 난제입니다. 저는 회의에 참가한 전문가학자의 깊은 토론도 파산사건의 사법실무를 위하여 더욱 유용한 보기를 반드시 제공할 것이고 중국파산법률제도의 완성을 위하여 적극적인 공헌을 할 것이라고 믿습니다.

5. 기업파산사건을 정확하게 심리하고 시장경제질서를 보호하기 위하여 사법보장을 제공하는 몇 가지 문제에 관한 최고인민법원의 의견[10](法發[2009]36호)

각 성·자치구·직할시 고급법원, 해방군군사법원, 新疆維吾爾자치구 고급법원 생산건설병단분원:

현재 국제금융위기의 계속적인 발생과 만연으로 인하여 중국경제발전이 여전히 엄준한 시험을 맞고 있다. 경제의 바람직한 운용을 저애하는 소극적인 요인과 잠재적인 위험이 크게 늘어나고 많은 기업에 자금흐름경색으로 야기된 계통적 위험이 계속 나타나고 있어 중국경제발전의 바람직한 운용과 사회안정에 심각한 영향을 미치고 있다. 현재의 경제상황에서 법원이 상사재판직능역할을 충분히 발휘하고 기업파산사건을 정확히 심리하여 기업채무위험을 방지 및 해소하고 위기기업을

10_最高人民法院關于正确審理企業破産案件爲維護市場經濟秩序提供司法保障若干問題的意見

구제하며 시장주체 퇴출기제를 규율하고 시장운용질서를 보호하여 국제금융위기의 충격에 효과적으로 응대하고 경제의 평온과 비교적 빠른 발전을 보장하는 것은 중요한 의미가 있다. 지금 법원의 기업파산사건 재판업무의 완성에 관하여 다음의 의견을 제출한다.

一. 법에 따라 기업파산사건을 수리하고 중국사회주의 시장경제의 바람직한 운용기제의 수립을 위하여 사법보장을 제공한다.

1) 법원은 기업파산법을 정확히 이해하여 공평하고 질서 있는 채권변제, 적자생존경쟁기제 완성, 사회자원배치 우량화, 사회산업구조조정, 위기기업구제 작용을 보장하고 기업파산청산, 회생과 화의사건을 법에 따라 수리하여 심리하며 기업파산법의 여러 절차를 종합적으로 이용하여 시장경제에 대한 조정작용을 충분히 발휘해야 한다. 또한 기업법인의 규범적 시장퇴출의 바람직한 운용기제를 세우고 경제사회가 더 바람직하고 더 빠르게 발전하도록 노력, 추진하여야 한다.

2) 국가산업구조조정정책의 실현을 보장하기 위하여 이미 파산원인이 나타난 기업에 대하여 법원은 법에 따라 조건에 부합하는 파산청산신청을 수리하고 파산청산절차를 통하여 시장에서 질서 있게 퇴출하게 하여야 한다. 비록 파산을 빌어 채무를 면할 가능성이 있으나 파산청산신청수리 조건에 부합하는 비성실기업에 대해서도 그것을 법정된 파산청산절차 중에 편입하여 그 재산의 부당처분행위의 취소와 부인을 통하여 그리고 출자자 등 관련 주체의 책임추궁의 방식으로 파산을 빌려 채무면탈하려는 목적을 무산시키고 그 시장주체자격을 박탈하여야 한다. 채권자가 채무자의 파산청산을 신청하는 경우에 대하여 법원의 심사중점은 채무자가 변제기에 있는 채무를 변제할 수 없는지 여부이지 채권자가 채무자재산상황의 설명을 할 수 없다는 등을 이유로 채권자의 신청을 불수리할 수는 없다.

3) 비록 이미 파산원인이 발생하였거나 변제능력을 상실할 가능성이 명확하나 국가산업구조조정정책에 부합하고 여전히 발전전망이 있는 기업에 대하여 법원은 파산회생과 파산화의절차의 작용을 충분히 발휘하여 그에 대해 적극적이고 효과적인 구제조치를 하여야 한다. 파산회생과 화의제도는 아직 구제의 희망이 있는 위기기업을 위하여 파산청산사망을 피하고 재생할 기회를 제공하여 채무자와 그 채권자, 출자자, 근로자, 관련 기업 등 각 방면의 주체를 모두 이롭게 하고 사회자원의 충분한 이용에 이익이 된다. 기업회생과 화의의 성공을 위하여 열심히 추진하여 취업촉

진, 자원배치 우량화, 기업파산의 사회에 대한 부정적 영향을 감소하는 것은 법원의 기업파산사건재판의 중요한 목표 중 하나이고 법원의 상사재판업무가 발전하고, 민생 안정을 보호하는 대국에 기여하는 필연적인 요구이기도 하다.

二. 현지 黨委의 지도 아래 기업파산사건 중 정부의 안정유지업무 완성에 노력하여 맞추고 조화사회 건설을 위한 사법보장 제공을 견지한다.

4) 채무자가 파산절차에 들어간 후 채권자, 채무자, 출자자, 기업근로자 등 많은 당사자의 이익에 관계되고 각계의 모순이 격렬하고 충돌하기 때문에 처리가 부당하면 돌발적인 집단성 사건이 일어나 사회안정에 영향을 미치기 쉽다. 법원의 기업파산사건심리는 반드시 현지 黨委의 지도하에 지방정부 수립의 위험사전경보기제, 연동기제, 자금보장기제 등 협조기제의 작용을 충분히 발휘하여 기업파산사건 중 정부의 안정유지업무 완수에 맞추도록 노력하여야 한다.

5) 근로자임금체불과 취업문제의 돌출, 채권자모순의 격화, 채무자의 기업방치채무면탈 등 민감한 종류의 파산사건에 대하여 즉시 현지의 黨委에 보고하고 정부의 지지를 얻어야 한다. 정부의 협조하에 관련 부서와의 의사교환, 협조를 강화하고 즉시 유력한 조치를 하며 각종 모순분쟁을 적극적으로 줄이고 해소하여 기업재산의 강탈, 상부에 대한 근로자의 집단적 요구상황 발생을 피하고 불안정요소를 그 발아단계에서 제거한다. 조건이 되는 지방은 정부가 설립한 안정유지기금이나 제3자의 입체를 격려하는 등의 방식을 통하여 파산기업근로자의 재배치 문제를 우선적으로 해결한다. 정부나 제3자의 노동채권에 관한 입체는 파산절차 중 근로자채권의 변제순위에 따라 우선적으로 변제받을 수 있다.

三. 파산회생과 화의절차의 위기기업구제, 기업지속경영실현의 작용을 충분히 발휘하여 사회자원의 효과적인 이용을 보장한다.

6) 법원은 사법의 능동작용을 충분히 발휘하여 당사자의 석명과 협조업무 완수를 중시하고 파산회생과 화의절차를 합리적으로 적용하여야 한다. 당사자가 채무자의 청산, 회생, 화의를 동시에 신청한 경우에 대하여 법원은 채무자의 실제 상황과 각 당사자의 희망에 근거하여 각 당사자로 하여금 충분히 논증하게 한 것을 기초로 회생이나 화의가 가능한 것에 대하여는 법에 따라 회생이나

화의의 신청을 수리하여야 한다. 당사자가 회생을 신청하였으나 기업경영규모가 비교적 작고 구제의 필요는 있으나 회생비용이 회생수익보다 현저하게 높은 곤란기업은 관련 권리자가 회생에 부동의하는 경우 법원은 당사자로 하여금 화의방식을 통하여 기업을 구제하도록 인도할 수 있다. 법원은 파산절차 중의 중재업무를 강화하고 법률이 허용하는 구조에서 적극적으로 채무자, 관리인과 신출자자 등이 기업구조를 위하여 하는 각 업무를 적극 지지하여 곤란기업 구조를 위해 바람직한 법률환경을 만들어야 한다.

7) 법원은 강제비준재량권을 적용하여 위기기업을 구조할 때 회생계획초안에 반대하는 채권자나 출자자가 회생절차에서 최소한 청산절차 중 본래 얻을 수 있는 변제를 받노록 보상하여야 한다. 회생계획초안이 비준요청되었을 때 청산절차에 의하여 얻을 수 있는 변제비율의 확정에 대하여 그 계산방법이 과학적이고 객관적이며 정확한지의 여부, 이해관계인이 당연히 얻어야 할 이익을 충분히 보호하는지의 여부를 충분히 고려하여야 한다. 법원은 회생계획초안을 엄격히 심사하고 사회공공이익을 종합적으로 고려하며 재량권을 면밀하고 신중하게 적극 적용하여야 한다. 강제비준조건에 부합하지 않는 경우에 대하여 기업구제의 이름을 빌어 위법하게 심사비준하여서는 안 된다. 상급 법원은 감독직책을 맡아 이해관계인이 회생절차 중 반영하는 문제에 대하여 신중하게 심사하고 문제가 사실인 경우 즉시 교정하여야 한다.

四. 파산절차 중 민생보장을 중시하고 근로자의 합법권익을 철저히 보호해야 한다.

8) 법에 따라 노동자권익을 우선적으로 보호하는 것은 파산법률제도의 중요한 가치추세이다. 법원은 기업파산사건심리 중 근로자의 합법권익을 확실히 보호하고 법에 의거하여 근로자이익을 엄격하게 보호하여야 한다. 채권자회의 개최에는 채무자의 근로자와 공회 대표가 참가하고 파산절차에 대한 근로자의 참가권을 보장하여야 한다. 근로자가 관리인이 확인한 임금 등 채권에 이의가 있는 경우 관리인은 신중하게 심사하고 착오를 발견하는 경우 즉시 바로잡아야 한다. 관리인이 교정하지 않아 근로자가 이에 근거하여 소송을 제기하는 경우 법원은 법에 따라 엄격하게 심리하고 즉시 판결하여야 한다.

9) 회생계획초안표결시 근로자의 희망을 충분히 존중하고 채무자가 체불한 근로자의 임금 등 채권에 관하여 특정 표결조를 만들어 표결하여야 한다. 근로자채권자표결조가 회생계획초안을

가결하지 않는 경우 법원의 강제비준은 반드시 근로자채권을 우선적으로 전액 변제하는 것을 전제로 하여야 한다. 기업이 계속하여 원경영범위를 유지하는 경우 법원은 채무자나 관리인이 회생계획초안을 만들 때 기업의 원래 있던 근로자들의 자리를 최대한 보장하도록 인도하여야 한다.

10) 근로자의 합법권익 보장은 사회 각계의 공동노력이 필요하다. 법원은 국가사회보장부서, 노동부서, 공상행정관리부서, 조직인사 등 부서와의 의사교환과 협조를 강화하고 사법건의를 적극 개진하며 중국 특색에 부합하는 사회보장체계의 수립과 완성을 추진하여야 한다.

五. 적격관리인을 타당하게 지정하여 관리인의 기업파산절차 중의 적극적인 작용을 충분히 발휘한다.

11) 법원은 기업파산법과 관련 사법해석의 규정에 근거하여 적당한 방식을 택해 관리인을 지정하고 중대한 문제가 있는 사건에 대하여는 경쟁방식을 통하여 우수한 관리인을 확정할 수 있다. 파산사건심리재판부와 사법기술보조업무부서 간의 관계를 주의깊게 처리하여 관리인지정시 파산사건심리재판부는 사건의 실제 상황에 근거하여 어떤 관리인을 채용할지, 어떤 선정방식을 채택할지를 결정하고 추첨방식이나 경쟁방식을 통하여 관리인이나 구성원을 정할 때 사법기술보조업무부서가 규정에 근거하여 관리인이나 구성원을 다시 정하여야 한다.

12) 기업회생과정에서 중대한 자산구조조정, 경영방식의 선택 신출자자의 진입 등 경영운영에 관계되기 때문에 회생에 있어서 관리인의 직책은 채무자 재산의 관리와 처분뿐 아니라 채무자의 경영업무관리가 더욱 필요한데 특히 회생계획의 수립과 집행이 그러하다. 그래서 중국 관리인층이 충분히 성숙하지 않은 상황에서 법원은 관리인을 지정할 때 관련 부서와 인재를 흡수하도록 주의하고 실제 상황에 근거해 지정의 형식과 방식을 선택하여 적격관리인을 두도록 하여야 한다.

13) 관리인의 업무능력과 직업정신은 기업파산사건이 법에 따라 효과적으로 진행할 수 있는지의 여부와 파산법률제도가 가져야 할 작용을 충분히 발휘할 수 있느냐의 여부를 직접 결정한다. 법원은 특별히 주의하여 관리인의 업무에 대한 지식과 각종 능력의 배양을 강화하고 관리인심사기제를 수립하며 업무실적심사를 통하여 격려와 도태기제를 만들고 점차적으로 관리인층의 전문화를 이루어야 한다.

六. 기업파산법의 각 제도를 정확하게 적용하고 채권자의 합법권익을 충분히 보호한다.

14) 법원은 기업파산사건심리 중 관리인의 적극성을 충분히 이끌어 내어 관리인이 법률수단을 이용하고 채무자재산의 수색과 회수에 노력하여 채권자의 이익을 최대한 보호하도록 촉진하여야 한다. 출자부실, 가장납입에 대하여는 법에 따라 추급하여야 한다. 회사재산을 부당처분하는 행위에 대하여 법에 따라 취소나 무효로 인정하고 관련 재산을 추급하여야 한다. 법률, 행정법규 등의 규정을 위반하여 회사나 채권자에게 손실을 야기한 경우에 대하여 법에 따라 행위자의 민사책임을 추궁하여야 한다. 청산방해행위에서 범죄혐의를 발견하는 경우 즉시 수사기관에 상황을 통보하여야 한다.

15) 채권자회의와 채권자위원회의 직능작용을 충분히 발휘하고 채권자의 파산절차에 대한 참여권을 철저히 보장하며 지방보호주의를 단호히 방지하고, 채무자구제가 주요 목적인 파산회생과 화의절차 중이라고 하여도 여전히 채권자이익의 충분한 보호를 전제로 하여 회생계획과 화의협의의 가결 여부는 엄격하게 법정절차에 따라 표결권을 확정하고 법에 따라 표결하여야 한다.

16) 법원은 채무자 인원의 소재불명이나 재산상황불명의 파산사건을 심리할 때 채권자 합법권익의 충분한 보장이라는 각도에서 출발하여 채무자의 법정대표자, 재무관리자, 기타 경영관리자 그리고 출자자 등에 대하여 석명을 구하거나 상응하는 벌금, 훈계, 구류 등의 강제조치를 한 후 채무자가 여전히 법원에 관련 자료를 제출하지 않거나 전부를 제출하지는 않아 청산의 순조로운 진행에 영향을 미치는 경우 법원은 현유재산으로써 이미 알고 있는 채권에 대하여 공평변제를 하고 청산절차종결의 재정을 한 후 별도로 소송을 제기하여 책임이 있는 유한책임 회사의 주주, 주식유한회사의 이사, 지배주주 그리고 실질적인 지배자 등 청산의무자에게 채무자의 채무에 대하여 변제책임을 질 것을 요구할 수 있다고 채권자에게 고지하여야 한다.

七. 파산절차와 집행절차의 기능 차이를 정확히 인식하고 두 절차를 효과적으로 연결한다.

17) 법원은 파산절차와 집행절차의 기능 차이를 충분히 인식하고 기업파산법의 전체 채권자 공평보호 작용을 충분히 발휘하여야 한다. 파산절차는 채무자의 전체 재산에 대하여 진행하는 개괄집행이고 모든 채권의 공평한 변제를 중시하며 일반 채무청산절차에 대한 배타적인 성격을

갖는다. 그래서 법원이 파산신청수리 후 채무자의 재산에 대하여 실시한 모든 보전조치와 집행절차는 해제 및 중지되어야 하고 관련 채무는 파산청산절차 중 일괄하여 공평하게 변제받는다.

18) 법원은 파산절차와 집행절차의 연결업무를 중시하여 완성하고 파산재산이 적절하게 처리되도록 하여야 한다. 법원 내부의 파산절차와 집행절차의 조작에 관련되는 경우 다른 법원, 다른 재판부서, 다른 절차의 협조와 협동에 주의하여야 한다. 다른 국가 행정기관의 보전조치나 집행절차가 행해진 채무자재산에 관계되는 경우 법원은 적극적으로 상술한 기관과 협조 및 의견교환을 하고 관련 기관의 협조를 얻어 법에 따라 관련 보전조치를 해제하고 관련 집행절차를 중지하여야 한다.

19) 법원이 파신신청수리 후 채무자파산 선고 전에 신청자의 파산신청을 기각하고 파산절차를 종결하는 경우 파산절차종결재정을 하기 전에 관리인에게 원래 채무자의 재산에 보전조치나 집행절차를 실시한 법원에 원보전조치나 집행절차를 회복할 것을 통지하도록 고지하고, 순서적 보전의 경우 원래 보전조치를 취한 시간으로써 순위를 확정하도록 하여야 한다. 채무자를 피집행인으로 하는 집행사건 수리의 회복에 대하여 집행신청의 시효중단 관련 규정을 적용하여야 한다.

八. 파산사건심리 법관층의 전문화를 강화하고 상사재판직능작용을 충분히 발휘한다.

20) 중국경제의 시장화, 국제화 정도가 점차 제고됨에 따라 기업파산사건도 점차 증가추세를 보이게 되어 법원의 재판업무에 더 높은 요구를 하게 된다. 일면으로는 기업파산사건은 심리기간이 길고 난이도가 높으며 처리할 업무가 많고 무거워서 사건은 많은데 인력은 적은 법원의 모순이 더 두드러진다. 다른 면으로는 파산사건심리의 복잡성과 특수성 때문에 객관적으로 비교적 심후한 법학이론기초를 갖추었을 뿐 아니라 사회모순해결, 시급한 업무의 처리, 각 방면 이익의 협조 등 다방면의 능력을 갖춘 전문화된 법관층이 필요하다. 그래서 법원은 법관층의 전문화를 강화하고 인력과 물자 방면에 지지와 보장을 해야 한다. 조건이 되는 법원은 기업파산사건의 수량에 근거하여 전문적인 파산사건재판부를 두거나 특정 합의부를 지정하여 파산사건심리를 책임지도록 할 수 있다.

21) 법원은 적극적으로 법관의 기업파산사건심리의 적극성을 불러일으키고 법관업무실적을 심사할 때 기업파산사건심리의 특수성과 법관이 기업파산사건을 처리할 때 들인 힘든 노동과

부담하는 각종 압력을 충분히 고려하여 기업파산사건심리 업무량을 객관적으로 반영하기에 충분한 평가표준을 적극적으로 탐색하고 파산사건심리의 수준을 부단히 높여야 한다.

22) 기업파산사건심리의 법관은 당의 노선방침정책에 대한 학습을 힘써 강화하고 대국적인 의식과 책임의식을 높여야 한다. 현 경제상황에서 기업채권 보호와 위기기업구제 간의 관계를 더욱 정확히 처리하여 채권자와 채무자의 상생을 실현하고 함께 난관을 넘게 하여야 한다. 기업파산청산과 기업재생 간의 관계를 정확히 처리하여 사회자원의 충분한 이용과 법률효과와 사회효과의 유기적 통일을 실현한다. 법관들은 맑은 정치건설을 힘써 강화하고 최고인민법원의 '다섯가지 엄금' 등 재판기율과 규장제도를 엄격히 집행하며 관리인의 지정이든 재산경매위탁 등의 민감한 절차에서든지 간에 모두 제도로써 사람을 관리하고 인정, 관계, 금전에 얼룩진 사건을 단연히 끊으며 공정하고 효과적인 재판을 확보하여 중국국민경제의 평온하고 빠른 발전을 위한 여건을 만들어야 한다.

2009년 6월 12일

6. 중화인민공화국 최고인민법원 공고

최고인민법원은 〈채권자가 인원소재 불명 혹은 재산상황 불명확인 채무자에 대하여 파산청산을 신청한 사건에 대하여 어떻게 처리할지에 관한 회시〉를 2008. 8. 14. 최고인민법원재판위원회 제1,450차 회의에서 가결하였다. 현재 공포하여 2008. 8. 18.부터 시행한다.

2008년 8월 7일

채권자가 인원소재 불명이나 재산상황 불명확인 채무자에 대하여 파산청산을 신청한 사건에 대하여 어떻게 처리할지에 관한 최고인민법원의 회시[11](法釋[2008]10호)

11_最高人民法院關于債權人對人員下落不明或者財産狀況不淸的債務人申請破産淸算案件如何處理的批夏

貴州성 고급법원 :

귀 원의 〈기업법인이 영업허가증이 취소된 후 법에 의해 청산책임을 부담하는 자가 아직 법원에 파산을 신청하지 않은 경우 채권자가 영업허가증이 취소된 기업의 파산을 신청할 수 있는지의 여부에 관한 지시요청〉([2007])黔高民二破請終字1호)을 잘 받아 보았다. 연구를 거쳐 다음과 같이 회시한다.

채권자가 인원소재 불명 혹은 재산상황 불명확인 채무자에 대하여 파산청산을 신청하고 기업파산법의 규정에 부합하는 경우 법원은 수리하여야 한다. 채무자가 기업파산법 제11조 제2항 규정에 근거하여 법원에 재산상황설명, 채권채무정리표 등 상관 자료를 제출할 수 있는지의 여부는 채권자신청의 수리에 대하여 영향을 미치지 않는다.

법원은 상술 파산사건을 수리한 후 기업파산법의 관련 규정에 근거하여 관리인을 지정하여 채무자의 재산을 추급하여야 한다. 법에 따른 청산을 거쳐 채무자가 분배에 제공할 재산이 없음이 확실한 경우 채무자파산과 파산절차종결을 선고하여야 한다. 파산절차종결 후 2년 내에 법에 따라 추급하여야 할 재산이 있거나 분배에 제공하여야 할 기타 재산이 있음을 발견한 경우 채권자는 법원에 추가분배를 청구할 수 있다.

채무자의 관련자가 법정의무를 이행하지 않는 경우 법원은 관련 법률규정에 의거하여 그 상응하는 법률책임을 추궁할 수 있다. 그 행위가 청산불능이나 손실야기를 가져온 경우 관련 권리자가 소를 제기하여 상응한 민사책임을 부담하도록 청구하는 경우 법원은 법에 의하여 지지하여야 한다.

이와 같이 회신함.

7. 〈〈중화인민공화국 기업파산법〉 시행시 아직 심리미결인 기업파산사건 법률적용의 몇 가지 문제에 관한 최고인민법원의 규정〉 집행에 관한 최고인민법원의 통지[12](法[2007]81호)

각 성 · 자치구 · 직할시 고급법원, 新疆維吾爾자치구 고급법원 생산건설병단분원 :

12_最高人民法院關于執行《最高人民法院關于〈中華人民共和國企業破産法〉施行時尚未審結的企業破産案件适用法律若干問題的規定》的通知

〈중화인민공화국 기업파산법〉(이하 '기업파산법'이라고 약칭한다)의 순리적 시행과 최고인민법원의 〈〈중화인민공화국 기업파산법〉 시행시 아직 심리미결인 기업파산사건 법률적용의 몇 가지 문제에 관한 규정〉(이하 〈규정〉이라고 약칭한다)의 정확한 집행을 보장하기 위하여 관련 문제에 관하여 지금 아래와 같이 통지한다.

一. 기업파산법 시행 후 아직 심리미결인 기업파산사건 중 이미 개시하였으나 심리미결인 채무자 관련의 민사소송사건은 각각 아래의 방식에 따라 처리한다.

(一) 채무자를 원고로 하는 1심 사건이 파산사건수리법원에 이미 넘어간 경우 파산사건수리법원이 계속 심리하고 아직 넘어가지 않은 경우 기업파산법 제20조 규정을 적용한다. 채무자를 원고로 하는 2심 사건은 2심 법원이 계속 심리한다.

(二) 채무자를 피고로 하는 1심 사건이 이미 중지되고 파산사건수리법원이 관련 쟁의에 대하여 이미 재정을 한 경우 기업파산법 규정을 적용하지 않는다. 아직 재정을 하지 않은 경우 기업파산법 제20조 규정에 따라 계속 심리한다.

二. 기업파산법 규정에 따라 파산신청수리 후 채무자 관련의 모든 민사소송은 파산신청수리법원에만 제기할 수 있다. 심리미결인 기업파산사건 중 채권자나 채무자의 근로자가 기업파산법과 〈규정〉 제9조 또는 제10조의 규정에 근거하여 법원에 소송을 제기한 경우 파산사건수리법원은 사건성질과 법원내부의 직능분장과 민사소송법의 관련 규정에 따라 관련 재판부가 단독 재판 또는 합의부 구성의 방식으로 심리를 진행해야 한다.

三. 채무자 관련의 기타 민사소송에 대해서는 채무자의 계약이행소송, 채무자의 대외채권추급소송, 채무자재산처분행위 취소소송, 채무자재산처분행위 무효확인소송, 환취권소송, 별제권소송과 상계권소송 등은 파산사건수리법원이 본 통지 제2조의 규정을 참조해 처리하여야 한다.

四. 파산절차의 순조로운 진행을 보호하기 위하여 본 통지 제1조, 제2조와 제3조의 규정에 따라 채무자 관련의 민사소송사건을 심리하는 법원은 재판기한 내에 최대한 신속하게 채무자 관련 민사소송을 심리하여 심리지연으로 인해 관련 권리자의 권리가 불필요한 손해를 입게 해서는 안 된다.

五. 심리미결인 기업파산사건 중 채무자 재산 관련 행위의 무효인정은 〈중화인민공화국 기업파산법(試行)〉의 관련 규정을 적용한다.

六. 법원은 기업파산사건을 심리하여 기업파산법 제132조와 〈규정〉 제40조를 적용할 때 아래의 몇 가지 문제를 주의하여야 한다.

(一) 기업파산법 제132조는 기업파산법 공포일 전에 빚진 근로자권익에만 적용하고 기업파산법 공포일 후에 빚진 근로자권익으로 형성된 것은 본조 적용의 범주에 속하지 않으며 그 부분 근로자권익은 파산기업이 이미 담보물권을 설정한 것 외의 기타 재산으로부터만 또는 담보물권자가 우선 변제받을 권리를 명확히 포기한 후에 담보물권이 이미 설정된 재산으로부터 변제받을 수 있을 뿐이다.

(二) 기업파산법 공포일 전에 형성된 근로자권익이 정상 변제순서에 따라 변제받을 수 없는 때에 비로소 담보물권이 이미 설정된 재산으로부터 변제받을 수 있다. 채무자에게 변제할 수 있는 기타 재산이 있을 때 담보물권이 이미 설정된 재산으로부터 먼저 변제받을 수 없다.

(三) 기업파산법 공포일 전에 빚진 근로자권익이 담보물권이 이미 설정된 재산으로써 법에 따라 변제하는 상황에서 기업파산사건 중 정상 변제순서에 따라서는 실현할 수 없는 파산비용, 공익채무와 근로자의 기타 권익에 대하여는 담보물권자의 변제받음보다 우선할 수 없다.

七. 법원이 심리미결인 기업파산사건을 심리할 때 아직 진행되지 않은 절차에 대하여 〈규정〉이 규정하지 않은 경우 원칙적으로 모두 기업파산법의 관련 규정을 적용하여야 한다.

각급 법원은 기업파산법과 〈규정〉의 집행 중 마주치는 문제와 상황을 즉시 단계적으로 본원에 보고하여 주십시오.

2007년 5월 26일

8. 최고인민법원 民二庭 庭長[13] 宋曉明 전국 법원 증권회사파산사건심리업무 좌담회 결산 담화[14](2007년 11월 20일)

여러분 :

전국 법원 증권회사파산사건심리업무 좌담회가 하루 조금 더 지났는데 회의에 참가한 여러 분들의 공동노력으로 주요 일정을 순조롭게 완성하고 회의는 소기의 목적을 달성하고 좋은 효과를 얻었습니다. 이번 회의의 내용은 풍부하고 우리는 광범위하게 경험을 나누어 시야를 한층 더 넓혔으며 법원 증권회사파산사건심리에 대하여 매우 중요한 지도적 의미가 있습니다. 奚曉明부원장은 담화에서 증권회사파산사긴심리의 중요의의를 천명하고 증권회사파산의 특수성을 분석하였으며 증권회사파산사건심리에 있어서 주의하여야 할 몇 가지 문제에 대하여 중요한 지도의견을 내었고 다음 단계의 업무에 대하여 안배하였는데 우리는 이를 진지하고 철저하게 실현하여야 합니다.

아래에서 저는 증권회사파산사건심리 중 주의하여야 할 몇 가지 문제에 관하여 다시 몇 가지 의견을 이야기하겠습니다.

一. 관리인의 중개기구인원 초빙 문제

기업파산법은 관리인제도, 관리인의 조직형식을 규정하였습니다. 다만, 청산절차 중의 모든 업무가 관리인에 의하여 완성되는 것이 아니고 여러 사회중개기구의 전문분야가 서로 다릅니다. 예컨대 회계사무소가 관리인을 하는 경우 파산사무 관계의 법률사무, 변호사사무소가 관리인일 때 파산절차 관계의 회계감사사무, 채무자재산의 평가, 경매 등 업무는 모두 다른 중개기구를 초빙하여 청산을 보조하게 할 필요가 있습니다. 기업파산법은 관리인이 법원의 허가를 받아 필요한 업무자를 초빙할 수 있다고 규정할 뿐이고 어떻게 초빙할지, 비용지불방법에 관해서는 규정이 없습니다. 현재 관리인은 중개기구를 초빙하여 집행, 파산업무에 참여케 하는데 이미 관련된 방법규정이 있고 관리인에 발생할 수 있는 도덕적 위험을 방지하기 위하여 관리인의 업무자 초빙은 여전히 법원의 현행 평가, 경매기구 초빙방법에 따라 관련 기구를 선택하여야 합니다. 이는 관리인의 업무자 초빙은 법원의 허가를 거칠 필요가 있다는 기업파산법의 해석이기도 합니다. 만약 초빙하는

13_재판장에 해당한다.

14_最高人民法院民二庭庭長宋曉明在全國法院証券公司破産案件審理工作座談會上的總結講話

기구가 법률사무소나 회계사무소인 경우 법원이 만든 관리인명부의 범위 내에서 관리인지정의 방법을 참조하여 초빙하여야 합니다. 초빙인원의 비용에 관하여 법률이나 사법해석에 관련 규정이 있는 경우에 대해서는 관련 규정을 참조하여 집행합니다. 예컨대 경매기구의 비용은 최고인민법원의 〈법원의 민사집행 중 재산의 경매, 환금에 관한 규정〉[15]이 경매기구가 수취할 수 있는 수수료의 비율을 규정하고 있습니다. 규정이 없는 경우 비용최소화, 채권자이익 최대화의 원칙에 입각하고 시장가격을 참고하여 관련비용을 확정하여야 합니다.

二. 세 중지의 문제에 관하여

신기업파산법의 효력 발생 이전에 전체 채권자의 공평변제받을 권리를 보장하고 개별 채권자의 이익을 위한 강제집행으로 인한 기타 채권자의 변제불공평을 막기 위하여 법원은 행정청산업무에 진입한 증권회사에 대하여 '세 중지'의 조치를 취하였습니다. 실무상으로 밝혀졌듯이 그 조치는 당사자의 합법권익을 보호하고 증권회사 행정청산업무의 순조로운 진행에 중요한 작용을 하였습니다. 법원이 증권회사에 대하여 '세 중지'의 조치를 취한 기간에 채권자가 아직 소를 제기하지 않은 경우 소송시효중지의 규정을 적용하여야 합니다. 이미 효력이 발생한 판결을 얻었으나 아직 집행을 신청하지 않은 당사자가 강제집행신청기간 내에 집행법원에 강제집행신청을 하는 경우 법원은 수리하여야 하나 집행은 중지하여야 합니다. 당사자가 '세 중지'의 기간 내에 강제집행을 신청하지 않는 경우 '세 중지'의 기간은 강제집행신청기간에 산입하지 않고 파산절차 중 실제 상황에 근거하여 강제집행력이 있는 채권으로서 채권신고할 수 있습니다 .

三. 거래처의 거래결산 자금과 개인채권 문제에 관하여

법원이 증권회사파산을 수리할 때 메우거나 매입하여야 하나 아직 메우거나 매입하지 않은 거래처의 거래결산자금과 개인채권이 일부 존재할 수 있습니다. 중국증권투자자보호기금회사는 해당 부분의 채권에 대하여 거래처의 증권거래결산자금 회계심사액이나 행정청산과정 중의 개인채권등록액에 따라 실제 지불액과의 차액으로 미리 신고할 수 있습니다. 기업파산법의 관련 규정에 근거하여 사전신고채권에 대하여 그 표결권액을 확정하여야 합니다. 재산분배시 사전신고한 채권에 대하여 분배할 재산은 공탁하고 구입업무 완결 후 실제 매입금액에 대응하는 채권금액에

15_關于人民法院民事執行中拍賣、變賣財産的規定

따라 확인하여 실제로 분배합니다. 〈개인채권매수 관련 문제에 관한 보충통지를 공포하는 중국인민은행, 재정부, 銀監會, 証監會의 통지〉[16]에 따라, 2004. 9. 30.부터 2006. 1. 31.까지의 기간에 새로 발생한 개인채권으로 동일인의 채권금액누계가 300만 위엔 이상인 부분에 대하여 국가는 매입하지 않습니다. 이 일부 비매입채권에 대하여는 법에 의하여 파산청산에 참여하여야 합니다. 채권액이 매입범위 내인 개인채권자도 행정매입을 거절하고 직접 증권회사파산청산에 참여할 수 있습니다. 〈매입의견〉과 〈보충통지〉의 규정에 근거하여 개인채권에 대하여 할인매수정책을 실행하는데 개인채권매입자금의 출처는 두 가지로 90%는 보호기금회사로부터 오고 10%는 지방정부로부터 옵니다. 개인채권의 매입부분은 지방정부가 상응하는 10%의 채권을 취득합니다. 그 밖에 國辦發電(2006)10호 규정에 근거하여 기구명의의 개인채권은 채권자 소재지의 정부가 타당하게 처리하고 사회안정을 유지하기 위하여 지방정부는 모금기구가 총괄한 자금이 기구명의의 개인채권을 매입하도록 도울 수 있으나 매입비율은 국가의 개인채권에 대한 매입정책에서 일률적으로 정한 것보다 높을 수 없습니다. 지방정부가 출자하여 기구명의의 개인채권을 매입한다면 상응하는 채권을 대위취득하여야 합니다. 지방정부출자매입으로 형성된 채권은 지방정부가 스스로 관리인에게 상응하는 채권을 신고 또는 사전신고할 수 있고 보호기금회사나 기타 기구에 위임하여 채권신고할 수도 있습니다. 관련채권이 보호기금회사에 양도되는 경우 보호기금회사가 채권신고를 합니다.

四. 취소권문제에 관하여

기업파산법의 관련 규정에 근거하여 법원의 파산신청수리 전 1년 내에 채무자의 재산 무상양도나 현저히 불합리한 가격에 의한 재산거래 등의 행위가 발생한 경우 관리인은 법원에 취소를 청구할 권리가 있습니다. 채무도피를 위하여 채무자재산을 은닉, 이전하는 행위는 무효입니다. 취소권은 파산법이 관리인에게 부여한 채권자 합법권익 보호의 중요 수단이고 파산이 갖는 채무자의 채무도피면탈을 방지하는 성질의 체현이기도 합니다. 증권회사가 행정처분될 때에 비추어 보면 대부분의 경우 자산이 채무에 미치지 못하고 행정청산이 또 비교적 오래 계속되는바, 관리인이 취소권행사를 청구할 때 행정처분일을 취소할 수 있는 행위의 기산점으로 주장하는 경우 법원은 인용하여야 합니다. 법원은 증권회사파산신청수리의 요건심사시 행정처분절차 중의 개별청산행위를 발견하면 관련 방면에 즉시 통지하여 바로잡고 바로잡지 않으면 수리하지 않아야 합니다.

16_中國人民銀行、財政部、銀監會、証監會公布關于个人債權收購有關問題的補充通知的通知

사건수리 후에 개별청산행위에 관계될 수 있는 것을 행정처분절차 중 발견하면 단계적으로 최고인민법원에 보고하고 최고인민법원이 증권감독관리기구와 협조하여 해결하여야 합니다.

五. 환취권문제에 관하여

기업파산법 제38조의 규정에 근거하여 법원은 파산신청수리 후 채무자가 점유하는 것으로서 채무자에 속하지 않는 재산은 그 재산의 권리자가 관리인을 통하여 환취할 수 있습니다. 증권회사의 파산사건 중 환취권 문제는 이재위탁관리 관련 계좌 중의 자산 환취에서 두드러지게 나타납니다. 해당 문제는 매우 민감하고 복잡하며 도덕적 해이, 사회모순과 비교효과를 일으키기가 극히 쉬우므로 업무는 반드시 신중하게 심사하고 엄격하게 해야 합니다. 환취권 처리의 관건은 이재위탁계좌 내의 자산 권리귀속을 구분하는 것입니다. 법원은 심리 중 다음의 상황을 구분하여야 합니다. ① 독립하여 폐쇄운용하는 계좌 내의 자산 권리 귀속. 독립 폐쇄한 증권계좌와 자금 계좌 내에서 운용하는 위탁재산은 증권회사의 자유자산과 기타 고객의 자산과 구분할 수 있는 경우 이재위탁계좌 내의 자산은 위탁자 소유에 귀속하고 위탁자는 환취권을 행사할 수 있습니다. ② 질입에 사용된 配資계좌 내의 자산 권리 귀속. 제3자 감독관리 이재위탁계약의 경우에 계약약정 수탁자나 감독관리인이 질입에 사용되는 配資계좌를 제공하는 경우 配資계좌 내의 자산과 이재위탁계좌 내의 자산이 상호 독립이면 配資계좌 내의 자산은 수탁자, 수탁자의 기타 위탁자나 감독관리인 소유로 귀속하고 이재위탁계좌 내의 자산은 위탁자 소유에 귀속하며 쌍방이 각자 환취합니다. 만약 이재위탁계좌 내의 자산이 配資계좌 내의 자산과 섞인 경우라면 쌍방은 권리귀속비율에 따라 계좌 내의 자산을 분배합니다. ③ 위탁자산이 유용된 후의 권리귀속. 수탁자가 위탁자산을 유용한 경우 유용된 후의 위탁자산과 기타 고객 자산이 섞였으나 수탁자의 자유자산으로부터 독립적인 경우라면 위탁자산과 기타 고객 자산은 수탁자의 기타 채권자에 대한 책임재산 범위에 속하지 않고 위탁자와 기타 고객이 자산비율에 따라 환취권을 향수합니다. ④ 위탁자산이 영리성인 경우 위탁계약 중에 이익분배비율에 관한 약정이 있다면 그 약정비율을 참조하여 이익을 분할하고 증권회사에 귀속하는 부분은 파산재산으로서 보통채권자에게 분배합니다. ⑤ 증권회사가 법규를 위반하여 고객의 자금과 증권을 유용한 경우 관계가 분명하고 재산이 섞이지 않았으면 관리인이 회수한 후 관련 권리자가 代償性 환취권을 행사할 수 있습니다. 이외에 고객의 환취권 확정시 증권회사가 이미 고객에게 교부한 고이자, 고정수수료, 사례비 등은 환취재산 중에서 공제하여야 합니다. 자금의 환취권에 대하여 증권회사의 장부상 기재가 있더라도 만약 자금섞임이 있었으면 채권자는 환취권을 행사할 수 없고 채권신고의 방식으로 처리하여야 합니다.

六. 상계권문제에 관하여

기업파산법은 상계권제도를 규정하는데 채권자가 파산신청수리 전 증권회사에 대하여 채무를 부담하는 경우 관리인에게 상계를 주장할 수 있으나 기업파산법의 상계금지규정을 위반할 수 없습니다. 증권회사의 채무자는 동시에 채권자일 수도 있는데 증권회사가 피고 및 피집행자인 사건이 행정청산단계에서 '세 중지'되므로 관련 권리자는 적시에 소송권리를 행사하여 그 채무에 대하여 상계권을 행사할 방법이 없습니다. 증권회사가 그에 대하여 집행을 신청할 때 만약 피집행인이 상호 부담하는 채권채무를 이유로 집행중지를 요구하는 경우 그가 상응하는 담보를 제공하는 상황에서 그 집행사건은 중지되어야 합니다. 법원이 파산절차 중 그것이 상계권의 요건에 부합하는지를 심사결정하고 재결을 한 후 관리인은 즉시 재결결과를 집행법원에 고지하고 집행법원이 구체적인 상황을 근거로 계속 집행할지의 여부를 결정해야 합니다. 파산법규의 원칙에 근거하면 관리인은 일반적으로 주동적으로는 상계를 주장하지 못하지만 만약 채권자, 채권자가 모두 파산기업이라면 관리인은 채권자이익 최대화의 원칙에 근거하여 상계권 행사 여부를 결정할 수 있습니다.

七. 채무자 관련의 민사소송 문제

기업파산법 제21조의 규정에 근거하여 법원의 증권회사파산신청수리 후 증권회사 관련 민사소송은 파산신청을 수리한 법원에만 제기할 수 있습니다. 증권회사를 당사자로 하는 사건이 소액채권소송, 노동쟁의류 사건에 속하는 경우 증권회사파산사건을 심리하는 중급법원이 심리하는 것은 당사자소송에 불편하고 사건심리법원 직급의 합리적 확정에도 도움이 되지 않습니다. 이러한 종류의 사건에 대하여는 파산법 규정에 따라 파산사건 수소법원이 수리한다는 전제하에 수리법원은 급별 관할표준에 따라 그 관할 내의 기층법원이 심리하도록 지정할 수 있습니다. 증권회사 관련 민사소송사건을 수리한 법원은 사건성질과 법원 내부의 업무분장과 민사소송법의 관련 규정에 따라 관련 재판부가 단독 또는 합의부를 구성하여 심리를 진행하여야 합니다. 증권회사 관련의 기타 민사소송이 채무자 계약이행소송, 채무자의 대외채권 추심소송, 채무자의 재산처분행위 취소소송, 채무자의 재산처분행위의 무효확인소송, 환취권소송, 별제권소송과 상계권소송 등이면 증권회사파산사건을 수리한 법원이 또한 상술한 원칙에 따라 심리를 진행할 수 있습니다.

八. 증권류자산 접수의 증권회사에 채권근거를 심사하는 것을 위탁할 수 있는지 여부의 문제에 관하여

파산증권회사의 영업부는 다른 성, 시에 많이 있고 영업부가 그 주된 영업업무에 수반하여 양도된 후 영업부 소재 도시의 채권자가 채권등록을 할 때 여전히 증권류자산 접수의 증권회사에 채권근거를 심사하는 것을 위탁할 수 있는지 여부 문제에 관하여 우리는 상술 채권이 주로 영업부에서 발생하고 영업부의 자산이 또한 증권류자산으로서 양도업무를 마쳤으므로 영업부에 의하여 심사의견을 제출하는 것이 채권의 진실한 상황을 조사·확인하기에 유리하다고 생각합니다. 이를 근거로 관리인은 증권류자산 접수의 증권기구에게 채권관련 근거의 제출, 심사의견의 제출을 청구하고 증권류자산 접수 증권기구의 지지와 협조를 모색할 수 있습니다. 상술한 채권의 최종확인은 관리인이 의견을 제출하여 채권자회의가 심의하여야 합니다.

九. 관련 회사 재산의 처분 문제에 관하여

법원의 증권회사 파산사건심리에 있어서 매우 두드러진 문제 중 하나는 증권회사의 관련 회사 자산을 어떻게 처리하느냐는 것입니다. 증권회사의 관련 회사 자산처리는 일반적으로 여전히 단독처리를 원칙으로 합니다. 주식을 투자한 회사가 정상경영 중인 경우 주주는 주권양도방식을 통하여 재산을 회수할 수 있습니다. 정상경영되지 않는 경우에 대하여는 회사법의 규정에 근거하여 관리인이 주주의 권리를 대신 행사하여 청산을 신청할 수 있습니다. 파산원인이 있는 경우에 대하여는 회사법의 규정에 근거하여 주주회의 개최를 제의하여 파산신청을 결정할 수 있습니다. 무경영, 무부채, 무자산이 확실한 관련 회사에 대하여 공상기관에 기업등기말소를 신청할 수 있습니다. 현재 우리가 이해하고 있는 상황으로 볼 때 일부 증권회사는 자금회전의 필요를 위하여 그가 통제하는 특수한 관련 회사를 만들기도 합니다. 이러한 관련 회사의 형태는 각기 다릅니다. 먼저 회사출자로부터 보아 일부는 증권회사 100% 지주인데 출자가 이루어진 경우와 실제로는 출자하지 않은 두가지 상황이 있습니다. 일부는 증권회사가 절대적으로 지배하나 관련 회사에 아직 다른 회사의 주식지분이 있는 상황입니다. 또 다른 경우로 회사의 회계기록과 공상등기자료로부터는 증권회사의 투자와 피투자의 법률관계를 반영할 방법이 없고 회사공상등기의 명의주주가 실제로 출자하지는 않고 그 성립에 필요한 등록자본금이 직간접적으로 증권회사에서 오는 경우입니다. 일부는 심지어 자산도 부채도 없습니다.

다음으로 관련 회사의 조직기구를 보면 일부는 조직기구가 허위로 만들어지고 독립운영의 실체가 없습니다. 일부는 회사의 주요 책임자와 직원을 증권회사직원이 겸임하여 증권회사와 한통속이면서 이름만 다른 경우입니다. 일부 회사는 회사도장, 인감과 관련 은행 계좌, 자금계좌, 주주계좌 등을 모두 증권회가가 보관, 통제 및 사용합니다. 마지막으로 회사의 실제 경영과 관리로부터 보면 일부는 기본적으로 공상등록등기를 한 경영범위에 따라 스스로의 경영활동에 종사하지 않고 그 대부분의 업무서비스가 증권회사 계정 외에서 운행되는데 증권회사를 위한 융자, 증권회사 계정 외의 자영을 위하여 필요한 은행계좌, 자금계좌나 주주계좌 등을 제공하는 것을 포함합니다. 일부는 근본적으로 독립적인 경영실체가 없습니다. 일부 관련 회사는 증권회사와 동일한 곳에서 업무를 하며 심지어 업무장소조차 없습니다. 일부는 관련 회사에 속하는 직원이 전혀 없습니다. 상술한 상황에 비추어 법원이 증권회사파산사건을 심리할 때 이러한 유형의 특수한 관련 회사 즉 처분을 받은 증권회사가 출자설립하고 처분받은 증권회사에 서비스하며 인원, 재무, 업무상 증권회사와 구분되지 않고 증권회사의 위법위규 경영을 위한 무대를 제공하고 증권회사가 관련 회사를 통하여 자금왕래, 자산이전, 담보융자 등의 방식으로써 감독관리를 피하며 자산을 은닉하는 등등의 경우 처분받은 증권회사와 함께 파산할 수 있습니다. 만약 행정처분하여 증권회사 관련기업 개인채권을 이미 증권회사의 개인채권으로서 일괄 매입하였다면 양자 합병파산의 한 중요한 참고요소로 할 수 있습니다.

十. 자산환가방안의 표결 문제에 관하여

기업파산법은 채권자회의가 자산환가방안에 대하여 표결하여야 한다고 규정합니다. 다만, 채권자회의개최가 쉽지 않고 자산의 성질이 같지 않기 때문에 그 환가는 수시로 진행되어야 할 가능성이 있으며 만약 모두 채권자회의가 표결하여야 한다면 자산처분의 최적시기를 흘려 버릴 가능성이 있습니다.

이에 비추어 채권자위원회를 만들고 채권자회의가 채권자위원회에 관련 직권을 수권한 경우 재산환가방안이 채권자위원회의 토론을 거쳐 가결하면 실행에 넘길 수 있습니다. 만약 아직 가결할 수 없으면 기업파산법의 재산환가방안에 관한 재정절차에 따라 집행할 수 있는지의 여부를 확정할 수 있습니다.

十一. 감독관리부서 협조 문제에 관하여

증권회사파산절차는 행정처분절차의 사법절차에서의 연장이므로 파산절차 중 몇 가지 감독관리부서의 협조가 필요한 사항이 생길 수 있습니다. 구체적인 업무방법으로는, 파산절차가 일정단계에 이른 후 협조가 필요한 사항을 한꺼번에 모아 집중하여 해결할 수 있습니다.

十二. 신문매체보도에 관하여

증권회사의 위험처리와 파산과정 중의 신문보도를 주의할 필요가 있는 문제에 대해서는 각지는 반드시 당과 국가의 대국과 사회안정으로부터 출발하고 선전원칙에 입각하여 여론향배에 주의하며 적정한 정도를 유지하고 조용하게 처리하여 선정적 보도와 오도를 방지하여야 합니다.

증권회사파산의 관련 상황에 대하여는 법원은 보통 주동적으로 선전하지 않으나 발생할 수 있는 언론매체의 선정적 보도에 대하여 각 관련 법원은 일상 업무 중 관련 움직임을 긴밀히 주시하고 관련 지방 정부와 黨委선전부서에 적극 협조하여 신문매체의 인도와 관리를 강화해야 합니다. 필요한 경우 국무원감독관리부서의 협조와 지지를 얻고 관련 부서에 협조하여 적절하게 처리할 수 있습니다.

여러분 이번 대회를 통하여 모두들 증권회사파산사건심리 중 존재하는 주요 문제에 대하여 인식을 더 한층 통일하였고 지도이념을 명확히 하였습니다. 모두들 업무에 있어서 이번 좌담회를 매우 중시하고 그 전달을 완수하여 업무를 철저히 완성하시기 바라고 奚曉明부원장의 보고는 회의참가대표의 건설적인 의견과 적당한 보충을 더한 후 최대한 빨리 문건의 형식으로 하달하겠습니다.

증권회사파산사건이 법원의 많은 부서에 관계되기 때문에 각 부서가 최고인민법원이 통일적인 배치에 따라 업무를 전개할 필요가 있고 회의에 참석한 법원의 여러분은 최대한 빨리 회의정신을 법원 당조직에 알리고 관련 재판부서와 기타 업무부서에 전달 관철함으로써 증권회사파산사건의 의법심리를 보장하여야 합니다.

이번 회의의 개최는 중국証監會, 광서証監局과 광서장족자치구고급법원 등 부서의 큰 협조가 있었는데 여기에서 저는 최고인민법원과 회의참석 각지 법원을 대표하여 위 기관들에 진심으로 감사를 표합니다!

9. 최고인민법원 부원장 奚曉明 전국 법원 증권회사파산사건심리업무 좌담회에서의 담화 : 증권회사파산사건을 공정하고 고효율적으로 심리하여 증권회사종합관리성과의 공고화, 증권시장의 건전한 발전을 위한 유력한 사법보장을 제공[17](2007년 11월 19일)

여러분 :

전국 법원 증권회사파산사건심리업무 좌담회가 오늘 열렸습니다.

이번 회의는 증권회사종합관리행정처분 방면의 업무를 기본적으로 완성하고 법원이 증권회사파산사건수리와 심리업무를 전면적으로 진행하는 상황에서 개최된 것입니다. 회의의 임무는 등소평이론, '세개의 대표'의 중요사상, 과학발전관을 지도로 하여 당의 제17기 전국대표대회 정신의 관철을 심화하며 법원의 증권회사파산사건심리, 증권회사의 종합관리성과 공고화의 중요성에 대한 인식을 더욱 제고하여 증권회사파산사건심리 중 존재하는 문제를 연구하고 다음의 업무를 안배하며 사회안정을 유지하고 증권시장의 건전한 발전을 촉진하기 위하여 유력한 사법보장을 제공하는 것입니다.

아래에서 저는 관련 업무에 관하여 세 문제를 언급하겠습니다.

一. 인식제고, 증권회사종합관리 행정처분 성과의 공고화

(一) 법원의 증권회사파산사건수리, 심리의 배경과 현재의 진전 상황

증권회사는 증권시장의 중요한 중개기구이고 시장의 양성과 발전에서 중요한 직용을 합니다. 체제, 기제상의 결함으로 인하여 증권회사는 쾌속발전을 하는 동시에 많은 모순과 문제를 누적시켰습니다. 2003년 말부터 2004년 상반기에 이르기까지 증권시장의 지속적인 하락혼조와 구조적 조정에 따라 일부 증권회사의 위규문제가 급격히 나타났고 증권업에 수년간 누적된 위험이 집중하여 폭발할 태세를 보이고 있으며 증권회사는 업계 건립 이래 최초의 계통적 위기에 처했는데 자본시장의 안전에 심각한 영향을 미칠 뿐 아니라 사회의 안정에 영향을 미치는 것으로서 상황이 매우 심각하여 처분과 종합관리조치가 절박하게 필요합니다. 2004. 8. 이래 일부 증권회사의 위험이

17_最高人民法院副院長奚曉明在全國法院証券公司破産案件審理工作座談會上的講話 : 公正高效審理証券公司破産案件, 爲鞏固証券公司綜合治理成果、促進証券市場健康發展提供有力司法保障

집중 폭발한 상황에 즉응하여 국무원의 통일적인 계획에 따라 증권회사종합관리업무가 전면적으로 추진되었습니다. 3년간의 부단한 노력을 거쳐 증권회사역사가 남긴 위험은 철저히 해소되고 재무상황이 현저하게 개선되었으며 준법경영의식과 위험관리능력이 현저히 증강되고 감독관리법규가 점진적으로 완성되며 기초적 제도개혁이 실질적으로 진전하였습니다. 종합관리행정처분방면의 업무는 이미 2007. 8. 말경 완결이 선언되었고 각 주요목표는 이미 기본적으로 실현되었습니다. 국무원이 비준한 증권회사위험처리방안에 근거하여 처분된 대부분의 회사는 파산절차를 통하여 시장에서 퇴출될 것입니다. 현재 처분된 증권회사는 이미 행정청산업무를 기본적으로 완료하고 파산절차를 전면적으로 개시하고 있습니다. 현재까지 법원은 이미 27건의 증권회사파산사건을 수리하였는데 또 네 개의 증권회사가 가까운 기일 내에 법원에 파산신청을 할 것입니다.

(二) 증권회사파산사건심리완성의 중요 의의를 정확히 인식하고 증권회사종합관리성과를 공고화

법원이 증권회사파산사건을 집중 수리하는 기간에 마침 당의 제17기 전국대표대회의 순조로운 개최가 있었습니다. 胡錦濤동지는 제17기 전국대표대회에서 "은행업, 증권업, 보험업의 경쟁력을 제고하여야 한다. 자본시장구조를 우량화하고 많은 방법으로 직접 융자의 비중을 제고하여야 한다. 금융감독관리를 강화, 개선하고 금융위험을 예방, 해소하여야 한다."라고 지적하였습니다. 이는 우리가 증권회사종합관리업무를 완수하는 데에 중요한 지도적 의미를 갖습니다. 근래에 溫家宝총리는 종합관리업무에 대하여 "증권회사종합관리업무는 証監會와 각 방면이 공동 노력하여 적극적인 효과를 얻었는데 이는 자본시장의 기초적 제도의 완성, 감독관리능력의 제고, 증권회사위험관리의 강화에 대하여 중요한 작용을 한다. 자본시장의 지속적이고 건강한 규범적 발전 추진은 장기적인 업무이고 임무가 중하고 길이 멀다. 증권회사종합관리 후기의 업무는 여전히 더욱 고삐를 조여 성과를 공고히 하여야 한다."라고 중요한 지시를 하였습니다. 총리의 지시는 충분히 종합관리업무를 긍정하였고 다음 단계의 업무에 대하여 명확한 요구를 내었습니다.

최고인민법원의 肖揚원장도 이에 대하여 명확히 지시하여 우리가 '후속업무를 계속 완수하고 가장 양호한 효과를 힘써 추구'하도록 하였습니다. 증권회사종합관리업무는 증권시장위험을 방지하고 해소하는 중요 절차로서 비록 증권회사종합관리 행정처분방면의 업무는 기본적으로 이미 종결되었지만 법원의 증권회사파산사건의 전면적인 수리, 심리업무는 이제 막 시작하였는바 이 업무는 증권회사종합관리업무의 사법절차에서의 연장입니다. 처분받은 증권회사의 많은 문제는 파산절차를 통하여 해결하고 또한 파산청산 후 시장에서 퇴출할 것이 필요합니다. 증권회사파산사건심리를 완수하는 것은 법원이 실제 행동으로 당의 17기 대표대회의 정신을 관철하는 구체적인 체현이고 금융시장위험을 방지하고 해소하는 조치의 중요 구성부분이며 증권회사종합관리성과를 공고히 하는 중요한 보장입니다. 법원 재판업무의 각도에서 보면 이러한 사건의 심리완수는 법원이 재판직능작용을 발휘하여 국가 중심업무의 대국에 봉사하는 필연적인 요구이기도 하고 더욱이 법원의 민상사재판업무직책입니다. 우리는 증권회사파산사건심리 완수의 중요한 의의를 충분히 인식하고 전체 국면을 파악하며 업무를 진지하게 전개하고 힘써 가장 양호한 효과를 얻도록 하여야 합니다.

법원은 증권회사파산사선심리과정 중 증권회사위험처리조치의 효력을 주의하여 보호하고 종합관리성과를 공고히 하여야 합니다. 증권회사는 특수한 금융기업의 일종으로서 파산절차진입 후 위험해소, 투자자보호, 관리인지정, 자산처리, 재산분배 등 많은 부분에 있어서 보통의 기업파산과 뚜렷한 차이가 있습니다. 증권회사종합관리는 중국사회주의시장경제 발전과정 중의 창신적인 업무인데 현재 명확한 법률규정과 실무경험이 결핍한 상황에서 행정주도로 증권회사 폐업과 파산과정 중의 일련의 특수한 문제를 처리하는 것은 현재 증권시장의 위험을 해소하는 중국의 가장 좋은 선택이라고 해야 할 것입니다. 이 과정에서 관련 부서는 공동으로 연구하고 대책을 세워 위험을 적절히 해소함과 동시에 각 이해관계 주체의 권익을 배려하여 좋은 효과를 얻었습니다. 위험처리 과정에서 증권회사에 대하여 실시한 중요 행정조치는 모두 국무원에 보고하여 동의비준을 받았고 〈회사법〉, 〈증권법〉의 원칙에 부합하는데 곧 공포될 〈증권회사위험처리조례〉[18]도 이에 대하여 명확한 규정을 두었습니다. 증권회사위험의 폭발초기에 처분받은 증권회사는 대부분 심각한 위법위규경영을 하였고 모두 기업파산법이 규정하는 파산원인을 이미 가지고 있었는데 다만, 증권회사위험의 특수성으로 인하여 직접 파산절차로 들어갈 수 없었음을 보아야 합니다.

행정청산은 원래 파산절차 중에서 해결해야 할 계좌정리, 채권매입, 증권류자산의 양도, 고객과 직원의 재배치, 책임추궁 등의 특수하고 민감한 문제들을 해결하였고 증권회사파산사건심리 업무의 순조로운 진행을 위한 토대를 마련하였습니다. 물론 행정처리절차는 증권회사파산의 특수한 전치절차에 불과하므로 이 과정에서도 파산법의 기본원칙을 준수하여야 합니다. 행정처리 과정 중 국가는 많은 자금을 내어 유용된 고객거래결산자금을 메우고 개인채권을 매입하여 투자자자산의 완정성을 보장하고 계통적인 위험의 만연을 효과적으로 방지하였습니다. 처리된

18_証券公司風險處置條例

증권회사가 당시 이미 파산하였고 자산이 부채에 미치지 못하며 그 주주의 청산권익이 이미 영이고 주주는 이미 회사에 대하여 아무런 실체권리를 가지지 못하는 것에 비추어 그 소송권리도 상응하는 제한을 받아야 합니다. 동시에 관련 증권회사에 미치는 행정처분조치는 당시의 시장환경 아래에서 관련 정책, 법규를 근거로 이루어진 것이므로 개별 주주나 채권자가 상술한 행정처분조치를 대상으로 하여 소송을 제기한 것에 대하여 법원은 진중하게 처리하여야 하고 감독관리부서의 비준을 받은 처분행위에 대하여는 원칙적으로 보호하여 증권회사위험처리업무가 반복되는 것을 피하여야 합니다.

(三) 성과발양, 도전응대

증권회사파산사건의 심리는 법원으로 하여금 많은 새로운 상황, 새로운 문제에 부딪히게 하지만 동시에 법원 민상사재판업무의 발전에 기회를 가져오기도 합니다. 관련 업무를 완수하기 위하여 최고인민법원은 2005. 9. 深圳에서 전국의 일부 중·고급법원 증권회사파산사건심리 좌담회를 개최하여 처분받은 회사가 파산청산에 진입하는 8가지 요건을 명확히 하고 상응하는 절차와 연결안배를 확정하였으며 증권회사파산사건의 수리와 심리를 위한 견실한 기초를 다졌습니다. 법원은 처분받은 증권회사를 위하여 '세 중지'의 사법보호조치를 제공하여 큰 자산을 보전함으로써 증권회사종합관리업무를 위하여 양호한 사법환경을 만들고 파산사건의 순조로운 심리를 위하여 매우 유리한 조건도 만들었습니다. 각 관련 법원은 탐색을 주저하지 않고 경험결산에 능하여 최고인민법원의 통일적인 배치에 따라 사건수리요건을 심사하고 증권회사위험처리의 행정절차로부터 파산절차로의 전환을 평온하게 이루었습니다. 각지 법원은 감독관리부서와 현지 黨委, 정부와 일치하여 많은 노력을 하여 사회안정을 비교적 잘 유지하였습니다. 신파산법의 절차상 변화에 즉응하여 간편하고 실행하기 쉬운 방법을 모색하여 파산절차추진의 효율을 높였습니다.

법원은 전 단계의 행정처분기간과 증권회사파산사건수리, 심리과정에서 일단의 양호한 경험을 초보적으로 집적하였는데 주요한 것으로는 첫째, 전체국면의식을 수립하고 사상을 통일하며 상하급법원이 적시에 의사교환을 하여 행동한 것이고 둘째, 행정처분절차와 파산절차의 직책분업을 정확하게 구분하여 증권회사파산신청수리의 요건을 명확히 한 것이고 셋째, 감독관리부서와 협조하여 행정처리조치를 위하여 상응하는 사법보장을 제공한 것이며 넷째, 엄격하게 법에 의한 사건처리를 하여 각 이해관계주체의 권익을 공평하게 보호한 것이 있습니다.

업적을 긍정하고 경험을 정리함과 동시에 우리는 전 단계에서 수리한 파산사건 중 일련의 상황과 문제가 드러난 것을 명확하게 보아야 합니다. 개별 법원이 처분받은 증권회사 관련 사건을 심리, 집행할 때 대국을 고려하지 않고 위법하게 사건을 판단하며 서둘러 집행하는 등의 상황이 일부 존재합니다. 일부 법원은 증권회사파산신청의 수리를 심사할 때 소극적으로 대응하고 심지어 이유 없이 책임을 전가하여 관련 업무를 추진하기 어렵게 합니다. 법원은 증권회사파산사건을 수리, 심사할 때 상술 문제의 발생을 피하고 곤란을 극복하여 적극적이고 진취적으로 해야 하고 특히 어려움회피심리와 지방보호주의를 극복하며 사건에 대한 공정한 심리를 통하여 법에 따라 각 당사자의 합법권익을 보호하여야 합니다.

二. 증권회사파산사건심리에 주의하여야 할 몇 가지 문제

법원은 증권회사파산사건에 대하여 전면적으로 수리하고 심리함에 있어서 마침 〈중화인민공화국 기업파산법〉의 시행초기를 맞았습니다. 기업파산법은 금융기구파산의 특수문제에 대하여 규정을 두지는 않았고 국무원에 실시방법을 규정하도록 수권하였을 뿐인데 다만, 단시간 내에 관련 방법이 공포되기는 어려워서 법원이 증권회사파산사건심리과정 중 적극적으로 탐색하고 경험을 집적하는 것이 특히 중요해 보입니다. 이는 중국이 파산법률제도를 완성해 가는 데 유익한 경험과 보기를 반드시 제공할 것입니다. 아래에서 저는 관련 문제에 관하여 몇 가지 의견을 내어 여러분의 토론에 제공합니다.

(一) 관리인지정의 문제에 관하여

관리인은 기업파산법이 새로 설립한 제도이고 파산절차 중 매우 중요한 작용을 합니다. 증권회사관리인의 소질에 대한 요구는 보통기업의 관리인보다 매우 높은데 파산법을 장악하여야 할 뿐 아니라 금융증권업무에도 정통하여야 하며 특히 국가의 증권회사종합관리에 관한 관련 정책, 법규를 숙지하여야 하고 파산하는 증권회사 행정처분절차의 기본상황을 이해해야 합니다. 〈기업파산사건심리의 관리인 지정에 관한 최고인민법원의 규정〉[19]은 증권회사 등 금융기구파산사건 중 관리인지정의 방법에 대하여 특히 규정을 두었습니다. 해당 규정에 근거하여 법원은 증권회사파산사건을 심리하여 관리인을 지정하는데 아래의 몇 가지 방법을 채용할 수 있습니다. ① 원래의 행정청산조(행정淸理組 포함)가 직접 관리인으로 전환됩니다. 동규정 제18조는 파산

19_最高人民法院關于審理企業破產案件指定管理人的規定

신청수리 전 관련 규정에 근거하여 이미 청산조가 성립하고 법원이 본법 제19조의 규정에 부합한다고 인정하는 경우 법원은 청산조를 관리인으로 지정할 수 있다고 규정하고 있습니다. 이는 행정청산조가 행정처분 과정 중의 상황에 대하여 비교적 이해하고 있고 증권회사위험처리의 정책을 비교적 숙지하고 있어서 증권회사위험처리에 필요한 전문지식을 갖추고 있기 때문이기도 합니다. 행정청산조가 진행하는 행정정리[20] 업무와 파산사건에서 관리인의 업무는 비슷한 성격이 있어서 행정정리 업무와 파산심리 업무의 순조로운 연결을 보장하기 위하여 상술한 규정에 부합하는 행정청산조는 법원의 허가를 거쳐 직접 관리인으로 전환할 수 있습니다. ② 새롭게 청산조를 지정하여 관리인을 맡게 하는 방법입니다. 법원은 청산조를 관리인으로 지정할 수 있다고 인정하는 경우 정부 유관 부서, 관리인명부에 편입된 사회중개기구, 금융자산관리 회사 중 청산조의 구성원을 지정할 수 있고 인민은행과 금융감독관리기구는 관련 법률과 행정법규의 규정에 따라 사람을 파견하여 청산조에 참가할 수 있습니다. 지적할 필요가 있는 것이 원래의 행정청산조의 인원이 증권회사의 행정처분과정 중의 상황에 대하여 비교적 이해하고 있기 때문에 그가 파산관리에 참가하는 것은 파산절차의 순조로운 진행에 유리하므로 일반적으로는 법원이 새로 지정하는 청산조 구성원 중 원래의 행정청산조의 인원이 포함되어야 합니다. ③ 추천을 받아 관리인을 지정하는 것입니다. 행정정리와 청산을 거친 증권회사에 대한 파산사건은 법원이 금융감독관리기구가 추천하고 이미 관리인명부에 편입된 사회중개기구 중에서 관리인을 지정할 수 있습니다. 이는 증권회사 등 특수주체의 파산사건에서 관리인을 지정하는 것에 맞추어진 특별규정입니다. 행정청산조는 증권감독관리기구의 지정파견을 근거로 행정정리업무에 종사하는데 성질상 기타 보통의 중개서비스와 근본적으로 달라서 당사자가 〈기업파산사건심리의 관리인 지정에 관한 최고인민법원의 규정〉 제23조, 제24조의 규정에 근거하여 행정청산조나 그 구성원에게 기업파산법 제24조 제3항 제3호 규정의 이해관계가 존재함을 이유로 회피를 주장하는 경우 법원은 지지하지 않아야 합니다.

법원의 관리인지정 후 행정정리조는 여전히 일단의 시간 동안 유지되어 행정정리후속업무를 책임지고 관리인이 후속업무를 완수하는 것을 도와야 합니다. 행정정리조의 행정처분기간 중의 비용은 증권감독관리기구의 심사를 받은 경우 파산비용으로서 파산재산에서 지불될 수 있습니다. 파산기간에 행정정리조의 파산청산 협조의 비용지출은 처분받은 증권회사의 파산비용 중에 계상합니다. 행정정리조가 취소된 후 처리가 확실히 필요한 개별 후속문제는 증권감독관리기구와 상의하여 협조해결할 수 있습니다.

20_行政清理

(二) 사건수리 후 관련 소송, 보존과 집행의 문제에 관하여

기업파산법의 관련 규정에 근거하여 법원이 증권회사파산신청을 수리한 후 증권회사재산 관련의 보전조치는 해제하고 집행절차는 중지하여야 합니다. 이미 개시되었으나 아직 미종결인 증권회사 관련의 민사소송이나 중재는 중지되어야 하고 관리인이 증권회사의 재산을 접수·관리한 후 그 소송이나 중재는 계속됩니다. 법원이 취한 기타 재산보전조치에 대하여는 관리인이 파산사건을 수리한 법원에 신청하고 파산사건수리법원이 다시 재산보전조치실시법원에 보전조치의 해제를 통지하여야 합니다. 재산보전조치실시법원은 파산사건수리법원의 통지를 받은 후 즉시 보전조치를 해제하고 이미 압류한 재산은 관리인에게 이전교부하여야 합니다. 특히 행정처분기간에 법원이 증권회사 고객의 거래결산자금을 동결한 경우 파산사건수리 후 즉시 보전조치를 해제하여 증권류자산의 매입 측과 자금입체 측의 이익을 보호하고 국가의 고객거래결산자금 보충의 정책 집행을 보장하여야 합니다.

증권회사 고객이 피신청집행인이고 증권회사가 집행협조인인 사건에 대하여 서로 다른 상황에 따라 구분 처리하여야 합니다. 고객자산이 유용되지 않은 경우에 대하여 증권회사와 기타 고객의 자산이 확연히 구분되고 독립하여 식별처리할 수 있기에 충분한 경우 증권회사는 집행협조인으로서 집행협조의무를 이행하여야 합니다. 고객자산이 이미 증권회사에 의하여 유용되거나 증권회사의 자유자산과 혼동이 되어 독립하여 식별처리할 수 없는 경우 집행에 제공할 수 있는 피집행인의 특정 목적물이 실제상으로는 이미 존재하지 않기 때문에 그에 상응하여 증권회사에 대한 고객의 채권으로 전환되고 만약 증권회사에 본 회사의 재산을 포함한 혼동재산을 피집행목적물로서 고객채권자에게 교부할 것을 요구한다면 증권회사 전체 채권자의 이익을 해할 수 있음이 분명합니다. 이 상황 아래에서 관리인은 재산혼동의 상황을 집행법원에 설명하여야 합니다. 증권회사가 파산절차에 진입한 후 집행신청된 고객이 이미 채권을 신고한 경우 관리인은 그 고객이 분배받은 재산으로써 관련된 법원의 집행에 협조하여야 합니다. 만약 고객이 아직 채권신고를 하지 않은 경우라면 집행신청인은 고객채권자로서 대위구상권의 규정에 근거하여 효력이 발생한 재판문서를 증빙으로 해서 관리인에게 채권신고를 할 수 있습니다.

(三) 채권신고문제에 관하여

증권회사가 파산절차에 진입하기 전 행정청산조가 이미 채권신고, 등록, 심사업무를 진행한 경우 파산절차의 효율을 제고하고 파산비용을 낮추며 재신고가 채권자에게 주는 부담을 감소하기 위하여 행정청산조는 파산절차에 들어간 채권의 신고자료를 직접 관리인에게 교부하여야 합니다. 관리인은 신고자료에 대하여 심사한 후 신고자료가 법률규정에 부합하는 경우 관련 채권자에게 그가 행정청산조에 신고한 채권이 이미 파산절차의 채권으로서 신고되었음을 통지하여야 합니다.

이미 국가매입에 들어간 고객거래결산자금과 개인채권에 대하여 관련 권리는 인민은행, 투자자보호기금과 매입자금 제공 지방정부 등 매입주체가 취득하고 파산절차 중 매입주체가 채권신고를 하여야 합니다. 개인채권자가 이미 행정매입을 선택한 경우 재차 파산청산에 참여할 것을 선택할 수는 없고 피매입자는 파산절차에서 재차 채권신고를 할 권한이 없습니다. 국가매입범위에 들어가서는 안 되는 권리신청에 대하여는 행정기관이 결론을 내리고 관련 권리자에게 고지한 후 그 권리자는 파산절차에서 채권신고를 할 수 있습니다.

증권회사파산신청수리의 요건 중 하나는 개인채권에 대한 사정확인완료 및 매입자금도착입니다. 이러한 요구는 주로, 행정처분절차와 파산절차 연결의 부당으로 인해 관련 권리자의 신고권한 상실을 방지하는 것입니다. 신기업파산법이 비록 채권자의 보충신고를 허용하지만 이미 이루어진 분배는 보충신고된 채권에 대하여 재차 새롭게 분배하지는 않는데 이것도 채권자의 권리로 하여금 손해를 입게 할 것입니다. 그래서 파산사건수리 전에 관련 권리가 국가가 매입해야 하는지의 여부를 명확히 하는 것은 매우 중요합니다. 파산절차 진입 후 행정정리기간에 미등록한 개인채권에 대하여 채권자가 관리인에게 등록과 국가정책에 따라 매입할 것을 신청하면 관리인은 보류된 행정정리조에게 신고할 것을 그에게 고지하고 관련 기관이 국가규정에 따라 사정확인하고 매입하여야 합니다. 사정확인의 결론이 나오기 전에 관리인은 해당 부분 권리가 얻을 수 있는 재산분배에 대하여 공탁합니다.

(四) 취소권의 행사문제에 관하여

행정정리단계에서 고객과 채권자의 이익을 보호하고 고객증권거래의 연속성을 보장하기 위하여 證監會의 비준을 받아 증권회사의 증권류자산을 양도할 수 있습니다. 증권류자산은 양도과정에서 일반적으로 독립적인 제3자가 평가 및 공개적인 가격자문을 거쳐 '공개, 공평, 공정'의 원칙에 따라 처리하고 증권중개업무고객의 적절한 재배치, 증권거래결산자금의 제3자 관리 등 수단의 완수를 통하여 중개업무고객의 권익을 보호하였습니다. 증권류자산 양도가격문제에 관하여 증권시장의 하락혼조시기에 증권류자산의 시장가격은 극히 낮아 관심을 갖는 이가 매우 적어서 감독관리부서가 증권류자산의 양도를 요구하여 중개업무고객의 순조로운 재배치와 정상거래를 보장하고 증권시장의 안정을 보호하였음을 보아야 합니다. 조만간 공포되는 증권회사의 행정처분 관련의 행정법규가 이 문제에 대하여 이미 명확히 하였는데, 이에 의하면 증권류자산의 범위는 고객증권중개의 정상운용을 보호하는데 반드시 필요한 실물자산이지 증권류자산의 양도가 영업허가와 고객의 양도는 아니고, 영업허가에 속하는 행정허가사항은 양도할 수 없습니다. 고객은 스스로의 선택을 기초로 재배치되는 것입니다. 이외에 행정정리단계의 원칙상 증권류자산 이외의 자산은 처리할 수 없는데 다만, 証監會의 동의를 받아, 평가절하되기 쉽고 손실을 입을 가능성이 있는 자산이나 고객과 채권자의 이익을 확실히 보호하는 상황은 제외입니다. 파산절차 중 법원은 행정처분절차 중 증권류자산과 기타 재산에 관한 처리결과의 심사에 대하여도 신중한 태도를 갖고서 당시의 구체적인 상황과 증권회사위험처리의 정책배경을 결합하여 종합적으로 고려하며 감독관리부서의 비준을 거친 처분행위에 대하여는 인가하여야 합니다. 관련 당사자가 증권류자산의 양도행위 취소를 구하는 경우 법원은 기각하여야 합니다.

(五) **채권확인과 소송문제에 관하여**

관리인은 행정청산 단계에서 신고된 채권에 대하여 심사하고, 확인하지 말아야 한다고 인정하는 경우 채권표 중에 기재하고 제1차 채권자회의에 제출하여 심사하여야 합니다. 채권자가 확인결과에 대하여 이의가 있는 경우 관리인은 채권자와 다시 대조심사할 수 있고 만약 관리인이 다툼있는 권리에 관하여 채권자나 근로자와 스스로 해결하기에 충분하면 다시 소송을 거칠 필요가 없고 이렇게 함으로써 채권이의소송 중 존재하는 공평과 효율의 충돌문제를 해결할 수 있습니다. 쌍방의 재심사를 거친 후 채권자가 여전히 이의를 가지고 있으면 관리인은 채권자에게 파산사건수리법원에 소송을 제기할 수 있음을 고지함과 동시에 즉시 소송을 제기하지 않으면 부담할 수 있는 법률효과를 고지하여야 합니다. 채권자가 파산사건수리법원에 소송을 제기하는 경우 법원은 민사소송법의 보통절차에 따라 수리하여야 합니다. 이 문제에 있어서 기업파산법은 채무자에 관련된 권익쟁의는 파산사건수리법원이 심사하여 재정한다는 구파산법사법해석의 구조를 변경하였는데 그 목적은 관련 이익주체의 소송권리를 충분히 보장하는 것에 있습니다. 법원이 증권회사파산사건을 심리할 때 역시 기업파산법의 관련 규정에 따라 처리하여야 합니다.

기업파산법은 채권자가 채권확인을 구하는 소송시효기간을 규정하지 않았으므로 현재 민법통칙이 규정하는 2년의 소송시효를 적용할 수 있을 뿐입니다. 채권자가 소송을 제기하지 않는 경우 관리인의 심사의견에 따라 그 채권액을 확인하고 파산절차는 평소대로 진행합니다. 채권자가 소송을 제기하면 파산사건수리법원은 기업파산법 제59조 제2항의 규정에 따라 그가 표결권을 행사하도록 임시로 채권액을 확정해야 하는데 다만, 보충신고의 규정을 참조하여 소제기시 이미 이루어진 분배에 대하여 다시 보충분배를 하지는 않고 그 후의 재산분배는 채권확인소송 미종결시 관리인이 분배액을 공탁하여야 합니다. 채권자나 근로자가 상술한 권리쟁의에 관하여 제기한 민사소송에 대하여 피고는 증권회사가 되어야 하고 증권회사파산사건의 관리인은 증권회사의 대표자로서 소송활동에 참가하여야 합니다.

(六) 채권회수문제에 관하여

법원이 증권회사파산사건을 수리한 후에 관리인은 증권회사의 채무자나 재산점유자에게 서면통지를 발하여 채무자나 재산점유자가 한정된 시간 내에 관리인에게 채무를 변제하거나 재산을 교부할 것을 요구하여야 합니다. 증권회사의 채무자나 재산점유자가 채무청산이나 재산교부를 거부하는 경우 관리인은 증권회사의 이름으로 파산사건수리법원에 급부의 소를 제기할 수 있습니다. 파산사건수리의 중급법원은 심급관할의 규정에 근거하여 관리인이 제기한 소송에 관하여 관할 구역 내의 기층법원이 수리하도록 지정할 수 있습니다. 만약 다툼 있는 채권채무관계가 명확하면 관리인이 법에 따라 그 기층법원에 급부명령을 신청하는 방법을 통하여 채무자나 재산점유자에게 채무이행이나 재산교부를 하도록 통지할 수 있습니다.

증권회사의 채무자나 재산점유자가 급부명령을 받은 날로부터 15일 내에 이의하지 않은 채 급부명령을 이행하지 않으면 관리인은 법에 따라 법원에 강제집행을 신청할 수 있습니다. 증권회사가 파산절차에 진입하기 전에 대외적으로 채권을 회수하는 소송이 종결된 후 여전히 원집행법원이 계속하여 집행을 완료하고 관련 재산을 관리인에게 교부하여 파산재산으로서 채무변제에 사용합니다.

(七) 증권회사파산선고의 문제에 관하여

법원이 증권회사에 대한 파산신청을 수리한 후 언제 파산선고를 해야 하는지의 문제에도 주의를 기울여야 합니다. 구 기업파산법의 구조에서는 청산조가 채무자가 파산선고된 후 비로소 성립하기 때문에 채무자의 재산이 상당한 기간 동안 여전히 채무자의 지배하에 있게 되어 채권자이익에 손해를 야기할 수 있습니다. 이러한 상황을 피하기 위하여 최고인민법원은 〈기업파산사건심리의 몇 가지 문제에 관한 규정〉[21] 중 법원은 파산신청수리 후 기업監管組를 만들어 채무자가 채권자이익을 해치는 것을 방지할 수 있고 동시에 만약 채무자가 이미 파산원인에 부합하고 화의재생의 가능성이 없다면 파산신청수리와 동시에 파산을 선고할 수 있다고 규정합니다. 신기업파산법은 관리인제도를 규정하였고 법원은 파산신청의 수리와 동시에 관리인을 지정하며 관리인이 채무자기업을 접수·관리하여 있을 수 있는 채권자이익 손해행위를 효과적으로 방지할 수 있습니다. 그래서 통상, 관리인이 이미 채무자기업을 접수·관리하는 상황에서 채무자회생, 화의재생의 가능성을 보호·유지하기 위하여 일반적으로는 파산신청의 수리와 동시에 채무자파산을 선고하는 것은 적당하지 않습니다. 다만, 증권회사의 상황은 다른 점이 있는데 파산절차에 진입한 증권회사는 모두 비교적 긴 시간의 행정정리를 거치고 감독관리부서가 이미 회생, 화의재생의 가능성이 없음을 인정하였으므로 증권회사파산신청의 수리와 동시에 파산을 선고할 수 있습니다.

증권회사가 자영업무를 통하여 취득한 증권자산은 주식매입가격과 주식시장가격의 차이가 존재하여 근래 주식시장가격의 상승으로 인하여 일부 증권회사의 자산가치는 현재의 시장가격에 따라 계산하면 이미 부채보다 클 가능성이 있음에 주의할 필요가 있습니다. 어떤 단위나 개인은 행정정리업무를 이해하지 못하여 개별 증권회사의 주주가 감독관리부서의 증권회사폐업취소와 증권류자산의 처리 조치에 대하여 질의를 합니다. 이에는 파산원인을 어떻게 인정할 것인가의 문제가 있습니다. 우리는 증권회사의 파산원인에 대하여 행정정리개시 시점의 자산부채상황에 따라 확정하여야 한다고 생각하는데 이는 감독관리부서가 위험증권회사의 취소, 폐업조치를 결정할 때 이들 증권회사는 모두 이미 변제기에 이른 채무를 변제할 수 없고 자산이 부채에 못 미친다는 법정파산원인이 발생했음에도 즉시 파산절차에 진입하지 않는 것은 행정처분절차를 통하여 고객거래결산자금의 부족분을 메우고 개인채권을 매입하여 위험의 만연을 방지하고 사회안정을 유지할 필요가 있어서 국가가 이를 위해 이미 다량의 자금을 입체했기 때문입니다. 그래서 행정처분결정의 안정성을 보호하고 국가의 증권회사종합처리라는 대국에 부응하기 위하여 증권회사파산신청수리 원인은 해당 증권회사가 취소, 폐업될 때의 상황으로 확인하여야 합니다. 증권시장의 변동으로 인하여 증권회사가 행정정리를 거쳐 파산선고를 신청할 때 자산이 부채보다 큰 상황이 나타난다고 하여도 여전히 그 파산사건을 수리하여야 합니다.

21_關于審理企業破產案件若干問題的規定

(八) 자산현금화문제에 관하여

기업파산법은 채권자회의에서 별도로 결의하는 경우를 제외하고는 파산재산의 분배는 화폐방식으로 하여야 한다고 규정합니다. 다만, 많은 증권회사가 자영영업을 하기 때문에 많은 증권을 보유하고 일부 증권회사는 위규경영을 하여 심지어 개별 상장회사 유통주의 90% 이상을 갖고 있습니다. 현재 시장상황이 비교적 좋아서 이들 증권의 가치가 대폭 상승하였습니다. 증권자산을 현금화하여 화폐로 분배할 것인지 아니면 직접 증권을 분배하여 변제할 것인지에 대하여 파산청산 중에 채권자회의가 결의하여 결정해야 합니다. 현금분배를 결의한 경우 채권자회의가 환가, 처리방법 등 사항에 관하여 결의하여야 합니다. 증권분배를 결의한 경우 관리인은 채권자회의에서 함께 결의하도록 증권가격확정방법을 제출함과 동시에 증권감독관리부서의 지지를 얻어 증권분배의 비거래명의이전을 하여야 합니다.

증권회사의 재산에 금융기구나 국가가 출자자자격에 대하여 특별한 요구를 하는 기업주주권이 포함되어 있을 수 있습니다. 기업파산법은 채권자회의에서 별도로 결의하는 경우를 제외하고 파산재산의 환가매각은 경매로 진행하여야 한다고 규정합니다. 상술한 기업의 주주권에 대하여도 원칙상 경매방식을 택하여야 하는데 다만, 경매법의 규정에 따라 경매참가인은 상술한 기업의 주주자격을 갖추어야 하고 이는 해당 행정허가부서가 사전에 심사할 것을 필요로 합니다. 사법절차와 행정절차의 충돌을 피해가기 위하여 구체적인 처리시 경매의향을 먼저 공고하여 경매참가자가 출자자의 법정조건 구비에 관한 증명서류를 제출하도록 하고 관련 행정부서에 보내서 심사확정한 후 조건에 부합하고 출자자자격을 갖춘 경매참가자가 경매에 참여할 수 있습니다. 만약 경매참가자가 제출한 관련 문서가 허위이거나 자격불비로 행정부서가 최종적으로 허가하지 않을 것이라는 점을 표시하지 않은 경우 경매참가자는 이로 인하여 생기는 손실을 부담하여야 합니다.

(九) 변제순서문제에 관하여

증권회사파산시 근로자를 적절하게 재배치하는 것은 여전히 사회안정보호업무의 중요내용입니다. 근로자 임금 등 노동채권에 대한 특수한 보호는 국가법률의 애민을 구현하고 근로자의 기본적 노동수입을 우선적으로 보호하여 근로자의 생존권리를 보장합니다. 법원은 근로자권익에 관계되는 쟁의를 처리할 때 기업파산법과 관련 법규 및 국가정책에 엄격히 따라 법에 의하여 근로자채권을 보호합니다. 제1순위에 들어가야 할 노동채권에 대하여 확인사정과 채권자회의의 심사 후 신속하게 변제하여야 합니다. 임금의 구성 부분인 장려금에 대하여도 법에 따라 지급하여야 합니다. 다만, 실적과 연계된 장려금은 증권회사경영관리의 부실로 인하여 파산원인이 생긴 경우이므로 원칙상 변제문제가 존재하지 않습니다.

만약 이 부분의 장려금도 우선 변제받을 범위에 편입한다면 증권회사 기타 채권자의 공평변제를 받을 권리를 해치게 됩니다. 다만, 이것이 이 부분의 권리가 채권서열에 들어가지 않는다는 것을 말하지는 않고 실적과 연계된 합리적인 장려금으로서 확실히 존재하는 것에 대하여는 보통채권으로서 확인할 수 있습니다. 증권회사가 처분받은 것에 대해서 책임이 있고 형사처벌이나 영업취소, 시장출입금지 이상의 행정처벌을 받은 회사의 관리자가 실적과 연계된 장려금을 주장하는 경우 법원은 지지하지 말아야 합니다.

인민은행, 보호기금과 지방정부의 파산절차 중 채권이 우선 변제받아야 하는지 여부의 문제에 관하여입니다. 국가는 증권회사파산시의 개인채권과 고객증권거래결산자금에 대하여 주로 매입 등의 행정수단을 통하여 해결하는데 파산법은 이 부분 권리가 파산절차에서 우선권을 향유한다고 규정하지는 않습니다. 만약 인민은행, 보호기금과 지방정부의 개인채권과 고객증권거래결산자금에 대한 매입이 없으면 이들 권리는 파산절차에서도 보통채권으로서 변제받을 수 있을 뿐입니다. 그래서 매입주체가 이러한 종류의 채권을 매입한 것을 이유로 그 채권의 파산절차 중의 성질과 변제순서를 바꾸어 기타 채권자의 이익에 영향을 미칠 수 없습니다. 매입주체가 보통채권을 매입하여 생긴 대위권리의 파산절차 중 성질은 여전히 보통채권입니다. 국가매입범위에 들어가지 않은 기구명의의 개인채권과 증권회사가 고객증권을 유용하여 생긴 불법행위채권은 기업파산법이 변제순서에서의 우선권을 규정하고 있지 않으므로 파산절차 중 제3순위로만 변제할 수 있습니다. 관리인은 이러한 채권자들에 대하여 인내심을 갖고 상세하게 업무를 설명하여야 하고 필요시 법원도 관련 정책법률에 대하여 석명하고 동시에 지방정부와 협력하여 사회안정보호의 업무를 완수할 수 있습니다.

위험처분을 받은 증권회사의 많은 수가 행정위법, 위규의 문제가 있고 심지어 형사법위반행위가 있는데 일부는 벌금이나 재산몰수의 행정처벌이나 형사처벌을 받습니다. 이러한 벌금이나 재산몰수를 어떠한 순위에 두어야 하는가에 대해서 기업파산법에 규정이 없습니다.

〈중화인민공화국 증권법〉 제232조는 "본법 규정에 위반하는 경우 민사배상책임, 과징금, 벌금납부책임을 부담하고 그 재산이 동시 지불하기에 부족한 때에는 먼저 민사배상책임을 부담한다."라고 규정합니다. 회사법도 유사한 규정을 두고 있는데 이에 근거하여 증권회사파산시 행정처벌벌금은 보통채권에 열후하여 후에 지급됩니다. 〈중화인민공화국 형법〉 제6조는 "재산몰수 이전 범죄자가 부담하는 정당한 채무는 몰수재산으로써 상환이 필요한 경우 채권자의 청구를 거쳐 상환하여야 한다."라고 규정합니다. 그 조의 규정은 형벌은 무고한 사람을 연루시키지 않는다는 원칙을 구현하는 것입니다.

기업파산의 상황에서 자산은 전부 채무변제에 사용하여야 하는데 재산을 몰수한다면 사실상 형벌처벌의 대상이 더 이상 범죄주체가 아니고 오히려 범죄주체에 대한 채권자로 하여금 화를 당하게 하여 사실상 불공평하게 되는 것입니다. 형법이 비록 벌금형의 집행에 대하여 유사한 규정을 두고 있지는 않으나 역시 상술한 규정에 따라 집행해야 합니다. 이 원칙에 근거하여 증권회사파산시 증권회사에 대한 재산몰수와 벌금은 채권자가 전부 변제를 받은 후에 비로소 집행할 수 있습니다. 증권회사의 채무가 전액 변제된 후 여전히 잉여자산이 있으면 주주의 지주비율에 따라 분배하여야 합니다.

三. 협조, 지도를 강화하고 양질적, 고효율적으로 증권회사파산사건의 심리업무를 완수

현재 처분받은 증권회사는 이미 행정정리업무를 기본적으로 완성하고 주로 파산절차를 통하여 시장에서 퇴출할 것입니다. 파산절차를 통한 증권회사의 시장퇴출업무를 완수하기 위하여 법원은 아래의 몇 가지 방면에 관한 문제를 주의하여야 합니다.

(一) 복잡하고 무거운 재판업무와 증권회사파산사건심리의 관계를 적의하게 처리

최근 수년간 민상사재판업무는 하루가 다르게 복잡하고 무거워져 인력과 재판업무 간의 모순이 점점 두드러집니다. 게다가 증권회사파산사건의 심리는 더욱 시간과 노력이 소요되는 업무입니다. 법원은 증권회사파산사건을 심리할 때 사무처리인원을 합리적으로 배정하고 법률에 정통하고 정책을 숙지하며 업무수행이 적절한 법관으로 합의부를 구성하여야 합니다. 업무실적을 심사할 때 이러한 종류의 사건처리시 들이는 노고를 충분히 고려하고 파산사건심리의 업무량을 객관적으로 반영하는 과학적인 평가기준을 탐색하여야 합니다. 각급 법원의 주요 지도자들은 파산사건심리업무를 매우 중시하여 인력과 자원에 있어서 지지하여야 합니다. 조건이 되는 법원은 파산사건의 상황에 근거하여 전문적인 파산사건재판부를 두고 전문적인 심판저변의 건설을 강화하여 파산사건심리의 수준을 보장할 수 있습니다.

(二) 법원재판권과 지방정부직능작용의 관계를 적의하게 처리

증권회사위험처리업무는 회사의 다방면 권리자의 이익에 관계되고 기업파산법 등 관련 법률은 서로 다른 권리의 실현을 위하여 법률근거를 제공합니다.

법원은 증권회사파산사건의 심리시에 재판권행사를 확실하게 장악하여 법에 따라 파산절차를 추진함과 동시에 지방정부의 지지를 얻어야 합니다. 파산단계에서는 행정정리정책이 허용하는 외의 소구가 나타날 수 있고 일부 모순과 충돌도 격화될 수 있습니다. 법원은 이에 대하여 매우 경각하고 국가정책을 준수하며 정부의 지지를 구하고 주동적, 실용적, 효율적으로 안정유지업무를 완수하여야 합니다.

國辦發電(2006)10호는 증권회사의 취소폐업과 파산단계는 "증권회사종합처리의 중요한 일환이고 넓은 면에 관계되며 매우 민감하고 사회안정에 관계된다.

각지, 각 부서는 대국으로부터 출발하여 각각 그 책임을 지며 협조를 강화하고 국가의 통일적인 정책에 따라 적극적으로 조치하여 증권회사파산과정 중 나타날 수 있는 불안정요소를 방지하고 정상적인 시장질서를 유지·보호하며 사회안정을 확보하여야 한다."라고 명확히 하고 있습니다.

최고인민법원의 요구에 따라, 처분받은 회사는 각각 파산신청 제출 전 모두 소재지 정부가 안정예안을 만듭니다. 각 관련 법원은 계속하여 상술한 國辦문건의 정신에 따라 즉시 지방정부에 상황을 통보하고 불안정문제에 관하여 매우 노력해 그 초기상태에서 해결해야 합니다. 안정유지 과정에서 최대한 조용하게 처리하고 불필요한 사회의 주목과 파동의 야기를 피하여야 합니다.

(三) 법원의 재판권과 금융감독관리부서의 행정감독관리권의 관계를 적의하게 처리

증권회사가 파산절차에 진입한 후에도 여전히 많은 문제가 감독관리부서의 협조지지를 필요로 하고 만약 개인채권매입처리, 증권류자산의 환가분배, 공안기관이 이전교부하지 않은 자산의 이전교부협조 등이 미완성이면 파산사건수리법원 소재지의 고급법원은 証監會의 파견기구, 지방정부 관련 부서와 협조기제를 만들어 중대한 사항을 즉시 통보하여 해결할 수 있습니다. 중앙국가기관이 해결할 필요가 있는 사항은 최고인민법원까지 단계적으로 보고하여 최고인민법원이 관련 부서와 협조하여 해결할 수 있습니다.

(四) 증권회사파산사건과 위법범죄행위 척결의 관계를 적의하게 처리

위법 · 위규행위를 조사처리하고 위법자의 책임을 추궁하는 것은 위험처리와 파산사건심리 업무에서 시종 관철되어야 합니다. 위법, 범죄행위에 대한 조사처리는 채무자재산을 추적탐지하고 권리자권익의 침해행위를 척결하며 파산절차의 사회적 작용을 충분히 발휘하게 하고 요행을 바라거나 위법성향이 있는 이들에 대한 위하적 작용에 도움이 됩니다. 그래서 관리인과 행정정리조는 파산청산과정 중 계속하여 공안, 조사 등 부서와 협조하여 책임추궁업무를 완수하고 위법 · 위규의 단서를 발견한 때에는 즉시 행정감독관리부서에 넘겨 조사처리해야 합니다. 범죄혐의에 관계되는 경우 공안전문조나 공안부가 지정하는 기구에 넘겨 통일적으로 조사처리해야 합니다.

(五) 증권회사파산사건에 대한 조사연구지도를 계속하여 강화

현재 아직은 증권회사 등 금융기구파산의 법률법규가 건전하지 않고 법원은 금융기구파산사건의 심리에 대하여 경험을 쌓는 단계에 있습니다. 신기업파산법이 2007. 6. 1. 이미 실시되었는데 신파산법 실시 중 많은 새로운 상황과 신문제가 출현할 수 있고, 게다가 증권회사의 특수성이 더하여져서 파산사건심리과정 중 해결하여야 할 많은 법률적용문제가 나타날 수 있습니다. 증권회사파산사건을 수리한 각급 중급법원은 조사 · 연구를 강화하고 중대사항은 단계적으로 보고하며 정기적인 상황통보제도를 만들어서 사건심리의 진도, 존재하는 문제점, 사회안정에 영향을 미치는 요소를 즉시 지방黨委, 정부와 상급법원에 통보하여야 합니다. 각급 법원은 철저하게 책임지고 매 증권회사파산사건의 심리진도와 문제점을 추적하고 고급법원이 충분히 해결할 수 있으면 처리의견을 내야 하며 현지 관련 부서의 협조가 필요한 경우 고급법원이 전면에 나서서 협조합니다.

(六) 각지 법원 간의 협조를 강화

증권회사영업부는 지구를 넘어서 설립할 수 있으므로 증권회사 파산시 관계되는 권리자의 분포는 광역적이고 각종 소송도 각지 법원에 분포합니다. 증권회사가 파산절차에 진입한 후 이미 발생한 소송을 여전히 원심리법원에서 계속 심리하는 것 외에는 채무자재산에 대한 기타 보전조치는 해제되어야 하고 집행은 중지되어야 하며 채권자에 대한 변제는 파산절차에 집중하여 진행됩니다. 각 관련 법원이 법률규정에 엄격히 따라 관련되는 법률수속을 하고 각종 소극적 요인의 영향을 극복하며 전체 이익이 국부적 이익에 우선하고 전체 채권자의 이익에 개별 채권자의 이익이 복종하는 원칙에 따라 파산사건수리법원이 증권회사파산사건심리를 완수하도록 협조할 필요가 있습니다. 법원 간의 파산과 소송, 파산과 집행에 발생한 쟁의에 대하여 사건심리법원은 상술한 원칙에 따라 상의하여 해결하고 협의가 이루어지지 않으면 각자의 고급법원에 보고하여 협조를 청해야 하며 여전히 의견일치를 이룰 수 없을 경우 최고인민법원에 보고하여 협조하여야 합니다. 협조를 마치기 전에 각 관련 법원은 모순을 격화시키는 사법절차를 해서는 안 됩니다.

여러분, 증권회사파산사건의 심리는 복잡하고 매우 중요한 업무입니다. 우리는 근면성실하게 업무를 하며 엄밀하게 심리하고 진실을 추구하며 실용적으로 협조일치하여 이 업무를 공동으로 완수하고 민상재판의 직능작용을 충분히 발휘하여 증권업의 건강한 발전을 촉진하고 자본시장구조의 우량화를 위하여 유력한 사법보장을 제공하여야 합니다.

10. 중화인민공화국 최고인민법원 공고

《〈중화인민공화국 기업파산법〉 시행시 아직 심리미결인 기업파산사건 법률적용의 몇 가지 문제에 관한 최고인민법원의 규정〉이 이미 2007. 4. 23. 최고인민법원재판위원회 제1,425차 회의에서 가결되어 현재 공포하고 2007. 6. 1.부터 시행한다.

2007년 4월 25일

〈중화인민공화국 기업파산법〉 시행시 아직 심리미결인 기업파산사건 법률적용의 몇 가지 문제에 관한 최고인민법원의 규정[22](法釋[2007]10호)

〈중화인민공화국 기업파산법〉을 정확히 적용하기 위하여 법원이 기업파산법 시행 전 수리하여 시행시 아직 심리미결인 기업파산사건의 구체적인 법률적용 문제에 대하여 다음과 같이 규정한다.

22_最高人民法院關于《中華人民共和國企業破産法》施行時尙未審結的企業破産案件適用法律若干問題的規定

제1조 채권자, 채무자나 출자자가 법원에 회생이나 화의를 신청하고 아래 열거하는 조건의 하나에 부합하는 경우 법원은 수리하여야 한다.

(1) 채권자가 파산청산을 신청한 사건에서 채무자나 출자자가 채무자의 파산선고 전 회생을 신청하고 기업파산법 제70조 제2항의 규정에 부합

(2) 채권자가 파산청산을 신청한 사건에서 채권자가 채무자의 파산선고 전 회생을 신청하고 채권자가 직접 법원에 회생을 신청하는 것에 관한 기업파산법의 규정에 부합

(3) 채무자가 파산청산을 신청한 사건에서 채무자가 파산선고 전 회생을 신청하고 채무자가 직접 법원에 회생을 신청하는 것에 관한 기업파산법의 규정에 부합

(4) 채무자가 기업파산법 제95조의 규정에 따라 화의를 신청

제2조 청산조가 기업파산법 시행 전에 이행이 완료되지 않은 계약의 상대방에게 해제나 계속이행을 통지하거나 답변하지 않은 계약의 경우 기업파산법 시행일로부터 계산하여 동법 제80조 제1항 규정의 기한 내에 통지나 답변을 하지 않으면 계약을 해제한 것으로 본다.

제3조 이미 청산조가 성립한 경우 기업파산법 시행 후 법원은 그 청산조를 관리인으로 지정할 수 있다. 아직 청산조가 성립하지 않은 경우 법원은 기업파산법과 〈기업파산사건을 심리하여 관리인을 지정하는 것에 관한 최고인민법원의 규정〉[23]에 따라 즉시 관리인을 지정하여야 한다.

제4조 채권자가 채권채무에 대한 상계를 주장하는 경우 기업파산법 제40조 규정의 상황에 부합하여야 한다. 다만, 기업파산법 시행 전 이미 관련 법률에 의하여 상계한 경우는 제외한다.

제5조 아직 변제하지 않은 파산비용에 대하여 기업파산법 제41조와 제42조의 규정에 따라 파산비용과 공익채무를 구분하고 기업파산법 제43조의 규정에 따라 변제하여야 한다.

제6조 법원이 아직 채무자의 파산을 선고하지 않은 경우 기업파산법 제46조의 규정을 적용하여 채권의 이자를 확인하여야 한다. 이미 파산을 선고한 경우 기업파산법 시행 전의 법률규정에 따라 채권의 이자를 확인한다.

제7조 채권자가 이미 법원에 채권신고를 한 경우 법원이 관련 신고자료를 관리인에게 넘긴다. 아직 신고를 하지 않은 경우 채권자는 직접 관리인에게 신고하여야 한다.

제8조 채권자가 법원이 확정한 채권신고기간 내에 법원에 채권신고를 하지 않은 경우 기업파산법 제56조의 규정에 근거하여 보충신고를 할 수 있다.

제9조 채권자가 채권표 기재의 채권에 대하여 이의가 있어 파산신청을 수리한 법원에 소송을

23_最高人民法院關于審理企業破產案件指定管理人的規定

제기한 경우 법원은 기업파산법 제21조와 제58조의 규정에 따라 수리하여야 한다. 다만, 법원이 이의제출 채권에 대하여 이미 재결을 한 경우는 제외한다.

채권자가 다툼 있는 채권에 대하여 채무자에게 그 변제책임을 지도록 요구하는 소를 제기하는 경우 법원은 그 채권자에게 소송청구를 채권확인으로 변경하도록 고지하여야 한다.

제10조 채무자의 근로자가 정리표 기재에 이의가 있어 파산신청을 수리한 법원에 소송을 제기한 경우 법원은 기업파산법 제21조와 제48조의 규정에 따라 수리하여야 한다. 다만, 법원이 이의제출 채권에 대하여 이미 재결을 한 경우는 제외한다.

제11조 재산담보 있는 채권자가 우선 변제받을 권리를 아직 포기하지 않은 경우 기업파산법 제61조 제1항 제7호, 제10호 규징 이외의 사항에 대하여 표결권을 갖는다. 다만, 그 채권자가 기업파산법 시행 전 이미 표결한 사항에 대하여 표결권행사를 주장하는 경우 또는 그 표결권 미행사를 이유로 채권자회의결의의 취소를 청구하는 경우 법원은 지지하지 않는다.

제12조 채권자가 채권자회의결의가 법률규정에 위반하고 그 이익에 손해를 가한다고 인정하여 법원에 그 결의의 취소를 구하고 아직 재정이 되지 않은 경우 법원은 기업파산법 제64조의 규정에 따라 재정을 하여야 한다.

제13조 채권자가 재산분배방안의 결정에 대하여 불복하고 이미 申訴한 경우 상일급법원이 신소절차에 따라 계속 심리한다. 기업파산법 시행 후 신소가 제기된 경우 법원은 그에게 기업파산법 제66조의 규정에 따라 재심의를 신청할 것을 고지하여야 한다.

채권자가 법원이 한 채무자재산관리방안의 재정이나 파산재산환가방안의 재정에 대하여 불복하여 파산신청을 수리한 법원에 재심의를 신청한 경우 법원은 기업파산법 제66조의 규정에 따라 수리하여야 한다.

채권자나 채무자가 파산선고재정에 대하여 이의가 있고 이미 신소한 경우 상일급법원이 신소절차에 따라 계속 심리한다. 기업파산법 시행 후 신소가 제기된 경우 법원은 수리하지 않는다.

제14조 기업파산법 시행 후 파산자의 근로자가 기업파산법 제132조의 규정에 근거하여 권리를 주장하는 경우 법원은 지지하여야 한다.

제15조 파산자가 체불한 이사, 감사와 고급관리자의 임금은 기업파산법 제113조 제3항의 규정에 근거하여 조정하여야 한다.

제16조 본 규정 시행 전 본원이 한 관련 사법해석이 본 규정에 저촉되는 경우 법원은 아직 심리미결인 기업파산사건의 심리에 더 이상 적용하지 않는다.

11. 중화인민공화국 최고인민법원 공고

〈기업파산사건심리의 관리인지정에 관한 최고인민법원의 규정〉이 이미 2007. 4. 4. 최고인민법원재판위원회 제1,422차 회의에서 가결되어 현재 공포하고 2007. 6. 1.부터 시행한다.

2007년 4월 12일

기업파산사건심리의 관리인 지정에 관한 최고인민법원의 규정[24](法釋[2007]8호)

기업파산사건을 공평하고 공정하게 심리하고 파산재판업무의 법에 의한 순조로운 진행을 보증하며 관리인제도의 개선과 발전을 촉진하기 위하여 〈중화인민공화국 기업파산법〉의 규정에 근거하여 본 규정을 제정한다.

一. 관리인명부의 편제

제1조 법원의 기업파산사건심리는 관리인을 지정하여야 한다. 기업파산법과 본 규정에 별도의 규정이 있는 경우를 제외하고 관리인은 관리인명부로부터 지정하여야 한다.

제2조 고급법원은 본 관할구의 변호사사무소, 회계사사무소, 파산청산사무소 등 사회중개기구와 전문직업종사자의 수와 기업파산사건의 수에 근거하여 그 법원이나 관할하는 중급법원이 관리인명부를 확정하게 하여야 한다.

법원은 사회중개기구관리인명부와 개인관리인명부를 구분하여 편제하여야 한다. 직할시 이외의 고급법원이 편제하는 관리인명부 중 사회중개기구와 개인이 소속하는 중급법원 관할구를 기재하여야 한다.

제3조 기업파산법 규정의 요건에 부합하는 사회중개기구와 관련 전문지식을 갖추고 영업자격이 있는 그 인원은 모두 관리인명부에의 편입을 신청할 수 있다. 이미 기구관리인명부에 편입된 사회중개기구 중 관련 전문지식을 갖추고 영업자격이 있는 인원은 개인관리인명부에의 편입을 신청할 수 있다.

24_最高人民法院關于審理企業破産案件指定管理人的規定

제4조 사회중개기구와 개인이 관리인명부에의 편입을 신청하는 경우 관리인명부를 편제하는 주소지구의 법원에 제출하고 그 법원이 심사결정하여야 한다.

법원은 타지신청을 수리하지 않으나 다만, 타지사회중개기구가 본 관할구 내에 설립한 지점이 신청을 한 경우는 제외한다.

제5조 법원은 본 관할구에서 영향력 있는 매체를 통하여 관리인명부편제에 관련된 사항에 관하여 공고하여야 한다. 공고는 다음의 내용을 포함하여야 한다.

(1) 관리인 신고의 요건

(2) 제출하여야 하는 자료

(3) 평정표준, 절차

(4) 관리인의 직책과 상응하는 법률책임

(5) 신고자료 제출 마감시간

(6) 법원이 공고하여야 한다고 인정하는 기타 사항

제6조 변호사사무소, 회계사사무소가 관리인명부에의 편입을 신청하는 경우 아래 열거의 자료를 제출하여야 한다.

(1) 영업자격증서, 법에 따른 설립비준서나 영업허가

(2) 정관

(3) 해당 단위의 전문직종사자 명단과 그 영업자격증서 사본

(4) 업무와 업적 자료

(5) 제출자료의 진실성과 행정처분이나 제제처분을 받은 적이 있는지 여부에 대한 업종자치조직의 증명

(6) 법원이 요구하는 기타 자료

제7조 파산청산사무소가 관리인명부에의 편입을 신청하는 경우 아래의 자료를 제출하여야 한다.

(1) 영업허가나 법에 따른 설립비준문서

(2) 해당 단위의 전문직종사자의 법률 또는 등록회계사자격 증서, 또는 경영관리경력의 증명자료

(3) 업무와 업적 자료

(4) 독립하여 민사책임을 질 수 있음을 증명하는 자료

(5) 제출자료의 진실성과 행정처분이나 제제처분을 받은 적이 있는지 여부에 대한 업종자치조직의 증명 또는 신청인이 상술한 상황에 대하여 한 진실성 성명서

(6) 법원이 요구하는 기타 자료

제8조 개인이 관리인명부에의 편입을 신청하는 경우 아래 열거의 자료를 제출하여야 한다.

(1) 변호사나 등록회계사 영업증서 사본과 영업연한 증명

(2) 관리인 담임에 대한 소속 사회중개기구의 동의서한

(3) 업무전문기술과 관련 업적 자료

(4) 영업책임보험증명

(5) 제출자료의 진실성과 행정처분이나 기율처분을 받은 적이 있는지 여부에 대한 업종자치조직의 증명

(6) 법원이 요구하는 기타 자료

제9조 사회중개기구와 개인에게 아래 열거의 상황 중 하나가 있는 경우 법원은 기업파산법 제24조 제3항 제4호의 규정을 적용할 수 있다.

(1) 영업, 경영 중 고의나 중대한 과실행위로 인하여 행정기관, 감독기구 또는 업종자치조직의 행정처벌이나 제재처분을 받은 날로부터 3년이 지나지 않음

(2) 위법행위혐의로 관련 부서의 조사를 받고 있음

(3) 직무이행의 부적당 또는 법원지정의 접수거부 등의 원인으로 인하여 법원으로부터 관리인명부에서 제명당한 날로부터 3년이 지나지 않음

(4) 관리인을 맡기 위해 갖추어야 할 전문능력 결여

(5) 민사책임 부담능력 결여

(6) 법원이 관리인 직책이행에 영향을 끼칠 수 있는 것으로 인정하는 기타 상황

제10조 관리인명부편제의 법원은 전문적인 평가심사위원회를 구성하여 관리인명부에 편입하는 사회중개기구와 개인명단을 결정하여야 한다. 평가심사위원회의 구성원이 7인보다 적어서는 안 된다.

법원은 그 관할구의 사회중개기구와 사회중개기구 중의 개인의 실제 상황에 근거하고 그 업무업적, 능력, 전문업 수준, 사회중개기구의 규모, 기업파산사건 처리경험 등의 요소를 결합하여 관리인평정기준을 제정하고 평가심사위원회가 신고자의 구체 상황에 근거하여 그 종합점수를 평정한다.

법원은 평심위원회의 평심결과에 근거하여 관리인의 초심명부를 확정한다.

제11조 법원은 관리인 초심명부를 그 관할구의 영향력 있는 매체를 통하여 공시하여야 하고 공시기간은 10일이다.

법원은 초심명부에 편입된 사회중개기구와 개인을 대상으로 제출된 이의에 대하여 심사하여야 한다. 법원은 이의가 이유 있고 신청인이 관리인을 맡기에 부적절한 것이 확실한 경우 그 사회중개기구와 개인을 관리인 초심명부로부터 삭제하여야 한다.

제12조 법원은 공시기간만료 후 관리인명부를 심사결정하고 전국의 영향력 있는 매체를 통하여 공포함과 동시에 최고인민법원에 심급단계를 밟아 보고하여 등록하여야 한다.

제13조 법원은 그 관할구의 실제 상황에 근거하여 관리인명부에 편입하는 사회중개기구와 개인을 몇 단위로 나누어 확정할 수 있다.

관리인명부편제의 자료 전부는 기록을 만들어 비치하여야 한다.

제14조 법원은 기업파산사건수리 상황, 관리인의 직무이행과 관리인의 자격변화 등 요소에 근거하여 관리인명부에 대하여 적시에 조정할 수 있다. 새로 관리인 명부에 편입된 사회중개기구와 개인은 본 규정의 절차에 따라 처리하여야 한다.

二. 관리인의 지정

제15조 기업파산사건을 수리한 법원이 관리인을 지정하는 경우 일반적으로 현지의 관리인명부에서 지정하여야 한다.

상업은행, 증권회사, 보험회사 등 금융기구와 전국범위 내의 중대한 영향이 있고 법률관계가 복잡하며 채무자재산이 분산된 기업파산사건에 대하여 법원은 소재지구의 고급법원이 편제한 관리인명부에 등재된 타 지구 관리인이나 타지법원이 편제한 관리인명부 중에서 관리인을 지정할 수 있다.

제16조 기업파산사건을 수리한 법원은 일반적으로 관리인명부 중의 사회중개기구가 관리인을 맡도록 지정하여야 한다.

제17조 사실이 분명하고 채권채무가 간단하며 채무자재산이 상대적으로 집중된 기업파산사건에 대하여 법원은 관리인명부 중의 개인을 관리인으로 지정할 수 있다.

제18조 기업파산사건에 다음 열거의 상황 중 하나가 있는 경우 법원은 청산조를 관리인으로 지정할 수 있다.

(1) 파산신청수리 전 관련 규정에 근거하여 이미 청산조가 성립하고 법원이 본 규정 제19조의 규정에 부합한다고 인정

(2) 기업파산법 제133조 규정의 사건을 심리

(3) 관련 법률이 기업파산시 청산조를 만들도록 규정

(4) 법원이 청산조를 관리인으로 지정할 수 있다고 인정하는 기타 경우

제19조 청산조가 관리인인 경우 법원은 정부 관련 부서, 관리인명부에 편입된 사회중개기구, 금융자산관리회사 중에서 청산조의 구성원을 지정할 수 있고 인민은행과 금융감독관리기구는 관련 법률과 행정법규의 규정에 따라 사람을 파견하여 청산조에 참가할 수 있다.

제20조 법원은 일반적으로 관리인명부에 등재된 명단에 따라 순번, 추첨, 번호뽑기 등의 무작위방식을 채택하여 공개적으로 관리인을 지정하여야 한다.

제21조 상업은행, 증권회사, 보험회사 등 금융기구나 전국 범위에서 중대한 영향이 있고 법률관계가 복잡하며 채무자재산이 분산된 기업파산사건에 대하여 법원은 공고방식을 채택하여 각지 법원의 관리인명부에 편입된 사회중개기구가 경쟁에 참가하도록 초청하고 경쟁에 참여한 사회중개기구로부터 관리인을 지정할 수 있다. 경쟁에 참여한 사회중개기구는 세 곳보다 적을 수 없다.

경쟁방식을 택하여 관리인을 지정하는 경우 법원은 전문적인 평가심사위원회를 만들어야 한다.

평가심사위원회는 사건의 특징을 결합하고 사회중개기구의 전문업 수준, 경험, 기구규모, 최초 제시가격 등 요소를 종합적으로 고려해서 경쟁에 참여한 사회중개기구 중 우수한 자를 선정하여 관리인으로 지정하여야 한다. 관리인으로 지정된 사회중개기구는 평가심사위원회 구성원의 1/2 이상으로 가결되어야 한다.

경쟁방식을 택하여 관리인을 지정하는 경우 법원은 1 내지 2명의 후보 사회중개기구를 확정하여 관리인을 교체할 필요가 있을 때의 교체인선으로 하여야 한다.

제22조 행정정리, 행정청산을 거친 상업은행, 증권회사, 보험회사 등 금융기구의 파산사건에 대하여 법원은 본 규정 제18조 제1호의 규정에 따라 관리인을 지정하거나 금융관리감독기구가 추천하는 관리인명부 기편입의 사회중개기구 중에서 관리인을 지정할 수도 있다.

제23조 사회중개기구, 청산조의 구성원에게 다음 열거의 상황 중 하나가 있어 그가 관리인의 직책을 충실히 이행하는 데 영향을 미칠 가능성이 있는 경우 법원은 기업파산법 제24조 제3항 제3호 규정의 이해관계로 인정할 수 있다.

(1) 채권자, 채무자와 결산되지 않은 채권채무관계가 있음

(2) 법원이 파산신청을 수리하기 전 3년 내에 채무자를 위하여 상대적으로 고정적인 서비스를 제공

(3) 현재나 법원이 파산신청을 수리하기 전 3년 내에 채무자, 채권자의 지배주주 혹은 실질적

인 지배자에 해당

(4) 현재나 법원이 파산신청을 수리하기 전 3년 내에 채무자, 채권자의 재무고문, 법률고문을 담임

(5) 법원이 관리인의 직책일 충실히 이행하는 데 영향을 미칠 가능성이 있다고 인정하는 기타 상황

第24조 청산조의 구성원인 파견자, 사회중개기구의 파견자, 개인관리인에게 아래 열거의 상황 중 하나가 있어 그가 관리인의 직책을 충실히 이행하는데 영향을 미칠 가능성이 있는 경우 법원은 기업파산법 제24조 제3항 제3호 규정의 이해관계로 인정할 수 있다.

(1) 본 규정 제23조 규정의 상황

(2) 현재나 법원이 파산신청을 수리하기 전 3년 내에 채무자, 채권자의 이사, 감사, 고급관리자를 담임

(3) 채권자나 채무자의 지배주주, 이사, 감사, 고급관리자와 부부, 직계혈친, 3대 이내의 방계혈친이나 근인친관계

(4) 법원이 관리인의 직책을 충실히 이행하는 데 영향을 미칠 가능성이 있다고 인정하는 기타 상황

第25조 관리인지정절차 진입 후 사회중개기구나 개인은 그 사건과 이해관계에 있는 것을 발견한 경우 주동적으로 회피신청을 하고 법원에 서면으로 상황을 설명하여야 한다. 법원은 사회중개기구나 개인이 본 사건과 이해관계에 있다고 인정하는 경우 해당 사회중개기구나 개인을 그 사건의 관리인으로 지정하여서는 안 된다.

第26조 사회중개기구나 개인이 중대한 채무분쟁이나 위법행위 혐의로 인하여 관련 부서의 조사를 받고 있는 경우 법원은 그 사회중개기구나 개인을 그 사건의 관리인으로 지정하여서는 안 된다.

第27조 법원의 관리인지정은 결정서를 만들고 관리인으로 지정된 사회중개기구나 개인, 파산신청인, 채무자, 채무자의 기업등기기관에 송달하여야 한다. 결정서는 파산신청수리의 재정서와 같이 공고하여야 한다.

第28조 관리인은 정당한 이유 없이 법원의 지정을 거절할 수 없다.

관리인은 일단 지정되면 어떠한 형식으로도 관리인이 이행하여야 하는 직책의 전부나 일부를 다른 사회중개기구나 개인에게 넘겨줄 수 없다.

第29조 관리인은 관리인결정서를 근거로 국가의 관련 규정에 따라 관리인 도장을 새기고 법원에 제출하여 인장등록 후 사용한다.

관리인 도장은 파산사건 관련으로만 사용할 수 있다. 관리인은 기업파산법 제122조 규정에 따라 직무집행을 종지한 후 관리인 도장을 공안기관에 제출하여 소각하고 소각증명을 법원에 보내야 한다.

제30조 기업파산사건을 수리한 법원은 관리인지정과정 중 만들어진 자료를 기업파산사건기록에 넣어야 하고 채권자회의나 채권자위원회는 열람할 권한이 있다.

三. 관리인의 교체

제31조 채권자회의가 기업파산법 제22조 제2항의 규정에 근거 관리인의 교체를 신청하는 경우 채권자회의는 결의를 거치고 법원에 서면신청을 하여야 한다.

법원은 채권자회의의 신청을 받은 후 관리인에게 2일 내에 서면설명을 하도록 통지하여야 한다.

제32조 법원은 신청이 이유 없다고 인정하는 경우 관리인의 서면설명을 받은 날로부터 10일 내에 신청의 기각결정을 하여야 한다.

법원은 신청이 이유 있다고 인정하는 경우 관리인의 서면설명을 받은 날로부터 10일 내에 관리인교체결정을 해야 한다.

제33조 사회중개기구관리인에게 아래 열거의 상황 중 하나가 있는 경우 법원은 채권자회의의 신청에 의하거나 직권으로 관리인교체결정을 할 수 있다.

(1) 자격허가나 영업허가가 정지되거나 취소

(2) 해산, 파산사유가 출현하거나 업무자격책임위험의 부담능력을 상실

(3) 본 사건과 이해관계가 있음

(4) 직무이행시 고의나 중대한 과실로 인하여 채권자이익의 손해에 이르게 함

(5) 본 규정 제26조 규정의 상황

제34조 개인관리인에게 아래 열거의 상황 중 하나가 있는 경우 법원은 채권자회의의 신청에 의하거나 직권으로 관리인교체결정을 할 수 있다.

(1) 자격허가나 영업허가가 정지되거나 취소

(2) 본 사건과 이해관계가 있음

(3) 직무이행시 고의나 중대한 과실로 인하여 채권자이익의 손해에 이르게 함

(4) 실종, 사망이나 민사행위능력 상실

(5) 건강의 원인으로 인하여 직무이행을 할 수 없음

(6) 영업책임보험의 실효

(7) 본 규정 제26조 규정의 상황

청산조의 구성원인 파견인원, 사회중개기구의 파견인원은 전항의 규정을 참조하여 적용한다.

第35条 관리인이 정당한 이유 없이 직무사직을 신청하는 경우 법원은 허가하지 않는다. 정당한 이유의 인정은 본 규정 제33조, 제34조 규정의 상황을 참조하여 적용할 수 있다.

第36条 법원이 관리인의 직무사직신청에 대하여 허가하지 않았는데 관리인이 여전히 직무를 사직하려 하고 관리인의 직무를 더 이상 이행하지 않는 경우 법원은 관리인교체를 결정하여야 한다.

第37条 법원이 관리인교체를 결정한 경우 원관리인은 결정서를 받은 날의 익일부터 법원의 감독하에서 신관리인에게 모든 자료, 재산, 영업사무와 관리인 인장을 넘겨야 하고 즉시 신관리인에게 업무진행상황을 서면으로 설명하여야 한다.

원관리인이 상술한 직책을 수행할 수 없는 경우 신관리인은 관련 사무를 직접 접수·관리할 수 있다. 파산절차종결 전 원관리인은 수시로 그 관리인직책의 이행상황에 관하여 신관리인, 채권자회의, 법원의 자문을 받아들여야 한다.

第38条 법원이 관리인교체를 결정한 경우 결정서를 원관리인, 신관리인, 파산신청인, 채무자와 채무자의 기업등기기관에 송달하고 공고하여야 한다.

第39条 관리인의 직무사직신청이 법원의 허가를 얻지 않았으나 관리인이 여전히 직무를 사직하려 하고 관리인의 직무를 더 이상 이행하지 않는 경우 또는 법원이 관리인교체를 결정한 후 원관리인이 신관리인에게 관련 사무 이전을 거부하는 경우 법원은 기업파산법 제130조의 규정과 구체적인 상황에 근거하여 관리인에 대한 벌금을 결정할 수 있다.

사회중개기구가 관리인인 경우의 벌금은 인민폐 5만 위엔에서 20만 위엔이고 개인이 관리인인 경우의 벌금은 인민폐 1만 위엔에서 5만 위엔이다. 관리인에게 전항 규정의 행위가 있거나 정당한 이유 없이 법원의 지정을 거절하는 경우 관리인명부를 편제한 법원은 그의 관리인담임을 1년에서 3년 정지하도록 결정하거나 관리인명부에서 삭제할 수 있다.

第40条 관리인이 벌금결정에 불복하는 경우 상일급법원에 재심의를 신청할 수 있다. 상급법원은 재심의신청을 받은 후 5일 내에 결정을 하고 재심의 결과를 하급법원과 당사자에게 통지하여야 한다.

12. 중화인민공화국 최고인민법원 공고

〈기업파산사건심리의 관리인보수 확정에 관한 최고인민법원의 규정〉이 이미 2007. 4. 4. 최고인민법원재판위원회 제1,422차 회의에서 가결되어 현재 공포하고 2007. 6. 1.부터 시행한다.

2007년 4월 12일

기업파산사건심리의 관리인보수 확정에 관한 최고인민법원의 규정[25](法釋[2007]9호)

기업파산사건을 공정하고 고효율적으로 심리하고 법원의 관리인보수 확정업무를 규범화하기 위하여 〈중화인민공화국 기업파산법〉의 규정에 근거하여 본 규정을 제정한다.

제1조 관리인은 기업파산법 제25조 규정의 직책을 이행하고 상응하는 보수를 받을 권한이 있다.

관리인의 보수는 기업파산사건을 심리하는 법원이 본 규정에 따라 확정한다.

제2조 법원은 채무자의 최종 변제재산가치 총액에 따라 아래의 비율제한 범위 내에서 단계별로 관리인의 보수를 확정한다.

(1) 일백만 위엔을 초과하지 않은(해당 수를 포함하고 이하 같다) 경우 12% 이하에서 확정

(2) 일백만 위엔 초과에서 오백만 위엔까지의 부분 10% 이하에서 확정

(3) 오백만 위엔 초과에서 일천만 위엔까지의 부분 8% 이하에서 확정

(4) 일천만 위엔 초과에서 오천만 위엔까지의 부분 6% 이하에서 확정

(5) 오천만 위엔 초과에서 일억 위엔까지의 부분 3% 이하에서 확정

(6) 일억 위엔 초과에서 오억 위엔까지의 부분 1% 이하에서 확정

(7) 오억 위엔 초과 부분 0.5% 이하에서 확정

담보권자가 우선 변제받은 담보물의 가치는 전항 규정의 재산가치 총액에 산입하지 않는다.

고급법원은 필요하다고 인정하는 경우 상술한 비율을 참조하여 30%의 유동범위 내에서 현지의 실제 상황에 부합하는 관리인보수 비율제한 범위를 제정하고 현지의 영향력 있는 매체를 통해 공고함과 동시에 최고인민법원에 보고하여 등록할 수 있다.

제3조 법원은 파산사건의 실제 상황에 근거하여 관리인이 분할하거나 마지막에 일시불로

25_最高人民法院關于審理企業破產案件确定管理人報酬的規定

보수를 받도록 확정할 수 있다.

제4조 법원은 기업파산신청을 수리한 후 채무자가 변제에 제공할 수 있는 재산가치와 관리인의 업무량에 대하여 예측하고 관리인의 보수방안을 예비적으로 확정하여야 한다. 관리인보수방안은 관리인보수비율과 받는 시간을 포함하여야 한다.

제5조 법원이 공개경쟁의 방식을 택하여 관리인을 지정하는 경우 사회중개기구가 제출한 제시가격에 근거하여 관리인의 보수방안을 확정할 수 있으나 보수비율은 본 규정 제2조 규정의 제한범위를 초과할 수 없다. 상술한 보수방안은 일반적으로 조정하지는 않으나 다만, 채권자회의의 이의가 이유 있는 경우는 제외한다.

제6조 법원은 관리인보수방안 확정일로부터 3일 내에 관리인에게 서면통지하여야 한다.

제7조 관리인, 채권자회의는 관리인보수방안에 대하여 의견이 있는 경우 협의할 수 있다. 쌍방이 관리인보수방안 내용의 조정에 관하여 협의를 이룬 경우 관리인은 법원에 서면으로 구체적 청구와 이유를 제출하고 상응하는 채권자회의의 결의를 첨부하여야 한다.

법원은 심사를 통하여 상술한 청구와 이유가 법률과 행정법규의 강제성 규정에 위반하지 않고 타인의 합법권익을 해치지 않는다고 인정하는 경우 쌍방협의의 결과에 따라서 관리인보수방안을 조정하여야 한다.

제8조 법원은 관리인보수방안 확정 후 파산사건과 관리인의 직책 이행의 실제 상황에 근거하여 조정할 수 있다.

법원은 관리인보수방안 조정일로부터 3일 내에 관리인에게 서면통지하여야 한다. 관리인은 상술의 통지를 받은 날로부터 3일 내에 채권자위원회나 채권자회의 의장에게 관리인보수방안의 조정내용을 보고하여야 한다.

제9조 법원은 관리인보수방안을 확정하거나 조정할 때 다음의 요소를 고려하여야 한다.

(1) 파산사건의 복잡성

(2) 관리인의 근면정도

(3) 관리인의 회생, 화의업무를 위한 실제 공헌

(4) 관리인이 부담하는 위험과 책임

(5) 관리인 주소지 주민의 가처분수입과 물가수준

(6) 기타 관리인의 보수에 영향을 주는 상황

제10조 최종 확정한 관리인의 보수 및 수취 상황은 파산재산분배방안에 넣어야 한다. 화의, 회생절차 중 관리인보수방안의 내용은 화의협의초안이나 회생계획초안에 넣어야 한다.

제11조 관리인의 보수수취는 법원에 서면신청을 하여야 한다. 신청서에는 아래의 내용을 포함하여야 한다.

(1) 보수지불에 제공할 수 있는 채무자재산의 상황

(2) 보수수취신청의 시간과 액수

(3) 관리인의 직책 이행의 상황

법원은 상술한 신청서를 받은 날로부터 10일 내에 지불할 관리인의 보수액을 확정하여야 한다.

제12조 관리인의 보수는 채무자의 재산으로부터 우선 지불한다.

채무자의 재산이 관리인의 보수와 관리인의 직무집행비용을 지불하기에 부족한 경우 관리인은 법원에 파산절차의 종결을 제청하여야 한다. 다만, 채권자, 관리인, 채무자의 출자자나 기타 이해관계인이 상술한 보수와 비용을 입체할 의향이 있는 경우 파산절차는 계속 진행할 수 있다.

상술한 입체비용은 파산비용으로서 채무자의 재산으로부터 입체자에게 수시로 변제한다.

제13조 관리인이 담보물의 보호, 환가, 교부 등 관리업무에 대하여 합리적인 노력을 한 경우 담보권자에게서 적당한 보수를 받을 권한이 있다.

관리인과 담보권자가 상술한 보수의 액수에 관하여 협의를 이룰 수 없는 경우 법원은 본 규정 제2조 규정의 방법을 참조하여 확정해야 하고 다만, 보수비율은 동조가 규정한 제한범위의 10%를 초과할 수 없다.

제14조 변호사사무소, 회계사사무소가 해당 전문업의 다른 사회중개기구나 인원의 초빙을 통하여 관리인의 직책이행을 협조하게 한 경우 필요한 비용은 그 보수 중에서 지불한다.

파산청산사무소가 기타 사회중개기구나 인원의 초빙을 통하여 관리인의 직책이행을 협조하는 경우 필요한 비용은 그 보수 중에서 지불한다.

제15조 청산조 중 관련 정부부서 파견의 업무자가 업무에 참여한 경우 보수를 받지 않는다. 기타 기구나 인원의 보수는 그 직책이행의 상황에 근거하여 확정한다.

제16조 관리인을 교체한 경우 법원은 교체 전후의 관리인보수를 구분하여 확정하여야 한다. 보수비율의 총합은 본 규정 제2조 규정의 제한범위를 넘을 수 없다.

제17조 채권자회의가 관리인보수에 대하여 이의가 있는 경우 법원에 서면으로 구체적 청구와 이유를 제출하여야 한다. 이의서는 상응하는 채권자회의의 결의를 첨부하여야 한다.

제18조 법원은 채권자회의의 이의서를 받은 날로부터 3일 내에 관리인에게 통지하여야 한다. 관리인은 통지를 받은 날로부터 3일 내에 서면설명을 하여야 한다. 법원은 필요하다고 인정하는

경우 공청회를 거행하여 당사자의 의견을 들을 수 있다. 법원은 채권자회의의 이의서를 받은 날로부터 10일 내에 관리인 보수를 조정할지 여부의 문제에 관하여 관리인, 채권자위원회나 채권자회의 의장에게 서면통지하여야 한다.

13. 〈기업파산사건심리의 관리인 지정에 관한 최고인민법원의 규정〉, 〈기업파산사건심리의 관리인보수 확정에 관한 최고인민법원의 규정〉 집행의 몇 가지 문제에 관한 최고인민법원의 통지[26](法明傳[2007]129호)

각 성·자치구·직할시 고급법원, 新疆維吾爾자치구 고급법원 생산건설병단분원 :

〈중화인민공화국 기업파산법〉이 이미 제10기 전국인민대표대회 상무위원회 제23차 회의에서 심의가결되고 2007. 6. 1.부터 시행된다. 기업파산법의 순리적 시행을 보장하기 위하여 기업파산법의 수권에 근거하여 최고인민법원은 〈기업파산사건심리의 관리인 지정에 관한 최고인민법원의 규정〉, 〈기업파산사건심리의 관리인보수 확정에 관한 최고인민법원의 규정〉을 제정하였다. 상술한 두 규정의 정확한 집행을 보증하기 위하여 관련 문제에 관하여 지금 아래와 같이 통지한다.

一. 비록 두 규정의 시행일이 기업파산법과 같이 2007. 6. 1.로 같지만 기업파산법의 순리적 시행을 보장하기 위하여 각급 법원은 규정 공포일로부터 상술한 규정을 참조하여 관련 업무를 해야 한다.

二. 고급법원은 그 관할구의 변호사사무소, 회계사사무소, 파산청산사무소 등 사회중개기구와 전문직 종사자의 수량, 기업파산사건의 수량 등 요소를 충분히 고려하여야 한다. 업무량 상황에 근거하여 본원이나 중급법원이 편제한 관리인명부를 확정하고 이 업무를 2007. 6. 1. 이전에 완성하도록 힘써야 한다.

三. 관리인명부 편제의 법원은 관리인명부 편입신청의 사회중개기구와 개인의 평정표준과 절차를 만들어 공포하여야 한다. 표준은 관리인지정의 규정 제10조 제2항의 내용을 참조하여 확정하여야 한다.

四. 관리인명부 편제의 평가심사위원회는 기업파산사건심리 재판부의 인원, 법원사법기술보조업무

26_最高人民法院關于執行《最高人民法院審理企業破産案件指定管理人的規定》、《最高人民法院審理企業破産案件确定管理人報酬的規定》几个問題的通知

부서의 인원, 관련 재판위원회의 위원, 감찰부서의 인원으로 구성하여야 한다. 사법기술보조업무부서가 구체적인 업무를 책임진다.

五. 무작위방식을 채택한 관리인지정 업무는 사법기술보조업무부서가 완수하고 기층법원이 사법기술보조업무부서를 두지 않은 경우 사법행정부서 중 전문인력을 두어 이 업무를 담당하게 해야 한다.

六. 경쟁방식을 택하여 관리인을 지정하는 평가심사위원회는 관리인명부 편제 평가심사위원회의 구성방식을 참조하여야 한다.

七. 고급법원은 관리인보수확정의 규정 중 관리인보수의 제한범위가 현지 경제수준과의 차이가 비교적 크다고 인정하는 경우 규정 표준 30%의 유동범위 내에서 현지의 구체적 상황에 부합하는 표준을 만들 수 있다.

八. 기업파산사건수리법원은 관리인보수방안을 예비적으로 확정할 때 주의하여 여지를 남겨야 하고 직접 상한규정을 적용하는 것은 적당하지 않다.

각급 법원은 두 규정의 집행과정에서 부딪히는 문제와 상황을 즉시 단계적으로 우리 원에 보고하기 바랍니다.

14. 전국 일부 중·고급법원 증권회사파산사건심리 좌담회에서의 담화(발췌)[27](2005년 9월 22일)

奚曉明[28]

여러분 :

최고인민법원의 결정을 거쳐 전국 일부 중고급법원 증권회사파산사건심리 좌담회가 오늘 열렸습니다. 이번 회의는 국가가 전면적으로 자본시장의 발전을 추진하고 자본시장의 국민경제

27_在全國部分中、高級人民法院審理証券公司破産案件座談會上的講話(節選)

28_최고인민법원부원장

발전과정 중의 작용을 제고하며 증권회사에 대하여 전면적인 종합관리를 진행하는 상황에서 열린 것입니다. 이번 회의의 주요 임무는 '공정사법 일심위민'의 지도방향을 더욱 철저히 실현하고 법원의 증권회사파산사건심리가 직면한 상황과 임무를 분석하며 증권회사파산사건수리와 심리에 있어 주의해야 할 문제를 연구하고, 증권회사종합관리업무를 추진하고 자본시장의 안전과 사회안정을 유지하며 자본시장의 건강하고 질서 있는 발전을 촉진하기 위한 유력한 사법보장을 제공하는 것입니다.

一. 증권회사종합관리의 기본상황

(一) 증권회사종합관리의 배경(생략)

(二) 증권회사위험처리의 현재 상황

현재 증권회사종합관리업무는 중요한 시기에 진입했는데 전국의 고위험증권회사는 이미 처분절차에 들어간 南方증권 등을 제외하고 세가지 유형으로 나누어 서로 다른 방식으로써 처리합니다.

첫 번째는 회사규모가 비교적 크고 증권업무기초가 양호한데 다만, 자본금이나 유동성이 부족한 회사는 국가가 출자하여 구조조정합니다. 두 번째는 지방정부가 나서서 조정하는데 그 구체적 방식은 구조조정 측이 증권회사 자산의 매입, 증권회사에의 자본 납입이고 증권회사를 신설하여 피조정 증권회사의 증권업무를 승계하고 그 자금결손을 부담할 수도 있습니다. 세 번째는 현재 구조조정요건을 갖추지 않고 가능한 한 빨리 조치를 취하여 처리할 필요가 있는 증권회사에 대하여 証監會[29]가 나서서 증권업무허가를 취소하고 폐업하며 우량한 증권회사를 지정하여 그 증권영업부를 위탁관리하고 〈개인채권과 고객증권거래결산자금 매입 의견〉[30]에 따라 보증금의 결손을 보충하고 개인채권을 매입하며 최종적으로는 파산방안으로써 시장에서 퇴출하는 것입니다. 현재 법원은 이미 大連증권회사와 佳木斯증권회사의 파산신청을 수리하였습니다. 증권회사종합관리의 진전에 따라 상당수의 증권회사가 또한 파산변제절차에 들어갈 것입니다.

29_중국증권감독관리위원회

30_个人債權及客戶証券交易結算資金收購意見

(三) 증권회사종합관리업무 완수의 중요 의의

증권회사종합관리업무는 현재 국가 자본시장의 안정을 보호하고 자본시장의 건강한 발전을 촉진하기 위한 중요한 조치입니다. 법원의 증권회사에 대한 사법재판업무도 증권회사종합관리업무의 중요한 구성부분이고 관련 사건에 대한 심리, 집행 등 사법수단을 통하여 이 업무의 순리적인 진행을 보장하는 것은 법원이 재판직능을 발휘하여 국가의 거시경제발전을 위하여 사법보장을 제공하는 중요한 내용입니다. 법원이 유력한 사법보조를 제공하고 공정, 고효율적으로 증권회사파산사건을 심리할 수 있는가는 직접 증권회사종합관리업무 최종 목적의 실현가능 여부에 관계됩니다. 그래서 이 업무의 완수는 매우 중요한 의의를 갖습니다.

1) 자본시장의 지속적이고 협조적이며 건강하고 안정적인 발전을 촉진

증권회사의 주체는 증권발행인, 증권투자자, 증권거래소, 증권회사와 서비스기구로 구성됩니다. 증권회사는 증권시장의 중요 주체이고 증권회사의 매개작용을 통하여 자금의 잉여자로부터 수요자로의 유통이 완성되어 자원을 합리적으로 배치하고 경제 전체의 효익을 제고합니다. 증권시장의 중요한 일환으로서의 증권회사가 만약 위법 · 위규경영을 하여 자금유동성에 엄중한 문제가 생기면 채무위기를 야기하고 필연적으로 증권시장 발전의 기초를 엄중하게 해쳐 증권시장의 건강한 운행에 나쁜 영향을 미치고 심지어 계통적인 위험을 가져옵니다. 문제가 있는 증권회사를 파산청산절차를 통하여 시장으로부터 도태시키는 것은 즉시 위험을 해소할 수 있을 뿐 아니라 내부통제가 건전하고 자산이 우량하며 운용이 규범적인 일단의 증권회사로 하여금 발전토록 하고 자본시장의 기초를 다질 수 있게도 합니다.

2) 공중 투자자의 이익을 보호

2003년 이래 일부 증권회사의 위험은 매일 악화추세였고 역사적으로 남겨진 거액의 고객거래결산자금 유용으로 인한 결여와 개인채권의 존재 이외에도 손실이 엄중하여 일상경영이 진행되기 어렵습니다. 개별증권회사의 부채가 누적되어 자산이 부채에 못 미치고 점차 회사위험을 결산계통으로 전이시켜 나아가 사회위험이 됩니다. 일부 증권회사에 대주주의 허위출자, 위법자산이전 등 현상이 있고 일부 증권회사는 이미 파산이 선고되었으며 일부는 파산의 임계점이 처해 있습니다. 현재 滬深거래소의 거래계좌수는 이미 7,000만을 넘었고 사회의 각 계층에 고르게 존재하는데 고객거래는 증권회사를 통하는 것이어서 고객의 거래자금과 증권자산은 증권회사의 통제하에 있고 증권회사에 존재하는 위험은 필히 수많은 투자자의 이익에 영향을 미치게 됩니다. 그래서 증권회사에 대하여 종합관리업무를 전개하는 것은 국가가 공중 투자자의 권익을 보호하는 구체적인 조치이고 공중투자자의 실제적 이익에 관계됩니다.

3) 사회안정 보호

안정은 개혁과 발전의 전제이고 안정업무는 모든 업무의 중점 중의 중점입니다. 고위험증권회사가 위법경영, 고객보증금의 유용 때문에 증권회사 중개업무 고객자산의 대량멸실을 가져오고 개인이 위탁한 이재에 손실이 참혹한 것이 부분적으로 존재합니다. 증권회사에 대한 위험 처분시 대량의 개인투자자를 접하는데 이런 개인은 그 수가 매우 많고 분포가 광범위하며 채권형태가 복잡하고 이해관계가 직접적이어서 처리가 부당하면 집단성 사건을 발생시키기 매우 쉽고 심지어 증권시장에 매우 큰 파동을 일으켜 증권시장의 안정적 발전에 영향을 미칩니다. 증권회사종합처분의 순리적 진행을 보장하기 위하여 각 관련 국가기관과 지방정부는 많은 노력을 기울였는데 법원의 재판업무도 사회안정이라는 대국으로부터 출발하여 업무의 원만한 완수를 보장해야 합니다.

4) 금융기구의 파산입법을 위한 실무경험의 제공

증권회사파산은 일반기업파산과 비교하여 보편적인 문제를 갖고 있을 뿐 아니라 중개업무 정상 진행의 보호, 보증금결손의 보충 등 특수한 문제를 가지고 있고 상황이 더욱 복잡합니다. 일단 이 문제를 가지고 파산절차에 진입하면 법률상의 문제뿐 아니라 사회문제도 있습니다. 현재 새로운 〈기업파산법〉이 심의과정 중에 있는데 그중에 몇 가지 새로운 제도를 규정하였으나 금융기구의 파산 중의 특수문제에 대하여는 여전히 특별법의 별도 규정이 필요합니다. 법원은 현재의 법률구조 내에서 증권회사파산사건의 심리를 통하여 이러한 주체의 파산사건 중의 특수상황에 대한 특수한 처리방식을 탐색하여 경험을 집적하고 금융기구의 파산입법을 위한, 살아 있는 실례를 제공할 수 있습니다.

二. 증권회사위험의 행정처분과 사법의 조화

고위험증권회사의 행정처분과 증권회사파산청산은 증권회사종합관리업무의 두 가지 단계입니다. 양자는 구별되기도 하고 또한 긴밀한 관련을 갖습니다. 행정처분절차가 기존의 목표를 달성하려면 사법기관의 긴밀한 협조가 필요합니다. 행정처분의 단계에서 취한 조치는 관련 법률의 규정을 준수하여야 하고 장래의 파산절차에 불리한 영향을 가져올 수 없습니다. 파산절차 진행시 현재 증권회사파산사건 중의 특수문제에 상응하는 법률규정이 없는 중국의 실제 상황을 충분히 고려하여 법률 중의 원칙규정에 근거하여 증권회사파산이 직면한 각종 어려움을 해결해야 합니다. 국가의 관련 감독관리기구가 행정법규, 규장에 근거하여 행한 행정처분조치에 대하여 법원은 일반적으로 존중하여 증권회사종합관리업무가 순조롭게 진행할 수 있도록 확보하여야 합니다.

(一) 행정처분절차의 주요 조치

증권회사의 위법·위규경영에 초점을 맞추어 証監會는 〈회사법〉과 〈주식발행과 거래관리 잠정조례〉[31]의 관련 규정에 근거하여 관련 증권회사에 대하여 모두 폐업과 증권업무허가취소의 처벌을 하였습니다. 상응하는 처벌조치를 취한 후 여전히 처벌이 필요한 증권회사에 대해서는 더 나아간 처리를 합니다. 위탁관리, 접수·관리의 방식을 통하여 고객과 증권류자산의 이전, 개인채권과 고객증권거래결산자금의 매입을 완수하고, 가능성이 있다면 행정구조조정을 할 수 있습니다. 그중 증권회사고객과 증권류자산의 이전, 개인채권과 고객증권거래결산자금의 매입업무에 대하여는 법원의 파산사건심리와 관계가 밀접하므로 특별히 관심을 가질 필요가 있습니다.

1) 증권회사고객과 증권류자산의 이전

증권회사에 위법경영이나 중대한 위험이 나타나 고객이 정상거래를 할 수 없게 영향을 미칠 때 증권감독관리기구는 조치를 취하여 고객, 고객자산(거래보증금, 고객결산준비금, 고객명의의 증권과 실제 고객거래결산자금을 포함한다)과 관련 업무를 다른 증권경영기구에 강제이전하는 것이 완전히 필요합니다. 왜냐하면 이때 증권회사는 이미 증권업무자격이 일시 정지되거나 증권업무허가가 취소되어 있어서 고객이전을 하여 고객의 정상거래를 보호할 필요가 있기 때문입니다. 그 외에 증권류자산의 처리시 각 사법기관의 각종 동결, 전부조치에 마주하게 되고 증권감독관리기구가 통일적으로 고객을 재배치하여 고객의 이익을 보호할 필요가 있을 수도 있습니다. 그래서 행정처리단계의 중요조치 중 하나가 바로 고위험증권회사의 고객과 증권류자산에 대한 이전입니다.

2) 개인채권과 고객증권거래결산자금의 매입

개인채권처리원칙을 통일과 규범화 개인투자자의 이익 보호, 증권시장운용의 연속성과 안정

31_股票發行与交易管理暫行條例

성 보호, 사회안정 보호, 투자자위험의식의 제고, 시장규율규제기제의 건립과 도덕적 위험 방지를 위해 중국인민은행, 재정부, 중국은행업감독관리위원회, 중국증권감독관리위원회는 연합하여 〈개인채권과 고객증권거래결산자금의 매입 의견〉(이하 〈매입의견〉이라고 약칭한다)을 제정발포하였습니다. 〈매입의견〉은 중국의 앞 시기에서의 금융위험 처리경험의 기초 위에서 나온 정책성 조치입니다. 그 주요내용은 다음과 같습니다. ① 매입범위 : 첫째는 개인채권입니다. 개인의 저축액, 주민개인이 갖고 있는 금융기구 발행의 각종 채권증, 주민개인이 금융기구에 위탁하여 운용하는 재산과 금융기구에 의하여 유용되거나 주민 개인이 갖고 있거나 금융기구의 관련 계좌에 저축된 유가증권(국채, 주식, 기타 債券을 포함한다), 이로 인해 형성된 금융기구에 대한 개인채권을 포함합니다. 둘째는 고객증권거래결산자금입니다. 중개업무의 고객이 실거래를 보증하기 위하여 증권회사에 저축한 자금, 유가증권판매로 얻은 모든 자금항목(중개수수료와 기타 정당 비용을 공제한다), 증권보유로 얻은 배당, 현금배당, 채권이자, 상술 자금의 이자입니다. ② 매입표준 : 첫째, 개인저축액과 고객증권거래결산자금의 합법적인 원본과 이자는 전액 매입합니다. 둘째, 2004. 9. 30. 이전에 발생한 매입범위 내의 기타 개인 채권의 원금과 이자부분은 아래의 표준에 따라 매입합니다. 동일 개인채권의 금액이 10만 위엔 이내인 경우 전액 매입하고 동일 개인채권의 금액이 10만 위엔 이상인 부분은 90% 비율로 할인하여 매입합니다. ③ 매입의 법률효과 : 사정종료 후 매입 확인한 개인채권에 대하여 청산조의 이름으로 채권자에게 개인채권매입확인서를 발급해야 합니다. 채권자는 동시에 채권양도서에 서명하여 그가 갖고 있는 채권을 매입 측에게 양도하고 매입 측이 금융기구의 청산에 참여하여야 합니다. 개인채권자는 매입접수를 선택할 수도 있고 처분된 금융기구의 최후청산에 참여함과 동시에 청산확인서에 서명하고 최종청산에서 변제받은 금액이 매입액보다 낮은 경우 보상하지 않는 것을 선택할 수도 있습니다. ④ 집행기관 : 〈매입의견〉의 집행기관은 인민은행, 금융감독관리부서와 〈매입의견〉에 근거하여 성립하는 사정확인소조이고 사정확인소조의 구성원은 지방紀檢, 감찰, 검찰, 공안, 재정, 세무, 회계감사, 감독관리기구, 인민은행, 청산조 등 관련 부서와 기구의 인원을 포함합니다. 개인채권과 고객증권거래결산자금에 대한 매입은 행정처분기간의 중요업무의 하나이고 순리적 완수 여부는 법원이 증권회사파산신청을 수리할 수 있는지의 여부에 직접 관계됩니다.

이외에 행정처분절차 중 아래의 업무를 완수하여야 합니다. 즉 회사에 대한 철저한 회계감사, 계좌정리, 채권회수, 감소하기 쉬운 자산의 환가, 형사범죄의 엄벌 등입니다. 이 업무의 완수상황은 법원의 증권회사파산사건에 대한 심리에 직접 영향을 미치므로 이 각도에서 출발하여 법원은 적극적으로 행정처분업무에 맞추고 다음 단계인 증권회사파산사건심리를 위하여 여건을 만들어야 합니다.

(二) 증권회사행정처분기간의 사법협조

위험처리단계에 진입한 증권회사는 대부분 소송에 얽매이고 소송, 보전, 집행이 계속되는데 증권회사위험처리를 위하여 상대적으로 평온한 사법환경을 만들 수 없다면 증권회사위험처리를 비교적 단시간에 완수하기는 어렵고 국무원이 제출한 증권회사에 대한 종합관리 목표를 순리적으로 실현할 수 없습니다. 그래서 법원은 증권회사위험처리업무에 대하여 적극적으로 맞추어야 합니다. 이 과정 중 법원의 업무는 주로 다음의 것을 포함합니다.

1) '세 중지' 발포의 통지

소위 '세 중지'는 국무원의 전체 조율에 근거하고 최고인민법원이 통지를 발포하여 일정한 기간 내에 증권회사를 포함하여 이미 위험처리단계에 진입한 금융기구를 피고로 한 민사사건은 아직 수리하지 않은 경우 수리를 유예하고 이미 수리한 것은 심리를 중지하며 그를 피집행인으로 하는 사건은 집행을 중지하는 것을 가리킵니다. 현단계에서 '세 중지'의 사법정책을 취할 필요성은 다음과 같습니다. ① 금융기구의 위험처리와 보통기업의 청산은 매우 다릅니다. 금융기구는 준공공기업이고 국민경제 및 국민생활과 밀접한 관련이 있으며 그 경영발전은 공중의 신뢰에 의존하고 개별 금융기구의 경영위험은 전달과 확산의 효과가 있어서 국부적 또는 계통적인 금융위험을 가져오기 쉽습니다. 금융기구는 대량의 일반채권자 특히 개인채권에 접해 있기 때문에 처리가 잘 되지 않으면 집단성 사건을 일으켜 사회의 혼란을 유발하기 매우 쉽습니다. 중국경제는 현재 고속성장기에 처해 있고 점차적으로 세계경제에 융화되어 가는 중이어서 기타 국가와 지구는 우리의 경제발전상황에 대하여 매우 관심을 기울이고 있습니다. 금융기구는 국가의 신용을 더욱 구체화하는 것이고 금융기구의 위험처리는 정치적으로 민감하여서 처분의 잘잘못은 중국의 금융상황과 정부의 신용에 직접 영향을 미칩니다. ② 금융기구위험의 노출은 돌발성이 있고 구체적인 상황은 일정한 시간 동안 조사하여 판단할 필요가 있습니다. 현재 일부 금융기구에 허위보고표, 위법위규사실 등의 요소가 있기 때문에 존재하는 위험을 즉시 발견할 수 없습니다. 그래서 개별금융기구 위험의 폭발은 돌연성이 있습니다. 감독관리기구가 발견 및 조치를 취한 후 일정한 시간 동안 금융기구의 기본상황을 조사하고 처분방안을 만들어 그 금융기구에 대하여 구조조정이나 파산청산의 진행을 결정할 필요가 있습니다. 이 기간에 해당 금융기구에 내한 소송과 집행이 계속 진행된다면 정확한 판단을 할 수 없습니다. ③ 금융기구파산 중의 일부 전치문제는 행정절차 중에서 해결할 필요가 있습니다. 그런데 금융기구의 파산은 보통기업의 파산과 달라서 발달한 시장경제국가는 모두 특별입법으로써 규정합니다. 주로 저축보험과 투자자보호기제를 통하여 중소예금자, 투자자의 권익을 보호하여 금융기구파산이 가져오는 사회의 혼란을 피합니다. 동시에 금융중개업무에 대한 이전조치를 하여 중개업무가 금융기구파산의 영향을 받지 않도록 하고 자본시장의 정상거래를 보장합니다. 현재 중국의 금융기구파산에 대한 특별입법은 단기간 내에 나올 수 없고 중소예금자, 투자자의 이익이 어느 정도 보충되고 중개업무의 전이 전에 법원이 금융기구에 대한 파산신청을 받아들이지 않을 수도 없습니다. 만약 이 기간에 일정한 사법보호시기를 부여하지 않는다면 관련 법원의 쟁의판결, 집행은 필연적으로 상술한 목표를 실현할 수 없게 하고 파산청산절차의 공정한 진행에도 불리합니다. ④ 각 채권자의 이익을 공평하게 보호합니다. 처분받은 증권회사는 그 특수성으로 인하여 중개업무고객과 증권류자산에 대한 처분 후 비로소 파산절차에 진입할 필요가 있습니다. '세 중지' 조치의 채택은 전체 채권자가 파산절차 중 공평하게 변제받게 하여 개별집행자의 강제집행이 가져오는 기타 채권자에 대한 불공평을 피할 수 있게 합니다. 그래서 행정처분절차에 들어간 금융기구에 대하여 '세 중지'를 취하는 사법보호정책은 특별입법이 적시에 나오기 어려운 상황에서 법원이 국가의 전체 금융질서에 부합하고 금융안전을 보장하며 사회안정을 보호하기 위하여 채택하는 중요한 조치입니다. 실제로부터 증명되었듯이 이는 각종 금융위험처분업무 중에서 적극적인 작용을 하였습니다.

'세 중지' 조치의 발포와 집행 중 명확히 할 필요가 있는 몇 가지 문제가 있습니다. 하나는 '세 중지'의 범위입니다. 우리는 시종하여 '세 중지' 조치를 취할 수 있는 것은 위험처분절차에 들어간 금융기구와 그 분설기구뿐이고 기타 실업기업이나 금융기구가 주식을 보유한 실업기업에 확대하는 것은 일반적으로 적절하지 않음을 강조합니다. 이는 기타 실업기업은 금융기구의 특수성을 갖지 않아 그 문제는 현행 입법을 통하여 해결하는 것이 완전히 가능하고 만약 '세 중지' 조치가 남용되면 오히려 시장주체평등의 원칙에 반하고 사법권위의 상실에 이를 수도 있습니다. 둘째, 최고인민법원이 '세 중지'의 통지를 발포한 후 각급 법원은 확고하게 집행하여야 하는데 실무에서 각 법원이 통지정신에 따라 처리하지 않으면 증권회사처분업무가 순조롭게 진행될 수 없고 다음 단계에서 법원의 파산사건의 수리와 심리에 대하여 불리한 영향을 가져오는 것을 발견합니다. 각급 법원은 증권회사위험처분의 대국으로부터 출발하여 최고인민법원의 전체 조정에 따라 업무를 하여 개별사건에서의 사법강제조치로 인하여 국가의 증권회사종합관리의 대국에 영향을 미치지 않도록 해야 합니다. 셋째, '세 중지' 조치의 실시 후 아직 소송을 제기하지 않은 채권자의 시효에는 〈민법통칙〉의 소송시효중지에 관한 규정을 적용하고 이미 효력이 발생한 판결을 얻었으나 아직 집행을 신청하지 않은 당사자가 〈민사소송법〉 규정의 강제집행신청기간 내에 집행법원에 강제집행을 신청하는 경우 법원은 수리하나 집행을 중지하여야 합니다. 당사자가 '세 중지' 기간에 강제집행을 신청하지 않은 경우 강제집행신청기간을 초과하지 않은 법률문서에 대하여 '세 중지' 통지의 하달일부터 파산절차 진입시까지 강제집행기를 넘지 않은 것으로 보고 파산절차 중 강제집행력 있는 채권으로서 신고할 수 있으며 '세 중지' 통지의 하달일부터 증권회사의 구조조정이 성공하여 '세 중지' 조치를 해제하기 까지의 기간은 강제집행기간에 계산하여 넣지 않고 강제집행기는 해제일로부터 계속 계산합니다. 넷째, 처분받은 금융기구가 집행협조인인 사건에 대하여도 역시 집행을 중지하여야 하는데 이는 피집행자는 처분받은 금융기구의 고객으로서 그 권리는 〈매입의견〉의 매입범위에 들어가 파산청산에 참여하고 행정처분절차의 사정과 파산절차의 권리신고를 거쳐 최종 확정될 필요가 있는데 만약 금융기구에 집행에 반드시 협조할 것을 요구하면 '세 중지'의 조치는 의미가 없어지고 위험처리협조라는 목적을 실현할 수 없기 때문입니다. 다섯째, 증권회사의 채무자는 동시에 그 채권자일 수도 있는데 증권회사를 피고와 피집행인으로 하는 사건이 '세 중지'되므로 관련 권리자는 적시적인 소송권리 행사와 그 채무에 대한 상계권 행사를 할 수 없어서 증권회사가 그에 대하여 집행을 신청할 때 그 집행사건은 중지하여야 하고 파산절차 중 상계권의 요건에 부합하는지의 여부를 심사하여 최종적으로 재결하여야 합니다.

2) 증권류자산처리의 사법협조

행정처분단계에서 증권감독관리기구는 고위험증권회사의 증권류자산을 유상처리하고 관련 증권영업부를 폐업하게 됩니다. 증권류자산의 매입을 비준받은 증권회사는 상응하는 증권영업부를 신설하고 상술한 증권류자산을 사용하여 원증권영업부의 고객과 직원을 재배치하게 됩니다. 이러한 방식을 통하여 재산청산가치의 최대화를 보장하고 고객거래의 정상적 진행을 보장하며 피처분회사의 채무위험이 고객을 접수한 증권회사로부터 전이하는 것을 방지할 수 있습니다. 증권류자산의 처리는 행정처분 단계의 중요한 업무인데 증권류자산의 처리는 중개업무고객의 전이를 주된 경로로 하고 고객증권거래결산자금에 대한 보충, 중개업무와 긴밀한 관련이 있는 증권영업부, 서비스부의 환가조치를 통하여 중개업무고객에 대한 이전을 실현하는 것입니다.

증권류자산의 처리는 공개절차를 택하여 진행하고 처리수입은 독립계정에 넣어 관리하며 원칙적으로 사용할 수 없고 파산단계까지 남겨서 처리하며 청산조가 채권자회의에 보고합니다. 증권류자산은 거래를 지속하는데 사용하는 특별자산으로 일반청산자산의 처리와는 달라서 파산절차 전에 처리가 완결되어야 합니다.

그러나 이 과정 중 증권회사 자신의 채무와 고객의 채무가 소송에 휘말려 법원이 증권회사의 증권류자산과 고객의 자금, 증권계좌에 대하여 봉인, 동결, 압류조치를 하면 해당 증권회사의 증권류자산에 대한 처리업무는 진행하기 어렵습니다. 증권회사의 위험처리업무가 순조롭게 진행되도록 하고 동시에 법원의 봉인, 동결, 압류 등 강제조치의 효력을 보장하기 위하여 반드시 관련 법률규정에 근거하여 몇 가지 특수조치를 취하여 처리해야 합니다.

구체적으로 말하자면 다음과 같습니다. 행정청산조의 증권류자산에 대한 처리시 최고인민법원이 통지를 하달하여 처리하는 증권류자산과 보전조치를 취하는 관련 법원의 명단을 지명합니다. 행정청산조가 보전조치를 취한 관련 법원에게 신청합니다. 보전조치를 취한 법원은 신청을 받은 후 봉인한 증권류자산에 대하여 행정청산조에 위탁하여 처리합니다. 행정청산조는 공개, 공평, 공정한 시장화 방식을 채택하여 처리히여야 합니다. 환가처리한 자금은 처분받은 증권회사 명의로 개설한 독립계정에 넣고 처분받은 증권회사 주요 영업지의 중급법원은 해당 계좌에 대하여 봉인조치를 하거나 처분받은 증권회사 주요 영업지의 중급법원이 지정하는 계좌에 입금합니다. 원래 증권류자산에 대하여 보전조치를 취한 법원은 보전의 근거가 된 관련 자료(효력이 발생한 재판문서, 봉인재정, 신청인상황, 소송비, 보전비 등을 포함한다)를 처분받은 증권회사 주요 영업지의 중급법원에 보내어 등록하고, 원보전재정의 재산보전효력은 후에 봉인한 계정의 자금에 미칩니다.

三. 증권회사파산신청수리의 조건

파산절차를 거친 시장에서의 퇴출은 향후의 한동안 증권회사종합관리과정 중에서 구조조정 가능한 것을 제외한 기타 고위험증권회사에 대한 주요한 처리방식의 일종입니다. 증권회사파산사건은 보통기업파산사건과 수리조건에 있어서 공통점도 있고 구별되기도 합니다. 파산법률규범이 요구하는 변제기에 있는 채무를 변제할 수 없음이라는 조건 외에 증권회사파산신청수리에는 또한 몇 가지 특수한 조건이 있습니다. 우리는 현재 중국금융기구에 대한 입법미비, 증권회사위험처분이 점차 규범화되고 있는 실제 상황에 대하여 재판업무경험을 총결산하여 현 단계에서 증권회사파산사건수리의 특별요건에 대하여 아래와 같이 의견을 제출합니다.

1) 국가증권감독관리기구의 필요적 비준

증권회사는 증권시장의 주요 주체로서 국가는 그에 대하여 비교적 엄격한 행정감독관리를 시행합니다. 〈중화인민공화국 증권법〉 제123조는 "증권회사가 분사 설립이나 취소, 업무범위나 등록자본 변경, 회사정관 변경, 합병, 분립, 회사 형식변경이나 해산의 경우 국무원증권감독관리기구의 비준을 거쳐야 한다."라고 규정합니다.

중국증권감독관리위원회가 증권법, 회사법에 근거하여 제정한 〈증권회사관리방법〉[32] 제17조는 더 나아가 증권회사 합병, 분립, 회사 형식변경이나 해산 혹은 법원에 파산신청을 하는 경우 중국증권감독관리위원회의 비준을 받아야 한다고 규정합니다. 증권회사의 시장진입과 시장퇴출은 행정감독관리의 주요 내용이고 증권회사파산신청의 행정심사비준은 법원의 증권회사파산신청수리에서 반드시 거쳐야 하는 절차이며 증권회사파산신청수리의 필요조건이기도 합니다.

2) 증권류자산의 처리완료

증권류자산처리의 실질은 중개업무고객의 이전재배치이고 이는 현재 국가가 증권회사위험처리과정 중 중개업무고객처리에 대한 현실적 선택이며 행정처분기간에 반드시 완수해야 하는 업무입니다. 중개업무고객의 이전을 통하여 중개업무고객의 정상거래를 보장하고 증권시장정상거래질서가 증권회사의 파산으로 영향을 받지 않도록 보호할 수 있습니다. 동시에 중개업무고객은 이러한 종류의 전이를 통하여 파산청산절차에 진입할 필요가 없어서 파산절차 중 법률적용방면의 어려움과 사회안정으로 인한 압력을 줄였습니다.

3) 매입업무의 기본적 완수

행정처분기간에 〈매입의견〉에 근거하여 개인채권과 고객증권거래결산자금에 대한 매입을 완수하는 것은 처리기관의 주요 업무입니다. 고객증권거래결산자금에 대한 매입으로 중개업무고객의 순리적인 이전을 보증할 수 있어 관련 고객이 증권시장에서의 정상적 거래를 하는 데 유리하고 증권회사의 파산이 증권시장에 가져오는 파동과 중개업무가 파산절차에 진입하여 변제진행의 어려움을 감소시킵니다. 개인의 저축과 기타 개인채권에 대한 매입은 대량의 개인채권자가 파산절차에 진입하여 채권신고를 함으로써 법원파산사건의 심리에 곤란을 가져오는 것을 피하게 할 수 있습니다. 확인사정을 거쳐 매입범위에 들지 않는 채권은 법에 따라 청산에 포함시켜야 합니다.

사정, 확인, 매입은 〈매입의견〉과 관련 규정의 절차에 따라 진행하는 것입니다. 그래서 이 절차는 행정절차에 속하고 일반적인 상황에서는 파산절차와 함께 얽혀서는 안 되는데 그렇지 않다면 행정절차의 완결 전에 파산절차의 채권신고를 확정할 방법이 없습니다. 그래서 파산절차 진입 전 매입업무는 완수되어야 합니다. 다만, 증권회사종합관리는 현재 증권시장을 정리하는 매우 긴박한 임무이고 진도를 가속하여 2년 내 증권회사문제를 해결하기 위하여 사정확인업무가

32_証券公司管理辦法

완수되어 확인결론이 이미 당사자에게 통지하고 당사자가 이견이 없으며 매입자금이 이미 확보되어 매입이 시작된 경우 법원은 실제 상황에 근거하여 증권회사파산신청을 수리할 수 있습니다.

4) 근로자가 이미 재배치되거나 확실히 실행가능한 근로자재배치 방안이 존재

증권회사근로자재배치문제가 비록 국유기업과 같이 어렵지는 않으나 처리를 잘하지 못하면 불안정 요인이 될 수도 있습니다. 현재의 실무로부터 보면 증권회사근로자재배치방면에 주로 아래와 같은 몇 가지 문제가 있습니다. 첫 번째는 증권영업부와 서비스부에 속하는 근로자인데 증권류자산의 처리에 수반하여 증권영업부와 서비스부를 인수하는 기구가 통일적으로 접수하고 접수단위는 접수한 근로자의 합법권익을 충분히 존중하여야 하고 차별대우나 해고를 하지 못합니다. 두 번째는 노동관계해제의 근로자인데 법이나 노동계약에 따라 보상하여야 하고 만약 노동계약에 따른 보상이 지나치게 낮으면 관련 규정에 근거하여 조정하여야 합니다. 세 번째는 고급관리자의 임금과 보상 표준에 대한 것인데 해당 회사가 그를 위하여 정한 임금액을 기초로 하여 보상한다면 왕왕 지나치게 높으므로 근로자의 평균임금에 따라 조정하여야 합니다. 넷은 근로자의 실적에 연계된 장려금은 근로자의 임금이나 보상금으로서 우선 방출되어서는 안 되는데 소위 근로자의 실적에 연계된 장려금은 회사의 영리를 기초로 하는 것이므로 파산법이 우선 보호하는 근로자임금에 속하지 않는 장려금을 우선 변제받아서는 안 되기 때문입니다.

5) 행정처분기간 중 자산의 부당처리가 없음

중화인민공화국 기업파산법(試行) 제12조는 “법원의 파산사건수리 후 채무자가 일부 채권자에 대하여 한 채무변제는 무효이다. 단, 채무자의 정상적인 생산경영활동을 위하여 반드시 필요한 경우는 그러하지 아니하다.”라고 규정하고 제11조는 “법원의 파산사건수리 후 채무자재산에 대한 다른 민사집행절차는 중지하여야 한다.”라고 규정합니다. 행정처분절차 진입 후 법원은 ‘세 중지’의 사법보호를 제공하는데 증권회사에 대한 일체의 소송과 집행조치는 전부 중지하게 되고 이는 파산신청수리와 동일한 효과를 가져서 만약 이 기간에 개별 채권자에 대하여 변제하면 반드시 기타 채권자의 이익을 해하게 되고 이는 파산절차가 요구하는 전체 채권자의 공평변제라는 원칙에 위배됩니다. 파산신청심사단계에서 이 문제를 발견하게 되면 파산신청자는 최대한 빨리 개별 변제행위를 교정하여야 합니다. 파산신청이 이미 수리되고 개별 변제가 되돌릴 수 없다면 개별 변제를 한 관련 조직은 상응하는 민사책임을 부담하여야 합니다.

행정처분기간에 당사자가 목적물에 대하여 향수하는 소유권이나 담보물권을 이유로 행정청

산조에게 환취권이나 별제권을 주장하는 경우에 대하여 행정청산조가 관련 재산에 대하여 처분할 수는 없고 파산절차 중에 관련 권리자가 파산청산조를 통하여 권리를 주장하여야 합니다. 이는 행정처분기간에 청산조의 자산에 대한 처분행위는 상응하는 제약감독기제가 결여되어 있어서 일단 잘못 처분하면 파산절차진입 후 채권자의 이의를 유발하여도 교정하기 어렵기 때문입니다. 행정청산조는 이 착오로 만들어진 손실에 대하여 상응하는 민사책임을 져야 합니다.

6) 공안기관사건특별조가 접수한 자산, 장부의 인계

형사범죄척결은 전체 증권회사위험처리과정을 관통하는 중요 임무이고 처리절차에 진입한 개시단계는 범죄단서 발견, 범죄혐의 제압의 가장 유리한 시기입니다. 계정회계심사, 자산실사를 통하여 범죄단서를 즉시 발견하고 수사기관에 보내서 입건수사하여 범죄행위를 유효하게 제지하고 위협할 수 있습니다. 범죄수익금, 장물의 추징을 통하여 최대한도로 증권회사자산을 보전할 수 있고 채권자이익 최대화에 유리합니다. 그런데 채무자의 장부 장악, 채무자의 재산 통제는 파산청산조가 파산청산의 진행, 재산분배를 하기 위한 필요조건입니다. 법원에 파산신청을 할 때 공안기관이 조사회수한 자산과 장부는 반드시 언제라도 파산청산조에게 인계할 수 있어야 합니다. 즉, 행정청산조의 수중에 장악되어야 합니다.

7) 지방정부의 사회안정보호방안

〈매입의견〉는 현재 금융위험처리의 지도적 문건으로서 부서규장의 형식으로 개인채권과 고객증권거래결산자금의 매입을 확정한 것 외에 지방정부의 직책을 규정하였는데 지방정부는 한 면으로는 청산조가 채권등록을 완수하고 개인채권의 사정업무를 책임지는 데 협조하여야 하고 다른 한 면으로는 위험처리예안을 만들어 사회안정을 보존하여야 합니다. 말하자면 사회안정의 정치적 책임은 지방정부에 있는 것입니다. 그리고 법원의 증권회사파산사건심리는 금융위기처리의 중요한 최후의 일환인데 파산절차 중 사회안정에 문제가 생기지 않도록 확보하는 것은 여전히 지방정부의 중요한 직책이고 파산절차 중 발생할 수 있는 불리한 국면에 대하여 지방정부는 대비책을 만들어야 합니다.

특히 〈매입의견〉에 들어가지 않는 개인집합채권과 기구명의 개인채권 등 일단의 민감한 부류의 채권자가 격렬하게 반응하여 가져올 수 있는 사회불안요소를 방지하여야 합니다. 물론 법원은 자신의 능력범위 내에서 직책과 책임을 다하고 지방정부와 함께 공동하여 사회안정을 보호하여야 합니다.

8) 최고인민법원에 대한 보고와 비준

각급 지방법원은 증권회사파산신청의 수리 전에 급별에 따라 단계적으로 최고인민법원에 보고하여 비준받을 필요가 있습니다. 이는 현재 금융기구파산법률규범이 아직 건전하지 않고 법원의 금융기구파산사건심리가 여전히 탐색, 경험집적 단계에 있는 시기의 단계적 요구인데 국가 관련 행정처분부서의 처리를 거치기 전에 각급 지방법원이 성급하게 증권회사파산신청을 수리하여 야기할 수 있는 업무상의 소극성을 피하기 위한 것입니다.

四. 행정처분절차와 파산처리절차의 원할한 연계

증권회사파산사건은 일반기업파산사건에 비교하여 사건수리방면에 일정한 특수성이 있을 뿐 아니라 법원의 파산사건심리과정에서도 마찬가지로 일단의 특수한 문제가 있는데 그중 한 가지 중요한 내용이 바로 행정처분절차와 파산처리절차의 원할한 연계에 대한 주의입니다.

1) 파산청산조의 지정

〈기업파산사건심리의 몇 가지 문제에 관한 최고인민법원의 규정〉[33]에 근거하여 법원이 기업의 파산을 선고한 날로부터 15일 내에 파산청산조를 구성합니다. 파산청산조의 구성원은 파산기업의 상급주관부서, 청산중개기구 그리고 회계사와 변호사 중에서 될 수 있고, 정부재정, 공상관리, 계위, 경위, 회계감사, 세무, 물가, 노동, 사회보험, 토지관리, 국유자산관리, 인사 등 부서 중에서 지정할 수도 있습니다.

인민은행분(지)점은 유관 규정에 따라 인원을 파견하여 청산조에 참가할 수 있습니다. 증권회사의 행정처분과정 중 감독관리기구가 서로 다른 처리방식에 근거하여 처리조직, 접수·관리조, 업무조, 위탁관리조, 청산조 등 서로 다른 호칭을 지정하고 그중 상술규정에 부합하면 법원의 인가를 거쳐 직접 파산청산조로 전환할 수 있습니다. 상술규정에 부합하지 않은 경우에 대하여 법원은 새로이 청산조를 지정하여야 합니다. 다만, 청산조의 구성원은 반드시 행정청산조 중의 일부 구성원을 포함해야 하는데 이는 이러한 인원은 파산절차에 진입한 증권회사의 상황과 행정처분과정 중의 상황에 대하여 비교적 이해하므로 파산청산의 순조로운 진행에 유리하기 때문입니다.

주의할 필요가 있는 것이 법원의 파산신청수리 후 지정한 청산조의 성립 전에는 행정청산조가

33_最高人民法院關于審理企業破産案件若干問題的規定

여전히 책임을 부담하고 법원의 감독과 지도 아래 기업의 재산을 잘 보관하고 전체 채권자의 이익을 위하여 필요한 경영활동을 진행하며 법원이 허가한 필요지출을 집행하고 법원이 허가한 기타 업무를 하여야 합니다. 그리하여 행정처분절차와 파산처리절차의 원할한 연계를 확실하게 합니다.

2) 증권회사파산재산의 관련 문제

파산절차의 한 가지 중요한 목표는 채권자의 채무자재산에 대한 분배이고 채무자재산의 보유와 가치보존은 파산절차의 진행에 매우 중요합니다. 증권회사가 파산절차에 진입하기 전에 먼저 행정처분을 하여야 하는데 이 기간이 일반적으로 비교적 길기 때문에 행정처분청산조가 증권회사의 자산에 대하여 적당한 조치를 취하여 증권회사의 재산을 보전할 것이 요구됩니다.

처분된 증권회사는 각종 채무 외에도 대외적으로 대량의 채권과 투자권익을 갖습니다. 행정처분절차 진입 후 접수·관리조, 위탁보관인 또는 청산조는 모두 한 가지 중요한 직책을 부담하는데 곧 회사의 자산 보전으로서 그중 하나의 중요한 내용이 바로 채권회수입니다.

일반적인 상황에서 최고인민법원은 처분절차에 진입한 증권회사에 대하여 '세 중지'의 보호정책을 시행하는데 증권회사채권의 회수는 무방합니다. 관련 조직과 인원은 반드시 증권회사채권자 이익 최대화를 출발점으로 하여 소송, 강제집행 등 수단을 통하여 가능한 한 증권회사채권을 실현하여야 합니다. 설사 처분인력이 부족하여 제때에 소송을 제기할 수 없어도 적시에 채무자에게 이행을 요구하여 증권회사의 대외채권이 소송시효기간초과로 인하여 승소권을 상실하는 것을 방지하여야 합니다. 이미 효력이 발생한 판결을 취득한 경우 즉시 강제집행을 신청하여 집행기간신청기한 초과로 인하여 강제집행권이 상실되는 것을 방지하여야 합니다. 각 관련 법원은 의법, 공정, 즉시적으로 재결과 집행을 하여야 합니다.

행정처분은 파산절차와 다르고 파산청산 중 청산조에 대한 행위는 예컨대 법원의 감독, 채권자의 감독 등 제약기제가 있는데 행정처분절차 중의 행위가 채권자의 이익을 해하는지 여부는 파산절차 중 채권자의 심사를 받게 되고 행정처분 관련 조직의 실수로 인한 것이라면 상응하는 민사책임의 부담을 면하기 어려울 것입니다. 그래서 행정처분절차 중 자산에 대한 환가는 신중하여야 합니다.

다만, 증권류자산의 처분업무에 반드시 필요한 환가 외에 가치가 쉽게 저감될 수 있는 자산에 대하여도 채권자이익 최대보호의 각도에서 즉시 환가하여야 합니다. 환가시 평가를 거치고 시장화 방식을 택하여 자산환가가치 최대화에 힘써야 합니다. 파산절차 중 법원은 관련 조직이 행정처분절차 중 법률과 기타 관련 규정에 따라 한 파산증권회사의 증권류자산과 기타 재산의 처리결과에 대하여 일반적으로 인가하여야 합니다.

3) 개인채권과 고객증권거래결산자금매입과정 중 쟁의의 처리

〈매입의견〉은 국가가 금융위험돌발사건에 대응하여 안정이라는 대국을 보호하고 약자대중을 보호하기 위하여 제정한 특수한 처리방법이기 때문에 강력한 정치성과 정책성을 갖습니다. 만약 당사자가 사정확인소조의 행정처분절차에서 이루어진 개인채권과 고객증권거래결산자금의 사정, 확인, 매입에 대하여 이의가 있어 사정확인소조나 관련 감독관리기구를 피고로 하여 소송을 제기하는 경우 법원은 그에게 관련 행정기관에 상황을 반영하여 해결을 요구하도록 고지하여야 합니다.

4) 〈매입의견〉의 매입채권 범위 내의 채권이 남겨진 경우의 처리

파산절차 진입 후, 〈매입의견〉에 근거하면 매입할 것에 확실히 속하는 채권이고 당사자가 합리적인 이유로 〈매입의견〉이 규정하는 시간 내에 사정확인소조에 매입요구를 할 수 없어서 파산절차 중 채권신고를 하고 우선변제를 요구하는 경우 파산청산조는 그에게 관련 행정감독관리기구에 요구하도록 고지하고 행정감독관리기구가 그 채권이 국가매입범위에 들어가는지를 확인하고, 매입하여야 하면 감독관리기구가 미리 남긴 매입자금 중에서 매입합니다. 감독관리기구가 그 채권이 국가매입범위에 속하지 않는다고 인정하고, 파산절차 중 권리자가 신고한 권리의 성질이 법정우선권에 속하지 않는다고 청산조가 확인하는 경우 보통채권신고에 따라 확인하여야 합니다.

5) 매입자권리의 파산절차 중의 변제순위

〈매입의견〉에 근거하여 투자자보호기금의 건립 전에는 국가는 재대출로 개인채권과 고객증권거래결산자금을 매입하고 먼저 대출담당주체를 확정하여야 하고 대출담당주체는 통상 행정청산조나 기타 금융기구입니다.

매입자금지불완료 후 그 대출담당주체는 파산절차에서 채권신고를 합니다. 이 권리가 파산절차 중 우선 변제하여야 하는지 여부의 문제에 대하여 우리는 〈매입의견〉에 따른 채권매입의 범위는 개인저축액과 고객증권거래결산자금이라고 생각합니다. 이들 채권은 모두 권리자가 금융기구에 대하여 갖는 채권이고 그 채권의 형성원인이나 원본은 바로 금융기구에 대한 채권이거나 금융기구가 고객자산을 유용하여 생긴 불법행위채권입니다.

현재 〈상업은행법〉만이 상업은행 파산시 개인저축액이 우선 변제받는다고 규정합니다. 증권회사 파산시 〈매입의견〉의 개인채권과 고객증권거래결산자금에 대한 매입이 없으면 이들 권리는 파산절차에서 보통채권으로서만 변제될 수 있을 뿐입니다. 이는 대출담당주체가 파산절차에서 권리신고를 하는 기초가 이러한 종류의 채권매입자금이 재대출로부터 온다는 것을 이유로 하여 채권의 파산절차 중의 변제순서가 바뀌고 이에 따라 기타 채권자의 이익을 해할 수는 없다는 것입니다. 그래서 대출담당주체채권의 파산절차에서의 성질은 보통채권입니다.

6) 증권류자산의 매입자는 파산한 증권회사의 채무를 원인으로 하여 추급당해서는 안 됩니다. 증권류자산의 처리는 행정처분과정 중의 중요한 일환입니다. 행정청산조는 증권류자산에 대하여 공개, 공평, 공정한 시장화방식을 택하여 처리하고 합리적으로 가격을 평가한 기초 위에서 공개방식으로 증권류자산을 양도하고 양수인은 상응하는 대가를 지불하며 그 가액은 증권회사의 파산재산으로서 분배에 사용합니다. 매수인이 현저하게 불합리한 저가로 매입한 경우를 제외하고는 증권회사의 채권자는 증권회사의 자산이 매수인에게 전이된 것을 이유로 매수인을 증권회사 채무의 연대나 배상의무인으로 할 수 없습니다. 매수인의 합법권리가 추급당하지 않는 것을 명확히 하는 것은 증권회사위험처분 중 증권류자산의 순리적인 이전의 중요한 전제입니다.

증권회사파산사건의 심리 중 또한 상당히 많은 실체문제가 아직 결론을 얻지 못했습니다. 증권회사파산시 중앙등기결산회사의 우선권, 이재위탁계약최저보장조항의 효력문제 등과 같은 것인데 이러한 문제의 해결은 증권시장법률제도의 부단한 개선과 국가 각 관련 부서의 상호협력 및 재판이론연구의 부단한 심화와 재판실무경험의 부단한 집적에 달려 있습니다.

여러분, 우리는 현재 증권회사가 갖는 문제가 중국증권시장의 쾌속발전과정 중 존재하는 문제임을 보아야 합니다. 향후의 일정한 시기는 국가가 역량을 더욱 기울여 증권시장에 존재하는 문제를 해결하는 시기이고 증권회사에 대한 종합관리조치는 반드시 증권회사의 전체 소질을 크게 제고하고 현재의 위험을 기본적으로 해소하며 동시에 새로운 위험을 효과적으로 막아 증권회사의 규범적, 지속적, 건강한 발전을 위하여 기초를 다질 것입니다.

법원의 증권회사파산사건심리는 민상사재판이 면한 새로운 임무입니다. 각급 법원은 분발하여 어려움을 두려워하는 심리를 극복하고 적극적으로 도전에 응대하며, 재판직능작용을 충분히 발휘하고 기한 내 국가의 증권회사종합관리업무 완수에 협조하여 증권시장의 평온하고 건강한 발전, 사회안정보호를 위한 유력한 사법보장을 제공해야 합니다.

15. 〈최고인민법원의 파산법에 관한 사법해석〉 제68조를 어떻게 이해할지의 지시요청에 관한 최고인민법원의 회시[34]([2003]民二他字제52호)

河北성 고급법원 :

귀 원 [2003]冀民二請字제4호 〈〈최고인민법원의 파산법에 관한 사법해석〉 제68조를 어떻게 이해할지에 관한 지시요청〉을 잘 받아보았다. 연구를 거쳐 아래와 같이 회시한다.

법원의 파산사건수리 전 채무자의 재산에 대한 집행절차가 이미 개시되었으나 해당 집행절차가 법원의 파산사건수리 후 집행재정만 되었을 뿐이고 아직 재산을 신청인에게 교부하지 않은 경우 사법해석이 가리키는 집행완료의 상황에 속하지 않고 해당 재산은 채무자가 파산선고를 받은 후 파산재산에 들어가야 한다.

다만, 아래의 상황을 주의하여야 한다.

一. 현재 진행 중인 집행절차가 효력이 발생한 집행재정만을 하였을 뿐 아니라 피집행재산의 처리에 관하여 필요한 평가경매절차를 이행하였고 관련자가 이미 대가를 지불하였고 이때 변경등기수속을 하지는 않았으나 그 관련자의 과오가 아닌 경우 집행재산은 이미 신청인에게 교부하고 그 집행은 완료된 것으로 보아야 하며 해당 재산은 파산재산에 들어가면 안 된다.

二. 법원이 피집행재산에 대하여 상응하는 집행조치를 취하고 해당 재산이 이미 채무자의 실제적인 통제를 벗어나면 이미 신청인에게 교부하고, 그 집행은 완료된 것으로 보아야 하며 해당 재산은 파산재산에 들어가면 안 된다.

이와 같이 회시함.

16. 중화인민공화국 최고인민법원 공고

〈파산청산조의 직책이행과정 중 위약 또는 불법행위 등 민사분쟁 소송사건 관할문제에

34_最高人民法院關于如何理解《最高人民法院關于破産法司法解釋》第六十八條的請示的答复

관한 최고인민법원의 회시〉가 이미 2004. 6. 17. 최고인민법원재판위원회 제1,317차 회의에서 가결되었다. 현재 공포하여 2004. 6. 28.부터 시행한다.

2004년 6월 21일

파산청산조의 직책이행과정 중 위약 또는 불법행위 등 민사분쟁 소송사건 관할문제에 관한 최고인민법원의 회시[35](法釋[2004]5호)

河北성 고급법원 :

귀 원의 鄂高法[2003]383호 〈파산청산조의 직책이행과정 중 위약 혹은 불법행위 등 민사분쟁 소송사건 관할문제에 관한 지시요청〉을 잘 받아 보았다. 연구를 거쳐 다음과 같이 회시한다.

기업이 파산선고 후 청산조가 정산직책 이행으로 인하여 타인에게 위약 또는 불법행위를 하여 야기된 민사소송은 파산절차종결 전이면 파산사건수리법원이 관할하고 파산절차 중 병합 처리한다.

이와 같이 회시함.

17. 〈기업파산법심리의 몇 가지 문제에 관한 규정〉 제38조, 제44조 제2항의 이해와 적용의 지시요청에 대한 최고인민법원의 회시[36]([2003]民二他字제64호)

河北성 고급법원 :

귀 원 鄂高法[2003]389호 지시요청을 잘 받아 보았다. 우리 원은 연구를 거쳐 〈기업파산법심리의 몇 가지 문제에 관한 규정〉(이하 〈규정〉이라고 약칭한다) 제38조, 제44조 제2항 규정의 신소절차는 최고인민법원이 법률에 구체적인 규정이 없을 때 법률정신과 현실의 수요를 근거로

35_最高人民法院關于破産清算組在履行職責過程中違約或侵權等民事糾紛案件訴訟管轄問題的批复

36_最高人民法院對《關于審理企業破産案件若干問題的規定》第三十八條、第四十四條第二款的理解与适用的請示的答复

하여 어떻게 하급법원의 기업파산사건심리에 대한 상급법원의 재판감독을 완성할 것인지를 탐색하는 구체적인 체현이라고 생각한다. 이러한 신소절차가 아직 탐색단계에 있음에 비추어 우리 원은 아래와 같은 의견을 신중하게 제공하여 참고토록 한다.

一. 법원은 파산선고재정을 하면 법에 따라 공고하여야 하는데 파산선고재정이 파산절차의 당사자에 대한 영향이 비교적 크고 법원공고란에만 공고할 것을 요구하는 점에 비추어 보면 법원은 파산선고재정을 한 당일 즉시 공고하여 공고일이 즉 재정일이어야 한다.

二. 파산사건의 분배방안이 채권자회의에서의 두차례 토론으로도 가결되지 않으면 법원은 법에 따라 재정할 수 있다. 채권자회의는 채권자자치조직으로서 파산법의 규정에 근거하여 파산재산분배방안의 심사, 표결권한을 향유하기 때문에 법원이 채권자회의가 분배방안을 가결하지 않을 때 재정의 형식으로써 방안을 가결한다면 성질상 사법의 채권자의사자치에 대한 간여가 된다. 따라서 법원은 재정 중 재정이유를 설명해야 할 뿐 아니라 채권자회의기간에 재정하고 회의에 참가한 전체 채권자에게 낭독하여 채권자로 하여금 즉시 자신의 권리상태를 알게 하여야 한다.

〈규정〉 제44조 제2항은 채권자가 그 재정에 관하여 상급법원에 신소하는 기간기산일은 재정일이라고 규정하는데 즉 법원이 회의에 참가한 전체 채권자에게 재정을 낭독한 날부터 기산한다. 법원이 파산재산분배방안을 가결하는 재정을 공고할 필요가 없으므로 채권자에게 송달할 필요도 없으며(채권자의 수가 매우 많은 경우에는 송달할 방법도 없다) 그래서 채권자회의기간에 재정을 낭독하는 것은 필요적인 것이어야 한다.

사법실무 중 일부 법원은 채권자회의기간에 재정을 하지 않고서 채권자회의 후 서면심리를 진행하고 재정 후에도 송달하지 않아 채권자가 자신의 권리를 보호하는 데 불리한 상황이 분명히 존재한다. 이에 대하여 어떻게 구제하는지는 더 탐색해야 하는데 다만, 절차상으로 법원이 채권자회의기간에 재정을 하고 회의에 참가한 전체 채권자에게 재정을 낭독하도록 하는 것은 상술한 상황이 나타나는 것을 피할 수 있는 중요한 보장이므로 각급 법원은 충분히 중시하여야 한다.

이와 같이 회시함.

18. 〈기업파산법심리의 몇 가지 문제에 관한 최고인민법원의 규정〉 제56조에 대한 이해에 관한 최고인민법원의 회시[37](法函[2003]46호)

노동과사회보장부 :

귀 부의 2002. 12. 15. 우리 원 〈기업파산법심리의 몇 가지 문제에 관한 규정〉[38](이하 〈규정〉이라고 약칭한다) 제56조 집행 중의 관련 문제에 대하여 의견을 구하는 서한을 잘 받아보았다. 연구를 거쳐 아래와 같이 회시한다.

一. 〈규정〉 제56조는 국가계획에 편입되어 조정하는 기업의 파산사건에는 적용하지 않고 해당 종류의 기업 파산사건은 국무원의 國發[1994]59호 〈몇 도시에서 국유기업파산 試行 관련 문제에 관한 통지〉[39]와 國發[[1997]10호 〈몇 도시에서 국유기업겸병파산과 근로자재취업 試行 관련 문제에 관한 보충통지〉[40]의 관련 규정을 적용한다. 관련 규정에 근거하여 파산기업의 근로자에게 재배치비, 경제보상금을 방출한 후 노동계약해제보상금에 관하여 더 이상은 보상하지 않는다.

二. 〈규정〉 제56조 중 '법에 따르거나 노동계약에 근거하여'의 의미는 첫째, 보상금수액은 노동계약의 약정에 근거하여야 하고 노동계약 중 약정이 없으면 법률, 법규에 따라, 부서규장의 관련 규정을 참조하여 보상한다. 둘째, 만약 노동계약 약정의 보상금이나 관련 규정에 근거하여 확정한 보상금액이 과도하게 낮거나 과도하게 높으면 청산조는 관련 규정에 근거하여 조정할 수 있다. 셋째, 청산조 조정 후 기업의 공회, 근로자 개인이 보상금액이 여전히 너무 낮다고 인정하는 경우 파산사건수리법원에 변경신청을 할 수 있고 채권자회의가 청산조 확정의 근로자보상금에 대하여 이의가 있는 경우 〈규정〉 제44조 규정의 절차에 따라 진행한다는 것이다.

이와 같이 회시함.

2003년 9월 9일

37_最高人民法院關于對《最高人民法院關于審理企業破産案件若干問題的規定》第五十六條理解的答夏

38_關于審理企業破産案件若干問題的規定

39_關于在若干城市試行國有企業破産有關問題的通知

40_關于在若干城市試行國有企業兼并破産和職工再就業有關問題的補充通知

19. 정주 아세아오채쇼핑센터유한회사 파산사건 중 董桂琴 등 50명 상인이 환취권을 행사할 수 있는지의 문제에 관한 河南성 고급법원의 지시요청에 관한 최고인민법원의 회시[41]([2003]民二他字제14호)

하남성 고급법원 :

귀 원 [2003]豫法民二函字제02호 지시요청을 잘 받아 보았다. 우리 원은 연구를 거쳐 아래와 같이 회시한다.

董桂琴 등 50명 상인의 환취권 행사를 지지하지 않는 귀원의 두번째 의견에 원칙적으로 동의한다. 董桂琴 등 50명 상인이 정주 아세아오채쇼핑센터유한회사[42](이하 '오채쇼핑센터'라고 약칭한다)와 판매대금수취위탁관계를 형성하였고 현유하는 증거는 오채쇼핑센터가 그 수취한 물건대금을 독립계정을 열어 관리하였다는 것을 증명할 수 없다. 즉 오채쇼핑센터가 대위수취한 물건대금이 특정되지 않았다. 동산인 화폐의 특수한 속성으로 인하여 董桂琴 등 50명 상인은 특정화되지 않은 물건대금에 대하여 소유관계를 갖지 않고 기업파산의 채무변제절차 중에서 환취권을 행사할 수 없으며 보통채권자의 신분으로 파산재산의 분배에 참여할 수 있다. 귀 원과 정주 중급법원은 당사자의 업무를 잘 처리하기 바란다.

이와 같이 회시함.

20. 중화인민공화국 최고인민법원 공고

〈파산기업의 획발[43]토지사용권이 파산재산에 들어가야 하는지 여부 등의 문제에 관한 최고인민법원의 회시〉가 이미 2002. 10. 11. 최고인민법원재판위원회 제1,245차 회의에서 가결되었다. 현재 공포하여 2003. 4. 18.부터 시행한다.

2003년 4월 16일

41_最高人民法院關于河南省高級人民法院就鄭州亞細亞五彩購物广場有限公司破產一案中董桂琴等50家商戶能否行使取回權問題請示的答夏

42_亞細亞五彩購物广場有限公司

43_刘撥

파산기업의 획발토지사용권이 파산재산에 들어가야 하는지 여부 등의 문제에 관한 최고인민법원의 회시[44](法释[2003]6호)

湖北성 고급법원 :

귀 원의 鄂高法[2002]158호 〈파산기업의 획발토지사용권이 파산재산에 들어가야 하는지 여부와 관련 저당의 효력인정 등의 문제에 관한 지시요청〉을 잘 받아 보았다. 연구를 거쳐 다음과 같이 회시한다.

一. 〈중화인민공화국 토지관리법〉 제58조 제1항 제4호와 〈성진국유토지사용권 출양과 양도 잠정조례〉[45] 제47조의 규정에 근거하여 파산기업이 획발방식으로 취득한 국유토지사용권은 파산재산에 속하지 않고 기업파산시 관련 정부가 회수하여 법에 따라 처리할 수 있다. 국가겸병파산계획에 편입된 국유기업이 법에 따라 취득한 국유토지사용권은 국무원의 관련 문건 규정에 따라 처리하여야 한다.

二. 기업은 획발방식으로 취득한 국유토지사용권에 대하여 처분권이 없고 해당 국유토지사용권을 목적물로 하여 저당을 설정하면 법에 의하여 저당등기를 하여야 하는 것 외에 심사비준권을 가진 정부나 토지행정관리부서의 비준을 거쳐야 한다. 그렇지 않은 경우 저당은 무효로 인정되어야 한다. 기업이 획발방식으로 취득한 국유토지사용권에 대하여 저당을 설정한 때는 법정된 심사비준 수속을 이행하고 법에 따라 저당등기를 하면 저당은 유효하다고 인정하여야 한다. 〈중화인민공화국 도시부동산관리법〉 제50조와 〈중화인민공화국 담보법〉 제56조의 규정에 근거하여 저당권자는 저당 목적물의 환산이나 경매, 환가로 얻은 가액의 납부가 토지사용권분양금의 가액에 상당한 후에만 남은 부분에 대하여 비로소 우선 변제받을 권리를 갖는다. 다만, 국가겸병파산계획에 편입된 국유기업이 획발방식을 통하여 취득한 국유토지사용권을 사용하여 저당권을 설정한 경우 국무원의 관련 문건 규정에 의거하여 처리하여야 한다.

三. 국유기업이 중요설비, 플랜트설비, 공장건물로써 설정한 저당의 효력문제는 法释[2002]14호 〈국유공업기업이 기기설비 등 재산을 저당물로 하여 채권자와 체결한 저당계약의 법률효력문제에 관한 회시〉[46]에 근거하여 처리하여야 한다.

44_最高人民法院關于破産企業國有划撥土地使用權應否列入破産財産等問題的批夏

45_城鎮國有土地使用權出讓和轉讓暫行條例

46_關于國有工業企業以机器設備等財産爲抵押物与債權人簽訂的抵押合同的法律效力問題的批夏

국유기업이 건축물로써 설정한 저당의 효력문제는 두 가지 상황으로 나누어 처리하여야 한다. 만약 건축물이 획발방식을 통하여 취득한 국유토지사용권 위에 부착되어 있고 그 건축물을 토지사용권과 함께 저당을 설정한 경우 토지사용권에 대한 저당은 법정된 심사비준수속을 이행할 필요가 있고 그렇지 않은 경우 저당은 무효로 인정되어야 한다. 만약 건축물이 출양, 양도방식을 통하여 취득한 국유토지사용권 위에 부착되어 있고 그 건축물을 토지사용권과 함께 저당을 설정한 경우 관련 주관부서의 비준을 받지 않았다 하더라도 저당을 유효로 인정하여야 한다.

이 회시는 공포한 날로부터 시행하고 현재 심리하고 있거나 아직 심리하지 않은 사건은 본 회시를 적용하는데 다만, 재심을 제기한 판결, 재정이 이미 법률효력을 발생한 사건은 제외한다.

이와 같이 회시함.

21. 蓬萊京魯통신영상설비창 파산 채무변제 사건 관련 법률적용문제에 관한 최고인민법원의 회신[47]([2001]民立他字제49호)

山東성 고급법원:

귀 원 [2001]魯法經字8-1호 〈蓬萊京魯통신영상설비창 파산 채무변제 사건 관련 문제에 관한 지시요청〉을 잘 받아 보았다. 연구를 거쳐 아래와 같이 회시한다.

귀 원의 지시요청 문제에 대하여 최고인민법원은 1997. 3. 6. 法發[1997]2호 〈현재 법원의 기업파산사건심리에 주의하여야 할 몇 가지 문제에 관한 통지〉[48] 제11조와 2002. 7. 8. 〈기업파산사건심리의 몇 가지 문제에 관한 규정〉[49] 제104조에 모두 명확히 규정하는데 상급법원은 하급법원의 재정에 착오가 있는 것이 확실한 것을 발견하면 그에게 법에 따라 교정할 것을 통지하여야 하고 필요시 하급법원에 재정을 다시 하도록 지시하는 재정을 할 수 있다. 그래서 이미 심리종결된 파산사건에 대하여 감독하고 교정하는 것은 법에 그 근거가 있는 것인데 다만, 적용시 엄격하고 신중하여야 하고 또한 해당 파산사건의 재심제기 가능성을 충분히 고려하여 법에 따라 적절하게 처리하여야 한다.

47_最高人民法院關于蓬萊京魯通訊視像設備厂破産還債案有關法律适用問題的复函

48_關于当前人民法院審理企業破産案件應当注意的几个問題的通知

49_關于審理企業破産案件若干問題的規定

22. 법원의 기업파산사건심리 중 최고인민법원의 〈기업파산사건심리의 몇 가지 문제에 관한 규정〉 적용에 관한 최고인민법원의 통지[50](法[2002]273호)

각 성·자치구·직할시 고급법원, 해방군 군사법원, 新疆維吾爾자치구 고급법원 생산건설병단분원:

최고인민법원의 〈기업파산사건심리에 관한 몇 가지 문제에 관한 규정〉(이하 〈규정〉이라고 약칭한다)이 이미 최고인민법원재판위원회 제1,232차 회의에서 가결되어 2002. 9. 1.부터 시행한다. 기업파산사건심리 업무 중 〈규정〉을 정확하게 적용하기 위하여 현재 관련 문제에 관하여 아래와 같이 통지한다.

一. 각급 법원은 재판인원의 〈규정〉 학습을 진지하게 조직하고 그 의미를 깊이 이해하며 사법해석의 정신을 정확하게 파악하여 〈규정〉이 기업파산행위를 규범함에 있어서 채권자와 채무자의 합법이익을 보장한다는 것을 충분히 인식토록 하여야 한다. 거짓파산을 통한 채무도피를 방지하고 사회신용을 건립하며 사회경제질서를 보호하고 사회주의시장경제 발전 방면의 중요작용을 촉진한다.

二. 당사자가 법원에 기업파산신청을 한 후 입안정[51]이 관련 신청자료를 접수하고 사건번호를 확정하며 관련 신청자료를 기업파산사건심리의 재판부로 넘기고 그 재판부가 〈규정〉의 관련 규정에 근거하여 당사자의 신청을 수리할지의 여부를 결정한다.

三. 기업파산신청인이 〈규정〉 제13조 제2항, 제14조 제3항의 규정에 근거하여 상일급법원에 상소를 제기한 경우 상급법원 기업파산사건심리의 재판부가 심리한다.

四. 기업파산사건 당사자가 〈규정〉 제38조, 제44조 제2항의 규정에 근거하여 상일급법원에 申诉한 경우 상일급법원이 기업파산사건 재판부의 심리를 심리한다.

五. 〈규정〉 제104조의 규정에 근거하여 최고인민법원이 지방 각급 법원의, 상급법원이 하급법원의 기업파산절차에 있어서의 재정 중 착오가 있는 것이 확실함을 발견하면 최고인민법원이나 상급법원이 기업파산사건 재판부의 심리를 심리한다.

50_最高人民法院關于人民法院在審理企業破産案件中适用最高人民法院《關于審理企業破産案件若干問題的規定》的通知

51_立案庭, 사건의 입안 즉 접수 여부를 결정하는 부서를 가리킨다.

六. 각급 법원은 〈규정〉의 집행 과정에서 주의하여 조사·연구를 강화하고 재판실무경험을 총결하며 〈규정〉의 효과적인 실시를 철저히 보장하여야 한다.

2002년 12월 26일

23. 최고인민법원부원장 李國光의 최고인민법원 〈기업파산사건심리의 몇 가지 문제에 관한 규정〉 공포 소식발포회에서의 담화[52](2002년 8월 1일)

기자 여러분 :

최고인민법원의 〈기업파산사건심리의 몇 가지 문제에 관한 규정〉[53](이하 〈몇 가지 규정〉이라고 약칭한다)이 이미 2002. 7. 18. 최고인민법원재판위원회 제1,232차 회의에서 가결되고 2002. 9. 1.부터 정식 시행합니다.

이 규정은 최고인민법원이 1991년 처음으로 〈중화인민공화국 파산법(試行)〉(이하 〈기업파산법〉이라고 약칭함)적용에 대하여 사법해석을 한 후 그 법과 〈중화인민공화국 민사소송법〉(이하 〈민사소송법〉이라고 약칭한다)의 적용 중 관련 규정에 대하여 진행하는 두 번째 전면적 계통적 해석이고 이는 법원의 기업파산사건에 대한 심리를 더욱 규범화하여 중국파산법률제도의 개선과 발전에 대한 의의가 심원합니다. 현재 저는 이 사법해석의 초안배경, 과정, 주요 특징, 내용과 의의에 관하여 간략한 소개와 설명을 하겠습니다

一. 〈몇 가지 규정〉의 초안배경, 과정

중국 〈기업파산법〉은 1986년에 반포 試行되었는데 지금까지 이미 16년이 지났습니다. 〈기업파산법〉 반포 후의 일단의 시기 내에 경제체제의 개혁이 농촌으로부터 도시를 향하여 막 전개되었고 사람들의 관념사고에 적지 않은 과거구조가 존재하였기 때문에 법원의 기업파산사건수리 양은 매우 적었습니다. 통계에 의하면 1989년부터 1991년까지의 3년간 247건만을 수리하였고 1992년에는 428건을 수리하였습니다. 1992년 당의 14기 전국대표대회가 중국의 사회주의시장경제체제 건설이라

52_最高人民法院副院長李國光在公布最高人民法院《關于審理企業破産案件若干問題的規定》新聞發布會上的講話

53_關于審理企業破産案件若干問題的規定

는 총 목표를 확립한 후 각지는 시장경제규율에 따라 경쟁기제를 도입하고 기업에 대하여 적자생존을 실행하고 자원배치의 우량화를 이루었으며 점차 파산이 자산이 채무에 못미치고 시장경쟁력을 상실한 기업의 주요한 시장퇴출경로로 열거되었고 법원이 수리하는 파산사건이 많아지게 하였습니다.

개혁심화에 따라 국가는 적극적인 '자본구조 우량화'정책을 실시하고 산업구조전략조정을 하는 과정에서 사회주의시장경제 규율의 요구에 부합하지 않고 자원이 고갈된 일단의 기업들이 속속 법원에 파산을 신청하였습니다. 산업구조조정에 적응하고 국유기업의 현대기업제도개조를 심화하며 기업파산업무 중 국유산업은행 채권의 안전과 사회안정을 보장하기 위하여 국무원이 1994년 국유기업 파산 관련의 특별정책을 내었고 국유기업파산에 존재하는 근로자재배치와 은행 채권의 문제를 해결하였습니다. 산업구조를 전략적으로 심화시키고 중국의 현대적 기업구조를 전면적으로 수립하기 위하여 당의 15기 전국대표대회는 '겸병의 격려, 파산의 규범화, 감원과 효율증대, 재취업계획의 실시'라는 중요 방침을 명확히 하였습니다. 그 후 국무원은 계통적인 관련 정책도 제정하였는데 이러한 모든 것은 모두 중국기업파산제도의 정확한 실시를 촉진하는 데 있어 큰 추진작용을 하였습니다.

법원의 파산사건심리의 수요에 적응하기 위하여 최고인민법원은 1991년 일찍이 〈기업파산법〉의 적용에 대하여 사법해석을 하였고 이 해석과 〈기업파산법〉은 당시 법원이 심리경험을 결핍한 상황에서 기업파산사건을 처리하는 데 중요한 법률근거를 제공하였습니다. 이후 〈민사소송법〉의 반포와 국무원의 계획조정파산정책의 실시에 따라 실무에서 전민소유제기업파산과 법인파산 채무변제, 국가계획조정파산과 법률규정에 따른 파산이라는 두 가지 파산절차가 출현하였고 법률적용의 난이도가 커졌으며 〈기업파산법〉과 1991년 사법해석은 이미 법원재판업무의 수요를 완전히 만족시킬 수 없어서 일부 지방의 중고급법원은 현지의 실제 상황에 따라 규범성 의견을 제정하여 파산사건의 심리를 지도하였습니다. 최고인민법원은 대량의 조사·연구를 기초로 하여 법률과 정책규정에 따라 기업파산규율과 파산기회를 빌린 채무면탈의 방지를 주요 내용으로 하는 사법해석성 통지와 의견을 제정, 하달하고 전국 법원 기업파산사건심리 좌담회와 전국 민상사재판업무회의도 개최하여 인식통일과 실현관철에 매진하였습니다.

이와 동시에 지방법원의 관련 규범성 문건을 모아 긴밀하게 연구하고 재판업무경험을 종합하여 2000년 말에 〈몇 가지 규정〉의 기초에 착수하였습니다. 기초과정 중 각 고급법원의 의견수렴, 국가경무위, 전국인대재경위, 법공위, 국무원법제판, 인민은행, 상입은행, 중경, 남경, 광주, 심수, 무한 등 13개의 중급법원과 파산법전문가가 참가하는 연구토론회를 개최하여 〈몇 가지 규정〉초안에 대하여 충분한 논증을 하였습니다. 충분한 연구와 광범위한 논증을 거쳐 입법기관과 관련 국가기관의 의견수렴을 기초로 여러 차례의 수정을 거치고 최고인민법원재판위원회의 토론을 거쳐 현재 이 사법해석을 만들었습니다.

二. 〈몇 가지 규정〉의 주요 특징

(一) 파산절차에 치중한 해석

파산법은 주로 절차법이고 법원의 파산사건 처리에 급히 필요한 것은 절차규범입니다. 비록 절차성 사법해석이 기본적으로는 당사자의 실체적 권리의무에 관계되는 것은 아니고 해석의 기술성을 보면 실체법해석보다 난이도가 조금 작기는 하지만 파산절차의 정확한 적용이 채권자의 합법권익 보호에 관계되는 정도가 매우 크고 더욱이 중국의 현행 파산법이 파산절차에 대하여 비교적 원칙적으로 규정하거나 구체적인 요구를 결하거나 반드시 거쳐야 하는 절차규정을 결핍한 것 때문에 현행 법률의 기본적이고 원칙적인 요구로부터 출발하여 국제파산입법과 사법방면의 성공적이고 유익한 방법을 잘 흡수하고 각지 법원의 재판실무경험(예컨대 파산감독관리와 파산사후처리관리제도의 수립)을 결합하여 진지하고 치밀하게 업무를 수행할 것이 필요합니다.

따라서 기초업무의 난이도는 여전히 실체법적용의 해석에 못지 않고 더군다나 이 사법해석에는 적지 않은 실체법 방면의 해석내용이 있습니다. 시종 초안작업은 이러한 요구를 구현하였는데 최종 목적은 법원의 기업파산사건심리를 위하여 비교적 계통적이고 정비된 심리절차규범을 제공하는 것입니다.

(二) 파산절차의 규범화와 통일화의 상호 결합을 중시

현재 중국의 기업파산사건심리의 법률은 분산되어 있는데 전민소유제기업의 파산은 〈기업파산법〉 규정의 파산절차를 적용하고 집체소유제기업, 중외합자기업, 사영기업 등 비전민소유제기업의 파산은 〈민사소송법〉 규정의 파산변제를 적용하며 비법인실체에는 파산절차를 적용하지 않습니다. 그리고 기업파산법과 민사소송법 규정의 파산변제절차 내용은 모두 비교적 원칙적입니다. 이러한 파산절차규정의 분산성과 조작성 부족은 법원 기업파산사건심리의 난이도를 더 크게 하고 파산의 기회를 이용하여 의도적인 채무도피 특히 국유은행채무의 도피라는 지방보호주의 방해에 편승기회를 제공하기 쉽습니다. 〈몇 가지 규정〉의 기초작업시 우리는 기업파산사건심리에서 절차가 규범화되지 않고 통일되지 않은 주요 모순에 대응하여 규범화에 매진하고 통일하였습니다.

즉 기업파산법과 민사소송법 규정의 파산변제절차의 내용이 기본적으로 일치하는 점을 파악하고 서로 다른 주체의 파산사건심리절차와 실체처리에 대하여 주의를 기울여 규범화하여 마침내 〈기업파산법〉, 〈민사소송법〉의 법인파산변제절차와 상호보완적인 기업파산사건심리의 통일적인 〈몇 가지 규정〉을 만들었습니다.

(三) 파산절차의 공개, 공평과 공정을 강화

파산절차는 채권자가 평등하게 파산재산을 변제받는 절차이고 법률이 특별히 규정하는 것 외에는 파산사건 중 채무자의 지위는 모두 평등하며 절차는 전부 공개하고 재결은 일률적으로 공정합니다. 〈몇 가지 규정〉은 이러한 요구를 구현하였습니다. 채권자의 측면으로부터 말하자면 채권신고, 청산감독, 채권자회의참가에서 채권확정, 파산재산분배, 파산비용계상 등에 이르기까지 각 단계에서의 권리의무는 모두 명확하고 자신의 뜻을 비교적 잘 구현할 수 있습니다. 법원의 측면을 말하자면 파산사건의 수리부터 파산종결까지의 모든 재정이 공개적으로 진행되고 당사자의 권리의무에 관계되는 모든 재정은 당사자가 이의나 재심의를 신청하는 것이 허용되며 일부는 상일급법원에 상소할 수 있고 일부는 신소를 제기할 수 있습니다. 〈몇 가지 규정〉은 민사소송법의 규정에 의거 과거 사법해석의 관련 내용을 보류한 것을 기초로 하여 하급법원 파산사건심리에 대한 상일급법원의 재판감독을 더하였는데 이는 법원의 정확한 기업파산사건 처리에 유리하고 법원재판업무에 대한 부적절한 간섭의 배제에 유리하며 채무자와 채권자의 합법권익 보호에 유리하고 공평, 공정이라는 사법목표를 실현할 것입니다.

(四) 공평과 효율을 두드러지게 구현

파산재산변제율을 최대한 제고하고 채권자의 손실을 감소시키는 것은 기업파산사건심리가 추구하는 가치추세입니다. 〈몇 가지 규정〉의 각 부분은 모두 각기 다른 정도로 공평과 효율의 두 가치를 구현하고 기업파산사건심리로 얻는 법률효과와 사회효과의 통일을 위한 여건을 만들었습니다.

(五) 국외 입법과 사법의 성공적 경험을 주의하여 참고

현재 세계 각국의 파산법률제도는 대체로 비슷합니다. 중국은 〈몇 가지 규정〉의 기초작업과정 중 중국의 현행 기업파산법의 기초 위에서 연합국국제파산모델법과 통일파산법가이드 등 문건을 참고하였고 국가의 관련 기업파산의 정책과 파산사건심리의 경험을 결합하여 중국파산법률제도와 외국 입법과 사법의 성공적인 경험이 기본적인 내용에 있어서 일치하도록 힘썼습니다. 이는 중국이 WTO 가입 후 파산법률제도 내에서 국내외기업파산의 국민대우원칙을 이행하는 데 중요한 지도작용을 하였고 입법기관의 〈몇 가지 규정〉 수정을 위하여도 여건을 마련하였습니다.

三. 〈몇 가지 규정〉의 주요 내용

〈몇 가지 규정〉은 모두 14개 문제, 106개 조입니다. 제8, 9 파산채권과 피산재산 두 문제에 관한 내용이 실체법규범에 대한 해석에 속하는 것 외에 그 나머지 명제는 모두 절차법규범에 대한 해석에 속하는데 관할, 파산신청과 수리, 채권신고, 파산화의와 파산기업정돈, 파산선고, 채권자회의, 파산재산의 환가와 분배, 파산종결 등을 포함합니다. 주요 내용은 다음과 같습니다.

(一) 파산사건의 수리 요건을 엄격하게 규범화

법원은 파산사건의 수리에 대하여 반드시 적극적이고 신중한 원칙을 견지하여야 합니다. 이는 파산사건에 대한 수리부당은 기업 내지 사회 각 방면에 대하여 중대한 영향을 끼칠 수 있고 이러한 영향은 때로 돌이키기 어려운 것이기 때문입니다. 이를 위하여 각급 법원은 반드시 적확하게 법률을 적용하고 파산사건의 입안요건을 엄격하게 장악하는 것을 제도상 보장하여야 합니다. 〈몇 가지 규정〉 제4조는 "파산을 신청(피신청)하는 채무자는 법인자격이 있어야 하고 법인자격이 없는 기업, 개인사업자, 조합조직과 농촌도급경영호는 파산주체자격이 없다."라고 규정합니다. 법인자격이 있는 기업은 파산신청시 근로자재배치방안을 만들어 기업근로자를 적정하게 재배치하여야 합니다. 일부 기업이 비록 〈기업법인영업허가〉를 받았음에도 등록자본금을 납입하지 않거나 납입한 등록자본금이 법정최저액에 미달하는 경우 파산을 신청할 수 있느냐는 문제입니다. 파산청산이 현재의 법률이 보장하는 유일한 청산절차인 점을 고려하여 〈몇 가지 규정〉은 기업투자자가 납입부족의 법률적 책임을 져야 함을 견지하는 것을 전제하고 법률수단으로써 파산청산을 널리 보급한다는 기본적인 사고로부터 출발하여 이들 기업의 파산변제, 시장퇴출을 거부하지 않습니다. 기업이 미청산 폐업도주한 것과 비교하여 이러한 기업의 시장퇴출방식은 채권자의 합법권익 보호와 사회질서 안정에 더욱 유리합니다.

(二) 파산을 통한 채무도피를 제도적으로 효과적으로 제지

파산의 기회를 틈타 채무를 도피하고 면하는 현상은 기업파산 중 비교적 자주 보이는데 이는 오랫동안 법원의 재판업무를 곤란하게 하였습니다. 국제적으로 공인된 악의파산은 두 가지 상황을 포함하는데 이는 채무자가 악의로 파산신청을 하는 방식으로써 채무를 면하는 것과 채권자가 채무자의 상업상의 명예를 훼손할 목적으로 악의적으로 파산신청을 하는 것입니다. 중국에도 현재 이러한 악의파산상황이 존재하고 특히 첫 번째 상황이 더욱 심합니다. 예컨대 먼저 유효한 재산을 분리하고 '빈껍질기업'을 남겨 파산을 신청하거나 먼저 거액재산을 이전, 은닉하거나 유효자산을 저가로 처분한 후 파산신청을 하는 것 등입니다. 제도상으로 파산을 빌은 채무도피를 방지하고 채권자의 합법권익을 보호하기 위하여 〈몇 가지 규정〉 제12조는 채무자에게 재산 은닉이나 이전 등의 행위가 있고 파산방식을 빌어 채무를 피하고 면하려는 파산신청에 대하여는 법원이 수리하지 않는다고 규정합니다. 제14조는 법원이 채무자의 파산신청을 수리한 후 채무자의 거액재산의 행방이 밝혀지지 않고 재산의 행방을 합리적으로 해명할 수 없는 경우 파산신청기각재정을 하여야 한다고 규정합니다. 이는 사건수리라는 발원지로부터 파산을 통한 채무면탈을 제지하는 규정입니다. 그 밖에 〈몇 가지 규정〉 제102조는 관련 규정을 더 두었는데, 즉 법원이 기업파산사건을 수리한 후 기업에서 거액재산 소재불명을 발견한 경우 관련 범죄혐의의 상황과 자료를 관련 국가기관에 이송하여 채무자가 파산신청을 빌어 채무를 도피하거나 형사책임추궁을 피하는 것을 더 나아가 방지하여야 한다는 것입니다.

(三) 파산사건에 대한 재판감독을 강화

파산청산절차는 일반민사소송과 다른데 성질상 비송확인절차에 속하고 법률은 1심특별절차로써 종결하도록 규정합니다. 현재 지방보호주의의 교란이 비교적 큰 상황에서 기업파산사건에 대한 재판감독을 강화하는 것은 매우 중요해 보입니다. 〈몇 가지 규정〉은 파산사건불수리재정, 신청기각재정에 대한 당사자의 상소권을 남긴 것 외에 또한 당사자가 파산선고재정에 관하여 상일급법원에 신소할 수 있고 상급법원은 반드시 합의부를 구성하여 당사자의 신소에 대하여 심리하고 즉시 재정할 것을 특별히 규정합니다. 상소절차 아닌 신소절차를 선택한 것은 현행 법률이 상소심규정을 결여했기 때문이 아니라 신소기간에는 파산사건을 계속 심리할 수 있어서 청산조 구성, 기업접수·관리 등 업무에 영향을 미치지 않도록 한 것인데 만약 상소절차를 택한다면 파산절차를 반드시 정지하여야 하므로 기업파산업무의 순조로운 진행에 영향을 줄 수 있습니다. 그 외에 파산재산분배방안은 채권자이해에 밀접한 관련이 있어서 〈몇 가지 규정〉은 일정한 채권액을 점하는 채권자가 법원이 직권으로 재정한 파산재산분배방안에 대하여 신소하는 것도 허용하고, 재판을 더 바람직하게 감독하기 위하여 〈몇 가지 규정〉 제104조는 최고인민법원과 상급법원은 하급법원이 파산사건심리 중 한 착오재정을 바로잡을 수 있다고 규정하였습니다.

(四) 파산감독관리와 사후관리제도의 수립

중국에는 파산관리인제도가 없기 때문에 파산사건수리 후 청산조의 성립까지의 시기와 파산종결 후 파산기업의 재산관리, 소송활동 등 업무는 모두 이를 전문적으로 책임지는 기구가 없어서 파산사건심리에 불편을 가져옵니다. 〈몇 가지 규정〉은 재판실무의 수요를 바탕으로 하고 각지 법원의 파산사건심리의 생생한 경험에 근거하여 법원이 기업파산사건수리 후 기업의 원관리조직이 관리직책을 정상적으로 이행할 수 없는 상황에서 기업감독관리조[54]를 만들 수 있다고 규정합니다. 감독관리조의 구성원은 기업상급주관부서나 주주회의대표, 기업 원관리자, 주요 채권은행, 회계사로 이루어지고 주로 기업재산의 점검, 보관, 회수업무, 기업근로자 안위와 기업보호 업무, 기업채권정리 업무 등을 책임집니다. 〈몇 가지 규정〉 제97조는 또한 파산절차종결 후에도 추급할 수 있는 재산, 추가분배 등 사후 업무를 처리할 필요가 있는 경우 법원의 동의를 받아 청산조를 남기거나 청산조를 일부 남길 수 있다고 규정합니다. 〈몇 가지 규정〉의 파산기업감독관리조직과 파산사후관리제도에 대한 규정은 중국 파산사건심리의 실제 수요에도 부합하고 외국 입법과 사법의 성공적 경험 및 국제관례에도 부합하며 중국기업파산법률제도에 대한 개선입니다.

(五) 기업근로자 등 노동자에 대한 보호 강화

〈몇 가지 규정〉 제56조, 제57조, 제58조는 기업근로자 등 노동주체에 대하여 나누어서 특별한 보호를 하는데 노동계약의 해제로 인한 노동자의 보상금, 비정식근로자의 노동보수와 기업의 근로자 모집자금을 〈기업파산법〉 제37조 제2항 제1호의 우선 변제받을 수 있는 채권으로 해석합니다. 해석은 노동자와 같은 이러한 약세대중에 대한 보호를 충분히 반영하였고 사회안정의 보호에 적극적인 의의가 있습니다.

54_企業監管組

〈몇 가지 규정〉 제71조도 마찬가지로 기업파산절차 중 권리안정의 적극적인 의의를 구현하였음을 지적할 필요가 있습니다. 동조 제6호는 '아직 등기증이나 권리이전 수속을 마치지 않았으나 이미 매수인에게 교부된 재산'은 파산재산에 속하지 않는다고 규정합니다. 동조의 규정에 의하면 만약 부동산개발상이 파산한다면 매수인이 이미 매수한 주택은 매수인이 주택등기권리증을 얻지 않았다 하더라도 주택이 이미 매수인에게 실제로 교부되기만 하면 주택은 더 이상 파산재산에 속하지 않고 매수인은 구매한 주택에 대한 소유권을 여전히 갖습니다.

(六) 파산기업 투자권익에 대한 추급범위와 조치

현재 기업의 대외투자로 인하여 형성된 자산은 파산절차 중에서 추급하기가 비교적 복잡한데 특히 대형기업이 파산하면 그 자회사, 손자회사, 지분참여나 지배회사가 비교적 많고 투자로 인하여 형성된 자산은 추급난도가 비교적 큽니다. 〈몇 가지 규정〉은 서로 다른 주체, 서로 다른 투자형식을 구분하여 파산기업의 분기구에 있는 자산과 전액출자 자회사, 지분참여, 지배회사 중의 투자권익에 대하여 어떻게 추급, 환가할지에 대해 명확히 하고 독립법인자격을 가진 자회사, 지분참여나 지배회사의 파산에 대하여 규정하였습니다. 동규정 제76조부터 제79조에 근거하여 채무자가 투자설립한 분기구와 법인자격이 없는 전액출자기구의 재산은 함께 파산절차에 편입하여 정리해야 하고 채무자가 스스로 개설한 전액출자기업 중의 주권과 그 수익 그리고 대외투자로 형성된 주권과 그 수익은 추급하여야 합니다. 채무자가 스스로 개설한 전액출자기업 그리고 지분참여, 지배회사가 변제기에 이른 채무를 변제할 수 없는 경우 별도로 파산을 신청할 수 있습니다. 상술 규정은 수년간 존재해 온 파산기업 대외투자의 추급이라는 법률난제를 어느 정도 해결하고 법원이 이러한 문제들을 정확히 해결하고 파산채권변제비율을 제고하기 위한 근거를 제공하였습니다.

(七) 직접책임자에 대한 파산법률책임 추구의 확대

기업파산법의 기업파산 중 민사법률책임에 대한 규정이 많지 않아 법원이 파산책임자의 민사책임을 추구하는 근거가 부족합니다. 파산사건의 실무를 보면 기업책임자와 관리층이 파산재산을 위법은닉, 이전, 재산염가처분, 기업재산의 불법박리와 그로 인하여 채권자의 권리에 손해를 야기하는 상황이 수시로 발생합니다. 민사책임은 채권자손실을 보충하는 기능이 있고 행정법률책임, 형사법률책임이 인정되기 어려운 상황에서는 민사책임도 마찬가지로 행위자에 대한 위하작용을 갖습니다. 〈몇 가지 규정〉은 〈민법통칙〉 제106조 규정을 근거로 하여 제101조에서 청산조는 파산기업재산을 고의적으로 침해하는 직접책임자에 대하여 민사소송을 제기하여 그 민사배상책임을 추궁하고 파산기업재산침해의 직접책임자를 징계할 수 있다고 규정합니다. 동시에 〈몇 가지 규정〉 제101조, 제103조와 제104조는 법원은 파산사건심리 중 파산기업의 법정대표자나 직접책임자에게 〈기업파산법〉 제35조 열거의 행위가 있는 것을 발견한 경우 관련 부서에 법정대표자나 직접책임자에 대한 행정처분을 건의하여야 하고 상황이 엄중하고 범죄혐의가 있거나 기업에 거액재산 소재불명이 있음을 발견한 경우 관련 자료를 관련 국가기관에 보내 처리해야 한다고 규정합니다. 또한 관련 부서가 기업파산의 주요책임자에 대하여 다시 기업설립을 제한하고 법정기한 내에는 그가 회사의 이사, 감사, 사장을 맡는 것을 금지하도록 건의할 수 있습니다. 이들 규정은 의심할 나위 없이 중국파산법률책임의 내용을 풍부하게 하였습니다.

(八) 파산재산분배방법을 완성

파산재산분배는 재산분배와 채권분배입니다. 분배된 채권을 어떻게 실현하는가에 대하여 분배받은 채권의 채권자가 직접 법원에 집행을 신청하는지 아니면 다시 법원에 소송을 제기하여야 하는지는 줄곧 미해결된 절차문제였습니다. 〈몇 가지 규정〉은 효율제고의 각도에서 출발하여 채권자의 채권실현의 편의를 원칙으로 하여 파산재산에 들어가는 채권은 채권분배를 할 수 있다고 규정하고 이 채권은 파산절차 중 이미 청산조의 심사, 당사자이의, 법원의 심사재정 등 필요절차를 거친 것을 고려하여 〈몇 가지 규정〉 제94조[55]는 더 나아가 법원이 이미 확정한 채권을 채권자에게 분배하는 경우 청산조는 채권자에게 채권분배서를 발급하고 채권자는 채권분배서를 근거로 하여 채무자에게 이행을 요구할 수 있고 채무자가 이행을 거부하는 경우 채권자는 법원에 강제집행을 신청할 수 있다고 명확히 규정하였습니다. 이렇게 하여 권리자가 재차 소송에 빠지는 것을 피하고 채권실현의 비용을 절약하였으며 채권변제율을 실제적으로 제고하였습니다.

(九) 파산사건심리절차와 보통민사소송절차의 조화

파산사건심리 중 파산채권의 확인과 파산재산의 확인은 재판절차의 선택에 관계됩니다. 〈몇 가지 규정〉은 법원의 채권확인과 재산확인 상의 재결권을 긍정하여 보통민사소송절차 적용시

55_원문에는 제95조라고 되어 있으나 제94조의 오기이므로 바로잡았다

과도한 심리비용을 피하였습니다. 예컨대 채권자가 청산조 확인의 파산채권에 대하여 이의가 있는 경우 채권자는 법원에 제출하여 법원이 재정할 수 있다고 규정합니다. 채무자의 재산소지인이나 채무자와 청산조 사이에 재산쟁의가 발생한 때는 파산사건수리법원이 심사한 후 쟁의에 대하여 직접 재결합니다. 파산사건의 심리효율을 제고하고 파산비용을 절약하는 데 적극적인 작용을 합니다. 법원의 파산사건수리시 재결권은 제한받는다는 것을 반드시 지적합니다. 채권자가 채무자 파산을 신청함에 있어서 채권자의 권리에 하자가 있다고 인정하는 채무자가 이의를 제기하면 그 이의에 대하여 법원이 직접 재결할 수는 없습니다. 〈몇 가지 규정〉은 법원에 그 이의에 대하여 보통 민사소송절차를 적용하여 심리할 것을 요구합니다. 이는 파산절차가 민사소송절차를 대체하는 것을 피하고 법원의 사건관할충돌을 피하며 파산절차에의 과도한 의존으로 인한 당사자채권 실현비용의 실제적인 증가도 피하는 것입니다.

四. 〈몇 가지 규정〉의 의의

(一) 법원파산사건심리 업무의 더 나은 규범화에 유리

당의 15기 전국대표대회가 제출한 '파산규범화'의 요구, 최고인민법원이 제정한 〈몇 가지 규정〉의 목적은 법원파산사건심리의 규범화에 있고 〈몇 가지 규정〉의 각 장, 각 절, 각 조항에 모두 이 주도사상을 구체적으로 구현하였습니다. 〈몇 가지 규정〉은 기업파산법과 민사소송법의 파산변제절차를 법률근거로 하여 법원의 파산사건심리절차를 통일하고 법원 파산사건심리의 기본적 소위에 대한 세밀화와 규범화를 하였으며 법원을 위하여 중요하고 완비된 파산사건심리규범의 체계를 제공하였습니다. 〈몇 가지 규정〉의 제정과 반포는 법원의 파산사건심리 업무를 더욱 규범화하고 법원이 파산사건심리에서 공정과 효율을 더욱 실현하도록 법률적인 기초를 다졌습니다.

(二) 사회안정의 보호에 유리

기업파산은 사회의 불안정요소를 증가시킬 수 있고 이는 피할 수 없는 객관적인 사실인데 안정은 우리가 중국특색 있는 사회주의를 건설하는 데 필수적인 대국입니다. 江澤民총서기가 제출한 '세 개의 대표'의 중요사상은 우리가 사회안정을 실현하고 안정 중 발전을 구하는 데 있어 중요한 사상원천입니다. 법원은 기업파산사건을 심리하며 반드시 '세 개의 대표'의 중요사상을 지도로 하고 파산이 사회에 가져오는 충격을 가능한 한 낮추어야 하는데 이것이 〈몇 가지 규정〉을 제정한 지도사상입니다. 〈몇 가지 규정〉은 노동자의 합법권익에 대한 보호, 공회재산에 대한 보호를 충분히 구현하였습니다. 〈몇 가지 규정〉은 기업이 파산신청을 할 때 반드시 기업근로자의 재배치예안을 제출하도록 하고 제도상 악의파산에 대한 효과적인 억제를 하였습니다. 이러한 내용은 모두 파산이 가져오는 사회의 불안정요소를 줄이고 해소하여 사회의 안정대국을 보호하기 위한 것입니다.

(三) 파산채권변제율의 제고에 유리

〈몇 가지 규정〉은 공평과 효율을 서로 결합하여 제도설계상 파산비용의 감소, 파산재산의 보호와 추급역량 강화를 충분히 고려하여 파산재산추급의 구체적인 조치와 환가조치를 제정하였습니다. 파산재산의 처리상 평가를 강조하고 공개를 강조하며 시장화가격결정을 강조하여 상당한 정도로 파산채권변제율의 제고라는 목적을 제도상 실현하였습니다. 파산채권변제율의 제고는 파산절차의 목표 중 하나이고 채권보호의 중요 지표이며 법원이 공정하게 파산사건을 심리하는 것에 대한 평가에 직접 영향을 미칩니다. 〈몇 가지 규정〉은 공평과 효율의 결합을 충분히 중시하는데 그 발포실시는 제도상 법원이 파산사건심리 중 채권변제율을 최대한 제고하는 데 틀림없이 유리할 것입니다.

(四) 중국파산법률제도의 완성에 유리

중국 〈기업파산법〉은 1980년대에 반포되어 이미 기업파산의 현상에 적응할 수 없고 파산법률제도의 발전을 반영할 수 없습니다. 〈몇 가지 규정〉은 파산절차의 통일과 규범화를 목적으로 하여 법원의 파산사건심리의 실제 경험을 결합하고 국외파산 입법과 사법의 성공적 경험을 주의깊게 흡수하고 참조하였습니다. 중국의 새로운 기업파산법의 제정 전에 〈몇 가지 규정〉은 현행 기업파산법 및 민사소송법 파산변제절차와 함께 중국파산법률제도의 전체를 이루고 파산법률제도의 중요한 구성부분이 되었습니다.

기자 여러분, 〈몇 가지 규정〉의 정식 시행일은 2002. 9. 1.이고 이는 각지 법원에 〈몇 가지 규정〉을 숙지하는 일단의 시간을 주는 것이 해당 규정을 정확하게 이해하고 적확하게 적용하는 데 편리하다는 것을 고려한 것입니다. 우리는 이 사법해석이 법원의 기업파산사건심리 중 반드시 중요하고 적극적인 작용을 발휘할 것이라고 믿습니다.

여러분 감사합니다.

24. 최고인민법원 공고

〈최고인민법원의 〈기업파산사건심리의 몇 가지 문제에 관한 규정〉〉이 이미 2002. 7. 18. 최고인민법원 재판위원회 제1,232차 회의에서 가결되었다. 현재 공포하여 2002. 9. 1.부터 시행한다.

최고인민법원

2002년 7월 30일

기업파산사건심리의 몇 가지 문제에 관한 최고인민법원의 규정[56](法釋[2002]23호)

〈중화인민공화국 기업파산법(試行)〉(이하 '기업파산법'이라고 약칭한다)과 〈중화인민공화국 민사소송법〉(이하 '민사소송법'이라고 약칭한다)을 정확히 적용하고 기업파산사건에 대한 심리를 규범화하며 법원의 기업파산사건심리 실무를 결합하기 위하여 특별히 이하의 규정을 제정한다.

一. 기업파산사건의 관할에 관하여

제1조 기업파산사건은 채무자주소지 법원이 관할한다. 채무자주소지는 채무자의 주요 사무소가 있는 곳을 가리킨다. 채무자에게 사무소가 없는 경우 그 등록지 법원이 관할한다.

제2조 기층법원은 일반적으로 현, 현급시 또는 구의 공상행정관리기관이 심사비준하여 등기한 기업의 파산사건을 관할한다. 중급법원은 일반적으로 地區, 地級市(해당 급을 포함) 이상의 공상행정관리기관이 심사비준하여 등기한 기업의 파산사건을 관할한다.

국가계획에 편입되어 조정되는 기업의 파산사건은 중급법원이 관할한다.

제3조 상급법원이 하급법원 관할의 기업파산사건을 심리하거나 본원 관할의 기업파산사건을 하급법원에 보내어 심리하는 경우 그리고 하급법원이 그 관할의 기업파산사건을 상급법원에 보내서 심리할 필요가 있는 경우에는 민사소송법 제39조의 규정에 따라 처리한다. 성·자치구 및 직할시

56_最高人民法院關于審理企業破産案件若干問題的規定

범위 내에서 특별한 사유로 인하여 개별 기업파산사건에 대한 지역관할을 조정할 필요가 있는 경우에는 반드시 공통 상급법원의 비준을 받아야 한다.

二. 파산신청과 수리에 관하여

제4조 파산을 신청(피신청 포함)하는 채무자는 법인자격이 있어야 하고 법인자격이 없는 기업, 개인사업자, 조합조직과 농촌도급경영호는 파산주체자격이 없다.

제5조 국유기업이 법원에 파산을 신청할 때에는 상급주관부서가 그 파산에 동의한다는 서면을 제출하여야 한다. 기타 기업은 개설인이나 주주회의가 기업파산을 결정했다는 문서를 제출해야 한다.

제6조 채무자가 파산을 신청하는 경우 법원에 다음에 열거하는 자료를 제출해야 한다.

(1) 파산신청서

(2) 기업주체의 자격 증명

(3) 기업의 법정 대표자와 주요 책임자의 명단

(4) 기업직공의 상황과 재배치예안

(5) 회계감사보고서를 붙인 기업적자상황의 설명서

(6) 파산신청일까지의 유형자산, 무형자산과 기업투자상황 등을 포함한 기업의 자산상황명세표

(7) 기업이 금융기구에 개설한 은행계좌의 개설심사자료, 계좌번호, 자금 등을 포함한 상세 상황

(8) 기업의 채무자 이름, 주소, 채무액수, 발생시간과 채무상환독촉상황 등을 밝힌 기업채권상황표

(9) 기업의 채권자 이름, 주소, 채권액수, 발생시간을 밝힌 기업채무상황표

(10) 기업이 관련된 담보 상황

(11) 기업에 이미 발생한 소송 상황

(12) 법원이 법에 의하여 제출해야 한다고 인정하는 기타 자료

제7조 채권자가 채무자의 파산을 신청하는 경우 법원에 아래 열거의 자료를 제출해야 한다.

(1) 채권발생사실 및 증거

(2) 증거를 첨부한 채권성질, 액수와 담보 유무

(3) 채무자가 변제기에 있는 채무를 변제할 수 없다는 증거

제8조 채권자가 채무자의 파산을 신청하는 경우 법원은 채무자에게 통지하여 아래의 상황을 대조검토하게 할 수 있다

(1) 채권의 진실성

(2) 채권이 채무자가 상환할 수 없는 변제기에 있는 채무 중에서 점하는 비율

(3) 채무자에게 변제기에 있는 채무를 상환할 수 없는 상황이 있는지 여부

제9조 채권자가 채무자의 파산을 신청하고 채무자가 채권자의 채권에 대하여 이의하고 법원이 그 이유가 있다고 인정하는 경우 채권자에게 먼저 민사소송을 제기할 것을 고지하여야 한다. 파산신청은 수리하지 아니한다.

제10조 법원은 파산사건을 접수한 후 7일 내에 입안[57] 여부를 결정해야 한다. 파산신청인이 제출한 자료를 경정, 보충할 필요가 있는 경우 법원은 기한을 정해 이를 경정, 보충할 것을 명령할 수 있다. 기한 내에 자료를 경정, 보충한 경우에는 경정 및 보충자료를 접수한 날로부터 7일 내에 입안 여부를 결정한다. 기한 내에 경정, 보충하지 않을 경우에는 신청을 철회한 것으로 본다.

법원은 기업파산사건을 수리하기로 결정하는 경우 사건수리통지서를 작성하고 이를 신청인과 채무자에게 송달하여야 한다. 통지서가 작성된 시간이 파산사건을 수리한 시간이다.

제11조 법원이 기업파산사건수리를 결정하기 전에는 파산신청인은 파산신청을 철회할 수 있다.

법원이 파산신청철회를 허가하는 경우 파산신청철회 전에 이미 지출된 비용은 파산신청인이 부담한다.

제12조 법원의 심사 결과 아래 열거된 상황이 발견되는 경우 파산신청은 수리하지 않는다.

(1) 채무자에게 재산 은닉이나 이전 등의 행위가 있고 채무를 도피하기 위한 경우

(2) 채권자가 파산신청을 이용하여 채무자의 상업신용을 해하고 공평경쟁을 해할 의도인 경우

제13조 법원이 파산신청을 수리하지 않는 경우에는 재정을 하여야 한다.

파산신청인이 파산신청을 수리하지 않는 재정에 불복하는 경우 재정이 송달된 날로부터 10일 내에 상일급법원에 상소를 제기할 수 있다.

제14조 법원이 파산사건을 수리한 후 법률규정의 수리요건에 부합하지 않거나 본 규정 제12조에 열거된 상황이 있음이 발견된 경우 파산신청을 기각하여야 한다. 법원은 채무자의 파산신청을 수리한 후 채무자의 거액재산의 행방이 밝혀지지 않고 재산의 행방을 합리적으로 해명할 수 없는 경우 파산신청을 기각하여야 한다. 파산신청인은 파산신청기각재정에 불복하는 경우 재정이 송달된 날로부터 10일 내에 상일급법원에 상소를 제기할 수 있다.

제15조 법원이 파산사건을 수리하기로 결정한 후 합의부를 구성하고 다음에 열거된 업무를 완료하여야 한다.

57_법원이 당사자의 신청을 심사하고 접수하여 사법절차를 개시할지 여부를 결정하는 절차로서 受理라고도 한다. 王衛國, 『破産法』, 人民法院出版社, 1999. 12., 61면. 당사자의 신청이 법률 등 규정에 부합하지 않는 경우 입안이 거절될 수 있다.

(1) 파산신청인과 피신청인에게 합의부구성원 상황에 대한 서면통지를 하고 법원공고란에 기업파산수리공고를 한다. 공고내용에는 파산신청수리시간, 채무자 이름, 채권신고기한, 장소, 기간 경과시까지 채권을 신고하지 않는 경우의 법률효과, 제1차 채권자회의 소집의 기일과 장소가 기재되어야 한다.

(2) 채무자기업에 공고하여 기업재산을 잘 보호하고 기업의 장부, 문서, 자료, 인장을 함부로 처리할 수 없으며 기업재산을 은닉, 사적처분, 양도 또는 매각을 할 수 없음을 요구해야 한다.

(3) 채무자에게 채무변제를 즉시 금지하고 법원의 허가 없이는 어떠한 비용도 지출할 수 없음을 통지한다.

(4) 채무자의 계좌개설은행에 채무자의 결산업무를 중지하고 채무자의 계좌액에서 채무를 차감결산할 수 없음을 통지한다. 단, 법원이 법에 따라 허가한 경우는 제외한다.

제16조 법원이 채권자가 제출의 기업파산사건을 수리한 후 채무자에게 관련 회계보고서, 채권채무정리서, 기업자산정리서 그리고 법원이 제출해야 한다고 인정하는 자료를 법원에 15일 내에 제출할 것을 통지하여야 한다.

제17조 법원이 기업파산사건을 수리한 후 기업파산법 제9조의 규정에 따라 이미 알고 있는 채권자에게 통지해야 하는 것 외에도 30일 내에 국가와 지방의 영향력 있는 신문에 공고해야 하고 공고내용은 제15조 제1호의 규정과 같다.

제18조 법원이 기업파산사건을 수리한 후 즉시 파산을 선고하고 청산조를 조직할 수 있는 것 외에 기업의 원관리조직이 정상적으로 관리업무를 수행할 수 없으면 기업감독관리조[58]를 만들 수 있다. 기업감독관리조의 구성원은 기업의 상급주관부서나 주주회의의 대표, 기업의 원관리자, 주요 채권자 중에서 고르고 회계사, 변호사 등 중개기구를 초빙하여 참가하게 할 수도 있다. 기업감독관리조는 아래의 사무를 주로 책임지고 처리한다.

(1) 기업재산의 조사와 보관

(2) 기업채권의 대조검사

(3) 기업이익을 위하여 진행하는 필요적 경영활동

(4) 법원이 허가하는 필요지출금의 지급

(5) 법원이 허가하는 기타 사무

기업감독관리조는 법원에 대하여 책임을 지고 법원의 지도와 감독을 받는다.

제19조 법원이 기업파산사건을 수리한 후 채무자를 원고로 하는 다른 민사분쟁이 아직 1심절

58_企業監管組

차 중에 있을 경우 수소법원은 사건을 파산사건수리법원으로 이송하여야 한다. 사건이 이미 2심 절차에 이른 경우에는 수소법원이 계속 심리하여야 한다.

第20조 법원이 기업파산사건을 수리한 후 채무자재산에 대한 다른 민사집행절차는 중지하여야 한다. 채무자를 피고로 하는 다른 채무분쟁사건은 아래에 열거하는 상황에 따라 나누어 처리한다.

(1) 이미 심리가 종결되었지만 아직 집행되지 않았을 때에는 그 집행을 중지해야 하고 채권자는 효력이 발생한 법률문서를 근거로 하여 파산사건수리법원에 채권을 신고해야 한다.

(2) 심리가 아직 종결되지 않았고 다른 피고나 독립청구권을 가진 제3자가 없는 경우 소송을 중지하고 채권자가 파산사건수리법원에 채권을 신고해야 한다. 기업이 파산을 선고받은 후에는 소송을 종결한다.

(3) 심리가 아직 종결되지 않았고 다른 피고나 독립청구권을 가진 제3자가 있는 경우 소송을 중지하고 채권자는 파산사건수리법원에 채권을 신고해야 한다. 파산절차가 종결된 후에 다시 심리를 회복한다.

(4) 채무자가 종채무자인 채무분쟁사건은 계속 심리한다.

三. 채권신고에 관하여

第21조 채권자의 채권신고는 채권증명과 유효한 신분증명을 제출해야 한다. 대리신고인은 위탁자의 유효한 신분증명과 수권위탁서 및 채권증명을 제출하여야 한다.

신고채권에 재산담보가 있는 경우 재산담보를 증명하는 증거를 제출하여야 한다.

第22조 법원이 신고된 채권을 등록하는 때에는 채권자의 명칭, 주소, 계좌개설은행, 신고채권액수, 신고채권의 증거, 재산담보상황, 신고시간, 연락방법과 기타 필요한 상황을 명기하여야 한다.

청산조가 이미 성립한 경우에는 청산조가 위의 채권등록업무를 한다.

第23조 연대채무자의 1인 혹은 수인이 파산한 경우 채권자는 전부의 채권을 그 채무자 또는 각 채무자에 대하여 행사하고 채권신고를 할 수 있다. 채권자가 채권신고를 하지 않는 경우 기타 연대채무자는 장래에 부담할 수 있는 채무에 관하여 채권신고를 할 수 있다.

第24조 비록 채권자가 법정기간에 채권신고를 하지 않았지만 민사소송법 제76조 규정에 해당하는 경우 파산재산의 분배 전에 청산조에게 채권신고를 할 수 있다. 청산조는 그 신고채권의 심사를 책임지고 법원에 의하여 심사확정한다. 채권자회의는 법원이 그 채권자의 파산재산분배참여를 동의한 것에 대하여 이의가 있는 경우 법원에 재심의[59]를 신청할 수 있다.

四. 파산화의와 파산기업정돈에 관하여

제25조 법원이 기업파산사건을 수리한 후 파산절차종결 전에 채무자는 법원에 화의를 신청할 수 있다. 법원은 파산사건의 심리과정 중 채권자와 채무자의 구체적인 상황에 근거하여 쌍방에게 화의를 제안할 수 있다.

법원이 파산선고재정을 하기 전 채권자회의와 채무자가 화의협의를 이루고 법원의 인가재정을 받은 경우 법원이 공고하고 파산절차를 중지한다.

법원이 파산선고재정을 한 후 채권자회의와 채무자가 화의협의를 이루고 법원의 인가재정을 받은 경우 법원은 파산선고재성의 집행을 중지하는 재정을 하고 파산절차중지를 공고한다.

제26조 채무자가 화의협의가 규정하는 내용에 따라 채무 전부의 변제를 하지 않는 경우 관련 채권자는 법원에 강제집행을 신청할 수 있다.

제27조 채무자가 화의협의를 이행할 수 없거나 이행하지 않는 경우 채권자의 신청으로 법원은 파산절차 회복의 재정을 하여야 한다. 화의협의가 파산선고 전에 이루어진 경우 법원은 파산절차회복을 재정하는 동시에 채무자파산선고의 재정을 한다.

제28조 기업이 채권자에 의하여 파산이 신청되는 경우 파산신청된 기업이 국유기업이면 기업파산법 제4장의 규정에 의하여 그 상급주관부서는 그 기업에 대한 정돈의 진행을 신청할 수 있다. 정돈신청은 채무자에게 파산이 선고되기 전에 제출하여야 한다.

기업에 상급주관부서가 없는 경우 기업주주회의는 결의를 거쳐 주주회의의 명의로 기업에 대한 정돈의 진행을 신청할 수 있다. 정돈업무는 주주회의가 지정하는 자가 책임진다.

제29조 기업정돈기간에 기업의 상급주관부서 또는 정돈방안의 실시를 책임지는 자는 정기적으로 채권자회의와 법원에 정돈상황과 화의협의의 집행상황을 보고하여야 한다.

제30조 기업정돈기간에 채무자재산의 집행에 관하여는 여전히 기업파산법 제11조 규정을 적용한다.

五. 파산선고에 관하여

제31조 기업파산법 제3조 제1항 규정의 '변제기에 있는 채무를 변제할 수 없을 때'는 다음의 상황을 가리킨다.

59_復議

(1) 채무의 이행기가 이미 도래

(2) 채무자가 채무변제능력을 결핍한 것이 분명

채무자가 변제기가 된 채무의 변제를 중지하고 그것이 연속적인 상태이며 상반되는 증거가 없으면 '변제기에 있는 채무를 변제할 수 없을 때'로 추정할 수 있다.

제32조 법원이 채무자파산사건을 수리한 후 아래에 열거하는 상황 중의 하나가 있으면 채무자 파산선고의 재정을 하여야 한다.

(1) 채무자가 채무를 변제할 수 없고 채무자와 화의협의를 이룰 수 없는 경우

(2) 채무자가 화의협의를 이행할 수 없거나 이행하지 않는 경우

(3) 채무자에게 정돈기간 중 기업파산법 제21조 규정의 상황이 있는 경우

(4) 채무자에게 정돈기간만료 후 기업파산법 제22조 제2항 규정의 상황이 있는 경우

채무자파산의 선고는 공개적으로 진행해야 한다.

채권자가 신청한 파산의 경우 채무자에게 파산선고시에 법원으로 출두하도록 통지해야 한다.

제33조 채무자는 파산선고일로부터 생산경영활동을 정지한다. 채권자의 이익을 위하여 생산·경영을 계속할 필요가 확실히 있는 경우 법원의 허가를 받아야 한다.

제34조 법원이 채무자파산을 선고한 후 채무자의 계좌개설은행에 통지하여 그 은행계정은 청산조만이 사용하도록 한정하여야 한다. 법원은 계좌개설은행에 통지할 때 파산선고재정서를 첨부하여야 한다.

제35조 법원은 채무자파산 선고의 재정을 한 후 공고하여야 하고 공고내용은 채무자의 적자상황, 자산부채상황, 파산선고시간, 파산선고이유와 법률근거 그리고 채무자의 재산, 장부, 문서, 자료와 인장의 보호 등 내용을 포함한다.

제36조 파산선고 후 파산기업의 재산이 다른 민사소송절차 중 봉인, 압류, 동결된 경우 파산사건수리법원은 봉인, 압류, 동결조치를 한 법원에 해제조치를 하고 파산사건수리법원에게 이전수속해 줄 것을 즉시 통지하여야 한다.

제37조 기업이 파산선고를 받은 후 법원은 필요한 잔류인원을 지정하여야 한다. 파산기업의 법정대표자, 재무회계, 재산보관자는 반드시 잔류하여야 한다.

제38조 파산선고 후 채권자나 채무자가 파산선고에 대하여 이의가 있는 경우 법원이 기업파산을 선고한 날로부터 10일 내에 상일급법원에 신소할 수 있다. 상일급법원은 합의부를 구성하여 심리하고 30일 내에 재정하여야 한다.

六. 채권자회의에 관하여

제39조 채권자회의는 채권신고를 한 채권자로 구성한다.

채권자회의의 의장은 법원이 표결권을 가진 채권자 중에서 지정한다. 필요시 법원은 여러 명의 채권자회의 의장을 지정하고 채권자회의 의장위원회를 둘 수 있다.

소수의 채권자가 채권자회의에 참가할 것을 거절하여도 회의소집에는 영향이 없다. 다만, 채권자회의는 그가 파산재산으로부터 변제받는 기회를 박탈하거나 그의 변제에 불리한 결의를 할 수 없다.

제40조 제1자 채권자회의는 법원의 파산사건수리공고로부터 3개월이 지난 후에 소집하여야 한다. 채무자의 재산이 파산비용을 지급하기에 부족하여 파산절차가 조기 종결되는 경우를 제외하고는 일반채권자의 채무변제비율이 영이라는 이유로 채권자회의를 취소하지 못한다.

제41조 제1차 채권자회의는 법원이 소집하고 진행한다. 법원은 본 규정 제17조가 확정한 업무를 완수하는 외에 아래의 준비업무를 하여야 한다.

(1) 제1차 채권자회의 의사일정 수립

(2) 채무자의 법정대표자나 책임자에게 반드시 회의에 참석하도록 요구하는 통지

(3) 채무자의 상급주관부서, 개설인 또는 주주회의대표에게 그 파견인을 회의에 참석하도록 요구하는 통지

(4) 파산청산조의 구성원에게 회의에 참석하도록 통지

(5) 회계감사, 평가인원이 회의에 참가하도록 통지

(6) 미리 준비할 필요가 있는 기타 업무

제42조 채권자회의는 일반적으로 아래의 내용을 포함한다.

(1) 채권자회의의 직권과 기타 유관 사항의 선포

(2) 채권자자격심사결과의 선포

(3) 채권자회의 의장의 지정과 선포

(4) 채무자의 법정대표자나 책임자가 채권자의 자문을 받도록 안배

(5) 청산조에 의한 채무자의 생산경영, 재산, 채무상황의 통보 및 청산업무보고와 재산처리방안 및 분배방안의 제출

(6) 채권의 증명자료, 채권의 재산담보상황과 액수에 대하여 심사토론하고 화의협의의 토론의결, 청산조의 청산보고에 대하여 심사하며 파산재산처리방안 및 분배방안에 대한 토론의결 등을

한다. 토론내용은 명확히 기록해야 한다. 채권자가 법원이나 청산조가 등록한 채권에 대하여 이의하는 경우 법원은 즉시 심사하고 재정하여야 한다.

(7) 토론상황에 근거하여 기업파산법 제16조 규정에 따라 표결한다.

이상의 제5호 내지 제7호의 의사일정 내의 업무를 해당 채권자회의에서 마칠 수 없는 경우 다음 채권자회의에서 계속하여 진행한다.

제43조 채권자는 채권자회의의 결의가 법률규정을 위반하거나 그 합법권익을 침해한다고 인정하는 경우 채권자회의의 결의 후 7일 내에 법원에 제기할 수 있고 법원이 법에 의하여 재정한다.

제44조 청산조의 재산분배방안이 채권자회의의 2회에 걸친 토론에서도 의결되지 못한 경우 법원이 법에 의하여 재정한다. 전항의 재정에 대하여 재산담보가 없는 채권총액의 반수 이상의 채권을 가진 채권자는 이의가 있는 경우 법원이 재정을 한 날로부터 10일 내에 상일급법원에 신소할 수 있다. 상일급법원은 합의부를 구성하여 심리하고 30일 내에 재정을 하여야 한다.

제45조 채권자는 대리인에게 위탁하여 채권자회의에 출석할 수 있고 대리인에게 수권하여 표결권을 행사할 수 있다. 대리인은 법원이나 채권자회의의 의장에게 수권위탁서를 제출하여야 한다.

제46조 제1차 채권자회의 후 채권자회의를 또 소집하는 경우 채권자회의 의장은 회의통지 3일 전에 법원에 보고하고 회의소집인은 개회 15일 전에 회의시간, 장소, 내용, 목적 등의 사항을 채권자에게 통지하여야 한다.

七. 청산조에 관하여

제47조 법원은 기업파산선고재정일로부터 15일 내에 청산조를 구성하여야 한다.

제48조 청산조의 구성원은 파산기업의 상급주관부서, 청산중개기구 그리고 회계사와 변호사 중에서 될 수 있고 정부의 재정, 공상관리, 계위, 경위, 회계감사, 세무, 물가, 노동, 사회보험, 토지관리, 국유자산관리, 인사 등 부서 중에서 지정할 수도 있다. 인민은행분(지)점은 유관 규정에 따라 인원을 파견하여 청산조에 참가할 수 있다.

제49조 청산조는 법원의 동의를 거쳐 파산청산기구, 변호사사무소, 회계사무소 등 중개기구를 초빙하여 일정한 파산청산업무를 담당하게 할 수 있다. 중개기구는 청산업무에 관하여 청산조에 대하여 책임을 진다.

제50조 청산조의 주된 직책은 다음과 같다.

(1) 파산기업을 접수·관리한다. 파산기업의 원법정대표자와 잔류자로부터 자산명세표와 유

형자산정리서의 원등기부를 접수하고 모든 재산, 장부, 서류, 도장, 인허가증과 관련 자료를 접수·관리한다. 파산선고 전에 기업감독관리조가 성립된 경우 기업감독관리조와 기업의 원법정대표자가 청산조에게 이전업무를 한다.

(2) 파산기업재산을 정리하여 재산명세표와 자산부채표를 편제하고 채권채무정리서를 편제하며 파산재산의 평가, 경매, 환가를 조직한다.

(3) 파산기업의 재산을 회수하고 파산기업의 채무자와 재산소지자에 대하여 법에 따라 재산권리를 행사한다.

(4) 파산재산을 관리, 처분하고, 계약이행 여부와 청산범위 내에서 경영활동을 할지 여부를 결정한다. 별제권, 상계권, 환취권을 확인한다.

(5) 파산재산의 위탁평가, 경매와 기타 환가업무를 한다.

(6) 파산재산의 처리와 분배방안을 법에 의하여 제출하고 시행한다.

(7) 청산보고를 제출한다.

(8) 파산기업을 대표하여 소송과 중재활동에 참가한다.

(9) 기업의 말소등기 등 파산종결 업무를 한다.

(10) 법원이 법에 의하여 지정하는 기타 사항을 완수한다.

제51조 청산조는 법원에 대하여 책임을 지고 보고업무를 하며 법원의 감독을 받는다. 법원은 즉시 청산조의 업무를 지도하고 청산조의 직권과 책임을 명확히 하며 청산조의 업무계획 수립을 돕고 청산조의 업무보고를 청취하여야 한다.

청산조가 채권자의 이익을 해치는 행위를 하거나 기타 위법행위가 있는 경우 법원은 채권자의 신청에 의하거나 직권으로 바로잡을 수 있다.

법원은 채권자의 신청에 의하거나 직권으로 직무를 담당할 수 없는 청산조의 구성원을 바꿀 수 있다.

제52조 청산조는 채권자회의에 참석하여 채권자회의의 자문을 받아야 한다. 채권자는 관련 자료 열람, 관련 사항 자문의 권리가 있다. 청산조의 결정이 채권자이익에 위배하는 경우 채권자는 법원에 그 결정의 취소를 신청할 수 있다.

제53조 청산조는 즉시 파산재산에 대해 등기, 정리, 회계감사, 평가, 환가를 하여야 한다. 필요시 법원에 파산기업재산에 대한 보전을 청구할 수 있다.

제54조 청산조는 파산기업의 재산을 보호하는 효과적인 조치를 하여야 한다. 채무자의 재산권리가 법에 의하여 등기나 행사를 하지 않으면 실권할 경우에는 즉시 등기나 행사를 하여야 한다.

손상되기 쉽거나 부패하기 쉽거나 값이 하락하거나 보관비용이 비교적 높은 재산은 즉시 환가매각하여야 한다.

八. 파산채권에 관하여

第55조 아래에 열거하는 채권은 파산채권에 속한다.

(1) 파산선고 전에 발생한 것으로서 재산담보가 없는 채권

(2) 파산선고 전에 발생한 것으로서 재산담보가 있으나 채권자가 우선변제받을 권리를 포기한 채권

(3) 파산선고 전에 발생한 것으로서 재산담보가 있으나 그 담보물의 가치를 초과하는 채권액수 부분의 채권

(4) 어음발행인이 파산선고를 받은 경우 지급인 또는 인수인이 그 사실을 모르고 소지인에게 지급하거나 인수하여 발생한 채권

(5) 청산조가 계약을 해제하고 법이나 계약약정에 의하여 생긴 채무자에 대하여 화폐로 계산 가능한 상대방의 채권

(6) 채무자의 수탁인이 채무자파산 후 채무자의 이익을 위하여 위탁사무를 처리함으로 인하여 발생한 채권

(7) 채무자의 債券발행으로 형성된 채권

(8) 채무자의 보증인이 채무자를 대신하여 채무를 변제한 후 법에 의해 채무자에게 구상할 수 있는 채권

(9) 채무자의 보증인이 〈중화인민공화국 담보법〉 제32조 규정에 따라 미리 구상권을 행사하여 신고한 채권

(10) 채무자가 보증인인 경우 파산선고 전에 이미 효력이 발생한 법률문서가 부담할 것을 확정한 보증책임

(11) 채무자가 파산선고 전 불법행위, 위약으로 타인에게 재산상 손실을 야기하여 발생한 배상책임

(12) 법원이 인정하는 기타 채권

위의 제5호 채권은 실제 손실로 계산하는 것을 원칙으로 한다. 위약금은 파산채권으로 하지 않고 계약금은 더 이상 계약금벌칙을 적용하지 않는다.

第56조 기업파산으로 인해 노동계약을 해제하는 경우 근로자가 법이나 노동계약에 근거하여

기업에 대해 가지는 보상금청구권은 기업파산법 제37조 제2항 제1호 규정의 순서를 참조하여 변제한다.

제57조 채무자가 체불한 비정식근로자(단기노동공을 포함한다)의 근로임금은 기업파산법 제37조 제2항 제1호 규정의 순서를 참조하여 변제한다.

제58조 채무자가 체불한 기업근로자 모집자금은 기업파산법 제37조 제2항 제1호 규정의 순서를 참조하여 변제한다. 단, 법률규정에 위반하는 고액이자부분은 보호하지 않는다.

근로자가 기업에 대하여 한 투자는 파산채권에 속하지 않는다.

제59조 채무자가 공동운영에서 탈퇴하여 그 공동사업기업의 채무에 대하여 책임을 져야 하는 경우 공동사업기업의 채권자가 그 채무자에 대하여 갖는 채권은 파산채권에 속한다.

제60조 채무자와 상호 채권채무를 갔는 채권자는 청산조에게 상계권을 행사할 수 있는데 상계권의 행사는 아래의 요건을 구비하여야 한다.

(1) 채권자의 채권이 이미 확인을 받았을 것

(2) 상계를 주장하는 채권채무가 모두 파산선고 전에 발생하였을 것

확인을 받은 파산채권은 양도할 수 있다. 양수인이 양수한 채권으로 그가 채무자에게 지는 채무를 상계하는 경우 법원은 인용하지 않는다.

제61조 아래에 열거하는 채권은 파산채권에 속하지 않는다.

(1) 행정, 사법기관의 파산기업에 대한 벌과금, 벌금과 기타 관련 비용

(2) 법원이 파산사건을 수리한 후 채무자가 지불해야 할 돈을 미납함으로 인한 체납금. 채무자가 효력이 발생한 법률문서를 미집행함으로 인하여 두 배로 납부하여야 하는 지연이자와 노동보험금의 체납금을 포함한다.

(3) 파산선고 후의 채무이자

(4) 채권자가 파산절차에 참가하여 지출한 비용

(5) 파산기업의 주주권, 주식 소지인이 주주권, 주식 위에 갖는 권리

(6) 파산재산의 분배개시 후 청산조에 대하여 신고한 채권

(7) 소송시효가 지난 채권

(8) 채무자가 개설한 단위가 채무자에 대하여 미수취한 관리비, 도급비

상술한 파산채권에 속하지 않는 채권도 법원이나 청산조가 당사자의 신고에 대하여 등록하여야 한다.

제62조 정부가 무상으로 채무자에게 교부한 자금은 파산채권에 속하지 않는다. 단, 재정, 빈곤보조, 과학기술관리 등 행정부서가 계약체결을 통하여 유상사용, 정기반환원칙에 따라 방출한

자금은 파산채권이 될 수 있다.

第63조 채권자는 청산조가 확인하거나 부인한 채권에 대하여 이의가 있는 경우 청산조에 제기할 수 있다. 채권자가 청산조의 처리에 대하여 여전히 이의가 있는 경우 법원에 이를 제기할 수 있다. 법원은 사실을 명확히 조사한 것을 기초로 하여 법에 의해 재정하여야 한다.

九. 파산재산에 관하여

第64조 파산재산은 다음에 열거하는 재산으로 구성한다.

(1) 채무자가 파산선고시 소유하거나 경영관리하는 재산 전부

(2) 채무자가 파산선고 후 파산절차종결 전에 취득하는 재산

(3) 채무자에 의하여 행사되어야 하는 기타 재산권리

第65조 채무자가 타인과 공유하는 물건, 채권, 지적재산권 등의 재산이나 재산권은 파산청산 중에 분할하여야 하고 채무자가 분할로 인해 얻는 것은 파산재산에 속한다. 분할할 수 없는 경우 그에 관하여 얻을 부분을 양도하여야 하고 양도로 인한 소득은 파산재산에 속한다.

第66조 채무자 개설인의 등록자본금납입이 부족한 경우 그 개설인이 이를 보충하여야 하고 보충부분은 파산재산에 속한다.

第67조 기업파산 전 타인의 재산을 양수하고 법에 의하여 소유권이나 토지사용권을 취득한 경우, 아직 그 대가를 지불하지 않았거나 완불하지 않은 경우에도 그 재산은 여전히 파산재산에 속한다.

第68조 채무자의 재산에 민사소송집행조치가 된 경우 파산사건수리 후 아직 집행하지 않았거나 집행이 완료되지 않은 부분은 그 기업에 파산이 선고된 후 파산재산에 들어간다. 착오집행으로 인해 집행환수되어야 할 재산은 집행환수 후 파산재산에 들어간다.

第69조 채무자가 법률규정에 의하여 대위구상권을 취득하는 경우 그 대위구상권에 의하여 향유하는 채권은 파산재산에 속한다.

第70조 채무자파산선고시에 아직 변제기에 이르지 않은 채권은 기한이 도래한 것으로 보고 파산재산에 속한다. 단, 기한 미도래의 이자를 공제하여야 한다.

第71조 아래에 열거하는 재산은 파산재산에 속하지 않는다.

(1) 채무자가 창고보관, 보관, 가공도급, 위탁교역, 대리판매, 차용, 보관, 임차 등 법률관계에 기하여 점유, 사용하는 타인의 재산

(2) 저당물, 유치물, 질물. 단, 권리인이 우선 변제받을 권리를 포기하거나 우선 변제하는

피담보채권의 나머지 부분은 제외한다.

(3) 담보물멸실 후 생긴 보험금, 보상금, 배상금 등 대위물

(4) 법률규정에 의하여 우선권 있는 재산. 단, 권리인이 우선 변제받을 권리를 포기하거나 우선 변제하는 특정채권의 나머지 부분은 제외한다.

(5) 특정물매매 중 아직 점유를 이전하지 않았으나 상대방이 이미 완전히 대가지급을 마친 특정물

(6) 아직 등기권리증이나 권리이전 수속을 마치지 않았으나 이미 매수인에게 교부된 재산

(7) 채무자가 소유권유보매매 중 아직 소유권을 취득하지 않은 재산

(8) 소유권이 국가에 전속하며 양도할 수 없는 재산

(9) 파산기업공회가 소유하는 재산

第72조 본 규정 제71조 제1호가 열거하는 재산은 재산권리인이 환취할 수 있다.

전항의 재산이 파산선고 전에 이미 훼손멸실된 경우 재산권리인은 직접손실액을 한도로 하여 채권신고를 할 수 있을 뿐이다. 파산선고 후에 청산조의 책임으로 인해 훼손멸실된 경우 재산권리인은 동일한 가치의 배상을 받을 권리가 있다. 채무자가 상술한 재산을 양도하여 이익을 얻은 경우 재산권리인은 동일한 가치의 배상을 요구할 권리가 있다.

十. 파산재산의 회수, 처리와 환가에 관하여

第73조 청산조는 파산기업의 채무자와 재산소지인에게 서면통지를 하여 채무자와 재산소지인이 한정된 시간에 청산조에게 채무를 변제하거나 재산을 교부할 것을 요구하여야 한다. 파산기업의 채무자와 재산소지자는 이의가 있는 경우 통지를 받은 후 7일 내에 제기하여야 하고 법원이 재정한다.

파산기업의 채무자와 재산소지자가 통지를 받은 후 청산조에게 채무를 변제하거나 재산을 교부하지 않고, 규정한 이의기간 내에 이의를 제출하지 않은 정당한 이유도 없는 경우 청산조는 법원에 신청하여 법원의 재정을 거친 후 강제집행한다.

파산기업의 국외에 있는 재산은 청산조가 회수한다.

第74조 채무자가 갖는 채권의 소송시효는 법원이 채무자의 파산신청을 수리한 날로부터 시작하고 〈중화인민공화국 민법통칙〉 제140조의 소송시효중단에 관한 규정을 적용한다. 채무자와 채권자가 화의협의를 이루고 파산절차를 중지하는 경우 소송시효는 법원이 파산절차중지재정을 한 날로부터 다시 새로이 계산한다.

第75条 법원의 동의를 받아 청산조는 변호사나 기타 중개기구의 인원을 초빙하여 채권의 추적회수를 할 수 있다.

第76条 채무자가 설립한 분점과 채무자가 전액 출자한 법인자격 없는 기구의 재산은 모두 파산절차에 편입되어 정리되어야 한다.

第77条 채무자가 전액 출자하여 개설한 기업 중의 투자권익은 추적회수하여야 한다.

전액 출자기업의 자산이 채무 전부를 변제할 수 없을 때에는 청산조는 추적회수를 정지한다.

第78条 채무자가 대외투자하여 형성된 주주권과 그 수익은 추적회수하여야 한다.

그 주주권에 대하여 매각하거나 양도할 수 있고 판매, 양도소득은 파산재산에 들어가 분배한다.

주주권의 가치가 음수일 경우 청산조는 추적회수를 정지한다.

第79条 채무자가 전액 출자하여 개설한 기업 그리고 그가 주식참여, 지배한 기업이 변제기에 있는 채무를 변제할 수 없고 파산채무변제절차를 진행할 필요가 있는 경우 별도로 파산신청을 하여야 한다.

第80条 청산조가 집체소유의 토지사용권을 처리할 때 관련 법률규정을 준수하여야 한다. 수용수속을 하지 않은 집체소유 토지사용권은 해당 집체의 범위 내에서 양도하여야 한다.

第81条 파산기업 근로자의 주택[60]은 이미 계약이 체결되고 대금을 지급하였으며 주거개혁[61]이 진행된 경우 파산재산에 속하지 않는다. 주거개혁이 진행하지 않는 경우 청산조는 상급주관부서에 주거개혁을 신청하여 근로자에게 매각할 수 있다. 국가규정에 의하면 주거개혁요건을 갖추지 않았거나 근로자가 주거개혁 중에 주거를 구입하지 않는 경우 청산조가 실제 상황에 따라 처리한다.

第82条 채무자의 유치원, 학교, 의원 등 공공복리성 시설은 국가 관련 규정에 따라 처리하고 파산재산이 되지 않는다.

第83条 파산재산의 처리 전 상응하는 자격을 가진 평가기구가 파산재산에 대하여 한 평가를 확정할 수 있고 채권자회의, 청산조가 파산재산의 평가결론, 평가비용에 이의가 있는 경우 최고인민법원의 〈민사소송의 증거에 관한 몇 가지 규정〉[62] 제27조 규정을 참조하여 처리한다.

60_과거에는 근로자에게 기업에서 마련한 주거용 주택 등을 좋은 조건에 세공하는 것이 일반적이었고 일정한 조건이 충족되는 경우 그 주거를 개인소유로 전환하여 준다. 현재는 국영기업이라 하더라도 이러한 혜택은 급격히 없어지고 있다.

61_房改, 국가나 국영기업이 복지차원에서 근로자에게 그 소유의 주거를 무상 혹은 저렴한 비용으로 제공하던 것을 일정한 조건이 충족되는 경우 해당 근로자에게 유상 등의 조건으로 주거소유권을 부여하는 절차를 가리킨다.

62_關于民事訴訟証据的若干規定

제84조 채권자회의가 파산재산의 시장가격에 대하여 이의가 없는 경우 법원의 동의를 받은 후 평가를 진행하지 않을 수 있다. 단, 국유자산은 제외이다.

제85조 파산재산의 환가는 경매방식으로 진행하여야 한다. 청산조가 경매자격이 있는 경매기구에 위탁하여 경매를 진행한다.

법에 의하여 경매할 수 없도록 된 경우나 경매소득이 경매에 필요한 비용을 지불할 수 없는 경우는 경매를 진행하지 않는다.

전항의 경매하지 않거나 경매가 이루어지지 않은 파산재산은 파산분배시 실물분배하거나 값을 정해 환금할 수 있다. 채권자가 청산조의 실물분배나 값을 정한 환금 중 파산재산의 가격평가에 이의가 있는 경우 법원에 심사할 것을 청구할 수 있다.

제86조 파산재산 중의 일체를 이루는 설비는 일반적으로 전체로서 매각하여야 한다.

제87조 법에 의하여 그 유통이 제한되는 파산재산은 국가가 지정하는 부서가 매입하거나 관련 법률규정에 따라 처리하여야 한다.

十一. 파산비용에 관하여

제88조 파산비용은 다음을 포함한다.

(1) 파산재산의 관리, 환금, 분배에 필요한 비용

(2) 파산사건의 수리비

(3) 채권자회의비용

(4) 채무의 최고회수에 필요한 비용

(5) 채권자의 공동이익을 위하여 파산절차 중 지불하는 기타 비용

제89조 법원은 기업파산사건을 수리하면서 〈법원 소송비용 수취방법 보충규정〉[63]에 따라 미리 사건수리비용을 받을 수 있다.

파산선고 전 법원의 인가를 받아 생긴 필요지출은 채무자의 재산 중 지급한다. 채무자의 재산이 이를 지불하기에 부족하고 채권자가 파산을 신청한 것인 경우에는 채권자가 지불한다.

제90조 청산기간 중 근로자의 생활비, 의료비는 파산재산 중 우선 지급할 수 있다.

제91조 파산비용은 수시로 지불할 수 있고, 파산재산이 파산비용을 지불하기에 부족한 경우 법원은 청산조의 신청에 따라 파산절차종결의 재정을 한다.

63_人民法院訴訟收費辦法補充規定

十二. 파산재산의 분배에 관하여

제92조 파산재산의 분배방안이 채권자회의의 가결 후 청산조가 책임지고 시행한다. 재산분배는 일시에 할 수 있고 여러 차례 분배할 수도 있다.

제93조 파산재산의 분배방안은 아래의 내용을 포함하여야 한다.

(1) 파산분배에 제공할 수 있는 재산의 종류와 총 가치, 이미 환가된 재산과 환가되지 않은 재산

(2) 채권변제순서, 각 순서의 종류와 액수. 파산기업이 체불한 근로자의 임금, 노동보험비용과 파산기업이 체납하고 있는 세금의 액수와 계산근거를 포함하고 국가계획에 편입되어 조정하는 기업이 파산하는 경우 근로자재배치비의 액수와 계산근거를 설명하여야 한다.

(3) 파산채권의 총액과 변제비율

(4) 파산분배의 방식, 시간

(5) 장래에 추급이 충분히 가능한 재산에 대한 추가분배의 설명

제94조 파산재산에 들어가는 채권은 채권분배를 할 수 있다. 채권분배는 채권자의 채권실현에 편리하게 하는 것을 원칙으로 한다.

법원이 이미 확정한 채권을 채권자에게 분배하는 경우 청산조는 채권자에게 채권분배서를 발급하고 채권자는 채권분배서를 근거로 하여 채무자에게 이행을 요구할 수 있다. 채무자가 이행을 거부하는 경우 채권자는 법원에 강제집행을 신청할 수 있다.

제95조 채권자가 지정한 기간 내에 분배된 재산을 수령하지 않는 경우 그 재산을 공탁하거나 환가 후 그 가액을 공탁할 수 있고 청산조가 채권자에 대하여 수령최고서를 보낸다. 채권자가 수령최고서를 받은 후 1개월 후 또는 청산조가 수령최고서를 발송한 후 2개월 후에도 채권자가 미수령하는 경우 청산조는 그 부분 재산에 대하여 추가분배를 하여야 한다.

十三. 파산종결에 관하여

제96조 파산재산의 분배가 완료되면 청산조는 법원에 분배상황을 보고하고 법원에 파산절차 종결을 신청한다.

법원은 청산조의 보고와 파산절차종결신청을 받은 후 파산질차종결규정에 부합한다고 인정하는 경우 7일 내에 파산절차종결을 재정하여야 한다.

제97조 파산절차종결 후 청산조는 파산기업의 원등기기구에 기업말소등기를 하여야 한다.

파산절차종결 후에도 추적회수할 수 있는 재산, 추가분배 등 사후업무를 처리할 필요가 있는 경우 법원의 동의를 받아 청산조를 남기거나 청산조구성원의 일부를 남길 수 있다.

제98조 파산절차종결 후 분배에 제공될 수 있는 재산이 나타나는 경우 추가분배하여야 한다. 추가분배하는 재산은 기업파산법 제40조 규정의 법원이 추급하는 재산 외에 파산절차 중 잘못 지출되어 회수된 항목, 권리가 승인됨으로 인하여 추급한 재산, 채권자가 포기한 재산과 파산절차종결 후 실현된 재산권리 등도 포함한다.

제99조 파산절차종결 후 파산기업의 장부, 문서 등 서류자료는 청산조가 파산기업의 상급주관 기관에 이전하여 보존한다. 상급주관기관이 없는 경우 파산기업의 개설인이나 주주가 보존한다.

十四. 기타

제100조 법원은 기업파산사건을 심리하는 중 파산기업의 원법정대표자나 직접책임자에게 기업파산법 제35조에 열거된 행위가 있음을 발견한 경우 관련 부서에 그 법정대표자나 직접 책임자에게 행정처분할 것을 건의하여야 한다. 범죄혐의 있는 경우 관련 자료를 관련 국가기관에 이송하여 처리하여야 한다.

제101조 파산기업에 기업파산법 제35조에 열거된 행위가 있고 그로 인해 기업재산을 회수할 수 없고 실제 손실을 야기한 경우 청산조는 파산기업의 원법정대표자나 직접책임자에게 민사소송을 제기하여 그가 민사배상책임을 부담할 것을 요구할 수 있다.

제102조 법원이 기업파산사건을 수리한 후 기업에서 거액재산의 소재불명을 발견한 경우 관련 범죄혐의의 상황과 자료를 관련 국가기관에 이송하여 처리하여야 한다.

제103조 법원은 관련 부서에 파산기업의 주요 책임자에 대하여 그가 재차 기업을 개설하는 것을 제한하고 법정기한 내에 그가 회사의 이사, 감사, 대표를 맡는 것을 금지할 것을 제안할 수 있다.

제104조 최고인민법원이 각급 법원의, 상급법원이 하급법원의 파산절차 중의 재정이 확실히 잘못되었음을 각 발견한 경우 교정하도록 통지하여야 한다. 교정하지 않는 경우 하급법원에 새롭게 재정하도록 지시하는 재정을 할 수 있다.

제105조 국가계획에 편입되어 조정하는 기업의 파산사건은 본 규정을 적용하는 외에 국가의 관련 기업파산의 상관 규정을 적용하여야 한다.

제106조 본 규정은 2002. 9. 1.부터 시행한다. 본 규정이 발포되기 전 제정된 기업파산사건심리에 관련된 사법해석이 본 규정에 저촉되는 경우 더 이상 적용하지 않는다.

25. 최고인민검찰원 공고

〈범죄혐의 단위의 영업허가 취소, 말소, 정지 또는 파산선고된 경우 어떻게 추소하여야 하는지의 문제에 관한 최고인민검찰원의 회시〉가 이미 2002. 7. 4. 최고인민법원 제9기 검찰위원회 제111차 회의에서 가결되었다. 현재 공포하여 2002. 7. 15.부터 시행한다.

최고인민검찰원

2002년 7월 9일

범죄혐의 단위의 영업허가 취소, 말소, 정지 또는 파산선고된 경우 어떻게 추소하여야 하는지의 문제에 관한 최고인민검찰원의 회시[64](高檢發釋字[2002]4호)

사천성 검찰원 :

귀 원의 〈이미 말소된 단위의 원범죄행위에 대하여 추소해야 하는지의 여부에 관한 지시요청〉(川檢發硏[2001]25호)을 잘 받아 보았다. 연구를 거쳐 다음과 같이 회시한다.

범죄혐의 단위의 영업허가 취소, 말소, 정지 또는 파산선고된 경우 형법의 단위범죄에 관한 관련 규정에 근거하여 범죄행위를 실시한 해당 단위의 직접책임을 지는 주관자와 기타 직접책임자에 대하여 형사책임을 추구하고 그 단위에 대하여는 더 이상 추소하지 않아야 한다.

이와 같이 회시함.

64_最高人民檢察院關于涉嫌犯罪單位被撤銷、注銷、吊銷營業執照或者宣告破産的應如何進行追訴問題的批復

26. 중화인민공화국 최고인민법원 공고

〈기업이·퇴직자의 양로보험총괄금이 파산재산분배방안에 들어가야 하는지 문제에 관한 최고인민법원의 회시〉가 이미 2002. 4. 15. 최고인민법원재판위원회 제1,221차 회의에서 가결되었다. 현재 공포하여 2002. 4. 24.부터 시행한다.

2002년 4월 18일

기업이·퇴직자의 양로보험총괄금이 파산재산분배방안에 들어가야 하는지 문제에 관한 최고인민법원의 회시[65](法釋[2002]12호)

云南성 고급법원 :

귀 원의 云高法[2001]45호 〈기업이·퇴직자의 양로보험총괄금이 파산재산분배방안에 들어갈 수 있는지 문제에 관한 지시요청〉을 잘 받아 보았다. 연구를 거쳐 다음과 같이 회시한다.

파산기업 이·퇴직자의 양로보험총괄금은 〈중화인민공화국 파산법(試行)〉 제37조 제2항과 〈중화인민공화국 민사소송법〉 제204조 규정의 '노동보험비용'에 속하므로 파산재산의 제1변제순서에 편입되어야 한다.

이와 같이 회시함.

27. 파산기업의 체납세금이 파산법 규정의 파산채권신고기한제한을 받는지 문제에 관한 최고인민법원의 회시[66](法硏[2002]11호)

廣東성 고급법원 :

65_最高人民法院關于企業离退休人員的養老保險統籌金應当列入破産財産分配方案問題的批复
66_最高人民法院關于破産企業拖欠稅金是否受破産法規定的破産債權申報期限限制問題的答复

귀 원의 粵高法[2001]138호 〈파산기업의 체납세금이 파산법 규정의 파산채권신고기한제한을 받는지에 관한 지시요청〉을 잘 받아 보았다. 연구를 거쳐 아래와 같이 회시한다.

〈중화인민공화국 파산법(試行)〉 제37조 제2항의 규정에 근거하여 파산기업의 체납세금은 파산채권에 속하지 않으므로 〈중화인민공화국 파산법(試行)〉 제9조의 규정을 적용하지 않는다.

28. 법원의 기업파산과 구조조정 사건의 심리 중 채무자채무면탈의 철저한 방지에 관한 최고인민법원의 긴급통지[67](法[2001]105호)

각 성·자치구·직할시 고급법원, 해방군 군사법원, 新疆維吾爾자치구 고급법원 생산건설병단분원:

기업파산과 구조조정 사건의 심리시 엄격한 법률적용을 확보하고 정책의 한계를 적확히 파악하며 지역보호주의의 간섭을 단호히 저지, 배제하고 채무의 면탈, 형해화 현상을 유효하게 제지하기 위하여 지금 법원이 기업파산과 구조조정 사건을 심리함에 있어 특히 주의하여야 할 몇 가지 문제에 관하여 아래와 같이 긴급통지한다.

一. 법원의 기업파산과 구조조정 사건 심리는 사법수단을 운용하여 시장경제질서, 사회신용을 보호하고 경제체제의 개혁과 경제발전을 촉진하는 중요방면이므로 각급 법원은 반드시 江澤民동지의 '세가지 대표'의 중요사상을 지도로 하여 인식을 제고하고 지도를 강화하여 정치력이 강하고 업무에 정통한 재판인원을 배치하여 적극적이고도 신중하게 매 기업파산과 구조조정 사건을 잘 심리하여야 한다. 법원지도자는 스스로 관심을 가져야 하고 심리업무가 중한 법원은 전문적인 합의부를 구성하여야 한다. 각 중·고급법원은 본 관할 내의 비교적 영향이 큰 사건에 대해서 수시로 상황을 파악하고 대표적 사건과 중대 문제에 대해서는 즉시 상급법원에 보고하여야 한다.

二. 상급법원은 하급법원의 파산사건재판에 대한 감독과 지도업무를 철저히 강화하고 착오 있음이 확실한 기업파산선고재정에 대하여 법에 의거 교정할 것을 통지하여야 하며 필요시 하급법원에 다시 새로이 재정하도록 지시할 수 있다. 파산선고 후 채권자나 채무자의 이의가 있는 경우 법원이

67_最高人民法院關于人民法院在審理企業破産和改制案件中切實防止債務人逃廢債務的緊急通知

기업파산을 선고한 날로부터 10일 내에 상일급법원에 재심의를 신청할 수 있고 상일급법원은 15일 내에 재심의결정을 하여야 한다.

三. 법원의 기업파산사건에 대한 입안은 신중하여야 하고 파산신청에 대한 심사를 통해 채무면탈 흔적을 발견하거나 자산이 채무변제에 부족하다는 증거가 부족한 경우 신청인에게 자료의 보충을 명하여야 하고 맹목적으로 입안하여서는 안된다. 채무자에게 거액재산이 소재불명이고 채무자가 재산의 향방을 합리적으로 설명하지 못하거나 미리 기업의 유효자산을 분리하여 다른 기업을 만든 후 파산신청을 한 것을 발견한 경우 파산신청기각의 재정을 하여야 한다. 국내무역, 국외무역 기업의 파산신청에 대해서는 엄격하게 國經貿(1996)492호 문건의 비준절차규정에 따라 엄히 파악하며 면밀하고 신중하게 수리하여야 한다.

四. 법원은 기업파산사건을 심리할 때 청산조를 철저히 감독하고 지도하여 신중하게 파산기업의 재무표와 기초근거자료를 심사하도록 하여야 하고 채권, 채무를 한 항목 한 항목 확인하며 채권자와 기타 당사자의 합법권익을 최대한 보호하여야 한다. 파산기업의 재산 은닉, 사적처분과 무상양도, 염가판매 그리고 법률위반에 대하여 변제기에 있지 않은 채무를 사전 변제하여 다른 채권자의 이익을 해하고 채권을 포기하는 행위 등에 대해 법에 의해 무효를 확인하거나 당사자의 신청에 따라 법에 의해 취소하고 유효한 조치를 취해 재산을 추급하여 국유자산유실을 방지하여야 한다. 정책의 경계를 적확히 파악하여야 하고 〈국유기업합병파산과 직공재취업 업무계획〉에 들어가지 않은 국유공업기업의 파산에 대해서는 국무원의 國發(1994)59호와 (1997)10호 문건을 적용할 수 없으며 〈중화인민공화국 파산법(試行)〉의 규정에 따라 처리하여야 한다. 즉 파산기업재산현금화로 얻은 소득은 반드시 비율에 따른 채무변제에 사용하고 파산기업근로자재배치의 비용은 현지 정부로부터의 보조, 민정구제와 사회보장 등의 방법으로 적절히 해결할 수 있을 뿐이다. 규정을 위반하고 임의로 '편승'하여 채권자의 합법이익을 해치는 현상을 엄격히 금지하고 교정한다. 무릇 국가합병파산계획에 들어가는 국유기업의 파산사건은 파산재산에 대해 법에 의해 청산, 처분이 완료하기 전에는 파산절차 종결의 재정을 할 수 없다.

五. 파산재산처분은 일반적으로 경매의 방식을 취하고 경매절차의 감독을 강화하여야 한다. 경매의 투명성, 공평성을 확보하고 경매가 형식적으로 진행되는 것을 방지하여야 한다. 법으로 경매참가인들의 자격을 확정하고 법률, 법규와 관련 정책이 명확히 규정하는 것 외에는 임의로 경매참가인을 한정할 수 없다. 경매하는 파산재산의 가격은 평가로 확정한 가격을 근거로 하여야 하고 국가의 관련 규정에 따라 최저가를 확정하고 일차 경매가 이루어지지 않으면 최저가격을 낮추어 계속 경매하고 여전히 거래가 이루어질 수 없는 경우 채권자회의 의결이나 법원의 재정을 거쳐 실물로써 가격을 정해 채무를 변제할 수 있다. 가격을 정한 실물로써 채무를 변제하는 경우 마지막 차 경매의 최저가를 기본 근거로 하고 공평, 공정하게 해야 한다. 부적당하게 실물분배방식을 취하여 파산채권을 변제함으로써 채권자이익을 해하는 것을 방지한다.

六. 법률과 사법해석의 규정에 엄격히 의거하여 신중하게 심사하고 파산기업담보의 효력을 확인하여야 한다. 정부지시가 담보인의 의지를 위배한 담보라거나 담보인이 담보책임을 질 재산이 없다는 등의 이유만으로 담보계약무효를 확인할 수는 없고 더욱이 담보계약의 무효확인 후 담보인의 배상책임을 완전히 면제할 수는 없다. 채무자에게 다수의 보통 채권자가 있는 경우 채무자가 그중 한 채권자와 악의 통모하여 재산 전부나 일부를 그 채권자에게 저당하여 주고 이로 인하여 다른 채무를 이행할 능력을 상실해 다른 채권자의 합법권익을 해하고 손해를 입은 다른 채권자가 법원에 그 저당행위의 취소를 청구하면 법원은 법에 의해 지지하여야 한다. 합법유효한 저당에 대하여 저당권자의 우선 변제받을 권리를 확보하여야 한다.

七. 법원이 기업회사제 개조, 주식합작제 개조, 채권의 출자전환, 국유소형기업 매각, 기업 합병과 분리 등 국유기업 구조조정에 관련된 분쟁사건을 심리하는 경우 법률과 국가의 구조조정정책을 엄격히 적용하여야 한다. 관련 법률, 행정법규에 명문규정이 없는 경우 구조조정행위 발생시 국무원 관련 주관부서의 규범성 문건을 적용할 수 있다. 법률, 행정법규와 국무원규정의 정책에 위반하는 관련 地方性 문건은 사건처리의 근거가 될 수 없다.

八. 법원은 국유기업 구조조정 사건을 심리하는 경우 무릇 구조조정행위 발생시 국무원 관련 주관부서의 규범성 문건이 심사비준수속을 반드시 이행할 것을 명확히 규정하였으면 심사비준수속을 이행하지 않았고 사후에도 심사비준수속을 보완하지 않은 경우나 당사자 쌍방이 악의적으로 통모하여 국가나 채권자의 이익을 해하는 경우에 대해 법에 의해 관련 협의의 무효를 확인하여야 한다. 소형기업의 매각 중 매도 측이 기업매도를 빌어 채무를 면탈하고 매수인 측이 그 점을 아는 경우 채권자의 기업매도계약 취소주장에 대하여 법에 의해 지지하여야 한다.

九. 법원은 국유기업 구조조정사건을 심리하는 경우 구조조정기업이 남긴 채무의 부담문제를 법에 의해 신중하게 처리해야 한다. 구조조정기업이 남긴 채무에 대하여 당사자간에 새로운 채무부담자를 약정하고 채권자동의를 얻은 경우 당사자의 약정에 의할 수 있다. 아직 채권자의 동의를 얻지 못하였으나 새로운 채무부담자가 채무를 변제하기에 충분한 능력을 가진 경우 실제 상황에 따라 새로운 채무부담자가 채무를 부담하는 것을 확인할 수 있다. 구조조정기업의 재산에 대하여만 처리하고 구조조정기업의 채무를 처리하지 않은 경우에 대하여 원칙상 구조조정변경 후의 기업이 그 인수한 재산의 등가범위 내에서 원기업이 남긴 채무를 부담한다.

十. 법원은 국유기업 구조조정사건을 심리할 때 기업매각 중 매도 측이 채무를 속이거나 누락하는 경우 매도 측이 속이거나 누락한 채무에 대하여 원기업의 채권자에게 책임을 지도록 하여야 한다. 기업주식합작제 개조와 흡수합병 중 피합병 또는 피구조조정기업의 원자산관리인이 채무를 속이거나 누락하는 경우 피합병 또는 피구조조정기업의 원자산관리인이 속이거나 누락한 채무에 대하여 민사책임을 지도록 하여야 한다. 기업분리를 빌어 기업의 유효자산을 분리해 채무를 면탈하는 것에 대하여 분리 후의 기업을 공동피고로 하고 법에 의해 그가 연대책임을 부담할 것을 확인하여야 한다.

본 통지를 받은 후 즉시 관련 재판인원의 학습을 조직하고 본 관할구 법원이 심리하는 사건에 대해 한 차례 신중한 검사를 진행하며 또한 시행을 관철할 조치를 만들고 기업파산과 구조조정 사건의 심리 중 채무자의 채무면탈문제를 확실히 방지하기 바란다. 검사, 시행 관철의 상황은 즉시 최고인민법원에 보고한다.

29. 중화인민공화국 최고인민법원 공고

〈기업이 법원으로부터 법에 의해 파산선고를 받은 후 파산절차종결 전 법원의 허락을 받아 경영활동에 종사하여 체결한 계약의 유효 여부 문제에 관한 최고인민법원의 회시〉가 이미 2000. 11. 14. 최고인민법원 재판위원회 제1,138차 회의에서 가결되었다. 현재 공포하여 2000. 12. 9.부터 시행한다.

2000년 12월 1일

기업이 법원으로부터 법에 의해 파산선고를 받은 후 파산절차종결 전 법원의 허락을 받아 경영활동에 종사하여 체결한 계약의 유효 여부 문제에 관한 최고인민법원의 회시[68](法釋[2000]43호)

사천성 고급법원 :

귀 원 川高法[1999]23호 〈기업이 법원으로부터 법에 의해 파산선고를 받은 후 파산절차종결 전 법원의 허락을 받아 경영활동에 종사하여 체결한 계약의 유효 여부에 관한 지시요청〉을 잘 받아 보았다. 연구를 통해 다음과 같이 회시한다.

기업이 법원으로부터 파산선고를 받은 후 파산기업은 법원의 파산선고재정일로부터 생산경영활동을 중지해야 한다. 단, 청산조의 허락을 받아 파산기업은 파산절차의 종결 전 청산조의 이름으로 청산업무 관련의 생산경영활동에 종사할 수 있다. 청산조는 이러한 종류의 경영활동상황을 법원에 보고하여야 한다. 만약 파산기업이 이 기간에 대외적으로 계약을 체결하였는데 청산조의 명의로 한 것이 아니고 청산업무와 무관한 경우 무효로 인정하여야 한다.

우리 원이 이전에 발표한 사법해석이 본 회시와 불일치하는 경우 본 회시를 기준으로 한다.

이와 같이 회시함.

30. 法發[1997]2호 문건 제3조의 시행 관철에 주의하여야 할 문제에 관한 최고인민법원의 통지[69](1998년 7월 31일)

각 성·자치구·직할시 고급법원, 新疆維吾爾자치구 고급법원 생산건설병단분원 :

근래 몇 법원이 우리 원에 法發[1997] 2호 〈현재 법원이 파산사건을 심리하는 데 주의하여야 할 몇 가지 문제에 관한 통지〉[70] 제3조 중 "차용한 외국정부의 대출이나 전대출 상환업무가 실현되지 않은 국유공업기업은 잠정적으로 그 파산신청을 수리하지 않는다."는 규정을 어떻게

68_最高人民法院關于企業被人民法院依法宣告破産后在破産程序終結前經人民法院允許從事經營活動所簽合同是否有效問題的批复

69_最高人民法院關于貫徹執行《關于当前人民法院審理企業破産案件應当注意的几个問題的通知》第三條應注意的問題的通知

70_關于当前人民法院審理企業破産案件應当注意的几个問題的通知

적용할지의 문제에 대한 지시요청을 한다. 전국기업합병파산 및 근로자재취업업무지도소조 판공실과 상의하고 동의를 받아 지금 그 조의 규정을 어떻게 적용할지에 관련된 문제에 관하여 다음과 같이 통지하니 준수하여 시행하기 바랍니다.

〈현재 법원이 파산사건을 심리하는 데 주의하여야 할 몇 가지 문제에 관한 통지〉 제3조가 해결하는 것은 중국정부가 세계은행, 아시아개발은행 혹은 외국정부로부터 대출받고 그 후 국유공업기업에 전대한 항목단위의 파산신청처리문제이다. 그것이 정부의 외채에 속하는 관계로 그 차입과 전대과정은 모두 정부행위이고 정부가 최종 상환책임을 지며 따라서 항목단위가 어떠한 성질의 기업이든지 간에 이러한 종류의 대출상환임무가 실현되기 전 법원은 모두 잠정적으로 그 파산신청을 수리하지 않고 잠정적으로 채권자가 그 파산을 신청하는 사건도 수리하지 않는다.

31. 중화인민공화국 최고인민법원 공고

〈기업법인 파산변제절차종결의 재정에 대한 항소를 수리하여야 하는지 문제에 관한 최고인민법원의 회시〉가 이미 1997. 7. 25. 최고인민법원 재판위원회 제924차 회의에서 가결되었다. 현재 공포하여 1997. 8. 2.부터 시행한다.

1997년 7월 31일

기업법인 파산변제절차종결의 재정에 대한 항소를 수리하여야 하는지 문제에 관한 최고인민법원의 회시[71](法釋[1997]2호)

江蘇성 고급법원:

귀 원 (1996)蘇申經夏字제16호 〈기업법인 파산변제절차종결의 재정에 대한 항소를 수리하여야 하는지 문제에 관한 지시요청〉을 잘 받아 보았다. 연구를 통해 다음과 같이 회시한다.

71_最高人民法院關于對企業法人破産還債程序終結的裁定的抗訴應否受理問題的批复

법원의 기업법인 파산변제절차종결의 재정에 대한 검찰기관의 항소제기는 법률근거가 없다. 검찰기관이 전술한 재정에 대해 항소하는 경우 인민법원은 그에게 불수리를 통지하여야 한다.

이와 같이 회시함.

32. 상해맥주창 파산사건 중 등록상표 '天鵝' 양도문제에 관한 최고인민법원의 회답[72](1997년 3월 11일)

상해시 고급법원 :

우리 원은 국가공상행정관리국 상표국으로부터 전해 온 자료를 받아 상해시 보타구법원이 수리한 상해맥주창 파산사건 중 채권자 교통은행 상해분행, 중국은행 상해시분행, 건설은행 상해삼지행과 '天鵝'표 상해맥주상표의 독점사용자 상해맥주유한회사가 관련 법원과 국가공상행정관리국 상표국에 상해맥주창이 〈중화인민공화국 기업파산법(試行)〉 제35조 제1항 제2호 규정의 행위를 하고 비정상적인 저가로 '天鵝' 등의 등록상표를 매각하였는데 그 행위의 무효를 확인해 달라고 요구하고, 동시에 상해맥주창기업파산청산조가 그 양도행위를 추인하여 채권자의 이익에 손해를 끼쳤으니 반영하여 달라고 주장한 점을 알고 있다.

연구한 결과, 주장내용이 사실이라면 '天鵝' 등 등록상표의 양도신청은 무효인 민사행위에 속하여야 하고 관련 등록상표권은 파산재산에 들어가 평가를 거친 후 우리 원의 〈〈중화인민공화국 기업파산법(試行)〉의 집행을 관철하는 몇 가지 문제에 관한 의견〉 중의 관련 규정에 따라 처리하여야 한다고 사료된다.

귀 원은 상해시 보타구법원이 해당 등록상표의 양도 관련 사무처리를 지도·감독하여 관련 각 당사자의 이의를 적절히 처리하고 처리결과를 최대한 신속하게 우리 원의 지적재산권부에 보고하기 바란다.

33. 현재 법원이 파산사건을 심리하는 데 주의하여야 할 몇 가지 문제에 관한 최고인민법원의 통지[73](法發[1997]2호)

72_最高人民法院關于上海啤酒厂破産案中轉讓'天鵝'注冊商標問題的答复

각 성·자치구·직할시 고급법원, 해방군 군사법원:

최근 수년 이래 법원이 수리한 기업파산사건이 매년 증가하고 특히 국무원이 몇몇 도시에서 기업의 자본구조 우량화, 기업의 적자생존기제의 건립, 개선의 試点업무를 진행한 이래 기업파산사건의 증가폭이 비교적 크다. 이러한 사건을 정확하고 즉시적으로 심리하기 위하여 지금 법원이 파산사건을 심리하는 데 주의하여야 할 몇 가지 문제에 관하여 아래와 같이 통지한다.

1) 법원의 기업파산사건심리는 적극적이고도 매우 신중하여야 한다. 산업구조조정을 촉진하고 현대기업제도를 건립하는 데 유리해야 한다. 법률회피, 채무도피, 국유자산유실을 방지해야 한다. 편협한 지역보호주의를 배척하고 법에 의해 채권자와 채무자의 합법이익을 보호하여야 한다. 사회안정을 보호하고 사회주의시장경제체제의 건립과 개선을 위하여 힘써야 한다.

2) 법원은 기업파산사건을 수리하는 경우 당사자의 파산신청이 〈중화인민공화국 기업파산법(試行)〉(이하 '기업파산법'이라고 약칭한다), 〈중화인민공화국 민사소송법〉(이하 '민사소송법'이라고 약칭한다)과 기타 관련 법률, 법규, 정책규정의 요건에 부합하는지의 여부를 신중히 심사하고 입안단계를 철저히 장악하여야 한다. 수리요건에 부합하지 않는 경우에 대하여 법에 따라 수리하지 않는다. 거짓 파산 실제 채무도피 상황이 발생하는 것을 엄격히 방지하여야 한다.

3) 〈몇몇 도시에서 국유기업파산을 시행하는 데 관련된 문제에 관한 국무원의 통지〉[74](國發[1994]59호, 이하 〈통지〉라고 약칭한다)와 〈몇몇 도시에서 국유기업합병파산시행과 직공재취업 관련 문제에 관한 국무원의 보충통지〉[75](國發[1997]10호, 이하 〈보충통지〉라고 약칭한다) 그리고 국무원의 비준을 거쳐 국가경무위, 중국인민은행이 발포한 〈국유기업합병파산 試行 중의 몇 가지 문제에 관한 통지〉[76](國經貿企[1996]492호) 중 파산방면의 관련 규정은 국무원이 확정한 '기업의 자본구조 우량화' 試点도시(이하 試点도시라고 약칭한다) 내의 국유공업기업에만 적용하고 試点 아닌 도시의 기업파산사건과 試点도시 중 국유 아닌 공업기업의 파산사건에는 모두 적용하지 못한다.

〈보충통지〉 발포 전 試点도시 법원이 〈통지〉의 관련 규정에 따라 이미 확실히 수리한 파산사

73_最高人民法院關于当前人民法院審理企業産案件應当注意的几个問題的通知

74_國務院關于在若干城市試行國有企業破産有關問題的通知

75_國務院關于在若干城市試行國有企業兼并破産和職工再就業有關問題的補充通知

76_關于試行國有企業兼并破産中若干問題的通知

건은 여전히 〈통지〉의 규정에 따라 집행한다. 차용한 외국정부 대출이나 전대출 상환업무가 실현되지 않은 국유공업기업은 잠정적으로 그 파산신청을 수리하지 않는다.

4) 법원은 기업파산사건을 심리하여 파산기업의 재산에 대하여 신중하게 청산하여야 한다. 청산조의 구성원은 대표성이 있어야 하고 법원이 파산기업의 주관부서, 현지 경무위(계경위, 경위), 재정청(국), 토지관리국, 국유자산관리부서, 중국인민은행이나 기타 분(지)은행 등 관련 부서와 전문가 중에서 지정하여야 한다. 청산조 조장은 법원이 지정한다. 청산조는 법원에 대하여 책임을 지고 보고업무를 한다.

청산조의 주요 직책은 파산재산보호, 채권채무정리, 재산명세표와 자산부채표 편제, 분배방안 편제, 법에 의한 파산재산의 처리와 분배, 필요한 민사활동에 법에 따라 종사, 청산보고 제출, 기업말소등기 등 파산종결사무 이행, 법원이 법에 의해 지정하는 기타 사항의 완수이다.

5) 채권자회의는 법에 의해 채권을 신고한 모든 채권자로 구성한다. 파산기업 채권은행 본점이나 분(지)점은 채권자회의에 사람을 파견하여 참가한다. 채권자회의 의장은 법원이 표결권을 가진 채권자 중에서 지정한다. 채권자회의의 주요 직책은 관련 채권자 증명자료의 심사, 채권의 재산담보 유무 및 그 액수 확인, 화의초안의 의결, 청산조의 청산, 회계감사와 평가보고의 심사열람, 파산재산의 처리와 분배방안의 의결이다.

채권자회의 구성원은 모두 의결권을 가진다. 다만, 재산담보를 가진 채권자가 우선 변제받을 권리를 포기하지 않은 경우는 제외한다. 회의결의는 전체 채권자에게 모두 구속력이 있다. 청산조가 파산재산 분배방안을 제출하였으나 채권자회의의 수차례 협의에도 불구하고 의결되기 어려운 경우 법원이 법에 따라 재정한다.

6) 법원은 기업파산사건을 심리하여 채무자의 파산을 이용한 채무도피를 주의하여 막아야 한다. 파산기업이 채무면탈의 목적으로 한 재산의 은닉, 사적처분이나 무상양도, 재산의 염가판매, 변제기에 있지 않은 채무의 사전 변제와 채권포기 등 행위에 대하여 법의 의해 무효를 확인하고 재산을 추급하여야 한다. 파산기업이 대외적으로 갖는 채권에 대하여는 법에 의해 추급하고 파산재산에 넣어야 한다.

7) 법원의 기업파산사건심리가 저당계약과 채권담보의 법률효력문제에 관련이 있으면 〈기업

파산법〉, 〈중화인민공화국 담보법〉(이하 〈담보법〉이라고 약칭한다), 〈통지〉, 〈보충통지〉와 본 통지의 관련 규정에 따라 신중히 심리하고 저당계약의 효력을 정확히 인정하여야 한다.

국유기업이 이미 중요설비, 일체설비나 중요건축물로 확인된 것을 사용하여 저당을 설정하고 정부 주관부서의 비준을 받지 않은 경우, 〈담보법〉 제37조가 저당물로 할 수 없다고 규정하는 재산으로 저당을 설정한 경우, 파산기업이 법원의 기업파산사건수리 전 6개월부터 파산선고기간까지 원래 저당이 없는 채무에 대하여 저당을 설정한 경우, 다수의 채권자가 있는 상황에서 채무자와 개별 채권자와 악의로 통모하여 그 대부분의 재산을 한 채권자에게 저당설정하여 주고 이로 인하여 다른 채무의 이행능력을 상실한 경우에 대하여 저당계약은 모두 무효로 인정해야 한다.

8) 법원은 파산기업재산을 처리하기 전 국무원 국유자산관리행정 주관부서가 인가한 자산평가기구가 자산평가할 것을 확정하여야 한다. 자산평가는 반드시 실사구시하여야 하고 저가치 고평가, 고가치 저평가를 엄금한다. 파산기업재산의 처리는 가능한 한 경매 등의 방식을 취해야 하고 저가양도를 방지하며 국유자산의 유실이나 채권자 합법권익의 손실을 피해야 한다. 채권자회의에서의 의결이나 법원의 재정을 얻지 못한 경우 실물로써 가격을 정해 채무를 변제하지 못한다.

9) 법원이 試点도시의 공업기업 파산사건을 심리하는 경우 〈통지〉와 〈보충통지〉의 규정에 따라 경매나 입찰방식을 위주로 하여 법에 의해 토지사용권을 양도하여야 한다. 양도로 얻은 수익은 먼저 파산기업근로자의 재배치에 사용한다. 근로자재배치비용은 〈통지〉와 〈보충통지〉의 규정에 엄격히 따라 확정해야 하고 임의로 기준을 높이거나 범위를 넓힐 수 없다.

10) 법원은 파산사건을 심리할 때 파산의 비용을 감소하도록 노력하여야 하고 사건의 구체적 상황을 보아 적절하게 소송비용을 감면할 수 있다. 파산비용지출의 범위와 원칙은 채권자회의의 심사결정을 거쳐야 하고 평가와 회계감사 등 방면의 비용수취는 신중히 심사하고 업무수요를 보증하는 최저비용에 따라 지급하여야 한다.

11) 상급법원은 하급법원의 기업파산사건심리 업무에 대한 지도와 감독을 철저히 강화하여야 한다. 상급법원이 하급법원의 재정에 착오가 확실히 있음을 발견한 경우 그에게 법에 따라 교정할 것을 통지하여야 한다. 필요시 하급법원에 다시 새롭게 재정하도록 지시할 수 있다.

12) 본 〈통지〉 중 試点도시 국유공업기업 파산사건의 심리 관련 규정은 국무원이 이후 확정하는 試点도시의 국유공업기업 파산사건에도 적용한다.

중화인민공화국 최고인민법원

1997년 3월 6일

34. 사회보험 실행 기업의 파산 후 각종 사회보험총괄비용을 언제까지 납부해야 하는지에 관한 최고인민법원의 회시[77](法復[1996]17호)

사천성 고급법원 :

귀 원 川高法(1995)167호 〈사회보험 시행 기업의 파산 후 각종 사회보험총괄비용을 언제까지 납부해야 하는지에 관한 지시요청〉을 받아 보았다. 연구를 거쳐 지금 아래와 같이 회답한다.

사회보험에 참가한 기업이 파산한 경우 미납부한 사회보험총괄비용은 법원의 파산선고재정일까지 납부하여야 한다.

35. 법원 파산사건심리의 몇 가지 문제에 관한 최고인민법원의 긴급통지[78](1996년 11월 15일)

각 성·자치구·직할시 고급법원 :

근년에 이르러 법원이 수리한 기업파산사건이 비교적 큰 폭으로 증가하고 파산사건 중 일단의 새로운 문제가 출현하여 본원과 국무원 관련 부서가 해결방안을 연구 중인데 해결조치가 정식으로 나오기 전에 각 고급법원은 그 소속 법원에 아래의 문제에 반드시 주의하도록 즉시 통지하십시오.

1) 각급 법원이 파산사건을 심리할 때 반드시 국무원의 〈몇몇 도시에서 국유기업파산을

77_最高人民法院關于實行社會保險的企業破産后各种社會保險統籌費用應繳納至何時的批复

78_最高人民法院關于人民法院審理企業産案件若干問題的緊急通知

試行 관련 문제에 관한 통지〉[79](즉, 國發[1994]59호 문건)와 그 후의 관련 문건이 확정한 試点범위를 엄격히 파악하여 관련 기업파산의 정책은 국무원이 확정한 試点도시 범위 내의 국유공업기업과 해당 시 소속의 국유공업기업에만 적용하고 試点도시 관할 현의 현 소속 국유기업은 포함하지 않으며 試点도시 중의 기타 기업과 비試点도시는 일률적으로 상술 통지의 규정을 부적용하고 파산법(試行)과 민사소송법 중 기업법인파산변제절차에 엄격히 따라 처리하여야 한다.

2) 법원은 파산사건을 심리하는 중 일부 기업이 파산을 이용하여 채무를 도피하고 채권자권익을 해하는 것을 방지하는 데 특별히 주의하여야 한다. 파산기업재산에 대하여 처분을 할 때 가능한 한 경매입찰 등 방식을 채택하여 각 방면의 채권자가 평등한 변제를 받도록 보호하여야 한다. 國發[1994]59호 문건의 규정을 적용하여 파산기업근로자를 재배치할 때 엄격히 문건규정에 따라 재배치비용을 확정하여야 하고 임의로 높이지 못한다.

3) 각급 법원은 심리진행 중인 파산사건에 대하여 일차 검사하고 상술한 문제가 있음을 발견한 경우 즉시 조치를 취하여 바로잡아야 하며 특히 비試点도시가 임의로 國發[1994]59호 문건 규정의 관련 정책에 따라 기업파산을 진행하는 경우에 대해 일률적으로 그 문건의 적용을 정지하여야 한다.

36. 파산절차 중 법원이 한 채권자 우선 변제의 재정에 대한 당사자나 검찰원의 재심신청이나 항소를 어떻게 처리할지 문제에 관한 최고인민법원의 회시[80](法復[1996]14호)

사천성 고급법원 :

귀 원 川高法[1994]119호 지시요청을 받아 보았다. 연구를 거쳐 지금 다음과 같이 회답한다.

파산절차 중 채권자가 저당물로 채권자의 원금과 이자를 상환하는 내용의 이미 법률효력이 발생한 법원의 판결서나 화해서를 근거로 우선권을 행사할 때 파산사건수리법원은 이미 법률효력이 발생한 판결서나 화해서의 내용을 어떠한 방식으로도 바꿀 수 없고 재정서로써 다시 인가할 필요도 없다.

79_關于在若干城市試行國有企業破産有關問題的通知

80_最高人民法院關于在破産程序中当事人或人民檢察院對人民法院作出的債權人优先受償的裁定申請再審或抗訴應如何處理問題的批复

만약 채권자가 근거로 하여 우선권을 행사하는 효력 발생의 법률문서에 착오가 있는 것이 확실한 경우 판결이나 화해를 한 법원이나 그 상급법원이 재판감독절차에 따라 재심하여야 한다. 만약 파산사건심리법원이 효력 발생의 법률문서의 내용을 재정의 방식으로써 변경한 경우 법원은 법에 의해 바로잡아야 한다. 단, 당사자가 이 재정에 대하여 재심을 신청할 수 없고 검찰원항소의 문제에도 관계가 없으며 인민검찰원이 항소를 견지하는 경우에 대하여 법원은 불수리통지를 하여야 한다.

1996년 8월 13일

37. 哈爾濱百貨采購供應站[81] 파산신청사건에 관한 최고인민법원의 회시[82](法函[1995]48호)

흑룡강성 고급법원 :

귀 원 〈哈爾濱百貨采購供應站 파산신청사건에 관한 보고〉를 잘 받아보았다. 연구를 거쳐 아래와 같이 회답한다.

哈爾濱百貨采購供應站(이하 '백화공응참'이라고 약칭한다)은 부채가 무수히 많은 상황에서 등록자본금의 대부분을 뽑아 하얼빈강안도매시장[83]을 개설하고 그 후 파산을 신청하였다. 그 소위는 채권자의 이익을 엄중하게 침해하였다. 비록 그 행위가 법원의 파산사건수리 전의 6개월 내에 발생한 것은 아니지만 그 목적은 채무도피를 위한 것이고 따라서 원칙적으로 〈중화인민공화국 민법통칙〉 제58조 제1항 제7호의 규정에 따라 백화공응참의 강안도매시장 개설에 투입된 2,217.3만 위엔과 시장에서 얻은 이익을 추급하여 파산재산으로서 통일적으로 분배하여야 한다.

단, 구체적인 처리방식상 강안도매시장 전체의 양도나 채권자의 채권을 주식으로 하여 중국 회사법의 규정에 따라 규범화된 회사를 만들어 강안도매시장과 백화공응참이 동시에 도산하는 것을 피할 수 있다. 만약 상술한 두 가지 구체적인 처리방식이 모두 가능하지 않으면 강안도매시장의 현유하는 재산 전부와 그 채무를 백화공응참파산변제의 범위 내에 넣을 수 있다. 이상의 의견을 귀 원에 제공하여 본안 처리시 참고하도록 하니, 이 방면의 경험을 주의깊게 결산하기 바랍니다.

81_哈爾濱百貨采購供應站(하얼빈백화매매상), 일상용품 등의 여러 가지 물건을 판매하는 도소매업 회사

82_最高人民法院關于哈爾濱百貨采購供應站申請破産一案的夏函

83_哈爾濱康安批發市場

38. 파산채권을 미납입 등록자본금과 상계할 수 있는지 여부의 문제에 관한 최고인민법원의 회신[84](法函[1995]32호)

湖北성 고급법원 :

귀 원 (1994)鄂經初字제10호 지시요청보고를 잘 받았고 연구를 통해 아래와 같이 회답한다.

귀 원의 보고에 의하면 중국외운무한회사[85](이하 '무한회사'라고 약칭한다)와 홍콩덕창운수주식회사[86](이하 '홍콩회사'라고 약칭한다)가 합자설립한 무한貨柜유한회사[87](이하 '화거회사'라고 약칭한다)는 1989. 3. 7.부터 8.까지 이사회를 열어 등록자본본을 원래의 미화 110만 달러에서 미화 180만 달러로 증가하기로 결정하였다. 또 1993. 1. 4. 이사회로써 합자쌍방이 등록자본금을 미화 240만 달러로 늘리는 것을 동의하는 〈합의서〉를 인가하였다. 그 후 화거회사는 모두 규정에 따라 심사비준기구와 국가공상행정관리국에 비준, 변경수속을 하였다. 따라서 화거회사의 등록자본금은 미화 240만 달러로 변경된 것을 확인하고 미납입된 등록자본금은 출자자가 부족분을 보충하여야 한다. 화거회사가 파산신청된 후 무한회사는 화거회사의 채권자로서 화거회사의 기타 채권자와 평등한 권리를 가진다. 기타 채권자의 합법권익을 보호하기 위하여 무한회사가 화거회사에 대하여 가지는 파산채권을 그 회사의 화거회사에 대한 미납입 등록자본금과 상계할 수 없다.

39. 중국농업은행 湖北성분행 국제업무부 신청의 무한貨柜유한회사 파산사건 중 두 저당계약의 효력을 어떻게 인정할 것인지의 문제에 관한 최고인민법원의 회신[88](法函[1995]33호)

호북성 고급법원 :

귀 원의 (1994)鄂經初字제10호 지시요청보고를 잘 받았고 연구를 통해 다음과 같이 회답한다.

84_最高人民法院關于破産債權能否与未到位的注冊資金抵銷問題的夏函

85_中國外運武漢公司

86_香港德倉運輸股份有限公司

87_武漢貨柜有限公司

88_最高人民法院關于如何認定中國農業銀行湖北省分行國際業務部申請宣告武漢貨柜有限公司破産一案中兩份抵押合同效力問題的夏函

귀 원의 보고에 의하면 중국외운무한회사(이하 '무한회사'라고 약칭한다)와 홍콩덕창운수주식회사가 무한貨柜유한회사(이하 '화거회사'라고 약칭한다)를 합자설립하였다. 화거회사는 가치가 미화 503만 달러인 재산을 무한회사에게 저당제공한 후 가치가 미화 600만 달러인 재산을 그 국제업무부에게 또 저당제공하였는데 그 저당재산의 일부분과 전술한 저당재산은 중복된다. 비록 무한회사와 화거회사의 법정대표자가 동일인이나 무한회사와 화거회사는 모두 기업법인이고 각자의 소유나 경영관리하는 재산으로써 독립하여 민사책임을 부담하여야 한다. 화거회사, 무한회사의 법정대표자는 두 회사가 하는 민사행위를 구분하여 대표하고 만약 대표하는 각 법인의 이익에 손해를 입히지 않는다면 본원의 〈〈중화인민공화국 민법통칙〉 집행 관철의 몇 가지 문제에 관한 의견(試行)〉[89] 제115조 제1항의 규정에 근거하여 우리 원은 귀 원 지시요청 중의 두 번째 의견에 동의한다. 즉 무한회사와 화거회사가 체결한 저당계약은 유효하고 중국농업은행 호북성분행 국제업무부와 화거회사가 체결한 저당계약과 전술한 저당계약이 서로 중복되는 부분은 무효이다.

40. 파산사건채무자의 미집행된 재산에 대하여 모두 집행을 중지하여야 하는지의 문제에 관한 최고인민법원의 회시[90](法復[1993]9호)

사천성 고급법원 :

귀 원 川高法執(1993)字제4호 〈집행사건이 이미 동결한 항목을 다시 파산재산으로 하여 변제할 수 있는지의 여부에 관한 지시요청 보고〉를 잘 받았고 연구를 거쳐 아래와 같이 회답한다.

〈중화인민공화국기업 파산법(試行)〉의 "법원의 파산사건수리 후 채무자의 재산에 대한 다른 민사집행절차는 모두 중지하여야 한다."라는 규정에 근거하여 파산사건의 채무자를 피집행인으로 하는 집행사건은 집행법원이 비록 그 채무자의 재산에 대하여 이미 동결, 차압, 봉인 혹은 압류 등의 조치를 하기로 결정하였거나 조치를 하였어도 여전히 미집행재산에 속하고 모두 법에 의해 집행을 중지하여야 한다.

89_關于貫徹執行〈中華人民共和國民法通則〉若干問題的意見(試行)

90_最高人民法院關于對破產案件的債務人未被執行的財産均應中止執行問題的批复

집행절차 중지 후 그 집행사건의 채권자는 효력이 발생한 법률문서를 근거로 파산사건수리법원에 채권을 신고할 수 있다. 만약 파산사건수리법원이 채무자(피집행자)의 파산을 선고하는 경우 집행중지된 재산은 파산재산이 되어야 한다. 만약 파산사건심리가 종결되고 채무가가 파산선고를 받지 않는 경우 중지된 집행절차는 회복하여 진행할 수 있다.

41. 회계감사(사)사무소의 개업회계감사사가 청산조의 초빙을 받아 기업파산청산에 참여할 수 있는지에 관한 최고인민법원의 통지[91](法[1993]72호)

각 성·자치구·직할시 고급법원:

회계감사(사)사무소는 법에 의해 만들어진 사회회계감사조직이고 〈중화인민공화국 회계감사조례〉[92] 제32조 제1항 제2호의 규정에 근거하여 사회회계감사조직은 국가기관, 기업과 사업단위, 개인의 위탁을 받아 경제사건의 감정업무를 처리할 수 있다.

따라서 파산사건심리 중 청산조는 회계감사(사)사무소의 개업회계감사사 일정 수를 초빙하여 기업파산청산에 참여하게 할 수 있다.

1993년 8월 28일

42. 膠州시 제2면방직창 파산사건과 佛山시 石湾區대외무역회사가 소제기한 膠州시 제2면방직창 공동경영계약 분쟁사건 관련 문제에 관한 최고인민법원의 회시[93](法函[1992]43호)

산동성 고급법원, 광동성 고급법원:

산동성 고급법원 魯法(經)發[1991]39호 보고와 광동성 고급법원이 올려 보낸 자료를 모두 잘 받아 보았다. 연구를 거쳐 우리는 다음과 같이 판단한다. ① 교주시 제2면방직창은 관련 단위가 맹목적으로 투자하여 공동경영, 담보, 대출, 중복건설한 산물이다. 그 기업의 설립과 규모확대는

91_最高人民法院關于審計（師）事務所執業審計師可以接受清算組的聘任參与企業破産清算的通知

92_中華人民共和國審計條例

93_最高人民法院關于膠州市第二棉紡織厂破産一案和佛山市石湾區對外貿易公司訴膠州市第二棉紡織厂聯營合同投資糾紛一案有關問題的复函

모두 국가의 경제구조조정의 목표에 부합하지 않는다. 중국농업은행 교주시지점은 770만 위엔을 대출하여 그 창의 설립을 지지하고 또한 중국농업은행 불산시 城郊지점과 따로 그 창의 생산규모 확대를 위한 합작협의서를 담보하였는 데 상응한 민사책임을 부담하여야 한다. 불산시 석만구대외무역회사는 1,000만 위엔을 투자하여 그 창의 생산규모 확대를 지지하였는 데 상응하는 손실을 분담하여야 한다. ② 불산시 중급법원은 [1990]佛中法經字제9호 민사판결서의 취소 후 불산시 석만구대외무역회사와 중국농업은행 교주시지점 사이의 분쟁을 법에 따라 재결하였다. ③ 교주시 제2면방직창 파산사건은 이미 심리종결하여 당사자는 재심을 신청할 수 없다. 가격차손실은 불산시 석만구대외무역회사가 부담한다

43. 〈중화인민공화국 기업파산법(試行)〉의 집행 관철의 몇 가지 문제에 관한 최고인민법원의 의견[94](法(經)發[1991]35호)

〈중화인민공화국 기업파산법(試行)〉(이하 '기업파산법'이라고 약칭한다)의 집행을 정확하게 관철하기 위하여 기업파산법과 재판실무경험을 근거로 하여 파산소송 중의 몇 가지 문제에 대하여 아래와 같은 의견을 제출한다.

一. 관할

1) 기업파산사건은 채무자소재지의 법원이 관할한다. 채무자소재지는 기업의 주요 사무기구의 소재지를 가리킨다.

2) 기층법원은 일반적으로 현, 현급시 혹은 구의 공상행정관리기관이 심사등기한 기업의 파산사건을 관할한다. 중급법원은 일반적으로 地區, 지급시(본급을 포함) 이상의 공상행정관리기관이 심사등기한 기업의 파산사건을 관할한다.

개별 사건의 급별 관할은 〈중화인민공화국 민사소송법〉(이하 '민사소송법'이라고 약칭한다) 제39조 제1항과 제2항의 규정에 따라 처리할 수 있다.

94_最高人民法院關于貫徹執行《中華人民共和國企業破産法(試行)》若干問題的意見

二. 파산신청

3) 파산신청은 서면형식으로 하여야 한다.

4) 채권자가 파산신청을 하는 경우 법원에 아래 열거하는 자료를 제출하여야 한다.

(1) 채권발생사실 및 관련 증거

(2) 채권성질, 액수

(3) 채권의 재산담보 유무, 재산담보가 있는 경우 증거를 제출하여야 한다.

(4) 채무자가 변제기에 있는 채무를 변제할 수 없다는 관련 증거

5) 채무자가 파산신청을 하는 경우 법원에 아래 열거하는 자료를 제출하여야 한다.

(1) 기업적자상황의 설명

(2) 회계보고표

(3) 기업재산상황명세표와 유형자산의 소재

(4) 채권정리서와 채무정리서(채권자와 채무자의 명단, 주소, 계좌개설은행, 채권채무 발생의 시간, 채권채무의 액수, 분쟁유무 등을 포함한다.)

(5) 파산기업의 상급주관부서 혹은 정부의 수권부서가 파산신청에 동의하는 의견

(6) 법원이 법에 의하여 제출하여야 한다고 인정하는 기타 자료

三. 파산사건의 수리

6) 법원은 파산사건을 접수한 후에 기업파산법 제7조, 제8조와 제3조의 규정에 따라 심사하고 7일 내에 입안 여부를 결정하여야 한다. 법원이 심사를 통해 파산신청의 자료를 경정, 보충할 필요가 있다고 인정하는 경우 신청인에게 기한을 정해 경정, 보충할 것을 명령할 수 있다. 기한 내에 자료를 경정, 보충한 경우 경정, 보충한 자료를 접수한 날 다음 날로부터 7일 내에 입안 여부를 결정한다. 경정, 보충하지 않고 기한을 도과한 경우 신청을 철회한 것으로 본다.

7) 신청인이 파산신청을 기각하는 법원의 재정에 불복하는 경우 상일급법원에 상소를 제기할 권리가 있다. 상소의 기한은 10일이다.

8) 기업파산법 제3조 제1항 중의 '변제기에 있는 채무를 변제할 수 없을 때'의 상황은 다음을 가리킨다.

(1) 채무의 변제기한이 이미 만료

(2) 채권자가 이미 변제를 요구

(3) 채무자의 변제능력이 명확하게 결핍

채무자가 이행기에 이른 채무의 지급을 중지하고 그 상태가 연속되며 상반되는 증거가 없는 경우 '변제기에 있는 채무를 변제할 수 없을 때'로 추정할 수 있다.

9) 법원은 파산사건을 수리한 후 합의부를 구성하여 심리하여야 한다.

10) 법원은 파산사건을 수리한 후 10일 내에 공고하여야 한다. 공고는 파산사건을 수리한 법원의 공고란에 게시하는 것 외에도 사건의 구체적 상황(예컨대 채권자의 분포 지역, 파산재산의 소재 지역 등)에 근거하여 지방이나 전국 규모의 간행물에 게재하여야 한다. 공고는 아래 열거하는 내용을 포함하여야 한다.

(1) 입안시간

(2) 파산사건의 채무자

(3) 채권신고의 기한, 장소와 기간 내 신고하지 않은 경우의 법률효과

(4) 제1차 채권자회의의 소집일시, 장소 등

11) 법원은 파산사건을 수리한 후 10일 내에 채무자에게 통지하고 채무자가 제출한 채무정리서를 접수한 후 10일 내에 이미 알고 있는 채권자에게 통지하여야 한다.

이미 알고 있는 채권자에 대한 통지서는 본 의견 제10조 제3호, 제4호의 내용을 포함하여야 한다.

12) 법원의 파산사건수리 후 파산기업이 채무자인 다른 경제분쟁사건은 아래 열거하는 서로 다른 상황에 근거하여 나누어 처리한다.

(1) 이미 심리가 종결되었지만 아직 집행되지 않은 경우 그 집행을 중지하고 채권자는 효력이 발생한 법률문서에 근거하여 파산사건수리법원에 채권을 신고하여야 한다.

(2) 심리가 아직 종결되지 않았고 다른 연대책임자가 없는 경우 소송을 종결하며 채권자는 파산사건수리법원에 채권을 신고하여야 한다.

(3) 심리가 아직 종결되지 않았고 다른 연대책임자가 있는 경우 소송을 중지하며 채권자는 파산사건수리법원에 채권을 신고하여야 한다. 파산절차가 종결된 후에 심리를 회복한다.

13) 법원의 파산사건수리 후 파산기업이 채권자인 다른 경제분쟁사건은 수소법원이 3개월 이내에 사건을 종결할 수 없는 때에는 파산사건수리법원에 이송하고 파산사건수리법원은 본 의견 제45조, 제46조의 규정에 따라 처리하여야 한다.

14) 법원은 파산사건수리 후 파산기업이 채권자인 사건이 다른 법원에 있고 3개월 이내에 심리를 종결하기 어려운 것을 발견한 때에는 이송하도록 그 법원에 통지하여야 한다.

15) 법원은 민사소송절차나 민사집행절차가 진행되는 도중에 채무자가 변제기에 있는 채무를 변제할 수 없다는 사실을 알게 되었을 때에는 채무자에게 그 소재지 법원에 파산신청을 할 수 있음을 통지하여야 한다.

파산을 신청한 경우 채무자 소재지의 법원은 법에 따라 채무자의 파산을 선고하여야 한다.

파산을 신청하지 않는 경우 직권에 의해 채무자의 파산을 선고하지 않는다. 원래의 소송절차나 진행절차는 계속 진행할 수 있다.

16) 기업파산법 제10조 제2항의 규정에 따라 채무자가 다른 단위를 위한 보증인이 된 경우 법원의 파산입안통지를 받은 후 15일 내에 관련 당사자에게 전달하여야 한다. 채권자는 보증인(채무자)이 파산한 사실을 알게 된 후 그 채권을 파산채권으로 삼을지 여부에 대한 선택권을 가진다. 채권자가 파산절차에 참가하지 않고 보증인에게 고지하지도 않은 경우 보증인(채무자)의 보증의무는 이때부터 종지한다. 채권자가 파산절차에 참가하는 경우 채권자가 파산선고시 가진 채권액이 곧 파산채권이 되며 분배에 참가한 후에도 변제받지 못한 채권에 대해서는 피보증인에게 구상한다.

17) 법원이 입안공고를 한 후 채권자는 채권신고만을 할 수 있을 뿐이고 파산사건수리법원에 새로운 소송을 제기할 수 없다. 채권신고서는 본 의견 제4조에 열거된 전 3호의 내용을 구비하여야 한다.

18) 법원은 신고채권에 대하여 반드시 전문가를 파견하여 등재와 장부작성을 책임지도록 하여야 한다.

19) 법원은 파산사건수리 후 즉시 채무자에게 통지받은 날로부터 채무변제를 중지하라는 통지를 하여야 한다. 채무자의 정상적인 생산경영에 필수적인 변제는 청산조가 성립되기 전에는 법원의 심사비준을 받아야 한다. 채무자가 채무변제중지에 관한 법원의 통지를 받은 후에도 여전히 일부 채권자에 대한 채무를 변제하거나 기업파산법 제35조 제1항에 열거된 행위를 하는 자가 있는 경우 법원은 무효재정하고 그 재산을 추회하여야 하며 민사소송법 제102조, 제104조의 규정에 따라 법정대표자, 상급주관부서의 책임자 및 다른 직접책임자에 대하여 처벌할 수 있다.

20) 법원은 파산사건수리 후 즉시 채무자의 계좌개설은행에 채무자의 채무변제 결산업무를 정지할 것을 통지해야 한다. 계좌개설은행이 채무자의 정상적인 생산경영에 필수적인 비용을 지급하는 경우에는 법원의 허가를 필요로 한다.

21) 채무자의 계좌개설은행은 법원의 통지를 받은 후 채무자의 기존 저축과 송금액을 공제하여 대출금을 상환할 수 없다. 공제는 무효이고 공제된 항목에 반환하여야 한다. 반환을 거절하는 경우 법원은 그 반환의 재정을 함과 동시에 계좌개설은행에 집행협조통지서를 보내야 하고 민사소송법 제102조, 제104조의 규정에 따라 관계자와 직접책임자에 대하여 처벌할 수 있다.

22) 법원은 파산사건수리 후 기업의 전체 직원에게 공고하여 회사재산을 잘 보호하고 기업의 장부, 문서, 자료와 인장을 불법으로 처리할 수 없으며 기업재산을 은닉, 사적처분, 무상양도, 비정상적인 염가매각 등을 할 수 없음을 요구해야 한다.

파산기업의 법정대표자가 파산절차가 종결되기 전에 마음대로 직무를 이탈하거나 기타 방법으로 도피하는 경우, 혹은 청산조에 대한 인계수속을 거절하는 경우, 혹은 민사소송법 제102조에 열거된 행위 중 하나가 있는 경우 법원은 상황의 경중에 따라 벌과금, 구류에 처할 수 있다. 범죄를 구성하는 경우 법에 따라 형사책임을 추궁한다.

四. 채권자회의

23) 제1차 채권자회의는 법원이 주관하고 그 후의 채권자회의는 회의의장이 주관한다.

24) 법원은 제1차 채권자회의 소집시 채권자자격심사결과를 발표하고 채권자회의의 의장을

지정하여 선포하며 채권자회의의 직권 및 기타 관련사항을 선포하고 채무자의 생산, 경영, 재산, 채무의 기본 상황을 통보하여야 한다.

25) 채권자회의의 의장이 채권자회의를 소집하는 경우 통지발송 3일 전에 법원에 보고하여야 한다.

26) 채권자는 대리인에게 채권자회의 참석을 위임하고 의결권을 행사할 수 있다. 대리인은 법원이나 채권자회의의 의장에게 위임인이 서명날인한 수권위임서를 제출하여야 한다.

27) 채권자회의를 소집하는 경우 소집인은 개회 7일(외지는 20일이 되어야 한다) 전에 회의시간, 장소, 내용, 목적 등 사항을 채권자에게 통지하여야 한다.

28) 채권자회의 결의의 의결은 회의에 참석한 의결권을 가진 채권자로 표수를 계산하고 그가 대표하는 채권액으로 의결의 채권액을 계산한다.

29) 기업파산법 제16조 제1항의 '반수 이상', '2/3 이상'은 해당수를 포함하고 '과반수'는 해당수를 포함하지 않는다.

30) 의결권을 행사한 채권자가 대표하는 채권액은 채권자회의가 확정한 채권액에 따라 계산한다.

채권자회의가 확정한 채권액에 대해 분쟁이 있는 경우 법원이 심사 후 재정하고 재정으로 확인한 채권액에 따라 계산한다.

31) 청산조가 제출한 파산재산분배방안이 채권자회의의 수차례의 토론을 통해서도 가결되지 못할 때에는 법원이 사안의 구체적인 상황에 근거하여 즉시 재정하여야 한다.

32) 채무자의 상급주관부서는 관계자를 파견하여 채권자회의에 참석할 수 있다. 채무자의 법정대표는 반드시 채권자회의에 참석하여 채권자의 질문에 답변할 의무가 있으며 참석을 거절할 때에는 법원이 민사소송법 제100조의 규정에 따라 구인할 수 있다.

五. 화의와 정돈

33) 기업은 채권자가 파산을 신청되고 그 상급주관부서가 그 기업에 대한 정돈실시를 신청하는 경우 법원, 채권자회의에 정돈방안을 제출하여야 한다. 정돈방안은 아래 열거하는 내용을 갖추어야 한다.

(1) 기업이 파산의 지경에 이른 원인에 대한 분석

(2) 기업의 새로운 관리자층의 조정과 구성의 계획

(3) 경영관리 개선 조치와 구조개선, 산업전환조치의 실행가능성

(4) 손실을 줄이고 수익을 늘리는 방법

(5) 정돈의 기한(2년을 초과할 수 없다)과 목표 등

34) 정돈신청된 기업은 채권자회의에 화의협의초안을 제출하여야 한다. 화의협의초안은 아래 열거하는 내용을 갖추어야 한다.

(1) 채무변제에 사용되는 재산의 출처

(2) 채무변제 방법

(3) 채무변제 기한 등

정돈신청된 기업은 채무의 감소를 요구하는 경우 감소를 청구하는 액수를 기재하여야 한다.

35) 기업이 채권자회의와 화의협의를 이룬 경우 법원의 인가 후 법원이 공고하고 파산절차를 중지한다. 기업이 채권자와 화의협의를 이루지 못한 경우 법원은 기업파산선고의 재정을 한다.

36) 기업정돈기간 동안 기업의 상급주관부서는 정기적으로 채권자회의와 법원에게 정돈상황, 화의협의의 시행상황을 보고하여야 한다.

37) 기업정돈기간 동안 기업에게 기업파산법 제21조 제1항과 제3항에 열거된 상황의 하나가 있는 경우 채권자의 일부 또는 채권자회의는 모두 정돈종결을 신청할 권리가 있다.

38) 기업정돈기간 동안 법원은 채무자에게 기업파산법 제21조에 열거된 상황 중의 하나가 있음을 발견한 경우 그 기업의 정돈을 종결하는 재정을 하고 파산을 선고하여야 한다.

39) 정돈을 거쳐서 기업이 변제기에 있는 채무를 충분히 변제할 수 있는 경우 화의협의가 규정한 기한, 액수에 따라서만 변제할 수 있다. 다만, 재산담보가 있고 우선변제권을 포기하지 않은 채권은 그러하지 아니한다. 담보물권자는 파산사건수리 후부터 파산선고 전까지 법원의 동의를 거치지 않고서는 우선변제권을 행사할 수 없다.

40) 법원의 파산사건수리 후 기업의 상급주관부서가 정돈을 신청하지 않는 경우 즉시 법에 의해 파산을 선고할 수 있다.

六. 파산선고

41) 법원이 기업파산을 선고하는 경우 공개적으로 하여야 한다.

42) 법원이 기업파산을 선고하는 경우 채권자, 채무자에게 법정에 출석할 것을 통지하고 법정에서 재정을 선포하여야 한다. 법정출석의 거절은 재정의 효력에 영향을 미치지 않는다.

43) 기업파산을 선고하는 법원의 재정은 선고일로부터 법률효력을 발생하며 파산기업은 그 날부터 생산경영활동을 중지하여야 한다. 단, 법원이나 청산조가 계속해서 생산경영을 할 필요가 확실히 있다고 인정하는 경우는 제외한다.

44) 법원은 기업파산 선고의 재정과 동시에 공고할 수 있다. 공고는 아래 열거하는 내용을 갖추어야 한다.

(1) 기업적자, 자산부채상황

(2) 기업파산선고의 이유와 법률근거

(3) 기업파산선고의 기일

(4) 기업파산선고 후 파산기업의 재산, 장부, 문서, 자료와 인장 등의 보호

공고에는 반드시 법원의 인장을 날인하여야 한다.

45) 법원은 기업파산을 선고한 후 피산기업의 채무자나 재산소지인에게 청산조에 대해 채무를 변제하거나 재산을 교부하라는 통지를 하여야 한다.

46) 파산기업의 채무자나 재산소지인은 법원의 상술한 통지를 받은 후 통지한 액수, 시간에 따라 청산조에 대해 채무를 변제하거나 재산을 교부하여야 한다.

통지한 채무액수나 재산의 종류, 수량 등에 대해서 이의가 있는 경우 7일 내에 법원에 재정을 청구할 수 있다. 기한을 도과하여 변제나 교부를 하지 않고 이의를 제기하지도 않은 경우 청산조가 법원에 재정을 신청한 후 강제집행한다.

47) 법원은 기업파산선고 후 파산기업의 계좌개설은행에게 그 은행계좌는 청산조만이 사용할 수 있게 한정하는 통지(기업파산선고재정서 부본을 붙인다)를 하여야 한다.

48) 법원은 기업파산선고 후에 기업파산선고의 재정서 부본을 관련 정부감찰부서와 회계감사부서에 송달할 수 있다.

49) 기업파산선고 후 법원은 필요한 잔류자를 지정하여야 한다. 파산기업의 법정대표자와 재무회계, 통계, 보관, 경비인원은 반드시 남아야 하고 기타 잔류할 필요가 있는 자 및 잔류자 수는 청산조가 결정한다.

七. 파산청산

50) 청산조 성립 전 법원은 동급 정부와 협의하여 기업 상급주관부서, 정부재정, 공상행정관리, 計委, 회계감사, 세무, 물가, 노동, 인사 등 부서와 전문가 중에서 공문으로 청산조의 구성원을 지정한다.

일단 구성원으로 지정되면 관계 단위와 관련자는 이유를 들어 사퇴하거나 마음대로 직무를 이탈할 수 없다. 객관적인 상황으로 인해 직무를 집행하지 못하는 것이 확실한 경우 법원이 따로 지정할 수 있다. 청산조의 조장은 법원이 지정한다.

51) 청산조는 회계사무소의 회계사 일정 인원 및 기타 업무자를 초빙할 수 있다.

52) 청산조는 법원에 대해 책임지고 보고업무를 하며 법원의 감독을 받는다.

청산조가 채권자의 이익을 해하거나 기타 위법행위를 했을 때에는 법원이 교정하여야 하고 직무수행에 적정하지 않은 청산조 구성원의 직무를 해제하고 새로운 구성원을 지정할 수 있다.

53) 청산조는 채권자회의에 참석하고 채권자회의의 감독을 받아야 한다. 청산조의 결정이 채권자의 이익에 위배되는 경우 채권자는 법원에 취소재정을 신청할 수 있다.

54) 기업파산의 선고 후 파산기업의 원법정대표자는 기업재무회계자가 재무결산업무를 완수하고 보관자가 재산정리서를 편제하며 업무자가 구입판매 등 업무의 정리작업을 완수하도록 조직해야 한다. 청산조가 파산기업을 접수·관리할 때에는 파산기업의 원법정대표가가 청산조에게 인계한다.

55) 청산조가 계약해제를 결정하고 다른 일방 당사자가 계약해제로 인해 손해를 입어 발생한 손해배상분쟁은 법원이 재정하여 해결한다. 재정서가 확정하는 배상액수는 파산채권에 들어가야 한다.

56) 청산조는 파산기업을 접수·관리한 후 기업잔류자와 청산조근무자를 조직하여 파산기업의 재산 전부에 대한 확인정리, 등재와 장부작성, 기업의 실제 재산총액 조사를 하여야 한다.

57) 청산조는 파산재산에 대해 다시 가격평가하고 이미 감가상각이 완료된 고정자산은 그 잔여가치에 대해 다시 가격평가하며 불량변질재산은 환가계산하고 환가할 필요가 없는 것은 원가격에 의해 계산하여야 한다.

58) 청산조가 파산기업의 재산을 분배하는 경우 금전분배를 원칙으로 하고 실물방식을 택하거나 두 방식을 겸용할 수도 있다. 파산기업의 채권이 분배시 여전히 변제받지 못하는 경우 그 채권을 비율에 따라 파산기업인의 채권자에게 분배함과 동시에 파산기업의 채무자에게 이를 통지할 수도 있다.

59) 청산조가 파산기업의 재산을 처리하는 경우 실물을 합리적인 값으로 산정한 후에 채권자에게 분배할 수 있고 환가매각할 수도 있다. 환가매각은 예컨대 공개경매방식 채용과

같이 공개적으로 하여야 한다. 파산재산이 유통제한 물품에 속하는 경우에는 국가가 지정한 부서가 구입한다.

60) 파산기업이 타인과 법인형이나 조합형 공동사업체를 만든 경우 파산기업이 출자로서 투입한 재산과 받아야 할 수익은 회수하여야 한다. 회수할 수 없을 경우 양도할 수 있고 공동경영의 상대방은 동등한 조건에서 우선매입권을 갖는다.

파산기업은 조합형 공동사업체의 일방으로서 퇴출 전 공동사업체의 채무 전부에 대하여 연대책임을 부담하여야 하고 공동사업체의 채권자는 파산절차에 채권자로서 참가할 수 있다. 청산조가 파산기업의 투입재산과 받아야 할 수익을 회수하여 공동경영의 상대방에게 손해를 야기한 경우 본 의견 제55조에 따라 처리한다.

61) 민법통칙 제89조와 기업파산법 제13조 제1항의 규정에 따라 피보증인의 파산이 선고되기 전에 보증인이 피보증인을 대신하여 채무를 변제하는 모든 경우에 보증인은 그 변제액수를 파산채권으로 하여 법원에 신고하고 분배에 참가할 수 있다. 피보증인의 파산이 선고되기 전에 보증인이 피보증인을 대신하여 채무를 변제하지 않는 경우는 모두 아래의 두 가지 상황으로 나뉜다.

(1) 채권자가 파산채권자로서 파산절차에 참가하여 그 채권액 전부를 파산채권으로 삼아 신고하고 분배에 참가할 수 있으며 변제되지 않은 부분에 대해서는 다시 보증인에게 변제를 구할 수 있다.

(2) 보증인이 채권신고기한이 만료되기 전에 채권자가 파산절차에 참가하지 않은 사실을 알게 된 후 그가 보증한 채무액수를 파산채권으로 삼아 신고하고 분배에 참가할 수 있다.

62) 어음(환어음, 약속어음, 수표)의 발행인이나 배서인의 파산이 선고되었으나 지급인이나 인수인이 그 사실을 모르고 지급하거나 인수하고 이로 인해 발생한 채권은 파산채권이 되며 지급인이나 인수인이 채권자가 된다.

63) 파산기업의 저당물이나 다른 담보물의 가격이 그가 담보한 채무액수에 이르지 못할 경우 그 차액은 파산채권에 들어가야 한다.

64) 이자가 계산되는 파산채권은 파산선고일까지 계산하고 중지한다.

65) 파산선고시에 변제기에 있지 않은 파산기업의 채권은 변제기에 있는 채권으로서 파산채권에 포함하고 다만, 변제기에 있지 않은 이자 및 기타 손실은 공제하여야 한다. 회수할 수 없음이 분명한 파산기업의 재산은 파산재산에 편입되어 분배하지 않는다.

66) 기업파산법 제34조 제1항 제1호 중의 '비용'은 파산기업잔류자의 임금과 노동보험비용 및 청산조의 필수비용을 포함한다.

67) 청산조는 청산결과에 근거하여 파산재산명세표, 자산부채표를 작성하고 파산재산의 분배방안을 제출하여야 한다.

68) 파산재산의 분배방안이 채권자회의의 토론을 거쳐 가결되고 법원의 인가재정 후 청산조는 채권자에게 기한 내에 재산을 수령하고 기한을 도과하여 수령하지 않을 경우에는 공탁할 수 있다는 통지를 즉시 하여야 한다.

69) 채권자가 재산을 수령할 때에는 채권자의 구체적 주소, 계좌개설은행 계좌를 밝힌 증명을 발급해야 한다.

70) 파산재산의 분배가 완료되면 청산조가 법원에 파산절차의 종결을 신청한 후 법원이 7일 내에 파산절차의 종결재정을 하여야 한다.

71) 파산절차종결 후 청산조는 파산기업의 원등기기관에 파산기업 말소등기를 하고 처리상황을 즉시 법원에 고지하여야 한다.

72) 파산기업의 말소등기 후 법원은 청산조의 해산을 선포하여야 한다.

73) 파산절차가 종결된 후에 발견한 파산기업의 재산청구권은 피산기업의 상급주관부서가 행사한다. 추회한 재산은 법원이 기업파산법 제37조의 규정에 따라 변제한다. 만약 재산이 비교적 적어서 법원이 다시 분배할 필요가 없다고 인정할 경우 파산기업의 상급주관부서에 귀속시킬 수 있다.

八. 기타

74) 전민소유제기업이 아닌 법인의 파산변제절차는 민사소송법의 규정을 적용한다.

75) 법원이 파산사건에 대해 한 재정은 파산신청을 기각하는 재정 외에는 모두 상소할 수 없다. 당사자가 재정에 이의가 있는 경우 재정을 한 원심법원에 재심의를 신청할 수 있다. 다만, 재심의기간에 재정의 집행은 정지되지 않는다.

76) 파산기업의 채무자나 재산소지인이 법원이 통지한 채무변제액수나 지급할 재산수량에 대해 이의가 있는데 법원이 심사하여 기각한 경우 반드시 〈법원소송비용수취방법〉[95] 제5조 제4호 규정의 기준에 따라 사건수리비를 납부하여야 한다.

44. 내몽고 화학비료생산공급판매기술서비스 공동경영회사 파산신청사건에 관한 최고인민법원의 회시[96](法(經)函[1991]62호)

내몽고자치구 고급법원 :

귀 원 (1990)內法經請字 제3호 내몽고 화학비료생산공급판매기술서비스 공동경영회사 파산신청사건에 관한 지시요청 보고를 잘 받아 보았다. 연구를 거쳐 아래와 같이 회답한다.

내몽고 화학비료생산공급판매기술서비스 공동경영회사는 법에 의해 설립되고 독립 정산하며 이익손실을 자부담하는 전민소유제기업에 속하고 변제기에 있는 채무를 변제할 수 없음에 비추어 〈중화인민공화국 기업파산법(試行)〉 제2조, 제3조와 제8조의 규정에 근거하여 본안을 파산사건으로서 수리할 수 있다.

이와 같이 회시함.

(사본 송달 : 呼和浩特시 중급법원)

95_人民法院訴訟收費辦法

96_最高人民法院關于內蒙古化肥生産供銷技術服務聯營公司申請破産一案的复函

45. 佛山시 중급법원 수리의 경제계약 분쟁사건과 靑島시 중급법원 수리의 파산사건의 업무협조문제에 관한 최고인민법원의 회시[97](法(經)函[1990]70호)

廣東성 고급법원 :

귀 원 (90)粤法經請字제2호 불산시 중급법원 수리의 경제계약 분쟁사건과 청도시 중급법원 수리의 파산사건의 업무협조문제에 관한 지시요청을 잘 받아 보았다. 연구를 거쳐 아래와 같이 회답한다.

1) 〈중화인민공화국 기업파산법(試行)〉 제3조의 규정에 따라 기업이 파산한계에 도달했는지의 여부를 확정하는 것은 '연대변제책임자의 변제 후 여전히 사산이 채무변제에 부족한 것'을 전제요건으로 하지 않는다.

2) 광동성 불산시 석만구대외무역회사가 향유하는 채권은 보증인이 담보하는 채권이지 채무자의 재산으로 담보하는 채권이 아니므로 여전히 보통채권에 속한다.

3) 불산시 중급법원이 만약 불산시 석만구대외무역회사가 소제기한 산동성 교주시 제2면방직창 등 단위의 공동경영투자 분쟁사건의 심리를 이미 종결하였다면 채권자는 법률효력이 발생한 법률문서를 근거로 청도시 중급법원에 채권신고를 할 수 있다.

4) 파산절차종결 후 불산시 석만구대외무역회사는 법에 따라 연대책임을 져야 하는 보증인에게 그가 아직 변제받지 못한 채권부분의 변제를 구할 수 있다.

이와 같이 회시함.

(사본 송달 : 산동성 고급법원, 청도시 중급법원, 광동성 불산시 중급법원)

97_最高人民法院關于佛山市中級人民法院受理經濟合同糾紛案件与靑島市中級人民法院受理破産案件工作協調問題的复函